賈二强　主編

陝西師範大學國際長安學研究院

長安學研究文獻匯刊・考古編・金石卷

第二十二輯

科学出版社

内容簡介

本書匯編民國時期《續修陝西通志稿》金石部分，希冀爲長安學、地方史、學術史及中國古代文化研究提供資料，以促進學術研究和社會文化的發展。

本書可供文獻學、中國古代史、考古學等專業學者及相關專業本科生、研究生學習、參考。

圖書在版編目（CIP）數據

長安學研究文獻匯刊.考古編.金石卷.第二十二輯 /賈二强主編. —北京：科學出版社，2022.9

ISBN 978-7-03-073252-1

Ⅰ. ①長… Ⅱ. ①賈… Ⅲ.①長安（歷史地名）-文化史-文集 ②金石學-中國-文集 Ⅳ. ①K294.11-53②K877.24-53

中國版本圖書館CIP數據核字（2022）第177351號

責任編輯：楊　静　/　責任校對：任曉剛
責任印製：師艷茹　/　封面設計：黃華斌

編輯部電話：010-64011837
E-mail:yangjing@mail.sciencep.com

科學出版社 出版
北京東黄城根北街16號
郵政編碼：100717
http://www.sciencep.com

北京匯瑞嘉合文化發展有限公司 印刷
科學出版社發行　各地新華書店經銷

*

2022年9月第　一　版　開本：889 × 1194　1/16
2022年9月第一次印刷　印張：31 1/4
字數：490 000

定價：698.00元

（如有印裝質量問題，我社負責調换）

《長安學研究文獻匯刊·考古編·金石卷》編輯委員會

主　任：甘　暉

副主任：蕭正洪　高子偉

委　員：（按姓氏筆畫排列）

王其禕　王雪玲　何志龍　周曉薇　姚若俠　黄留珠　黄壽成　張懋鎔　賈二强　趙世超

主　編：賈二强

編　輯：李　燉

前言

金石文獻上古時即已出現，指以青銅器爲主的金屬器具以及石磚陶器作爲載體的文字、辭句或篇章，是除了竹木簡牘、絲帛、紙質載體形態文獻之外，中國古代文獻的另一重要淵藪，其包涵的歷史文化信息，具有其他形態不可替代的作用，因此受到歷來學者們的高度重視。作爲一個系統並有著自身學理的學科——金石學，其興始於北宋，劉敞《先秦古器記》、歐陽修《集古録》、趙明誠《金石録》，確立了據金石保存文獻、考訂史籍的學術傳統；至南宋時期獲得巨大發展，出現專録漢碑的洪适《隸釋》、備録全國石刻目録的王象之《輿地碑目》、陳思《寶刻叢編》，偏於記録書家石刻的佚名《寶刻類編》，專録古器物的王黼《宣和博古圖》、王俅《嘯堂集古録》和主要著録商周青銅器銘文的薛尚功《歷代鐘鼎彝器款識法帖》等，諸體大致齊備，表明是時金石之學已基本成熟。

元明兩朝，受空談心性、不務實學的學術風氣影響，加之金石器物出土較少之故，經歷了一個相對沉寂的時期。其間雖仍時有金石學者與著作，如元代之吾丘衍《周秦刻石釋音》、楊鈞《增廣鐘鼎篆韻》、潘昂霄《金石例》，明楊慎《石鼓文音釋》、盛時泰《蒼潤軒碑跋》、都穆《金薤琳琅》、趙崡《石墨鐫華》等，或訂石刻之音訓，或采石刻古文奇字，或述碑碣之製作義例，間有考訂經史者，然多疏漏舛謬，罕有新見。

明末清初金石學再度勃興。清代前期中期，經過顧炎武、朱彝尊、錢大昕、畢沅、孫星衍、王昶、阮元等著名學者的宣導，到嘉慶、道光間金石學成爲顯學。有清一代，搜討、收藏、鑒賞、研究金石的風氣盛行不衰，有關金石的著述層出不窮，研究成果蔚爲大觀，重要著述達1000多部。其研究方法雖難出宋人窠臼，研究範圍却已全面擴大，體例亦更臻完善，既有存目、録文、摹圖、摹字等環節的材料整理，又有通過題跋方式從内容上進行經史、小學、義例等方面的考訂闡發；既有專門研究，又有通論；既有地域研究之分，又有全面總括。

在金石學研究中，『陝西』是一個特殊區域。關中作爲周秦漢唐故都之所在，碑碣吉金文字之富甲於海内，商周青銅器，秦漢瓦當，唐代昭陵、宋代碑林碑石，匯集了一大批寶貴的金石文獻。加之歷代不時有新的金石出土，因此自北宋以來，陝西一直是金石學家青睞的一方寶地，如吉金之學的開山之作北宋劉敞《先秦古器記》，就是作者根據他在陝西任職期間所獲古器而作；而第一部專記一地金石的北宋田概《京兆金石録》，則是記録長安古碑所在的著作。明末清初以來，更是形成了長久不衰的訪古求碑熱潮。

前代金石著録雖詳於古，直到清代中葉，元明以下金石都不大受到學者關注，然陝西正是漢唐碑石的集中之地，以此在歷代金石著作中，對陝西金石的研究占有很大比重。以清人名家著作爲例，顧炎武《金石文字記》有一半左右的篇幅記録秦地金石，朱彝尊《曝書亭金石文字跋尾》、錢大昕《潛研堂金石文跋尾》、王昶《金石萃編》等也分别有三分之一左右的内容爲陝西金石。又有多種專以秦地金石爲研究對象的著作，如朱楓《雍州金石記》、畢沅《關中金石記》、毛鳳枝《關中金石存逸考》，等等，約有數十種之多。

陝西金石學在整個金石學研究中占有極其重要的地位，自宋至清也經歷了幾個不同的發展階段，呈現不同的特色。

金石文字，可資正經訂史，可評其文之優劣，亦可賞其書體之美。然自劉敞《先秦古器記自序》中提出古器研究有明其制度、正其文字、次其世謚三法，歐陽修在《集古録目序》中指出金石『可與史傳正其闕謬』，趙明誠《金石録序》稱『蓋史牒出於後人之手，不能無失，而刻詞當時所立，可信不疑』，以《集古録》『是正訛謬，有功於後學甚大』，之後論金石者多以『正經補史』爲研究宗旨，爲清代金石考據學的繁榮奠定了基礎。

元明學風空疏，然就陝西地區而言，由於受關學影響，研究風氣稍有不同。明代關中大儒吕柟繼承北宋張載理學傳統，以『文必載道，行必顧言』爲號召，高揚『關學』的旗幟，使『關中自古稱理學之邦』不僅引爲鄉里之榮，也成爲天下公論。關學一向講求經世尚用，强調實踐功夫，影響及於金石之學，形成一種重實地考察，注重金石文獻可靠性的研究風氣。被錢謙益譽爲『關中汲古二士』的趙崡與郭宗昌是其中的典型代表，其金石著作《石墨鐫華》、《金石史》，發論雖然未脱明人空疏積習，但因有著親身實地訪碑著録的研究基礎，所以多能糾正宋人因僅據拓本或輾轉傳抄而導致的文本和考訂失誤。

清初顧炎武、黄宗羲等前明遺老治學以返孔孟真淳爲要旨，大力提倡『經世致用』之學，金石作爲『實學』之一類，重新受到學人關注。顧炎武首開風氣，提倡金石考訂的學術觀念，正與關學的學術風氣相契合。他多次前往關中，晚年定居於陝，整理刊刻了其一系列金石著作，揭示金石可資考證的意義，一開清代金石考據學的先聲，因此可以説，清初金石學的復興實與陝西的學術同氣相求，密切關聯。這一時期關中本土學者，如王弘撰等人的研究興趣却多在金石書法，他們倡導漢碑，其尊碑抑帖的主張對後來的碑學有很大影響，於清代金石學重考據的主流研究之外别開生面。

乾嘉時期漢學發展至高峰，陝西的金石研究在這一時期也發生至關重要的一大變局，對於整個金石學的發展産生很大影響。畢沅是乾嘉學派的領軍人物之一，乾隆三十六年至五十年（1771–1785），其蒞陝爲官，位至封疆大吏，且究心於金石之學，將政治權力廣施於學術研究，故群賢畢至，少長咸集，一時蔚爲大觀，也成就了陝西金石學之高峰。畢沅對於陝西金石的研究成就，主要有三：一是有組織地、大規模地搜訪金石，修護金石文物。這一方面促使了金石器物在這個時期的大量出土，同時也使很多金石文物，如碑林、昭陵等得到了很好的修繕保護。二是組織幕府學者編撰方志金石志。宋代方志中金石的相關内容多收録在藝文、碑記或其他相近門類之下，直到明末《吴興備志》，『金石』方首次作爲一級類目出現在方志中，然而這種做法仍屬偶然，到清初此種局面未有太大改觀，設立金石類目的方志屈指可數。而畢沅在陝共編纂方志 28 種，設有『金石』門類者达 13 種，且其中 11 種爲一級類目，這種爲金石立志的做法大大提升了金石的學術地位，對於乾嘉時期金石學科格局的確立有奠基之功。三是這類金石專書和金石志，十分純熟地運用金石文字以考經訂史，使得這一宋人提出、在清初由顧炎武倡導的金石考據的學術方法，在此時演變成爲金石之學的主流，同時也使之廣泛推及文字學、音韻學等研究領域，取得了多方面的卓越成就。此外，畢沅陝西幕府中培養出一大批金石學者，如嚴長明、孫星衍、錢坫等，均在金石學研究上取得了不凡的成績。

道光以降，漢學高潮漸至消歇，風光不再，陝西金石學也後繼乏力，故其學漸入低谷。然篳路藍縷，遺風尚存，學人仍孜孜以求，其學術風貌雖蹈其舊，然拾遺補闕，求全求真，精化深化，亦成一時之特色。其中傳統金石考據方面，集大成者則屬毛鳳枝無疑。毛氏長期居陝，遍搜關中金石文字，著成《關中金石文字存逸考》、《金石萃編補遺》、《古誌石華續編》、《關中金石文字古逸考》及《關中金石文字古存考》諸書，以傳統金石考據的方法，對關中遺留金石文獻做了精深考證，堪稱清末陝西金石學的代表。然因其生涯寥落，《關中金石文字古逸考》、《關中金石文字古存考》兩種不知存世與否，其《關中金石文字存逸考》、《金石萃編補遺》、《古誌石華續編》三書，幸得其門生顧家相、顧燮光父子前後歷數十年之功，在毛氏身後梓行於世。

陝西擁有深厚的金石學傳統，充分利用這類豐富的學術資源，對於長安學、地方史、學術史乃至中國古代歷史文化的研究，具有無可替代的價值。由於成書時代綿長，各類文獻性質各異，保存狀況複雜，利用這些材料存在種種不便。有鑒於此，本編意在將歷代陝西金石文獻匯爲一編，俾其爲當今社會文化發展發揮應有的作用。

本編所收宋至清末民初陝西金石文獻120餘種，基本涵蓋傳統金石之學的目録、録文、題跋考訂、義例、摹圖、方志相關金石部分等主要類别，賞鑒品評書法藝術之帖學類前代即爲别途，近世之影印則多入現代學術，因而未予收録。各書如有不同版本則以文本完足文字精審可以信據爲主要准的，而前代所謂珍罕秘本，則非主要考慮因素。

編輯過程中，國家圖書館、陝西師範大學圖書館慨允提供資料，俾全書得以成編，謹致衷心感謝。

時間匆迫，思慮未周，所在差謬，尚乞學人讀者指正。

陝西省2011協同創新中心

陝西師範大學國際長安學研究院

（李向菲執筆　賈二强審定）

二〇一六年十月

目録

續修陝西通志稿·金石

續修陝西通志稿卷一百三十五

金石

關中爲周秦漢唐故都文物之盛亘古未有當時崇德報功封山表墓銘鐘鼎而勒貞珉誠不知其幾千萬也其間陵谷貿遷風雨剝蝕埋沒摧殘者不能以數計其存而供人撫摩者不過千百中之一二然居千百年後古人典章制度猶時時可以考見者六經而外厥惟金石三輔爲金石淵藪遠方人士宦學是邦偶獲斷碣殘瓦莫不什襲藏之目爲瑰寶而歷來志乘概付闕如不特譾陋貽譏抑且數典忘祖矧文奇字古可以證六書之源流訂史册之缺謬文獻攸關實非淺尠畢秋帆尚書撫陝時有志復古著關中金石記一書而同時朱近漪復有雍州金石記之作既而黃虎癡之隋唐石刻拾遺蔡雨田之關中金石記附記毛子林之關中金

石文字存逸攷後先賡和莫不蒐羅宏富蔚爲專家然皆詳於碑版而略於吉金至於瓦當後出尤爲諸家著錄所未詳且黃毛兩書所取以唐爲斷宋元則等諸自鄶以下近年湖北山西新志採及宋元兩代已開金石新例其識解不可謂不宏茲編仿二志之例凡宋金元以來取其有關掌故者擇尤收入而明代之可徵者亦得參儳其間復以瓦當附其後視二志又加詳矣好古者觀之庶幾躊躇滿志無貴遠薄近之嫌亦史乘中一大快事矣清代最近無取撰述遠徵各家之著錄近取士林之藏弆旁求販夫賈客而窮搜於古剎荒墦凡得金若干種石若干種瓦若干種以年代爲次第其文散見於各家專書者記其崖略其後出而未經甄錄者載其全文至於文辭點畫剖別妍媸入望官勳考訂訛謬茲編未遑暇及若夫戈矛劍鏡泉刀印鈢皆金石家之別派支流非關省概一文獻從割愛以省篇幅窮朞月之力都爲若干卷類分件繫朗若列眉創前志之所無補諸家之未備煌煌乎鉅觀也如其地不愛寶執筆賡續以俟後之君子

金石一

上古

陽虛岩壁二十八字　佚

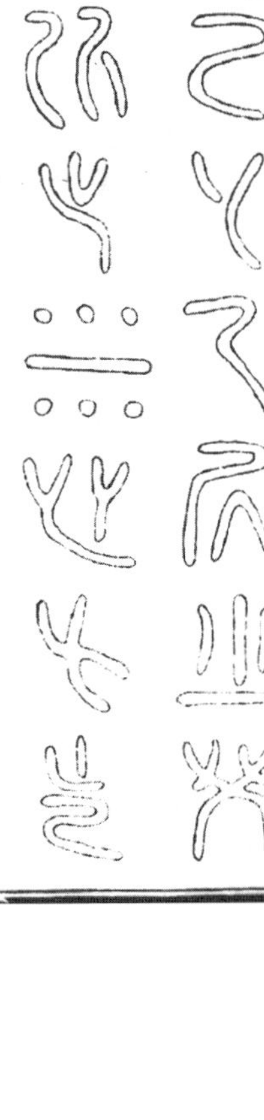

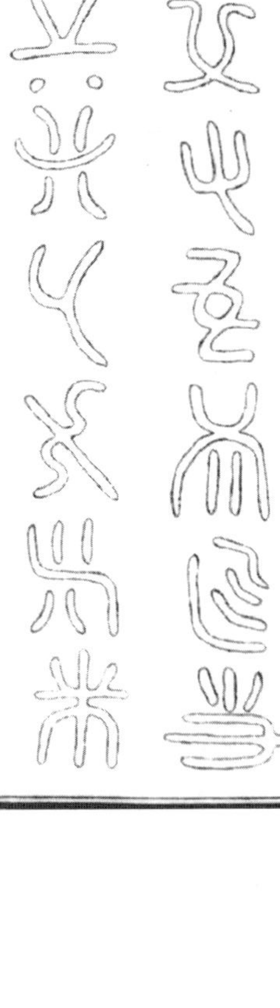

金石文字解曰按河圖玉版倉頡爲帝南巡登陽虛之山臨於玄扈洛汭之水靈龜負書丹甲青文以授之文二十八字景刻於陽虛之石室李斯止識八字曰上帝垂命皇辟迭王其餘二十字斯不能識　雒南縣志

右陽虛山石室二十八字爲道光辛巳邑令王森文所摹勒上石者也相傳古文鐫陽虛山陰岩上即倉史受書故址每皇華

過境必揭印若干紙攜持以去而官吏督責工役騷然民甚苦之一夕雷雨大作居人乘機縱火焚之金堂陳爾茀宰雒時於舊志附刻八景各繫一歌其陽虛鳥跡云近民勞役苦年年潑油縱火滋辣手字頹山烈石成灰此役民間從此否蓋記實也至李斯曾識八字之說南昌朱鳳英詩曰軒皇受鳳圖記載玄扈山倉頡廿八字鐫勒萬仞閒鸞鳳互軒翥蛟螭相紐盤聞道秦李斯摩挲窘且艱謂能識七八恐藉欺愚頑是在昔人已疑而攻之矣嘗閱淳化閣法帖五卷釋文一編於二十八字則明注曰戊己甲乙居首共友所止列世式氣光明左互从家受赤水尊戈干斧芾云云則非一家私言也今考淳化三年諭旨與皇蘭署本朱家標識本鞏廣文釋文徐朝弼嘗彙爲一編他文或有異同而此二十八字則同然一辭可謂信而有徵矣惟倉

頡造字用代結繩洩兩間之秘肇六書之宗永宜鬼神呵護乃不幸付之一炬可慨也夫洎王森文宰雒始於民間搜得眞本鳩工摹鐫建碑邑西十里之黑潭街附近陽虛用志不忘而風雨剝蝕漸就澌滅至光緒四五年間邑令訥敏伊允楨先後於縣城東隅創建倉聖祠始舁而置之祠中以便永久守護焉　陳華桂

按倉聖觀鳥獸蹏迒之跡以造字是借觀爪跡有所增益名之曰字以代結繩耳此赤甲青文點畫縱橫較吏周密倉聖觀之益悟會意轉注象形之妙故二十八字誠爲文字之祖然必求如何讀法則失之鑿蓋其時尚無字何識不識之可言無論李斯欺世即閣帖釋文亦借鐘鼎古文以揣測耳何可據爲典要惜原石久燬不得見五千年以上之故物而依稀髣髴猶見萬一端賴王君之翻刻亦不幸中之大幸也倉聖故里在白水縣其廟中亦刻此二十八字係由陽虛摹泐者

夏

嶓冢禹碑　存

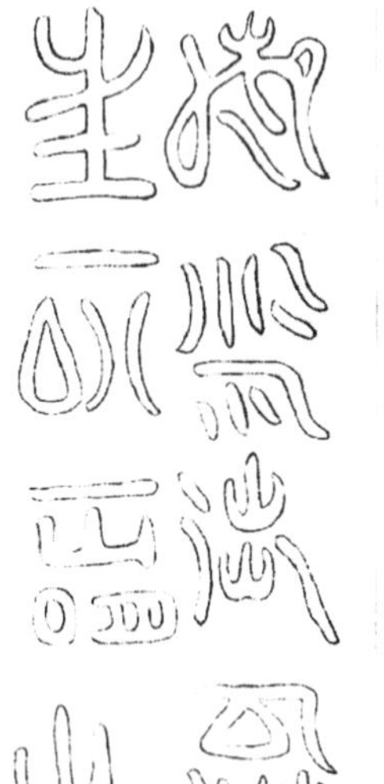

南條之水江爲幹惟漢與江並稱嶓冢其源也漢之源不容一葦江之源僅可濫觴至於奔放肆大則勢亦不甚相讓故書岷嶓既藝又曰江漢朝宗於海昔禹治水績用攸成則勒石以記

其盛是以岣嶁有碑誌南條也崆峒有碣誌北海也嶓冢有石誌漢源也神禹故績除九鼎象奸惟此三山可考他不常見崆峒失傳已久岣嶁雖遠猶及見焉嶓冢近在咫尺竟無一二好古之士揭而藏之寧非憾事邑侯李公棣生博雅嗜古稔知嶓冢有神禹石刻求而不悉所在心常懊懊爾乃訪之土人云嶓冢山徑窄而奇險由山脚攀附而上約十里至山腰洞中有石突出圓滑似牛背鄉人謂之石牛上鐫古文光怪陸離不可辨識水從尾下瀉出細纔如盞其聲鏘鏘然似鳴筑天將雨則聲大似鳴角風猝動則牛腹狂吼似轟雷四面飛流激射又似濆瀑頂上時有雲氣非甚晴不畢露至者心常惴惕雖甚好之有不能致者焉先生憮然曰歐陽文忠公云凡物皆聚於所好予之所好得非葉公之好龍與今知所以致之矣爰擇好遊之士

携小奚奴負鍬鍤挈酒榼以從之凡三往返乃致而得之後以原搨勒之貞珉監之學宮以餉後進庶可與岣嶁崆峒並垂不朽囑榛爲跋書其大畧如此至繙繹音義則俟諸博雅君子古褒州李志榛敬跋

按陝西禹跡有三一在西安碑林係康熙中毛會建以岣嶁碑摹勒者一爲耀州摩崖高廣各五尺字徑五寸磨泐及半僅餘四十字以岣嶁相較大異而小同聞係明人某摹寫岣嶁而鐫於崖者至嶓冢禹跡在山腰深洞中漢源出其下人跡罕到故四千年無發明者字徑九寸僅得八字其餘是否磨滅不敢臆斷瞪目不識一字而夭矯奇偉狀若雲中之龍絕非後人所能譌作攷崆峒有禹碣衡山有禹碑淳化閣帖有禹篆其他會稽大酉亦有禹跡留遺且輿地志云江西紫霄峯下石室中有禹

刻篆文七十餘字止鴻濛漾余乃權六字可識汪師韓韓門綴筆云今岣嶁碑亦屬摹本其眞者在一山洞内須人仰臥搨之而知之者少觀此與嶓冢石刻頗相類蓋禹隨山刊木足跡所至刻石紀事亦屬恒情故其跡著於名山者甚夥惟刊於明顯者早就剝蝕其幽邃而或鐫於貞珉乃能歷久不泐況嶓冢導漾岷嶓既藝乃禹親歷之區勒銘固宜有何疑之可言卽岣嶁碑亦南宋發現歐趙諸家皆未著錄今則到處摹刻豈後數百年竟無不發之閟邪春秋之法見聞異詞亦各登載剏煌煌禹跡距可以前無記載而疑之用特揭出以廣異聞併論及西安耀州兩刻以明棄取之嚴

殷

愙鼎 存

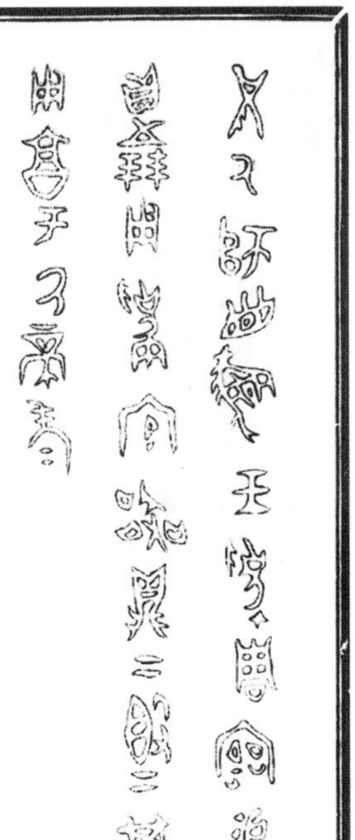

愙齋集古録釋文

启乃師衆覲王爲周愙錫貝五朋用爲宗器鼎一敦二其用享于乃帝考

㕣疑启之古文启合三字相對許氏說亼三合也合从亼口此从亼象启口形如器之有蓋合則口在下启則口在上或古文有作亼者後人變从戸非本从戸也衆疑見字之繁文或作覲微子名启疑爲微子器 愙齋集古録

按鼎高八寸餘深五寸徑八寸餘有銘二十八字於同治初年出土吳清卿方視學秦中購得之欣幸異常更號愙齋輦運同籍歿後歸於陶齋

子父己鼎 佚

丁侯鼎 佚

按鼎高一尺徑四寸七分文曰子父己通身蒼綠水銀浸滿身細花爲雷文大花隆出者爲饕餮形長安謝氏藏器今佚

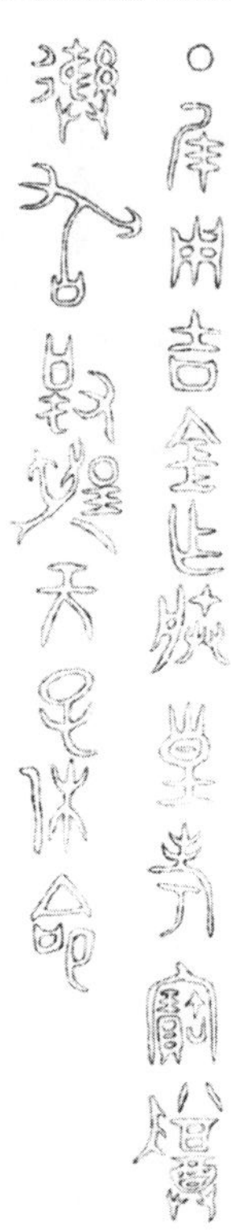

釋文

丁侯用吉金作朕皇考寶尊彝敢對揚天子休命

按太公金匱武王伐紂丁侯不朝尚父畫其像於策射之丁侯懼請舉國為臣虜此鼎得於甘谷之西岸巨壕中鼎高三尺雷回雲紛色澤甚古蓋上蹲一異獸句陳辟邪之類也相傳有鹾賈以錢十緡購之去嫌銘字模糊刓而深之而廬山之面目失矣鼎乃商器而銘詞已近於周蓋朝周以後有吉金之賜鑄鼎以薦其祖廟所謂天子者蓋武王也 乾州志

比干銅盤 佚

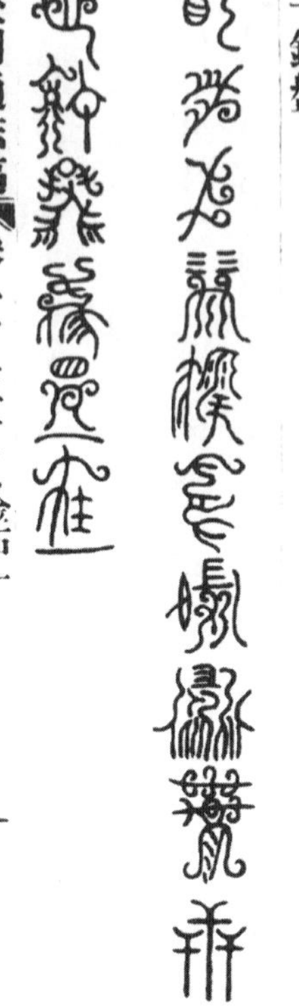

續陝西通志稿　卷一百三十五　金石一　七

釋文

左林右泉前岡後道萬世之靈於焉是寶

衛輝府志曰周武王封比干墓銅盤銘碑石殘斷字畫失眞萬歷十五年知府周思宸重摹汝帖立石於墓前薛尚功鐘鼎欵識言唐開元中偃師縣土人耕地得此盤篆文甚奇古其釋文云左林右泉後岡前道萬世之藏茲焉是寶一作前岡後道藏一作靈一作寧茲一作於寶一作保今考之張邦基墨莊漫錄曰政和間朝廷求三代鼎彝器程唐李朝儒遺人於鳳翔府破商比干墓得銅盤徑二尺餘中有欵識一十六字獻之於朝道君皇帝曰前代忠賢之墓安得發掘乃罷朝儒退出其盤然則此碑之得自鳳翔不自偃師即其為何代之物不可知而比干殷人必無葬鳳翔之理也 顧氏金石文字記

按一統志及金石志以為偃師有比干墓銅盤銘所謂比干墓者非殷比干乃漢何比干也偃師志何比干汝陰人漢武帝時廷尉墓中以銅盤為誌出於唐開元中後傳自汝刻延祐間王公悅摹石張淑記之明周思宸又重摹上石 偃師金石遺文記

案此盤之出鳳翔墨莊漫錄號年人地紀載詳明惟墓名有誤致令議論紛歧年湮代遠傳聞異詞存而不論可也

乳彝 佚

扶風田者見河岸土崩鑊之得一銅器狀如盂高八寸圍徑六寸乳周其體中有古文莫能辨識盩師席姓出千錢易之徧詢博古家曰此殷家之乳彝也古文為祖丁二字 鳳翔府志

言父癸彝 存

續陝西通志稿　卷一百三十五　金石一　八

右銘按攷古云藏京兆呂氏上一字曰言者名氏也為父癸作此尊彝然彝字極古王楚云彝以虎蜼為文𠀀彝象虎首此彝𠀀如虎首耳 薛氏鐘鼎彝器款識

析子孫父丁敦 存

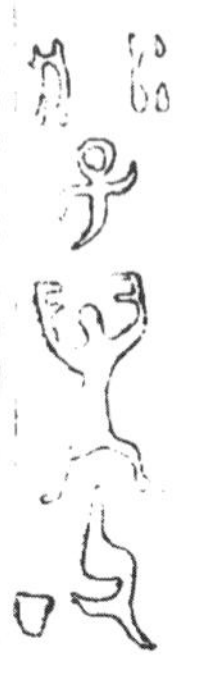

是敦為蒲城楊信卿舊藏持以贈余析子孫三字下有父丁二字父廟之第四器也是敦小而精似商器 緣督集古錄

虎形敦 存

是商敦有方座蒲城楊氏藏有一器一蓋余借拓焉余又得二蓋作虎形者即古之虎彝也鳳翔出土時原有二器四蓋愙齋集古錄

虎形敦蓋一 存

虎形敦蓋二 存

此皆愙齋按試西安時所得出土時有蓋無器愙齋集古錄

立戈斝 存

按斝高二尺二寸文在內爲立戈形通身雷文腎際隆出爲饕饕形色純白爲鳳翔周氏藏器

立戈形罍 佚

按罍高二尺三寸腹圍三尺四寸口內有文爲立戈形通身純白雙耳俱爲犀首有環無花紋舊爲三原薛氏藏器今佚

立戈形罍 佚

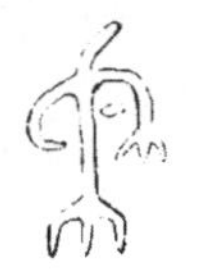

按罍高二尺二寸腎圍三尺三寸口內有文爲立戈形腎際有蕉葉饕餮花紋雙耳俱爲犀首有環舊爲三原薛氏藏器今佚

又按歷代相傳彝器強半出自關中誠以古之畿輔寶物自多且土脈高燥歷久不壞惟地瘠民貧無人出重貲以保存偶有一器出土販賈深閉固拒不令人聞知竊載赴京或東南以求善價往往天下喧傳而秦人尚懵然罔覺若毛公鼎善夫克鼎季子盤者不一而足也昔劉原父著先秦古器記劉燕庭著長安獲古編皆明言物之所自加以考論而近日愙齋集古錄陶齋吉金錄所得古器半由秦中然誇多鬥靡出處多不明白爲時既久儘有明知之而不敢認爲吾省故物者茲志所載僅就確有實據及舉舉大者登之稍涉含胡概從割愛以祛冒濫之譏良可慨也

周

曶鼎 存

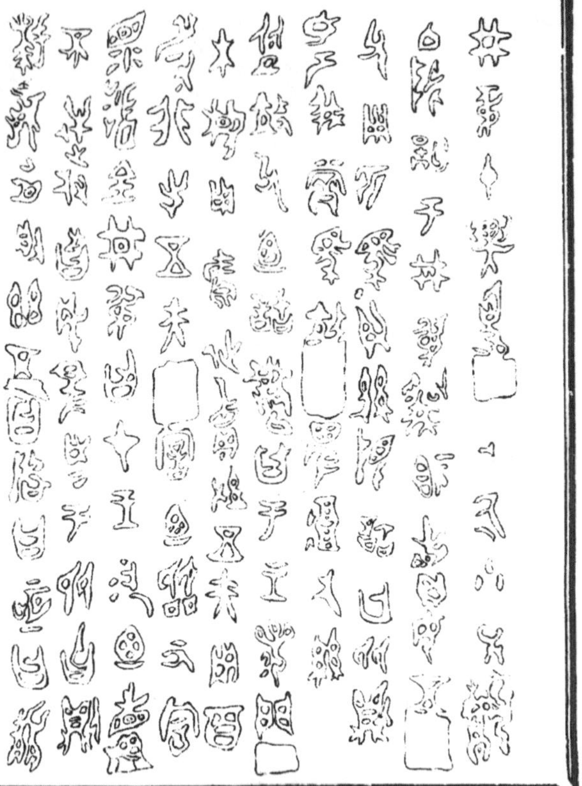

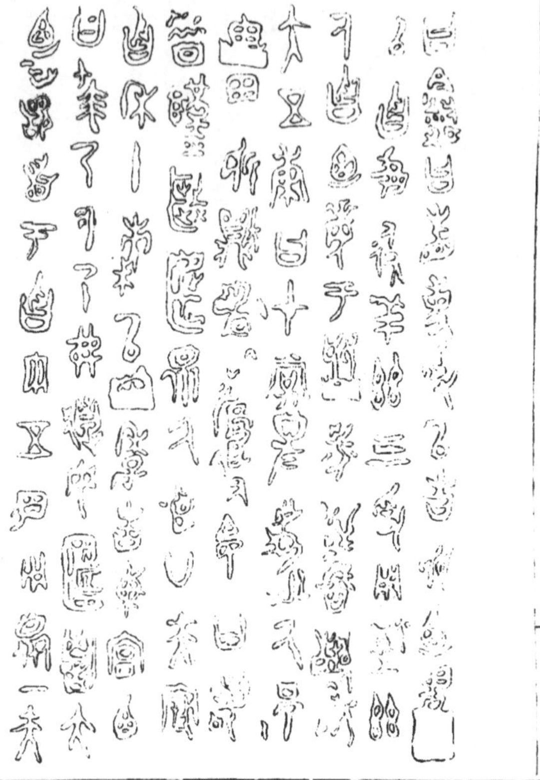

錢坫釋文

惟王元年六月既望乙亥王在周穆王太　若曰曶命女更乃
祖考治卜事錫女赤環　用事王在遷居井叔錫曶赤全琱曶
受休　王曶用絲金作朕文考軌伯䵼牛鼎曶其　用祀子子
孫其永寶
佳王四月既生霸辰在丁酉井叔在異敢　事及小子㪤㠯限
訟于井叔我既賣女五　父用匹馬龜絲限訟曰比則畀我賞
馬效　畀復乃絲　效父乃訟㪤曰于王參門　木枝用賁
賣絲五夫用百寽　出五夫罰乃　又君衆豈全井叔曰在王
乃賣不造　曶毋畀　于比曶則拜稽首受茲五曰　日恒
日龍日　日視事寽㠯告比乃畀　㠯曶尊及羊茲三寽用到
茲及曶乃每于比　舍㪤夫五秉日在尚畀處乃邑田　田比

則畀復命曰諾　昔饉歲匡衆及臣廿夫寇曶禾十秭㠯匡季告東宮乃曰尨乃及乃弗䢐女匡罰大乃𢍰首于曶用五田用衆一夫曰益用臣曰勇　曰鄭曰用茲四夫𢍰首曰余爽乃則寇　不丐　余曶或㠯匡季告東宮曶曰在唯朕賞東宮乃曰賞曶禾十秭遺十秭敢廿秭或賞則　卌秭乃或卽曶用田二又臣　用卽曶田千曰乃五夫曶受匡廿秭

右共四百字蝕者三十三字存者三百六十三字未詳者六字鼎足作牛首形藝文類聚引三禮鼎器圖云牛鼎容一斛者是也銘分三節第一節蓋因王錫曶赤環赤全璑等而用金作牛鼎以祀文考宄伯也第二節則匡衆寇曶禾十秭曶告東宮因與匡季爲誓詞也合四百字乾隆戊戌歲巡撫畢公得於長安屬坫爲釋文土花歷錄不盡識也既命工鏤剔字蹟顯露因以偏旁證之古籀而可辨者咸得焉若夫字畫難稽或磨泐未析則從闕疑之例云 錢坫記

戈枤鼎 存

器　蓋

阮氏積古齋釋文

戈枤作寶鼎 器蓋文同

右戈枤鼎蓋器銘各五字據程彝齋手搨本摹入其器純素尙在關中按戈枤作器者氏與名春秋傳夏有戈國其受氏久矣

枤字見說文義通扶此枤字筆畫糾連篆體之近乎草者 積古齋鐘鼎款識

陽鼎 佚 鐘鼎款識器

阮氏積古齋釋文

陽作寶鼎孫子寶其萬年

右陽鼎銘十字據程彝齋關中搨本摹入按陽作器者名 積古齋鐘鼎款識

善夫克鼎 存

續陝西通志稿卷一百三十五金石一 十五

續陝西通志稿卷一百三十五金石一 十六

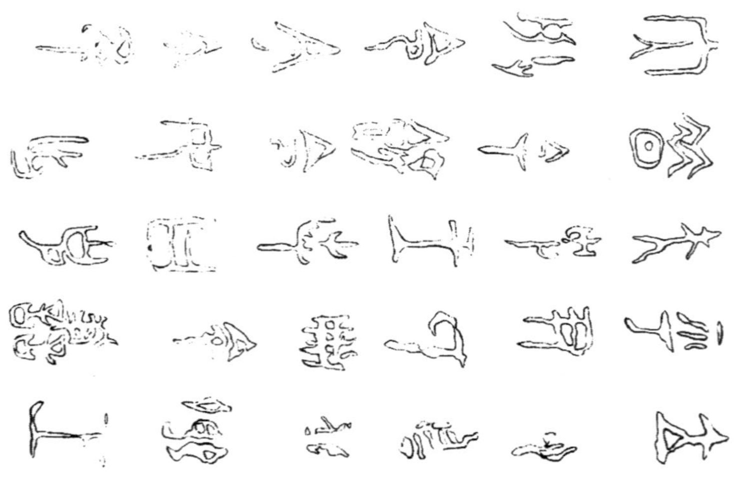

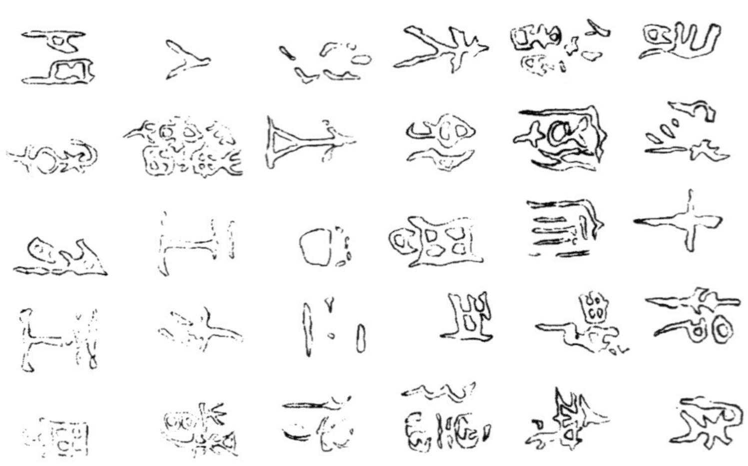

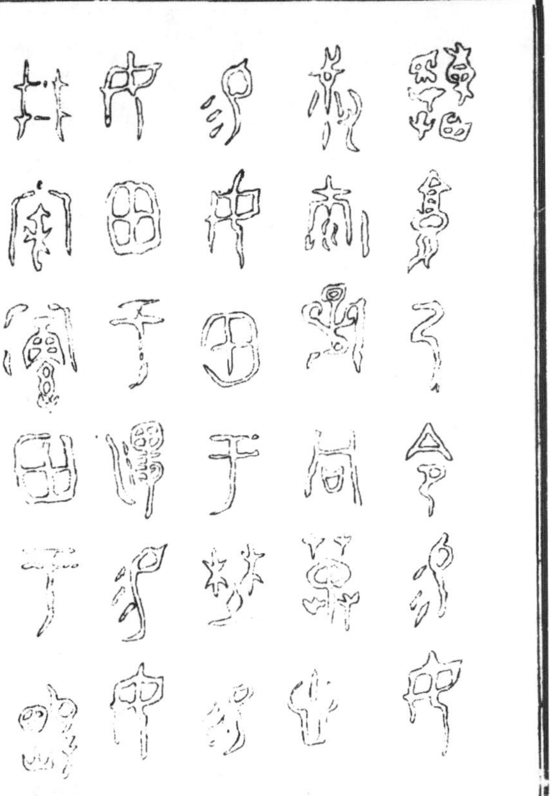

續陝西通志稿　卷一百三十五　金石一　十七

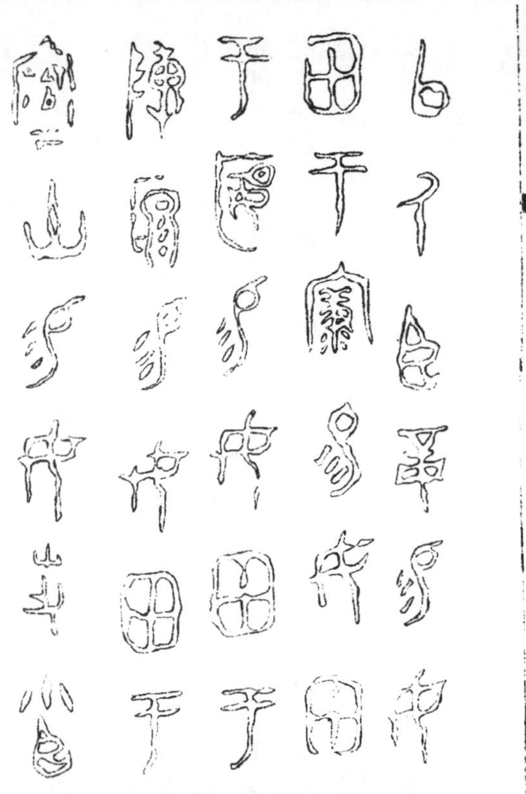

續陝西通志稿　卷一百三十五　金石一　十八

窓齋集古錄釋文

克曰穆朕文祖師華父[illegible][illegible]乃心寍靜于猷淑哲厥德肆克龏

保乃辟龔王諫辟王家惠于萬民口遠尣執肆克稽于皇天琿
于卞口口口敃錫釐無疆永念于乃孫辟天子明哲顯孝于申
至念乃聽保祖師華父龢克王服出内王命多錫寶休不顯天
子其萬年無疆保辟周邦畯尹四方
王在宗周旦王格穆廟即位䜌季右善夫克入門立中廷北向
王呼尹氏册命善夫克王若曰克昔余既命女出納朕命今余
惟𤕦𠦪乃命錫汝𪓐黻參冋葬悤錫女田于埜錫女田于渒錫
女井家𣪘田于𤰈㠯乃臣妾錫女田于㝩錫女田于匽錫女田
于博原錫女田于寒山錫女史小臣霝鼓鐘錫女井𠇔𠟭人𢦏
錫女井人奔口䈞敬夙夜用事勿灋朕命克拜稽首敢對揚天
子不顯魯休用作朕文祖師華父䵼寶䵼克其萬年無疆子孫
永寶用

續陝西通志稿【卷一百三十五 金石一】　十九

按是鼎高四尺餘重六百斤内有文二百八十餘字光緒十六年秋扶風任村任致遠掘土得之由蘇子貞運歸潘文勤公此鼎發現之處若土室然共得鐘鼎尊彝等器七十餘惟克鼎暨四喜鐘爲最大鐘文亦二百餘字惜未詳轉移所在耳

善夫克鼎 存

窓齋集古錄釋文

隹王廿又三年九月王在宗周王命善夫克舍命于成周遹正八𠂤之年克作朕皇祖釐季寶宗彝克其日用䵼朕辟魯休用介康龢屯右眉壽永命霝終萬年無疆克其子孫永寶用

續陝西通志稿【卷一百三十五 金石一】　二十

按是鼎高二尺餘銘文七十字其出土亦在扶風附近較前鼎爲早爲吳窓齋所得

毛公鼎 存

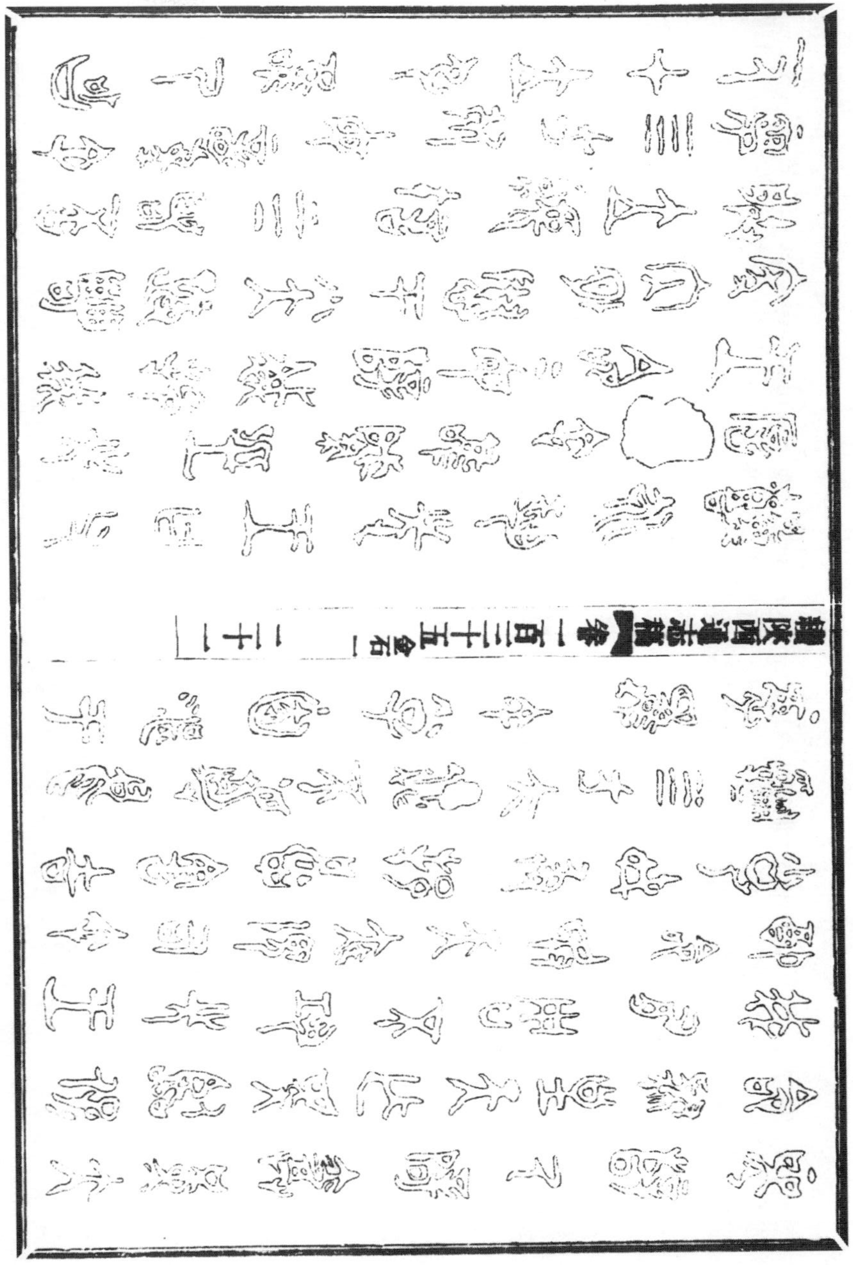
續陝西通志稿　卷一百三十五　金石一
二十一

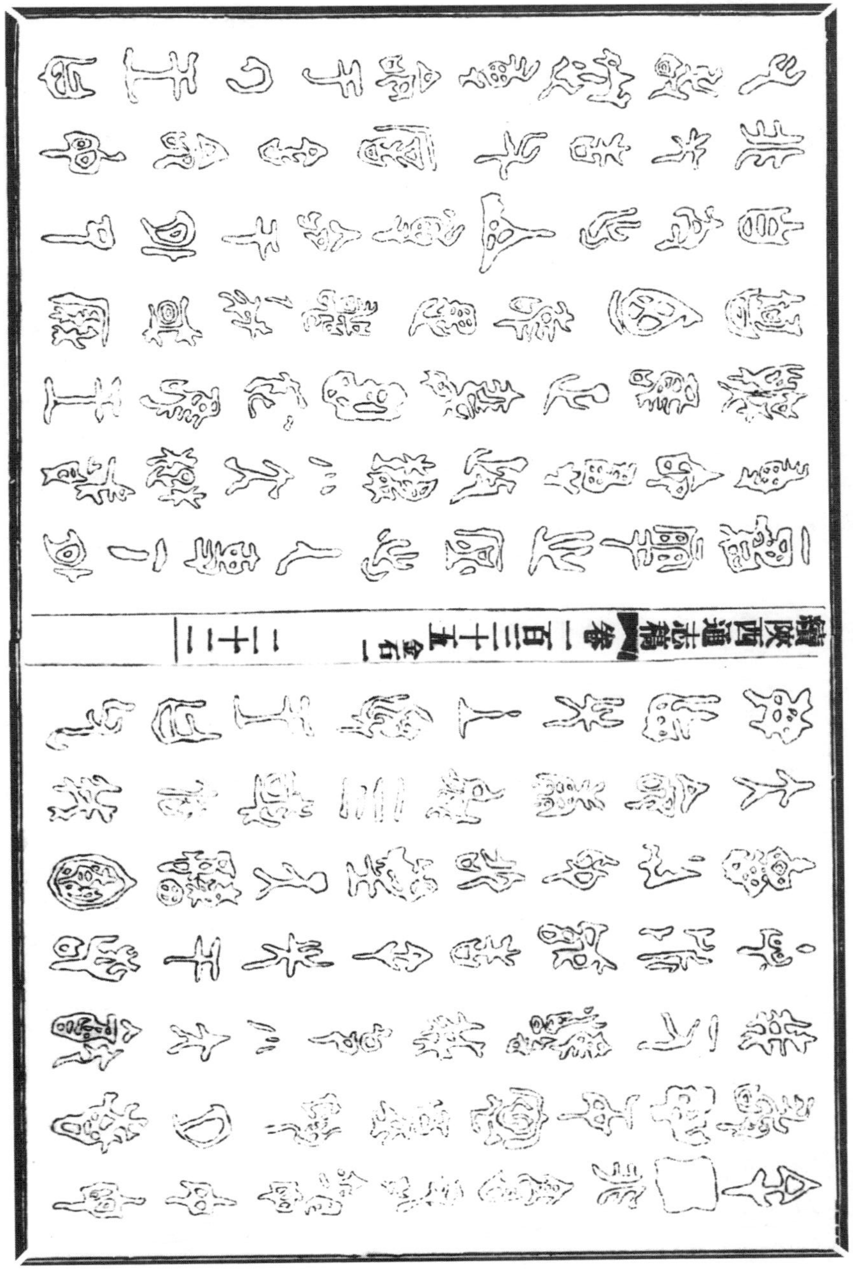
續陝西通志稿　卷一百三十五　金石一
二十二

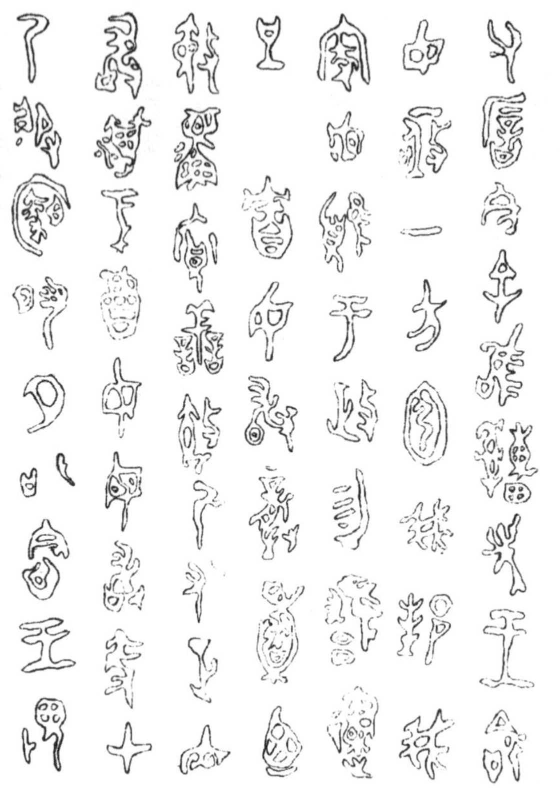

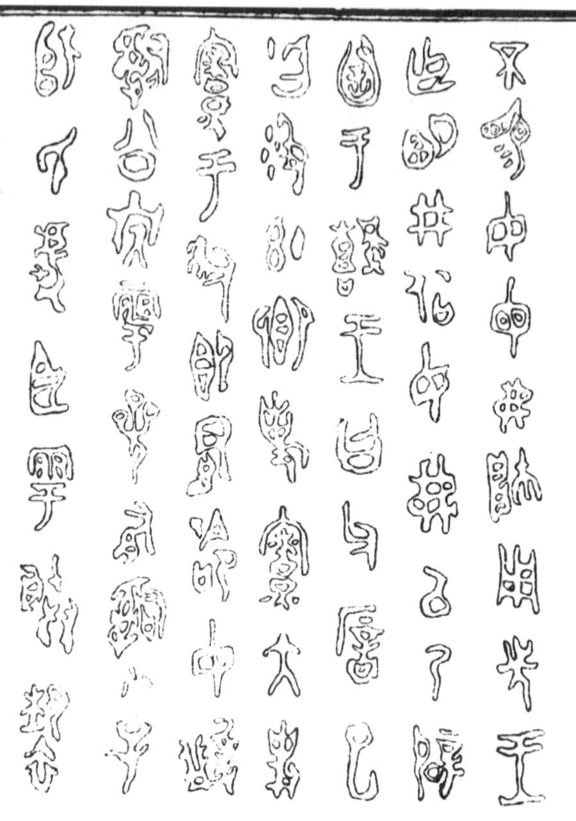

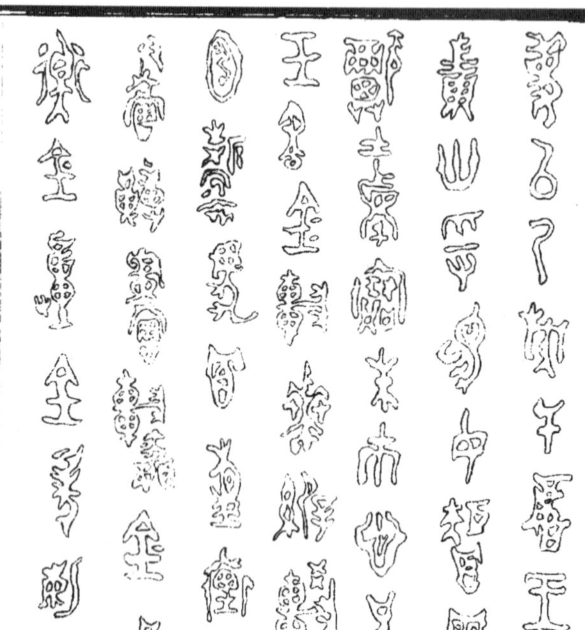

窓齋集古錄釋

王若曰父厝丕顯文武皇天弘厭乃德配我有周膺受大命率

褱不庭方罔不閈于文武耿光唯天庸集乃命亦唯先正克辟
乃辟勞勤大命肆皇天亡斁臨保我有周不巩先王配命愍天
疾畏司余小子弗及邦庸害吉𦆛𦆛四方大從不靜烏虖趯余
小子家湛于囏永鞏先王王曰父厝　余唯肇巠先王命命女
辥我邦我家內外惷于小大政甹朕位虩許上下若否雩四方
𡴝毋動余一人在位弘唯乃智余非𦣞又昏女毋敢妄寧虔夙
夕惠我一人雝我邦小大猷毋折緘告余先王若德用仰昭皇
天𤔲造大命康能四國俗我弗作先王顛王曰父厝雩之庶出
入事于外専命専政埶小大楚賦無唯正昏弘其唯王智迺唯
是喪我國厤自今出入専命于外乃非先告父厝父厝舍命毋
又敢惷専命于外王曰父厝今余唯𤔲先王命命女亟一方宏
我邦我家毋顀于政勿雝逮庶　賁毋敢龏橐迺敄鰥寡善效

續陝西通志稿　卷一百三十五　金石一　二十五

乃友正毋敢湎于酒女毋敢彖在乃服豳夙夕敬念王畏不賜
女毋弗帥用先王作明荆俗女弗以乃辟圅于囏王曰父厝已
曰及茲卿事寮太史寮于父即君命女𤔲𤔲公族雩參有𤔲小
子師氏虎臣雩朕褻事以乃族干吾王身取賦卅寽錫女𩰪鬯
一卣祼圭瓚寶朱市悤黃玉環玉珧金車𠦪縟較朱鞹䩙靳虎
𩋯熏裏右厄畫䡇畫𨍭金甬錯衡金踵金豙勅𣪕金簟弼魚箙
馬四匹攸勒金𠤕金膺朱旂二鈴錫女絲弁用歲用政毛公厝
對揚天子皇休用作尊鼎子子孫孫永寶用

秦中出土銅器不可枚數要以虢季子白盤盂鼎毛公鼎三器爲最一時罕有其匹盤出寶雞村人以之飲馬徐傳兼明府燮均見而異之購得以專車載歸南中兵燹後爲劉省三軍門所有盂鼎乃岐山宋氏物周雨蕉明府賡盛豪奪去雨蕉逝鼎復出仍在秦中獨是鼎較小而文至四百八十一字又重文九字空格二字前半尚隱隱有闕自來文字之多無逾於是者咸豐壬子蘇億年載入都時陳壽卿尚供職詞館以重貲購藏秘不示人初出土時余在秦曾拓存一紙顧不緻壽卿復拓贈一紙此外無獲睹者李竹朋爲余裝池遂分去其一同治壬申潘伯寅始見之愛弗置屬胡石查鉤摹鐫版以傳洵大快事余乞榻十餘紙分餉同好都人士尚有疑其贗者余亦不與辨也鮑氏觀古閣叢稿續

毛公鼎小而字獨多半在最深凹處斷非近人所能僞作拓出則紙凸起非栽翦不能付裝文屈曲如環翦帖之則神致已失余寓秦久與蘇兆年張二銘輩時相見凡作僞之器亦不復諱如葉丈東卿之遂啟諆鼎補鐫百餘字即余所目睹者是二鼎

續陝西通志稿　卷一百三十五　金石一　二十六

文字實出土時所有而近日都下疑者紛紛宜壽卿有一言以爲不知之概與鮑氏觀古閣續叢稿

伏生所傳今文尚書二十九篇內周書二十篇大誥以大誥爲武王之命漢儒誤讀文王爲寧王遂謂大誥爲周公攝政時作大激據文義以攷正之大傳列大誥於金縢之前是也康誥稱朕其弟小子封又稱寡兄鄭康成謂周公代成王告康叔之文後儒疑之律以毛公稱父之例既云王若曰即當稱父不當稱小子封矣二十篇中惟酒誥梓材召誥洛誥多士多方顧命七篇爲成王時作今得毛公南公二鼎文同爲成王之誥大義微言斯文未喪使當日孔子見之必錄入周書在不刪之列且今日所讀經典由篆變隸由隸變楷屢失本眞非復從前漆簡文字不圖二千九百餘年周初寶器至今完好文義篆法穆然想

見鎬洛遺型自宋以來金石家所收古器無此典重命辭齊鐘曶鼎頌敦虢盤均不足與相埒因釋其文用西人石印法傳之爲海内學者廣其見聞籍資攷證惜阮文達公之不及見也毛公鼎爲濰縣陳壽御丈介祺所藏拓本至不易得尤爲可寶 懋齋

古録集

按是鼎咸豐八年出土由爛銅鋪在鄉間收買運省以備鎔化爲蘇億年瞥見以市錢六十千購得之運京出售希世之寶乃得流傳蘇賈固以居奇爲計而有功於金石不少也

盂鼎 存

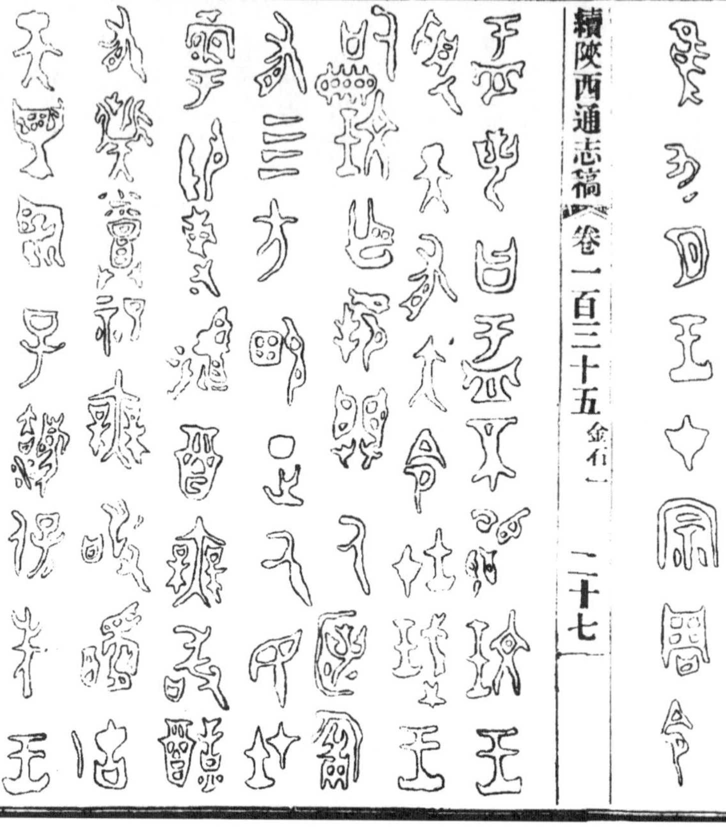

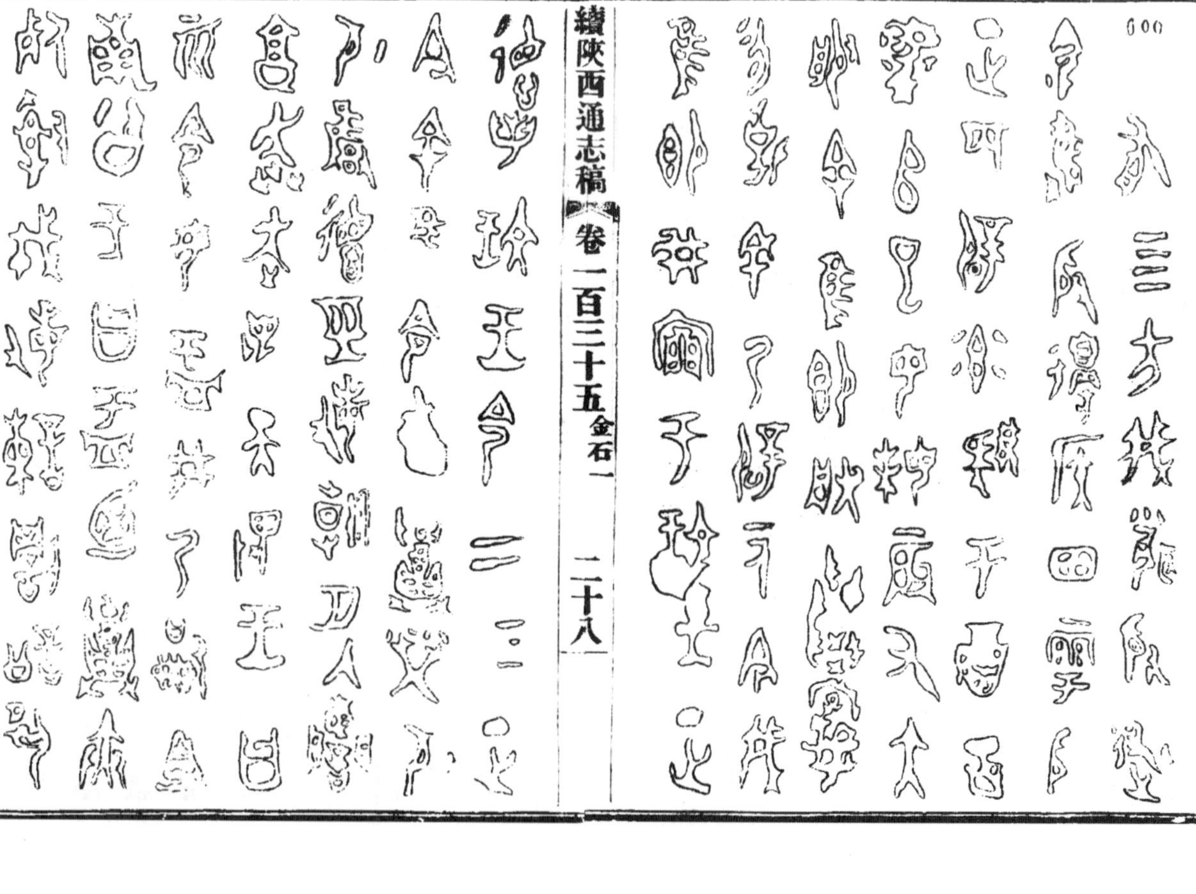

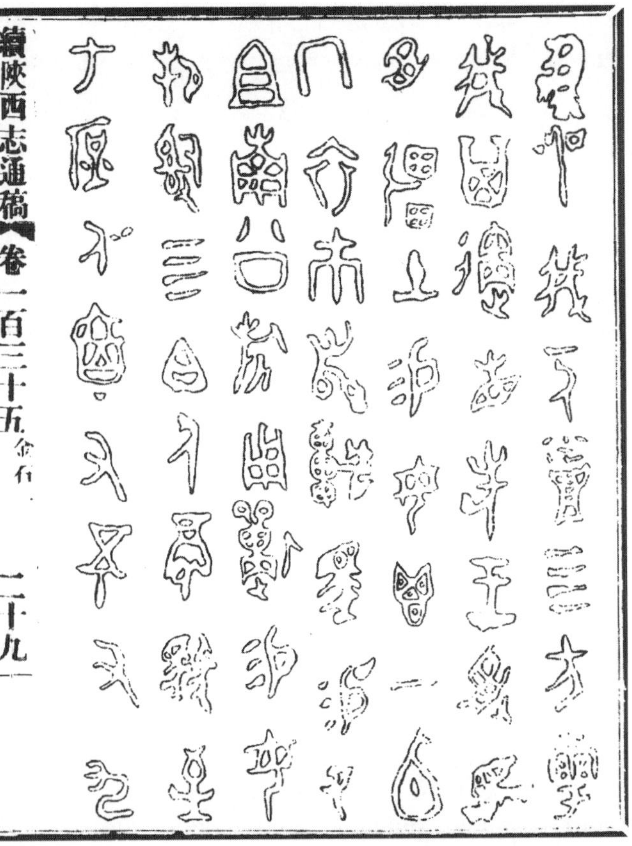

續陝西通志稿　卷一百三十五　金石一　二十九

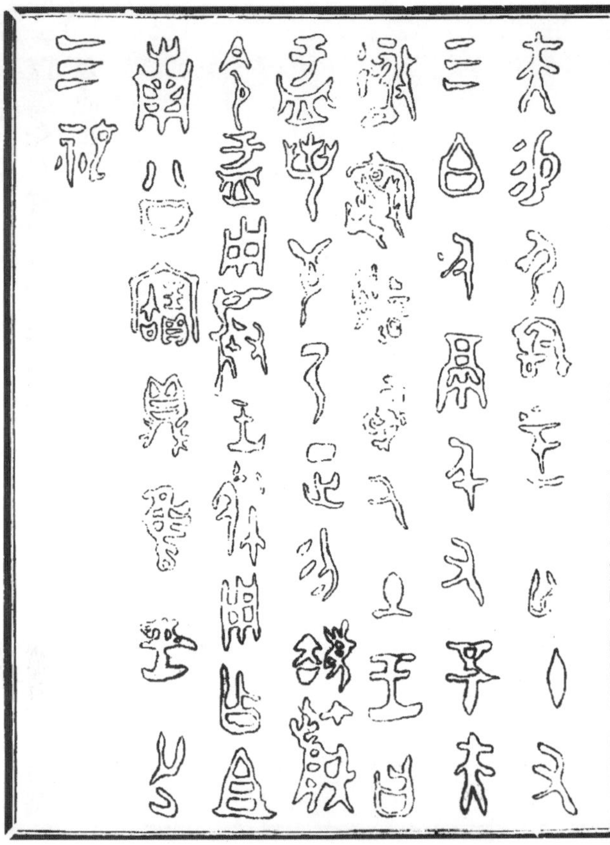

愙齋集古錄釋文

惟九月王在宗周命盂王若曰盂不（丕）顯玟（文）王受天有大命在珷（武）王嗣玟（文）作邦闢（闢）乃匿（慝）匍有三（四）方畯（畯）正乃民在雩即事𩰫酉（酒）無敢𩱦（酖）有𣲽烝祀無敢醻古（故）天異（翼）臨子灋保先王（小）有三方我𢦏殷述（墜）命惟殷邊侯田（甸）雩彪正百辟率肄于酉（酒）古（故）喪𠂤（師）已女妹（昧）辰又（有）大服余惟即朕小（小子）學女勿克余乃辟一人今我惟即井（型）稟（憲）于玟（文）王正德若玟（文）王命二三正今余惟命女盂召（紹）𦓷敬雝德巠（經）敏朝夕入闌（諫）高奔走畏天畏王曰於命女盂井（型）乃嗣祖南公王曰盂迺召（紹）夾死（尸）嗣戎敏諫（勅）罰訟夙夕召（紹）我一人䇂（開）三（四）方雩我其遹相先王受民受疆土錫女鬯一卣冂（冕）衣市舄車馬錫乃祖南公旂（用）䢅錫汝邦嗣三（四）伯人鬲（獻）

口馭至于庶人六百又五十又九夫錫乃嗣王臣十又三伯人鬲（獻）千又五十夫極（殛）寏（遷）（萬）口乃土王曰盂若敬乃正勿灋（曆）朕命盂用對王休用作祖南公寶鼎惟王廿又三祀

是鼎於道光初年出郿縣禮村溝岸中爲岐山令周雨樵所得旋歸岐山宋氏同治間項城袁小午侍郎以七百金購獲之今歸吾鄉潘文勤公癸酉冬大澂視學關中袁公出示是鼎高約四尺餘口徑約三尺餘重約七百餘斤大可容四石爲文十九行行十五字以文義繹之當係成王時物南公之孫盂所作首曰惟九月末曰惟王二十有三祀當成王即位之二十三年九月也（節愙齋集古錄）

按是鼎人亦稱爲南公鼎重七百餘斤古函牛之鼎也初藏岐山宋庶常金鑑家著釋文千餘字載於私集後爲岐山周令豪

奪周令旋故鼎復歸於宋氏同治中袁筱塢侍郎購去轉贈潘
文勤公今在吳縣

編纂渭南武樹善

續修陝西通志稿卷一百三十六

金石二

周

鄧伯氏鼎 存

按右鼎高一尺六寸深六寸八分口徑一尺三寸八分耳高三
寸七分光緒時在武功縣出土後歸陶齋詳載吉金錄

遂敔諆鼎 存

愙齋集古錄釋文

遂肇諆作廟

叔寶尊彝

是鼎乃道光末年秦中出土余目擊時尚折一足未補完中有
文二行曰遂敔諆作𠆢叔寶尊彝九字𠆢字泐故改作廟字蘇
氏得之屬鳳眼張者雜取號盤諸文前後添刻一百二十餘字
以三百金售之葉丈東卿然劉丈燕庭與余均有當日兩行拓
本稍辯其贋東卿不懌爰舁送金山寺此尚是平安館昔年舊
拓雖出燼餘卻完好試取繹之文義神緻不逮世傳諸巨器遠

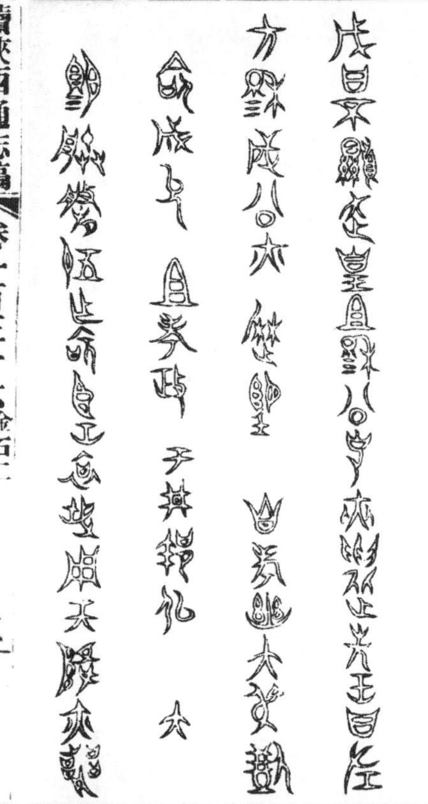

甚識者諒自有定評也 鮑氏叢編三編

按是器次字鮑氏釋爲敔吳氏釋爲寮姑兩存之

秦穆公鼎

薛氏鐘鼎欵識釋文

成曰丕顯走皇祖穆公克夾豐先王曰左方穆成公亦　歷望
自考幽大叔繼　命成允　祖考政于邦邦宏　大　賜朕
般右　作命臣工哀哉用天降亦喪于上　或亦唯器亞　方
率南　節東　廣　南域東域至於歷寒王　命迺六以　八
以曰冕成公侯　方　眉壽于祜以　客欲　每克我爵武公
乃　我率公朱軒百乘　百徒　作王　楊亦以　八以　侯
勿　壽率雩　至于　京我　方成　用作　寶　其萬年
子孫寶用

按宣和重修博古圖錄云銘二百一十二字湮滅不可辨者八十二字是鼎得於華陰迺秦故地曰丕顯走者詩言有周不顯乃所以甚言其顯也走者如太史公以謂牛馬走則走乃自卑之稱皇祖穆公者攷秦世次先武公次成公而穆公又其次今銘復先穆公次言成公後言武公者質諸經傳莫不有意義昔商之禘祀自上推之下尊尊之義故長發之詩曰有娀方將又曰先王元撥相土烈烈而終之以實維阿衡實左右商王此先言有娀以及契至於相土成湯而下然後及於阿衡也周之禘祀自下而推之上親親之義故雍之詩曰既右烈考亦右文母

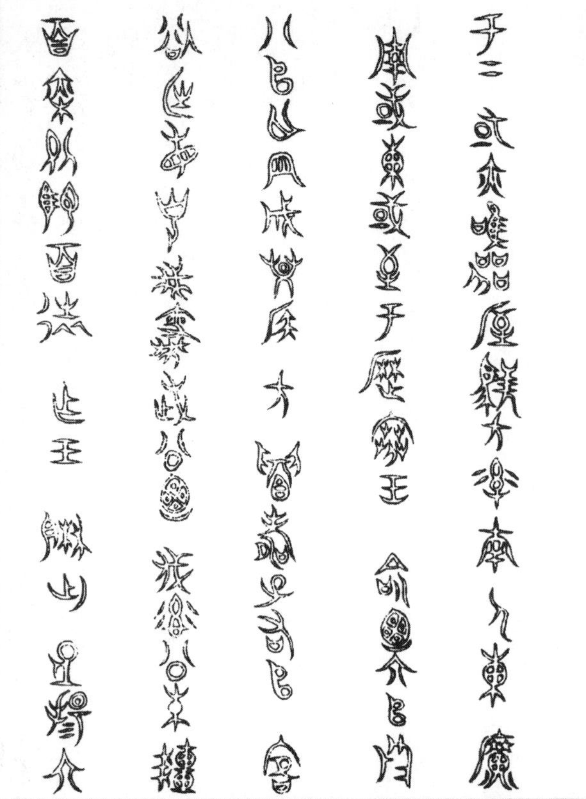

蓋自烈考以上逮於文母也自上及下則源其始而知王業所由興自下及上則舉其近而昭王業之所成當時各有所主而此鼎之文世次亦有所法也其餘以歷歲既久類與欵泯無復悉攷姑就可以意得者如此韓氏鐘鼎款識

韓城鼎佚

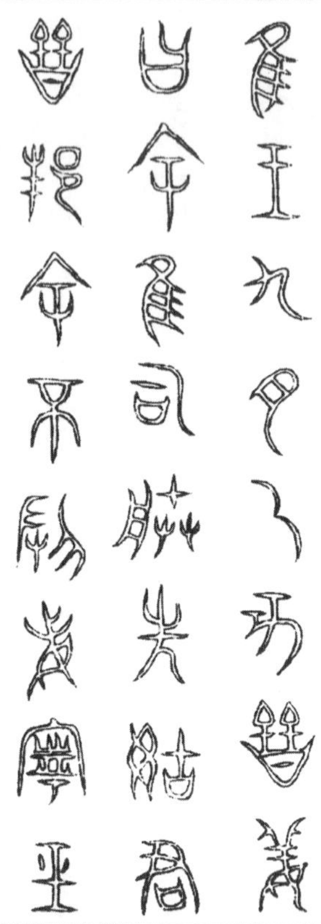

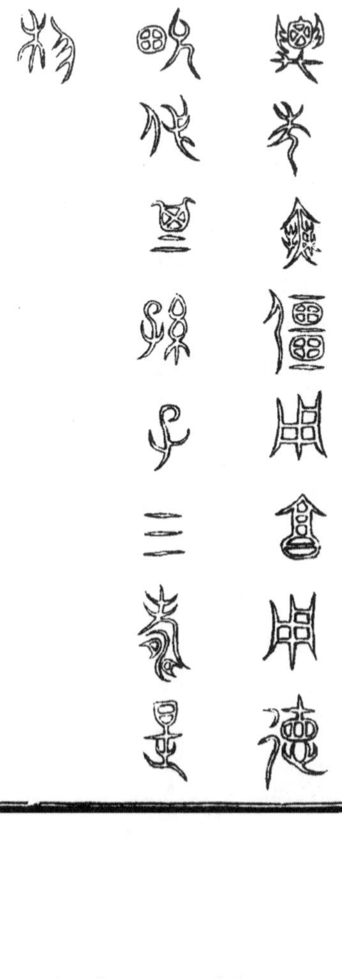

歐氏集古錄楊南仲釋文

惟王九月乙亥晉姜曰余惟司朕先姑君晉邦余不叚妄寧經

雖明德宣卿我猷用豐彡辟辟婭鬻久尭蔚虔不彖諸覃享帥
爵我萬民亂遐我夃匈賚千兩勿灋文侯頵令里誰俑訊征緜
湯顯受久吉金用作寶𨻰鼎用康龥妥懷遠切君子皆姜用𤅩
䜌竊釁鬻刌篚爲極萬秊無疆用享用德允保其孫子三壽是
物

右鼎得於韓城徑尺有七寸四分高尺有二寸半深七寸六分容四斗二升銘百二十一字 韓城志

右原甫既得鼎韓城遺余以其銘而太常博士楊南仲能讀古文篆籀爲余以今文寫之而闕其疑者原甫在長安所得古奇器物數十種亦自爲先秦古器記原甫博學無所不通爲余釋其銘以今文而與南仲時有不同故并著二家所解以俟博雅君子 歐氏集古錄

宗婦鼎一 存

愙齋集古錄釋文

王子勅公之
宗婦鄁嫛爲
宗彝𦉢彝永
寶用以降大
福保辪鄁國

宗婦鼎二 存

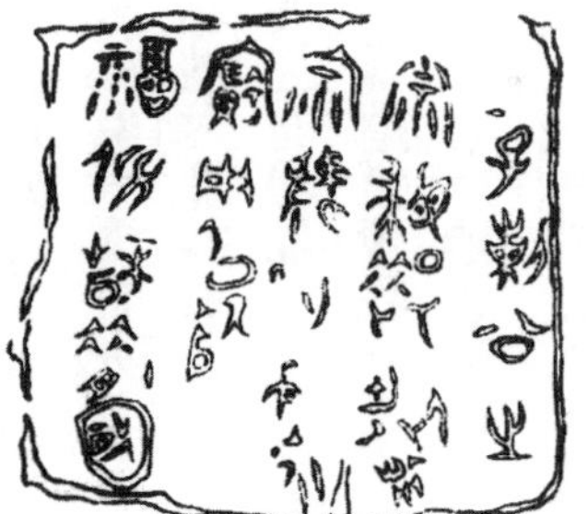

釋同上

牛鼎 存

按右鼎高四尺餘圍四尺餘無銘字無花紋深黝光澤古函牛之鼎也是器於光緒間出土鄉人售之京賈已成說矣以分肥不均涉訟斷令保存公所不許擅賣乃輦送都城隍廟今仍屹立

羊鼎 存

按右鼎高二尺餘無銘字項下有花紋二寸一周宣統元年鳳翔岐陽里人掘地得之翠綠斑斕狀極古致知鳳翔府胡薇元據以上聞由勸業道札提來省交商務會以存古蹟今在圖書館古鼎有牛鼎羊鼎雞鼎之別以大小衡之當爲羊鼎

盄和鐘 存

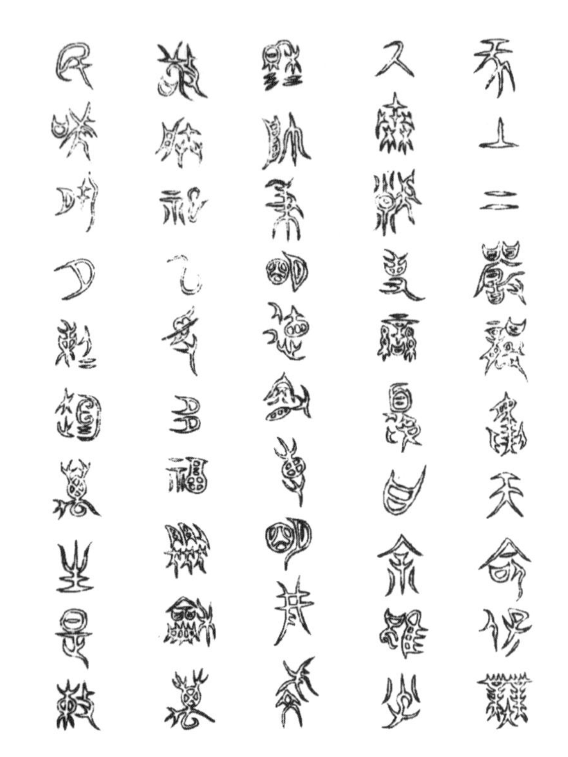

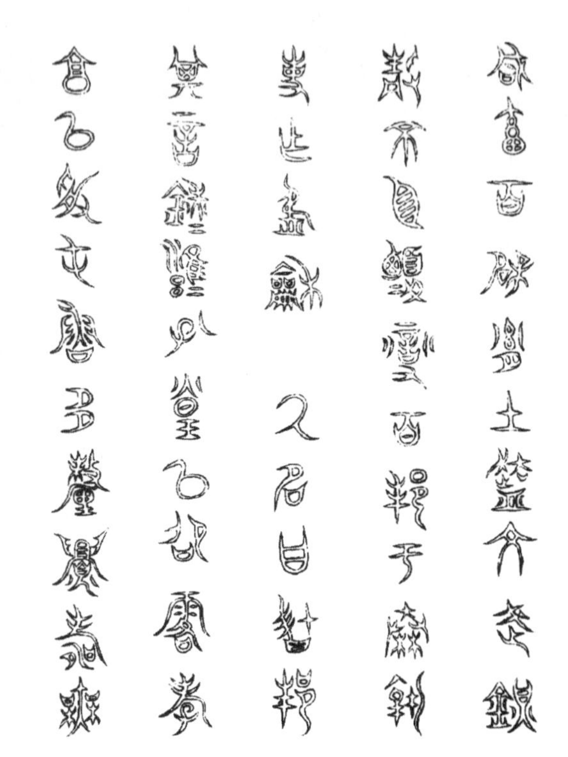

薛氏鐘鼎欵識釋文

秦公曰丕顯朕皇祖受天命奄有下國十有二公不墜上帝嚴恭寅天命保業故秦虢事蠻夏曰余雖孚穆師秉明德叡敷明刑虔敬朕祀以受多福協和萬民呼夙夕剌趄萬生是敕咸畜百辟胤士彬彬文武鎮靜不廷虔變百辟於秦執事作盄和　故名曰書邦其音銑銑雝雝孔煌以昭格孝享以受純魯多釐眉壽無疆畯㝬在位高弘有慶溥及男永寶宜

右鐘銘按古器物銘云不顯朕皇祖受天命奄有下國十有二公歐陽文忠公集古錄以爲太史公史記于秦本紀云襄公始列爲諸侯而諸侯年表則以秦仲爲始今據年表始秦仲則至康公爲十二公此鐘爲共公時作也據本紀自非子爲附庸邑于秦至秦仲始爲大夫仲死子莊公伐破西戎于是予之秦仲及其先大駱地犬邱並有之爲西垂大夫莊公卒子襄公代立犬戎之難襄公有功周室于是平王始封襄公爲諸侯賜以岐以西地曰戎無道侵奪我岐豐之地秦遂能攻戎即有其地與誓封爵之襄公於是始立國與諸侯通使聘享之禮而詩美襄公亦以能取周地始爲諸侯受顯服蓋秦仲初未嘗稱公莊公雖稱公然猶爲西垂大夫未立國也至襄公始國爲諸侯矣則

銘所謂奄有下國十二公者當自襄公始然則銘斯鐘者其景公與此鐘銘一百四十二字藏在御府皇祐間嘗模其文以賜公卿楊南仲爲圖刻石者也 薛氏鐘鼎款識

散氏 存

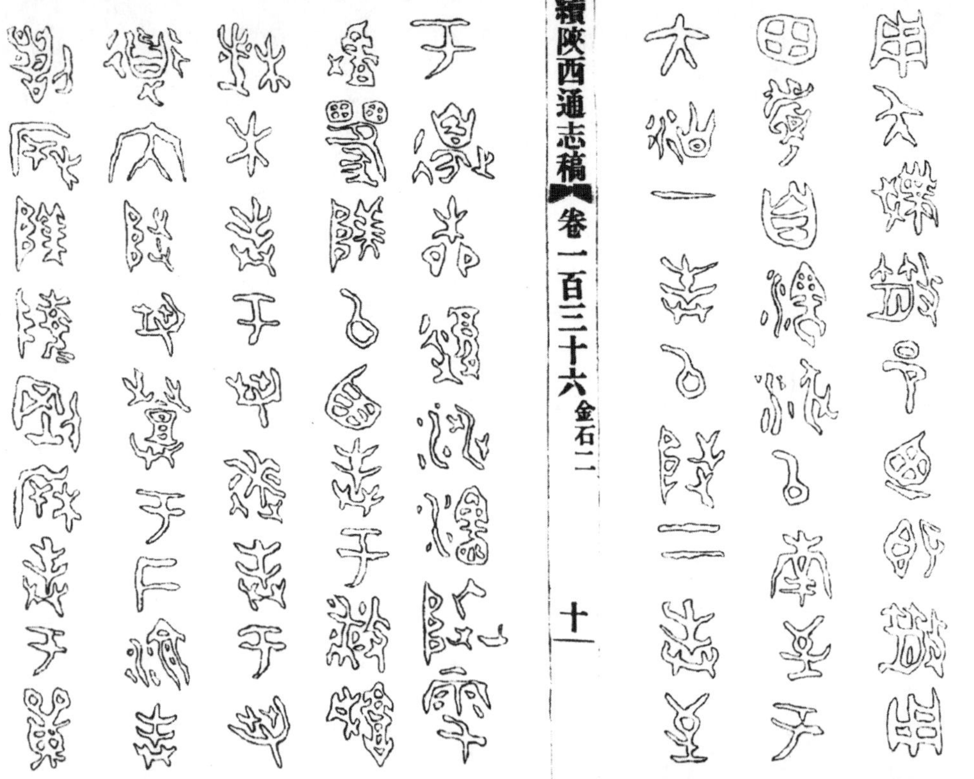

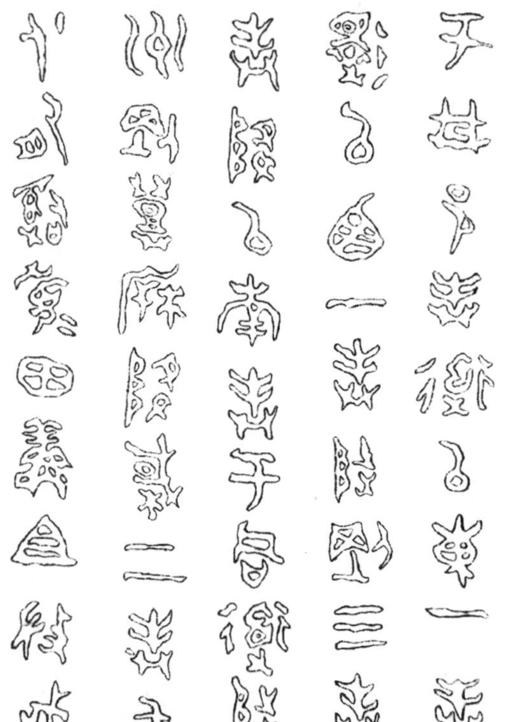

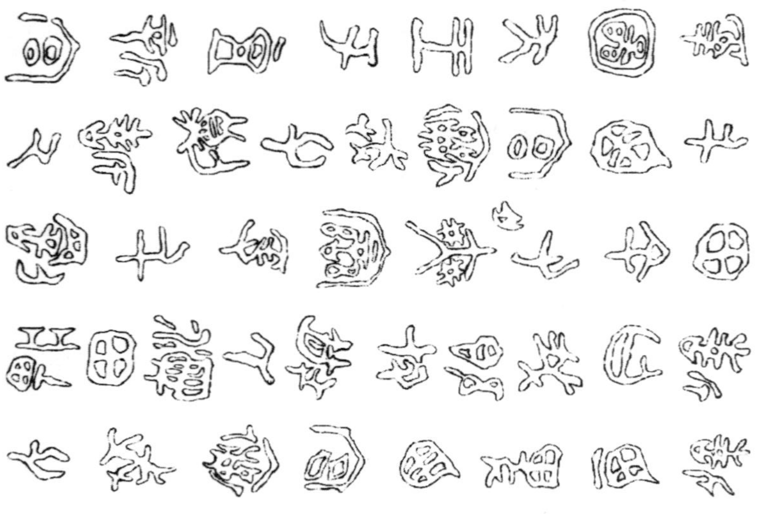

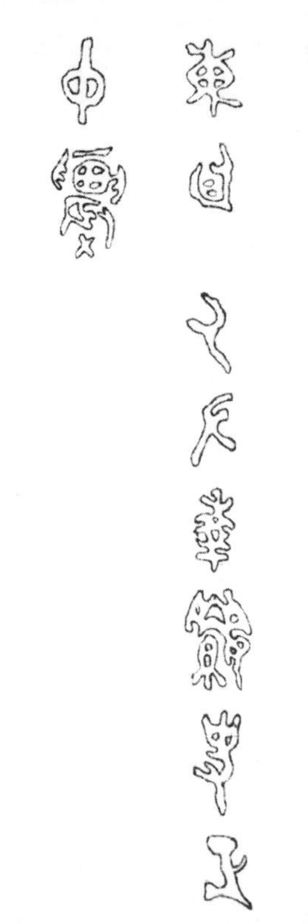

窓齋集古錄釋文

用大撲散邑迺即散用田境自滑涉吕南至于大湖一表吕陟二表至于邊柳復涉滑陟雩虘原隣吕西表于𩱢城杜木表于若迷表于若道內陟若登于厂源表𠝝杝隣陵剛杝表于單道表于原道表于周道吕東表于梓東疆右還表于𡈼道吕南表于𠨥迷道吕西至于卬莫境邢邑田自根木道左至于邢邑表

道吕東一表還吕西一表陟剛三表降吕南表于同道陟州剛登杝降棫二表夨人有嗣境田善祖𢀛戎父西宮襄豆人虞卞彔貞師氏右相小門人訧原人虞𦰨淮嗣工虎孝𠔖 鬳 豐父卬人有嗣邢下口 國 十有五夫正境大舍散田嗣土　𨟻馬單邦人嗣工騾君 草 宰德父散人小子境田戎𢀛父效果父𢎂之有嗣褱州𩰫攸從𡇲凡散有嗣十夫唯王九月辰在乙卯夨卑 俾 鮮祖𦗼旅誓曰我既付散氏田器有爽實余有散氏心𢦔則爰千罰千傳棄之鮮祖𦗼旅則誓迺卑 俾 西宮襄武父誓曰我既付散氏溼田牆田余有爽𢓜爰千罰千西宮襄戎父則誓乃爲圖夨王于豆新宮東廷　乃在執𦥑史正仲㳄

右盤圍六尺四寸高八寸五分重四十斤銘在腹中共十九行三百五十八字缺九字據古商蘇氏云是器於乾隆初年出於鳳翔由其祖經手出售蘇氏世業金石鮑子年曾贈匾額云金石傳家今猶存在窓齋陶齋所購各器多出其手故能言之鑿鑿盤銘文奇字古義難強通釋之者紛如聚訟王氏金石萃編集孔廣森吳玉搢樊明徵汪肇龍江德量五家之說爲釋文然五家釋滑爲溝瀆之瀆王氏乃訓滑爲淄水遂將以下各地附會於齊魯燕趙之間吳氏集古錄又釋滑爲洛轉爲汧汧水出蜀都又釋㭬爲卬釋井爲荆而散邑又在荆蜀矣武氏授堂及近日各金石家競爲釋文以矜博雅瑜不掩瑕莫衷一是致希世之寶竟無歸宿皆文人好奇之過也惟江氏斷爲周畿內大夫所作錢氏履園叢話目爲周散邑銅盤可謂語不離宗要之鐘鼎文與篆籀不能強同地名亦千古不能一致上下三千年必求文字人地詳明吻合則不鑿不止盤內善祖𦗼旅西宮襄

武父夨王皆周畿大夫其采地與散邑相連接所爭止十里廿里之遙所表皆村聚原隰之地斷難一一詳考惟散邑應即今散關地隸鳳翔府屬之寶雞漢石門頌所謂出散入秦者是也且近時鳳翔新出一器鐫夨王作寶彝五字亦可證人地不甚相遠則此盤之出鳳翔殆無疑義也聞道光二十一年貢入清宮時江南曾仿造二盤亦精緻可亂眞

虢季子白盤 存

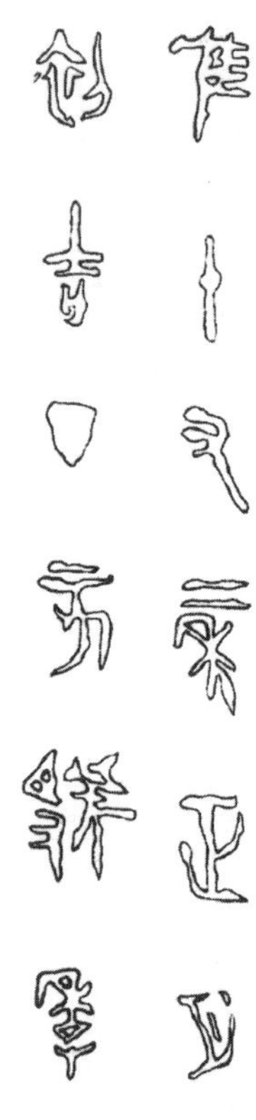

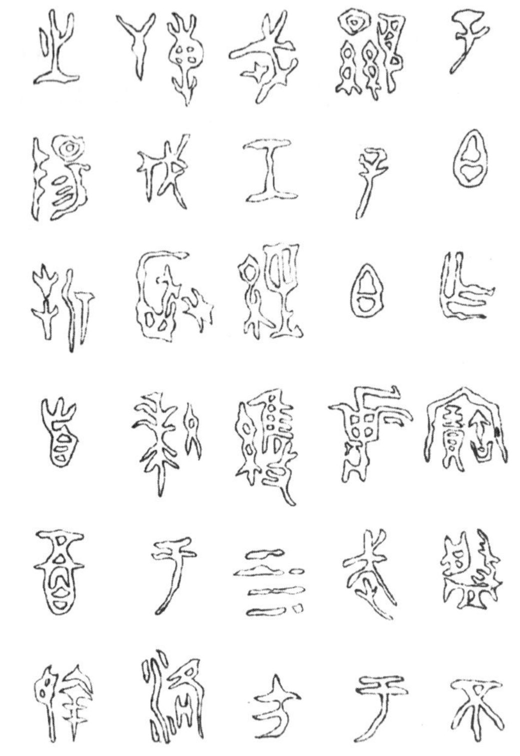

續陝西通志稿卷一百三十六金石二　十六

續陝西通志稿卷一百三十六金石二　十七

寈齋集古錄釋文

隹十又二年正月初吉丁亥虢季子白作寶盤丕顯子白庸武于戎工經維四方博伐玁狁于洛之陽折首吾執訊卆是以先行趄子白獻俘于王=孔加子白義王各周廟宣廟爰鄉王曰白父孔顯又光王賜乘馬是用左王賜用弓彤矢其央賜用戉用政繇方子孫萬年無疆

虢季盤最大長近六尺闊三尺許中深一尺高亦如之四足八環凡百十有一字乃有韻之文也鮑氏觀古閣叢稿

秦中曩出虢季子白盤爲徐傳兼明府載歸南中今歸劉省三

軍門爲築盤亭一時名流題詠殆徧子靜得是拓乃必索余一言蓋以余寓秦久知盤所自出村人初以飲馬塵封者不知幾經歲月始遇傳秉拂拭出之物之顯晦固有時而余與子靜獲讀其文字攷定歎賞亦殊幸古緣之不淺也 鮑氏觀古閣叢稿

達敦 佚

薛氏鐘鼎欵識釋文

達作寶敦

其萬年子

孫永寶用

右敦銘得於王炎公明家藏墨本其器舊藏永興軍駐泊都監

曾伉家治平改元二月十五日河南趙君章晦叔曾爲釋其字云集作寶敦其萬年子孫永寶用上一字不可讀後于元豐八年七月二十五日胡箋文安國于吳興倅廳與燕文叔子彥同觀安國云是達字達從辵而此從走疑古文走與辵通用是爲達字無疑 薛氏鐘鼎款識

伯庶父敦 佚

薛氏鐘鼎欵識釋文

惟二月戊寅

伯庶父作

王姑周姜尊

敦其永寶用

歐陽文忠公集古錄云此器嘉祐中劉原父得於扶風曰伯庶父作周姜尊敦伯庶不知爲何人攷古云王姑周姜稱姑婦辭也王姑夫之王母也作器者伯庶父也或謂王姑者王父之姊妹也然王父姊妹當從之否則有歸宗及殤附祭可也亦不容制器以祭 薛氏鐘鼎款識

伯冏父敦 佚

薛氏鐘鼎款識釋文

伯冏父作周姜

寶敦用夙夕享

用祈萬壽

按歐陽文忠公集古錄云冏命序曰穆王命伯冏爲周太

僕正則此敦周穆王時器也按史記六年表自厲王以上有世次而無年數共和以後接乎春秋年數乃詳蓋自穆王傳共孝懿夷厲五王而至於共和自共和至今蓋千有九百餘年斯敦之作在共和前五世而遠也古之人欲存乎久遠者必託之金石而後傳其湮沈埋沒顯晦出入不可知其可知者久而不朽也然岐陽石鼓今皆在而文字則缺者十三四惟古器銘在者皆全是以古之君子器必用銅取其不爲燥濕寒暑所變爲可貴者此也古之賢臣名見詩書者常爲後世想望剏得其器讀其文器古而文奇自可寶而藏之耶按劉原父先秦古器記曰此敦得於藍田敦者有虞氏之器周禮有金敦有玉敦玉敦以盛血天子以盟諸侯金敦以盛黍稷大夫主婦以祀宗廟此金敦也其銘曰伯冏婦作周姜寶敦用夙夜享用祈萬壽蓋穆王

太僕正周畿內諸侯食采於周者也皆周家之后然則伯冏周之裔孫也復作贊曰穆瞞眊荒周巡天下祭公作哲實正王過冏亦世僕其僚道度名器貽世似續妣祖載祀二千示我懿矩

郘敦一　佚

薛氏鐘鼎款識

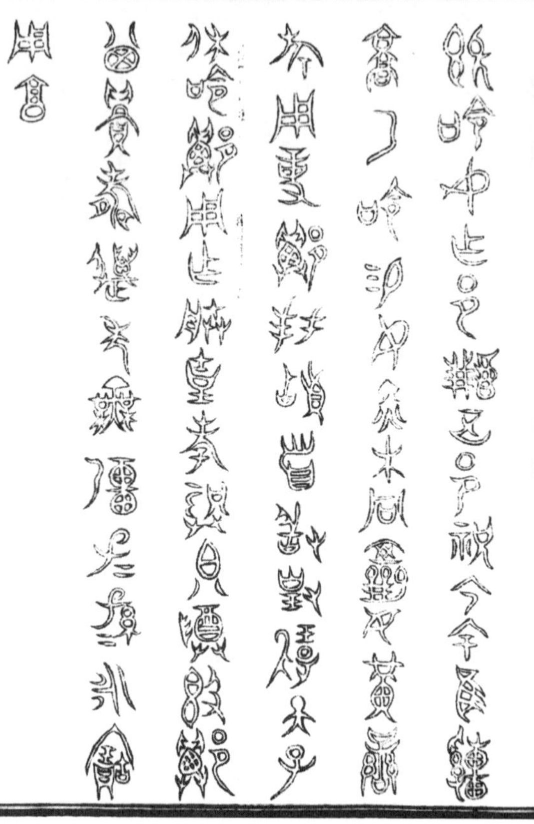

薛氏鐘鼎欵識釋文

惟二年正月初吉王在周邵宮丁亥王格于宣榭毛伯內門立中廷佑祝郘王呼內史册命郘王曰郘昔先王既命汝作邑繼五邑祝今余惟疃京乃命錫汝赤芾彤冕齊黃鑾旂用事郘拜稽首敢對揚天子休命郘用作朕皇考龔伯尊敦郘其眉壽萬年無疆子子孫孫永寶用享

郘敦二

釋文同前

郱敦三

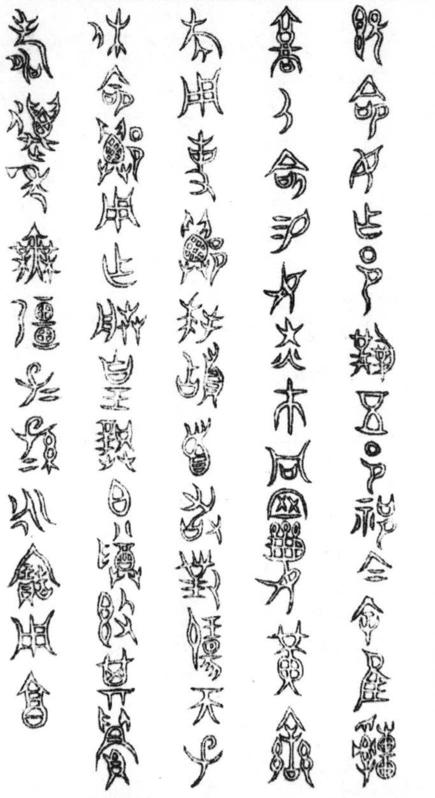

釋文同前

按歐陽文忠公集古錄云此銘嘉祐中劉原父以翰林侍讀學士出爲永興諸軍撫使其治在長安原父博學好古多藏古奇器物能讀古文銘識攷知其人事蹟而長安秦漢故都時發掘所得原父悉裒藏之以余集古文故每有所得必摹其銘文以見遺此敦得其蓋於扶風而有此銘原父爲余考按其事云史記武王克商尚父牽牲毛叔鄭奉明水則此銘謂鄭者毛叔鄭也銘稱伯者爵也稱叔者字也敦乃文武時器以余考之此字從弁從邑弁字史籀作□而此敦曰□則謂之郱無疑呂氏攷古亦作郱字而劉原父謂之鄭者非也呂氏又云此三敦同制同文則知古人作器勒銘非一物器皆有是銘也郱周大夫也有功錫命爲其考作祭器也宣榭蓋宣王之廟也榭射堂之制也其文作□古射字執弓矢以射之象因其名其室曰射音射後從木其堂無室以便射事故凡無室者謂之榭爾雅云宣王

之廟制如榭故謂宣榭春秋記成周宣榭火以宗廟之重而書之如桓僖宮之比二傳云藏禮樂之器非也又有𢦏敦云王格於太室亦廟也古者爵有德而祿有功必賜於太廟示不敢專也祭之日一獻君降立於阼階之南南鄉所命北向史由君右執策命之再拜稽首受書以歸而舍奠於其廟毛伯內門立中庭右祝郱者毛伯執政之上卿也入廟門中其庭立祝與郱皆在其右也王呼內史策命郱者內史掌諸侯孤卿大夫之策也王曰諸史執策贊王命以告郱也赤芾彤冕齊黃鑾旂所錫車服齊黃者馬齊色也郱拜稽首用作皇考龔伯寶尊敦者所謂受命以歸舍奠於其廟也此策命之禮古器多有是辭故詳釋之　薛氏鐘鼎款識

宗婦敦一 蓋

窓齋集古錄釋文

王子剌公之

宗婦鄁嫂爲

宗彝䵼彝永

寶用以降大

福保辥鄁國

宗婦敦一 器

釋文同上

宗婦敦二 蓋

釋文同上

宗婦敦二 器

釋文同上

叔器父敦 佚

窓齋集古錄釋文
叔器父作　姬
旅敦其夙夜用
亯孝于皇君其
萬年永寶用

鄧閉敦 存

窓齋集古錄釋文

唯王二月既生霸辰甲戌寅王格于師戲太室型伯入右鄧閉王呼內史册命鄧閉王曰閉錫汝織衣環市緣旂用𠈌乃祖考吏嗣守餘邦君嗣馬弓矢閉拜䭫首敢對揚天子不顯休命用作朕文考𤔲叔寶敦用錫眉壽萬年永寶用于宗室

是敦出西安後歸潘文勤公既生霸借相為生異文也師戲太室以臣廟而稱太室僭詞也井白當是型伯豆閉人姓名豆當係鄧之省文閉字從甲或釋作閈非也𢦏衣當釋織衣𠂔字從人从小从屮不可識嗣守餘邦餘為地名可知弓矢所錫之器也文考𤔲叔乃鄧閉之父不可考矣 古窓齋集

編纂渭南武樹善

續修陝西通志稿卷一百三十七

金石三

周

靜敦

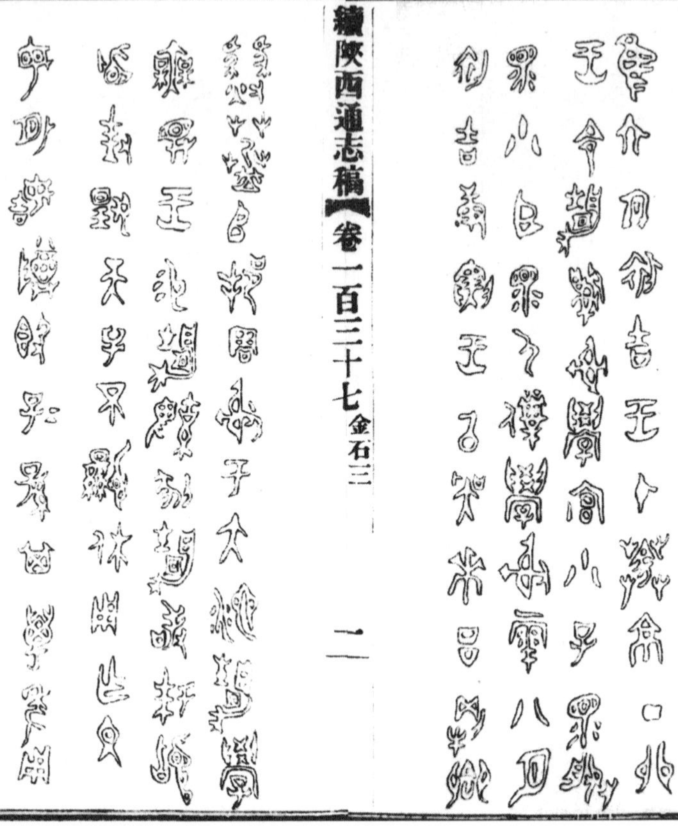

續陝西通志稿卷一百三十七　金石三　二

愙齋集古錄釋文

惟六月初吉王在豐京丁卯王命靜嗣射學宮小子眔服眔小臣眔𠬝僕學射雩八月初吉庚寅王叺吳𠯑吕剛會𧲢糾師邦周射于大池靜學無斁王錫靜鞞遂靜敢拜䭫首對揚天子丕顯休用作文母外姞尊敦子孫其萬年用

竹書紀年周宣王名靖亦作静此敦疑即周宣王爲太子時所作器故稱文母不稱文考也𦳝舊釋旁京非是彝器中屢見之文疑即鎬京也鎬京鎬不當從金今從茻象林木茂盛之意正與豐京之豐同意也旁京不見於經傳必非旁字也王命静嗣射學宮禮所謂習射於澤宮太子之事也小子遝服遝小臣遝𠬝僕皆學射之人也𠬝字不可識吳𠯑吕剛二人名文不可識𧲢疑古會字會𧲢同學射之意𧲢當即糾字之繁文𠂤當即師字之省文糾師邦周有大閱之意射於大池大池大澤也斁古斁字無斁言學射之無厭也𨍊疑古鞞字詩鞞琫有珌傳鞞容刀鞞也琫上飾珌下飾也說文鞞刀室也方言劍削自河而北燕趙之間謂之室自關而東謂之廓自關而西謂之鞞劉熙釋名室口之飾曰琫下末之飾曰鞞從玉從韋皆鞞之異文此從京亦革之變體也儀禮大射儀司射適次袒決遂鄭注云遂射韝也以朱韋爲之著左臂所遂弦也鞞遂皆王之所錫亦與他器不同文母外姞不可攷此敦字體匀秀已開史籀之先聲故定爲宣王時文字愙齋集古錄

續陝西通志稿卷一百三十七　金石三　二

匽敦 佚

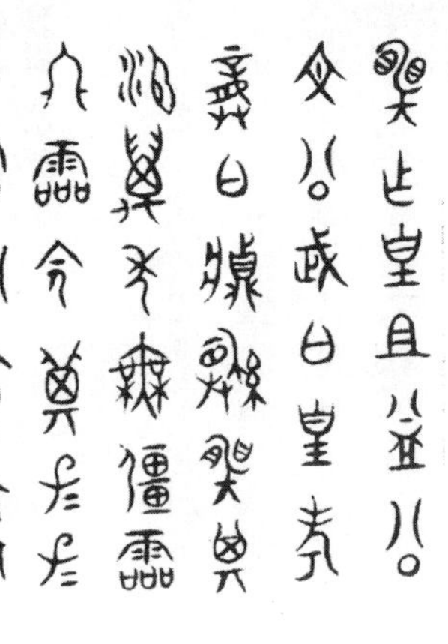

薛氏鐘鼎欵識
匽作皇祖益公
文公武伯皇考
龔伯𩰫彝匽其
沠萬年無疆令
終令命其子孫
永寶用享于宗室

博古錄云按此器乃敦而銘謂之彝者舉器之總名故不言敦匽必諸侯也故祭及四世蓋以古之諸侯有五廟大夫有三廟而傳言學士大夫則知尊祖謂過祖則無及矣武伯龔伯以謚配字爲言如文仲穆伯之類益公文公則言其爵蓋不沒其實

也如周有天下至于不窋古公亦或不以爵稱之又况于諸侯哉 薛氏鐘鼎款識

按此器歐氏集古錄跋尾謂之龔伯彝銘云劉原父得于盩厔龔伯亦不知其何人也

師虎敦 存

愙齋集古錄釋文

惟元年六月既望甲戌王在杜居格于太室邢伯內右師虎即位中廷北鄉王呼內史吳曰册命虎王若曰虎載先王既命乃祖考事適官嗣左右戲緐邢今余惟帥邢先王命女御乃祖考適官嗣左右戲緐邢敬夙夜勿廢朕命錫女赤舃用事虎敢拜稽首對揚天子不顯魯休用作朕剌考日庚尊敦子孫其永寶用

潘文勤公藏敦以文字而論當似宣王時器師虎疑即召公虎也元年六月正王在諒闇之時故曰王在杜㡯當即土㡯爾雅杜土鹵史記司馬相如傳索隱引博物志云杜蘅一名土杏詩自土沮漆漢書地理志作自杜沮漆相土烈烈荀子解蔽篇作乘杜徹彼桑土釋引韓詩作桑杜杜土古字通用儀禮喪服篇既虞翦屏柱楣鄭注一楣謂之梁柱楣所謂梁闇又云既練舍外寢鄭注舍外寢於中門之外屋下壘墼爲之不塗塈所謂堊室也周禮宮正云大喪授廬舍辨其親疏貴賤之居注云親者貴者居倚廬疏者賤者居堊室按天子七月而葬此云元年六月當在九虞之後杜居當即梁闇或壘土爲之而不塗塈故曰土居阮書叔蒿鼎在丽室南宮方鼎王居杜㚔媰鼎蠻㡯皆杜居也徒古格字井白當作邢伯内當讀納㕟當讀向内史㒸當

讀虞裁當即在字假借字同聲相假也𠭯當釋祖從𠭯助之異文也以助爲祖亦古文假借字𤔲左右戲治軍之事也𨽟朞二字不可解帥井當讀師邢䴆舊釋更非是當卽騣之省文讀如馭攸係敬之省𡱂當即廢㔾古㒸字剌考舊釋列考疑此亦宣王時文字也 窓齋集古録

祖乙鼄侯叔敦 存

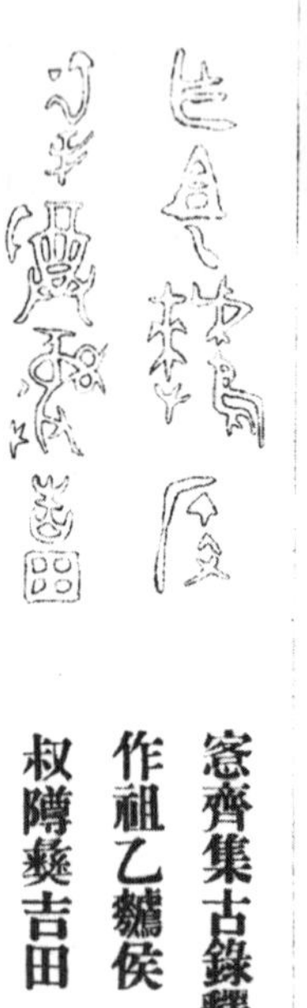

窓齋集古録釋文

作祖乙鼄侯

叔障彝吉田

鼄字不見於字書古籀文鳥字多作隹此器與石鼓文鳴字從鳥鼄疑來字之籀文爾雅釋鳥鷹來鳩釋文本作鶆樊注鶆鳩爽鳩也穀梁宣七年公會齊侯伐萊茲以鶆鳩之鶆借作萊夷之萊鷹鷙鳥故從虎叔其名也末有告田二字與鐘文同當係一人所作此器在西安所見今不知在何處 窓齋集古録

九旒旗形敦 存

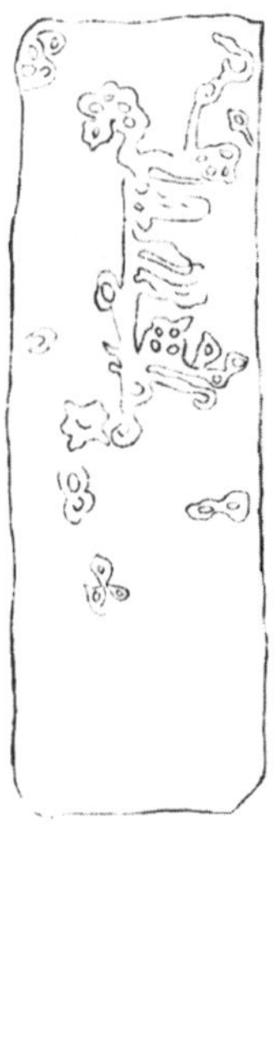

此蒲城楊氏所藏敦作旗形九旒禮樂記龍旗九旒釋文本又作旒明堂位旗十有二旒釋文本又作斿十有二旒乃天子之制九旒則上公所用也此敦疑亦上公所用器 窓齋集古録

頌敦蓋 佚

愙齋集古錄釋文

惟三年五月既死霸甲戌王在周康邵宮旦王格大室即位宰弘右頌入門立中庭尹氏受王命書王乎史虢生冊命頌王曰頌命汝官嗣成周賁監嗣新造賁用宮御錫女玄衣黹常赤市朱黃鸞旂攸勒用事頌拜𩒨首受命冊佩以出反入覲章頌敢對揚天子不顯魯休用作朕皇考龏叔皇母龏姒寶尊敦用追孝蘄匄康虔屯右通彔永命頌其萬年眉壽無疆畯臣天子靈終子子孫孫永寶用

右頌敦蓋拓本得之西安蘇億年不知器歸何處第五行虢作虢第四行呼作乎與他器不同 愙齋集古錄

芮伯啟壺 存

蓋

器

右通蓋高一尺七寸五分深一尺三寸九分口徑四寸九分腹徑九寸三分 陶齋吉金錄

按是器高約一尺七寸通體花文作蟬三十枚器蓋各有銘八字淸咸同中出土陶齋以六百金購去

伯克尊 存

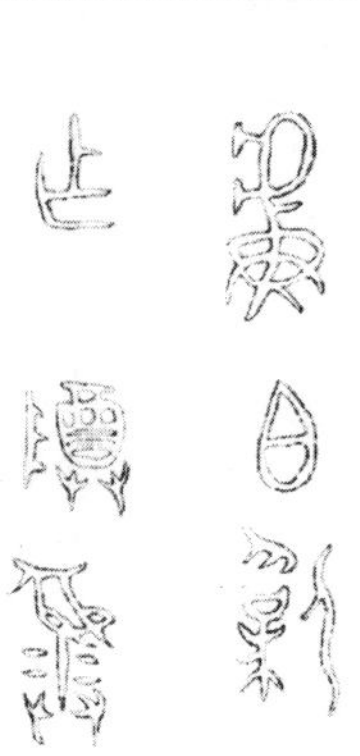

薛氏鐘鼎款識釋文

虘伯克

作尊彝

武進孫淵如於陝西得伯克尊尺度輕重銘文字畫悉與博古圖所載周克尊無異惟少兩耳蓋村人耕地得之者其文陽識博古所摹已泐去九字攷博古圖及薛氏鐘鼎款識皆疑此尊高克即春秋時將兵奔陳之高克鄭人博古圖以爲衛人者誤

按春秋書此事在魯閔公二年是爲鄭文公之十有三年而周惠王之十有七年也此尊銘曰惟十有六年十月既生霸乙未據高克於鄭文公十三年奔陳則其非鄭年可知如謂屬周惠王之十六年則即魯閔之元年鄭文之十二年也是歲庚申杜預長歷十月壬子朔則是月無乙未也即此一條年月干支之不合其非鄭文時之高克無疑矣以愚考之此字亦並非高字上云伯大師錫伯克又云伯克敢對揚天佑下又云用丐眉壽無疆克前後文皆不言克之姓氏何獨此句明出高字蓋伯其行弟也克其名也中尊下𠅘字與岐陽癸鼓嘗受其享𠅘字正同按鄭樵云𠅘作享潘迪石鼓文音訓亦作享薛尚功作高章樵云碧落碑高字同此後之集篆字書者或以𠅘爲高則有引碧落者有引籀文者愚按籀文自許祭酒所錄外他無所書則

後所謂籀文蓋即因薛氏石鼓本而謂之籀文耳其實石鼓之文本不得以籀文該之而薛氏之本又多失石鼓之眞其不可信明矣且古文之傳於世其畧可據者惟漢簡古文四聲韻二書曷嘗不採及碧落然皆不以𠅘爲高也若趙九成攷古釋文以𠅘𠅘並爲高而以亯亯並爲享則欵識文字之形近而轉相從者多矣石鼓𠅘字當作享此尊之文亦當作享與文末用享二字當爲一文而畫偶增減耳此尊題目則當云伯克尊不當云高克尊也博古既誤釋爲高又因高克高字誤指爲鄭文公時奔陳之高克又誤克爲衛人因之遂實徵爲衛器所謂扣槃捫籥者也洪容齋三筆云銘文但云伯克初無高字此二語簡當不磨洵可一洗薛尚功之陋也 復初齋文集

張伯匜 佚

薛氏鐘鼎欵識釋文

張伯作旅匜
其子孫永寶用

按劉原父先秦古器記云按其銘曰張伯作旅匜張伯不知何人似亦張仲昆弟矣匜者盥器其形制可以挹可以瀉足以效其用贊曰伯也何人不見詩書仲友其兄此之謂與矯矯寶彝龍角虎軀禮之象類可以求諸 薛氏鐘鼎款識

太公簠 佚

薛氏鐘鼎彝器欵識釋文

太公作寶
寶簠子孫
永寶用享

攷古云按舊圖云咸平三年同州民湯善德獲於河濱以獻此器與張仲及史黎二器形制全相類張仲簠作𠤳史黎簠作𠤳此簠作𠤳張仲從夫史黎從古此從𠂉者皆缶字也即古簠字缶與簠聲相近故古人皆同簠字耳 薛氏鐘鼎款識

史黎簠一 佚

薛氏鐘鼎彝器欵識釋文

史黎作簠

史黎簠二 佚

釋文同上

二器銘文同而字畫小異史其官也黎其氏也二字皆籀文耳 薛氏鐘鼎彝器款識

按此器原藏扶風乞伏氏今未詳所在

張仲簠一 佚

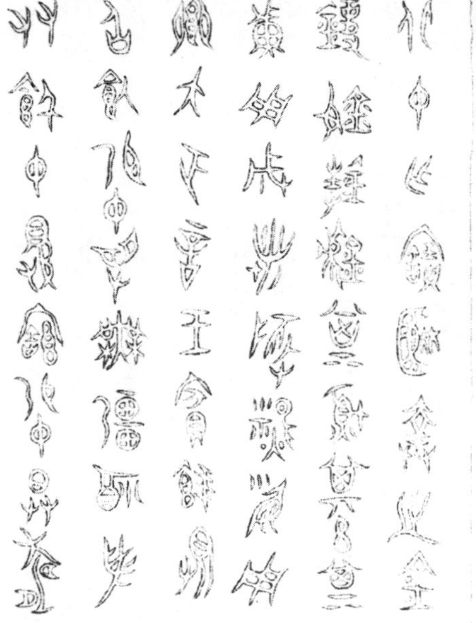

薛氏鐘鼎欵識釋文

張仲作寶簠㶇之金

鈇鉳鈇鋱其藁其玄其

黃用成諸受糕米用

饔大正音王賓飱具

召飼張仲受無疆福必

友飱飼鼎寶張仲昇壽

張仲簠二

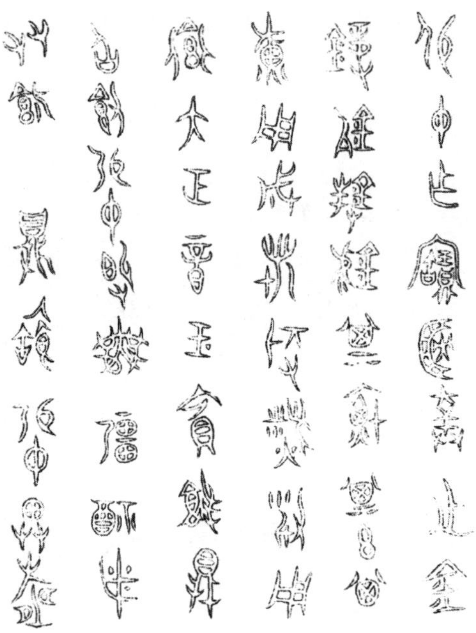

釋文同上

張仲簠三

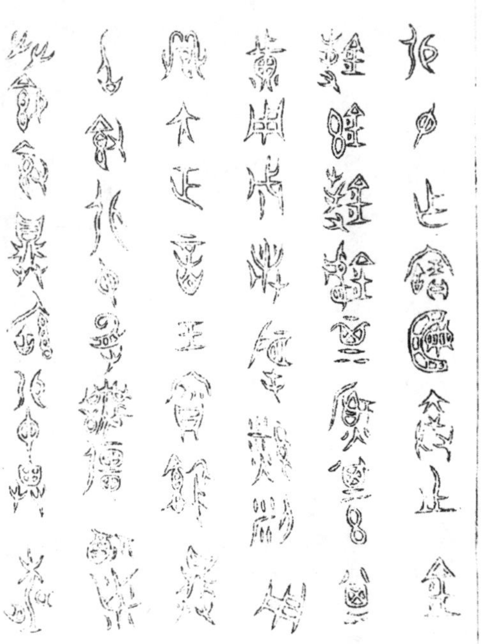

釋文同上

張仲簠四

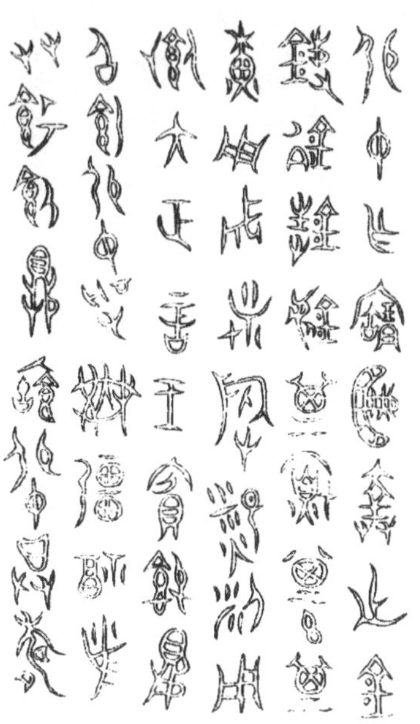

釋文同上

劉原父先秦古器記云右二簠得於驪山白鹿原簠者稻粱器其銘曰張仲見于小雅宣王臣也所謂張仲孝友者矣贊曰宣治中興方虎董征張仲孝友秉德輔成或外是經或內是承文武師師安有不寧歐陽文忠公集古錄云張仲器銘四其文皆同而轉注偏旁左右或異蓋古人用字如此耳嘉祐中原父在長安獲二古器于藍田形制皆同有蓋而上下有銘甚矣古之人之爲慮遠矣知夫物之有弊而百世之後埋沒零落幸其一在尚冀或傳不然何丁寧重複若此之煩如詩六月之卒章曰侯誰在矣張仲孝友蓋周宣王時人也距今實千有九百餘年而二器復出原父藏其器余錄其文蓋仲與吾二人者相期於二千歲之間可謂遠矣方仲之作器也豈必期吾二人者哉蓋久而又有相得者物之常理耳是以君子之於道不汲汲而志

常在於遠大也原父在長安得古器數十作先秦古器記而張仲之器銘文五十有一其可識者四十一見之如右其餘以俟博學之君子薛氏鐘鼎款識

宗婦壺一　存　器蓋均有文

愙齋集古錄釋文

王子剌公之
宗婦鄁娸爲
宗彞𬇙彞永
寶用以降大
福保薛鄁國

宗婦壺　蓋

釋文同上

宗婦壺二 蓋

釋文同上

宗婦壺 器

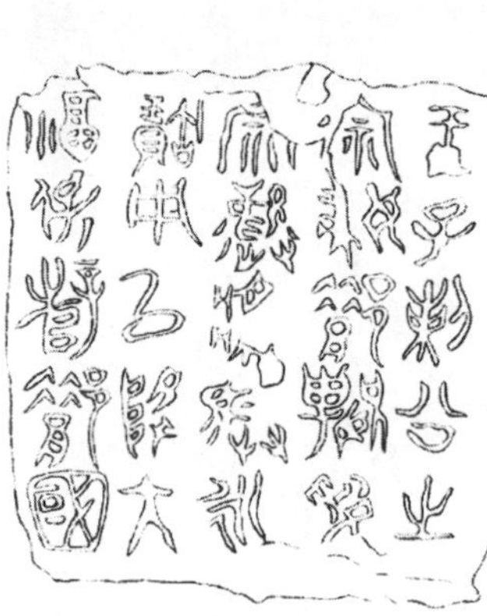

釋文同上

宗婦盤

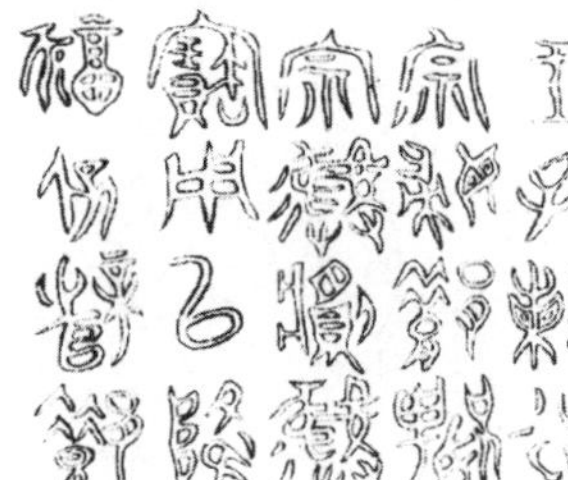

釋文同上

宗婦方壺陝西鄠縣出土同時出七鼎六敦一般兩壺皆同文鄁國不可攷說文䣙蜀地也鄠縣非蜀境疑春秋時秦楚之屬國剌舊釋列爲彝器習見之字㛷从兄从甹从女兄所聘女當即㛷字古文蓋隸書甹叟相近一變而從叟義不可通得此可正俗字之誤辪當訓治晉公盦保辪王國又云𧰼辪爾家與說文辪辠也之訓不類大澂謂辪辟皆從辛義亦畧同金縢我之弗辟釋文辟治也說文辟部辥治也从辟乂以辟辥嬖三字証之辪亦可訓治也 愙齋集古錄

山祖丁爵 存

愙齋集古錄釋文

山祖丁

此爵愙齋得之西安上作山形下祖丁二字乃祖廟之第四器

㠯字下多一橫係且字之足象俎之形也此字已采入說文古籀補乃祖字之異文 愙齋集古錄

仲信父方甗 佚

薛氏鐘鼎彝器欵識釋文

惟六月初吉

仲信父作旅

甗其萬年

子孫永寶用

考古錄云按舊圖云咸平三年好畤令黃鄆獲是器詣闕以獻詒句中正杜鎬註其文惟史字楊南仲謂不必讀爲史當作中音仲然以愚考之恐只是史字史信者如史頌史黎之類史言

其官信言其名父則尊稱之耳 薛氏鐘鼎款識

孟辛父鬲 存

按鬲高六寸圍二尺二寸有饕餮花紋徧體綠色爲岐山武氏藏器

父丁彝 存

按彝高五寸九分深四寸口徑七寸五分腹徑七寸六分耳長四寸五分光緒時在長安斗門鎮張村出土爲陶齋所收藏

師麻簠 存

按簠高一寸五分底長徑六寸一分闊四寸六分同治末在鳳翔縣西鄉出土歸於陶齋詳見吉金錄

鄧孟壺蓋 存

按壺蓋高五寸四分頂縱徑七寸二分橫徑五寸一分光緒時在盩厔縣西出土歸於陶齋詳見吉金錄

贊毋鬲 存

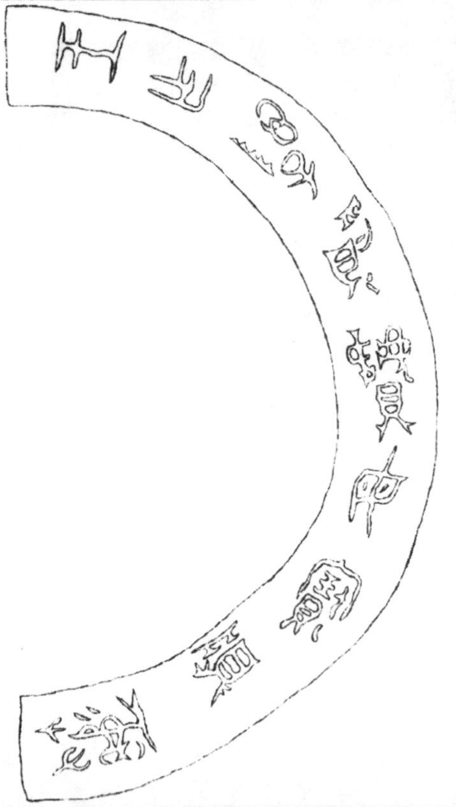

按簋高五寸八分深三寸七分口徑八寸一分腹徑七寸三分
光緒初出岐山北鄉歸於陶齋詳見吉金錄

叔高父簋 佚

薛氏鐘鼎款識

叔高父作旅
簋其萬年子
孫永寶用

蓋

器同前

銘言叔高父如伯碩父叔邦父之類是也旅簋之不一也王楚云⿱象嘉穀之實⿰象黍稷馨香之氣 薛氏鐘鼎款識

右煮簋銘曰叔高父作煮簋其萬年子子孫孫永寶用原父在長安得此簋于扶風原父曰簋容四升其形外方內圓而小墮之似龜有首有尾有足有甲有腹今禮家作簋亦外方內圓而其形如桶但於其蓋刻爲龜形與原父所得眞古簋不同君謨以爲禮家傳其說不見其形制故名存實亡原父所見可以正其繆也故并錄之以見君子之於學貴乎多見而博聞也 歐氏集古錄

按此器薛氏作旅簋歐氏作煮簋姑兩存之

立戈卣 存

按卣通蓋高七寸七分深五寸三分口徑長五寸六分闊三寸六分光緒時在鳳翔出土歸於陶齋載吉金錄

柉禁 存

右器於光緒辛丑秋陝西鳳翔府寶雞縣鬥雞臺出土 陶齋吉金錄

按此器出土時即有鼎卣二鼎尊一爻乙盉一妣己觚一子𣪘帚斝一犧形爵一祖祭角一父甲觶一雷文觶二勺一置於其內花紋精細完好無缺惜無銘字可攷時陶齋巡撫陝西酷好金石以善價購得之欣忭異常謂生平所得古器此爲第一倩善繪者摹寫總分圖十三爲其吉金錄之壓卷惟題名爲柉禁攷禁爲盛洒尊之器而柉字不見他書惟禮器碑有籩柉禁壺句以文義攷之自屬四器若以柉禁爲一器連讀則不成文矣據字書云柉木名皮可爲索則與祭器無涉又金石遺文錄云

杇音凡博雅温杯也集韵或作盞盌然釋禮器碑文則通釋此器不可通也禮曰大夫士於禁又設於東堂下鄭注云於如今之大木舉也上有四周下無足正義曰於長四尺廣二尺六寸深五寸無足今此器長三尺八寸廣二尺高八寸無足周尺較小以形式攷訂正屬於禁故與其名爲杇禁不如易爲於禁之爲得也姑仍其舊以質高明周禮所用自屬周器無疑

周宣王石鼓文 存文見 無年月 文王氏金石萃編

鼓凡十每鼓約徑三尺餘其第一十一行行六字第二九行行七字第三四皆十行行七字第五十一行行六字第六十一行上半蝕闕每行止存四字第九十五行叢五字其七八十三數剩蝕過甚行字數俱不可紀今在國子監大成門左右

潘迪音訓

共二石高廣俱三尺五寸三十二行分三列每行十三字今在石鼓旁

第一鼓

薛氏次居八鄭氏次居三施氏潘氏次居一可讀者十有六句凡六十四字

　

第二鼓

薛氏次居五鄭氏次居一潘氏居第二十鼓中惟此完好渤一字成文者十有七句凡六十字

第三鼓

薛氏施氏次居三鄭氏次居四潘氏居三可讀者十有五句凡六十三字

第四鼓

薛氏施氏次居四鄭氏次居五潘氏居四文可讀者僅七句凡五十三字

第五鼓

薛氏次居九鄭氏次居八潘氏居五可讀者僅三句凡二十六字

第六鼓

薛氏次居七鄭氏次居二潘氏次居六每行存四字凡四十一字

第七鼓

薛氏次居一鄭氏次居九潘氏居七不能成文凡十四字

第八鼓

薛氏次居六鄭氏次居七潘氏居八今磨減僅存一字

第九鼓

薛氏次居二鄭氏次居十潘氏居九可讀者七句凡五十二字

第十鼓

薛氏次居十鄭氏次居六潘氏居十可讀者二句凡二十三字

右石鼓文十其辭類風雅然多磨滅不可辨世傳周宣王獵碣初在陳倉野中唐鄭餘慶始遷之鳳翔宋大觀中徙開封靖康末金人取之以歸於燕聖朝皇慶癸丑始置文宣王廟門之左右豈物之顯晦自有時耶鼓之所自先儒辨証已詳固不敢妄議然其文曰天子永寧則爲臣下祈祝之辭無疑又曰公謂天子則似是畿內諸侯從王於狩臣下述其君語天子之言吁鼓之時世雖不可必但其字畫高古非秦漢以下所及而習篆籀者不可不宗也迪自爲諸生往來鼓旁每撫玩弗忍去距今纔三十餘年昔之所存者今已磨滅數字不知後今千百年所存又何如也好古者可不爲之愛護哉間取鄭氏樵施氏宿薛氏尚功王氏厚之等數家之說考訂其音訓刻諸石俾習篆籀者有所稽云至元己卯五月甲申國子司業潘迪書

　

岐陽石鼓初不見稱於前世至唐人始盛稱之而韋應物以爲文王之鼓宣王刻詩韓退之直以爲宣王之鼓今在鳳翔孔子廟中鼓有十先時散棄於野鄭餘慶置於廟而亡其一皇祐四年向傳師求於民間得之通足其文可見者四百六十五不可識者過半余所集錄文之古者莫先於此然其可疑者三四今

世所有漢桓靈時碑往往尚在其距今未及千年大書深刻而磨滅者十猶八九此鼓按太史公年表自宣王共和元年至今嘉祐八年實千有九百一十四年鼓文細而刻淺理豈得存此其可疑者一也其字古而有法其言與雅頌同文而詩書所傳之外三代文章眞蹟在者惟此而已然自漢以來博古好奇之士皆略而不道此其可疑者二也隋氏藏書最多其志所錄秦始皇刻石婆羅門外國書皆有而獨無石鼓遺近錄遠不宜如此其可疑者三也前世傳記所傳古遠奇怪之事類多虛誕而難信況傳記不載不知韋韓二君何據而知爲文宣之鼓也隋唐古今書籍粗備豈當時猶有所見而今不見之耶然退之好古不妄者余姑取以爲信耳至於字畫亦非史籀不能作也 歐氏集古錄

溫彥威使三京得僞劉詞臣馬定國文云石鼓非周宣王時事乃後周文帝獵於岐陽所作也史大統十一年獵於白水西狩岐陽 姚氏殘語

跋文出入雅頌書法淳質出宣王時史籀筆亡疑都玄敬楊用修王元美諸人辨之已詳余借得一本雖磨泐特甚眞三代物也古人有以爲秦物已非乂有以爲宇文周者尤可笑歐陽公最稱博雅乃亦疑之遂令後人譏駁無地自容矣今石猶在大學門內余從李典籍又覓得此本漫滅視余借本尤甚而護持無人惜哉 趙氏石墨鐫華

石鼓文相傳以爲成周獵碣自古著錄家如書斷書後品述書賦汪元和郡縣志法書要夢英十八體書金石錄鐘鼎款識諸道石刻錄復齋碑錄風雅逸編能改齋漫錄九朝編年備要古文苑止齋集伐檀集嵩山集格古要論金薤琳瑯弇州文稿升菴外集金石存諸書並稱爲宣王大狩所作其形諸詞賦者自韋蘇州而外如梅聖俞宛陵集蘇轍欒城集張耒宛邱集洪适盤洲集揭徯斯秋宜集吳萊淵穎集宋濂潛溪集及文翰類選載李丙奎賦燕都游覽志載羅曾賦亦以爲宣王之詩董逌程大昌鄭宗昌孫和斗毛先舒諸家則斷爲成王時作鄭樵因其文往往與秦器相合因指爲秦刻楊慎丹鉛總錄從而和之全祖望遂謂此鼓必不出於秦前而馬定國創爲宇文周時之說和之者又有溫彥威劉仁本焦竑顧炎武萬斯同諸家陸友仁據北史亦以爲元魏時所刻集古錄籀史二書則並疑其僞論斷紛紛殆如聚訟攷其文與車攻吉日相類故指爲宣王時者最多集古錄謂韋應物以爲文王時刻今韋詩尙在實作宣王

且云宣王之臣史籀作則並非傳寫之譌歐氏誤以韋韓二說不同因而致疑其實韋未嘗與韓異也左傳成有岐陽之狩竹書大狩岐陽繫於成王六年則董程諸人堅執以爲成王時石理亦可通至謂爲秦周魏三朝之物則妄誕殊甚劉昭續漢書郡國志注云陳倉有石鼓山而不言其時代使石鼓果爲秦時所刻不應漢時即以名山劉昭去秦未遠當有確証亦不應闕疑不辨且昭在周魏之前何由先有石鼓山乎鄭樵生後成周二千餘年僅據文字之間妄生異議楊慎和之適與升庵外集自相矛盾其謬奚待言哉金史馬定國傳謂石鼓自唐以來無定論以字畫攷之云是宇文周時所造作辨萬餘言出入傳記引據甚明今其辨不可得見然既云引據傳記而史不稱述僅云以字畫攷之其萬餘言中茫無實據亦不問可知且定國以

魏大統十一年十月西狩岐陽見之於史爲宇文時物據周書太祖本紀魏大統十一年西狩岐陽十三年太祖奉魏帝西狩於岐陽高祖紀保定元年狩於岐陽天和三年行幸岐陽事凡四見至謂鼓文即蘇綽所作則大統十一年綽方爲度支尚書踰年即卒使鼓文果出綽手當在十一年之十月無疑今攷第九鼓有曰惟丙申之文近人海寧俞君思謙以南北史記日推之是月無丙申即與鼓文不合足破千古之惑而博雅如顧萬諸公偶然失攷輒亦附會其說皆儒者好奇之過也鼓文歷久殘缺韓蘇二公已有年深豈免有缺畫快劍斫斷生蛟鼉糢糊半已似瘢胝詰屈猶能辨跟肘之語歐陽氏所見四百六十五字趙夔所見四百一十七字胡世將所見四百七十四字薛尚功所見四百五十一字潘迪所見三百八十六字孫巨源所見

四百九十七字吾邱衍所見四百三十餘字劉海國廣文選所錄與潘迪同馬驌所見三百二十字高士奇所見三百二十五字牛運震所見三百二十二字吳玉搢所見三百十餘字張養浩詩則以爲僅餘二百七十二惟都穆得見宋拓本有四百二十二字多寡亦不一也鄞范氏天一閣所藏北宋拓本最爲完備然亦止四百六十二字楊愼乃謂曾得唐拓本有七百二字之多焉惟訥古詩紀遂采入逸詩中陸深金臺紀聞始疑其妄自補綴迨庚子消夏記曝書亭集反覆辨之而其僞蹟益顯近海鹽張君燕昌又以北宋本參攷甲秀堂本上海顧氏本重摹於石儀徵阮中丞元督學浙江時亦取天一閣本重刻於杭州府學於是好古之士得以家置一本心摹目誦益以見楊氏唐拓之說欺人甚矣今就家藏現存拓本摹錄得二百八十三字半泐者二十六字參攷宋拓暨諸家摹本補釋闕文共得四百六十四字抱殘守闕期於徵信而已蓋石鼓自鄭餘慶重遷之後流徙無定元明以來久列國學乾隆五十五年高宗純皇帝臨雍講學見石鼓原刻懼其歲久漫漶爲立重欄以蔽風雨別選貞石摹勒石鼓之文俾海內士人便於椎拓御製重刻石鼓文序從韓愈詩定爲宣王時物誠熙世之隆規藝林之盛事也 王氏金石萃編

石鼓文雄視百家超今邁古詢成周之鉅製篆刻之極軌也秦漢以來遺佚陳倉田野中未顯於世至唐賢始盛稱之韋應物爲文王鼓宣王刻詩李嗣眞張懷瓘韓退之直以爲宣王鼓其後董逌程大昌等又定爲成王時鼓然以車攻之詩合史籀之篆其爲宣王獵碣有斷斷不爽者 馮氏金石索

按石鼓文聚訟紛紜迄無確據由鼓文無年月唐以前不見稱於世故好奇之士得以穿鑿附會各逞臆說也究之文字關乎世運氣運之間非可僞爲雜漢文於宋文之間羼唐帖於晉帖之內有識者一望而知鼓文神韻高古字畫雄傑秦漢以下孰能有此手筆有何鴻章鉅製堪與相提並論何元魏宇文周之可言此不辨之辨也歐陽公謂字非史籀不能作以昌黎之言爲信可謂一語破的較據岐陽二字以穿鑿者其高下誠不可同年而語也

詛楚文 佚 文見馮氏金石索

右秦祀巫咸神文今流俗謂之詛楚文者以其言楚王熊相之罪也史記世家楚自成王以後王名有熊疑熊良夫熊商熊槐熊元而無熊相詛文言穆公與成王盟好而後云倍十八世之

詛盟則秦自穆公十八世爲惠文王也又按秦本紀與楚世家自楚平王娶婦於秦其後累世不以兵交至宣王熊良夫時秦始侵楚及惠文王時與楚懷王熊槐屢相攻伐則秦所詛者是懷王也但史記以爲熊槐者失之爾槐相二字相近蓋轉寫之誤當從詛文石刻以相爲正又有祀朝那湫文其文與此同今附於後熙甯三年四月二十三日書歐陽氏集古錄

詛楚文詞氣縱橫似國策篆法淳古似鐘鼎有議爲僞者非也集古錄王伯順云詛楚文凡三曰久湫曰巫咸曰亞駝其詞則一惟告於神者隨號而異史記世家年表秦自穆公十八世惠文王與楚懷王同時爭霸此詛爲懷王十一年六國攻秦楚爲縱長此文曰熊相率諸侯之兵以臨加我是也後五年張儀以商於之地欺楚絕齊楚發兵攻文曰逼我邊境是也是歲秦遣

庶長章拒楚文曰使介老將之以自救是也此文當在惠王後元十三年馮氏金石索

豐宮瓦當

嘉定錢氏既勤得古瓦作丰字上下左右作四神形甚奇古可愛並爲攷曰周豐宮之瓦丰即聲引鄭康成大射儀註証之斯言諒矣節錢氏攀經堂文集

按瓦當徑六寸四方朱雀玄武青龍白虎四形中一丰字今藏嘉定錢氏

雙雞文當

按右瓦作二雞相向形亦有相背相逐者

二狗文當

按右瓦作二犬相逐形亦有相背或相向者此與雙雞瓦並出鳳翔岐山制作渾樸圖畫率畧相傳以爲周瓦

編纂渭南武樹善

金石四

秦

秦始皇詔版 存

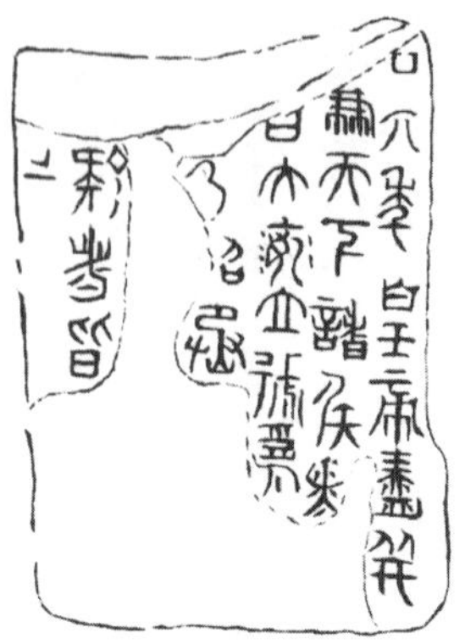

陶齋吉金錄釋文
廿六年皇帝盡并
兼天下諸侯黔
首大安立號爲
乃詔丞
疑者皆
之

二世詔版 存

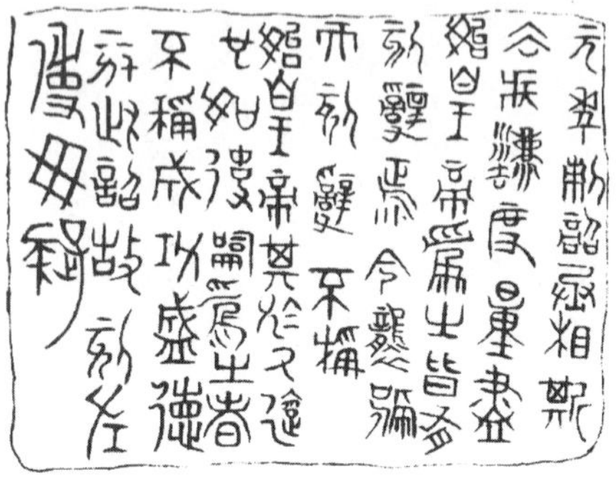

陶齋吉金錄釋文
元年制詔丞相斯
去疾法度量盡
始皇帝爲之皆有
刻辭焉今襲號
而刻辭不稱
始皇帝其於久遠
也如後嗣爲之者
不稱成功盛德
刻此詔故刻左
使毋疑

秦權 存

陶齋吉金錄釋文
廿六年皇帝
盡并兼天下
諸侯黔首大
安立號爲
皇帝乃詔丞
相狀綰法度
量則不壹歉
疑者皆明壹
之

秦權二 存

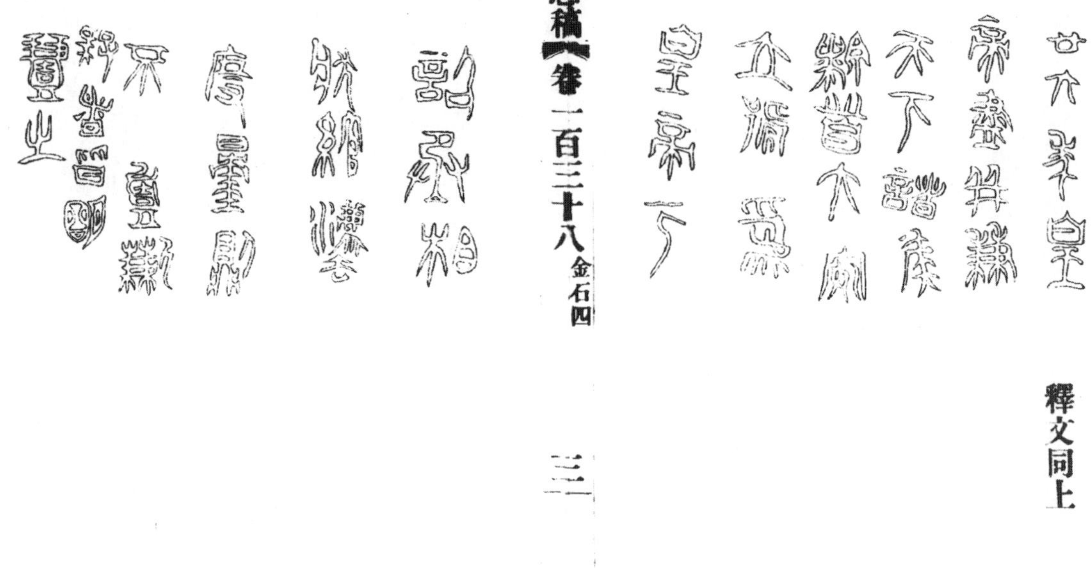

釋文同上

秦權三

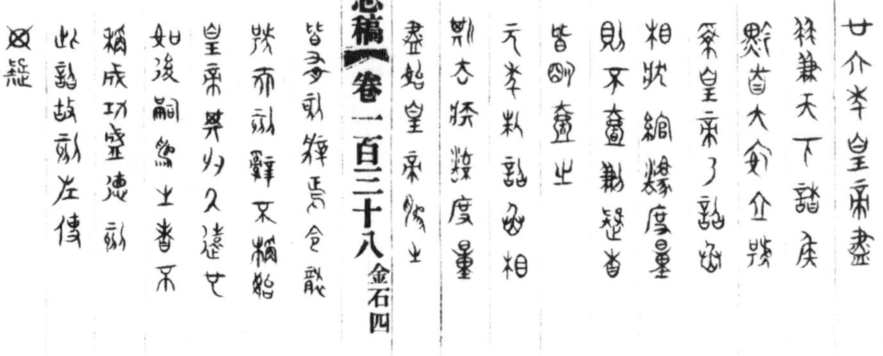

薛氏鐘鼎款識
廿六年皇帝盡
幷兼天下諸侯
黔首大安立號
爲皇帝乃詔丞
相狀綰法度量
則不壹歉疑者
皆明壹之
元年制詔丞相
斯去疾法度量
盡始皇帝爲之
皆有刻辭焉今襲
號而刻辭不稱始
皇帝其于久遠也
如後嗣爲之者不
稱成功盛德刻
此詔故刻左使
毋疑

按秦權有銅有鐵銅質最多大小不一有重至八九百兩者有輕僅數兩者其形有圓有方有十六稜者有大環形者其刻辭同始皇詔版亦有並刻二世詔版辭於後者殆二世時所鑄不敢廢先皇之詔並將其詔同刻耳

平陽斤 佚

攷古云按秦本紀始皇二十六年平六國號皇帝一法度衡石丈尺丞相綰者王綰也二世元年皇帝曰金石刻盡始皇帝所爲也今襲號而金石刻辭不稱始皇帝其于久遠也如後嗣爲之者不稱成功盛德丞相臣斯臣去疾御史大夫臣德言請具刻書刻石因明白矣臣昧死請制曰可始定金石刻而卒止刻石據權之文云故刻左則史記石字當爲左也丞相去疾者徐廣曰姓馮又古器物銘云世所謂秦權至多銘文悉同歐陽集古錄載秘閣校理文同家有二銘其一乃銅環上有銘循環刻之不知爲何器余嘗攷之亦權也按班固漢書律歷志五權之制圜而環之今之肉倍好者周旋無端周而復始無窮已也孟康注以爲鍾之形如環也然古權亦有如今稱鍾相似者蓋形制不一齊從其便耳 阮氏鐘鼎款識

按此器刻辭與前同亦秦權也末有平陽斤三字者殆以此權準斤耳平陽秦故都史記秦本記寧公二年徙居平陽其地在今岐山西四十六里

秦量 存

按秦量有橢圓有方其辭與始皇詔版同不贅述

平陽封宮銅器 佚

右秦平陽封宮銅器銘四字有雷回文銘在其旁或以爲漢宮舉契未可遽定蓋殘銅也向藏湘鄉金比部家據陳秋堂搨本摹入案此秦平陽封宮之器也史記秦本紀云武公元年代彭戲氏至於華山下居平陽封宮正義曰宮在岐州平陽城内考武公元年乃春秋魯桓公之十五年此銘是𥾝篆非古文當是始皇以後所作 阮氏積古齋款識

辟邪鏡 佚

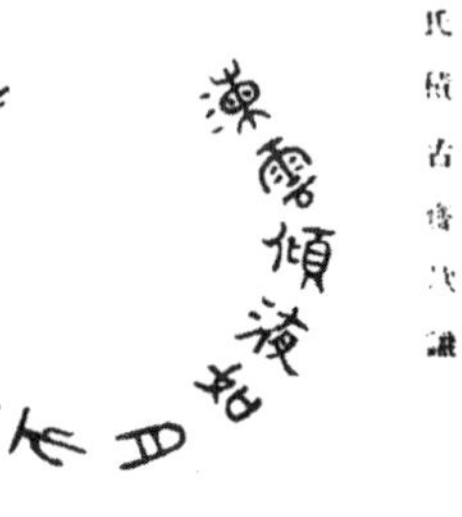

辟邪鏡 佚

海濤鏡 佚

右皆梁山坊土人掘得者蓋秦宮物也其二鏡篆類飛鴻瓦背鑄辟邪二爪深目㺃俱極生獰非漢以前人不辦也一鏡作波濤洶湧之狀蟠螭紐篆勢如玉筯猶見詛楚遺意 乾州志

嶧山刻石 存

石高八尺八寸廣四尺三寸十一行行二十一字後刻鄭文寶記正書明季地震碑已中斷今在碑林

秦相李斯書嶧山碑跡妙時古殊爲世重故散騎常侍徐公鉉酷耽玉箸垂五十年時無其比晚節獲嶧山碑摹本師其筆力自謂得思於天人之際因是廣求己之舊跡焚擲略盡文寶受學徐門粗堅企及之志太平興國五年春再舉進士不中東適齊魯客鄒邑登嶧山求訪秦碑邈然無睹逮於旬浹悒悵於榛蕪之下惜其神蹤將墜於世今以徐所授摸本刻石於長安故都國子學庶博雅君子見先儒之指歸鄭文寶記

嶧山碑青社本斷裂多矣余得之習禮檢討嘗見陳思孝論嶧山翻本次第云長安第一紹興第二浦江鄭氏第三應天府學第四青社第五蜀中第六鄒縣第七然余於蜀中本未之見也

東里續集

唐封演謂魏太武登山排倒此碑有縣宰取舊文勒於石其後徐鉉得摹本鄭文寶刻於長安自此刻者甚衆評者謂長安第一鄒縣最下而杜甫詩又云嶧山之碑野火焚棗木傳刻肥失眞據此數說則嶧山舊石亡在開元之前其翻本或以石或以木矣則未知鉉所錄者縣令所刻石抑即肥失眞之本也而鉉自謂得想於天人之際何也余所藏二本一爲鄭文寶本正臨自鉉者僅存形似無復神情其一本則至元間翻刻據跋元祐中縣令張文仲又刻之矣此又當居文寶本之下原文二段後段乃二世詔文都玄敬謂宜在石之傍文寶誤錄爲一而至元刻跋以爲皆二世頌始皇語尤可笑 檀氏石攀鶴華

此碑自皇帝以下乃二世詔文在始皇刻石之旁余見泰山碑如此鄭文寶不見秦刻其所刻乃徐氏摹本故牽聯誤書然此碑非文寶之傳則後世不復再見文寶可謂有功字學者而宋史列傳不言其能書殆以政事而揜之耳 都氏金薤琳瑯

十二字瓦

文曰維天降靈延元萬年天下康寧十二字此宋芝山趙晉齋得於長安市中者諸君斷爲秦瓦 錢氏瓦園叢話

蘭池宮當

此瓦晉齋得之咸陽攷漢書地理志渭城有蘭池宮又史記始皇本紀始皇微行咸陽與武士夜出逢盜蘭池正義引括地志蘭池陂即古之蘭池在咸陽縣界據此則始皇因池以爲宮即以名宮也 錢氏瓦園叢話

長生無極

右長生無極自咸陽以南濱渭而東直抵驪山北麓廢堡阤垣間往往得之故土人目爲阿房宮瓦其文六率與首三瓦相同而長作常極作𣝗者則不多見 程氏秦漢瓦當文字

衛

此瓦敬齋獻之皆有之俱得自漢城長安志云又有作楚字者秦作六國宮室用其號以別之也彝齋謂漢百官表有衛尉掌宮門衛屯兵當爲衛尉寺并宮內周垣下區廬瓦也 錢氏瓦園叢話

按此瓦有七八種之別字體形式大小精粗亦不一致謂六國宮室之瓦何獨衛字獨多其爲衛尉義無疑

橐泉宮瓦

按橐泉宮秦孝公所改作即蘄年宮故趾也地理志謂在雍今隸鳳翔府繆篆整齊絕非後人所能及

羽陽千歲

按右瓦於宋元祐間出寶雞縣見澠水燕譚錄乃秦武王羽陽宮瓦也其摹本在仁和趙氏家道光中寶雞出五六枚近不多見矣

羽陽萬歲

按右瓦當亦羽陽宮瓦現藏長安謝氏

漢

承安宮鼎 佚

阮氏積古齋釋文

承安宮銅鼎容一斤重十四斤甘露二年安長丞䎘掾緐守令史宣夕世造第五

九一

續陝西通志稿【卷一百三十八 金石四

右承安宮鼎銘三十一字據程秋堂手搨本摹入案甘露二年漢宣帝即位之二十二年承安宮名三輔黃圖及長安志皆無之漢宮名不傳者多矣漢書百官公卿表云衛尉掌宮門衛屯兵屬官有公車司馬衛士旅賁三令丞長樂建章甘泉皆掌其宮師古云各隨所掌之宮以名官此云安長丞以所掌承安宮爲官名也 積古齋鐘鼎款識

孝成鼎 佚

蓋

薛氏鐘鼎款識釋文

長安厨孝成廟銅三斗鼎蓋一合第一

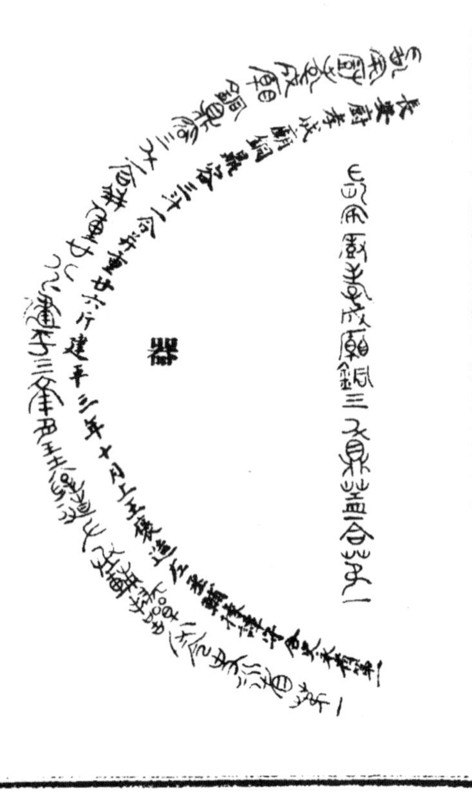

按孝成帝乃孝元之子西漢第九帝也是鼎雖孝成廟器乃造于孝哀即位之年其銘又有曰建平三年十月工王褒造蓋孝哀即位改號建平而孝哀又嗣服孝成也 薛氏鐘鼎款識

十一

續陝西通志稿【卷一百三十八 金石四

汾陰侯鼎 佚

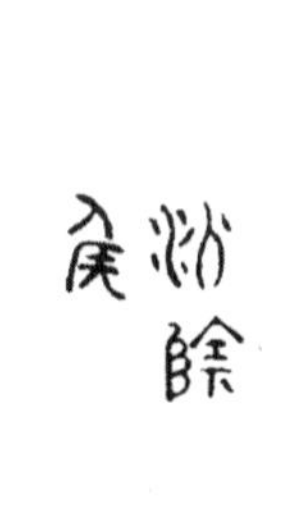

汾陰 侯

薛氏鐘鼎款識釋文

右鼎得於鄠縣民家井中鼎小似古陪鼎以蓋脚薰燒者也刻其側曰汾陰侯汾陰侯蓋漢御史大夫周昌也以高帝六年封方之鼎歟劉原父作贊曰昌以直聞刺主桀紂權摧趙孤見奪母后勢有不行非智之陋兄弟競爽是宜有後 薛氏鐘鼎款識

好時鼎 佚

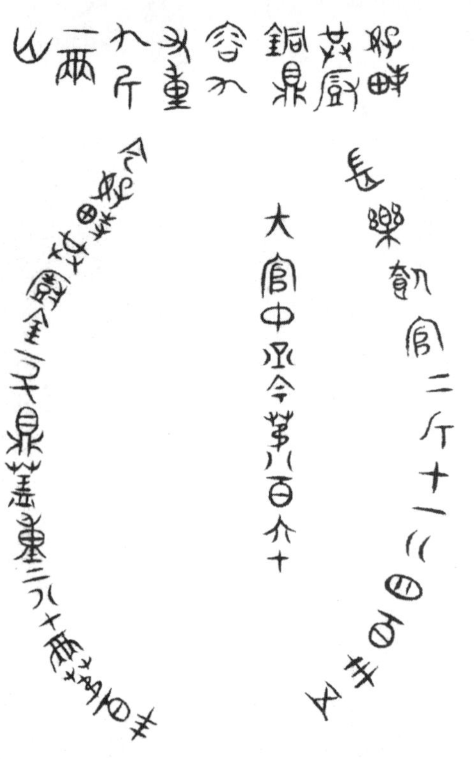

薛氏鐘鼎欵識釋文

好時
供厨　長樂飼官二斤十一斤四百三十五
銅鼎
容九
太官中丞令第八百六十
升重
九斤
一兩　今好時供厨金一斗鼎蓋重二斤十兩第百卅
山

是鼎乃好時供厨之器而形制則漢物也又其銘長樂飼官則知漢物明矣蓋長樂漢宮也昔樸里子葬於渭南其治時語人曰吾墓後百歲當有天子宮夾其左右後漢與而長樂宮乃在其墓東則長樂飼官乃漢官名置官以祠神於古實不廢也按呂氏考古錄云此鼎有銘十五字在腹二十二字在蓋器文云好時供厨鼎蓋文云好時第百三十又曰長樂第四百三十五大官第八百六十好時在雍東秦以來郊上帝長樂建章未央皆在長安口中宮在汧三輔黃圖云大官從帝行幸移用其器而次第不一皆刻以紀之備淆錯也 欵識 薛氏 鐘鼎

喻麋陶陵鼎 存

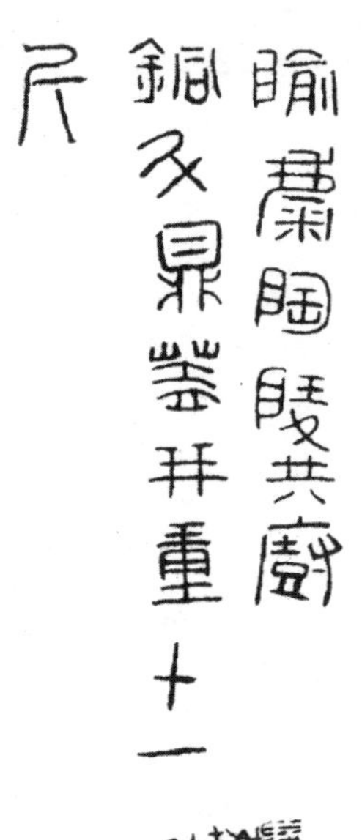

阮氏積古齋釋文

蓋

喻麋陶陵共厨
銅斗鼎蓋并重十一　并第卌五
斤

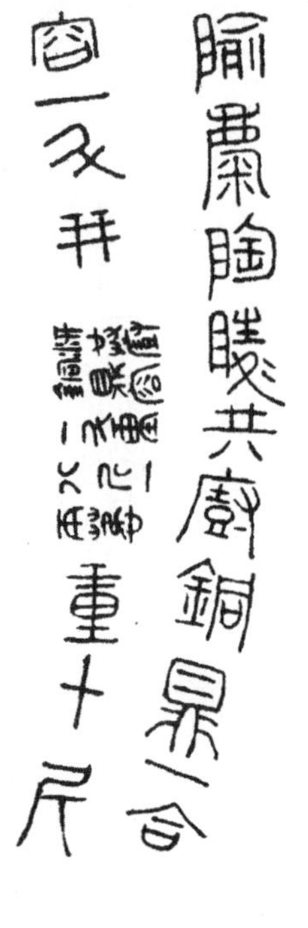

器

阮氏積古齋釋文

隃麋陶陵共厨銅鼎一合

廚容重一廿

容斗并共鼎廿斤第重十斤

杵銅一八兩

右漢陶陵鼎蓋銘大字十五小字四器銘大字十七小字十六

按漢書地理志隃麋汧二縣名屬右扶風後漢書耿弇傳建武四年封耿弇爲隃麋侯續漢書郡國志作渝麋元得此鼎因思焦山祇有周鼎若以漢鼎配之經史引徵可增詩事爰以官牘達之鎮江府丹徒縣付焦山寺僧守之並加册於櫝繪圖摹款鈐印紀之以詩時嘉慶七年季秋月也阮氏積古齋款識

續陝西通志稿卷一百三十八　金石四　十三

上林鼎

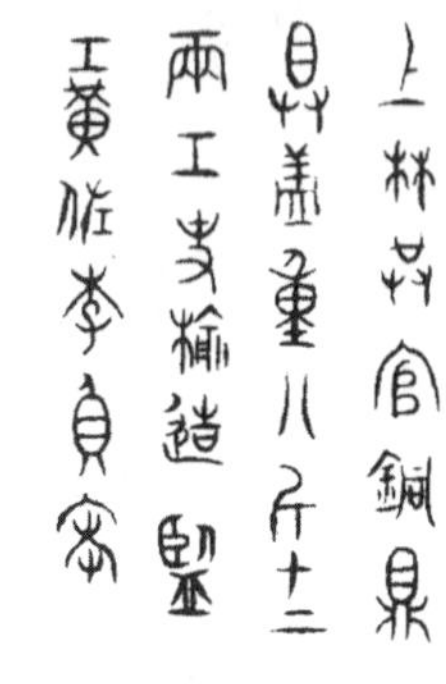

上林供官銅鼎

具蓋重八斤十二

兩工史槍造監

工黃佐李負芻

長安鼎

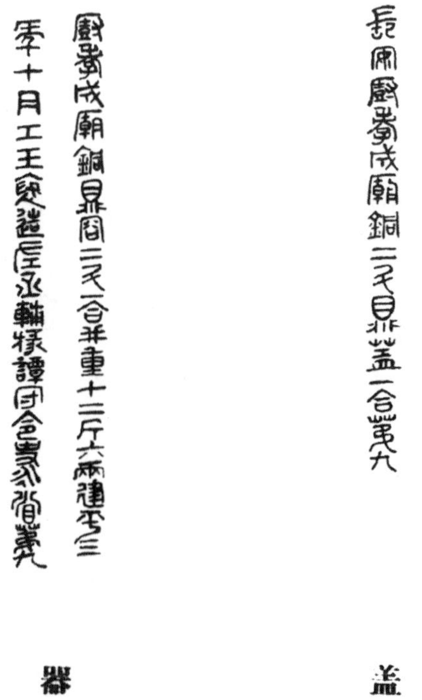

蓋

器

續陝西通志稿卷一百三十八　金石四　十四

美陽鼎

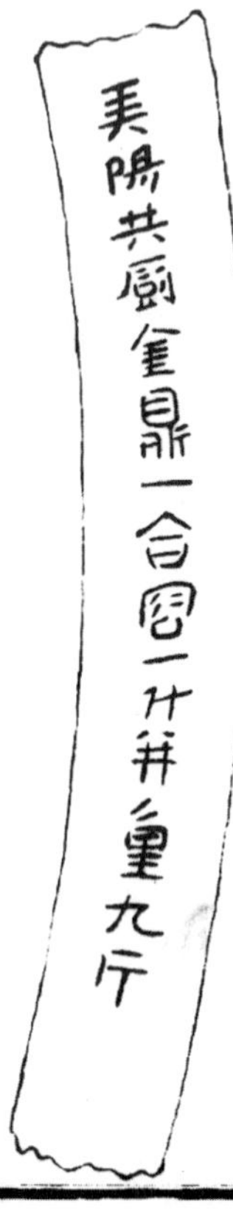

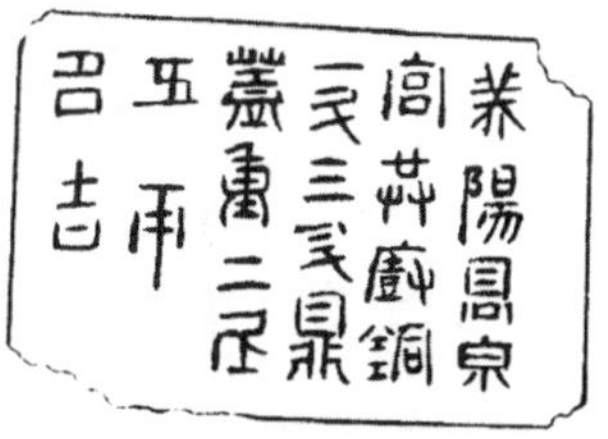

美陽高宗

宮共廟銅

一斗三升鼎

蓋重二斤

五兩

名吉

長楊鼎

器

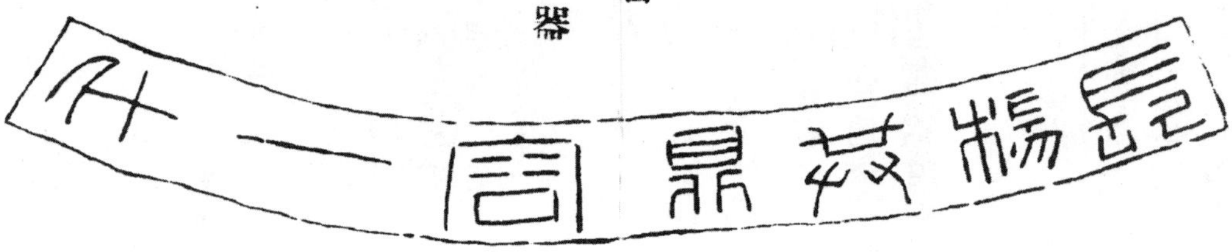

盩厔鼎

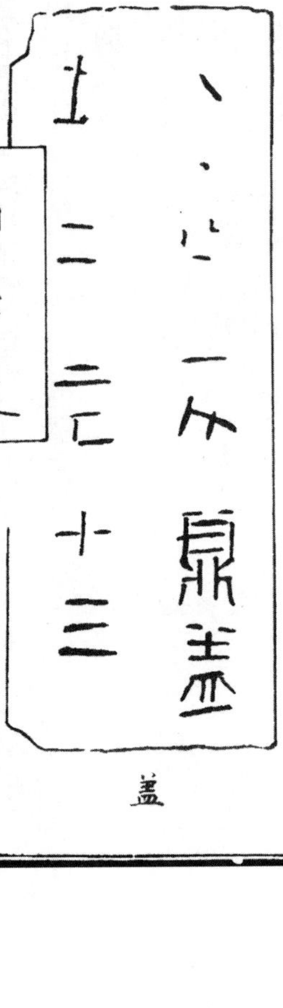

蓋

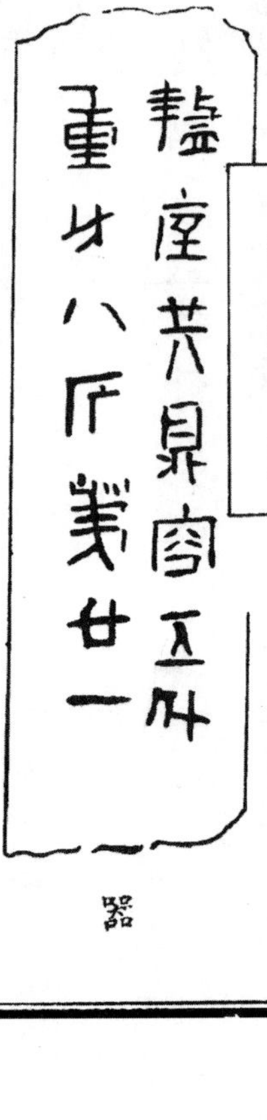

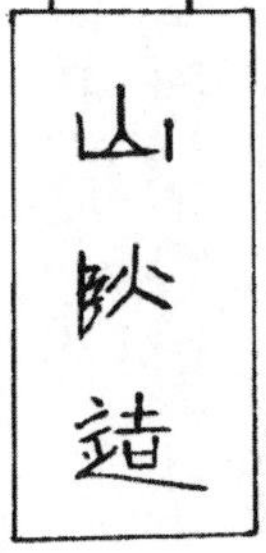

器

盩厔鼎

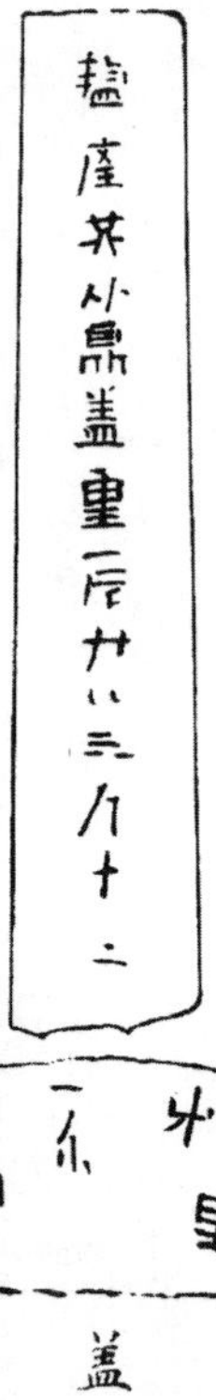

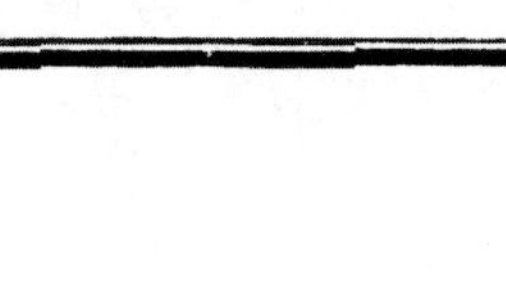

蓋

器

器

雲陽鼎

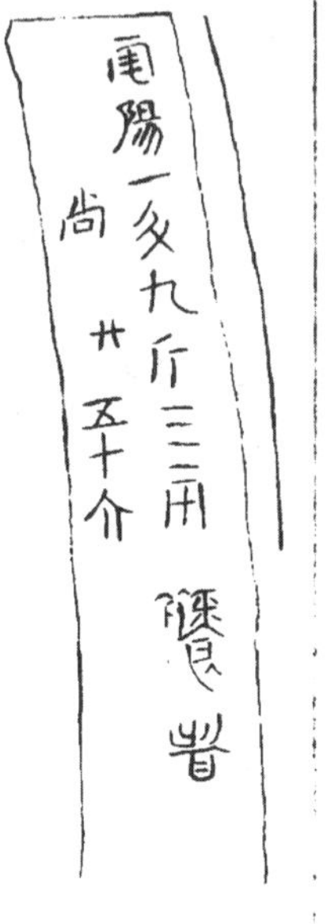

雲陽一斗九斤三兩

㒸　五十六

今安陵一斗六斤三兩

元年四月受雲陽

厨弟五十六甲

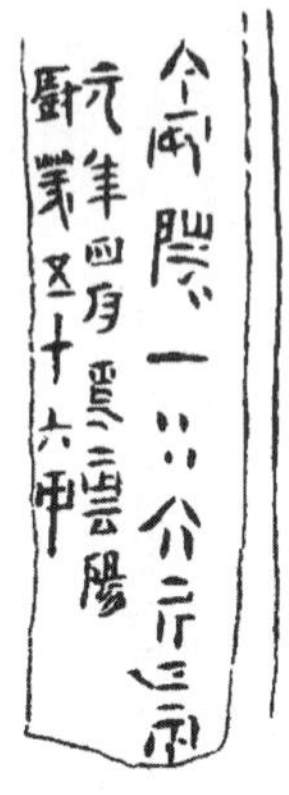

續陝西通志稿（卷一百二十八 金石四）　十七

按上林爲秦別苑長楊爲秦行宮漢因而增廣修治之皆在盩屋鄠縣境盩屋美陽雲陽長安皆漢縣長安盩屋今依舊美陽在今扶風縣北崇正鎮雲陽在今淳化縣西北秦始皇使蒙恬開直道自九原至雲陽即其地蓋當時近山有鑛之縣皆鑄器以供上用此均尋常用品故銘第云容若干重若干耳

平陽鼎

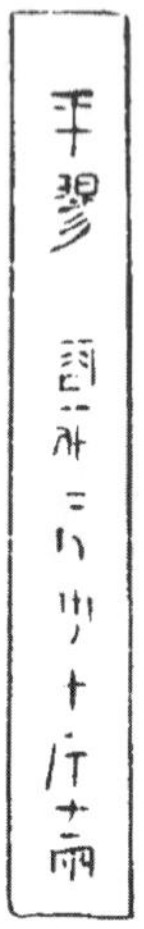

蓋

按平陽故城在今岐山縣之西四十里此亦其地供上尋常用品耳

藍田鼎

按此鼎新出土從前金石家皆未著錄道光十九年二月鞏秦階道諸城劉先生喜海獲于長安市上出以見示並拓此本以積古齋卷中所載陶陵好時諸鼎例之其爲漢物無疑高準建初尺五寸六分口徑六寸六分重五十四兩容小米五十八兩

陳倉鼎一　藍田縣志

按右鼎高二尺餘徑一尺四寸有蓋清宣統末年寶雞縣東韓

續陝西通志稿（卷一百三十八 金石四）　十八

崖掘土得之惜被農器微損現存村中

陳倉鼎二

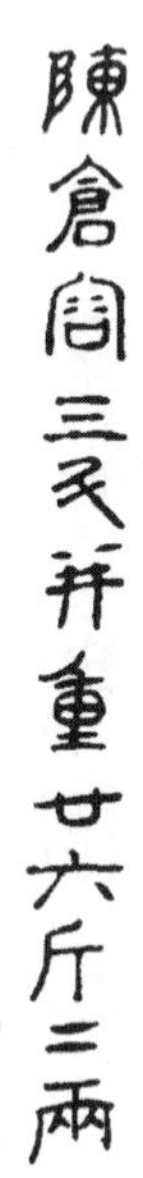

按此鼎高連耳一尺一寸口徑八寸爲長安狄氏藏器以年荒欲售番銀五餅而不得余廉其值而購之雖腹底破裂補痕蜒而二千年故物置之案頭殊覺古意盎然　樹壽自記

谷口銅甬　佚

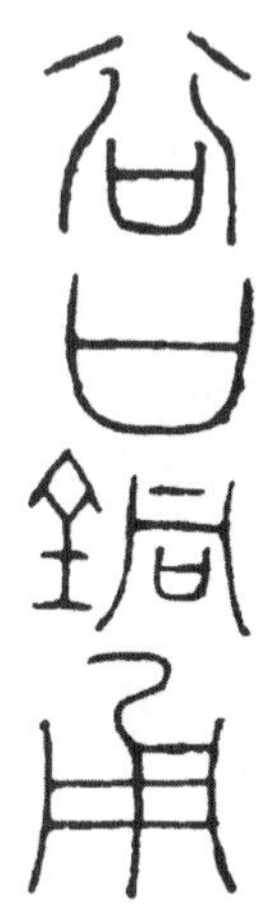

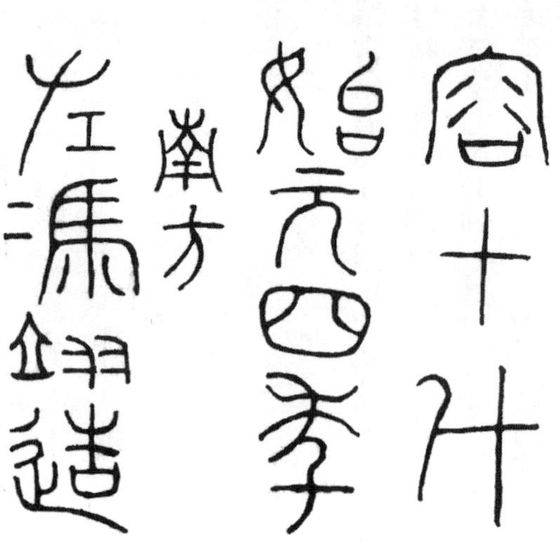

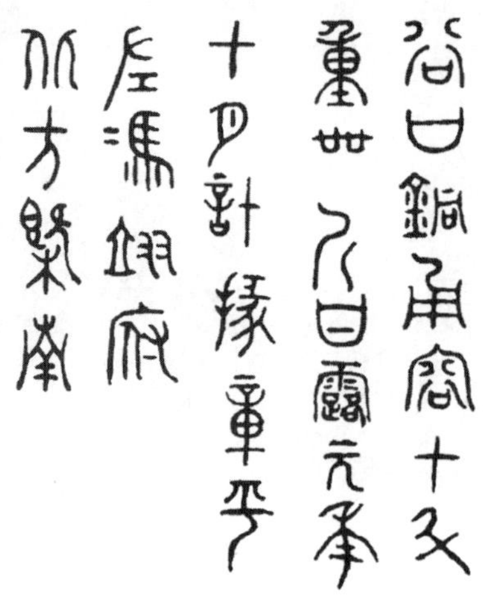

薛氏鐘鼎款識釋文

谷口銅甬

容十升

始元四年

南方

左馮翊造

谷口銅甬容十斗

重廿斤甘露元年

十月計掾章平

左馮翊府

北方暨南

右古器物銘云谷口銅甬舊藏劉原父家一器而再刻銘始歐陽公集古錄金石遺文自三代以來法書皆備獨無西漢文字求之累年不獲會原父守長安長安秦漢故都多古物奇器原父好奇博識皆求而藏之最後得斯器及行鐙博山香鑪模其

遺文以遺歐陽公於是西漢之書始傳於世矣蓋收藏古物寔始於原父而集古錄前代遺文亦自歐陽公發之後來學者稍稍知搜抉奇古皆二公之力也（薛氏鐘鼎款識）

按此器前銘始元四年後銘甘露元年前云容十升後又云容十斗相隔二十餘年大小亦懸殊鐫於一器殊不可解

杜陵壺（佚）

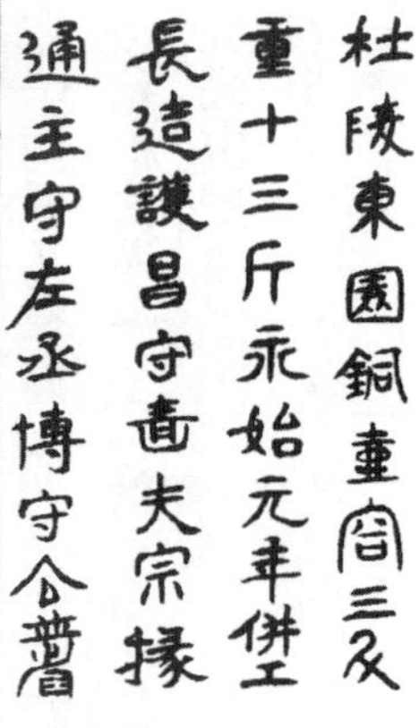

阮氏積古齋釋文

杜陵東園銅壺容三斗

重十二斤永始元年併工

長造護昌守嗇夫宗掾

通主守左丞博守令並省

右杜陵壺銘三十八字平湖令漢陽路墨莊錞所藏器據朱右甫手搨本摹入杜陵西漢宣帝陵也永始元年成帝之十七年也　阮氏積古齋

梁山錩　佚

薛氏鐘鼎款識釋文

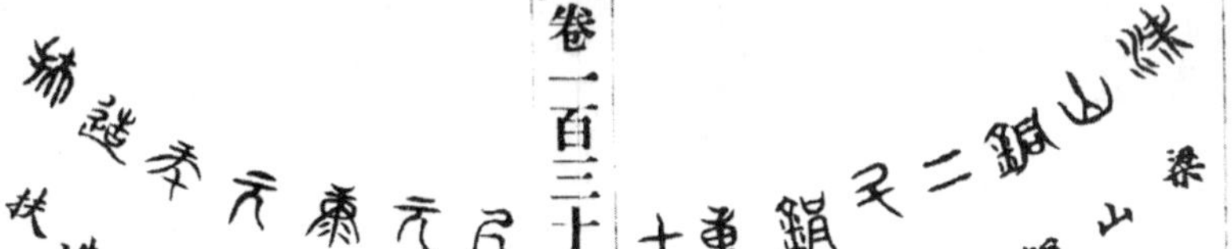

梁山銅二斗錩重十斤元康元年造　佚

博古云有銘在脣曰梁山錩重十斤元康元年造外復有一扶字按漢孝宣帝即位之十年乃改元康元年是器乃此年造也其扶字乃號耳如好時鼎用小字是也梁山銅者紀其貢金之地梁山于漢初爲孝王之封梁山依山鼓鑄爲國之富故在孝王時有轟直千金戒後世寶之則梁山之銅有自來矣其後梁之子孫分其國爲三則在孝宣時爲不替貢金之職耳　薛氏鐘鼎款識

按元康爲漢中宗年號梁山在韓城縣西接郃陽界詩大雅奕奕梁山是也

長安錩　佚

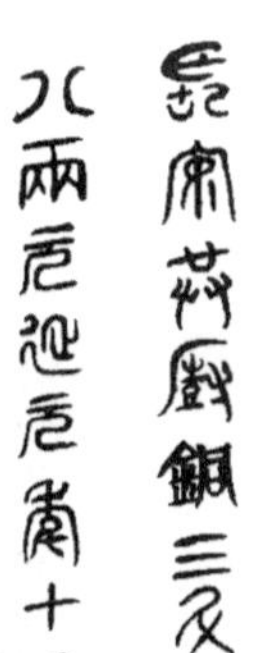

長安共厨銅三斗錩卅枚第廿重十五斤八兩

元延元年十月造　阮氏積古齋釋文

右漢元延錩銘二十五字據舊藏本摹入按元延元年西漢成帝之二十一年説文云錩小盆也漢書李廣傳註云錩即銚也今俗呼銅銚　阮氏積古齋

蓮勺爐　佚

蓮勺宮銅一斗鼎下槃重四斤十兩五鳳三年正月己丑工渭城徐安守屬定昌造

薛氏鐘鼎款識釋文

按劉原父先秦古器記云右一器上爲山下爲槃世俗謂之博山爐然按其刻曰蓮勺宮銅一斗鼎非博山者蓮勺則宣帝居民間時嘗困處也至今櫟陽界去長安七十餘里疑漢于其地亦有離宮刻文云五鳳三年己丑工渭城徐安守屬定昌造又按歐陽公集古錄云林華觀行鐙銘一蓮勺宮博山爐下盤銘一皆漢五鳳年造林華觀漢書不載宣帝本紀云困于蓮勺鹵

中洼縣也亦不云宮蓋秦漢離宮別舘不可勝數非因事見之則史家不能備載也余所集錄古文自周穆王以來莫不有之而獨無前漢時字求之久而不獲每以爲恨嘉祐中友人劉原父出爲永興守長安秦漢故都多古物奇器埋沒於荒基故冢往往爲耕夫牧豎得之遂漫傳於人間而原父雅喜藏古器所獲頗多而以余方集古文故每以銘刻見遺予既得此二銘其後又得谷口銅甬乃甘露中造由是始有前漢時字以補余之所闕而大償其素願也 薛氏鐘鼎款識

黃山宮鐙 佚

漢鐙嘉慶九年甲子三月三日從海鹽家文魚徵君購得其值番銀八餅鑿款在下盤之上曰黃山第三漢書地里志右扶風槐里縣有黃山宮孝惠二年起三輔黃圖卷三黃山宮在興平縣三十里武帝微行西至黃山宮此蓋是離宮器也吾家所藏漢器以此爲最先矣黃字从艾从曰四字積畫爲之西京妙蹟古趣天成已巳之春翁覃溪閣學爲余題鐘鼎款識册於此鐙云叔未此册余獨鑒賞此黃山鐙是以專用此爲題作詩系於册後蓋亦如歐陽公之林華宮行鐙銘也 張氏清儀閣古器物文

奉山宮鐙 佚

漢鐙鑿款在側嘉慶廿一年丙子閏六月廿日宋芝山以此并大泉五十泉笵背有富人大萬文者託吳近龍表兄帶致值番銀共廿二餅此是武林馬君愛林得於關中當是西漢時物而奉山宮不見于三輔黃圖蓋離宮別觀往籍所遺者多矣造九十十者九十器之第十器也 張氏清儀閣古器物文

甘泉內者鐙 佚

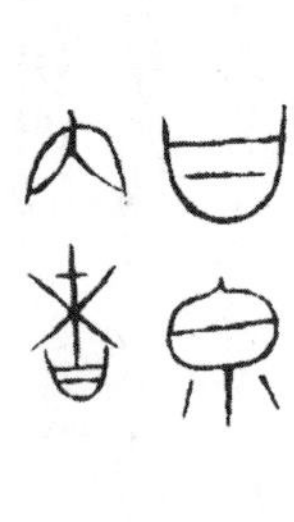

甘泉
內者

內者元康二年三月河東安邑守者宣王軒造重廿五斤十一兩

內者元康二年三月河東安邑守者宣王軒造重廿五斤十一兩

右銘藏京兆陳氏云甘泉內者下槃又云內者元康二年三月河東安邑守者宣王軒造重廿五斤十一兩攷古云甘泉上林皆水衡所掌內者猶今丞少府之屬掌中布張諸衣奄人職也 薛氏鐘鼎款識

林華觀行鐙 佚

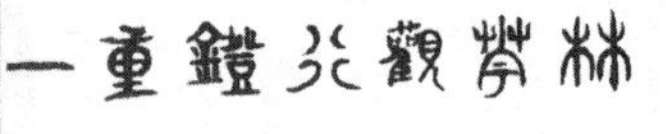

林華觀行鐙一重

斤十四兩五鳳二年造第一

林華觀漢書不載曰五鳳二年乃前漢時物也字畫極佳乃劉
原父得之于長安模其銘文遺歐陽公者說在蓮勺鑪篇（錄自薛氏鐘鼎）

甘泉上林宮行鐙 佚

款識

河東爲甘泉上林宮
造行鐙重六斤十兩
五鳳二年工回夫山
工誼作第一 曾口

右銘藏京兆呂氏惟承槃存銘二十有一字（錄自薛氏鐘鼎款識）
按此銘曾下一字不能識薛氏釋文亦缺惟共二十一字薛氏
作二十一字當係筆誤

池陽宮行鐙 佚

池陽宮銅行鐙重二斤六兩
甘露四年工虞德造
守屬陽
邀邑丞聖佐博臨

鐙文曰池陽宮行鐙重二觔六兩甘露四年工虞德造守屬陽
邀邑丞聖佐博臨篆書不四行凡二十有九言在槃側案池陽
宮地理志池陽隸左馮翊徵亦隸左馮翊師古曰徵音懲即今
之澄城此文作邀知漢書古本當亦作邀師古說可証也守屬
見蓮勺宮博山爐工丞佐各著其名薛尚功云凡漢器必謹其
歲月與夫造器之官是也云重二觔六兩準以今之庫平得十
六兩予得漢錢二品有文曰重四兩第一弟九者皆重一兩七

錢三分因証之建昭雁足鐙三觔八兩今重廿有四兩陶陵鼎
八觔一兩今重五十七兩八分皆不甚相差大率漢權一兩今
權得四錢二三分而已鐙之足有柄以慮尺度之通高一寸八
分柄長四寸七分盤圍徑三寸九分高八分弱足一寸三分三
足各相距三寸七分道光壬寅春日小珊姜少尉持此燈索攷
因附數語東武劉喜海（涇陽縣志）
按此鐙與前西弗生甗皆道光時出土爲姜少尉所收藏携之
南旋今未詳所在矣

館陶鐙 存

嘉慶廿五年庚辰二月十三日以番銀一餅得於蘇州舊肆鑿
款在側口口口口口口（約四五字）寸八分高三寸六分重一斤八兩館

陶家館陶長公主嫖孝文女竇后所生后遺詔盡以東宮金錢財物賜長公主嫖此是西漢初器也文中青綠填積尚未洗剔家字末筆甚長 張氏清儀閣

建昭雁足鐙 佚

阮氏積古齋釋文

建昭三年考工輔 今陽
爲內者造銅雁足 後 平家
重三斤八兩護建 畫一
佐博嗇夫福掾光 大 至三
主右丞宮令相省 廚 陽朔
中宮內者第五故家 元年賜

乙巳秋陝西按察使王述菴札來以所得雁足鐙款文拓本見寄或云此鐙即揚州馬氏所藏厲樊榭詩中所詠也予按其文與樊榭所詠馬半槎藏迥不相同其非一器無疑且以証予曩辨樊榭之誤所益爲不少矣 翁氏兩漢金石記

右建昭雁足鐙銘五十九字青浦王述菴少司寇所藏器據搨本摹入案建昭三年西漢元帝即位之十三年漢書百官公卿表少府屬官有考工室武帝太初元年更名考工室爲考工臣瓚曰冬官爲考工主作器械也內者令也右丞宮令守宮令之丞也皆屬少府護建佐官名漢表無考轉博福光主相皆人名外戚恩澤侯表陽平侯蔡義本始四年薨無後此陽平家當是大將軍王鳳鳳于永光二年嗣封陽平侯銘云陽朔元年賜陽朔元年成帝即位之九年鳳于陽朔三年薨此鐙本宮禁之物成帝以賜鳳令陽平家以下十三字乃鳳所刻畫者刻也一至三者當時所賜不止一器故備記之 阮氏積古齋

首山宮鐙 佚

敀古云京兆李氏銘云蒲反首山宮銅雁足八寸蓋重六斤永始四年二月工賈慶造敀古云漢宣帝時器地里志蒲反有首山祠其宮即祠宮也 薛氏鐘鼎款識

館陶釜 佚

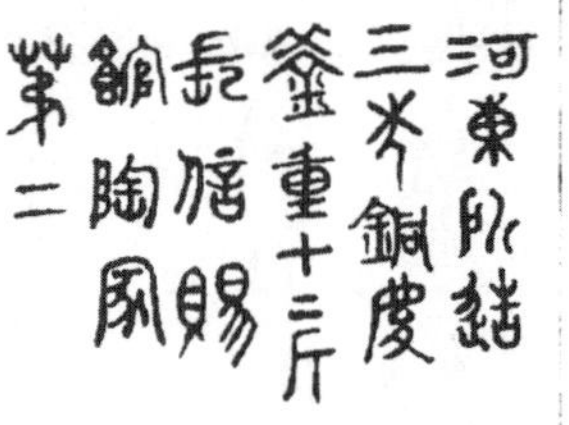

薛氏款識釋文

河東所造三年
銅慶釜重十二
斤長信賜館陶
家第二

右器物銘云長信賜館陶家按漢書外戚傳文帝竇皇后女則封館陶長主又百官公卿表長信詹事掌皇太后宮景帝中六年更名長信少府居長樂則曰長樂少府此則景帝時官名長

信則竇太后居是宮無疑也銘雖無年月然知其爲竇太后賜館陶公亦無疑也 薛氏鐘鼎款識

長安銅尺 佚

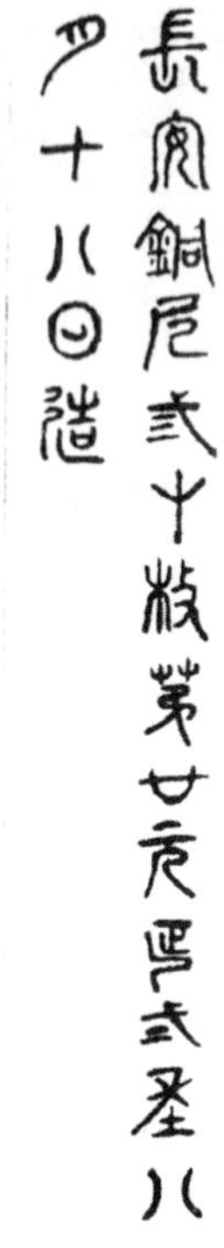

銅尺一今藏嘉定瞿木夫通守家銅質堅貞青綠可愛上有文云長安銅尺三十枚第廿元延二年八月十八日造計十有八字篆法精密的是漢人與曲阜孔氏所藏慮傂銅尺相等惟此尺作陽文疊起較慮傂尺短六分按慮傂尺造於後漢章帝建初六年距前漢成帝元延二年不過九十二年已長短不同之如此漢書地理志長安縣高帝五年置屬京兆府爲領縣第一

今文云長安銅尺卌枚當是在長安鑄者卌枚此爲第廿未必鑄三十枚以頒郡縣也 錢氏履園叢話

建初銅尺 存

按此尺紫銅爲之以黃銅細絲嵌篆文十三字曰慮傂銅尺建初六年八月十五日造字徑四分方整古雅的係漢物尺寬六分厚一分半長當今官裁尺七寸四分與曲阜孔氏所藏相同其說詳王氏金石萃編不復贅現藏長安劉氏

銅盤 存

右盤徑二尺餘銘云五鳳二年造今存蒲城張氏 蒲城採訪[illegible]

銅鐏 存

按此鐏俗名漢圓壺高八寸餘口徑九寸底徑一尺耳八分環一寸餘重一斤三兩色黑綠相雜桑落村王朗軒僑寓天水掘地得之今存蒲城王氏

新莽銅權二種 佚

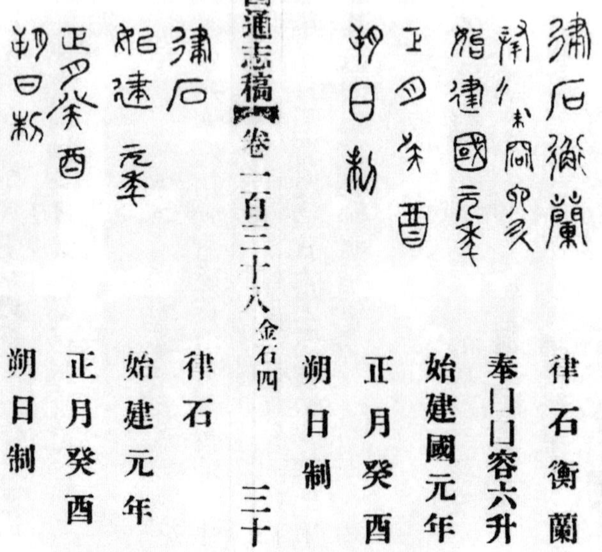

阮氏積古齋釋文

律石衡蘭

奉□□容六升

始建國元年

正月癸酉

朔日制

律石

始建元年

正月癸酉

朔日制

右新莽銅權二器上一器二十二字摩滅者二字下一器可釋者十三字皆據陳仲魚摹本編入案薛氏款識漢注水匜銘云律斤衡蘭注水容一斗始建國元年正月癸酉朔日制與此權蓋一時所制薛氏云漢新室當孺子嬰初始元年戊辰十二月改爲建國此言元年正月則是明年己巳歲制此器也考漢書王莽傳云以十二月朔癸酉爲始建國元年正月之朔莽以十二月爲歲首則此銘正月朔即初始元年之十二月朔也律石

衡蘭注水匜作律斤衡蘭石與斤皆權也律石衡當是官名蘭當是人名莽傳載莽策羣司之辭有曰包煒象平考量以銓此即命鑄權量之辭也新莽尚有量銘見翁氏兩漢金石記未得拓本故不載阮氏積古齋

瓦罇二存

案罇高一尺餘口徑三寸餘清光緒中於隴州城南五里之談家溝出土一有硃紅字跡但糢糊難識其一有延熹六年四字尚明顯餘字不斷現存村中

編纂渭南武樹善

續修陝西通志稿卷一百三十九

金石五

漢

開通褒斜道石刻存　文見王氏金石萃編　永平九年

摩崖橫廣一丈餘寬前段三尺二寸五分中段四尺五寸後段五尺五寸字徑三四寸共十六行行五字至十一字不等隸書今在褒城北石門

開通褒斜閣道摩崖字徑三四寸體界篆隸之間甚方整而長短廣狹不一余所見漢人書若韓城縣署內延光四年刻石亦此類也其文共計一百二十四字合之宋晏袤所云一百三十九字共少十一字當是所紀歲月也袤文中似又有永平九年四月字樣或此刱始于六年成于九年復刻此石也中褒斜作余橋閣作格並古字通畢氏關中金石記

右碑歐趙洪三家俱未著錄宋紹熙末南鄭令臨淄晏袤始得之爲文紀其事然其地崖壁斗峻莓蘚阻深自晏令作記後六百餘年罕有津逮而摹搨者今巡撫畢公撰關中金石記乃搜討而錄之文字古樸東京分隸傳於今者以此爲最先鄐本晉邑以邑爲氏鄐君惜未詳其名字也錢氏潛研堂金石文跋尾

司隸校尉楊孟文頌存　文見王氏金石萃編　建和

石高九尺九寸廣七尺七寸二十二行行三十、三十一字不等額題故司隸校尉楗爲楊君頌隸書今在褒城縣

碑云武陽楊君厥字孟文故水經注稱爲楊厥碑考之華陽國志則楊君名渙字孟文也洪适云厥實語助耳非名文內有云高祖受命興於漢中道由子午出散入秦以子午塗嶮難更隨圍谷復通堂光誽與鄐閣頌嘉念高帝之開石門元功不朽云云合出散入秦者散關也碑爲漢中太守楗爲武陽王升立以

犍爲楗用古字說文無犍字畢氏關中金石記

蒼頡廟碑存文見王氏金石萃編無年月

碑高六尺一寸廣六尺二十四行字數殘缺不可紀碑陰共二列每列二十四行右側四列每列六行左側三列第一列六行第二列五行第三四行碑額穿右題字五行行十字均隸書穿左有宋人題字五行正書左讀在白水縣

右蒼頡廟碑在白水縣東北五十里之史官村其地於漢爲衙縣春秋秦晉戰於彭衙即此地續漢志左馮翊有衙縣注引皇覽云有蒼頡冢在利陽亭壙高六丈後人因建廟於此縣以彭衙得名而漢志皆作衙字而碑作御猶曲江之爲曲紅西城之爲西成也碑文雖漫漶諦視之尚有可識者惜洪丞相隸釋未著於錄不得其全文故不能通耳碑上穿之左有宋人題名四行呂大忠大防之兄嘗爲陝西轉運副使者也　碑陰之文更漫滅其兩側面各有字尚可讀其一面朔方臨戎孫羨云云歐

陽集古錄題爲朔方太守碑陰者蓋即此然碑所述者衙令孫羨室本末朔方太守仇君則孫令之舉將與立祠無涉乃以朔方標題誤矣其一歐公亦有跋而不知其爲何碑之陰蓋本四面有字歐公僅得其兩側又誤分而爲二趙德甫金石錄有蒼頡廟碑即碑之正面又有蒼頡廟人名即碑側之一面其又一面與碑陰則趙亦未見洪文惠則全未之見錢氏潛研堂金石文跋尾

西嶽華山廟碑佚延熹八年

碑高七尺七寸廣三尺六寸二十二行行三十八字郭香察隸書額題西嶽華山廟碑篆書明季地震碑毀

右西嶽華山廟碑篆額在華州華陰縣桓帝延熹四年袁逢守洪農郡以華嶽舊碑文字磨滅遂案經傳載原本勒斯石以垂後會遷京尹乃勅水椽杜遷市石遣書佐郭香察書碑成於後之四年蓋孫璆典郡時也逢者司徒安之曾孫太尉湯之次子嘗爲司空而卒史不載其曆洪農京兆乃闕文也東漢循王莽之禁人無二名郭香察書者察莅他人之書爾小歐陽以爲郭香察所書非也碑云四時中月省方柴祭不讀中爲仲其義亦通至以宣帝爲中宗則是借仲爲中說者漢世字少故多假借或曰漢人簡質字相近者輒用之予以爲不然亦好奇之過耳以帝者廟號而借以它字不恭孰甚焉洪氏隸釋

新豐郭香察隸書西嶽華山廟碑其結體運意乃是漢隸之壯偉者割篆未會時或肉勝一古一今遂爲隋唐作俑如山子諸字是也余家華下近百年前有客訪其石已毀此搨獨歸然如魯靈光華嶽色同來聧發几席殘闕僅百二十餘字存者鮮芒銛利如新拱璧驪馬云何可尚碑建於延熹而謂以莽制東京無二名察書者監書也夫莽漢賊也當莽世已欲噉其肉諸其

宮不顧安有世祖正位二百年尚遵莽制不哀耶按莽孫宗坐罪死莽曰宗本名會宗以制作去二名今復名會宗是當時亦自有二名也況取往牒一按二名不可勝紀則督說無據可笑也郭氏金石史

右漢西嶽華山廟碑延熹四年立隸書此書前明嘉靖年間地震石毀存於世者僅三本一爲華陰本今歸大興朱氏一爲長垣本今歸諸皆齋一爲四明本今歸揚州阮氏皆宋搨也華陰本闕字較多長垣四明本闕字較少此本乃曲阜孔氏摹刻雖具全文僅存形似又有大興翁氏長安裴氏揚州阮氏重刻本惟阮氏本最佳漢唐存碑跋

華嶽廟殘碑陰存文見王氏金石萃編無年月

碑高四尺五寸廣一尺四寸第一列存七行第二列惟四行有字餘皆斷缺隸書今在華陰縣

右武都太守等題名共七行稽其官制地名是漢時碑陰無疑然考隸釋隸續及金石集古等錄並無此刻乾隆四十四年修理嶽廟五鳳樓下所出古殘碑甚多此爲稱最焉 畢氏關中金石記

李翕析里橋郙閣頌 建寧 存 文見王氏金石萃編

摩崖高七尺六寸廣五尺五寸二十行行二十七字隸書今在略陽縣

此碑相傳蔡邕書碑中太守李君諱翕今板本集古錄皆作李會或傳寫之誤唯鄭樵略曰李翕與碑合 趙氏石墨鐫華

郙閣舊在棧道中頌磨崖石在橋旁今棧道已徙他處石亦磨滅縣令重刻於石後旁書縣令申如塤重刻七字八分書其書皆模仿筆法亦略相似按集古錄作太守阿陽李君今碑稱太守漢陽阿陽李君重鐫之碑不應有誤當是集古錄脫去漢陽二字耳 朱氏雍州金石記

司隸校尉楊淮表紀 熹平二年 存 文見王氏金石萃編

摩崖高八尺三寸廣二尺二寸七行行二十五六字不等今在褒城縣

司隸校尉楊淮碑靈帝熹平二年同郡卞玉過其墓爲勒此銘敘淮及弟弼前後歷官且稱其功德年盛當究三事不幸早隕又云俱大司隸孟文之元孫也紹興中此碑方出歐趙皆未見之碑云楊君厥諱淮字伯邳蓋以厥字爲語助時大司隸有石門碑亦云楊君厥字孟文今古皆以厥爲孟文之名得此始知其非凡稱元妃元兄元舅之類皆以長言之二楊俱曰元孫猶元士以元爲美稱也 洪氏隸續

郃陽令曹全碑 中平二年 存 文見王氏金石萃編

碑高七尺六寸廣三尺七寸二十行行四十五字碑陰共五列第一列一行第二列二十六行第三列八行第四列十八行第五列四行均隸書今在郃陽縣

萬歷初郃陽縣舊城掘得此碑中平二年造內稱全爲戊部司馬征疏勒王和德攻城野戰謀若湧泉威牟諸貢和德面縛歸死還師振旅諸國禮遺且二百萬悉以簿官按范史西域傳和德射殺其王自立涼州刺史孟佗遣從事任涉將燉煌兵五百人與戊巳司馬曹寬西域長史張宴將諸國兵合三萬人討疏勒攻楨中城四十餘日不能下引去二說不合且司馬爲曹寬非曹全豈即其人范氏傳寫誤耶即紀功者張大其詞而面縛歸死似非虛飾抑又何也碑又稱光和七年史光和止六年蓋七年冬十一月始改元中平耳碑文隸書遒古不減卒史韓勑諸碑且完好無一字缺壞眞可寶也 趙氏石墨鐫華

仙人唐公房碑 無年月 存 文見王氏金石萃編

碑高八尺八寸廣三尺三分十七行行三十一字隸書額題仙人唐公之碑六字篆書今在城固縣

右唐公房碑歐陽集古錄作公昉碑趙氏金石錄作仙人唐君碑洪氏隸釋作仙人唐公昉碑篆額云仙人唐君之碑六字在碑額之偏右其篆字分二行君字在次行之首據隸續是君字今不可辨矣其一行第三字篆書唐字甚分明今隸續刻本誤

又按歐陽集古錄謂不載其姓叢歐陽公未見此碑額耳唐公房祠見於水經注華陽國志諸書隸續所引後漢書志即華陽國志文也 翁氏兩漢金石記

仙人唐公房碑陰 存 文見陸氏金石續編

隸書十五行行九字至十二字不等在城固縣

按仙人唐公碑陰題名十五人城固二南鄭十三其員職有江陽守長東部督郵司徒掾益州從事太守史褒中守尉之屬無員職者稱處士蓋即前碑所云群義是也碑載公房以王莽居

攝時得道舉家俱濟歷世莫紀後云漢中太守南陽郭君諱芝字公載躬捐俸錢倡率群義繕廣斯廟又云刻石昭音揚君靈譽是其繕廟刻石皆當後漢繕廟者爲郭芝倡義而刻石不著撰書之人固即碑陰題名之群義爲郭君揚譽矣洪氏以碑爲郭芝所立殊未審也 陸氏金石續編

右扶風丞李君通閣道記 存 無年月 文見陸氏金石續編

高二尺三寸廣一尺六寸隸書七行行十字至十三字不等在褒城石門西壁

右殘刻存六行寄三字餘不可曉每行字數不等剝落殊甚故同在褒谷而歐趙洪婁諸家俱未採錄味其語意解大臺由卑下賈民懽喜行人蒙福蓋亦去險就夷以便於民故爲之刻石紀功如開通褒斜橋路及石門頌之類不可沒也乃倆佛臨摹存其大概李君字季士諱雷雷不可識必有闕誤處有以爲禹字者殊不相似未敢定也政字炳字亦不可辨姑存之宣禾鄐尉之名它處亦未見 馮氏金石索

摩崖四種 存

雲房

按碑在武功左方署鍾離子三小字鍾離權自號也權與兄簡俱得道華山歷漢及魏晉在唐時尤著異蹟今臨潼亦有雲房二草字乃金人移剌松齡摹仿而爲者此書摺在岐山磨崖刻前令別刻一石易之鑿取此書移置署樓段君襄亭復移置武功 黃氏陷唐石刻拾遺

石門

按晏袤褒斜題記云昔高帝興王漢中出散入秦由子午塗路齟齬自秦取蜀之石牛道開通石門史雖不書建寧五年衡官

掾仇審頌太守李翕郙閣碑云嘉念高帝之開石門元功不朽則石門雖基於秦而開於高祖明矣至建和二年漢中太守王升鐫碑石門中紀永平四年司隸校尉楊君孟文以詔書鑿通石門則又從而廣之通道幾五十年至安帝永初元年西夷虐殘橋梁斷絕復修子午凡十五年延光四年詔益州刺史罷子午道復通褒斜則此路自秦漢以來通塞屢矣攷褒城誌北谷口俗呼大石門南谷口俗呼小石門漢刻均在小石門此二字各方二尺隸書渾樸沈雄無書者姓名相傳在永平四年鑿通石門時也

石虎

按字方各二尺隸書後題鄭子貞考漢書子貞隱於谷口王鳳嘗三聘不至今褒城有道人谷即子貞隱處也山有虎石故書石虎二字

袞雪

按字各方二尺隸書橫列下署魏王在深澗之中急湍亂石滾沫若雪故名滾雪攤考建安中魏武兩至褒中當係爾時所書

朝侯小子殘碑 佚 文從拓本錄入

缺曰朝侯之小子也口口口口口止口口履 缺 參學兼遊夏服殷勤
顓□ 缺 僶俛而度介 缺 學中大生晨以被抱爲童冠講遠近稱 缺 僚
畤遂禮聘五百萬已上君皆不受竭 缺 不見雕二連居喪孟獻加
等無以踰焉 缺 行以君爲首郡請署主簿督郵五官掾 缺 否好不
廢過憎知其善每休歸在家匿 缺 廉除郎中拜謁者以能名爲光
祿所上 缺 訪姦雄除其蝨賊曜德戢名怕然無爲 缺 巨卜 葬舍蔓
憔悴精傷神越終歿之日 缺 身形銷氣盡遂以毀滅英彥惜痛老

小（缺）死而不朽當在祀典者矣故表斯碑以（缺）玉之眞辭賻距賵高志凌雲烝烝其孝（缺）口頑凶哀慟穹旻脈幷氣結以隕厥身

右殘碑民國初年出陝西長安縣西北十五里楊家城即漢都城故址初爲骨董市馬張二姓所得售之藍田閻甘園售之天津周季木近聞已轉入東瀛矣石乃碑之下半文尚完好攷續漢書百官志云列侯中興以來賜位特進者次車騎將軍賜位朝侯（嚴本朝下衍廷字此從汲古閣本）次五校尉賜位祠侯次大夫又云列土特進朝侯賀正月執璧云云是朝侯之名始自東漢此碑書法雅類曹全史晨後碑其爲東京刻無疑洪容齋云碑誌之作當直存其名無所隱諱趙德甫云漢時碑碣載其家世皆止書官爵非當代顯人遂莫知爲何人此碑止書朝侯而不書名字小子何人遂至無可攷證唯其仕官之跡德性之純可就碑文約

略得之碑云郡請署主簿督郵五官掾又云休歸在家云云又云（上缺）廉除郎中拜謁者以能名爲光祿按續志凡郡國有五官掾五部督郵又光祿勳屬官光祿大夫比二千石（漢官曰三人）謁者三十人其給事謁者四百石灌謁者郎中比三百石荀綽晉百官表注曰漢皆用孝廉年五十威容嚴恪能賢者爲之是小子起家州主簿歷郡督郵五官掾休職既而郡舉孝廉入官郎中謁者洊升至光祿大夫也碑又云（上缺）卜葬含憂憔悴精傷神越形銷氣盡遂以毀滅銘詞亦脈幷氣結以隕厥身其蓋以哀毀滅性夭其天年者至性如此史籍無聞都鄉孝友嚴舉碑云孝弟之至通洞神祇（隸續）此碑之出殆有不容泯沒者在乎又按漢碑多書元子（太尉楊公陳球李翊孔彪太尉文公侯胡公鴻臚陳君諸碑及費鳳別碑）胤子（司空文烈侯楊公碑）伯子（安平相孫根碑）長子（逢盛楊震成伯著綏民校尉熊君諸碑）以主器之重也亦有書中子（夏承袁敞袁良諸碑）少子（袁良陳留太守胡公郃鄭班諸碑）季子者（劉熊碑）惟此碑書小子是亦可以備一例也（毛昌傑跋）按此碑缺其大半存者僅十四行行十五字出土未久即爲有力者購去書法遒勁古雅在曹全之右洵可惜也文稱朝侯之小子攷漢繁陽令楊君碑曰齊波君之小子正與此同且周彝器有小子敦小子𩒨則此碑之稱小子原非創例也

瓦當文字

按瓦當各種徑六七八寸一字至十二字不等

長樂未央

右長樂未央瓦得之漢城東隅長樂宮故基也按關中記長樂周二十餘里有殿十四故瓦多小異（林氏秦漢瓦圖記）

長生未央

右得之淳化縣甘泉宮故基長生甘泉今曰長生未央微有不同淳化志載甘泉宮有萬壽無疆上林儲正日等字猶未央瓦

其文不一也（林氏秦漢瓦圖記）

與天無極

右與天無極瓦亦出自漢城此瓦應與長生無極同意（程氏秦漢瓦當文字）

億年無疆

此瓦亦未央故宮土中所出（林氏秦漢瓦當圖記）

延年益壽

右延年益壽瓦當是甘泉宮益壽觀瓦又有延壽萬歲瓦見後又未央有延年殿見宋次道長安志引殿記（程氏秦漢瓦當文字）

延年瓦

延年瓦中作飛鳥形兪竹君所收錢獻之摹刻諸瓦以爲飛鴻
延年當是延年殿瓦（王氏蛾術編）
又延年半瓦錢別駕得自漢城此與後上林二半瓦皆非殘缺
乃瓦當中具此一種適用耳半列延年二字殆卽延年殿瓦歟（程氏秦漢瓦當文字）

延壽萬歲

右延壽萬歲瓦當亦萬歲殿或延壽宮瓦（程氏秦漢瓦當文字）

千秋萬歲

三輔黃圖未央宮有萬歲殿王氏宮殿記西漢有萬歲宮以長
樂長生例之或是萬歲宮殿之瓦（林氏秦漢瓦當圖記）

仁義自成

右瓦爲仁義自成四字出於漢城不知所施（程氏秦漢瓦當文字）

續陝西通志稿　卷一百三十九　金石五　十一

宜富貴當　鉡

右瓦得之淳化甘泉宮故基中央有文曰劉（林氏秦漢瓦當圖記）
中間一字江氏藩謂是千金二字（翁氏兩漢金石記）

萬物咸成

右萬物咸成瓦漢后宮長秋殿瓦也攷三輔黃圖云后宮在西
秋之象也秋主信故以長秋長信爲名後漢書馬后紀注稱長
秋宮者皇后所居宮也（程氏秦漢瓦當文字）

長毋相忘

右長毋相忘瓦長安賈人云得於漢城此瓦不知所出敦疑爲
後宮殿瓦（程氏秦漢瓦當文字）

永奉無疆

右永奉無疆瓦皆得於漢城錢別駕以爲漢太廟瓦（程氏秦漢瓦當文字）

便

右便字瓦攷漢書武帝紀六年四月高園便殿火小顔注凡言
便殿便室便坐者皆非甚大之處所以就便安也此瓦爲便殿
瓦無疑又諸文皆突然此獨凹下爲異（程氏秦漢瓦當文字）

狼千萬延

右瓦爲狼千萬延兪太學得於長安賈人不得所從來敦斷爲
郎池觀瓦按長安志引關中記云上林苑有郎池觀三輔黃圖
西陂池郎池皆在古城南上林苑中陂郎二水名陂郎晉灼引
作波浪是郎池又呼爲浪池矣史記張良傳稱秦始皇東遊至
博浪沙中漢書作博狼據此則狼浪二字古蓋通用故定爲郎
池觀瓦也萬延當萬年之意（程氏秦漢瓦當文字）

鹿甲天下

續陝西通志稿　卷一百三十九　金石五　十二

右瓦上爲二鹿形下甲天下三字右行書乃兪太學走書於淳
化友人處索得者不知所從來太學自說爲天祿閣瓦敦按天
祿異獸字亦作鹿漢書西域傳烏弋山離國有桃拔獸孟康曰
一名苻拔似鹿長尾一角者爲天鹿兩角者爲辟邪今鹿形兩
角又短尾非天鹿可知攷長安志引關中記上林苑中二十二
觀有衆鹿觀此瓦上畫二鹿非一之意甲天下亦云多矣豈衆
鹿觀瓦歟（程氏秦漢瓦當文字）

上林

右瓦得之漢城承露臺基旁按秦有上林苑至漢武則廣開上
林茲瓦之爲秦爲漢未可以臆斷而漢之上林地廣於秦故屬
之漢云（林氏秦漢瓦當圖記）

宗正官當

右宗正官當申朝邑得於漢城考漢書高帝紀七年二月置宗正官以序九族又百官表宗正秦官掌親屬又應劭説周成王時彤伯入爲宗正是宗正猶不始於秦也瓦程氏秦漢當文字

都司空瓦

右都司空瓦趙文學得於漢城攷漢百官表宗正屬官有都司空如淳曰律司空主水及罪人又少府屬有左右司空漢程氏秦瓦當文字

上林農官

右漢上林農官瓦攷史記平準書楊可告緡錢上林財物衆乃令水衡主上林上林既充滿益廣乃分緡錢諸官而水衡少府大農太僕各置農官據此則上林之有農官或置於此時此瓦當即農官治事處之瓦歟瓦程氏秦漢當文字

右空

右右空瓦考漢百官表少府秦官掌山海池澤之稅以給其養屬官有左右司空據此當是右司空瓦歟瓦程氏秦漢當文字

高安萬世

右高安萬世瓦錢別駕得於漢城自署曰漢大司馬董聖卿第瓦程氏秦漢當文字

有萬憙

右有萬憙三字瓦先是錢別駕得於漢城獲一不全瓦但有萬憙二字後申朝邑於長安市上獲半瓦有一有字半萬字上下文藻皆相合因摹倣成之然此瓦不知所施或説爲民舍瓦説文憙樂也漢書喜悦字多有作憙者後人乃喜憙通用漢程氏秦瓦當文字

金

右金字瓦錢別駕得於漢城輪廓小而字不甚美其金廐瓦歟以此類推俞太學所得大字瓦或即大廐瓦歟瓦程氏秦漢當文字

大

右大字瓦俞太學得於漢城不知所施瓦程氏秦漢當文字

冢當萬歲

右瓦俞太學得於鳳城文曰冢當萬歲篆法輭美非漢人所及蓋先秦墓舍間物有讀爲萬歲冢當者然瓦背之跡具存歲冢二字在其上方故不可倒讀也瓦程氏秦漢當文字

樂當大萬

右瓦文曰樂當大萬俞太學得於汧隴之交古喻麋地方乃神祠瓦也瓦程氏秦漢當文字

嵬氏冢舍

右嵬氏冢舍瓦文與漢人碑刻隸書相同錢別駕得於馬嵬所謂嵬氏者古無此姓殆巍字省文瓦程氏秦漢當文字

八風壽存當

此瓦已著於秦漢瓦圖記朱氏釋爲益壽存當四字錢趙諸君疑爲僞作之瓦以益下四字不應多爲曲折如此又富上不應多加者也丁未正月敦於長安鍾室址南撿得一瓦懷歸沃洗用膠黏合拓出即此文也因攷漢書郊祀志王莽二年興神仙事以方士蘇樂言起八風臺於宫中台成萬金作樂其上因此知爲八風壽存當乃是八風台瓦也八風壽存本可成文緣八字筆畫疏少故與風字合爲一遂增當字以配合之而當字水下作冂一筆分爲二筆使上半加長亦欲與首八風字相配於

此益見古人繆篆分布之妙又莽更名未央宮曰壽成室更霸館爲壽存館壽存二字正與莽一時宮觀命名相合故知其爲八風臺瓦無疑也（程氏秦漢瓦當文字）

飛廉

此瓦作飛廉形僉太學得於漢城攷史記孝武本紀公孫卿曰仙人好樓居於是上令長安作飛廉觀當是飛廉觀瓦也（錢氏履園叢話）

虎

此瓦作虎形虎口前有一申字不知何義或曰此白虎觀瓦也（錢氏履園叢話）

揜依中庭

右瓦出建章宮址長安志引關中記建章宮有駘蕩馺娑枍詣

等殿甘泉宮有旁皇觀皆揜依類也（程氏秦漢瓦當文字）

方春蕃萌

右瓦出漢城不知所施（程氏秦漢瓦當文字）

平樂宮阿

平樂宮即漢書武帝紀之上林平樂觀阿阿閣也據漢書馬巖傳帝親御阿閣注阿曲也知凡宮皆有阿閣也（程氏秦漢瓦當文字）

甘泉上林

右瓦出淳化據漢百官表甘泉上林有長丞知此爲長丞署瓦也（程氏秦漢瓦當文字）

大萬樂舞

右瓦出漢舊城詩北風簡兮章傳以干羽爲萬舞漢有大樂官當即大樂官署瓦（程氏秦漢瓦當文字）

百萬石倉

右瓦出漢舊城不知其爲何倉瓦（程氏秦漢瓦當文字）

六畜蕃息

右瓦陸大學繩得之長安市三輔黃圖獸圈九彘圈一在未央宮中此當是獸圈署瓦（程氏秦漢瓦當文字）

甘林

右瓦出淳化縣北甘泉山史記漢孝文本紀索隱引應劭說甘泉宮名在雲陽一名靈光薛讚云甘泉山名林光秦離宮名（程氏秦漢瓦當文字）

右將

左將

右瓦申兆定得之長安市漢百官表中郎有五官左右三將秩

皆比二千石此即左右將署瓦也（程氏秦漢瓦當文字）

衛屯

右瓦乃衛尉寺兵屯署瓦也漢百官表衛尉掌宮門衛屯兵又諸屯衛侯司馬二十二官皆屬焉此言衛屯所以別於諸屯也（程氏秦漢瓦當文字）

宣靈

右瓦殘缺僅存宣靈二字不知所施（程氏秦漢瓦當文字）

樂

右瓦出漢城或即長樂宮瓦也（程氏秦漢瓦當文字）

居攝都司空

攝二年都司空

二瓦高三寸六分半寬一寸七分字徑七分半分書陽文居字

攝字上半殘缺匋齋藏石記

長樂萬歲

右瓦錢別駕所獲三輔黃圖長安宮有萬歲殿此或其瓦也程氏

嬰桃轉舍秦漢瓦當文字

右瓦出淳化甘泉宮址轉舍即傳舍長楊五柞類也程氏秦漢瓦當文字

長樂未央延年益壽昌

按右瓦九字迴環如輻共一轂出漢舊城咸豐中始有人得之舊藏三原劉氏吳愙齋得其一

大吉祥富貴昌宜侯王

按右瓦九字三行行三字有方郛出漢城藏三原侯氏

延年益壽昌

續陝西通志稿【卷一百三十九　金石五　十六

按右瓦昌字在中餘環其外道光中出長安南鄉長安薛氏謝氏鄭氏各存其一

鼎湖延壽宮

按右瓦宮字在中同治中出藍田鼎湖宮址其地今爲汚池濬治井池嘗得之現藏長安謝氏劉氏及諸賈家

長樂康哉

按右瓦不知所出現藏長安謝氏沈氏劉氏

黃山

按黃山瓦兪太學得自興平攷漢書地理志槐里有黃山宮孝惠二年起此即其宮瓦歟

永受嘉福

按右瓦爲鳥蟲書筆畫複雜昔人謂爲椒風嘉祥程氏敦駁之謂椒字絕不類當係迎風嘉祥迎風宮瓦也然筆畫亦有所增加姑存二說後經好古家詳加研究乃永受嘉福四字不能定爲何殿之瓦也

長樂未央延年永壽昌

按此瓦與長樂未央延年益壽昌瓦形式大小全同惟一永字異耳當亦未央宮瓦今藏長安謝文靑家文靑博雅好古所藏彝器外瓦當尤富故得縱觀考證焉

京師庽當

按此瓦不知所出今藏長安謝氏

富貴萬歲

按此瓦當係漢宮通用之瓦今藏長安謝氏

千秋萬歲與天無極

續陝西通志稿【卷一百三十九　金石五　十七

千秋利君

按二瓦不詳所出當係漢宮通用之瓦今藏長安謝氏

關

按此瓦大七寸餘惟一大關字篆文未詳何義今藏長安謝氏

肙氏舍當

長生吉利

按二瓦形式略小當係闤闠間物今藏長安謝氏

張是冢當

按此瓦嘗於古肆見之張是當卽張氏之謂

冢

按此當爲墳墓通用之瓦與漢瓦形式略同故定爲漢物

馬

按此瓦四圍雲紋中一馬字當係馬廐所用或屬工人之姓不
敢臆斷
鼎湖延壽　保
按此瓦鼎湖延壽四字環外保字居中與延年益壽昌瓦形式
略同出藍田縣其爲鼎湖宮故物無疑今藏長安謝氏
駘盪萬延
按此瓦出自建章宮址乃駘盪殿瓦也
萬年大吉
按右瓦錢塘何氏得之長安見寰宇訪碑錄
大漢萬世
按右瓦出漢城及高廟咸豐中紹興萬伯舒得之
嘉氣始降

按右瓦不知出處現存長安謝氏
大宜子孫
按此瓦亦出漢城現存長安謝氏
漢并天下
按此瓦相傳出漢中南鄭縣漢台但長安漢舊城亦出焉今存
長安謝氏及諸賈人處
漢有天下
按此瓦出漢城及高廟今藏長安謝氏
鮮神所食
按右瓦不知所出亦不解其義現藏長安謝氏
五穀滿倉
按此瓦出漢城南當係太倉瓦

山阜岡陵
按此瓦不知所出現藏長安謝氏
崇蛹嵯峨
按此瓦不知所出現藏長安謝氏
與華相宜
與華無極
按右瓦二種出臨潼驪山宮址光緒中鑿井得一坑數幾盈萬
惜皆破碎其完者僅百餘枚并存長安謝氏
當王天下
按右瓦亦出漢城現存長安孫氏
佽飛宮當
按漢武帝置羽林佽飛史不言其有守署據此瓦知時已立官

署矣今存長安謝氏又長安毛氏藏此瓦作次蜚官當
賈氏冢當
按右瓦出扶風今藏孫氏蕭氏家
馬氏冢舍
按右瓦出興平馬嵬
馬氏殿當
按右瓦較諸瓦爲小出長安光緒中始得之存清盛齋白氏
殷氏冢舍
殷氏冢當
按右瓦不知所出現藏白氏白不知書藏瓦文字獨多
長宜子孫
按此瓦隆起如覆椀山文爲邊隸書四字大如栗子制較常瓦

爲小無角光緒中出草曲現存鄭氏
日利千金
按此瓦大小與長宜子孫同隸書出城南興善寺土人掘隧作墓穴得之疑是闤闠間物舊存高氏
日有憙
按此瓦字小如指光緒中修龍渠得一枚升巡撫之家人將姓取以去
益延壽
按漢郊祀志師古以延壽館爲益壽延壽二館史記作益延壽館近歲雍耀耕夫得古瓦有益延壽三字即此觀之但一館爲益延壽耳顏說非也
左司空

右司空
按二瓦出御宿川漢百官少府屬官有左司空右司空瓦文左司空三字罕見右司空三字省作右空者頗有之三字僅見也光緒中王文敏公懿榮自寶雞返長安並得二瓦
萬歲
按萬歲二字瓦鳥蟲書宣統中出漢城亦有隸書者皆前人所未見存白氏
延年
按右瓦半規出自漢城疑即延年殿瓦
大吉
按此瓦制如右空同治中出藍田臨潼呂氏藏之
左弋
按右瓦出漢城漢書百官公卿表少府屬官有左弋又曰武帝太初元年更名左弋爲佽飛佽飛掌弋射是左弋佽飛一官也存長安蘇氏
文明
按此半規瓦篆書同治初會城濬池於南關得十餘枚
萬
按右瓦隸書繆篆籀書鳥蟲各形皆有或大如其當或小如指或雜藻文中各制備具長安賈人多有之云得自杜曲
陸
按右陸字瓦制同便字瓦當隸書藏藍田閻氏
庚
按瓦出草曲當是太倉瓦藏藍田閻氏

鼎
按右瓦當中作[illegible]文即古鼎字
長樂長央鳳
按寰宇訪碑錄云安徽程氏藏有此瓦當係長樂宮別殿之瓦
延壽長相思
按右瓦不知所出當係後宮便殿之瓦
延壽萬歲常與天久長
按右瓦九字分三行右二字中四字左三字於古肆見之
長生樂哉
按右瓦不知何出嘗於古肆見之
當王者貴
按此瓦出寧羌州

口萬憙
按右瓦三字平列上下兩格作雲文亦出漢城
羊車冢當
按此瓦出處未詳現存長安李氏
長安寧慶
大廿五
按右二瓦亦出漢城錢氏潛研堂金石文字曾著錄之
畢倉
按此瓦未詳出處嘗於古肆見之
臨廷
按右瓦見白氏古董肆未審何施
都
按右瓦亦出漢城當與都司空瓦相類

卍
按右瓦卍字連環相套出寧羌州
蒼龍
按右瓦圖龍文牛首鹿角駝頭蛇身虎脛鳥爪鯉鱗蛟尾夭蟜嬰孥狀極矯健出漢城亦有雙龍相向或顛倒者舊以爲蒼龍闕瓦恐未盡然以所出頗多不應處處有此闕疑當時宮殿瓦無主名者皆依方位圖寫神靈此爲東方所用者耳
白虎
按右瓦狀虎形旁作山文乃殿西瓦也
朱鳥
按右瓦出漢城程敦秦漢瓦當文字以爲朱鳥殿瓦曲禮鄭注以四獸爲軍陳象正義謂四獸爲四方宿名此瓦圖鳥形鳳頭鷹喙鸞頸魚尾亦有作雉尾乃宮殿南向瓦也
玄武
按右瓦龜形盤屈狀各不一龜蛇並有亦有圖二蛇一龜者舊以爲玄武闕瓦今定爲漢宮北向瓦
麟
按右瓦麟狀似鹿亦似馬長頸長尾馬蹄一角在頂或有鱗或無鱗
鳳
按右瓦圖鳥如雉首尾胸翼文彩斑連舊以爲鳳凰殿瓦
龜
按右瓦一龜昂首曳尾與麟鳳龍三瓦皆制作精麗

應龍
按右瓦一龍傅兩翼
螣蛇
按右瓦作二蛇上下騰踔之狀或有角或無角
畢方
按右瓦雀形似朱鳥而一足以三爲群飛走跂立不一其勢
赤鳥
按右瓦鳥皆三足鳥或一或三三則一在上二在下
顧菟
按右瓦一兎拱手立或執一杵
伏羲
按右瓦一人首冠身衣無裳無足而龍尾殆古所謂伏羲氏人

首蛇身手執矩者與武梁石室畫像正同

五男

按右瓦作五人舞蹈狀二在上三在下

執犧

按右瓦一人牽牛人手執刀甚似彝器中刑犧之狀出岐山當是周瓦其圖畫形式頗近埃及石刻瓦中至罕者也

承露

按右瓦一人在樹下與李翕五瑞圖承露人相似亦有不圖人形但於樹葉間作點滴者

連理

按右瓦二樹本末分歧而中幹合亦似五瑞圖

嘉禾

按右瓦圖禾一本九穗穗有三實

天鹿

按右瓦鹿形短尾或一角或三角或傅翼或五足

辟邪

按右瓦羊形或一角在額或雙角屈盤

角端

按右瓦獸形虎頭鹿身一角在頂

天馬

按右瓦圖奔馬頂有一角或無角

天雞

按右瓦鳥形如鴙而雞尾

陳寶

按右瓦圖飛雉而其首似人出寶雞北

威斗

按右瓦上列北斗文下伏一獸牛首無角而龍身

黃能

按右瓦鼈形三足或有九尾

狴犴

按右瓦圖踞犬形虎目牛首而有角

蜚熊

按右瓦一獸似熊似虎而傅兩翼

蟾蜍

按右瓦一蟾蜍三足

奇鶬

按右瓦一鳥九頭文彩斑連

靈夔

按右瓦一牛昂首欲鳴而一足彳亍

饕餮

按右瓦圖一獸面張口怒目

枳首

按右瓦一蛇狀如弛弓無尾兩端各有一頭或一尾而歧頸兩頭

比目

按右瓦雙魚並游一有鱗有目一無鱗無目

駏驉

按右瓦二獸似驢又似兎兩首並立雙肩二尾而四足

比翼
按右瓦二鳥如鳧兩頭兩尾兩頸四足兩翼並飛
神蟥
按右瓦一蟲似蛇無目無口而有一角
交螭
按右瓦二龍相纏有角而無足或有足而無角
騶虞
按右瓦虎形豹文口中銜草藻之屬
靈犀
按右瓦牛形一角在鼻端
鰲魚
按右瓦魚形傅兩翼
狻猊
續陝西通志稿【卷一百三十九　金石五　二十六】
按右瓦圖獸如今獅子與畫獅子異貌知漢人已見眞獅子矣
吉羊
按右瓦三羊形或一羊
飛鴻
按右瓦鳥形飛翔與延年瓦同但無文字
馬鹿
按右瓦一鹿在前馬在後與鹿馬甲天下同但無文字
黃鵠
按右瓦飛鳥形如鶴而首鵠如鴻
旅獒
按右瓦數犬一大犬在前二三小犬在後亦有圖一長喙犬者

一有圖一虎頭犬者
雙魚
按右瓦作雙魚騰躍波浪迴旋之狀或上下躍或左右陳
四𧈢
按右瓦出長安城南中作藻形旁列四𧈢程敦得之見秦漢瓦
當文字
三雀
按右瓦三雀環立形如輻共轂雀二足與畢方亦鳥異狀
龜蛇
按此瓦作龜蛇相交之形未詳何義今藏長安謝氏
連山
按右瓦山形糾縵與彝器中山文同與博山鑪山文異
續陝西通志稿【卷一百三十九　金石五　二十七】
雲文
按右瓦圖游雲之狀或有界格斜䍦或累圓如盤周迴作雲環
方圓斜正不一其狀
雷文
按右瓦圖連䨻之勢似尊彝之䨻文
藻文
按右瓦文如井藻斜界方䍦䍦中列圍文陰陽相間與殿脊井
欄溝甬諸文并同
蟬文
按右瓦圖蟬文如尊壺所鑄或環列或界格與四𧈢狀相似
粟文
按右瓦圖列粟如穀璧

雙瓠

按右瓦圖綯文繫雙瓠狀如牛角與瓠尊同形非世俗之胡盧形

褒城開糧塼誌 存文備錄

開糧褒城　興起樂陽　運糧啞行　積屯陳倉
倘有越境　追誅此方　兵主韓令　粮主蕭相
元漢初年秋七月律界

按右塼出褒城縣長一尺五寸廣一尺四角損壞字尚完好現存長安段氏按天漢乃漢武帝年號殆當時軍粮運行文告傳刻於塼耳

漢并天下甎

按此甎長二尺四寸廣一尺厚四寸字在側面與漢并天下瓦

當同文當亦漢初之甎

益延壽甎

按此甎方二尺餘中作瓦當形內有益延壽三字兩旁有四獸並立當係益延壽館中所用

按瓦當長安圖志謂之瓦頭蓋宮殿之瓦必以筒瓦覆其縫而覆至檐邊則特作瓦頭使無罅漏且爲文藻以壯觀瞻此瓦當文字所由興也秦漢瓦當篆法古雅實繆篆之先河惟宋以前無稱之者自王氏澠水燕談錄始見紀載淸初閩人林佶人得一長生未央瓦一時東南名士題詠殆徧珍若吉光片羽旣而畢秋帆中丞著關中金石記瓦當於其列僅得十餘種王述菴繼之嗜古若渴與朱楓程敦輩極力搜羅著書立說互相傳鈔亦止三十餘種而已今則集諸家所著錄暨當時所見閒合周秦漢唐共得將二百種以今例昔數將倍蓰豈搜求之功倍於前人良由諸君子提倡於前樵夫牧豎皆知殘瓦可以易金錢遂不憚艱辛刮苔剔鮮覓於荒基廢冢以爲利市之券而古物遂輻湊於市廛矣即如長生未央昔則以罕見珍今則數見不鮮雖羽陽千歲益延壽者今不多見而今之異文奇字層見叠出又皆昔人所未寓目於以見古物散佚之多而大地包藏之廣後出者又不知若何新異今亦何敢自多也至於歷代之甎泥質較粗偶有文字多欠工緻因擇其新異者甄錄數種以備一格

編纂渭南武樹善

續修陝西通志稿卷一百四十

金石六

魏

黃初殘碑　存　文見王氏金石萃編

碑共三石第一石二行第二石三行第三石二行字數皆不可紀今在郃陽縣許氏

乾隆初土人取土得之土中僅十二字中有黃初五三字故定爲魏碑其書法絕類漢人又有六字與此碑如出一手字之大小行之疏密皆同應同爲一碑屈君耕野珍藏於家搨以遺余屈君邑庠生博學好古於古人碑版嗜之尤篤余記秦中金石相助爲多朱氏雍州金石記

十三字殘碑　存　文見王氏金石萃編

石高廣各四寸許文四行今在郃陽縣康氏

十三字碑書法與曹全碑相似幸莘退食記云郃陽十三字漢碑向置曹全碑旁今亡矣不知康氏移歸珍藏耳屈君耕野搨以遺余可愛玩也又有六字疑爲一碑書法古勁當爲漢人所書亦藏康氏朱氏雍州金石記

按十三字殘碑朱氏雍州金石記畢氏關中金石記目爲漢碑至十八字殘碑以有黃初五三字載入魏碑而王氏金石萃編以其同在郃陽連類記之其實細加玩索實係一碑之碎石零散於各處第隸法古雅在曹全史晨之間非受禪上尊號諸碑所能企及惟金石萃編增十八字殘碑爲二十三字以三石分合攷較終不符十八字之數未審何據

大將軍頌斷碑並陰　存　文見畢氏關中金石記附記

無年月隸書無姓名在長安民家

此碑近出於土上下俱缺中存二百餘字大將軍不詳其人以官爵事跡考之當爲曹眞碑按魏志曹眞傳文帝即王位以眞爲鎭西將軍假節鉞都督雍梁州諸軍事錄前後功遷封東鄉侯張進等反於酒泉眞遣費耀討破之斬進等黃初三年還京都以眞爲上軍大將軍都督中外諸軍事假節鉞與夏侯尙等征孫權擊牛渚屯破之尋拜中軍大將軍明帝即位封邵陵侯遷大將軍諸葛亮圍祁山南安天水安定三郡反應亮帝遣眞督諸軍軍郿遣張郃擊亮將馬謖大破之安定民楊條等略吏民保月支城眞進軍圍之條降三郡皆平碑文斷續多不成讀而所稱拜官與事跡可辨者正與傳合又玩後數行語意應是眞歿後二州之民追念其德爲立碑耳碑陰字差小上下兩層俱書州名某地某官某姓字與漢碑陰署名例同謹錄缺文於左以俟博雅葉氏關中金石記附記

李苞通閣道題名　存　文見王氏金石萃編

摩崖高五尺九寸廣五尺六寸前有晉潘宗伯題名一行後有李苞題名二行今在褒城縣石門

碑陰云潘宗伯韓仲元記造橋閣十字紹熙甲寅始見於石門之南崖其泰字下一字不顯止有六年以下字至此字下三字又不能識微有偏旁漢魏兩晉以泰紀年者凡七惟明帝有泰和六年晉武帝有泰康十年餘皆三年或三四年則知此爲泰和六年明矣是歲蜀建興十年先是泰和四年魏司馬懿伐蜀五年蜀諸葛亮圍祁山魏詔司馬懿拒之秋七月亮退軍明年亮休士作木牛流馬故魏人得入褒谷治橋閣矣後題景元四年三十八字者魏陳留王年號自泰和六年至此凡三十有三年則此二號皆魏之紀年無疑其書盪寇將軍云者獨張嶷亦

有此將軍號魏盪寇將軍浮亭侯李苞字孝章復通此閣道於景炎四年即蜀元興元年冬十一月魏鍾會鄧艾率衆伐蜀至江油降馬邈至綿竹斬諸葛瞻劉禪詣艾軍降巴蜀皆平十二月魏分益州爲梁州襃斜閣道於是乎通矣慶元元年中秋日南鄭令臨淄晏袤書

今諦審此本隱隱尚有畫痕可辨確是始字非和字也晉武帝泰始六年則西路通闢已久治此石道爲理之可信者王象之輿地碑目有泰康元年興元新路記其時亦去此不遠皆可以補史傳所未及也蓋崖上先有景元之題而潘韓復題於其右耳晏記以爲皆魏刻非也翁氏兩漢金石記

晉

同州蘭亭序存

至元辛未刻王羲之書在同州府文廟字徑三寸許體兼行草末有蔡挺折叔實跋敘次頗詳錄於左蔡氏關中金石記附記

王右軍蘭亭記按唐逸史載此書與太宗偕葬文云長公主以僞本易之則此書猶在人間世也吾家舊藏此書乃陶學士穀之裔孫遺余言江南李國主酷愛之標爲坐屏日暮玩之誠希世之寶也我祖使江南李國主因舉爲贈受之吏爲卧軸庶便於觀閱也邇者定州石刻小字朝廷尚取而置之禁中則此書尤可寶重也紹聖二年六月既望莆陽蔡挺子正書

觀東坡題蘭亭記後稱眞本已入昭陵及觀蔡樞使所跋則二賢之語幾若矛盾予亦未能審於是非二復沈學士跋云字畫壯麗如饑鷹夜歸渴驥奔泉俊逸有餘其妙不可得而形容斯言也與鄙見若合符節昔陶學士曾得此本於江南李國主今予又得之西蜀散亂圖籍中信斯文顯晦各有其時哉心乎愛矣尚慮歲久缺壞摸刻於所守同之郡學別爲四圖庶便於士君子文房瞻覩云至元辛未小春府谷折叔實

咸陽蘭亭序佚

此即醴泉苟氏本今爲咸陽人所有後有董其昌跋蓋明時所刻也畢氏關中金石記

吾醴苟氏蘭亭爲世所重久矣初明崇禎間苟海來爲上黨令獲此石於上黨土人挈以歸及苟氏式微咸陽程杏牧用六百金購去龕杏花邨壁間以拓者日多恐其久而剝落重刻一石字體較肥末段有杏牧分書小字兩行此嘉慶間事同治紀元花門之變原石燬於火及劉夢惺師宰醴求得程氏重刻石石已泐爲數段遂載而西至是傳刻石亦忘生平所見蘭亭多矣

此本獨細筋入骨風神駘蕩董香光稱爲宛然定武初搨突過潁上眞賞鑒家言吾秦至盩厔趙崡後講金石者絶少而醴尤陋初拓本所在多有而不知愛惜今則稀如星鳳矣昨覓得一本已損數字尚索價十餘金亦漸知寶貴矣海來名好善杏牧名一敬杏花邨程氏園名宋氏還讀齋雜述

秦

鄧太尉祠碑建元三年存文見毛氏關中金石文字存逸攷

碑高四尺廣二尺三寸十九行行二十九字碑面人名分三截隸書在蒲城縣

右修鄧太尉祠首題大秦苻氏建元三年歲在丁卯攷建元之號漢武帝晉康帝劉聰皆嘗稱之此加苻氏於建元之上意欲別於前代而失紀事之體蓋武臣不學者所爲也碑爲馮翊護軍鄭能進修祠而作先云以甘露四年到官又云在職六載未

云以其年六月左降爲尚書庫部郎自甘露四年壬戌至建元三年丁卯恰是六載吾友吳山夫撰金石存列此碑於曹魏之世而未見全文但以甘露紀年意之不知其爲苻秦之甘露非魏甘露也碑書膚施爲夫施北屈爲北掘皆以音同假借而題名軍主簿數人字皆从艸則以去漢未遠間存古法也鄧太尉即魏之鄧艾水經注濮陽城南有魏使持節征西將軍太尉方城侯鄧艾廟尚有艾碑秦建元十二年廣武將軍兗州刺史關內侯安定彭超立此別是一碑亦見艾之威德及人久而不忘也艾從乂聲今人讀乂艾爲兩音實則一音之轉古人無甚區別如混錯之錯不去入兩讀矣魏志艾始封方城亭侯進封方城鄉侯又進封鄧侯而水經注但稱方城侯豈以封號與姓相涉舉舊封以示別與抑史有誤文與（潛研堂金石文跋尾續）

寰宇訪碑錄云今在蒲城縣潛研堂金石文跋尾云吾友吳山夫王緡撰金石存列此碑於曹魏之世蓋未見全文但以甘露紀年意之不知其爲苻秦之甘露也鳳枝按此碑鄭君之名已闕其字宏道二字尚存竹汀先生跋中稱鄭君名爲鄭能進以石本諦視之能字尚隱隱可辨進字則模糊矣碑中夷類之類即貊（毛氏關中金石文字存逸攷）

廣武將軍□產碑（建元四年 文見王氏金石萃編）碑高五尺廣三尺共十七行行三十一字碑陰首另作一列十五人以下共十七行界三十二格間有一格二字者並隸書今在白水縣

文有云使持節冠軍益州刺史上黨公之元孫又云建中將軍口口護軍扶風太守遷口匡侯之口子諱產字下缺又有輿焉翊護軍云云皆未詳其事蹟上有額作立口山石祠五字又碑陰刻部將姓名（畢氏關中金石記）

按此碑張介侯養素齋文集直目爲弓產碑以張蚝爲張平養子本姓弓曾封上黨公碑爲上黨公元孫故斷爲弓產然年代不合嫌於附會此碑本在白水今仍屹立畢氏關中金石記與王氏金石萃編均誤爲宜君致吳窓齋偏索不得而毛氏金石存逸攷亦云未詳所在也且關中金石記謂爲建元二年當係筆誤

呂憲墓表（弘始四年 文依拓本纂入）

弘始四年十二月乙未朔廿七日辛酉故遼東太守略陽呂憲葬於常安北陵去城廿里額書墓表二字

按弘始乃姚秦高祖年號姚氏建國三十年別無金石可載故附苻秦之後常安即長安王莽所改後復舊姚秦又改常安

北魏

華嶽廟碑（太延五年 劉元明書）

寶刻類編云在華州劉燕庭觀察喜海云此石尚存然未見拓本雍州關中二記均未載其名俟訪之（毛氏關中金石文字存逸攷）

大代修華嶽廟碑（興光二年 文見關中金石文字存逸攷）

此文見華嶽志題爲唐開成元年修廟碑李商隱撰余讀之似南北朝人手筆碑中官銜非唐制唐外戚無常姓李義山文集亦不載此文且與義山文絕不類因未得確證蓄疑數日後閱北魏書外戚閭毗傳附載云高宗以保母常氏有保護功既即位尊爲保太后後尊爲皇太后興光二年太后兄英字世華自肥如令超爲散騎常侍鎮軍大將軍賜爵遼西公太安初英爲侍中征東大將軍太宰進爵爲王以官爵證之即此碑之常英

矣蓋銜旣與碑合而英又係太后之兄故碑中有元舅之稱也集古錄亦載此碑跋云按魏書文成帝興光二年三月己亥改元爲太安故魏書興光無二年而此碑云興光二年三月甲午立者蓋立碑後六日始改元也其曰闡皇風於五葉者自道武明元太武至於文成纔四世爾太武之弑南安王余立不踰年亦被弑不得成君而景穆太子文成父也追尊爲帝立廟稱宗故以爲世也魏自道武天興元年議定國號群臣欲稱代而道武不許乃仍稱魏自是之後無改國稱代之事今魏碑數數有之碑石當時所刻不應妄但史失其事爾由是言之史家闕繆可勝道哉然余於史家非長故書之以俟博雅君子鳳枝考之於北魏書証之以集古錄此碑爲北魏時立無疑矣又案華嶽志金石門載此碑目錄未誤所錄碑文則誤爲唐碑且云李商

續陝西通志稿【卷一百四十　金石六　七】

隱撰考王無異曾拓嶽廟李商隱題名疑商隱題名本刻此碑之上後人因以傳譌耳又有大代華嶽廟碑劉元明書太延五月五日立見寶刻類編又係一碑與此碑別毛氏關中金石文字存逸攷

宕昌公暉福寺碑在□□文編錄太和十二年

碑連額高七尺廣四尺二寸二十二行行四十字因石有缺處故每數行字不齊額題大代宕昌公暉福寺碑九字柳葉篆書徑六寸

夫玄宗口口非名相之所詮至頤冲口非稱謂之所攝妙絕稱謂微言以之載揚體非名相圖像以之而應故群有殊致道以經焉萬流競津法以紀焉是以神儀騰躍鏡重昏於大千三乘肇唱拯沈黎於炎宅用能慈液流於當時惠慶光於曠劫自世道交喪靈燭潛暉攸攸群夢靡照靡矜我皇文明自天超世高悟鼓淳風以懷萬抱灑靈澤以沾九服兼退想虛宗遵崇道教太皇太后聖慮淵詳道心幽暢協宣皇極百揆挻惟新之明緝熙庶績八表流擊壤之詠雖智周世口口而方外之志不虧形應萬機而恬素之眞弗擾故能優遊紫宮憲章遺法紹靈鷲於溥天摩祇桓於振旦非夫天縱在躬量齊虛受其孰能令英風讜而重扇玄猷淪而再揚哉散騎常侍安西將軍吏部內行尙書宕昌公王慶時資性明茂秉心淵懿位亞台衡任總機密翼賛之行光於帝庭忠規之節彰於朝司每惟會施之誠罔申謝生之懃莫報庶憑寘津口期有寄乃罄竭丹誠於本鄉南北舊宅上爲二聖造三級佛圖各一區規崇爽塏擇形勝之地臨沃衍據脩剛而帶洛川佩黃河而負龍門伐良松於華口之陰掇文琁於荊山之陽旌功銳巧窮妙極思爰自經始三載而就崇基重構層欄疊起法堂禪室通閣連暉翠林淥流含榮遶映蔚若靈椿之茂春陽嵬若翔雲之籠濛汜

續陝西通志稿【卷一百四十　金石六　八】

金儀赫曜彩絢光備覩之者則瀅發道心藻除塵垢悕玄者則陶眞煉和遺形忘返諒罕代之神規當今庄觀者矣夫功高德盛徽聲播於管弦業隆曠載刊迹流於後昆邑里感惠訓之誠遂鐫石立言式揚暉烈庶洪恩鍾於聖躬微津延於先住其辭曰　淵哉冲猷徹矣虛宗昏口交扇氛徒競鋒有覺爰興超悟玄蹤志懃淨境開拯塵蒙於顯大代長發其祥景運承符世有喆王后皇高悟道風載揚哀此群或照被祈鄉化因道感道由人敷愔愔安西秉德陳謨寘斯幽屬廓茲靈圖曾是暉福慶崇皇居爰建靈寺妙契天規飛構雲翔浮欄籠巘金儀燭曜功殫世奇蔚若峨峯瑑若珠麗閑堂寂寥禪室虛冲朱楹吐霞翠戶含風僧徒遊晏幽口是融心栖化表形寓俗中靈津匪口口口則鏡翰神豈緬藻茎則淨庶運微曰慶鍾皇聖爰覲先慈永超塵俓　太和十二年歲在戊辰

七月己卯朔一日建

碑略云散騎常侍安西將軍吏部内行尚書宕昌公王慶時於本鄉南北舊宅上爲二聖造三級浮圖各一區云云寰宇訪碑錄所謂北魏造三級浮圖碑河南洛陽董氏拓本者即此碑也碑額大代宕昌公暉福寺碑篆書陽文完好如新王慶時係宦者北魏書佞幸傳云王慶時本李潤羌也案李潤鎭名方輿紀要云在同州東北以地方準之正當今澄城縣境澄城固在同州府城東北也碑云於本鄉南北舊宅造三級浮圖以此知立碑之處即李潤故地矣毛氏關中金石文字存逸考

姚伯多造像記存文闕錄太和二十年

石高五尺廣二尺四寸正面刻佛像及曾祖父母以下姓名陰面刻記共二十三行行二十八字今在耀州

夫大道幽玄以妙寄爲宗靈教口口口口虛　爲能是以口方而功不在口口之生成萬物不以存私口稱故能苞羅六合而品類咸

續陝西通志稿卷一百四十　金石六　　九一

熙纖介通微而感物不凋經云大道如昧而硏之者明至言口口而尋之者辨故眞文彌遠非高何以可口宗李口耳和生非玄教无以合空礴陵口禪以致其眞當今世道教紛群惑玆口口甚假道亂眞群聚爲娟大道口口淸虛唯眞素爲潔練身剋修大道之法口有北池姚伯多兄弟等承帝舜之苗胄珠紫口世口論世爵書不可詵九族雍穆眞妙素淸潔肅至孝通於神明望樹書祥雅量淵廓神心肅悟口旬天然雖形寄時俗超然遠敬乃自剋削内懷歡心於大化太和廿年歲在丙子九月辛酉朔四日甲子姚伯多伯龍定龍伯養天宗等上爲帝主下爲七世眷屬敬造皇先君文石像一區管口莊口口極口匠之奇彫隱起形圖像若眞容現於今世綺錯盡窮巧之制修來淸顏有若眞對非夫道協幽宗理會上言爲能若此者于時奉敬之徒口太極以興觀信悟之口望玄門而喪偶不勝欣躍之至即而頌之其辭曰　芒芒太上疊疊幽微於矣皇先誕精之淵純風漸鼓品物沾暉非至非咸孰敵口機洸洸尹生妙契玄理遠其城都皎變素起微言既暢萬累都止陳文五千功在不已冲虛纏邈如昧愈深下知其誰像帝先人作治西域流波東秦至感無其崇之者曰既建石像口口需仙在斯雲遊口峙霄間莊麗巖口妙觀閑閑彷彿神儀載揚眞賢濟濟川原雍口開口俄俄周流君子交齊降生哲人叙此孰賁淸爲時範動爲世師非唯玄德政化是妣其妣唯何唯政是匡其政唯何矣而能剛造立石像德立彌章唯我皇先與日齊光伯多伯龍姚定養姚伯養姚口口口口始供養千載不口口捨身道口將自趍此種福口口上入天堂子口口口口口口煩昌後人口之供養如常若當

續陝西通志稿卷一百四十　金石六　　十一

口言口

石門銘存永平二年　文見王氏金石萃編

銘高七尺四寸廣九尺二寸二十八行每行二十二字銘後摩崖一段高二尺八寸餘廣二尺五寸七行行十字九字不等均正書

永平二年己丑正月立王遠撰文幷正書在石門中遠無書名而碑字超逸可愛又自歐趙以來不著錄尤可寶貴也序文有云此門爲漢永平中所開即指鄐君事言之鄐君爲漢中太守甚有功於民而史志家皆不載其人碑又遺其名余甚惜之畢氏關中金石記

石門摩崖西壁下方近訪得賈哲字三德五字亦遠字也遠書若不經意而手神超逸令人把玩不置在北魏碑中與山東掖縣雲峯山鄭文公相近而不拘繩墨揮灑自如似尤過之毛氏關中

楊範墓誌　全石文字存逸攷

魏故弘農華陰潼鄉習遷里人楊範字僧敏墓誌銘　存永平四年全文偏錄 石高六寸餘廣八寸十二行行九字正書在長安段氏　君年十九

日景明元年二月九日卒殯於濟州呂永平四年十一月十七日

窆於里焉　曾祖諱仲眞河内清和府君夫人高陽許氏祖父諱

懿洛川史君弘農簡公夫人太原王氏封新昌郡君父諱頴本州

州別駕夫人河南侯氏

按此誌出土年月無考書法楷而兼隸精整絶倫實佳品也今

存長安段氏

滎陽令楊祖興墓誌　佚延昌元年

潼關新志云乾隆六十年七里屯西北村北居人掘土見墓其

志云延昌元年十一月二十二日滎陽令恒農楊祖興墓嘉慶

九年進士朱希仁立石記之案此石今久逸矣恒農即弘農北

魏諱宏字故改宏農爲恒農　毛氏鄜中金石文字存逸攷

道士張相隊造像記　存延昌二年文見王氏金石萃編　像高一尺三寸廣一尺四寸記刻於龕上十二行行四字五六字不等正書在鄠陽

皇甫驎墓誌銘　存延昌四年文偏錄　石高四尺五寸廣三尺二十三行行四十字光緒中鄠縣鄉人掘土得之後歸陶齋

魏故涇雍二州別駕安西平西二府長史新平安定清水武始四

郡太守皇甫君墓誌銘　君諱驎字眞駒安定朝那人也卿士之

苗冑渡濱之瓊徹荊州刺史之孫辟士主簿口部處士之元子金蓀

扶疏冠冠今古風節朝略載在史籍君冑籍深華性自奇拔是以

早延休譽夙播高問刺史王公口簡高粱澄練涇士尒日搜揚無

先君者辟君爲州督君識才舉口稱允群望平直之選歌聲滿路

刺史嘉君忠篤即拜爲主簿君輕賤儒術意甍經讀照賞之情自

然孤解即年中復貢秀才君仁恕寬洽接賕深到共事之處無不

樂仰延興中涇土衰民一萬家詣京申訴請君爲統酋然戎華理

格本不相豫朝議不可聖上以此諸民丹情難奪中旨特許太和

二年中仇池不靜扇逼涇隴君望著西悉勘能癥服旨詔爲中書

博士加議郎馳驛慰勞陳示禍福凶頑盡悟面縛歸降動有數萬

刺史任城王嘉其遠量表爲長史君筞謀深玄聲震朝廷復除爲

清水太守領帶軍鎮景明元年中旨祐初班簡選尋貪窮盡州望

除君爲別駕而君佐弼有方民士悅樂從景明三年至四年督護

新平安定二郡事正始元年中河州刺史粱公以開塞地險非賢

不御而君矛盾互張善能綏撫復表爲武始太守正始三年秦涇

口逆大軍征討都督楊公以君權略多端深達軍要表君爲都長

史特廣高口君雖冑籍安定墳井在雍正始四年中還鄉刺史元

王以君量勘執物復表爲別駕君以辭夕年冲讓不許王重加厚

禮頻命乃就凡所佐莅血心奉公睢直是斷雖伯魚之無私楊震

之賤賄方之於君未足嘉也歷名宦悉登方岳意氣氣蕭條猶若

凡素每欽想四公企懷啓洛焉是以逸問遠流聲蓋四海視片義

如丘山散千金若草土朝野榮賤望風造欵方應進登台鼎永悉

高試昊天不吊春秋七十有五遘口不損薨於家以延昌四年歲

次乙未四月癸酉朔十八日庚寅葬於鄠縣中鄉洪滂里高山美

木誰不口口名賢背世孰不痛戀前雍州主簿橫水令辛對與君

纏篤臨柩悲痛彌增哀切遂尋君平志刊記金石其詞曰　三才

啟曜五氣流暉名川峻阜靈感特微誕生君侯獨稟玄資綽矣高

度希世間出金鏘河右飛聲挺逸賞不擇口不辟口唯理是從渾之若一深量難測冲識孤融矛能撫衆武亦折雄丹磨不褻鑽仰彌崇刑口浮口志味通仙如雲開月如松出煙瓊嚴頹嵉至韻軸玄覩舊悼惋痛惜綿綿圖記金石式揚名賢妻安定梁氏州主簿郡功曹洪敞女　妻鉅鹿魏氏鎮西將軍口都太官黃龍鎮將趙興公留孫女

張䅂等七十人造像記 佚 神龜二年

咸陽縣志載其名今未詳所在按䡖字字書所無惟說文車部有䡖字注云車跡也從車從省臣鉉等曰今俗作蹤非是是䡖字當讀䡖音此䡖字疑即蹤之或體南北朝時字體最爲龐雜蓋其時本非同文之世也 毛氏關中金石文字存逸攷

錡麻仁造像記 存 正光二年

續陝西通志稿【卷一百四十　金石六　十三】

案石高五尺廣三尺二寸上造佛像左右併下截均刻官銜人名併曾祖父母及妻嫂子孫一一列名後四行爲記字多漫漶讀不成文其略云大代正光二年口月廿日北地富平縣口錡亭城西二里錡麻仁合家大小一百廿九口竭家所珍云云今在耀州

王氏百卅人造像 存 正光三年

案石高四尺五寸廣二尺三寸厚一尺正面全刻佛像陰面及左側刻百卅人名右側刻記略云歲次壬寅大魏宣武皇帝時雍州北地口富平縣東鄉邑子一家口口共造石像一軀上願帝主延年州刺史守令安寧及七世所生云云餘磨泐難讀今在富平縣

魏氏造像碑 存 正光五年 文見王氏金石萃編

碑高五尺廣二尺六寸六截書每截六行七行八行不等行五字正書在富平縣

魏氏造像碑側 存 正光五年 文見陸氏金石續編

上截二行行五字中截五行行六字下截七行行三十五字在富平縣

此因魏氏造像而記於碑側時爲北魏孝明帝正光五年萃編以造像碑附西魏大統之後未見碑側所題歲月也六月下所缺以通鑑目錄考之當是庚辰二字 陸氏金石續編

郭法洛造像記 佚 孝昌二年

帖賈李氏云在涇陽今未詳所在 毛氏關中金石文字存逸攷

都督樊奴子造像記 佚 大昌元年

今在富平縣碑陽碑陰皆刻佛像及地獄變相并題名碑側刻造像記字樸而秀 毛氏關中金石文字存逸攷

僧口演造像記 佚 大統四年

續陝西通志稿【卷一百四十　金石六　十四】

碑約高五尺餘三面刻正面廣二尺四寸五分有佛龕三龕旁龕上共有題字四行行十三字十二字七字不等兩側各一龕三龕題字或二行或三行或五六七字不等其序文等字俱在一龕側作十截書每截或九行或八行六行四行行或十二字四字六字不等正書

寰宇訪碑錄云在長安今未詳所在矣 毛氏關中金石文字存逸攷

曹續生造像記 存 天平四年 文見王氏金石萃編

碑高三尺五寸廣一尺六寸分三截上中四行下八行字數四至二十二不等隸書在富平縣

按碑云現治富平令曹魏書地形志富平隸營邱郡天平四年置天平爲東魏孝靜帝紀元其四年即西魏文帝大統三年當時既分東西魏矣不知何以置縣繫之東魏而此碑乃繫之西魏也碑立於五年是曹續生作令在新置縣時而立碑亦在作令之初也文云邑子卌四人乃四十字關中金石記云三十者誤也今碑可見者僅十一人碑書形像作刑像區作傴 王氏金石萃編

司空周惠達碑 佚 大統十三年

石墨鐫華云此碑乃咸陽令王君家瑞所得文見咸陽金石遺文案此石今久佚矣北史西魏書皆有周惠達傳西魏書惠達卒於大統十年而此碑立於大統十三年大統西魏文帝年號也石墨鐫華云碑額題曰大魏故司空匡穆周公之碑篆書十二字是惠達固魏臣矣北史列於周臣傳中不解其故謝蘊山中丞啟昆始列之西魏書中可以定李之僞惠達謚匡穆兩傳均未載得此可補其闕 毛氏關中金石文字存逸攷

吳神達等造像記 存文見王氏金石萃編 大統十五年

石四面刻一面分三截上截佛像中截記二十一行行二十三字下截化主沙彌邑師等姓名計二十二行一面上中兩截皆像下截邑子姓名二十五行其兩側各分四截上三截皆刻像下截刻邑子姓名均二十三行正書在涇陽縣

岐法起造像記 佚 文見王氏金石萃編 大統十六年

石高一尺五寸五分廣一尺五分前後兩面刻像記共六行行八九字不等弟子像題名共九行行五六字不等在兩側行書

寰宇訪碑錄云在長安長安縣志云此石前後刻造像記左右刻弟子像題名咸寧志亦載之今未詳所在矣 毛氏關中金石文字存逸攷

始平伯劉口口爲法顯造玉石像記 佚 大統十七年

咸寧縣志云此石記刻像下向在咸寧今歸吳縣畢氏 毛氏關中金石文字存逸攷

祭臺村佛背銘 存文備錄 年縣潘

佛背刻字處高二尺餘闊一尺二寸共十一行行十七字正書下截及佛座刻邑子張買暨廿七人姓名今存藍田關氏

大至道冲微形言永絕是以如來託形王宮波教五等使悕宗者尋悟有由合邑子廿七人等共慨曠刼以來六塵覺或五蓋長翳沉淪莫返咸共割捨仰爲皇帝陛下州牧守令己身眷屬造定光像一區錄此功德願國祚永延始邁儀許化逸周漢又願歷刼先師七世所生神鐘天堂親滇坐訓寧思三空從志六度若俣洛三塗如鳥飛空俄爾而過現在大小万眛和口年齊彭先士口高遷傳公授爵珠淪華輦万葉不隧龍花三會願登初首三界衆生等同斯願邑師比丘僧智口口口口口口太歲在甲子六月八日造記

年渤惟太歲在甲子可辨當是大統十年 毛氏關中金石文字存逸攷

松滋公元萇振興溫泉頌 存文見王氏金石萃編 年月缺

碑連額高五尺五寸廣三尺二十一行行三十字正書篆額在臨潼縣靈泉觀

碑額二十六字字體奇詭萇不知所自云魏使持節散騎常侍都督雍州諸軍事安西將軍雍州刺史松滋公河南元萇振興溫泉之頌萇於孝文時以代尹除懷朔鎭都大將宣武時爲北中郎將帶河內太守歷侍中雍州刺史是碑所作當在宣武時

也本傳稱萇襲爵松滋侯例降侯賜艾陵伯降侯爲伯在孝文太和十六年是碑仍稱松滋者當是尊崇其世爵故不及其所降之爵也亦俗情如此耶 畢氏關中金石記

杜景達墓記 存文備錄 無年號

石高一尺一寸廣五寸字數不齊在長安段氏

九年十一月三日乙丑朔吳客杜景達記

馮翊王國典祠令李和之造像銘 佚 年月缺

汾陽韓子馥少尉恩湛碑目云此石爲陝西甘泉縣秦氏家藏寰宇訪碑錄云仁和趙氏有拓本今則未詳所在矣北史魏常山王遵傳後附稱元淑有七子其一子元泉從孝武入關封馮翊王位中書令雍州刺史遷司空此記所云馮翊王當即其人 毛氏關中金石文字存逸攷

邑子李映超等造像記并碑側（存 年月缺 文見王氏金石萃編）

吳縣吳清卿副憲視學秦中訪得此石於三原渠水內正面刻題名多李姓似富平曹氏造像記刻碑側又一側亦刻題名字體古拙爲北魏書無疑也（毛氏關中金石文字存逸攷）

造像殘字（佚 年月缺）

帖賈惲氏云出於三原（毛氏關中金石文字存逸攷）

僧劉造像題名（佚 無年月）

今在富平縣（毛氏關中金石文字存逸攷）

邑子羅暉等造像題名（佚 無年月）

臨潼新出土造像三種

邑子馮神等二百廿人造像（存 正始二年）

按石高五尺廣三尺厚八寸正面碑陰并右側均刻佛像并邑

子姓名尙清晰右側刻記磨泐不能成讀惟大代正始二年秋九月馮神口等同邑子二百廿人共造石像願一切云云

道民劉道生等七十人造像（存 神龜二年）

按石高五尺餘廣三尺厚八寸正面右側碑陰均刻佛像并邑子姓名左側刻記僅四行且剝落十餘二三不能句讀依稀有神龜二年字樣

邑老田清等造像（存 神龜二年）

按石高五尺二寸廣三尺一寸厚一尺正面碑陰右側刻佛像并邑子姓名左側刻文正面及陰字大甚清晰兩側字小漫漶不能讀第有神龜二年等數十字可識前數年臨潼縣櫟陽鎭民淈土得之今移置縣署中

臨潼新出土石像三區一爲正始二年造二爲神龜二年造共得二千四百餘字可謂造像之大觀是時喪亂既久士大夫皆好言鬼神祈禱之事故其爲文類古雅可誦而書法尤擅絕千古此碑何時入土迄今乃發見殆其神靈不能終閟欲出而爲吾民禳此浩刦也歟陳樹藩識

按元魏以來造像滋多緣佛說初盛於中國且干戈紛擾迄無寧歲故民人救死不遑相率祈靈於佛氏一家造一像或數十家造一像或數百家造一像佛像之外徧鐫邑子道士曾祖父母兄弟妻嫂子女姓名以爲國與家祈安謐之福有樹豐碑高五六尺者有刻兩面或四面者且或鐫於佛座佛背或有序讚或第銜名固屬無聊之迷信亦時與地使然迄今千數百年渭北各縣荒村廢寺此種古物猶累百盈千惟文字率欠雅馴且漫漶過甚不堪箸錄今特於魏周隋唐之閒甄錄數十百種以

備一格且以著一時之風尙焉

北周王妙暉等五十人造像（存 武成二年 文見王氏金石萃編）

（石座方三寸五分厚九寸四面刻前二十八行左者二十六二十四行後十二行字數每行五六七八九至十二不等正書在咸陽）

按記末題云武成二年歲次庚辰二月癸未八日辛丑周書明帝本紀武成二年正月癸丑朔則二月爲癸未朔無疑八日乃庚寅非辛丑是月辛丑乃在十九日也文云晉國公忠孝慶節無窮謂宇文護也護字薩保周文帝長兄顥之子孝閔踐阼拜大司馬封晉國公是年二月晉大冢宰明帝二年爲太師四月爲雍州牧碑但稱晉國公而不敢斥其名且與周皇帝並列則護之權重而望尊可見矣碑書塗炭作徙炭辛苦作新苦僉竭家資竭作渴或由借用或由偏旁小訛耳（王氏金石萃編）

七級浮圖記（佚 武成二年 文見王氏金石萃編）

按金石萃編有北周七級浮圖記文曰維大周武成三年四月（缺）原典部邑子口口他人等仰爲元帝造七級浮圖（缺）安寧（以下缺）題名有都口主優婆塞皇甫景元等名刻於塔上碑連額高八尺二寸五分廣三尺七寸共十行行十四格皆刻像無字當即訪碑錄所謂皇甫景元等造千佛像碑也至碑在何縣萃編亦未載訪碑錄作武成二年萃編作三年蓋由拓本之誤周明帝以武成二年四月殂武帝即位明年正月戊申改元保定是武成無三年四月也（毛氏關中金石文字存逸攷）

案寰宇訪碑錄云在咸甯碑陰刻元至正十一年觀音寺記以其年攷之正元人所修圓通觀音寺也咸寗縣志東郭輿圖圓通寺在東門外山西會館接官廳之西北其東北爲孟家巷

其正北爲康家稍門今此浮圖廢址一無所有蓋其燬當在明末矣王述菴於乾隆中葉陳臬關中已不能確指其地況又百餘年乎

惠果寺造像記（存 武成二年 文備錄）

（石高六尺廣四尺共分三截記三十二行共三百七十字餘二截書邑子花名今在涇陽縣城內惠果寺）

夫至性體家故託像以應娑婆眞容靜廊現盾以歸散口以波斯鑄金口田剋木並戀仰聖顏爲含生歸口至於隱顯神變化必異端理口言教非下地所測於是尊之以口身憑之抑喜有像主張道元及四部大衆一百人等體別心同建口闔邑半月懺悔口籌布口口宵不眠慚愧自憤策列五情心口企念改往修來志超彼岸故能各捨色珍慕崇眞趣於周武成二年歲次庚辰仰爲皇帝陛下群僚百辟及法界有形造无量壽像一區菩薩侍童金剛天

口皆刻木金度五色神播六十五口建立寶幢高六十尺至保定二年歲次壬午像主張搽復口合造釋伽像一區採石眞山匠盡奇思光顏赫奕衆相具足置善會寺庭聞者踴躍競口見則口无暫捨可謂能人再現於周世鹿野重宣於當辰群心顒顒何以能盡再忻再躍銘讚興頌其辭曰　巍巍至性玄哉匠口應感娑婆化周口口嘿聲聾迷徒時无救護鑄金刻木受恭流布殷殷四部半月懺悔戒行明潔平地元口顒顒群心體別同志採石眞山匠盡口工赫赫崇容萬相純備能人再見鹿野重識

同琋氏造像記（佚 保定四年 文見王氏金石萃編）

（碑四面約各廣二尺八寸高一尺二寸第一面共二十七行前刻序文十四行上下剝蝕不可辨餘三面或三十三行二十六行三十行每行字數約十四五字不等正書）

寰宇訪碑錄云在長安今未詳所在矣同琋代北複姓也唐永

淳二年有雍州美原縣頻陽府校尉同琋武幹造像記亦即此姓（毛氏關中金石文字存逸攷）

王瓫生四面造像銘（存 保定四年 文見王氏金石萃編）

（碑四面皆佛像高二尺一寸廣一尺五分兩側各廣八寸惟一側一面有字側九行行十九字或十八字面五行行四字在像座下行書）

按此碑首行保定四年下缺七字下云朔十五日已下缺一字以周武帝紀推之保定五年正月甲申朔逆推四年十二月小建當是乙卯朔則十五日乃己巳也文當云保定四年甲申十二月乙卯朔十五日己巳佛家弟子王瓫生云云第即弟字瓫與盆同後列眷屬十二人祖母一母三皆以香爲名想當時習俗所尚也（王氏金石萃編）

聖母寺四像碑（存 保定四年 文見王氏金石萃編）

碑高六尺七寸廣二尺五寸厚一尺二寸皆分五截書上截各兩行次截無字三截前六行後八行東側三行西兩行四截前十行後廿五行東側十一行西十行五截前廿六行後二十五行東側十三行西九行每行四字至十四字不等正書在鄠城

按記文幾二百字惜前半多泐讀不成句書體不甚別異有雜嶽二字不可識疑是雖微二字後云法界倉生以倉爲蒼通用也下云廿五有共至菩提明見佛性廿五有三字不知何義年月後列名姓只一百二十餘人與記中所云一百五口人等不合碑書壽作𡊮唯作㫝南作𡊿箱與廂同儀禮公揖退於箱俟於東箱皆廂之義也其有官位者曰曠野將軍殿中司馬曰橫野將軍員外司馬曰威列將軍曰蒲城縣法曹府曰征東將軍右金紫光祿都督洛川縣開國伯曰輔國將軍中散金曹從事郡主簿曰輔國將軍中散都督曰白水郡五官曰輔國將軍中散別將內如洛川伯位顯矣而其姓名曰上官略史傳不列其

續陝西通志稿 卷一百四十 金石六　二十一

人無從考其事蹟其姓之異者曰南弁曰昨和曰同蹄曰屈男曰荔非曰釬耳曰彌姐內同蹄見姓苑說詳前碑昨和見通志氏族略云關西有昨和氏荔非見唐書李光弼傳有裨將荔非元禮彌姐別無攷周太祖文帝本紀有都督彌姐元進餘俱無攷王氏金石萃編

賀屯植墓誌 存文偏錄 保定四年

石高一尺二寸廣一尺三寸二十六行行二十二字正書

周故開府儀同賀屯公之墓誌　公諱植字永顯建昌郡人也其先侯姓漢司徒霸之後瓊根盤鬱歷千載而彌隆寶葉騈羅貫終古而獨茂芳烈乖而不窮英聲著於口口公禀川岳之休靈資乾像之妙氣孝敬基於自然仁讓發於天性不競邑里之華而存倜儻之節至如揮戈跨馬氣蘢六郡之奇囑矢控弦妙集樓煩之術加以膽氣兼人才武絕世故能戰必有功陣無不捷乎竇賊於小關剋恒農於陝號戰阿橋之封豕摧沙苑之長蛇驍悍於洛陽効武勛於隋陸其餘功戰難得詳言而公忠簡帝心勳惠諧懋賞祿既崇寵榮斯及歷位衛大將軍右光祿大夫太子中舍人河南郡守稍遷使持節驃騎大將軍開府儀同三司七大都督義州諸軍事義州刺史司倉大夫肥城縣開國公食邑一千七百戶公卒禮讓以口民總威惠以禦衆供出納於儲宮秉綸綍於王府褰帷一載民興五袴之謠擁鉞十周士懷赴火之節魏前二年十二月中太祖文皇帝以公忠効累彰宜加旌異爰命史官賜姓賀屯氏時惟姓首口主宗祀穆穆之訓流美閨門惟馨之惠室臻嘏福春秋五十有八以保定三年歲次癸未正月廿三日寢疾薨於枋主上震悼賵賻有加以保定四年歲次甲申四月己丑朔廿一日戊

續陝西通志稿 卷一百四十 金石六　二十二

申葬於豳州三水縣棒川之良平原追贈公使持節驃騎大將軍開府儀同三司大都督光楊平三州諸軍事光州刺史肥城縣開國公謚曰斌禮也陵谷不常幽顯或改敬鐫立石以誌焉

世子定遠次子定嵩次子定嵩次子定固次子定周次子定貴

此誌今藏三水縣邑紳唐氏家楷字最小而極有古秀之致耐人尋味植本姓侯氏北周書北史皆有傳誌中所敘戰功官爵多與史合惟傳言植爲字文護所忌懼不免禍遂以憂卒誌中不言蓋諱之也又傳言植字仁幹誌言永顯傳言贈平州刺史謚曰節誌作光州刺史謚曰斌北史又作寧州刺史皆當從誌爲正 毛氏關中金石文字存逸攷

案此石原爲唐氏所藏今歸長安宋氏毛氏謂字有古秀之致然筆畫太不講求如恒農作恒農之類甚多雖曰文士好奇其

如不能成字何

郭氏造像記 存 保定五年 文備錄正書 字刻佛座高三寸廣五寸上狹下廣存長安段氏

保定五年十二月六日親信女郭八大姑立白石像一區爲七世父母及衆生普同成佛

韓鸞玉佛像銘 佚 保定

按柏傳有此銘未見全文

少保豆盧恩碑 存 天和元年 文見毛氏關中金石文字存逸考

石墨鐫華云史恩附兄甯傳曰永恩今據碑蓋以字行耳碑稱保定二年贈柱國大將軍涪陵郡公史稱贈少保幽冀等五州諸軍事幽州刺史謚曰敬似當以碑爲正碑在咸陽恩墓前隸書令尹王公家瑞求得之余摹一紙多不堪讀而王公所刻金

石遺文尚存強半蓋從碑下錄之耳鳳枝按此爲庾信所撰文載集中已詳錄如右矣石墨鐫華謂恩所贈官爵與史異似當以碑爲正今以庾氏集攷之上柱國涪陵郡公乃追贈父長官爵也少保幽冀五州諸軍事幽州刺史乃贈恩之官爵也石刻剝落趙子函未見全文所以致疑也前人疑竇久未能析得全文疏通證明之書罷爲之一快文云天和元年二月六日葬於咸陽洪瀆原關中金石記云碑在咸陽洪瀆原與庾集合此碑既出名手惜石刻久逸故錄其全文詳加考證亦可爲補注庾集之一助焉 毛氏關中金石文字存逸考

按此碑佚去多年攷古者每引以爲憾數年前於文王陵附近掘土植樹忽得此碑乃移置縣署善爲保存碑高七尺五寸闊三尺八寸二十六行行五十一字前八行甚清晰隸書方整遒勁入後甚漫漶中間且光明如鏡不見字跡殆歐陽公所謂活石歲久漸生剝處皆合者歟

華嶽頌 存 天和二年 文見王氏金石萃編 碑連額高一丈一尺九寸廣四尺六寸二十行行五十五字隸書額篆西嶽華山神廟之碑八字篆書今存華陰縣西嶽廟

碑文万紐于瑾造趙文淵書按瑾唐瑾賜姓史稱其著碑頌數十萬言此其一也而文詞殊無超拔其稱趙文淵云雅有鍾王之則筆勢可觀字文泰時命文淵與黎季明等刊定六體常至江陵書景福寺碑梁主稱之又以題榜功增封邑除郡守後雖外任每須題榜輒復追入然則文淵書在當時固自知名此碑天和二年正其書路寢等榜後也故官稱郡守云碑字小變隸書時兼篆籀正與李仲璇孔廟碑同亦褚河南聖教歐陽蘭台道因之所由出也 趙氏石墨鐫華

李男香等人造像記 存 天和二年 像三面刻高九寸左右兩面各橫廣二尺七寸十行行十一字正面橫廣一尺九寸四分十行行皆五字記六行行十九字十餘字不等正書在涇陽縣

全荷造像 存 天和二年 文備錄 字刻龕座高四寸廣六寸正書存長安段氏

天和二年四月庚申日道民弟子全荷爲亡父母及存家口大小平安造天尊一區兒全信子善妻張氏

張祥造像記 存 天和三年 文見王氏金石萃編 記刻座上刻記處橫廣八寸七分高四寸九行行四字五字不等正書

右三種見寰宇訪碑錄云均在長安今未詳所在矣潛研堂金石文字目錄云王瓫生造像爲孫淵如氏星衍攜歸江寧置孫氏祠中 毛氏關中金石文字存逸考

夏侯純陁造像 存 天和四年 文備錄

碑高約三尺餘寬一尺五寸正面左側各一刻佛像碑陰亦刻佛像并題名右側刻文共九行行十三字滿一行正書在圖書館

口口口口口口口口口口口口口口以如來應緣權降舍衛國耀教口潛化是故佛弟子夏侯純陁割捨瑱珍爲亡父造像一區願使親者悉發菩提心達解法相復願天王永隆歷刧師徒七世父母一切衆生合家大小永離蓋纏託生兜率面奉彌勒常聞正法所願如是天和四年六月十五日造

王口貞造像 存 天和四年 文見王氏金石萃編

記四面刻前後横廣六寸側四寸五分高二寸二分前七行後六行兩側俱五行行三字四字不等正書在長安

寰宇訪碑錄云此石出於長安後歸仁和趙晉齋家 毛氏關中金石文字存逸考

顏那米等造像記 存 天和四年 文見王氏金石萃編

記邑子名分列三面各寬一尺二寸其西南兩面各横廣二尺七寸五分皆二十六行東面横廣二尺九寸五分二十五行行各十字十餘字惟南面中間十二行爲記每行十四字或十五六字不等正書在涇陽

嚴迴達造像 佚 天和五年 正書

宇文康宇文達等造像記 佚 天和五年 正書

石横廣二尺一寸五分高七寸七分二十行行七字

咸寧縣志載其名今未詳所在矣 毛氏關中金石文字存逸考

張僧妙碑 存 天和六年 文備錄

碑高六尺五寸二十三行行四十六字正書在耀州學堂

法師姓張字僧妙雍州咸陽人也徙居宜州口口口口口口口口口口之兵佐赤帝於初漢功濟生民事周世用爵冠口侯倍居上相見寵厚而轉驚德高深而滋懼望鵠鸞而高蹈念無爲以保身其後也胤上德之餘休若洪源而流潤本口回茲蔭暎花蕚自此芬芳五世祖雅秦苻氏司徒公道應懸像德調陰陽上均三階下宣五教曾祖亮郡功曹高足未申小年己儘祖漢魏寧遠將軍白水郡守有廉平之口振清簡之風父他魏冠軍將軍浙州刺史宣柔嘉以撫民推誠信以接物化從風靡澤隨雨散大周膺曆握苻納籙叙魏朝舊德追贈驃騎大將軍開府儀同三司母龐初授陽城縣君後轉宜君本郡君日給食口百文法師住修勝業今招上果受氣精靈稟姓明慧始於編髮爰及奇口舉止閑詳童伍之中皎然秀異閭巷長者期之遠大行路君子留目覩屬年在志學聞見稍遠雖復道受膠庠之館時遊伽籃之寺値遇勝相之友得聞大覺之名依悕至寂髣髴玄宗遂乃却尋儒教知非生世之因亦鄙一指之喻又淺二篇之經深信三寶洞曉四帝既識是非又辯眞僞觀身世如夢視榮利若胞棄捐餝好割去親愛歸身法門寄情

累表喻迫迮之獄口住寬廓之地或孤坐而獨誓或對偶而口言大沙門者履戒足而高安浴定水以洗心塵智慧之釵截煩惚之鎖安處无爲遊止空寂弘願廣行堅固不傾在僧徒也和如水乳遊俗里焉塵染不染善不獨已行兼内外出入皇宮往來公第規贊益物之方謀謨濟世之術言簡帝王之心説合宰輔之意特爲太祖文皇帝之所賞愛明帝嗣位禮御彌重今上及大冢宰雅相顧念皇帝暨諸公靡不招接在朝君子爰及貴遊咸共敬仰才任綱維德惬口導詔除宜州三藏幷勅給兵匠及調度於宜州治口之勝地求諸爽塏造寺一區旨名崇慶擬法師住爲僧業及身資並是公給施賚優厚無闕歲時既不可記其多少亦無能辯其色類所以彰厥有德旌異善人弟環孔懷連氣亦有兄之風骨孝乎事親順以敬長性好文雅便習干戈年在弱冠發似問於閭里之

中逸芳聲於鄉黨之內一任郡正再舉賢良三辟功曹又召州之主簿釋褐本州倉曹在位未朞除本縣宜君令稍遷中監將軍歷宜州郡立毗贊之功君於百里著愷悌之德始自立身終乎能士非不稟之天性亦由兄之獎訓法師善於謀身巧於利物當享之以福祚之以年昊天不弔殃禍暴集春秋卅有八以天和五年三月十五日薨于宜州崇慶寺奄共梁木俱摧遂與丘壤同化悲結道俗哀感行路豈直輟歌罷相而已哉同學等相與議曰纖微小善尚或鐫勒況法師立言不朽積德在躬豈使歲月空流聲塵無紀乃作銘曰　峨峨貴門蔚蔚華族累葉重光易世厚祿煥爛冠冕鏗鏘金玉深如江海高比山岳物重珍琦人貴道尊爰有明哲宿殖善根繫珠襄衵衣哀猶存由口寘貧恒居法門神儀外嘆慧口內觀言談未萌其由指掌帝王所敬公侯所仰福報隆赫夫人

續陝西通志稿【卷一百四十　金石六　二十七】

尚相嗚呼命也循促口口苗秀興歡前哲有之伊吾同友沒有餘思勸美於斯德音方始

按此石清宣統間耀州西鄉文家堡於掘土中取出未經前人箸錄碑中所云之宜州即今耀州西魏爲宜州北周因之字甚整齊亦屬佳刻惟筆畫任意增減如稟作稟或作戜爛作爤自係俗體若泡作胞塏作愷弟作第則成別字且膺禍二字不能識或即應禍之俗字猶未脫魏習耳

費氏造四面像 存文見王氏金石萃編天和六年

四面刻前後皆高一尺三寸五分横廣三尺二寸五分後四分畫兩邊中刻文十五行行十四字十七字不等後面兩截每截十四像旁兩面俱高六寸五分廣二尺一寸二分像各四面每像刻一人名惟一旁止七人正書在長安

邑義一百六十人等造像記 佚天和二年

此石同治時新出在咸寧南鄉上層刻銘記中層刻北面像主

趙妙暉等題名共二列兩側亦刻題名 毛氏關中金石文字存逸攷

何口宗墓銘 存文備錄建德元年

石殘缺不完約方八寸餘正書存長安段氏

建德元年口廿日長口縣故民何口宗銘

楊子恭造像 存文備錄建德二年

建德二年歲次癸巳四月十五日正信佛弟子楊子恭妻王敬造釋迦立區今得成就仰報四恩王國永康征夫無敵願恭夫妻生生侍佛恒聞正法法界有形一時成佛　恭息女外資孝息女摩子恭弟楊孝遷恭母口季姜佛弟子楊恭供養清信佛弟王口供養

魏榮宗銘 佚文依拓片錄入建德二年

碑方一尺一寸共四行每行五六七字不等字徑一寸五分拓片存長安段氏

續陝西通志稿【卷一百四十　金石六　二十八】

建德二年十月廿日長安縣族正皇甫孝緒下故民魏榮宗銘

孫口造四面像 佚正書無年月已其下截

永樂縣口王口造觀音座像 佚正書無年月

右二種見寰宇訪碑錄云均在長安今未詳所在 毛氏關中金石文字存逸攷

田僧敬造像記 存文見王氏金石萃編無年月

石高三尺八寸五分廣二尺一寸厚九寸五分分上下截記刻側之下截八行行六字正面下截像間俱刻人名正書在碑林

平東將軍右銀青光祿造像題字 佚無年月

今在省城東家巷南口三聖宮內呂子玗大令申得之內有治律常口滏淵名淵字不諱知爲唐以前物書法似北周人書故列於此 毛氏關中金石文字存逸攷

王倫妻陳女婆造觀音像銘 佚正書

何文義造釋迦像銘 佚 正書有篆額

王懷忠二十六人造像題名 佚 正書

惠卽造玉彌勒像銘 佚 正書四面減其二

右造像四種寰宇訪碑錄云在淳化縣今均未詳所在矣 毛氏關中金石文字存逸攷

比邱僧口道執等十六人題名 佚 正書三列

魏姚樹等題名 佚 正書四列

杜禮等造像 佚 正書二列

杜阿暉等題 佚 正書二列

邑師洪遵等造像題名 佚 正書

趙建宗等造像題名 佚 正書

右北周造像六種寰宇訪碑錄云在高陵今均未詳所在矣 毛氏關中金石文字存逸攷

編纂渭南武樹善

續修陝西通志稿卷一百四十一

金石七

隋

王進造像 存 開皇二年 文編錄

石方二尺像前刻佛像後面刻字寬高三寸楷二寸正書存長安白氏

大隋開皇二年正月十日弟子王進爲父病敬造佛像一區以邀
神修

員茂二部邑三百人造像 存 開皇二年 文編錄

石高四尺五寸廣二尺四寸上截刻佛像中截刻序二十五行行二十七字下分四截刻邑子花名一百一十二人

若夫至道玄寂非口果無以覩其光冲旨幽隱非彊曰莫能契其
趣是以宣十二之玄風窮眞宗之實際心不可以智知形不可以
像測志氣丈六之形假滅雙樹之間衆會微妙天尊極矣若乃神

通不疑圓應或有眉間放光面門開照隨根演說一音類解同延
皆益不知所以然自慧日潛暉衆實淪沒證敗莫由罔知濟道
俗孤靈群生失陰若不發起成心歸崇正覺何以出於苦海曉之
長夜者哉學有邑子都像主員茂二部邑三百人等名篤信弘深
精成峻遠知慧火常明識法輪恒固咸發聚沙之心共奉指爪之
念敬造釋迦石碑像二區相好周圓眞容若一乃使世二相宛如
眞容八十種好於茲再現即使觀者部體冰霄更受蓮心聞之者
口塵口落心開悞忍神功窮力思理精妙藉此善因仰爲皇帝陛
下國祚永隆重光累葉又願邑義諸人七世先亡託生淨土陰佛
慈光離諸鄣惚口口眷屬使口果圓備慶隆後口當依惠心口時
口口世享吉祥普沾聖善含生共登彼岸佛法無窮以留長世行
滿果圓俱登正覺口口大軌万德爲身慈悲普被法界所口濨之

口善託熟良因又願法界不朽不塵迴散蒼口咸福同津彼我兼濟聞獲正眞大隋開皇二年歲次壬寅口月壬寅朔九日口口書立

碑陰碑側

上截刻佛像花紋下四截刻信男女百名兩側亦刻花名殘渺不能辨闕

按此碑未經前人著錄今存咸寧縣東鄉白村村人善爲保護不令帖賈氈搨正面磨泐幾半人名模糊書法頗整飭然猶有魏習碑陰花名百人字甚淸晰且秀逸瘦勁直開褚歐先路造像書法以此爲最至兩側則成無字碑矣

楊協信造像 存文備錄開皇三年

文刻佛座高三寸橫一尺二寸共十五行行五字今存藍田闞氏

開皇三年歲次癸卯三月廿六日佛弟子楊協信敬造竝立玉像

一區上願皇帝陛下克隆國祚臣佐忠良下願七世父母俱生淨土現存眷屬咸獲福利衆庶人民共登樂宇一切合生同受斯祉

案此石出處無稽其字整飭秀逸詞亦簡淨造像中之佳品

邑子六十人造四面像銘 佚正書開皇三年

寰宇訪碑錄云在三原今未詳所在矣 毛氏關中金石文字存逸考

王他奴造像記 佚正書開皇四年

雍州金石記云在西安府城北雷神廟佛高尺有二寸以白玉石鐫成佛旁有二侍者梵相古樸座下有記云開皇四年歲次甲辰九月庚申二十日己卯佛弟子王他奴爲七世父母己來及現存家口大小敬造釋迦無量像一區又刻七世及家人之名其書法若不經意而運筆靈妙隋唐間書法之精乃爾關中金石記長安縣志均載此石今久逸矣 毛氏關中金石文字存逸考

鉗耳神猛造像 存文備錄開皇四年

碑約高三尺餘寬一尺六寸厚七寸正面刻佛像碑陰左側刻佛像並題名右側刻文共十行行十字存圖書館

開皇四年十二月十五日口弟子鉗耳神猛口亡姑造四面石像一區藉此功德願使亡者託生西方妙樂國土彌勒三像會愴在先首若落噇三塗速得解脫又願皇帝國祚永隆四方寧太兵鉀休息萬民安樂龍王歡情降澤以時五蘖口成人無疾病普及法衆口口口生咸同斯福　妻蘐神妃猛母雷明姬姪兒鉗耳神猛息鉗耳方貴

淮安定公趙芬殘碑 存文見王氏金石萃編開皇五年

殘碑二段皆高二尺餘廣一尺共二十四行行字數不計正書在長安縣中兆村

右淮安定公趙芬碑碑已斷失其上半又無題額按隋書芬傳稱封淮安縣男而碑稱淮安縣開國子傳不載芬謚而碑云定

公其以大將軍歸第傳亦不書皆可補史之闕漏此碑前人未有著錄者予于京師琉璃廠市得之如獲珍珠船矣 錢氏潛研堂金石文字跋尾

洞元子造像 佚正書開皇六年

長安縣志云在城西南六十里通元宮俗名郭村宮按長安縣志寺觀志云天慶觀在城南宋大中祥符間建元至正間改爲玉淸宮又改爲通元宮明宏治間住持李本懷重修有記又土地志云五樓廒在縣西南五十里所轄有北郭南郭三村縣志旣能實指其處此碑可待訪也 毛氏關中金石文字存逸考

王忻造像記 存文見王氏金石萃編開皇六年

石橫廣二尺一寸五分高一尺一寸五分廿一行行十字正書在長安

巖姑榮造像 佚開皇七年

新出咸寧南鄉毛氏關中金石文字存逸考

張氏女造像存文備錄開皇九年未見原石不詳尺寸存耀州

開皇九年歲次己酉十一月十日張氏女爲亡父母造盧舍配像一區上爲國主師僧父母因緣眷屬合門大小法界衆生同治此願但登山覺

父車騎大將軍開府儀同三司東宮右親衛元仁宗墓誌銘佚正書開皇十年

寰宇訪碑錄云在長安今未詳所在矣毛氏關中金石文字存逸考

惠雲法師墓誌銘佚開皇十四年

此石本出長安今久逸矣太尉晉王即隋煬帝也元法僧爲北魏陽平王熙之後叛魏投梁事詳資治通鑑此誌書法秀逸隋刻之佳者惜石已磨泐非諦觀之不能得其筆妙也毛氏關中金石文字存逸考

信行禪師塔銘佚正書開皇十四年

汾陽韓子馥少尉恩湛碑目云在陝西西安府案此石今久逸矣毛氏關中金石文字存逸考

上開府城皋郡公扈志碑佚開皇十四年

此石未經前人著錄同治時出咸寧南鄉然不能實指其處志於周隋時以軍功顯周隋書及北史均未立傳賴此碑以傳金石刻之功豈淺鮮哉毛氏關中金石文字存逸考

驃騎將軍鞏賓墓志存文見陸氏金石續編開皇十五年

石縱橫各一尺八寸三十一行行三十二字正書篆額題周驃騎將軍鞏君墓誌九字在武功縣署

嘉慶己卯四月偃師段嘉訪出此碑於武功之南鄉移至縣署大堂南海吳榮光幷記

銘云孝于惟孝論語書云孝乎惟孝友於兄弟漢石經及皇侃本孝乎皆作孝于此銘亦用古本可見乎字改在隋後矣又云樹勳悲風當作動又云冥寞皆塵與上東韻不叶塵當是同字之誤黃氏古誌石華

按此石光緒初年爲蒲南趙氏購得後歸涇陽端氏

海陵郡公賀若誼碑存文見王氏金石萃編開皇十六年

碑連額高一丈一尺廣三尺八寸二十八行行六十七字正書篆額今在興平縣文廟內

此碑正書方整精健是唐初諸人前茅在興平縣文廟宋人磨其陰刻夫子廟記而此文止存十三聞本完好一縣令苦貴人之募搨使摔去之誼事見隋史本傳茲不贅云趙氏石墨鐫華

道民滕欽造天尊像記佚開皇十六年

此石近出西安題字無多楷法極爲精整今則未詳所在矣毛氏關中金石文字存逸考

美人董氏墓誌銘存開皇十七年

石方二尺二十一行行二十三字蜀王楊秀撰文正書

此石本出西安境內今歸上海徐氏渭仁家藏徐氏名其齋曰隋軒即指此石十二硯齋金石過眼錄曾記其事今西安帖肆中所行皆重模本毛氏關中金石文字存逸考

安喜公李使君碑存文見王氏金石萃編開皇十七年

碑連額高九尺一寸廣三尺三寸二十二行行五十二字隸書額題大隋安喜公李使君碑篆書在馬嵬北五甲

奉天鄉人掘得此碑樹之上官村廟前余過觀搨二紙隸書亦自遒逸而獨闕使君名按使君與唐同宗官亦不卑隋史無傳遂不可考使君祖父季父獨炎之見魏書耳趙氏石墨鐫華

上官村按乾州東南與興平接界此碑之出必在交界之所故兩說不同今之拓本多由興平而來故仍屬之興平毛氏關中金石文字

存逸考

張通妻陶墓誌銘 佚 正書 開皇十七年

此誌書法精整原石久逸今有重摹本 毛氏關中金石文字存逸考

孟顯達碑 存 文備錄 開皇廿年

夫名不虛立德不假求故名者□□□□□□□□□□□□
□□□□□□□□□□□□□□□□□□□□□可則者
矣君諱顯達字令遷武威人也開源肇系起自高辛興業承基傳
之后稷臯□□□世十有□君國史備詳世家並載至於慶父以
長庶稱孟因以孟而爲氏焉或位居周輔或職在魯卿嘗則擅美
漢朝宗乃譽光吳世冠冕蟬聯縉紳接武可得而略無俟具論祖
天龍少有文武才略早爲鄉閭所敬行已廉謹立身淸白盡節奉
上竭孝事親容止可觀進退有則釋褐光初主簿稍遷藍田縣令

時稱善政俗號神君故接潤琳瑯連陰杞梓父肆少而聰贍發自
紼□俶儻大度弗墮家聲章句純儒非其所好雕蟲小道壯夫不
爲愛結子孫信交朋友蕭散自娛風雲意得性好賓遊留連賞會
班荆把臂匪夕伊朝故當世名賢衣車畢至未及貴士奄從風燭
以嗣子經州功業早著勳榮再襲追遠□臨爰加寵贈贈假節驃
騎將軍鄜州刺史毋彭城劉氏追贈秦州南由縣君承素胄於唐
帝發洪基於漢祖含章履善秉智懷仁女德載弘非資保毋婦禮
爰備無因師範藝窮纂祖工彈杼柚經心靡失過目不遺珪璋在
弄誕茲英喆訓同三徙或甚泡宫故得鑒彼存亡榮兼內外君即
鄜州使君之長子也年在齠齡卓然獨立執經庠序之間超邁諸
生之右以深識機權妙閑術略斬將褰旗之勇六奇八策之謀皆
暗由何府取諸帷幄豈至訪兵廣武請討蒯通而已哉以永熙二

年三月廿一日起家蒙授淸水公國侍郎在職恭懃處事廉潔到
大統元年四月蒙授蕩難將軍三年閏月又遷討寇將軍四年七
月累轉水曹將軍羽林監加寧遠將軍十三年十二月蒙授輔國
將軍中散大夫有隆時選僉允得人外見戎章之重內顯大夫之
貴于時魏室分爭兵戈競起疆場彼此邊亭飜覆刀斗繼響烽燧
連光以君策冠良平勇均吳白用推心腹式寄瓜牙以大統元年
十月被魏武帝勑使隨元帥賀拔太師討平沙苑河橋弘農豆軍
北岸等五處受府載馳不日而屆於是雲梯曉合地鼓夜鳴劍色
如霜箭飛若雨君乃執銳揮鞭身先士卒鋒鏑纔交妖氛克殄勢
同摧朽易甚轉圓聲効日馳疇庸增懋懃公奉上簡在帝心方騁
力康衢立功報主道長世短與善無徵春秋卅有二魏後二年五
月十一日終於私宅皇情悼軫爰加禮贈詔曰故輔國將軍中散

大夫都督孟顯達有勞行陣不幸喪逝可贈假節龍驤將軍涇州
刺史餘並如故君孝友純至諒非外獎德摻特立其實天資弱不
好弄長逾恭敬篔裘兩習堂構再隆信結鄉閭恩流道俗聞喪之
日莫不釋耒停機輟舂罷市以開皇廿年太歲庚申十月丁巳朔
廿八日甲申窆於雍州大興縣滻川鄉長樂里之原長子輝孝篤
閔曾友逾元季身懃負土公務栽松訓勵子孫家門邕睦每慮谷
貿陵遷栞移海變非勒功於彝器紀德於豐碑豈播此芳塵揚名
遐代命以庸淺用銘實錄敢拒來請聊述徽猷庶隨天地而靡窮
與金石而同固其詞云爾　悠哉華緒曠矣長津蹤齒表聖履跡
興神序山季孟氏自斯因紵高魏老宗盛吳臣藍田松秀驃騎蘭
春積善累德歸之君人夙資詔令長事恭懃盡節奉主分榮建親
一魏交爭兩雄未決朝選帷籌國慕英傑牡情斯騁醜徒仍滅舍

爵策勳允歸明哲光赫戎章威綏符節向臻槐棘方陳鼎鐘吁嗟
猛氣遽落高春寵贈口口口口口口口口口口口口口口口

按此碑連額高八尺每行四十八字前缺一行半後缺半行中間完好額題魏故假節龍驤將軍中散大夫涇州刺史孟君之碑宣統二年咸寧縣李王村巨墓塌陷縣令培繹如成親往視察撿得草項夫婦誌石兩方又石槨之一面字跡端好即此碑也遂封墓舁三石於城中圖書館其前後缺數行者蓋當時用爲石槨尺寸較大故鑿去耳無書撰人名而字體秀逸勁拔在蘇孝慈之右誠隋刻之佳者可寶也惟纂組作纂祖胸府作匈府刁斗作刀斗豐碑作豐碑簡作簡爪作瓜猶有魏習

同州大興國寺舍利塔銘 佚 隸書 仁壽元年

同州舍利塔額 存 隸書 仁壽元年

碑高三尺五寸廣二尺六寸 六字分兩行隸書在同州

今在同州府興國寺碑爲八分書數十年前因塔毀僧俗以碑與舍利爲冢葬之惟額存焉諸佛舍利寶塔六大字字徑尺許其旁有長安香城院主賜紫義省施額長安僧善傳題額按金石文字記載碑文而不載此額今碑已不可復見而額猶存故特記之庶古物不致盡泯也又按此碑爲隋文帝建不應又有施額之事或隋以後增置此額耳 朱氏雍州金石記

按同州塔銘與岐州塔銘同所異者惟同州武鄉縣大興國寺數字耳近年同州馬氏有重摹本隸書亦古雅可觀

岐州舍利塔下銘 存 文見陸氏金石續編 仁壽元年

石高一尺三寸五分廣一尺四寸五分 十二行行十一字正書在扶風

扶風縣志云在縣西北五十里龍泉寺嘉慶五年出土楷法精整 毛氏關中金石文字存逸考

蘇慈墓誌銘 存 文錄後 仁壽三年

石方三尺縱橫三十七格正書

大隋使持節大將軍工兵二部尚書司農太府卿太子左右衛率右庶子洪吉江雯饒袁撫七州諸軍事洪州總管安平公安故蘇使君之墓誌銘　公諱慈字孝慈其先扶風人也九曲靈長河流出積石之下十城側厚玉英產崐崙之上故地稱陸海之奧山謂近天之高秀異降生岐嶷繼體祖樹仁魏黑城鎮主父武西魏驃騎大將軍開府儀同三司兖雲二州刺史平遙郡國公贈綏銀延三州刺史時魏氏秦趙將分東西競峙公王父顯考立事建功庇大造於生民奬元勳於王室福延後嗣以至於公公承覲之道孜孜先色奉主之義謇謇忘私寬仁篤行之風彰於弱掺成務理物

之志表於壯年後魏初起家右侍中士三年加曠野將軍周明革運授中侍上士天和二年授右侍上士四年授都督充使鶉齊五年治大都督領前侍兵六年授正大都督仍領前侍兵公又勞禁衛頻掌親兵慕典君之慎密似秺侯之純孝其年重出鶉齊受天子之命問諸侯之俗延譽而出周境陳詩而察齊風還授宣納上士王言近納帝命攸宣咫尺當扆之尊渙汗如綸之重七年授左勳衛都上士建德元年授夏官府都上士治中義都上士九府分職六官聯事公遍歷兼治庶績咸舉四年授持節車騎大將軍儀同三司大都督領骨附禁兵台司之儀功高東漢車騎之將名馳朔漢其年改領左侍伯禁兵五年周武帝治兵關隴問罪漳鄴發西山制勝之衆挫東巖乞活之軍一鼓而窮巢穴三駈而解羅綱公潛稟神筭內湲皇心惎帷幄之謀董權勁之卒欲渡河北漢光

與鄧禹計同將涉江南晉武共張華意合及僞徒平殄齊相高阿
那肱已下朝士數百八公受詔慰納并率所領影援高際之兵還
授開府儀同大將軍封瀛洲文安縣開國公邑一千五百戶開幕
府而署賢垂徽章而發號峻井田之賦展車服之容宣政元年授
前侍伯中大夫其年授右侍伯中大夫其年周宣帝授右少司衛
中大夫大象元年授司衛上大夫二年周靖授工部中大夫開皇
元年詔授太府卿其年改封澤州安平郡開國公尋轉司農卿逢
舜日之光華睹漢官之克復國淵天府粟衍泉流自非物望時材
何以當斯重寄二年詔授兵部尚書其年兼授太子右衛率四年
詔知漕渠總副監事七年兼右庶子尋改授太子左衛率睺膺治
本元凱摳端領袖宮寮股肱儲衛八年判工部尚書其年又判民
部刑部尚書事十二年授工部尚書其年授大將軍衛率封如故

十八年以君王官積歲承明倦謁出內之宜刺舉僉允授拼州諸
軍事浙州刺史大將軍封如故政平訟理威申澤被仁壽元年遷
授使持節總管洪吉江雩饒袁撫七州諸軍事洪州刺史行清明
之化播信順之規吏畏之如神明民歸之若江海時桂部侵擾友
川擁據詔授公友州道行軍總管方弘九伐遽縶千里遘疾薨於
州治春秋六十有四粤以三年歲次癸亥三月癸卯朔七日己酉
歸葬于同州蓮芍縣崇德鄉樂邑里之山謚曰安公禮也公樹德
爲基立言成訓揚清以激濁行古而居今辭難測之賫蘊莫窺之
量存善無際歿愛不忘可謂具美君子矣先遠協吉厚夜戒期祖
奠迎晨徂芳送節茫茫原野前後相悲冉冉春冬榮枯遞及世子
會昌等終身茹酷畢世銜哀感靜樹於寒泉託沉銘於幽石文曰
岳峻基厚沇清源潔動靜無滯方圓有折舉直平心運從掉舌

獨悲魏禪終存漢節駿發克昌申甫貞祥作鎭夔國隼集鷹揚遷
鄀尊主虵輔龍驤誕厥令胤傳茲義方一毛五色一日千里提封
絕際波瀾莫涘天經至極人倫終始優學登朝飛英擅美鈞陳弈
弈陛衛森森戎章重紹侯服再歆端儲率掞掌庚司金五曹遍歷
二部頻臨泓洛浙江風馳雨布去歎其早來歌其暮除惡代林求
賢開路二嶺行涉五溪將渡閲世俄盡觀生易終汎舟川逝推轂
途窮松阡晤日柳駕搖風郇戈楚鼎盛跡元功

此誌於光緒戊子年出陝西蒲城縣案北史隋書蘇孝慈皆有
傳傳以字行未載其名閥閲官封多與誌合亦間有異同者如
隋書云慈封文安縣公食邑千五百戶尋改封臨水縣公增邑
千二百戶臨水縣公誌中未載又隋書云慈在周朝官工部上
大夫誌作中大夫誌云慈於開皇八年判工部民部刑部尚書

事隋書但云工部民部而無刑部誌云慈父武西魏兖雲二州
刺史北史則云慈父武周兖州刺史隋書則云慈父武周兖州
刺史誌云慈於後魏初起家右侍中士隋書則云慈於周初爲
中侍上士此皆誌與史異者其餘官秩誌中所載較史加詳焉
史言慈爲太子左衛率文帝將廢太子勇憚慈在東宮出爲浙
州刺史慈於當時蓋骨梗方正之臣故爲文帝所憚而誌則云
王官積歲承明倦謁授浙州刺史不言廢太子事當爲當時諱
也蓮芍之芍當作芍漢書地理誌蓮芍縣屬左馮翊師古曰蓮
芍讀曰輦酌如淳曰蓮芍城南有鹵池縱廣十餘里鄉人名曰
鹵中漢宣帝微時困於鹵中是也案隋時蓮芍縣本屬同州馮
翌郡地理志云大業初併入下邽此誌刻於仁壽時故有蓮芍
之名也至此誌楷法精健絕倫實爲佳刻蓋隋人楷法集魏齊

之大成開歐虞之先路其沈著痛快處有唐人所不能到者歐陽集古録每跋隋碑嘆賞不置有以也毛氏關中金石文字存逸考

唐高祖爲子祈疾疏存 文見王氏金石萃編 大業二年

石高一尺六寸五分廣一尺四寸兆九行每行九字行書在鄠縣草堂寺

隋李淵爲子祈疾疏此唐高祖也後書大業二年正月八日按是時太宗才九歲耳趙氏石墨鐫華

高祖于隋歷譙隴岐三州刺史大業中爲滎陽太守此云鄭州刺史當即是守滎陽時所造畢氏關中金石記

滎澤令當醜奴墓誌銘佚 文見關中金石文字存逸考 大業三年

醜奴始平人爲都督滎澤令大業元年卒誌在興平崇寧寺壁間爲童子摩挲幾乎全揭一紙書亦不大佳但以隋物存之興平即古始平今不知墓所在趙氏石墨鐫華

續陝西通志稿《卷一百四十一　金石七　十二

關中金石記云石方尺餘在興平縣字甚精整按朱氏近滃修雍州金石記時此石已逸蓋其湮沒久矣陝中古誌原石雖亡而拓本尚可覓得惟此誌及梁羅墓誌購求二十餘年迄未見過拓本是可怪也幸興平縣志載有全文備錄如右以備茂陵掌故焉毛氏關中金石文字存逸考

強伏生造像存 文見汧陽逸古編正書左行 大業三年

成都李雲生大令嘉績訪得於汧陽毛氏關中金石文字存逸考

鷹揚郎將義城子梁羅墓誌銘佚 正書 大業四年

咸寧縣志云葬於京兆郡山北鄉樊川之岡

金石文字記云在西安府城外杜曲又云古人之字未必工而後人貴之者以其所從來遠也此字正書猶帶八分凡隋以前書皆如此毛氏關中金石文字存逸考

王摩侯舍利塔記存 文見陸氏金石續編 大業五年

縱廣六寸中孔方三寸記刻左右及下方左右各二行行九字十一字不等下方三行行二字三字不等在西安百塔

按隋至相道場亦名至相寺即唐百塔寺也在今西安城南五十里隋爲至相道場唐爲信行禪師塔院陸氏金石續編

姚思辯墓誌銘佚 文見王氏金石萃編 大業七年

按此石本出長安然爲時既久不能實指其處宋趙氏金石録已見登載字體秀潤英挺洵信本少年得意之作惟展轉翻刻不免亥豕魚魯海寧吳氏拜經樓碑帖跋尾云隋姚恭公碑全文載在金薤琳瑯世不聞有二本余嘗收得一舊拓本第有誌而無銘凡七百餘字其撰書人名悉與原碑合所述事蹟間多互異原碑稱辯之卒在大業七年三月薨於京兆郡而此碑以爲十三年薨於軍幕此又其顯然不同者意或是元明好事摹

續陝西通志稿《卷一百四十一　金石七　十三

集歐蹟竄改原碑雜之翻刻中以欺世未可知也云云闡原石久毀翻刻本以杭州爲佳碑林所存亦贋鼎也

太僕卿元公墓誌存 文見黃氏隋唐石刻拾遺 大業十一年

石縱橫二尺五寸三十七行行三十七字正書在咸寧今歸武進陸氏

誌墓而闕其諱使後人無考何也誌中聖主誤作聖士餘梁誤作餘粱烝嵩誤作君嵩不口官燭統昆口之令長口爭見王陵之節每句空一字卒之月日及葬日甲子與所葬之鄉里皆空格不填蓋上石察書者無其人也房腸行掩用漢書霍光傳賜便房黃腸題湊各一具注便房壙中室也黃腸柏棺也謝惠連祭古塚文黃腸既毀便房已頹此云房腸二者合言也黃氏古誌石華

右墓志三十七行行三十七字正書字徑四分行間有棊格書法勁秀刻畫峻拔乃石刻中之妙品也節古泉山館金石文編

太僕卿元公夫人姬氏墓誌大業十一年存文見黃氏隋唐石刻拾遺

石縱橫二尺一寸二十七行行二十七字正書在咸寧今歸武進陸氏

夫人先太僕三十九年而卒至是始得合葬誌不言其有無子息何也蕙性誤作蕙姓晝哭誤作畫哭夫人姬氏下二字所葬之鄉里亦闕而未塡黃氏古志石華

按元太僕及夫人姬氏二誌近日出土文字完具惟太僕名及字智上一字缺而不塡又太僕與夫人卒葬之日並所葬之鄉里亦空格當是書誌時葬地未定至太僕志巴祇晻居之下句總騶騐之監及面刺有汲黯之風二對句亦各空一字未詳其義又太僕志聖主作聖士君蒿作君蒿夫人志蕙性作蕙姓自是刻手之譌而上石察書者無其人也合葬於大興縣某鄉隋大興今西安府咸寧縣地黃氏隋唐石刻拾遺

尉富娘墓誌銘大業十年佚文備錄

石方一尺八寸縱橫二十四格正書蓋題大隋左光祿大夫吳國公第三女之墓誌十六字篆書

大隋左武衛大將軍吳公李氏女墓誌文　女郎姓尉字富娘河南洛陽人吳公之第三女也曾祖兜周柱國太保公祖綱周柱國少傅大司空吳國公父安皇朝左光祿大夫左武衛大將軍洪源與積石爭流歷葉與鄧林俱茂德業有光於千祀軒冕不替乎一時女郎生處金穴長自蘭閨婦德未教而已成女工頗習而皆備紝組彌閑姿色溫柔南國羞其桃李骨像端麗西子謝其姝妍每念母勞深知父一年猶稚齒卓尒不群溫彌勤昏晨匪懈庭訓嚴閨房雍肅既而家曰萬石產擬四豪琮寶盈堂珍腴必備女郎志希儉率但慕慈悲經界之所弗虧施捨於焉相續方用配君子能爲女師而與善悉虛浮生不固掩然遘疾砭石不痊以大業十一年五月十三日終于京兆春秋一十有八仍以其月十七日窆於京兆郡長安縣龍首鄉興臺里母氏痛盛年之光四悲處女之未笄雖在幽媾婚歸於李氏共牢无爽同穴在斯嗚呼哀哉貞桂消亡更无花朵春蘭萎落永失芬芳遂使臺上吹簫唯聞柔玉隴頭看月獨見恒娥反魂之香无由可復更生之草何處相逢陵谷易遷招魂豈識瑩隧方泯祭酹難知寄以雕刋傳之不朽乃爲銘曰

嵩岳鎭地洛水浮天宗枝永遠世緒蟬聯鐘鼎係踵公矦在旃載予斯育圖畫膺焉稚齒鐘愛傾城遠傳梁昇曉日水映披蓮孝敬先竝閑柔孰先曹文悳誠班扇慙蒿清潔持躬閨房靜謐外語弗閒內言寧出篤意瀡髓勤工槃衺浮生弗永墜露寧遲銘華遽沒砭石終欺郊門景落松逕風口筵虛撤奠柳去空帷夜臺方掩无復歸期

左禦衛府長史宋永貴墓誌銘大業十二年存文錄後

石方二尺四寸縱橫三十四格正書蓋題隋故通議大夫宋君誌九字篆書在西安碑林

此石於同治時出於長安字跡精整後爲懷寧張三木購去攜至山左今未知移徙何處帖肆所行則多重摹本矣按誌之篆蓋題云大隋左光祿大夫吳國公第三女之墓誌而誌之首行則題云大隋左武衛大將軍吳公李氏女墓志文一則從母家之序一則用其冥婚之姓皆他誌所罕見者毛氏關中金石文字存逸考

隋故左禦衛府長史通議大夫宋君墓誌銘　君諱永貴字道生西口郡人也卨以敬敷五教錫茅土而封商湯以來蘇八遷從先王而居亳洪源括地與懸米爭深高峯極天共雲丘比峻時稱冠族世挺民英楚客多材周賓在位昌則參謀代邸夜拜九卿弘通燮輔中興職登三事箕裘必繼堂構莫虧鳥弈連華衣纓累襲曾

祖承桑干郡守恒州刺史祖業河州刺史褰帷作牧分竹出守布政有威則棧麥興哥遺愛在民則甘棠勿剪父暉使持節車騎大將軍儀同三司鄉伯大夫萬年縣開國子持節假奉使之威將軍寶爪牙是任苴茅土而開國均儀服於台階光覆五宗貫延百世君擢幹芳苑耀質驪淵稟庭訓而知言奉家聲而立德風神閑雅播名髫年昔劍口能聞諸學歲既而振纓來仕解褐登朝以周天和四年出身授殄寇將軍強弩司馬大象元年任右宮伯右侍散二命士二年遷大䮤都下士力堪引強威能殄寇雖非右職允此嘉名所奉二君歷應四選既仕不擇時官未爲達曠大才於高位沉英俊於下僚周德之衰所由來矣及皇基肇創神武膺期則哲自天官人有叙開皇六年引授殿內將軍九年詔授蒲坂縣開國子其年加授儀同三司出爲蕃禾鎮將殿內則出入臥內儀同則

具擬台司將軍朝廷之虎臣鎮將京畿之虎落出撫則於旄疊映入侍乃環珮交暉十四年蒙授婺州長史十七年詔授觀州司馬大業三年改授慶州司馬累遷朝請大夫漢川贊治贊邦佐治自郡遷州慈惠以撫細民溫恭而待國士示賒以儉糾猛以寬煦之以春陽威之以秋霜潤洽傍隣時稱善政五年入爲左禦衛長史三軍務重六衛爲最總管營校兼臨卒伍教戰勿失閱武以時八年天子親臨遼隧問罪燕郊分命方叔長驅被練四綱周設一鼓而摧以勳進授通議大夫長史如故十年從駕北巡言經朔野不幸構疾終於樓煩郡春秋五十有四君少而沉懋長而弘深英猛冠時清華映世堤封峻而不測墻宇高而莫窺自國自家至誠至孝可畏可愛爲政爲德清白以遺子弟濬雅以交友朋入其室者欝若芝蘭之芳與其遊者自染朱藍之色歷官兩代從宦十遷在軍在國之容允武允文之藝出臨九縣九則民吏扇其風入佐六軍則貔虎賁其略何常不竭誠盡義虔奉憲章謹踏勞謙以全名節九德備舉百行無虧可謂令問令望有始有卒者矣以大業十二年歲次丙子十一月癸丑朔廿日癸酉歸葬於京兆郡長安縣龍首鄉之山柏庭遐阻蒿里幽深九原無可作之期千年絕見日之義人間易遠身世難追歲月不居山河莫顧世口臣節酷此茹荼崩心泣血風樹之感萬古踰深霜露之悲百身彌切庶傳盛德敬勒泉隅文曰　天降玄鳥神星白狼佐禹惟高革夏伊商極天峻峙控地靈長或升或降且公且王有客有客俾建其侯祚生于宋作賓于周禮樂尚在英靈可求郢都賞賦代國申謀爰臯迺祖褰帷出撫奕世載德重規疊矩顯孝標秀揚庭接武服袞儀司苴茅開宇惟君篤生惟民之英松柏在性金石有聲允諧文武藉甚

公卿表光內潤入孝出誠妙年筮仕飛纓即政爲臣擇君去危歸聖飾像三臺官成四命行標世範德流民詠昊天不憖折桂銷芳泉幽隧古風悲樹涼寒來暑謝地久天長遺德不朽斯文永彰

今在西安府學碑林誌中桑乾作桑干大䮤作大騎皆別體字

毛氏關中金石文字存逸考

按文內出臨九縣句下多一九字當係筆誤亦由察書者無其人也

正草二體千字文 年月缺

文凡八石皆横廣二尺四寸高八寸每石二十七行行十二字正書草書各一行額題智永千字文篆書在西安碑林

智永禪師王逸少之七代孫妙傳家法爲隋唐間草書者宗匠寫眞草千字文八百本散於世江東諸寺各施一本住吳興永欣寺積年臨書所退筆頭置之大竹簏受一石餘而五簏皆滿

求書者如市所居戶限爲之穿穴乃用鐵葉裹之人謂之鐵門限後取筆頭瘞之號退筆塚長安崔氏所藏眞跡最爲殊絕命刊石置之漕司廳庶傳永久大觀已丑二月十一日樂安薛嗣昌記

智永書在西安府學此碑乃宋大觀已丑二月所刻者後有嗣昌跋石漸磨泐余家有宋拓本爲義門何焯所藏甚可寶也（畢氏關中金石記）

李衛公上西嶽王文（無年月）存（文見王氏金石萃編）（碑廣二尺九寸高二尺二寸六分十九行行一五字至十八字不等行書在西嶽廟）

李衛公上西嶽書不見正史意者影響之談如虯髯公傳類耳其書亦似唐末五代人筆雖不見整栗而微有意衛公將略爲唐初第一功最大故好奇之士多傳之（弇州山人續稿）

此好事者誣衛公而爲之書詞可笑而唐餘言之又小說載公射獵行雨事殆異人不可以常理論也書三種潞州者崇寧間刻藤縣者紹興間刻西嶽廟則近刻筆亦遒逸王元美稱之當是潞州本藤縣者不及近刻又下矣（趙氏石墨鐫華）

上柱國德陽公梁君碑（無年月）佚

此碑今在醴泉昭陵墓田之內一云在醴泉縣叱干村距縣九十里碑額篆書陽文題曰大隋柱國德陽公之碑平湖孫桂珊氏三錫著昭陵碑考曾錄其文鳳枝又以拓本誌之其可識者有曰烏氏人也晉爲盟主宏乃禦戎云云故定爲梁君而其名則不可考矣碑中所謂齊王則西魏宇文泰子齊王憲也此碑存字無多而書法精整實隋刻之佳者　文獻通考貞觀十八年太宗詔營山陵於九嵏之山左右兆域內無得葬埋古墳則不毀之故此碑得存也（毛氏關中金石文字存逸考）

賀蘭使君墓誌銘篆蓋　存（篆書陽文）

右篆蓋題云大隋開府武始肅公賀蘭使君之墓誌帖賈殷氏云在涇陽廟中僅存石蓋誌石久逸矣案北史賀蘭祥傳祥子寬開府儀同大將軍武始公入隋歷汴鄭二州刺史與其兄師並著政績此石與北史題銜同當即賀蘭寬之墓誌蓋也（毛氏關中金石文字存逸考）

成口墓誌銘石蓋　佚（正書）

右石蓋題云大隋同州儀同姑藏郡太守成口口口誌銘十七字缺三字字甚古勁因有同州二字故屬之同州焉（毛氏關中金石文字存逸考）

寶梁經石刻（無年月）存（文見陶齋藏石記）（石高二尺二寸廣五尺九十行行三十六字正書）

佛說寶梁經沙門品第一

比丘品第二

右經僅存此第一石凡三千餘字毫無缺損鐫刻如新洵爲藝林之寶昔王蘭泉得風峪華嚴經拓本不及全文三分之一然以爲北齊時物稱爲可珍然則此經雖未覩完衺又何憾乎房山石刻妙法蓮華經朱竹垞攷定以爲刻之自隋王蘭泉所引其友查君之言以爲卽隋靜琬法師所刻今觀此經書法與房山佛經同中有異異中有同其爲隋刻無足疑者然房山佛經書雖秀整其結體稍落蹊徑此刻筆既遒健而字裏行間尤多逸氣不似彼過於縝密轉覺有意求工者是又在妙法蓮華之上矣（陶齋藏石記）

按此石清光緒初年出於長安城南之韋曲由渭南趙氏購得二十八年爲陶齋攜去書法精整秀逸的是隋唐間人手筆陶齋置之隋末今仍之

大隋殘碑 佚 正書

此碑在臨潼縣南門外驪山之麓行臺大門外咸豐時枝經過其地訪得此石上作佛像一尊碑石僅存其半有日月不居元烏降祥及末行大隋二字可辨因命工拓得十餘紙藏於篋笥幷以分貽同好碑字無多而書法圓勁可喜隋人楷法每多可觀蓋集魏晉六朝之大成而開虞歐四家之先路歐陽集古錄每跋隋人石刻輒嘆賞不置有以也光緒時邑人重修行臺此石遂不知所在矣 毛氏關中金石文字存逸考

觀德王楊雄碑 佚 岑文本撰

續陝西通志稿【卷一百四十一 金石七】 二十一

潼關新志云隋觀德王楊雄墓在潼關西十里有唐中書侍郎岑文本撰今碎案此石今久逸矣 毛氏關中金石文字存逸考

爲右書一爲左書今在陝西西安府咸寧縣縣與長安縣同爲

按瓦當二種皆圓徑五寸五分文皆五字曰長安寶慶寺惟一

長安寶慶寺瓦當

府治寺建於隋時陝西通志寶慶寺在咸寧縣安仁坊俗名華塔隋仁壽初建隋文帝唐中宗嘗臨幸焉文宗感蛤蜊觀音像建五色塔咸寧縣地在隋時爲大興縣與長安同屬京兆郡此瓦當文字寺名冠以長安者蓋長安之名自漢已有之大興是析置之縣又或當時寺額原謂之長安寶慶寺皆不可知 王氏金石萃編

唐

寶室寺鐘銘 存 貞觀二年 銘見王氏金石萃編

銘橫二尺四寸高一尺八寸二十二行行十五字正書今在鄠州城南樓上

康熙時河水泛決出於土中土暈銅花靑翠可愛銘詞計三百十八字 朱氏雍州金石記

文詞淸綺字法工雅非唐初人不能爲之昔趙德父集錄始懷州宣照寺鐘係景龍三年此足與之較勝矣 畢氏關中金石記

景龍觀鐘銘 存 景雲二年 文見王氏金石萃編

銘高五尺八寸四分廣二尺九寸四分共十八行行十七字睿宗正書原在城內迎祥觀今移關帝廟

景龍觀者中宗所作景雲二年睿宗爲之鑄鐘製銘也字正書而稍兼篆隸奇偉可觀鐘今在西安府鐘樓 趙氏石墨鐫華

今在西安府城迎祥觀序銘共二百九十二字大徑寸許鐘甚鉅厚七寸餘搨之稍輕則不聞聲觚賸云必塞其內空方可搨之蓋出於傳聞未嘗目覩也景龍觀創自中宗睿宗鑄鐘作銘開元時因迎老子像改今名樓築於層臺之上爲城中偉觀石墨鐫華金石文字記俱云在西安府鐘樓上誤鐘樓在朱雀街之中非迎祥觀鐘樓也 朱氏雍州金石記

續陝西通志稿【卷一百四十一 金石七】 二十二

蘇玉華墓誌銘 存 武德二年 文錄後

石方一尺十六行行十五字正書四圍有花紋邊寸許

女子蘇玉華墓誌銘　弘文館學士歐陽詢撰幷書　女子玉華蓋洗馬蘇君之季女也夭其瑤姿外照蕙性內芳體備幽閑動合禮則旣嫻習於圖史且留連於音律以故名藹蘭閨聲綿梓里夫何美質降年不永竟致夭歿春秋十有五焉以大唐武德二年五月九日終於居德里之私第卽以其月之廿有五日葬於京兆之神和原悲歟天乎不減曾靡降福□道何昧竟貽斯殃諒豈有違

芳齡永逝悼以長往終天無其嗚呼哀哉迺為銘其墓曰　主儔
兮殊焚風悲兮日曛問天兮無言永絕兮百齡塵甚可紀兮慧超倫
殿宥剎降兮偃芳春冉旒飛兮淚沾巾千秋萬世兮哀無垠　萬齡
刻字

按此石有云係作僞漁利然亦無從徵實姑存以俟考

臥龍寺黃葉和尚墓誌銘 武德三年葬 佚文缺 石高一尺五寸廣一尺七 格正書左右卷邊一寸餘 寸縱橫二十

唐故臥龍寺黃葉和尚墓誌銘　守黃門侍郎許敬宗製　弘文
館學士歐陽詢書　和尚自說姓張名亶誌其生緣衆口莫能知
之隋故時進蜀人段綸興善寺僧粲亦稱曾見和尚於太叢剎出
入中條往來都邑年可五六十歲未知其異也隋氏末年稍顯靈
跡被口徒既負杖採鏡或微口酒肴或十餘日不食預言未兆口

識他心一時之中分形數處屬我皇應運率土崩裂和尚竟著先
知往錫黃龍寺迨於定鼎果獲奇驗口武德二年五月廿九日卽
化於臥龍寺之禪堂先是移寺之金剛像出置戶外謂僧衆曰菩
薩當去闍梨亦何日無疾而逝沈舟之痛有切皇心既葬資須事豐
口口遂以武德三年秋九月四日葬於萬年縣鳳口口堂口填而
口口口自蒸而鑿心發詔有司式刊景行其銘曰　口口口城金
粟降靈猶賤大士權跡浩京緒口莫明邑居孰見時彼浦出猶如
空現瓦塼口雖三口口依口法筵口忍鐵無遑智燈含焰慧鑑口
騁哉慈悲像悲斯口花將導舟梁始我方便形質心寂口口口口
觀往測求觀微知雖石口亡儲是開口口反初息假薪絕火然神
明何許臨室空傳

此石已佚未詳所在肆中陳列皆重模本也

宗聖觀記 武德九年 佚 文見王氏金石萃編 碑高一丈二尺廣三尺七寸二十三行行六十字額題大唐宗聖觀記六字歐陽詢撰序並隸書陳叔達撰銘在盩厔縣樓觀

碑側題名 側廣一尺四寸作三截書上截白等口五行下張秀 碑六行皆正書右行中吳芝壽四行行書左行

是碑末有中統元黑闥扶茂之歲命工鎸刻行是元時已經開鐫
信本正楷名高千古其隸書如房彥謙神道今已失傳藉此碑
存猶足見其遺範然又爲後人所剜壞殊屬可惜 畢氏關中金石記

哥舒季通葬馬銘 武德 文缺後 石高一尺三寸廣一尺五寸十九行行十五字正書

大唐左監門衛副率哥舒季通葬馬銘　太子中允王知敬製　并
書　爰有名驄厥號雪花聲高天廐產運流沙蓋武德中嘗以賜
故越州刺史都督諸軍事哥舒府君者也府君既已就義戎行雖

是名驄亦從殲焉孤子左監門衛副率季通烏號血竭鶴毀骨立
永懷罔極之悲思廣推恩之義迺圖厥形葬之填隅肇錫嘉名用
誌雄特其詞曰　粵維泰運異質斯生坤元繁德天駟流精惟彼
雪花聯聲御廐龍文表瑞鳳翥開鑾於赫府君不茂膺功帝日諮
汝驄尾方驅思國過都逐足激電體健騰驤參雄顧盼絲力著德
合志同心策勳奏凱照古陵今夫何不永陽九當厄倏喜口鋒早
墜逸翮瓦篤差盈全縱鑣並飛存亡既偕神魄攸依窮窆精忠垂光
丹口翩翩者騅揚蕤驤尾雪花高顯影揚華嘶風戀彼故主遺恨長
窮

按此石亦有僞作之目惟字跡端好文詞悱惻不妨疑以傳疑

孔子廟堂碑 武德 佚 文見王氏金石萃編 碑高七尺七寸廣四尺二寸三十五行行六十四字虞世南撰 并正書相王旦書碑額今在西安府學

右孔子廟堂碑虞世南撰武德時建而題云相王旦書額者蓋舊碑無額武后時增之耳至文宗朝馮審爲祭酒請琢去周字而唐史遂以此碑爲武后時立者誤也睿宗所書舊額云大周孔子廟堂之碑今世藏書家得唐人所收舊本猶有存者云 趙氏金石錄

右唐孔子廟堂碑宋王彥超翻本字之缺者凡一百七十有九予家藏舊拓唐刻因參考以足其文嘗記在京師時見世南真蹟謂以此文石本進呈太宗特賜王羲之黃玉印一顆則世南之書貴重當時固已如此 都氏金薤琳瑯

邠州昭仁寺碑 存 文見王氏金石萃編 貞觀四年

碑連額高一丈一尺八寸廣四尺五寸四十行行八十四字正書朱子奢撰碑陰作兩截書上截十五行行十五字下截五行行十一字歐陽修撰張淳正書今在長武縣

昭仁寺碑世以爲虞世南書較之廟堂記淳淡相類而骨格老成不逮也豈世南少時所書乎河南張重威甫題

今在邠州長武縣宜祿遞運所內按舊唐書太宗本紀貞觀三年十二月癸丑詔爲義士勇夫隕身戎陣者各立一寺於是立昭仁寺於邠州破薛舉處也立昭覺寺於洛州破王世充處也立宏濟寺於汾州破劉武周處也立慈雲寺於晉州破宋金剛處也立普濟寺於呂州破宋老生處也立等慈寺於鄭州破竇建德處也立昭福寺於洺州破劉黑闥處也並官給供度精藍森列當日之巔山血海驟化爲經師律虎之場陳眉公品外錄言之甚詳 來齋金石刻考略

化度寺塔銘 佚 文見王氏金石萃編 貞觀五年

李百藥撰文歐陽詢正書

河南范謂隆興初跋尾云慶曆初其高王父開府公諱舉使關右歷南山佛寺見斷石砌下視之乃此石稱歎以爲至寶既而寺僧誤以爲石中有寶破石求之不得棄之寺後公他日再至失石所在問之僧以實對公求得之爲三斷矣乃以數十縑易之以歸置里第賜書閣下靖康之亂諸父取藏之井中兵後好事者出之椎搨數十本乃碎其石恐流傳浙右者皆是物也 解題 春雨集

化度寺在朱雀街今禾黍離離無復蘭若之迹不知碑亡在何時每至其地悵然久之 趙氏石墨鐫華

段世弘墓誌 存文錄後 貞觀五年

隋尚書右僕射北平襄公第七悉謂者尋議郎故段世弘粵以大唐貞觀五年歲次辛卯十月丁亥朔十四日庚子歸葬於雍州咸

陽縣渭陽鄉

右誌石方一尺二寸縱橫八格字徑一寸墓誌之簡略者石存長安段氏

九成宮醴泉銘 存 文見王氏金石萃編 貞觀六年

碑高七尺四寸廣三尺六寸二十四行行十五字篆額魏徵撰文歐陽詢正書今在麟遊縣

按唐貞觀中改隋仁壽宮爲九成宮永徽中又改爲萬年宮宮在岐山開皇十三年楊素所治按醴泉爾雅曰甘露時降萬物以嘉謂之醴泉甘露雨也而漢魏郡國與唐離宮皆謂水從地出其味若醴誤矣 廣川書跋

醴泉銘搨本見諸紀載及余所見者凡八一汴本一金士權本一米臨本一董臨本一余少愚本一神廟宮中本一麟遊未鑿本一麟遊已鑿本而率更原刻不與焉 鐵函齋書跋

張纂妻趙夫人墓版文 佚　正書　貞觀六年

此石題云貞觀六年五月二十九日雍州長安縣清化鄉宜君縣開國子故妻趙夫人云云紀載甚簡似漢晋間墓版之式書法沉勁猶有六朝遺意原石方不盈尺想爲好事者攜去　今帖肆所行多重摹本 毛氏關中金石文字存逸考

齊士員造像銘 佚　正書　貞觀十三年

此碑前幅題名云右監門中郎將延陵子齊士員恒州行唐人也王保府折衝都尉趙伽頻陽府田阿女懷信府果毅都尉獨孤範天齊府翊律環長豐府王仁感頻陽府關文瓚左右監門校尉三原令檢校陵署令崔口王署丞裴珉內省禦侮郭元宗陵寢二所宿衛人呂村任村王村劉村朱村唐祿村袁村謝村宿老爲太武皇帝太穆皇后敬造石佛殿一所并造彌陀像二

菩薩師子香爐座四面爲宮內存亡寫金剛波若觀世經各一部及一切經目云云後幅題名云右監門中郎將右勳衛郎將檢校左右領府郎將長樂宮大監定州刺史上柱國延陵縣開國子齊士員曾祖口口平南將軍豫州汝南郡太守祖思齊尚食典御父口隋荆州記室參軍兄傲隋廬州司兵參軍妻呂氏延陵郡君世子口師右翊衛息世武文德皇后挽郎息世文世才世貴孫神感神法神兩世文以下並幼未登仕長女潘水府果毅和直妻女娘兒云云此後刻閻羅王像地獄人畜各有題識如公牘條例之式殆所謂陰律也　此碑當出三原縣獻陵士員爲守陵之官故爲太武皇帝太穆皇后造像以資冥福太武皇帝唐高祖也太穆皇后竇后也碑刻於唐初而書法精整頗得隋人楷法所載守衛陵寢制度亦可以資考證碑書斛作斛通鑑陳紀太建七年北周勳州刺史韋孝寬間北齊將斛律光密爲謠言曰百升飛上天祖珽與光相惡解之曰百升者斛也斛字本此又碑中升遐之遐字作霞蛙黽之黽作蠅當係筆誤 毛氏關中金石文字存逸考

張琮碑 存　貞觀十三年　文見王氏金石萃編

碑高七尺二寸廣三尺六寸三十行行六十字正書額題唐故口口光祿大口張府君碑十二字篆書今在咸陽縣雙照村

書甚剝泐其文爲于志寧所撰以前有黎陽公子四字尚隱約可辨也額篆書文正書不知爲誰某矣中惟龔下改木從亏驕旁易馬爲女頗覺新異張琮字文瑾武威姑臧人除睦州刺史未到官而卒唐史有傳 抱經堂文集

濮陽令于孝顯碑 存　貞觀十四年　文見陸氏金石續編

碑高六尺二寸廣三尺二寸二十九行行五十八字正書額題大唐騎都尉濮陽縣令于君之碑十六字篆書陽文在三原縣演

村

此碑金石家皆未著錄嘉慶二十年靈石翟桐埜兵備鳳翔宰三原得以拓贈碑文幾一千六百字剝蝕者只數十字惟末行殘闕撰書者皆無考耳 陸氏金石續編

阿史那氏白珉玉像銘 存　貞觀十五年　文錄後

石高二尺二寸廣二尺七寸截刻花紋四十餘十八行行十五字正書

故庭州參軍上柱國弘農楊公夫人阿史那氏白珉玉像銘 并序

前鄉貢進士何東關弁孺撰　於赫夫人有作斯應善導蒙俗利運法舟其惟博施大矣哉不可得而思者也粤有貞信弟子弘農楊庭芝禮義天成文翰霞起年近弱冠丁罰慈親蓼莪銜哀霜露恒惕痛乎倚閭望絕執扇長悲口巇復而無所杖慈悲而思答於是口音口路破玉岷山風運斤椎月皓顏色瑚鏤合妙匪丹雘

以爲容莊嚴自然實白豪之眞相成就如是宣之偈言命我朋友
迺爲銘㽞　赫乎大雄兮招提旨運慈悲兮拯生死有美欒欒兮
純孝子欲報哀哀兮情於此憑法舟兮心不已玉帛施兮眞容赴
棄斯福兮三十天闊浮地兮長弃捐　貞觀十五年四月造訖
按此石最近出於長安城南爲藍田閻氏購得什襲藏之矣

至德觀法主孟靜素碑佚　文見陸氏金石續編　貞觀十六年
碑高廣分行闕考岑文本撰文褚遂良正書

按女道士至德觀主孟法師碑見金石錄今佚所見裝本皆近
人摹刻而岑文褚書尚可攷證法師貞觀十二年年九十有七
則生於梁武帝大同三年隋文帝爲智仙撫養崇奉神尼故特
徵赴京師居於至德之觀唐高祖太宗復加隆禮沿隋習也貽
則當世從三淸以緯民世字民字皆不避唐文粹載此文迨吉
有典典作興元牡道樞牡作化遺屣之地屣作履陸氏金石續編

陸讓碑存　文見王氏金石萃編　貞觀十七年
碑連額高七尺六寸廣三尺九寸共三十四行行五十一字額題隋文州總管光祿卿陸使君碑十二字□□撰文郭儼正書

此碑在三原縣獻陵讓蓋卒於隋大業六年至唐貞觀十七年
乃立碑也寰宇訪碑錄未詳此碑所在又誤書貞觀十七年爲
二十七年其實太宗在位二十三年也此蓋筆誤宜正之毛氏關中
金石文字存逸考

左府君墓誌銘存　貞觀十九年

按此石方一尺五寸二十六行行二十五字正書惟光明如鏡
字跡微細不能成讀可辨者前數行題銜云唐故前澤州參軍
左府君墓誌銘君諱法字孝才南陽人也茂緒靈長崇基自遠
山河降祉天挺英奇又殷國五遷周王三徙近因從宦又爲萬
年人也祖建周本縣功曹云云後見貞觀十九年字樣餘皆斷
文隻字不能成讀字跡秀逸是唐初物存長安段氏

編纂渭南武樹善

金石八

唐

尹貞墓誌（佚　文錄後　貞觀二十年）

石方二尺二寸縱橫二十四格正書

大唐前口府口曹參軍尹君墓誌　君諱貞字善幹京兆人也嶽靈降祉勤王之績已宣神氣凝口大道之風斯闡長源派其餘烈盛德蘊其家聲七世祖景魏侍中祖遊洛隨觀城令獻納九重貂蟬光於七葉弦歌百里政績口於一同君早擅英聲夙標令望志存夷簡性尙恬虛淡矣無爲肅然物表但以時逢昌運官不遺才遂禮盛九徵榮高五口貞觀初乃應齊府辟屈節於功曹參軍俄而辭疾去官從其所好於是栖身廡下晦迹塵中開通德之門居

全節之里搢紳攸口遐邇挹其雌黃雅俗所歸中外酌其淳素君心存愛敬情口友于事不願從遂纏痼疾時不我與以至彌留悲夫天地不仁與善無效長生之藥祈王母而莫從反魂之香想漢王其何遠粤以廿年五月十四日卒於家春秋六十有五傷哉摧領袖於人物墜模楷於鄉閭使里閈相悲遠近同恨嗚呼文魚且躍空見於衢哀絲箏晨抽徒聞於悽慟荒凉原野寂寞階庭無復池臺之遊遽瞻松檟之列其月廿九日殯於終南山禮也前對蓮峯冠紫薇而獨秀還瞻魏闕干靑雲而直上左臨玄壩右望濁涇縈帶郊原泛蕩雲月實神遊之勝地也既而靈轜肅路祖奠凝庭長風曉哀鳴笳夕引薤歌悽而入漢素蓋飄以博空白馬徘徊朱旐委鬱掩松扃於文石瘞玉質於白楸恐舟壑之屢遷懼朝市之數變故勒銘於泉戶庶休烈之永傳其詞曰　靈嶽降神朔雲入候九列既顯五千方授功高前古德流遺胄世濟不殞惟君挺出蘭薰雪映金聲玉質情深孝友性敦閑逸屈節從命委質名藩匪榮瓛冕養疾丘園光華掩口令問空存白綍斂維華輀解馭佳城永謐夜臺何曙貞石既刊芳塵是著

此石本出咸寧今未詳所在（毛氏關中金石文字存逸考）

隋皇甫誕碑（存　文見王氏金石萃編　無年月）

碑高七尺六寸廣三尺八寸二十八行行五十九字于志寧撰文歐陽詢正書額題隋柱國弘義明公皇甫府君碑十二字篆書今在西安府學碑林

碑舊在鳴犢鎭今在西安府學戊子余君房督學作亭覆之丙申亭圯壓碑中斷故剝二十餘字至是又亡其五十餘字（趙氏石墨鐫華）

皇甫明公之碑在信本最爲姸潤與其暮年老筆奉勅矜持者

不同也（墨林快事）

皇甫君以仁壽四年卒而不書立碑年月按舊唐書于志寧傳貞觀三年累遷中書侍郎太宗命貴臣殿內宴恠不見志寧或奏曰勅召三品以上志寧非三品所以不來太宗特令預宴卽加授散騎常侍行太子左庶子累封黎陽縣公則此碑貞觀初立也其不書年者不以隋臣而蒙唐號也（顧氏金石文字記）

昭陵三十三碑

汝南公主墓誌銘（佚　文見王氏金石萃編　貞觀十年）

石橫廣二尺四寸高一尺四寸十八行行十二字十五字不等虞世南行書

誌文具舊藏帖本內已闕其後半首叙公主諱字皆不載唯云隴西狄道人皇帝之第三女也某年月有詔封汝南郡公主新唐書諸公主列傳汝南公主早薨其行次在第二今誌在第三

誌又云屬九地絕維四星潛曜毀瘠載形哀號過禮不勝𢤱慕之哀遂戊傷生之性蓋以哀毀自隕者考長孫皇后薨於貞觀十年六月誌所謂九地絕維即指其事公主方屬童稚即毀生至此亦奇女子也武氏授堂金石跋

虞恭公溫彥博碑存文見王氏金石萃編貞觀十一年

碑連額高一丈一尺七寸廣四尺四寸三十六行行七十七字岑文本撰文歐陽詢正書額題唐故特進尚書右僕射虞恭公溫公之碑十六字篆書今在醴泉縣昭陵

此碑已久壞下大半皆漫滅不可讀市兒取其存者重刻之約得四百餘字余初見之驚喜求全本三十餘年不可得後得一本乃工已截去壞字彙爲行茫不猷闕處亦僅五百餘字而已余深爲惋惜最末始得此紙乃未裝者數之有八百廿餘字墨林快事

續陝西通志稿【卷一百四十二金石八】　三

褒公段志玄碑存文見王氏金石萃編貞觀十六年

碑連額高一丈九寸廣三尺九寸三十二行行六十五字正書額題大唐故右衛大將軍揚州都督段公之碑十六字今在醴泉縣儀門村

公封褒國公時亦授金州刺史見舊唐書而新唐書亦削之何也且史云志玄父偃師至郢州刺史碑云散騎常侍益都縣開國公贈洪州都督八州諸軍事謚信公碑云志玄從破薛舉劉武周云云而史不書碑云謚忠壯舊史同而新史作忠肅其剌謬不合如此惜碑全者僅半尚未得詳考耳至如碑書撰均無名氏書法雖方整不無少遜崔安上李藥師碑然正書中時作一二筆分隸是六代遺習趙氏石墨鐫華

申文獻公高士廉塋兆記存文見王氏金石萃編貞觀二十一年

碑連額高一丈四尺二寸廣五尺三寸七行行八十一字許敬宗撰文趙模正書額題大唐尚書右僕射司徒申文獻公塋兆

碑側

記十六字篆書今在醴泉縣煙霞洞

記兩列一左行六代孫元裕一七行六代孫少逸爲正書

碑僅存三百餘字稱公諱儉字士廉則公亦以字行但房公名喬字玄齡字喬以高公塋兆記觀則喬果爲字乎此似未見房公碑者趙模在貞觀中以書名嘗與諸葛貞臨蘭亭刻石者此書方整秀逸大類歐虞惜不全見碑側題數行亦半泐其一云元裕其一云少逸爲給事中按唐史稱元裕少逸相代兄弟迭處禁中又云會昌中少逸爲給事中然則此正兄弟相代時也而史不書少逸封爵且又不言二人爲士廉後唐世重氏族豈其譜遺耶二人立朝亦非沒沒者非此幾令申公不得有其孫矣趙氏石墨鐫華

續陝西通志稿【卷一百四十二金石八】　四

散騎常侍褚亮碑存文見王氏金石萃編無年月

碑連額高一丈六寸廣四尺八分二十八行行六十五字隸書額題大唐故褚卿之碑六字篆書今在醴泉縣西峪村

亮遂良父也由陳入隋由隋入唐八十八卒碑已殘闕不可詳攷分隸與馬周碑如出一手疑亦殷仲容書遂良能書非仲容輩恐不能汙其父碑也趙氏石墨鐫華

梁文昭公房玄齡碑存文見王氏金石萃編無年月

碑連額高一丈二尺九寸廣五尺三十六行行中閒泐每行八十一字褚遂良正書額題大唐故左僕射上柱國太尉梁文昭公碑十六字篆書今在醴泉縣煙霞洞西

右唐房玄齡碑文字磨滅斷續不可考究惟其名字僅存其後題修國史河南公而名姓殘闕者褚遂良也按舊唐史云玄齡名喬字玄齡而新唐史乃云名玄齡字喬今碑所書與新史合惟宰相世系表又云玄齡字喬松者不知何據也趙氏金石錄

汾陰獻公薛收碑 存文見王氏金石萃編無年月

碑連額高九尺九寸廣三尺九寸三十八行行八十二字正書額題唐故太常卿上柱國汾陰獻公薛府君碑十六字篆書今在醴泉縣趙村

右唐薛收碑文字殘闕其可讀處以唐史較之無甚異同惟收之卒謚曰懿而史不書爾又收之子元超據唐史及此碑皆云名元超而楊炯盈川集載炯所爲元超行狀乃云名振字元超蓋唐初人多以字爲名耳 趙氏金石錄

國子祭酒孔穎達碑 存文見王氏金石萃編貞觀二十二年

碑連額高一丈一尺二寸廣四尺二寸三十五行行七十六字正書于志寧撰文額題大唐故國子祭酒曲阜憲公孔公之碑銘十六字篆書今在醴泉縣北

右唐孔穎達碑于志寧撰世傳虞世南書據碑云穎達卒於貞觀二十二年時世南之亡久矣然驗其筆法蓋當時善書者規

摹世南之書而爲之者也 趙氏金石錄

文安縣主墓誌銘 存文見黃氏陪唐石刻拾遺貞觀二十二年

石方二尺六寸縱橫二十九格正書

按志在乾州無撰書人姓名新舊唐書載昭陵陪葬公主十八人而不及縣主高祖女高密公主與駙馬都尉工部尚書紀國公段綸合葬即文安縣主之翁姑也此石嘉慶間出土紀昭陵陪葬者及金石文字皆未載志內灃淵避高祖諱作灃水 黃氏陪唐石刻拾遺

按關中金石文字存逸攷云此石嘉慶時在醴泉出土後歸乾州某氏今未詳所在云云不知此石後爲吳窓齋中丞購去今仍存吳氏

晉州刺史裴藝碑 存文見羅氏昭陵碑錄貞觀二十三年

碑三十三行行七十一字額題大唐贈晉州刺史順義公碑銘十二字正書在醴泉縣北二十里古村

雍州金石記云在醴泉縣北二十里古村昭陵南十里碑首八分書大唐贈晉州刺史順義公碑銘十二字碑已殘闕可識者五十餘字字極小故磨泐若此實刻類編作晉州刺史裴藝碑上官儀撰褚遂良書貞觀二十三年立 毛氏關中金石文字存逸考

芮公豆盧寬碑 存文見孫氏昭陵碑考永徽元年

碑三十二行行六十九字李義府撰正書額題唐故特進芮國公之碑九字篆書今在醴泉下巖廟

唐書欽望傳祖寬高祖初擢殿中監子懷讓尚萬春公主貞觀中遷禮部尚書左衛大將軍芮國公卒特進幷州都督謚曰定此碑額曰唐故特進芮國公與史所稱相合文甚泐趙氏金石目錄以爲義府所撰當無誤也 畢氏關中金石記

中書令崔敦禮碑 佚文見羅氏昭陵碑錄顯慶元年

剪裴本字徑七分于志寧撰文正書今未詳所在

雍州金石記云在醴泉縣北二十里昭陵南十里碑首篆書三十字可識者大唐故太子少師中書令開府儀同三司幷州大都督二十一字碑已漫滅僅存百餘字可識者有云于志寧字子謐作文有云曾祖宣猷周梁州總管云云關中金石記云醴泉西谷村按此石今久逸矣趙崡遊九嵕山記云余至西峪村令王甥攜拓工盡拓諸碑方拓而王甥馬逸追之馬止處一碑仆地王甥語余余募人起之乃崔相國敦禮碑大半完好案此碑趙子函嘗見之疑既經扶立之後又仆於地故無從訪拓也 毛氏關中金石文字存逸考

禮部尚書張胤碑 存文見王氏金石萃編顯慶三年

碑連額高一丈二尺二寸廣四尺一寸二分三十一行行八十一字正書額題大唐故禮部尚書張府君之碑十二字篆書在

醴泉縣昭陵

碑額題故禮部尚書碑已殘其可讀者有云故金紫光祿大夫張胤攷唐史儒學傳有張後胤即其人而碑曰張胤豈字後胤耶舊史無字而新唐書曰字嗣宗然則後字衍也碑書撰俱無姓氏書法精健是得河南之支流而開平原之門戶者 趙氏石墨鐫華

衛景武公李靖碑 存 顯慶三年 文見王氏金石萃編

碑連額高一丈三尺一寸廣四尺七寸三十九行行八十二字許敬宗撰文王知敬正書額題唐故開府儀同三司尚書右僕射司徒衛景武公碑二十字篆書在醴泉縣烟霞洞旁

碑陰

共十三行行二十字宋游師雄題正書

碑下半磨泐上半完好考金石錄爲許敬宗撰王知敬書歐陽永叔謂碑云爲安撫使及授濮州刺史云云余考前二事誠如

歐公但舊唐書傳有改封衛國公授濮州刺史仍令代襲例竟不行等語宋郊修新唐書削之但曰改衛國公耳歐陽公正與宋公同事何得云宜書不書也且舊書云本名藥師碑與新史皆作字藥師公又有弟名容師豈先名藥師后改名靖而以藥師爲字耶 趙氏石墨鐫華

鄂國忠武公尉遲恭碑 存 顯慶四年 文見王氏金石萃編

碑連額高一丈七尺七寸廣五尺九寸四十一行行七十八字許敬宗撰正書額題大唐故司徒并州都督鄂國忠武公之碑十六字篆書今在醴泉縣

碑已磨滅過半其下段每行二十餘字可識者有云封吳國公又云聯姻瑤肘結慶瓊枝碑已磨泐斷續無文理可尋或鄂公始封吳國其後封鄂國耳至其聯姻之事則不可攷也此碑已陷土中惟碑額在土上啟土掘之約存千字趙子函遊九嵏記云尉遲敬德碑自額以下埋土中余出之了無一字蓋棲而瘞之此乃子函啟土時見大半無字遂不更掘孰知其可讀者猶在下也好古者未可半途而廢也 朱氏雍州金石記

蘭陵長公主碑 存 顯慶四年 文見王氏金石萃編

碑連額高一丈一尺五寸廣四尺二十一行行七十字額題大唐故蘭陵長公主碑九字篆正書李義甫撰文今在醴泉縣老

蘭陵公主太宗第十九女名淑字麗貞駙馬都尉慶州諸軍事使持節慶州刺史扶風竇懷悊太穆皇后孫銀青光祿大夫上柱國竇德素子也史書竇氏二十餘人無德素名而公主傳但言悊爲太穆皇后族子而已此碑亦可以備史之闕撰者據金石錄爲李義甫無書者姓名而方整勁拔亦歐虞之流亞也 趙氏石墨鐫華

冠軍大將軍許洛仁碑 存 龍朔二年 文見王氏金石萃編

碑連額高一丈一尺三寸廣四尺五寸三十九行行七十七字下半截磨滅正書額題大唐故□□大將軍代州都督許公之碑十六字篆書陽文今在醴泉縣趙村

洛仁附見許世緒傳末數語碑載甚詳但半泐不可讀正書極似隋賀若誼碑 趙氏石墨鐫華

左戎衛大將軍杜君綽碑 存 龍朔三年 文見王氏金石萃編

碑缺下截連額存九尺六寸廣四尺三十九行行字數不可攷李儼撰高正臣正書篆額今在醴泉縣

清河長公主碑 存 麟德元年 文見孫氏昭陵碑攷

碑二十七行上截全泐行字數不可計李儼撰文暢整正書額題大唐故清河長公主碑九字篆書今在醴泉縣北老軍營

按此碑爲暢整書即書趙國楊太妃碑梁敏碑程知節碑者毛氏關中金石文字存逸攷作楊整誤也

程知節碑 存 麟德二年 文備錄

碑闕上下兩截中間存者約高六尺廣四尺三十六行行四十
餘字不等許敬宗製文暢整正書今在醴泉縣昭陵

侍中中書令光祿大夫行右相太子少師監修國史上柱國高陽
郡開國公許敬宗製文　口子暢整書　闕化年籠庶象爲而不
宰掘乾緇搆之初感而口通馭傑經綸之日是以乘箕之彥掩口
礪以星馳鈞渭之英披玉闕駈有其人焉在於盧公見之矣公諱
知節字義貞濟州東阿人也邈矣義仲職口郊而授歷遐哉休甫
司夏官而闕口以之疊絢曾祖興齊兗州別駕祖哲齊晉州司馬
並道口遐年譽高往烈揚鑣俊轍逸展驥以騰光推轂士林闕
資禎質煥霞朝照夏辟於神表談開月日懸樂境於靈臺昌運旌
賢口想九原之上口扃貴範光照千里闕口於髫襟術墐援旗激
英風於綺志方知翠注毓駿超十駕而驤首丹穴鸞委凌九霄而
愸翰迨踰志學獨振嘉闕徇名之士望李成蹊市義之賓遊園變

質于時隨網甫紊亂偕伊漸公一室常蕪志澄清於海內千里佇
闕于野掩雲蜺而蕩色麟鬬于郊薄義舒而侵耀公傍搜義旅遠
嘯俠徒升壇而烈士趨風撫劍而群英走魄偶河潰闕堯之黨招
李密於汾澨歸王充於鼎邑均口曲逆甃委質於楚郊取譬伏波
甫羈蹤於隴上口智窮無象神照先幾闕厥美也三年授秦王府
左口統軍太宗文皇帝韞睿龍田申規鳳邸啟金壇而縱略振玉
鼓以橫威公早亮闕陽式蕩妖氛策勳居最四年授康州諸軍事
康州刺史復以六條之任雖貪列居八校之重事切元戎遽輟朱
轓闕階亂搆孽深於弄兵扞郎萌災作釁期乎焚廩不悛厥各俄
煽凶圖九年六月四日縱兵宮掖太宗親奉闕其月授力口口壽
轉右武衛大將軍封實戶七百口武皇帝口慮口陽遽遺天下之
任延襟口口爰膺太上闕口口口口口口爲銅陵輿壤應井絡以

口疆口畢巖口控嶓口口口險口瘼之寄非勳勿口貞觀元年授
使持節瀘闕皇猷驛薰風而假俗口流天口揚惠澤以遷澆瓊條
銑科靜陽關而坐嘯兩岐五袴被夷落以行歌簡闕是揚麾電逝
拭鉞風驅垂九折而猗其蔚巡二江而制其後傍分地陣上假天
威三令而衆銳推鋒一鼓而群闕也七年拜左領軍大將軍又以
公業峻艱虞寄深陛戟既口疇庸之典載光延賞之榮封第二子
口亮爲東阿開國闕陳星夜聚開寶婺於長筵里閈增華親賢斯
重八年撿挍原州都督十一年撿挍蔣王府長史其年改封盧國
公授普闕累牧大藩威流善績惠覃卭嶺化逸五牛之路威憎榆
溪聲振六驥之俗十口年授左屯衛大將軍撿挍北門屯營闕二
玆居守有詔委公專戶警衛留臺之寄事雖口於口撫扞城之重
口口口口口口口爰自凱旋賞加彝典廿二年加鎮軍闕口屯營多

歷年所永徽六年授左衛大將軍口時柳口之酋潛規背誕蕭關
之地每警燧烽詔公爲葱山道行軍闕遽傾十角飲至之晨特蒙
慰獎頃之坐裨將失律免職歸第口以寶雞之壤境接上腴瑞鷟
之郊邦分右甸口隱攸寄闕口猛軀馭黠之良規甫及歲周仁守
載踐爲邦之績光錫冕以口榮杖國之年聽鳴鐘而警慮遠坡丹
愿固陳止足爰降闕口沼疏峯滌閑矜於仁智浮觴舞鶴飛逸趣
於煙霞揮口之賞未窮夢瓊之悲口口以麟德二年二月七日遘
疾薨于長安闕十亂定嚳商之業秦綱既紊三傑成隆漢之基永
鑒緜古載懷始運式昭封矚允賚心膂故鎮軍大將軍盧國公程
知節操闕口假介城克贊霸圖闕扶景祚鐘鼎昭其令德丹青煥
其遺像列口分珪早誓疇庸之策錫車致簫饑申歸老之恩口磁
遠闕益卭雅眉嘉簡陵羅巖九州諸軍事益州刺史餘官封如故

賵絹布一千段米粟一千石賜東園秘器陪葬昭陵 闕 五品内一
人爲副所司備禮册命葬事務從優厚稱朕意焉粤以其年十月
巳亥朔十一日巳酉窆于九嵕之山原禮 闕 天經特口昭於地紀
踐忠良而載逸口仁惠以忘歸壯志孤騫不以彫蟲口慮沉規遠
厲方期跨馬成功三宮七舍之 闕 窮微紫頴飛霜騰越枝而寫妙
是以俠風傍駭趨一諾者摩肩義響横飛希片言者叠跡宅屯蒙
而不晦察明 闕 暴變化於環瀛刑馬疇庸延寵期乎礪岳出光藩
閫入揔戎軒御十都以分符臨五營而按節小棠遺惠戡播毗謠
闕 令終有裕遺德無朽者歟口子明威將軍桂州桂南府折衝處
嗣等表治承家聲華暎俗風枝雖靜仰高樹以纏哀霜 闕 口式樹
豐碑庶令過客披文想英風其如在故人望拜景遺烈而相口其
銘曰 闕 口初誕慶勝氣延祥驪川孕彩鷄穴口章遠節飈口雄姿

電揚儁貞結綠埒駿飛黄沈略泉停英圖雲起控弦落鴈横 闕 鮪
岫口斯假薰紱在奏啟祚維新疇庸伊舊情希坐樹績峻披荆指
河均寵誓岳延榮肅昭五校光照百城 闕 埋玉悼延丹陛恩口紫
泥禮光去侖義均聞蠶疏封口野閫範松闈式刊貞石載紀芳蹊

按此碑歐趙類編均載其名後來金石家未再論説是宋末已
就埋沒清季復出於土惜殘缺僅存中斷約千五百餘字就文
義推求闕者猶太半也以故事實不能詳攷茲錄其文之可見
者其碑首行無標題書者暢整案整當時頗有書名趙國楊太
妃碑清河長公主碑皆出其手英挺秀逸可爭褚薛之席洵可
寶也

紀國陸先妃碑 乾封元年 存 文見王氏金石萃編

碑連額高一丈五寸廣三尺九寸三十七行行七十三字正書 額題大唐紀國故先妃陸氏之碑銘十二字篆書今在醴泉縣西電村

按陸氏以貞觀十七年册爲紀王妃則附紀王葬也與陪陵不
同故史及會要諸書不著 醴泉縣志

内侍汶江侯張阿難碑 咸亨二年 存 文見王氏金石萃編

碑連額高六尺八寸廣三尺二十九行行五十二字臨臺寺僧 貴昌正書額題大唐故將軍張公之碑九字篆書今在醴泉縣 北馬旅寨

按此碑雖在昭陵然文内未見有陪葬明文稽之長安志及圖
亦不載内侍張阿難墓則不得在陪葬諸臣之列明矣書者臨
臺寺僧案昭陵圖寺在昭陵寺之西澄心寺之南也 王氏金石萃編

越國太妃燕氏碑銘 咸亨三年 佚 文備錄

照拓本錄文尺寸未詳撰文名闕高正臣正書 首行全闕

闕 上柱國口口口開國公口口口　口義郎守冀口
府屬口右春坊侍皇太子書渤海高正臣書　闕 禀巽風而合
德河魴宣其美礜響逸椒庭睢頌騰其淑儀寵高蘭殿善積延慶
篤生耀掌之珍訓洽藩閫踵武高陽之子貫三從而允備揔四德
以竝資在我太妃於 闕 碣觀與蜃樓雙峙口口玄塞薊邑與狼川
接垌猛士有成慶之風節夫慕叔齊之義自周王翦暴分二南而
閑閫嬴氏肆威合六雄而問罪故以忠深襄代德被後昆降及口
口開府儀同三司左衛大將軍使持節楚州諸軍事楚州刺史上
柱國陽平郡開國公食邑七百戶體局凝正志懷口口清襟内湛
淼同渤澤之深秀表外端凝若景山之峭如雞在性 闕 與鄧口口
口口業劭夷凶共霍侯而等列祖榮周晋州刺史開府儀同三司
隨蒲州刺史青揚二州揔管使持節邢瀛恒定幽營平檀滄貝嬀
易十有二州大揔管左右武候口能口口而有恩對敵臨口見機

如應響乘權利變決勝若摧枯歷宰名邦著杜母之謠頌累昇連
率築徐君之受降氣蓋一時聲高百郡當朝挹其威武後代仰其
芳猷父寶壽弱歲馳聲發口口口口獨步月旦莫能逾學備參玄
時人譯其拾紫材堪假物天下冀其搏搖既而執操堅貞致身高
許之遺蹤屏跡栖遁邈追闕爰初載弄滋蘅薄而同芳粵在鬌年對
若榮而比艷香纓弗御芬若椒蘭鉛粉無加皎如霜雪端居暗室
似接嚴賓儼處幽房如思雅奧加以生知七政傍揔六文含辭吐
蘭晋符內則寓懷摛闕泛觀子史每三復於天經諷翫圖書必再
循於節義擊賞名教照澈於清襟褒尚貞良冥通於雅操沉研訓
誡終日忘疲握翫緗緗通宵撫卷至於紕文缺典詧耳必綜於心
美句妍詞過目悉闕高孟母學口曹妻嘉妃幼敏常謂人曰此女

續陝西通志稿　卷一百四十二　金石八　十三

性理明惠藝文該博向使爲男當成國器貞觀之始年甫十三膺
美譽而聞閨庭列位助宣陰教取則上玄爰從古昔實惟通典貴
人燕氏識悟開朗性理清暢譽流弈翟義彰蘋藻擅美公宮移芳
椒掖情深惟舊宜正恒序可賢妃十有八年又申寵命闕能清口
口於九霄弘禮樂於八表賢妃燕氏器懷明淑志識韶令地惟軒
冕之華德備言容之美夙陪巾櫛早侍宮闈幽閑之譽播蘭芳於
形管婉嫕之風流玉潤於紫殿授以徽命實允茂典可德妃所司
以闕七襄之務口奉鸞殿無惰禮於晨盥陪隨豹尾應違顏於屬
車逑于穆卜不寐對芀几而號絕一溢綿載視滅性以如歸大義
通於神明福善延於眉壽永徽元年乃降闕桂殿宜加徽命以甲
朝獎可越國太妃既而慈勗桂山藻營閑平之業母儀筠菀琢磨
梁楚之材時謂宗英實由義方之誨獨標多藝咸遵導禮之規闕

太妃後嬰痿痺嘗有參謁則命乘輿來詣御所止宿彤闈淹留紫
禁每降手勅下必云諮若酒外徼八珍內饗六飲凡有旨味分甘
載錫至於入朝迎勞之恩歲時念賜之重降座親拜之禮闕可縷
而記也乾封元年闕爲編戶壞四海入提封增五帝之萌黎幾三
皇之封域皆昊穹之所錫躬行二獻爰命太妃接其經典折旋瓊
豆之側對越方祇獻奠瑤席之間恭行大禮享薦闕六宮挹其儀
軌方口口於司典齊高蹤於女圖及駕幸東京因入西覲乘星首
路畢景載馳望龍旗而佇謁瞻鳳蹕而將拜彼蒼不愸窺蘢彌而
電奔伊神或欺閱河宗而波逝以咸亨二年七月廿七日遘疾彌
留薨于鄭州闕府吏聞奏上省表驚歎遽遣名醫段處玄等齎御
藥并中使乘驛省視又特勅追王馳驛侍疾五分之奠未施八成
之齊無救隅燭之下善訓必宣亂命之前話言無輟申明薄葬務

續陝西通志稿　卷一百四十二　金石八　十四

從節儉自搆遺表馳闕中外口使口口相屬禮賜豐渥並越常倫
喪葬所須盡令官給并賜溫明秘器仍令工部尚書楊昉監護率
更令張文收爲副焉闕日又降別勅盡東京觀寺並爲設齋又遣
使人往宋州盡其境內觀寺轉經行道凡經三日度二七人粵以
其年十有二月廿七日陪葬于昭陵禮也贈物七百段米粟副焉
鼓吹威儀周事資送但靈龕節軍輿金鐲而齊奏闕謂之耳目進
止由其法度先登以之作氣酣戰於是楊桴義不施於婦人自古
編於甲令特以太妃懿德聲冠列藩惠訓優深徽音遠播故申殊
禮以示加褒中宮特爲造繡无量壽佛像神筆製銘繡於座下其
詞曰竊闕珍域表端履精明因而誕妙轉外塵於四實廣現慈根
具本相於千光弘敷道力花莊梵宇金閣重暉月瑩眞空珠豪結
影存法界口口想善願攸符仰圓照以退觀勝緣斯叶越國故太

妃含章韞粹體順凝和騰美譽於丹闈播芳猷於 闕 而宣慈垂範
桂巖崇五禮而敷訓柔儀允著通該四德之源媛則昭隆光暎七
篇之首弟子比纏荒苦茹恨終天循去節以疑哀踐口口而叠慕
太妃因心義切助痛情深遠赴忌辰將申感慰豈意臨途未幾奄
隔幽明載想至懷倍結九泉口古之悲庶託津梁少資冥福今者
敬爲太妃造无量壽佛像一鋪繡金臺於鳳縷光含衆日之容絢
玉冶於龍紋彩叠乘光之步所願遐慈慧業式薦祥緣正覺流保
護之恩太士授冥薰之力天縷輝質迴鶩禪林月殿遊神高昇法
岸傍周千生俱登妙果至百日又奉勅就京宅設七百僧齋別賜
米麵二百石神筆製銘繡其座下其詞曰蓋聞龍池引派疏定水
之安波鷲岳會基開禪林之寶地恒星掩耀無生示其化生冠日
通輯非相標其實相道窮淨智瞻彼岸而難造福被明因摠群芳

而普洽越國故太妃稟柔凝淑履順含章契叶松 闕 流蘋潤通符
六義之詩申雅誨於粱庭闡門貽範導洪猷於陳邸煒管飛芳携
謙之道既弘忠慎之規允穆方冀輔仁濟祐壽固仙巖豈意與善
無徵年穆夜窀弟子緬惟平昔姻好特隆今古忽殊追愴何極興
言感咽軫悼良深加以四序 闕 日遠結丹想而增悲思植芳緣式
資冥祐故於今百日爲造釋迦牟尼繡像一鋪珠雲絢彩菉浮鶩
綺之中珂雪飛光花叠龍紋之際以斯妙果永構津梁所願藻廬
三明澄襟八解口菴園之至道叶柰菀之嘉祥迴昇波若之尋常
蔭菩提紐流並馭法輪口口口口在殯之辰頓遺宮官 闕 皇后璽
令就殯所宣讀祭口焚之未 闕 乾綸七降及行次瀍洛三聖又遣
中使將御膳夫先於頓所造食以祭宣口口來參共口口口故遣
就彼口膳以示同味口口口口使宮官臨視口口服祓禱首飾翟

衣佩綬等物口口口口口隆罕聞其匹惟太妃稟和成性含粹資神
大孝基於奉親問安切於昏旦溫枕扇席必自躬親候色承顏不
違晨夕忽微乖適則夜口口終朝絕粒年甫六歲奄喪所天每逼
忌辰悲號不食至性之感明靈爲之遂通口敬之方閨門以之爲
範及奉身丹掖鳴佩紫庭辭輦遵克讓之風當獸徇忘生之節却
香車以昭儉謝釘璧以防奢降天顏之殊隆致後庭之緝睦是以
譽芳蘭垂範口庭勤加口口口言關奉上喻以忠孝之方語及字卑
誨以寬仁之道嘗因暇日評品古人善者以勸思齊不肖以爲殷
鑒諸孫習業課試於前口及孝經乃謂之曰凡人多讀書史意在
廣其聞見至於居身要道揚名顯親守此一卷便爲足矣如斯及
丁太夫人口哀瘁骨立暨于將窆方士誠行侍者以言拒而不納
乃曰此豈人子之所安乎載疾攀號殆將毀滅撿身爲軌以示子

孫履孝爲基將垂後裕絲桐罕經於耳彫綺不被於身動合禮經
言無可擇嘗疾困惙起居使還稱有力行誠敬畢命不口所謂女
師嬪則貽慶垂昆者矣亂子越王地高瓊蕚降軒臺而作扞奄曲
昇以分珪賚愛淳深冀南山之永固林飈不靜痛東流之遄束寒
泉切骨無謝施生之恩昊天難訴永結終憂之酷緬惟平昔遠隔
昏明思播餘芳同懸 闕 爲頌云 闕 戎俗遵孤竹門承碣宮甘棠衍
慶俎豆遺風家多令淑業尚驍雄至道崇基博仁延祀 闕 鳥册流
譽麻轓齊軌藝發含章林標秀祀魏車連照秦樓播美乃祖宣力
錫爵名邦位參師尹道著巖廊功成飲至賞懋彝章家開驃府務
總朝綱洛叢延祉 闕 家聲累申軍令霆威御猾冬暉養政寵隆賜
樂功齊錫命厥考人傑時稱鳳毛終軍接武王粲爲曹栖遲飲泌
縱逸臨濠鬼谷追隱商山養高維妃挺哲英聲早著繈年騰彩羈

辰發譽色照仙虹艷倅芳樹揚祚成則鳴環節步學雕情藻才潤言泉闕詞鮮紈裁扇月石點花牋閩波待價浮磬聞天粵自公門來儀帝宇軒娥比曜虞英爲侶輔昕成規動容中矩忠迴乃睠智坤宸府方從子貴勉字藩維訓均移宅情隆斷機平反誠猛倚閭流慈握珠懷慰撫玉爲娭庶表天長奄驚川閱闕酷貫曾心泣盈高血恨纏嬰慕痛深肌裂生涯有盡盛德無窮永流緗簡式播緗壇敢緣玆義敬託斯文一同迴幹兆載揚芬　陪戎副尉京兆萬保哲刻字

按此碑自宋以來未見著錄惟近日宋氏還讀齋雜述載其名蓋光緒末年始出於土氈搨一次時人未甚重視故又埋沒碑殘缺不完高廣尺寸不可稽照拓本錄文猶存三千餘字闕者闕之以存其眞攷唐書越王名貞太宗第八子與第十一子江

王囂同爲燕妃所生貞善騎射且工文學隨信行禪師與教碑即其製文此碑撰者泐其名書者高正臣正臣當時亦有書名昭陵杜君綽碑亦出其手恭整挺拔自屬佳品

中書令馬周碑 存 永徽二年 文見王氏金石萃編

碑連額高九尺六寸廣四尺四寸三十七行下截剝蝕行約六十五字額許敬宗撰文殷仲容八分書額題大唐故中書令高唐馬公之碑十二字篆書今在醴泉縣北古村

此碑在大道旁周墓前殘闕爲甚存者僅四百餘字非篆額字存幾不知爲馬周碑今摩拓者多遺碑額是一恨也 趙氏石墨鐫華

薛公阿史那忠碑 存 上元二年 文見王氏金石萃編

碑連額高一丈三尺五寸廣四尺四寸三十三行行八十二字正書篆額今在醴泉縣西船村

碑泐其存者稍倍於豆盧寬碑亦以額識之而書更勁拔在永興河南間惜撰書俱無姓氏可攷耳 趙氏石墨鐫華

英貞武公李勣碑 存 儀鳳二年 文見王氏金石萃編

碑連額高一丈八尺廣六尺五寸三十二行行字數約九十餘高宗御製文并書額題大唐故司空上柱國贈太尉英貞武公碑十六字篆書今在醴泉縣劉洞村

公陪葬昭陵碑文高宗製并書行草神逸機流後半尤縱橫自如良由文皇藏右軍墨蹟如蘭亭之類極夥故父子萬機之暇一意摸倣以至此也碑首御製御書四字大類褚登善余曾至碑下見碑高大過房杜諸臣豈以陛下家事一言而爲是以報之耶 趙氏石墨鐫華

幽州都督牛秀碑 存 無年月 文見黃氏陪唐石刻拾遺

碑左方及下截殘闕存者高四尺廣二尺一寸十八行行三十四字前九行可辨篆額十六字惟大唐故左四字可辨今在醴泉縣

碑正書篆額額凡十二字可辨者惟大唐故左四字而已碑字

磨泐惟右方上半段字畫完好前一行署銜云大唐故左驍衛大將軍幽州都督上柱國瑯琊郡開國公牛公碑銘其敘履貫云公諱秀字進達其先隴西狄道人也因官而遷於濮曾祖定仕後魏曾祖官階及祖名銜俱泐父漢隋濮州主簿洺州清漳令餘文皆剝落然則上所云因官而遷於濮者蓋秀隨父別駕遂寄籍其地爲濮人也秀卒葬年月及撰書此碑人姓名俱無可攷前錄文安縣主墓志亦陪葬昭陵而爲諸家記錄所遺者因以秀碑附載其後以見臥麟荒塚斷碣必多留心訪古當不止畢氏金石記所載也 黃氏陪唐石刻拾遺

清河公房仁裕碑 佚 年月泐

唐會要及文獻通攷所著昭陵陪葬諸臣有兵部尚書房仁裕案此即其墓碑也此碑亦當在昭陵今僅存半截未詳所在矣

篆額云大唐清河房忠公神道之碑碑前題云贈兵部尚書房忠公神道碑口口清河縣開國子崔融撰孝孫國子丞琳書碑云祖敬道官至司空府集曹參軍又云公時年十八雄略過人又云與裴仁基等謀背王充將歸口口又云建德受縛王充請降又云爲口口者所嫉口授麟州刺史又云遷使持節都督潭道口口又云尋而奪禮授金紫光祿大夫又云口口江左口制命公仗鉞出征賜寶刀一口口又云會病不果行中使相望名醫結轍春秋七十有六粤以二年又云詔贈左驍衛大將軍又云陪葬於口口又云幽州口口口口國口口仁裕口口口口可贈兵部尚書此其大略也蓋拓本僅得其半鑿字尤多以意連屬之僅得梗概幸碑額尚存仁裕之名未經刓去故知爲房仁裕碑也此碑之名僅見於京兆金石錄其餘金石諸書及平湖孫桂珊昭陵碑考均未著錄余得拓本因爲表而出之且加考訂焉時光緒紀元六月八日高樹早凉清風拂拂也毛氏關中金石文字存逸攷

右監門將軍內侍王君碑佚年月泐

正書在醴泉莊河村文云右監門將軍王君又云武德九年授內侍貞觀四年遷右監門將軍進爵爲公加正議大夫又云吐谷渾據龍沙又云出使吐蕃又云二十二年遷使持節其人蓋以宦官而與李衛公同征吐谷渾者也碑缺其名此唐宦寺封公侯之始畢氏關中金石記

按昭陵陪葬諸臣集古錄有王濤碑京兆金石錄有王大禮碑外此無王姓今此碑王君逸其名當居二人之一惜殘碑又佚誌之以俟訪焉

右虞侯副率檢校左領軍衛將軍乙速孤神慶碑存文見王氏金石萃編載開元二年碑下截已斷合之連額高九尺六寸廣四尺一寸四十四行行八十字苗神客撰文釋行滿正書篆額今在醴泉縣叱干村

續志云昭陵誌誤收乙速孤父子墓碑入陪葬功臣之內睹其字而未讀其文也其墓在叱干村九嵕山後三十里不在文獻通考所指一百二十里塋田之內安得謂之陪葬按碑篆額書檢校字從爿謬甚醴泉縣志

姜遐斷碑佚天授二年文見王氏金石萃編碑廣四尺僅存下截高四尺二寸三十三行行字數無考姪廞癸晞撰並正書在醴泉縣莊河村

諸書但詳行本陪葬昭陵而不及遐考昭陵陪葬例子孫願從祖父葬者聽遐以丁內憂起復不餘年而即卒當是從父葬於昭陵本不得與陪葬者同例也畢氏關中金石記

右武衛將軍乙速孤行儼碑存文見王氏金石萃編開元十三年碑高九尺二寸廣三尺九寸三十行行六十七字劉憲撰文白義旺隸書額題右武衛將軍乙速孤府君碑銘十二字篆書今在醴泉縣叱干村

行儼神慶之子于高宗時爲普濟府左果毅垂拱初爲黄城府左果毅新唐書地理志不載二府名未詳所屬碑稱顯慶爲明慶避中宗諱改畢氏關中金石記

莒國公唐儉碑存文見王氏金石萃編開元二十九年碑連額高一丈一尺七寸廣四尺三十九行行八十五字正書額題唐故特進莒國公唐府君之碑十二字隸書今在醴泉縣北小楊村

此碑在昭陵東南最遠而地僻故傳者極少余至其下摹一紙貞行書輕圓秀勁卓然名家惜無姓氏攷舊史官爲立碑碑雖殘缺後有夫人河南元氏又有皇唐開元廿年等字或開元時

始建碑耶似不可曉趙氏石墨鐫華

按昭陵陪葬諸臣唐書七十四人文獻通攷百五十五人游師雄昭陵圖百六十五人而宋元以來互見於各家著錄者共八十八碑宋趙氏金石錄得三十三碑田氏京兆金石錄得五十一碑其他歐陽氏以下數家則十餘二十餘碑而已畢秋帆中丞撫陝時親陟九嵕搜討多日僅得二十六碑獨毛氏關中金石文字存逸攷廣搜博採凡得三十碑今益以汝南公主墓誌越國太妃碑程知節碑共爲三十三碑惟縣志與毛氏謂乙速孤父子不在陪葬之列不知乙速孤晟碑載於趙氏金石錄類編乙速孤神慶父子又載於歐氏集古錄趙氏金石錄類編諸書自宋已列入昭陵何怪帖賈之盲從至字數多寡則以平湖孫氏爲得實若上虞羅氏昭陵碑錄取宋明拓本而增益之故

文字陡增數倍沾溉學人厥功甚偉然與今日情形又別矣

昭陵六駿西第一第二佚餘存

颯露紫西第一紫鷰騮前中一箭平東都時乘

贊　紫鷰超躍骨騰神駿氣讋山川威淩八陣

拳毛騧西第二黃馬黑喙前中六箭背中三箭平劉黑闥時乘

贊　月精按轡天駟橫行弧矢載戢氛埃廓清

白蹄烏西第三純黑色四蹄俱白平薛仁杲時乘

贊　倚天長劍追風駿足聳轡平隴回鞍安蜀

特勒驃東第一黃白色喙微黑色平宋金剛時乘

贊　應策騰空承聲半漢入險摧敵乘危濟難

青騅東第二蒼白色喙微墨色平竇建德時乘

贊　足輕口口神發天機策口飛練定我戎衣

什伐赤東第三純赤色前中四箭背中一箭平世充建德時乘

贊　瀍澗未定斧鉞申威朱汗騁足青旌凱歸

師雄舊見唐太宗六馬畫像世傳以爲閻立本之筆十八學士爲之贊晚始得唐陵園記云太宗葬文德皇后於昭陵御製刻石文并六馬像贊皆立於陵後勅歐陽詢書高宗總章二年詔殷仲容別題馬贊於石座即知贊文乃太宗自製非天策學士所爲明矣歐陽詢書今不復見惟殷仲容之字仍存如寫白蹄烏贊云平薛仁杲時乘由此蓋知唐史誤以果爲杲耳距陵北五里自山下往返四十里嵓徑峭嶮欲登者難之因喻邑官仿其石像帶箭之狀並丘行恭眞塑于邑西門外太宗廟廷高庳豐約洪纖寸尺毫毛不差以便往來觀覽者又別爲繪圖刻石於廡下以廣其傳焉元祐四年端午日武功游師雄景叔題京

兆府醴泉縣尉刁珍書

按張力臣先生六駿贊辯云唐太宗葬文德皇后於昭陵御製刻石文並刻六馬像立於陵後勅歐陽詢書贊其上其制琢石如屏風每方高四尺五寸廣五尺五寸厚一尺周遭邊界棱起馬身半鑿空處刻下三寸西第一四蹄端立有馬圉前立拔箭東第一西第二則三蹄立前左一蹄作馳勢餘三則絕塵而奔各馬頭上一隅皆留石一尺正方與邊界平隱隱有字跡是當日刻贊處也下座每邊三馬相連各離尺許共置一座座面之石即與地平合縫有鐵錠連屬是石座無容書處乃游景叔云高宗又詔殷仲容另題馬贊於石座非也按先生嘗親至昭陵而伯魯復世居醴泉嘗兩登九嵕故知其言之不謬惟其石幾經兵火漸爲數段辛亥後始挽置省垣陳列所恣人觀覽於是

六駿始有拓本此爲家菊塢還京以贈覲侯者覲侯屬余爲之
跋因分書各贊其上並識其梗概如此俾觀者有所考證焉　宋氏海棠仙館文集

樊興碑　存文備錄　永徽元年

碑高七尺八寸廣三尺四寸三十一行行六十一字正書在三原縣

大唐故左監門大將軍襄城郡開國公樊府君碑銘并序　若夫軒弧登御威有截而開基嬀戚陳階格遠方而裁化是知器之攸假理無廢於五材國之所基業有階於七德皇家躍龍而啟千載翦鴻而清九野叱咤而會風雲抑揚而徙舟竄其有應衡球之象縱傑挺生延捧日之徵程材命世繫桑以申其略坐樹以挹其庸惟襄城公爲體之矣公諱興字積慶安陸人也將軍感燕取貴易濱之義舞陽讓楚終高嶽下之功學稼問仁瞰闕里而騰譽推田

刱契掩湖陽而劭美自時厥後支分派流昭被青緗可得而略也高祖口魏武陵太守曾祖叡魏員外散騎常侍巴州刺史新淦縣開國侯祖父實隨南陵太守並資忠爲德置言成範體三口而浹潤苞六象而揚暉口達從口口口口俗召父延於時諺任子悅於壯心父方皇朝金紫光祿大夫慶善宮監藏器處室戢景太玄偶出震之休期縻賓主之華秩公攀鱗口口奉靷口口霑口露於紫宸燭靈輝於黃道體仁而賈其勇由衷而講其信埒勁心於風草比貞節於霜筠言表身文慎樞機於自遠行成士則總枝葉於昌年超越女之工五枝豈傳其術高楚臣之藝七札本謝其能至於當敵制權臨機授律明其可否之算審其向背之宜聊取鑠金之口口踐蚩鋒之地義旗肇建乃授朝請大夫口班例也尋破西河授通議大夫又平霍邑加金紫光祿大夫特以戰功爵加勳級殊貸稠疊離用詳言既而刻定口口加左光祿大夫除左監門口將恩流口口口屬宸階嘉猷輔於紀明未佇司徒之表茂識逾於安世寄資博陸之賢未幾以功次除左監門將軍周口口侯折衝伊寄宮禁肅清簡在惟穆昆口口口尚結妖氛聽鳴鞞而載懷命寅車而戡罰以破薛舉勳授上柱國西華縣開國公賞物五百段楚斑爲貴躡昭口之大功漢誓斯永聯穎陰之茂爵劉武口口口肆水肆虐懷生公迺奉旌麾而電邁溺驂驪而風掃乃封襄城郡開國公賞物千段于時山川振蕩群醜虔劉口口歲駕預誅于紀王世充竇建德因茲口口口勳除十二轉迴授其子賜物二千段金世斤武德五年建德重茲完聚帶州斑亂於是長驅銳騎封豨滅妖加勳口轉賜物千段并奴婢牛馬劉黑闥跋口口口陳兵曠歲公克宣智勇殲厥奸渠以超輩之勳賚物六百段六年破徐員口

於徐兗厥功斯懋賞物千段口口口年手詔以公策名日久立効居多因口口口寅將八年獯狁犯塞大駭涇陽權烽夕舉胡塵曉望公推鋒轉鬬群凶折首九年以公夙昭勤劾給封四百戶口封國公貞觀六年破陵州群獠賞口六口口口口授左驍衛將軍坐公事削十一年還除右監門將軍望重禁闈誠深貞固驟掐縈晉亟踐便繁十五年扈從巡口口口授左衛驍衛大將軍領千騎十八年授雲麾將軍守左監門大將軍封襄城郡開國公食邑三千戶十九年鑾輿東指龔行遼隧公於定州奉令乘馹口口副梁口公宮城留守任寄之重莫或與京宸駕凱旋特蒙勞喻賜物三百段撿挍右武侯大將軍廿二年從幸玉華宮因而留守有頃乃嬰風疾勅道名醫就療賜告還京砭藥亟加朞月而愈廿三年除左監門大將軍屬宮車晏出縡謝晨移奉端闈而限赴望疑山而崩標從

而員茲彌痼惕景推辰有司以寢療逾時因而奏解爰降綸汗恩贍尤多給口閣祿賜國官府佐帳內一依見職并遺醫賫藥終始將療又降中使就第慰問賜絹百匹絡期介冑為禮孤標細柳之名鐵石居心獨擅下江之懿如何尺波行閱風駭龍驤之水一葉可悲霜凋馬陵之樹以永徽元年四月廿三日終于雍州長安縣懷遠里第春秋六十有三聖情念切惟舊傷悼者久之贈左武衛大將軍洪州都督江饒吉袁鄂虔撫八州諸軍事使持節洪州刺史賻絹布二百匹葬獻陵賜東園秘器喪事所須隨由資辦給儀仗去還謚曰思公禮也粵以其年歲次庚戌七月戊戌朔九日景午陪葬於獻陵惟公德符先覺利見在口立功立事威稜懾遠信義行於州里孝友著於家風喜愠不形寵辱惟一歌鐘繼發無累虛白之心軒蓋交陰詎隔濠梁之想踐三宮之奧先賓淫流之毒

獎萬夫之勇方投越水之醪宜其克壯風猷永綏多祜俄而丹烏迅景下晻山而靡息白馬奔濤口口口口口口口口口口口府兵曹參軍修義世子上騎都尉荊王府法曹參軍修武等下堂斯慎恭孝之道夙章趨庭有奉敦悅之風先備遽纏手澤之口口口口口口哀口口口縣遷垣窆相質思滕鼎之餘範懷景鐘之遺播翠琬勒其鴻規清芬垂而靡究其銘曰　叔世道消夷羊在牧乘時啟聖長鯨且暴瑞興口野祥口口口式寄爪牙口賁心腹其一山甫姬口口口口口口口口口口口彌祖考昭德騰華紼綺政體山地業甄河豕其二介福潛衍克昌厥嗣贊軌鷙賓承羈絕響口口口口口口聚米均聲沉沙比口其三口口口口口口口口口志如蘭堅心匪石家存衛劍門趨鄭驛藝優方簳道希函席其四得人斯盛多士維寧餝躬文口口口扃口鐘口銳括羽口貞功深口口口口口口口口口口口口口口口口口口口口貽釁泗水迴瀾武山頹仞九京可作百身靡悵麗龜轅枝飛龍罷引其六遠日告龎如疑式禮容車夙載嚴闕且啟烟景空濛風口口口口口口口口口口口口口口口雄而揮涕其七

此碑關中金石志及諸家金石書皆不載道光八年周貞木學使得之獻陵舁置使署字畫完好具褚薛規模可寶也二十三年六月錢唐沈兆霖記同觀者吳縣郭鳳

此碑本在三原縣獻陵道光八年周貞木學使移於學使署中字類褚薛唐初佳刻也樊興事附見新舊唐書劉文靜傳後所載官爵不若碑詳而興字積慶謚思公傳中未載得此可補其缺毛氏關中金石文字存逸考

武希玄墓誌銘 存文偏錄　永徽元年

石方一尺六寸二十七行行二十六字正書存右高劉氏

大唐故右勳衛宣城公武君墓誌　君諱希玄字敬道太原受陽人也祖稜皇朝司農卿封宣城縣開國公贈潭州都督匡國垂範忠武馳名父雅右衛鎧曹參軍輕車都尉襲爵宣城公清猷纂緒溫潤騰譽君含山水之秀氣挺松筠之勁節器宇閑密機神驚悟聳奇峯於九霄激清波於千里宮牆有仞喜愠無形爰自弱齡夙儀夙茂逮乎冠歲盛德斯治精金比質美玉齊映譽火日之外照猶水鏡之含光阮嗣宗之沈恬絕言臧否王夷甫之清潔罷談財利比德於君未為清遠加以敦詩說禮息史循文思風含臆言泉流吻雖歆固博通卿雲藻翰無以過也是以同門歸美若鸞鷟之先羽族齊志推高類芙蓉之映菱芡屬肅慎猖獗九都阻化太宗文皇帝躬行吊罰君名挂羽林之班位列金吾之後爪牙左右侍衛帷幄而醜類鴟張凶徒蟻聚乃攬繁弱接忘歸飛控揮鞭直突

而潰應弦而倒者鱗鱗相屬豈惟猿吟高木口落虛弓而已哉既而鑾輿凱旋躬親扈從櫛沐風雨跋涉山川福謙虛應嬰兹寢疾遂使奇功未立景業無聞曾不憖留梁摧奄及嗚呼哀哉以貞觀廿年三月廿三日終于幷州館舍春秋卅有三其年四月廿七日魂歸京第嗚呼哀哉陶潛之浮觴雞下叢菊送芳宋玉之息駕上宮幽蘭發調一朝零落生平已矣粤以永徽元年正月廿日窆於長安西南十里之平原叔父等恐天德之無徵痛音容之長絕悲緗竹之易朽銘金石以永流其詞曰　崇基蔚矣連華疊輝伊君挺秀載德靡違浴道遊藝依經息史直幹千尋澄源萬里虛襟水濬勁操松貞方金猶銑在玉斯瓊蠢兹肅慎負海猖獗帝赫斯怒親行吊罰廣選良家君應爪牙殄兹蜂蠆翦此鯨蚍方欣凱歌扈從旋蹕櫛風已弊沐雨成疾先秋委葉未露摧英驥足方騁羲車

遽傾寂寂空隴昏昏暮色黯日雖沉淒風距息痛殷幼胤慕切孤孀預虞陵谷刊石傳芳

漢太史公侍妾隨清娛墓志銘 佚 永徽二年 文見古誌石華

石高一尺三寸寬一尺二寸縱橫十五格正書

按誌褚登善撰文並書見於唐代叢書金石家皆未著錄惟古誌石華一見之殆以其恍惚離奇類於附會然明之徐起霖曾撿舊拓摹勒祠側跋以記之左懋第重新太史公廟碑文亦論說其事韓城縣志記載詳明是五百年前已嘖嘖在人口矣不得謂盡屬無稽惟原石久佚摹勒多訛剌同州有作判同州者趙之或作迎之僑居或作縞居姑並誌之存而不論可也

湯君妻傷氏墓誌銘 存 永徽二年 文備錄

石方一尺二寸十四行行十五字正書

大唐故荊州松資令湯府君妻傷氏墓誌銘并序　夫人姓傷氏諱大妃京兆鄠縣人也其先受氏於傷琳得姓於湯武父薄口隋懷遠公成州刺史夫人即刺史之長女也幼而貞潔少而明敏年纔二八聊口湯氏之門卷耳之行早聞昃定之文先注以永徽二年正月四日卒於禮泉里第春秋八十有二行路悲歎親識流淚即以其年正月十五日葬于長安縣嚴村之左乃爲銘曰　賢哉哲婦孝矣雖同長埋玉體永墜花紅孟母之本令姬之宗如何玄鳥喪此名龍

此石今藏渭南趙氏松資新唐書地理志作松滋屬荊州江陵府此誌作松資當係筆誤元和姓纂及王伯厚姓氏急就章均未見傷姓誌云受氏於傷琳未知其審 毛氏關中金石文字存逸攷

按傷氏卒於正月四日葬於本月十五日十日之間撰文正書

刻石本屬急就章也故文未敘其夫之歷官亦不言子女之有無云受氏於傷琳得姓於湯武既無可稽又混傷湯爲一字且昃定作昃定上下易位醴泉作禮泉以西爲示永徽作永徵以系爲亍無處不形其潦艸毛氏謂石藏渭南趙氏今聞轉徙揚州矣

襄邑王李神符碑 存 永徽二年 文備錄

碑高九尺六寸廣四尺六分三十行每行六十九字分書

口口口口口口口口口口口口口口口口口口口大口口上柱
口口口口口口口口口口口口口口口口口口口口口口口口
口口口口口口口口口口口口口口口口口口口口口口口口
口口口口口口口口口口口口口口口口口口口散旃兼重望
於親口口口口口家國者口口口襄邑王子口口口口口神符

隴西成紀人□皇帝之孫鄭孝王之□□□□文皇帝之從父今上之從祖也昔繞樞疏慶肇□□□貫月瞻神祠興□□□聖廣深之□□□□□□□可道非常之教亦葳蕤於周史景皇帝□□定霸珪瓚攸歸鄭孝王業盛經邦舟驥斯在若殷契之佐夏景亳終啟其祥□□□之□□鎬京乃□□祚浮天引派浚委咸池之源沸日疏柯遙拔若華□□□□□□聖□美積德垂裕辰象陶其粹氣山岳感其英靈抱義□仁轢神宮而峻趾騰文□武跨仙洲以鳴津雄姿□澈逸韻韶舉曲臺宣榭禮樂以成其德□宇緇林詩書以□□世□□□□□如□□之駕□□窺其隩秘煥若東山之府屬□都不守中京地歷毀櫝埏□□□□昭□□焚葬□□巨□於□□□水□□舟揚洪波於□海戰爭方始亂離云瘼□□□素靈□□□□隱而黃神吟王剗跡韜光待時藏器智周朝

續陝西通志稿【卷一百四十二　金石八　二十九】

野之際神恬宇宙之間□此□鱗□□□□而未□理□□□□扶搖而將舉我高祖太□皇帝撫歸運握□□□□□□□軒弧正傾維於地紐絺落搆於乾樞掩參郊而大誓望井域以長驅及四門□□□太尉翊義□之命萬邦作義司空膺□□之尊□以茂□用昭縟禮義寧元年封安善□□食邑二千戶□拜大府少卿俄而天地革運品物咸亨則大居□履端垂□黃初受命載隆禦□之□太始□元受降分封之册武德元年封襄邑郡王食三千戶餘如故轉雍州司馬展其驥足仰叶題輿屈此鴻材俯膺持板德□具舉寬猛兼濟朞月成化聲穀肅清于時文軌□□□□□□西羌煽禍□拒□城之□北狄稱兵時引龕□之寇天子聞鼙軫慮推轂□□將申橫野之功必在先朝之選乃以王為平道將軍出鎮岐州其年除□州諸軍事□州刺史□軒戒□□□□山□□□

建旟臨境翊夢渚之雄風照以秋陽流之冬愛坐棠所以垂訓伐枳於是興謠四年除并汾□遼太榆七州諸軍事并州總管以善政入為大府卿加右光祿大夫撿校兵部尚書大哉元氣制之者鼎臣赫矣天臺參之者國器六□膺務□座分司蜀劍駭其光芒鄭履騰其聲實固已道高損益勣彰出納者焉九年除使持節大都督楊潤常和楚方滁七州兼蘇越栝歙宣舒循泉九州都督諸軍事楊州刺史連率居綜□之禮獨坐受班條之任俗變偷生人無輕死義陽之牧□部感化臨邊□□之□□□恩謀□□貞觀元年入為將作大匠兼散□常侍□□徙□藻稅□華南郊陪乘貂璫紃美神居博敞無慙百郡之吏武庫縱橫自表一時之傑尋轉正卿餘官如故既而□神繫□探至賢於鳴謙□□□先遵炯誡於知止赤松可□紫艾非榮□□□□□□□□□之謂綸璽載

續陝西通志稿【卷一百四十二　金石八　三十】

嚴未允挂冠之志王事非飾讓備陳誠懇有感聖懷方□散秩乃加光祿大夫歲□朝請防□祿賜並□□□□□尊榮居惟爽塏門□□□□山水雲滿春菀登紫臺而肆目月□秋軒迥綺筵而命斝玳瑁恒滿玉樹□□陶陶然□□萬物之為細也聖上以至仁馭寓大明踐極丕承景歷率由舊章載□□□□□□□□之秩□□尊屬獨荷升輿之恩貞觀廿三年又下詔授開府儀同三司車同畫鹿服□□□居此達尊□其終吉□□□□就爵膺□言之大禮譏里鳴鑾奉□□□□□□夫肇夢□日成災遽切蒿亭之歌空祝表丘之壽以永徽二年五月薨於私第時年七十五惟王德□□善道邁中庸揭日月之鴻暉疏風雲之□氣澹乎川鏡凝然山□□□□□善華□□□陽賢哲必蹈功名之軌枕席丘墳不章句之業孝敬冥□地義為重友悌兼資天倫斯穆蘊奇□懷

遠圖詞軼□□□優擢骼分麾受律一劍非其□□□□□□□□
□□□□莅藩岳美政洽於萌謳入司元凱雅譽光於□□□□□
而取□深懼滿盈□□□而告老言退閑曠位□中□敬賢□□□
不渝□側下□□善之心彌□□□□□□吏□□□元自守居
榮待終所謂皇室之羽儀鼎門之□勝者矣而□□□虛牖瞻駟彰
而不□□□德門□龍光而遂遠悲夫以永徽二年歲次辛亥十
月庚寅□□□丁酉詔陪葬於獻陵贈司空使持節都督荆峽岳
朗四州諸軍事幷賜東園秘器儀仗送至墓所先是主上舉哀于
別次禮也子少府監柱國臨川縣□□□□州刺史廣川縣公義
範懷州刺史上柱國文暕等並擢秀藩枝自分華於棣屏㙺材邦
幹方演□於□□而□慕□情隨霜露而彌積庶先□懿範將日
月以□懸故庭美□□圖芳翠琬葬俾夫峯頹峴曲寄沉石以流

芳室毀縢城佇生金而表絢其詞曰　巖巖崇搆緜緜茂緒祥叶
壽丘祉光華渚地德攸薦慶臨斯佇天秩遂繁人英克舉其一　肇□
盤石□□維□□柱表□□萼標棠地□芃蔣□茂□平惟良紺
譽樂善馳聲其二　化俗垂範威邊作鎮惠政霜明德音雷震王府崇
搏紫□巖峻列岳□風括□疏潤其三　□私遂洽聖□□□緬維□
□□□□蔵□榮□玉□滿損□□風有勵雅俗攸欽其四　□□□
年猨巖譬曜軒蓋盈列歌鐘在御寒菊□香春華□□四美攸極
百□多豫其五　川鶩□□□□□曦□□□竹□□□□□□帶□
□□□□恩□□陳跡□歸崇規其六　□□園□通□神□□庭杳藹
松□蕪沒□木啼風□□思月琬字無昧金聲靡歇

此碑未經前人著錄當出三原獻陵今未詳所在矣神符新舊唐書皆有傳新唐書鄭孝王亮傳中所載官爵事跡多與碑合惟所歷官秩次序則碑詳於傳矣毛氏關中金石文字存逸攷

按李神符爲獻陵陪葬之一人豐碑大字矗立三原而從來金石家均未著錄惟毛氏金石文字存逸攷一見其名今特詳爲錄出其文茈雅可誦分書亦方整遒勁與宗聖觀相伯仲實唐刻之佳者惜磨泐過半矣

編纂渭南武樹善

續修陝西通志稿卷一百四十三

金石九

唐

蕭勝墓誌　佚文備錄 永徽二年　石方一尺三寸縱橫二十格褚遂良正書

大唐蜀王故西閤祭酒蕭公墓誌　公諱勝字玄寂東海蘭陵人梁中宗宣皇帝之孫太尉安平王周柱國巖之第十三子也豐谷雖雲騰三傑於星漢金陵王氣軼五馬於天枝爰自綺年已膺茅社封爲宜陽侯俄而青蓋云歸咸陽起布衣之歎家聲口隕高辛口口口口口口授散騎郎皇朝爲上輕車都尉蜀王西閤口口口口贊虛玄立操貞白學綜書府文藹詞林錙銖珪口脫落塵滓口物我於臨濠照空有於虛室龍宮之旨無以口口口口之口自

足符其想信圻岸之金碧爲羽毛之麟鳳然而過鳥忽驚悲鼠藤之何促隙駒忽謝怨鶴林之已空春秋七十有四永徽二年八月十五日遘疾薨于萬年縣之崇義里即以其年歲次辛亥八月壬戌朔廿二日甲申窆於萬年縣寧安鄉鳳栖之原嗚呼哀哉山可移兮日難繫海成田兮川而逝因賓口於窮泉振芳聲於來裔其詞曰　楚國琴響秦時故侯寂寥下位栖遲一丘情淵水月心汎遽舟持蓮淤盡援桂芳留人事超忽生涯浮脆溢露銷津翻霜霣蒂夕陰先下泉扃早閉長夜不追悠然來際　刺史褚遂良書

此石本出咸寧時人因其字似褚河南續刻刺史褚遂良書六字今原石久逸帖肆所有皆重模本也勝爲梁中宗宣皇帝之孫太尉蕭巖之十三子新唐書宰相世系表有巖無勝得此可補其缺　毛氏關中金石文字存逸考

慈恩寺聖教序　存文見王氏金石萃編 永徽四年　碑高六尺三寸廣三尺五分共二十一行行四十二字太宗製文褚遂良正書篆額今在西安府慈恩寺

此以序與記分刻二碑于慈恩寺塔下分東西兩龕置之風雨童牧俱不能及是以能久而不毀后署永徽四年書似不及同州本　趙氏石墨鐫華

聖教序今在西安府南六里慈恩寺塔下序記分兩石東西兩龕覆之序右行記左行序字差小記字差大蓋序書於永徽四年十月記書於十二月非一時故也按舊唐書公以永徽元年進封河南郡公尋坐事出爲同州刺史三年徵拜吏部尚書則此記乃是同州召還後所作其稱臣者郭胤伯言以御製文非奉勅書是也序以十月書銜稱中書令記以十二月書銜改稱尙書右僕射意其代張行成爲尙書右僕射在十月而史不及

詳也　曾雲麓跋

萬年宮銘　存見王氏金石萃編 永徽五年　碑連額高七尺一寸廣三尺一寸二十六行行三十七字至四十二不等高宗御製文并行書篆額萬年宮銘四字今存麟遊

略

碑陰　陰分兩截上二十行本勅見從文武三品以上並學士總自外官名於後於是長孫無忌令勳等建名者四十八人

萬年宮即九成宮改名高宗幸而銘之書之也行草視英公碑尤爲勁拔　石墨鐫華

右唐高宗自爲萬年宮碑宰相而下皆題名於其陰余覽此碑見長孫無忌褚遂良許敬宗李義甫同時列名未嘗不掩卷太息以爲善惡如水火決不可同器惟人主能辨小人而遠之然後君子道長而天下治若俱收并用則小人必得志小人得志

則君子必被其禍如無忌逐良是已然知人帝堯所難非所以責高宗也 趙氏金石錄

韓仲良碑 存 永徽六年 文見王氏金石萃編

碑高八尺五寸廣四尺二寸八分三十二行行六十字于志寧撰文王行滿正書額題大唐太子少保上柱國潁川定公之碑十五字篆書今在三原縣淡村

碑上半已漫滅可識者有云上柱國燕國公于志寧撰文門下錄事王行滿書公諱良字仲良云云按此碑碑首無姓碑文中書姓處已磨泐不可辨今碑中有獻子輔政云云當姓韓考唐書韓瑗傳父仲良終于刑部尚書秦州都督府長史今碑與傳合碑稱韓良字仲良或史以字爲名耳其世次與謚可以補史之闕又史稱仲良於武德初定律令碑中不載碑雖殘闕如載之似應約略可識今竟無之爲不可曉也 朱氏雍州金石記

呂夫人張氏墓誌 存 永徽六年 文見陶齋藏石記

石方一尺四寸縱橫二十四格正書

誌略云夫人諱須摩字善宿南陽人也祖任房州至成府果毅父任同州馮翊縣令年十六嬪於呂氏之門以永徽六年三月四日薨於長安義城里春秋八十有二即以其月倍葬于混明之所云云首題大唐文林郎夫人張氏墓誌不著夫家姓氏亦無書撰人名字體類蕭勝墓志光緒中長安出土

長孫澤墓誌銘 并序 佚 顯慶元年 文備錄

石方一尺五寸二十一行行二十二字正書

大唐故公子長孫白澤墓誌銘 公子諱澤字白澤雍州新豐人也啟胄蟬聯煥乎靑簡開基昭晰載炳緹油曾祖澄魏金紫光祿大夫散騎常侍義門郡開國公器識弘遠風局開濟淸貞秉志直亮居心祖愷隨上開府車騎將軍體鑒凝澈神情峻整道居人望德表時宗父敬道唐左親衛隊正雅性冲情高自封植不同臭味無混光塵公子雷氣德精稟靈卯宿道與之性表自髫年天授之才高乎綺歲九德咸舉百行是孚年甫二歲奄丁窮罰恭事人兄友于惟孝天倫之情既篤在原之美益章時稱千里之駒或謂連城之寶福虧於善夭秀摧華粤以貞觀九年九月五日遘疾卒於京師崇賢里第春秋一十有六以顯慶元年二月廿六日葬于萬年縣鳳栖之原禮也嗚呼哀哉惟子皎皎獨韻之委亭亭不群之操雅量難測牆刃罕窺痛矣終童嗟乎顏子傷其早逝未騁高衢以君方之異代同揆兄駙馬都尉榮降王姬貴連戚氏悲棣華之先落則痛結深衷念荆樹之分枝則長懷靡及爰雕翠琬永播芳猷乃爲銘曰 瑤棟初隆延堂肇構柯摧未秋景絕方晝此

焉可贖人百伊壽驚川不息馳暉無舍棄彼小年歸茲大夜照乘韜彩連城掩價悲纏壟首慘結雲端泉闥久夜夌戶長寒音容何在幽石徒刊

按此石光緒末年出土爲直隸孫少尉筱眉以番餅六枚購得之後爲有力者索去今未詳轉徙何處書法秀逸可愛唐之佳刻也誌中牆刃罕窺句應即用宮牆數仞語未寫人旁耳

化度寺僧海禪師方墳記 佚 顯慶二年 文備錄

大唐化度寺故僧海禪師年六十六俗姓劉綏州上縣人也永徽五年八月十一日卒禪衆以顯慶二年四月八日於信行禪師所起方墳焉

按此石久逸有重摹本年六十六作六十有六卒之下多一於字末行又題顯慶三年歲次二月二十五日癸巳建與雍州金

石記所載互有異同不得原本無從證是姑兩存之以備考云（毛氏關中金石文字存逸攷）

光明寺大德僧慧了法師銘（存 顯慶二年 諸見陸氏金石續編）

（縱廣二尺二寸十四行行二十四字正書下方左角缺三十餘字在西安府終南山百塔寺）

長安志云此石在百塔寺拜石齋帖賈胡氏云曾赴寺內椎拓唐碑此石尚存然磨泐太甚矣誌中仏卽佛字（毛氏關中金石文字存逸攷）

按此石嘉慶初出土金石家皆未著錄塔亦無存云於終南梗梓谷起塔則知與信行禪師塔相近（陸氏金石續編）

杜延基妻薛氏墓誌銘（存 顯慶三年 文編）

（石方一尺三寸二十三行行二十二字正書蓋題大唐太子左衛杜長史故妻薛氏墓誌銘十六字篆書）

大唐太子左衛杜長史故妻薛氏墓誌銘（并序）　夫人諱瑤華河東人也繇宗貴烈疊照榴紳之林勝躅殊聲冥冠高華之秀重光

惇史咸振眈謠近邈令芳可得而略曾祖冑大理卿刑部尚書內陽文公祖獻工部侍郎泉資定隴四州刺史贈洪州都督內陽穆公父元暇通事舍人朝散大夫行益州晉源令或材挺國楨或譽標時彥英明相繼璁珩代襲夫人誕靈鴻族育彩瓊田幼資神穎長而懿淑太子左衛長史上輕車都尉京兆杜延基藉望清華聲芳寓縣求我令德宜其室家夫人展禮惟勤蘋藻承夫思順終克諧於琴瑟義柔芳於懿戚溢惠譽於中閨藹藹嘉聲雜紅蘭而灑馥亭亭潔操鑒皓月以分暉既而朝露易侵慘沈痾之遽積隙光遄徙愴宵夢之俄空以顯慶二年十一月十二日遘疾卒時年廿六粤以三年歲躔戊午十一月一日己酉安措於少陵之南原想音容之未遐歎居諸之驟易感人神之方曠痛顯晦之悠隔嗟鳳去而聲銷悵鸞沈而影寂閔殊美於柔翰寄餘命於貞石其銘曰　烏奕高門蟬聯遐祉虹珪交暎文軒疊軌劾功垂德飛芳擅美照灼清猷紛綸緗史（其一）餘慶是鍾載誕淑靈溫儀粹行玉麗蘭馨動容中軌敷辭有經浹華邦族飫美閨庭（其二）始暉朝景行悲夜壑月掩娥沈星潛婺落露凋芳秀霜摧豔蕙潘悼已深荀傷可度（其三）靈軒夙駕素幌晨空霜塗咽泣曉挽鏘風幽扃杳藹寒野蒙籠千秋已矣蓄恨何窮（其四）

此石出咸甯縣杜曲文藻清麗字跡秀逎唐刻佳品也所載薛氏祖父官爵名諡均與新唐書宰相世系表合杜延基之名不見於史傳惟寶刻類編有杜延基所造心經總章元年立考總章元年上距顯慶三年只十一年爲時尚不甚遠則誌中所謂杜延基當卽其人又安厝之厝作措古字通用也（毛氏關中金石文字存逸考）

杜詢妻崔素墓誌銘（存 顯慶二年 文見陶齋藏石記）

（石高一尺九寸廣一尺五寸十九行行二十七字正書）

首題大唐薛王友行榮德縣丞杜君故妻博陵崔氏墓誌銘略云夫人諱素字瑤英博陵人也曾祖慎言工部侍郎祖儀雍州司戶參軍同州朝邑縣令父延朗左千牛衛將軍甘涼瓜沙四州刺史以永徽元年二月適薛王友行珍州榮眞縣丞杜詢顯慶二年三月十五日遘疾卒年二十四卽以其年七月廿七日安厝於耀州三原縣之北原云云

王居士磚塔銘（存 顯慶三年 銘見王氏金石萃編）

（石方廣二尺許縱橫各十七字上官靈芝製文敬客正書）

向在西安府城南百塔寺今爲墨客取去金石文字記云近出終南山梗梓谷中乃明末出諸土者出土時石已裂而爲三其

大唐王居士磚塔之銘上半截五行已無存矣其靈芝製文敬客書下半截五行又裂而爲四其礬求彼岸十一行又裂而爲二下截亡五十字此碑盛行於世摹臨翻刻者不下十餘處較之原碑不啻霄壤第碑裂而爲七又亡去百二十餘字僅存者其能久乎故記之以備考 朱氏雍州金石記

此石本出長安縣楩梓谷中後爲一郃陽帖賈攜去弟兄數人爭此石因碎爲七訟之官官納於庫今存其五在郃陽縣庫中其全文完好者重摹本也唐人墓誌塔銘書法秀逸以此爲最惜全石拓本不可多得矣五石中一石較大後刻蘇東坡七言絕句一首係行書 毛氏關中金石文字存逸考

按王居士名公篤信釋氏用浮屠之法沒後收骸起磚塔納誌石於其中王氏金石萃編以爲塼刻誤矣

馬處士墓誌銘 存 顯慶三年 文備錄

石方一尺五分 十八行行二十八字 正書

大唐馬處士墓誌　處士諱壽字長壽扶風人也高祖達梁荊州刺史曾祖賢周河南縣令祖方儀同勳衛校尉自趙城開國馬服分宗緬諸前典盛緒斯在暨紗帷垂範銅柱標勳鬱矣家聲播而無泯處士誕生華胄情疏俗務依藝遊仁邈焉高蹈博該墳典振蔚川之遺風立性無慍邁裴退之寬雅繁華始茂奄悴嚴霜福善無徵俄隨朝露春秋二十有七顯慶三年九月七日寢疾物故於京邑私第即以其月十八日葬京城南杜陵原之闕禮也二親哀纏觝犢痛碎明珠撫櫬摧懷倚門何望玄泉既啟黃腸巳裁勒斯貞石銘諸夜臺嗚呼哀哉乃爲詞曰　英明處士卓犖伊人智周於物德潤其身志希高尚心研典墳躭思靡怠流麥漂勳俄驚逝水遽逐遊魂卜襲云備儀葬實陳玉狗司夜金雞御晨一扃泉戶千載無春　顯慶三年九月十五日

皇甫文欽墓誌銘 佚 顯慶四年 文備錄

石方一尺四寸 十九行行十八字 正書 蓋題大唐故皇甫君墓誌銘九字 篆書

唐故吉州廬陵縣丞皇甫君墓誌銘幷序　君諱弘敬字文欽京兆杜陵人也微子以至德啟基宋段以功高命氏爰洎漢晉代有其人祖諱德隨任普州刺史懿範清規每懷冲虛之道安排壺偶不以毀譽形言父諱良隨任同州長史贊鳥旟於千里惠化周通展驥足於白城威風遐暢君名魯卯齒譽妙髫年處鄉閈以翔英入圓邕而驚韻釋褐齊王府執乘晨臨修竹御浮雲於碧枝晚映曲池蓼流水於翠微故得譽敷藩邸績簡文昌改授廬陵縣丞毓黎氓於江介方輔茲製錦冀百里以刑清忒彼鳴弦庶一同而教

肅與善茫昧遘疾彌留以顯慶四年十月十五日終於休祥坊之第春秋五十五其月三十日葬於龍首原隆安之里隣舂輟相悲玉水之禪泉行旅不哥鰹琭峯之落嶠勒銘玄石永樹芳徽其詞曰分珪疏德析壤貽明時殷朝彥代身人英譽流美徽豪滋馥遽閟黃壚宵窮朱穀輴迴美路口落堋門風柖淒暮景霜壠慘歸魂

董君夫人戴氏墓誌銘 存 顯慶四年 文備錄

石方一尺四寸 十六行行十七字 正書 蓋題大唐董君夫人戴氏誌銘九字 篆書

唐故朝請大夫董君夫人戴氏墓誌銘　夫人諱滿譙郡人也唯祖唯父高涉華庭乃戚乃親芳之帝里因官遷播流寓雍州既稱崇基蟬聯不絕亦其鴻源遠派濺日浮天不緒扶疏干雲蔽月夫人稟性溫柔娥春雲而等潤叙情貞潔將秋月以齊明豈謂嬰痾

纚猗奄從窀穸粤以顯慶四年歲次己未□月戊申朔廿五日壬申卒於長安縣弘安鄉嘉會坊私第春秋六十有二卽以其年四月丁未十四日庚申葬於城西龍首原上禮也將恐陵谷遷移餘芳莫傳刋於琬琰記其令德其詞曰　猗歟戴氏鴻源茂隆誕生令淑克繼家雄潤等雲澤貞方月融甯期恍忽不盡遐終一其隙駟難留尺波易擲豈悞忠貞奄從窀穸垧野冥冥泉宮寂寂顯晦斯殊徒追痛惜

按此石最近出土爲長安段氏購得書法摹仿登善亦唐刻之佳者惟其文既不叙戴氏三代亦不詳董君名字與履官且不及子息有無不可解

豆盧遜墓誌銘存　文見陸氏金石續編　顯慶四年

石方一尺八寸縱橫三十二格正書在咸甯縣

誌云窆於萬年縣少陵原案此石今爲三原北城李氏家藏字跡挺秀毛氏關中金石文字存逸考

豆盧遜墓誌題曰故駙馬都尉衛尉少卿息豆盧君遜無爵而以父爵統之可爲碑版起例陸氏金石續編

路詮墓誌銘存　顯慶六年

此誌近出咸甯文字均有可觀惜磨泐已甚惟其祖父官爵尚可辨認又誌云瑩於州府正寢春秋六十有三以顯慶六年二月□□□十九日甲申遷窆於萬年縣少陵原禮也此三十五字亦可辨其餘均類無字碑矣誌前題銜其姓適當缺處因誌中有漢啟元圖功參伏波之語係用漢書伏波將軍路博德事而路氏郡望實出平陽也因以新唐書宰相世系表考之詮之三代官爵均列路氏表中與鄙見恰合爲之一快故定爲路氏云毛氏關中金石文字存逸考

張周醜造像記存　文見陸氏金石續編　龍朔二年

石座高八尺廣二尺六寸四十一行行十字正書存扶風縣

此石刻名者二十四人名再見者四人三見者一人云十七人者指董浪苟以下稱佛弟子者是也皇帝皇字接寫脊作卷邪作耶菩作蓓並誤石在扶風縣關帝廟與法門寺相近關中金石記寰宇訪碑錄亦皆未載陸氏金石續編

同州聖教序存　文同前　龍朔三年

碑高九尺一寸五分廣四尺六寸二十九行行五十八字太宗御製序高宗御製序記褚遂良正書今在同州府

慈恩寺雁塔下褚書聖教序序記各爲一碑此碑有序無記亦無兩答敕末書大唐褚遂良書龍朔三年建公以顯慶二年徙桂州未幾貶愛州刺史歲餘卒則卒在顯慶三年時年六十有

三其爲同州刺史年纔五十餘耳先是高宗永徽元年公坐事出爲同州刺史四年九月復爲尚書僕射雁塔之刻固直其時若同州之刻乃在龍朔三年是時公去同州二十一年而距公之卒亦二年有餘蓋爾時梵筴西來朝野動色皆謂得未曾有競相傳寫公之所書自非一本留傳在同州後人重其書法之工與風節之峻故歿而猶刻之惟公已被竄逐故雁塔本結銜于序書中書令臣於記書右僕射上柱國河南郡開國公此僅書大唐褚某蓋官階削去刻者不敢仍其舊且此一行孫氏鐵斥爲拙滯蓋後人所增非公筆也公貶同州刺史何以書於倅廳尤不可解王氏世貞及孫氏謂雁塔同州皆屬重摹本此三碑曾親至其下拂拭而摩挲之石最堅雁塔更甚迄今光澤如鏡原刻無疑可以破耳食之謬王氏金石萃編

按同州以序記合刊一碑不似雁塔之序記各爲一碑較集右軍書少謝表與答勅耳而金石萃編謂爲有序無記亦無兩答勅殆誤於一碑而未詳讀其文爾

道因法師碑 存 龍朔三年 文見王氏金石萃編

碑高九尺四寸廣四尺一寸三十四行行七十二字李儼撰文歐陽通正書額題故大德法師碑今在西安府學碑林

蘭台父子齊名號大小歐陽然率更世傳數碑而蘭台止存一道因碑率更楷法源出古隸居唐楷第一而蘭台早孤購求父書不惜重資力學不倦作書每用批法蓋學其父也 庚子消夏記

此碑上書三菩薩名字與碑文大小略同審之亦通筆也前人並未著錄 畢氏關中金石記

濟度寺尼蕭法願墓誌銘 存 龍朔三年 文見王氏金石萃編

石方二尺三寸縱橫三十四字正書今在西安府學碑林

續陝西通志稿〈卷一百四十三 金石九〉　十一

按漢書諸侯王功臣外戚諸表玄孫之子即爲六世瑀爲梁武帝之玄孫而其女稱六葉孫蓋從漢表之例也瑀好浮屠法嘗請於太宗欲捨家爲桑門自度不能爲乃止而其女及女孫相繼出家於濟度寺蓋瑀之志也 錢氏潛研堂金石文跋尾

李文墓誌銘 存 麟德元年 文見王氏金石萃編

石高廣均二尺五分縱橫二十四格正書在同州府金塔寺

此銘不著書撰人名氏然文特瘦削語不煩而意足與王居士塼塔銘同疑亦是上官靈芝撰書法瘦勁得褚公筆意亦與塼塔銘同則知亦敬客所書二碑一在顯慶元年丙辰一在永徽二年辛亥相去不過五六年其時同其書又同則知的敬客書無疑特當時未嘗下欵而敬客書名不著故知之者尠耳 盧舟題跋

按塼塔銘明署顯慶三年十月十二日李文墓誌明署麟德元年十二月而盧舟跋謂顯慶元年永徽二年不知何據

越州都督于德芳碑 佚 麟德元年

于志甯撰文蘇季分書原在三原縣三家店

梁夫人成氏墓誌 佚 文備錄

石方一尺四寸縱橫十七格正書

大唐功曹參軍梁君故夫人成氏墓誌　夫人諱淑雍州渭南縣主簿第三女成肅公之後也原夫激瀾姬水架瑤瀣於崇宗分組漢京晰銀章於華棘曾祖璨隨任濟州東阿縣長祖貴唐任豳州永壽縣令咸以芳浹五陵飛雲柯以切漢聲雄百里曳花綬以交軒夫人承婺洛月誕魄巫雲溫淑凝懷幽嫻協操室善中積交百兩而妻高陽宮鏘外昭騰六行而嬪通德孰謂奄捐潘簟隨寶婺而沉星溘謝秦樓伴金娥而上月春秋廿有二以麟德元年十二

續陝西通志稿〈卷一百四十三 金石九〉　十二

月二日卒於隆政里嗚呼哀哉即以其月十一日殯於終南山梗梓谷之阿乃爲銘曰　賢條吐秀冕路楊聲三綱絢美四德凝貞嬪則凝闈閨序克明洚年不永頹日遽傾秦樓黯照口宇口形風催曉翣霧卷晨旌路口口野地沒泉扃斯今勒琰終古芳名

燕國公于志甯碑 存 乾封元年 文見王氏金石萃編

碑高九尺七寸廣四尺四寸四十五行行九十五字令狐德棻撰文子立政正書額題大唐故柱國燕國公于君之碑十二字篆書今在三原縣北五十里三家店

雍州金石記云在三原縣北五十里三家店關中金石記云在三原縣長坳鄉此碑在唐碑中結搆最小而楷法極爲精整 毛氏

楊智積墓誌銘 存 乾封二年 文備錄

關中金石文字存逸攷

石方二尺縱橫二十六格正書

大唐故上柱國咸陽府長上果毅楊君墓誌銘　君諱智積字仲
謀弘農華陰人也瑞禽旌祉戢翮馴箱祥魚表符奮鱗飛陛而乃
曜台雲閣敷燮理於炎行端揆禮闈播宰物於金鉉於是濬流景
福暉光本枝爰暨我尊貂蟬靡絕曾祖欽周任臭州刺史口寶輿
嗣惠政綏楊螢銷斂詠祖磨隨鷹揚宏謀遠略獨冠當時仁勇英
姿器光前代父神通居義府果毅大將軍商阿男幼而奇傑倜儻
逸群體道懷貞學該內外恥隋陸之無武嗤絳灌之無文運策崗
孫吳擊劍齊張項君素稟瓊津夙承蘭秀挺不羈於廿歲縱任俠
於髫年仁孝自天忠恪彌著績効克隆光斯顯職以功授上柱國
除咸陽府長上左果毅夫爪牙之寄實屬貞良警儆文梲信惟武
將委之以心膂寵之以榮斑執戟列含香之臣曳朱參紫綬之秩
但以豳趑闚騎蟻聚蜂屯水禱火耕鴟張鼠蹢公雄謀英略獨斷

如流九地九天若指諸掌以公果勇耄剾元戎前茅慮無中權後
勁有征無戰承響自清旋凱嶺南倏同諸葛身死王事抑類伏波
生入玉門遂乖定遠以龍朔二年五月廿二日薨於滕州道行軍
所春秋五十有一材官銜淚思旣痛之深仁兵士悲嗟荷單醪之
弘澤夫人程氏鶴翔杼表鸞翥毫端蘊四德以光時苞六行而範
物杏梁摧構奄弃遐齡桂樹圯枝馥銷長夜粤以乾封二年八月
十八日合葬於馮翊北臨高鄉之原父悼掌珠之匿景哀弄玉之
濟暉切太尉之深痛悲司徒之形義勒斯銘而表德播令質於冥
泉冀佳城之一啟希千載而揚徽迺爲銘曰　長河帶地高掌極
天誕茲靈秀挺此英賢奕代台鉉朝野羽儀令德遐備實惟帝師
於穆祖考工劍工書舞於華陛靜拆穹廬惟公克荷紹隆堂構內
侍禁闈外韜氛祲武陵沉影汧水亡魂身死王事流芳後昆厥父

追悼旌其淑貞風凄隴首月慘山扃刊茲玄石永播嘉聲
此誌近時出土同州府續志云在同州府此誌雖初唐人書而
沈著勁快猶有北朝遺意鋒穎如新可寶也毛氏關中金石文字存逸考
令狐熙碑存文見王氏金石萃編乾封二年
碑連額高一丈二尺六寸廣四尺六寸三十五行行七十八字子德棻撰文口秀正書額題隋故柱州總管武康郡公之碑十
二字篆書今在耀州西北四十里柳家原塋上
令狐德棻碑存文見王氏金石萃編年月泐
碑連額高一丈二尺廣四尺二寸十五行行七十七字□政正書額題大唐故金紫光祿大夫彭陽憲公之碑銘十六字篆書
今在耀州柳家原
案此碑約二千七百字存者不及八百字既無可攷姑附令狐
熙之後當是與熙碑同時立書碑者泐其姓僅存其名政字
張懷玉墓誌存文偏遺乾封三年

大唐故張君之銘　君諱對字懷玉南陽白水人也祖貴朝散大
大父素身有勳官潛居白屋惟君積善餘慶始驗無徵搆疾一口
遂殞私第粤以大唐乾封三年歲次戊辰正月乙酉朔十七日辛
丑春秋一十有七即以其月二十五日殯於龍門西平原禮也恐
陵谷遷變口口成田勒石泉扃傳芳永久
石高一尺二寸廣一尺十行行十二字正書
案右誌光緒間出土見存渭南趙氏
道安禪師塔記存文見王氏金石萃編總章三年
石高一尺七寸廣九寸八行行十二字正書今在西安府城南百塔寺
大唐故道安禪師塔記書法瘦勁可喜此等小碑甚夥以不著
書者姓氏爲可惜也朱氏雍州金石記
李孝同碑存文見王氏金石萃編咸亨元年

孝同者淮安靖王神通之子史但附名神通傳末碑亦磨泐可讀者才半中有云太宗爲秦公孝同隸焉承間啟王曰秦公瞻視非常功業又大雖非儲貳必膺寶歷靖王心然之云云此亦可爲先見矣撰文姓名已不可求書者據趙明誠爲諸葛思楨今亦磨蝕但其筆法虬健波拂處大類褚河南可寶也趙氏石墨鐫華

李府君夫人王氏墓誌銘 佚 咸亨元年

此誌本出咸寧今未詳所在矣方輿紀要引通釋云白鹿原在咸寧縣東二十里相傳周平王時有白鹿遊此因名誌中白鹿山即白鹿原也 毛氏關中金石文字存逸致

溫室洗浴衆僧經 存 咸亨二年

案此刻字徑一寸共六十行行二十三字首題佛說溫室洗浴衆僧經末署咸亨二年惟首三行完全餘行磨泐字體秀逸方整唐刻之佳者在邠州大佛寺古刹鄙遠從來金石家皆未著錄近日葉氏石室錄載之甚詳但所收刻甚夥止造像題名兩種茲錄文字整飭者其餘賸文殘字槪從删弃

集右軍書聖教序 存 咸亨三年 文見王氏金石萃編

碑高九尺四寸六分廣四尺二寸四分三十行行字數八十三至八十八不等太宗製文皇太子述記玄奘謝表答敕并心經弘福寺沙門懷仁集晉右將軍王羲之行書碑首橫列七佛像其下五寸今在府學碑林

自唐以來士林甚重此碑非直興福寺隆闡法師等碑爲顯效其體即李北海張司直蘇武功亦皆從此奪胎自有院體之目於是光燄遂殺以故宋元以來黃米諸巨手皆弗道及獨宣和書譜黃長睿始爲此吐氣耳至有明宏正間士大夫始復重此碑購求一紙往往傾囊倒篋以爲難得雖已斷者購之猶數十金蓋至於今二百餘年而聖教石刻遂至斷闕剝蝕幾於無字可尋矣 竹雲題跋

玄奘以貞觀元年遊西域十八年始得還國經典六百五十七部奉敕於宏福寺翻譯玄奘表求御製經序凡再請乃許焉二十二年序成命宏文館學士上官儀於明月殿對群僚讀之玄奘奉啟陳謝賜敕褒答已而皇太子復爲撰記玄奘啟謝東宮亦賜教答褚王所書惟序與記耳此復附以答敕及教并心經於後蓋右軍眞跡世不多有而集古人書愈多則愈難此懷仁之以多自誇也舊唐書玄奘傳顯慶元年高宗令左僕射于志寧侍中許敬宗中書令來濟李義府杜正倫黃門侍郎薛元超等共潤色玄奘所定之經國子博士范義頵太子洗馬郭瑜宏文館學士高若思等助加翻譯此碑列潤色諸臣名獨無杜正倫不知何故也 錢氏潛研堂金石文跋尾

何處士墓誌銘 存 咸亨元年 文備錄

石方一尺六寸縱橫二十二格正書

大唐故何處士墓誌銘 并序

君諱禕字元慶楚國廬江人也若乃黃星表慶仙臺懋其成績玄石開符玉署光其粹範昌源九派曾構百常必復箕裘之資實標冠冕之望曾祖休嗣隨振武將軍汝南郡守祖死畏滕王府諮議參軍事東郡但風聲流別扇西園明月色泛仙豪父愻文林郎毓性煙霞隱居朝夕非有土牛之滯將祈木雁之間君鳳穴來儀驪泉薦寶長河千里喬松百仞思口玄壯夙成無悶之姿心會虛舟已得自然之性出處齊致賓實兩捐門植五株逕開三徑仲長林沼符隱士之嬉遊叔夜琴樽狎幽人之賞託豈期聲喧鬪蟻影泛懸蛇與夕景而俱沉隨夜舟而遂

往以大唐咸亨三年歲次壬申庚寅朔七月十八日丁未終於長安義寧里之私第春秋四十有七即以其年八月巳未十四日壬申遷厝於雍州明堂縣畢原禮也平原超忽幽隧蒼茫轉愁雲於素蓋振悲風於白楊佳城未曉厚夜何長庶金石之永固紀蘭蕙之餘芳其銘云　翺鶚華甸疏龍與壤山水多奇風雲異賞英靈疊藹琳瑯振響道光殷築才高魏綱猗歟君子早承門慶霜動情鋒日華心鏡獨梁可涉虛舟靡競盛德不羈曾芬遠映是非顯晦出處朝市稽康竹林蒙庄秋水上德無門達人知止自狎芝蘭無言桃李昔聞愴別猶傷岐路況此言離長捐丘墓風銷華燭日晞仙露滕室不開昊天誰訴

裴可久墓誌銘

咸亨四年　佚　文備錄

石方一尺一寸十四行行十五字正書

大唐故左親衛裴君墓誌銘 并序　君諱可久字貞遠河東聞喜人也祖勣衛尉少卿邢州刺史襲城公父居業梁州都督府司馬君擅美藍田虹光絢彩標奇渥水龍友早彥見賞通人知名先達選補國子生俄轉左親衛既而魂驚大夢運迫小年夏首西浮徒切思歸之望邯戰北走永絕平生之遊咸亨三年七月廿八日遘疾終於襄陽春秋廿五粵以四年歲次癸酉二月丁巳朔廿九日乙酉窆於京兆之朱坂其銘曰　卿相舊門公侯子孫荷戈運否離經道存佳城俄寂夜臺寧曉獨有仙禽空遊華表

此誌同治時出於咸寧今未詳所在矣可久爲東眷裴氏其祖父之名均見新唐書宰相世系表惟表作裴熙勣誌作裴勣爲小異耳誌云窆於京兆之朱坂案咸寧縣南鄉金霽霆有朱坂村或曰漢丞相朱博故里未知即朱坂否　毛氏關中金石文字存逸考

朱遠墓誌

咸亨四年　存　文備錄

石高二尺三寸廣二尺二寸二十四行行二十五字正書

大唐故道王府典軍朱公墓誌 并序　公諱遠字元通若夫峙茂族於陽陵聲高俠窟植華宗於沛國業峻儒宗是以貞宣易名勝士林而結藹文忠考行振家葉而連芳代襲珪璋門傳紱冕曾祖廣鎮軍大將軍神窮豹略藝洽隼墉恢七校之宏謨闡三門之秘術祖緯齊洺州長史升榮展驥底績効於康庄奉職題輿令問顯於華轂父寬隨嵐州司馬卷舒人野之際隱不違親逍遙得喪之間貞不絕俗公騰暉驥浦風標千里之姿濯耀驪宮早發十城之價禮而後動苞五本而潤身謙以自居蘊四美而光德暨乎解巾捧檄挹投翰之雄圖攬轡升車篋調蟲之小技俄而擢拜絳州同鄉果毅趙冠耀首越劍文腰神交黃石之符訓洽青巾之侶固巳

望華蘭錡聲重羽林三臺推殉國之功六郡掩干城之興於是皇枝列壤賚武略以恢藩帝葉分珪佇戎昭而肅邸遂轉公爲道王府典軍風驚楚澤時陪鴈沼之遊月上梁園屢奉猿巖之宴既而光衰蒲柳景謝桑榆固申匪石之祈頻展揮金之樂萬里封侯之願終屈志於風雲百齡遷窆之期遽纏悲於霜露以咸亨三年九月廿五日卒於大賢里之私第春秋七十有五即以四年二月廿八日遷葬於咸陽之原禮也長扃萬古終寂寞於滕公永託九原空流漣於隨會嗣子護任三原縣天齊府左果毅哀纏霜岵欷結風枝撫松劍而無追瞻楹書而靡託敬刊沉石永播芳聲其銘曰　慶發指河祥開鑑日譽宣蘭檻威橫石室猗人誕命荷茲隆吉逸志謌纓壯心投筆策名羽林委質珙邃飲石餘勇揮金暮年光賢[illegible]影謝蒿泉山悲夜月隴思寒烟　咸亨四年二月廿八日

按此誌未詳所在因其葬地在咸陽故屬之咸陽云爾道王名元慶高祖子見新唐書高祖諸子傳絳州同鄉府之同新唐書地理志作桐蓋音同字異也天齊府亦見三原縣齊士員造像記毛氏關中金石文字存逸考

按誌中䋣冕作紱冕雕蟲作調蟲蒲柳作捕柳玳筵作珴筵末又特書咸亨四年八月廿八日均爲他誌所無

韓寶才墓誌銘存　文見黃氏古誌石華　咸亨四年

石方一尺二寸十二行行十三字正書

今在西安府學碑林案此石尺寸甚小字迹亦頗挺秀原石恐爲人攜去今所存疑贋本也俟與方家共證之毛氏關中金石文字存逸考

劉守忠墓誌銘存　文見陶齋藏石記　咸亨五年

石方一尺八寸二十二行行二十三字第十五行二十四字正書

誌略云君諱守忠字高節楚國彭城人也曾祖和秀映嵇林彩韜潘璧祖延隋西平郡化隆縣令父捧杞王府記室君以咸亨五年七月廿一日遘疾終于崇仁里第春秋卅即以其年歲次甲戌八月壬寅朔十三日庚寅遷窆於高陽原子元良志誠云云此石今藏渭南趙氏攷通鑑目錄唐高宗咸亨四年歲次癸酉上元元年歲次甲戌高宗紀上元元年八月壬辰始改元此誌刻於改元前三日故仍用咸亨之號此誌書法秀勁頗似歐褚惜磨泐矣若得精拓本則丰神韻致尚可十得八九焉毛氏關中金石文字存逸考

按此石光緒二十八年歸於陶齋

王君夫人柏氏墓誌銘存　文見陶齋藏石記　上元二年

石高一尺四寸三分廣一尺四寸二十一行行二十二字正書

誌畧云夫人雍州乾封人也曾祖等並抽芒星緯毓慶雲枝父義通任秦州上邽令夫人則柏明府第三女也以上元元年歲次甲戌八月戊寅朔廿二日己亥寢疾終於醴泉里第春秋七十有一即以其年八月廿九日權殯於長安城西一十五里高烽原禮也子安仁等云云　此石原藏渭南趙氏書法清婉得歐褚遺意唐之佳刻也又有重模本則遜原刻遠甚矣誌云夫人雍州乾封人新唐書地理志總章元年析長安縣地置乾封縣長安二年省此誌作於上元元年在總章之後長安之前故有乾封之號毛氏關中金石文字存逸考

按此石光緒二十八年歸於陶齋惟藏石記以此誌屬於肅宗之上元其跋尾云唐書地理志長安縣總章元年析置乾封縣長安二年省夫人卒於上元元年此雍州及乾封之名皆已省改若瀾夫人生時之州縣書之則於文章之例似有未合是第知肅宗有上元之號不知高宗已有上元之號陶齋豈未之深考耶

秦皇觀基浮圖銘佚　文見李伯藝所撰華嶽志　上元二年

金石文字記云此當在華山西峯而今不得其處基字不諱而文有匈奴□獵關塞□清越裳奉贄風塵不驚知其爲前上元也毛氏關中金石文字存逸考

馬君夫人令狐氏墓誌存　文見陶齋藏石記　儀鳳二年

按誌刻於甎方一尺一寸首題右金吾將馬君夫人燉煌令狐氏墓誌略云夫人其先出自周文王子畢公之苗裔也其後晋侯賜邑令狐因以命氏王莽篡漢將軍邁匡復漢室爲莽見敗子孫避難燉煌因爲燉煌人曾祖文軌汾州長史祖思拯利州

嘉川令父同祇蘭州金城令春秋十九歸于馬氏以上元二年七月廿二日終於私第春秋五十有子二人曰文質曰文贍以元年建子月廿一日措於岐山陽口鄉三時原禮也攷誌中元年當屬儀鳳元年即上元二年之次年建子月十一月也三時原當即三時原之訛

陀羅尼經幢 存 正書 儀鳳三年

涇陽縣志云在縣屬石莊村大道邊字跡模糊 毛氏關中金石 文字存逸考

同官縣武定村造阿彌四面像銘 存 文見王氏金石萃編 儀鳳三年

今在同官縣張懷志無書名而書法流麗可玩舊拓本有儀鳳三年字新拓則無蓋下截已爲人鑿去數字矣 毛氏關中金石 文字存逸考

亡宮六品墓誌銘 佚 文見毛氏關中金石 儀鳳元年 文字存逸考

按此石原出長安今久逸矣誌銘共一百七字綺麗簡明的是

唐初文字

管眞墓誌 存 文編錄 調露元年 石高七寸五分寬七寸八分八行行九字正書

大口口口口都督上柱國口口郡開國公孫管眞墓誌　諱眞城陽人也顯慶四年八月廿日終于私第春秋卌有二以調露元年十月十四日收骨於鵶鳴埠禪師林左起塔

按此石除首行題銜外僅四十五字云諱眞某處人終于某日某處年若干於是收骨於鵶鳴埠誌之最簡略者惟題銜曰孫管眞誌曰諱眞有異鵶同鴉此石本出長安今久逸矣 毛氏關中金石 文字存逸考

按此誌云諱眞則眞其名管其姓也誌內未敘勳官則無位可知而題銜云都督上柱國開國公是追述其祖之官爵以書閥閱也與皇第五孫女墓誌暨豆盧遜誌題駙馬都尉息張安安誌題上柱國張君第五息同一例毛氏泥於孫姓以諱眞爲疑殆未達此例耳此石後歸陶齋

張仁墓誌 存 文編錄 調露元年 石方二尺三寸縱橫二十五格正書

大唐故辰州辰溪縣令張君墓誌 并序　君諱仁字義實南陽西鄂人也粵若祥禽翊景襄城參問道之遊瑞獸披圖天嶠薦圯橋之册博通群籍對亡書於鼎川識洞幽微辯蓴神於璜浦曾祖嵩隋貝州清河縣令祖生沙州錄事參軍父寬稟性淸虛不希榮祿無爲戰勝賦潘岳之閑居空觀坐忘詠嗣崇之襟抱遂使揚雄寂寞不謝卿相之尊梁竦淸高恥從州縣之職惟君傳鈎襲慶落印開祥龍節孤標韵黃鐘於嶰谷鳳條危聳韞白雪於朝陽隱隱詞

峯滔滔學海孔仞成半丘之士黃陂爲尺䆊之口爰自弱齡光茲筮仕解褐任太倉丞秩滿遷辰州辰溪縣令涵牛大鼎烹小鮮於一同舞鶴靑琴播絃歌於三善冰壺湛照水鏡凝淸戒三惑於機前銘四知於座右日者南中逆節徼外虧恩聚餘蘖於牂牁照朗燧於苞滿以君文武兼備奉律龔行師不踰時殄茲兇醜是用授公上護軍持節優錫然則縡灌英謀下車敷撫字之術蒲密佳政揚麾立禦侮之功兼而有之實惟君矣鴻漸于陸希參鶴鼎之榮鯨波不留遽兆夢鷄之釁以儀鳳二年八月十日春秋六十有二卒于辰州辰溪縣官第以調露元年十月廿三日葬于高陽原惟君忠孝稟天仁義成性芳留桂岳澤潤蘭泉滑稽口口之口藻績卿雲之筆既而靑蘋塵鍔白玉淪光勒芳徽於玄壤將地久兮天長其詞曰　孕靈軒系命氏星弓珠胎產月玉浦暉虹龍生瑞渥

鳳下猗桐彼美之子實代之雄誕秀公族毓粹卿宗迺文迺武出
孝入忠丹青國化幹蠱門風敦詩復禮善始令終捕密淸政仁洽
道豐宋縟春秀鑒明秋沚學擯乖帷才優閱市文峯千仞詞瀾萬
里繁露蛟申談玄鳳峙南鄉金玉西巖杞梓日薄崦岫波驚地紀
與善無實夢祓斯口風結松郊雲愁隴趾鏤芳徽於泉戶庶無昧
於年祀

此石今在關中書院字跡秀逸文亦駢儷可誦唐初佳刻也長
安縣志圖高陽原在城西焉 毛氏關中金石文字存逸考

王君夫人祿氏墓誌 存 文見陶齋藏石記 永隆二年

石方一尺八寸十五行行十六字正書

誌略云夫人學以永隆元年十一月廿七日卒於崇賢之里春
秋七十有七即以永隆二年二月九日合葬于京城南洪固鄉

界堂曲 此石今藏渭南趙氏祿姓不多見今秦中猶有此姓
毛氏關中金石文字存逸考

按此石光緒二十八年爲陶齋攜去誌中夫人之諱空格他誌
往往有之孤子之名亦空格則所罕見殆撰者或不知其名而
書者亦未塡其名耳痌瘵作痌瘵謬甚

王文義墓誌銘 存 文備錄 永隆二年

大唐故雲騎尉王府君墓誌銘并序　君諱文義京兆萬年人也
惟君稟質忠純性苞和淑溫柔表德毓志貞廉不以金玉居懷每
以崇淸在意豈謂善人徒喪遽奄風燈粤以永隆二年歲次辛巳
正月口口朔十六日口口卒於本第崇賢之里春秋五十有四即
以其年二月六日葬於城西龍首之原禮也孤子奴子等痛深風
樹恨切心脾懼陵海變遷式旌立礎嗚呼哀哉迺爲銘曰　歎口
純忠奄遘朝露嗟乎淑哲遽催口素其一　猗歟大暮喪此淸廉德音
無朽英靈靡瞻其二

強三娘造心經 佚 永隆二年

石高一尺六寸廣一尺二寸正面造像陰刻多心經並記十七行行十字正書在乾州阡道鎭中亘寺

隨唐石刻拾遺云在乾州中亘寺道光己酉歲先大夫權乾州
篆鳳枝隨侍於州署土地祠訪得此石其陽爲造像其陰刻心
經小楷極秀逸拓得數十紙藏於篋笥以貽同好至今三十餘
年矣光緒中即墨周楙臣刺史權州篆補修志乘鳳枝告以此
石可補入金石志中據云已不知所在而刺史所得令長新誌
又前人所未見然則金石刻隱見不常惟載之傳記可以經久
則鳳枝是書之作其可已乎 毛氏關中金石文字存逸考

按此石黃氏隋唐石刻拾遺作強三娘與毛氏正同而陸氏金

石續編目爲張三娘當以其子張万基之故然此等稱謂從毋
家姓者居多惟原石久佚拓片強字右邊已泐無從徵實第黃
氏毛氏之書成於陝西均親見此石當不致誤存俟再考

法樂法師墓誌銘 存 文見陶齋藏石記

石方一尺五寸縱橫十九格正書

誌略云法師諱法樂俗姓蕭氏蘭陵人也梁武皇帝之五代孫
高祖昭明皇帝曾祖宣皇帝祖孝明皇帝父瓛梁新安王隨金
紫光祿大夫行內史侍郎皇朝中書令左僕射特進太子太保
上柱國宋國公贈司空法師則太保之長女也以咸亨三年九
月十九日遷化於蒲州相好之伽藍春秋七十有四權殯於河
東以永隆二年歲次辛巳三月庚午朔廿三日辛卯歸窆于雍
州明堂縣義川鄉南原禮也　此石今藏渭南趙氏法師蕭

瑀之女瑀好佛法故其女多出家爲尼法燈誌中所謂姊弟四人同出三界是也誌中所謂昭明皇帝即昭明太子統宣皇帝蕭詧也孝明皇帝蕭巋也瑀在梁朝封新安王後歷事隋朝誌中載瑀官爵多與唐書本傳合 毛氏關中金石文字存逸考

按此石光緒二十八年歸於陶齋

法燈法師墓誌銘 永隆二年 文備錄

石高一尺二寸廣一尺一寸五分 二十行行十九字正書

大唐濟度寺故比丘尼法燈法師墓誌銘 并序

法師諱法燈俗姓蕭氏蘭陵人也梁武皇帝之五代孫高祖昭明皇帝曾祖宣皇帝祖孝明皇帝父瑀梁新安王隋金紫光祿大夫行內史侍郎皇朝中書令尚書左右僕射特進太子太保上柱國宋國公贈司空崇基茂祉國史家諜詳焉法師即太保第五女也年甫二八修行

四諦膏澤無施鉛華靡飾精誠懇至慕雙樹之高蹤童子出家殊柏舟之自誓具誡無闕傳燈不盡姊弟四人同出三界花台演妙疑開堂棣之林成芎至口還如十方之號豈口口輪纔轉道器先摧以總章二年十月五日遷口於蒲州相好寺春秋卌有九權殯于河東縣境口永隆二年歲次辛口三月庚午朔廿三日辛卯歸窆於雍州明堂縣義川鄉南原禮也恐陵谷貿遷田海變易式題貞礎用紀芳猷乃爲銘曰　丞相輔漢司徒佐唐功格天下奄有大梁腎茲令淑爰墓武皇家風靡替法侶成行慈雲比影慧矩傳光中枝犯雪小菜摧霜未登下壽忽往西口一超慾界千載餘芳

此誌與其姊法樂法師誌均出咸寧法樂誌今歸渭南趙氏此誌未詳所在 毛氏關中金石文字存逸考

楊君妻韋氏墓誌銘 永隆二年 文備錄

石方二尺縱橫二十一格正書

大唐故幽州范陽縣令楊府君夫人韋氏墓誌銘

夫人諱擅特字毗耶黎京兆杜陵人也神樂華實總陸海之紛敷巨派靈長控八川之泱漭珠光集乘巳聞賢之談金氣衝籲實重聖人之道貂蟬之美相繼蘭菊之芬不絕夫人魏太尉鄖襄公之曾孫周內史河南公之孫隨倚衣奉口舒國公之第二女體少陰之精苞太和之靈佩張蔵以自勗擁曹誡以飛聲神彩凝然英姿獨茂庭前白雪得飛絮之奇情琴裏清風知絕絃之不調年甫十五歸于隨倘書左丞國子祭酒弘農楊汪第五子幽州范陽縣令政本河魴之美乘龍之慶休祉冠於二門榮耀覃于九族足不妄動用遵珩珮之聲口無擇言必叶詩書之味然而四節口邁百齡飄忽如賓之敬不居遠客之遊斯盡卌有幾即喪所天惸惸獨處哀哀長疚撫

口口而歎息望閶闔而洞開仙草十洲反魂之語徒說庭梧半死餘生之望幾何粤以永隆二年八月一日終於永寧里春秋七十有四即以其月十八日窆於雍州明堂縣義口鄉禮也恐雙龍有會將申共穴之儀驅馬長鳴無復佳城之記式鐫金石用播蘭荃其銘曰　英英之秀灼灼其芳家承鐘鼎德潤珪璋女儀閑淑母範妍詳地宜六氣天迴二光龍孤劍沒鶴寡琴亡長終帷縞永絕穹蒼餘生可見奄逐徂光薤音悽吶松路虛涼勒金聲與玉質固地久而天長

此石同治時出於咸寧今未詳所在矣 毛氏關中金石文字存逸考

按此誌字甚小而瘦勁亦唐刻之佳者惟珠光集乘巳聞賢之談二句有脫字

李才仁墓誌銘 永淳元年 文備錄

大唐故正議大夫李府君墓誌銘 并序 石方二尺一寸二十行行十九字正書中破爲二在渭南趙氏　君字聞禮諱才仁隴西天水郡人也曾祖字啟諱開周儀同三司直閤將軍祖字信諱僧隨任散騎常侍車騎將軍父字宏諱壯皇朝銀青光祿大夫君字聞禮諱才仁皇朝正議大夫夫其泉源濬發弈葉重暉委質策名咸編武帳公以幼少之日乃逢隨季口離成立之年遂屬經綸之始公明謀略應接義旗蒙授正議大夫戎昭果毅唯公鑒識玄遠博達古今榮利不趨知止不怠口敷五教口口遞來恂恂如也豈唯司寇彈琴口酒非獨稽生履俗行口歸心內典口口口期餘慶庶壽遐年搆疾不痊俄歸蒿里公春秋八十有三永淳元年六月廿六日終于乾封縣待賢坊之私第即以其年七月十八日葬于高陽之原禮也白楊蕭索青松森聳薤露朝晞槿華夕拱桑田易變帶礪難憑故勒斯銘沈之玄室嗚呼哀哉乃爲銘曰　逝川東注白日西流死生有命奄忽移舟墳塋將啟驂馬踟轉丹旐前曳青骸後遊人生到此天道寧周長歸蒿永別城樓

續陝西通志稿　卷一百四十三　金石九　二十七

按此誌於李君三代並述字諱且先字後諱又一例而李君諱字前後兩書未免重複乾封即長安縣地新唐書地理志總章元年析長安縣置乾封縣銘內長歸句脫一字

張懿墓誌銘 存 永淳二年 文見陶齋藏石記 石高一尺六寸廣一尺五寸三分十六行行二十七字正書

此石今藏渭南趙氏案永淳二年即宏道元年也考新唐書高宗本紀宏道元年十二月方改元此誌作於二月故仍用永淳之號 毛氏關中金石文字存逸考

案此誌清光緒二十八年爲陶齋攜去誌中堂堂張也四偶句脫二字觀國觀光四句多一字銘內猷永漸句脫一字且錯字絡繹亦未叙孤子何名殊非佳品故略其文

亡宮九品墓誌銘 存 永淳二年 文編錄 石方一尺五分十行行十二字正書

亡宮者不直何許人也爰自良家入陪天闈專一成性淑慎居心夙夜在今小星之輝方耀春秋非我大年之數先窮卒於宮所即以其年九月六日葬於城西禮也春秋七十五司存有忝乃作銘曰　彗星騰彩朝日揚輝既登秋舞式待坤闈蘭風載穆薤露旋賓賓厚夜有去無歸

按此等例行事件當之者漫不經心文詞清麗簡明字亦秀逸可觀而薤露旋句竟脫一字亦太草草矣

述聖記 存 文明元年 文見王氏金石萃編

續陝西通志稿　卷一百四十三　金石九　二十八

碑僅上截廣七尺六寸四十六行武后撰文中宗正書

碑立乾陵今倒仆折爲數段止存兩段耳據金石錄武后製文中宗書字法遒健深得歐虞遺意非中唐以後所辦也 趙氏石墨鐫華

高宗乾陵有述聖記石來自于闐填以金屑照耀陵園後仆斷爲數段萬歷間趙子函見其兩段予登陵不見此石矣 來齋金石刻考

畧

孫義普墓誌銘 佚 文明元年 文編錄 石方一尺八寸縱橫二十六格正書

唐故魏州昌樂縣令孫君墓誌銘 并序　君諱義普字智周樂安人也受命作周懿親分衛肥泉自遠瓜瓞攸興儒術著聞卿有聲於霸楚兵法修列武流稱於強吳興公之藻思文河安國之屬詞史筆並播之謠俗傳諸好事曾祖信魏拜露門博士武闈訓胄槐

市說經玉柄增輝璧池逾濬祖進周晉州長史魏州刺史題輿學
壞露冕雄州譽重沂歌愛深竝竹父乾隋鄜城陳倉二縣令紘桐
表逸綰墨凝威卓令恥其移蝗成人媿其冠范君積基三襲騰芳
八桂參玄蘊睿辯日飛英涯岸自高波瀾莫究以明經擢第釋褐
魏州昌樂縣令導德齊禮今古攸難君顧水火以銘懷佩韋弦而
取誡疲人有恥獷俗知方子承景至孝有聞高材緝譽情深色養
有懷捧檄上元之歲從宦河東奉以之官權申溫凊而徂春不駐
靖樹難追粵以二年正月二日終于官舍春秋九十有三夫人李
氏言容著美琴瑟克諧逝先風露奄同泉壤君雅道絕倫貞風邁
俗潁川英傑許以黃中譙國俊賢方之白起重以虛舟在已仁心
拯物妙達玄言歸心釋教爰自弱冠洎乎華髮飲食葷辛嗜慾咸
遺每行般舟道常誦法華經未終之前若有神應恒詠薛開府詩

云昨夜巫山峽流淚滿征衣今赴長安道含哭逐春歸詞氣淒婉
左右傷惻自是數日而終嗟乎知命不憂託文見義君嘗以爲次
房交夢近乎懷土之心卞壺言留幾乎達人之智故趙文子之擇
地楊王孫之不襲其得意哉承景今任雍州高陵縣尉聿遵先旨
改窆之京畿𨚗以文明元年五月廿一日卜葬於高陵縣之西南樂
安鄉之偶原禮也爾其東界黃河遙臨晉邑西郊黑水近帶秦坰
前望終南得夏公之寶氣却居渭北枕尚父之璜津是知黃壤四
隅白楸三衽延陵魂魄無所不之丘也東西焉能不識嗟厚穸之
難曉歎陰溝之永閟託玄石以披文庶清徽之不墜其詞曰　郊
葦載頌淇竹傳詩愍哉長發邈矣丕基卿傳儒雅武善兵師家承
簪紱業懋基茲於鑠通賢惟材之秀禮義韁鎖人倫領袖環堵業
殫金籯學富從政之道德音以茂製錦非學努絲易理潘詠自輕
游紘知恥脫屣城邑披襟田里傲睨風雲徘徊林汜夜壑舟徙悲
泉景奧闕蟻翻聲巢鶩駛翼萬化斯盡九冥誰測亹亹淸風冷冷
不息

此石本出高陵今未詳所在矣誌云義普之曾祖信魏拜露門
博士蓋西魏時也北周書沈重傳有露門博士蓋西魏所置而
北周沿其舊云毛氏關中金石文字存逸考

續修陝西通志稿卷一百四十四

金石十

唐

夫人程氏塔銘 佚 文明元年

寰宇訪碑錄云在長安雍州金石記云在西安府城南已失去一角字跡淸婉可喜案原石久逸都門有重摹本字跡規模似磚塔銘一派惜未睹廬山眞面目也 毛氏關中金石文字存逸考

按程氏塔銘久失去一角近於翰墨堂段氏得之云是程氏塔銘所失行字長短不齊共一百五十字字跡端好是唐初手筆惜又失去原石不能璧合亦無從徵實也文不能句故不錄

趙克弼造阿彌陀像記 佚 垂拱元年

寰宇訪碑錄云在長安今未詳所在矣 毛氏關中金石文字存逸考

王行威墓誌銘 佚 垂拱二年 文備錄

石方二尺二寸 縱橫二十二格正書

大唐故左衛翊衛武騎尉王府君墓誌銘 幷序　君諱行威字國寶其先太原晉陽人也自後因官播越又爲雍州明堂縣人焉若乃輔嗣談玄濬冲閑放纂淸徽於遠系繼盛德以追縱者於王府君見之矣祖金朝議郎益州司兵參軍事父師保朝散大夫並志尚老莊屏忽名位優遊天地之際託賞風月之間爰誕異人乃邦之彥叶媚口而藻性口著淄恭稟圓折以養生弱稱岐嶷起家以門蔭補充左衛翊衛提戈玉宇荷戟璇口既甲之以爪牙亦磬之以心膂秩滿不仕祝私欲也於是孔座陳筵招攜於執友牙琴嵇玉留連於勝口將謂永貞眉壽天假大年豈期董澤先秋榆關遽落以垂拱二年歲次景戌七月己亥朔十四日壬子遘疾終於須政里第春秋五十有六即以其年九月戊戌朔五日壬寅歸葬於京兆西南龍首之原禮也長子武騎尉義方次子麟臺御書手義端等茹荼集蓼攫懼平海以成田陟岵循陔慮高春而徙照敬刊貞琬爲之誌云其銘曰　景胄華宗干宵括地師王友帝懷忠抱義挺生才彥有美珪璋留連風月優遊老莊入仕登庸提戈荷戟翊奉宸極磬於心迹丘園養性琴酒怡神方希懸解遽返天眞云亡殄瘁人良殲喪霧黯雲低松高野曠勒方礎兮泉之幽紀四序兮有迴周庶滕楨兮照白日識九原兮柏與楸　招福寺上座彥琮撰

此石舊爲寧武楊君元泗所得今未知移徙何處書法淸勁可喜唐人書法以唐初爲極盛自貞觀至開元其誌石傳於世者無慮數十百種而遒麗淸勁酷肖歐褚者十常八九也所惜者

原石既出移徙他處日久不可蹤跡一二拓本流傳世閒幾等吉光片羽是可慨也 毛氏關中金石文字存逸考

上護軍麗德威墓誌銘 存 垂拱三年 文見黃氏陪唐石刻拾遺

石方一尺七寸 縱橫三十一格正書見破裂爲三

誌云葬於四池之地案陝西通志長安縣西三十里有四池舖即四池也此石本出長安今爲三原北城李氏家藏 毛氏關中金石文字存逸考

梁寺董夫人唐氏墓誌銘 佚 垂拱四年 文見黃氏古誌石華

義陽朱寶撰文 滎陽鄭莊正書

誌云葬於終南山楩梓谷口信行禪師林側金石文字記云此石出於終南山楩梓谷中寰宇訪碑錄云在長安今久逸矣 毛氏關中金石文字存逸考

美原神泉詩碑 存 垂拱四年 序詩見王氏金石萃編

碑高五尺八寸實二尺六寸十七行行二十五字韋元旦撰尹元凱篆書額題美原神泉詩序六字隸書碑陰共十五行行二十五字徐彥伯等撰尹元凱篆書額題大唐裕明子書六字並篆書今在富平縣美原鎮

右美原神泉詩韋元旦製序賈言淑及無名氏詩各一篇刻於碑之正面徐彥伯序尹元凱溫翁念李鵬詩各一篇刻於碑之背面元旦元凱史皆有傳而失載其字彥伯史稱名洪以字顯據碑乃名彥伯而字光也李至遠史稱初名鵬以大父素立奉使因名至遠按素立卒於高宗朝此碑立於武后初尚仍初名而以至遠爲字則非初名鵬而後改至遠矣蓋後來以字行其字或出於素立所命史家傳聞失其實爾溫翁念彥博之孫官至太僕少卿見宰相世系表其字敬祖表亦未載 錢氏潛研堂金石文跋尾

朝請大夫陳護墓誌 存 垂拱四年 文見陸氏金石續編

石方一尺八寸縱橫二十一格正書

陳護誌石道光十二年出於武功十三年米脂知縣及門顧鶴寄到拓本僅闕十餘字三時鄉之三字泐存末畫元和郡縣志關內道京兆府武功縣有三時原在縣西南二十里高五十丈西入扶風縣界即此誌所稱三時鄉也高宗上元元年甲戌護年一百有一則生於陳宣帝太建六年甲午夫人蔡氏以武后垂拱四年戊子合葬距護歿時十有四載蓋亦同享大年者倨傲作踞浩然作皓滕公作藤並假借字遺儷別文籲作籲易作易天作夭戈作弋皆誤筆非通借也 陸氏金石續編

張安安墓誌銘 存 垂拱四年 文見陶齋藏石記

石方一尺六寸縱橫十九格正書有篆蓋

按蓋篆大唐故張君墓誌銘八字首題大唐上柱國故張君第五息墓誌銘畧云君諱安安本系南陽即爲白水望也因居北里遂是赤縣人焉迺祖迺父天機天縱年甫弱冠溺於灞水垂拱四年十月廿四日遷龍首原禮也誌標題不書本人但書上柱國張君第五息與豆盧遜墓誌同一例赤鄉即畿縣謂萬年縣也見新唐書地理誌萬年縣注

河間公李晦碑 存 永昌元年 文見王氏金石萃編

碑連額高九尺七寸廣四尺七寸三十二行行四十五字隸書額題大唐故秋官尚書河間公之碑十二字篆書

關中金石記云在高陵縣鹿台鄉案李晦系唐宗室河間元王孝恭次子其事附見新舊唐書孝恭傳所書官爵史與碑合傳云晦爲營州都督以治狀聞爲雍州長史時治有異績碑云故吏等仰攀盛德遐想徽光蓋實錄矣寰宇訪碑錄關中金石記皆書爲秋官尚書河間公碑未著李晦之名又列此碑於代宗時均誤今從金石萃編改 毛氏關中金石文字存逸考

朝請大夫雷府君墓誌 佚 永昌二年

寰宇訪碑錄云在長安古誌石華云是誌二石惟篆蓋一石完好題云大唐故朝請太夫雷府君墓誌其誌石磨泐僅存數十字不能成誦可辨者春秋六十有五以永昌元年十月十三字夫人以總章二年十月二十三日十二字蓋雷君卒於武后永昌元年其夫人則先卒二十年至是始合葬也 毛氏關中金石文字存逸考

許洛仁妻宋夫人墓誌 存 無年月 文見黃氏古誌石華

石方一尺二寸十七行行二十字正書存陶齋

右墓誌前人未見著錄恐係近時出土者首尾共十七行每行二十字正書字徑三分其首題大唐故冠軍大將軍代州都督上柱國許洛仁妻襄邑縣君考許洛仁系唐初功臣卒後陪葬

昭陵今陝西醴泉縣昭陵其碑尚存碑額題大唐故冠軍大將軍代州都督又碑首題全銜末云代州刺史上柱國皆與此合則此即其妻之墓誌無疑顧文中但叙其祖父之官爵而絕不及洛仁之姓名與官階勳爵又無子孫男女等名而銘中有猗與後昆褰帷下邑露冕上藩等語則似有子孫而且有官爵者且既無洛仁卒之年月而記其卒則但云春秋九十有九以其年五月廿四日窆於龍首原又不詳其生卒之紀年月日可謂簡略之至矣志不題撰書人姓名而字頗韶秀有唐初書家風度洛仁新舊唐書附載其兄世緒傳文亦甚畧昭陵碑下半截又多磨滅惟其歿於龍朔二年四月春秋八十有五尚可辨至其妻與其子之姓名皆不可考矣碑稱其爲博陵安喜人唐書地理志安喜屬定州博陵郡此云定州安喜亦與洛仁碑合洛

續陝西通志稿【卷一百四十四　金石十　五】

仁卒於龍朔二年年八十有五此誌文中叙其祖與父爲周齊之官則其妻之齒當亦不甚相遠而卒年九十有九則後洛仁當又數十年計龍朔二年至高宗永淳二年尚隔廿一年則宋夫人當亦必卒於高宗之世矣此誌尚是唐初之物可寶也功臣陪葬昭陵未必妻能合葬志亦但言甍於金城坊里第窆於龍首原而俱不及其郡縣之名攷長安志金城坊在皇城西第二街又龍首鄉在萬年縣東十五里此拓本從碑肆中購來者審其紙墨似是陝西拓手或因洛仁賜葬昭陵其家即居長安故其妻卒葬於此亦未可定其書墓志之志作誌不从言从金爲他刻所未見睢陽之睢從目不从且隋字有迂弟字从廿不从竹皆足資攷据者惟彌留作彌流摽梅之摽从木不从才蒲柳之蒲从捕不从浦薤露之薤作䪥靈源之靈作靈露冕之冕上从內則皆字之俗體 瞿氏古泉山館金石文編

三階大德禪師碑額 存 無年月

咸寧志云在薦福寺俗名小雁塔此石在寺內鐘樓下鳳枝曾見之 毛氏關中金石文字存逸考

佛遺教經殘石 存 無年月 文見陸氏金石續編

殘石方不及尺共五十九字

唐遺教經國初盛傳爲王右軍書惟歐陽公識其非是余家藏石刻二千卷獨此最爲舊物蓋先公爲進士時所蓄爾 趙氏金石錄

此石嘉慶中得於長安市上購而藏之南海吳布政榮光見拓本愛其遒逸定爲歐趙所錄就余索之時己爲董生方立祐誠攜至京師 陸氏金石續編

覺禪師塔銘 佚 無年月 文見王氏金石萃編

此石本出西安今未詳所在矣存字無多書法精整 毛氏關中金石文字存逸考

續陝西通志稿【卷一百四十四　金石十　六】

裴行純造像銘 存 文見陸氏金石續編

碑存上半截縱橫一尺六寸隸書二十行行存十九字在西安府城內東宗巷口三聖宮內後壁中

按釋迦侔尼文賢刧千佛像並河東裴行純造於淨住寺供養僧道成法師所奉碑缺下截造像歲月與撰銘書碑之人皆無可考首行末存朝字末行末存文林二字當是撰書人結銜殘字前題唐淨住寺釋迦文賢刧像銘并序十三字畢氏關中金石記以淨住爲淨慈孫氏寰宇訪碑錄以文賢刧爲普賢刧皆誤淨住寺兩京新記長安志皆未載不詳何地賢刧千佛引釋氏西域記言放弓仗塔國王有千子世所稱千佛是也 陸氏金石續編

實刻類篇云此碑爲崔行功撰并隸書在京兆按京兆今西安

府地也類編所載係全本爲行功恒州井陘人見新唐書 毛氏關中
金石文字存逸考

兜率天經石幢 佚 無年月

石墨鐫華云此書大有歐陽率更法志川中尉掘地得之一字不損可玩也今石在志川府按咸寧縣志云中尉朱敬鑑墓在曲江北有碑題曰志川先生墓則志川府當時亦在曲江左右也敬鑑善行草書宗法二王所書金剛經今在碑林所撰梅雪軒詩集刻爲法帖具行草各體蓋明代宗藩多工詞翰而秦藩尤多文學之士也 毛氏關中金石文字存逸考

杜君夫人朱氏墓誌銘 存 無年月 文見陶齋藏石記

石方一尺一寸縱橫二十格正書蓋佚

誌略云夫人朱氏卽榮之後也父琛才兼文武位列周行夫人

問名納禮適于杜氏之門不謂藏舟靡固陽劍先沈志負寒霜撫其孤藐每心歸向祈以靜因豈積善之無徵忽遷神於大暮於是夜臺空掩遊月肆而無歸草露晨晞望雲衢而不返春秋七十有八嗣子君信泉樹多感欒棘有傷思荅無由號天叩地卽以其年十一月廿五日葬於龍首原禮也　此石近時出土今藏渭南趙氏題銜爲永康令篆蓋爲永康陵令考永康設置陵令實在開元以前而此誌書法亦似初唐人手筆故列于高宗之末焉誌云夫人朱氏卽榮之後也榮謂北魏爾朱榮疑夫人本姓爾朱後乃改姓朱也 毛氏關中金石文字存逸考

按此誌本渭南趙氏藏石後爲陶齋攜去書法饒有褚薛筆意毛氏附於高宗末不爲無見

王杴女修祖父碑像文 存 無年月 文備錄

石高三尺廣二尺八寸縱橫二十三格正書在耀州

口口口州永口縣大原人王杴女敬修祖父碑像文　蓋聞萬劫初分惟人冠千靈之首二儀爰闢惟孝陶百行之基此乃上達上皇下通下庶杴女父諱興字瓌姿秀偉類瑶口之映霜空玉貌允暎似金波之滿雲路不以寒暑移其操不以榮辱改其神此丈夫之志也誠宜稟靈永固與日月而齊明豈謂脆質俄催逐風燭而奄謝貞觀三年三月三日殂恨以禍深福薄痾染慈親母夏侯八十有三顯慶三年四月十一日亡幸沐恩波再承榮祑封爲豳州郡君唯子無怙無恃有病有口念聖善則腸裂九迴憶嚴君則肝分五內親朋諫止強自支全顧以庸虛謬承乾蔭夫妻養拙未及酬勞直解營生寧思報德王脩行姬雷氏良家之女在生薄幸染疾無瘳垂拱三年二月廿三日亡悲纏我質思舊態而含酸口口

女男撫櫬而灑血生事之禮未殫色養之誠死事之儀方罄送終之志遷於祖墳之側密邇風烟虔侍尊靈鎮得瞻奉始終敬仰允嗣宗祊杴女誕質乾坤未謝皇王之澤甄形造化寧酬父母之恩所以罄彼珍財徹茲瓌彥上爲天皇天后下及法界蒼生七代先亡九親眷屬廣求名匠瑩丹礎而傾心遠召奇工雕翠礪而竭思鐫一區之石像希除一代之殃造四箇之侍客冀陟四禪之域像均丹艷楊慧化口口口口口口輝演慈光於十地法音無極拯庶類於迷津聖口口口口口口口於巨海所以敬修功德爲死者之津梁廣採口口口口口之雅操若不鐫銘紀德恐盛跡湮沉故勒像口口口口口口度口口口六合垂令範於千齡聊課虛懷叉爲文讚

按此石無撰書人標題爲敬修祖父碑像文其實盡其孝思敬造佛像而以祖父像附之觀文內上爲天皇天后下爲法界蒼生

敬修功德等句可知王脩行姬雷氏不知所指無刊碑年月而有垂拱三年亡之句亦無天授新字故附於永昌之末

玄奘奉詔譯心經刻石 存 無年月 經文不錄

石高一尺二寸廣二尺有雲龍花紋正書在圖書館

按此石今存圖書館無年月可稽亦無書者姓名惟其字秀逸古雅的係唐刻明署玄奘奉詔譯故附於中宗之末

張府君妻田雁門縣君墓誌文 存 天授二年 文見陶齋藏石記

石高一尺九寸廣一尺九寸二十八行行三十字正書

按此石題曰大周朝散大夫上柱國行司府寺東市署令張府君妻田雁門縣君墓誌文其署云曾祖達隨魏州冠陶縣令祖文政唐沛王府大農父什善鄜州三川縣令縣君明堂縣人也以儀鳳之歲出歸張氏春秋卌有三以天授二年五月十六日

薨於萬年縣平康坊之私第哀子承家等以其年六月三日遷窆於城東龍首原長樂鄉王柴南一里無書撰人名文詞駢儷有生湊語字亦多訛所云司府寺改舊唐書太府寺光宅改爲司府寺又京師有東西兩市張君乃東市令也大農王府屬官名明堂卽萬年縣所分舊唐書乾封元年分置明堂縣治永樂坊

神智造像記 存 長壽二年 文見邠州石室錄

十八行行九字字徑寸正書存邠州大佛寺

行豳州司馬李承基造像 存 長壽三年 文見豳州石室錄

三行行十二字字徑八分正書存邠州大佛寺

行豳州司馬李承基造像 存 長壽三年 文見豳州石室錄

十四行行十二字末一行字漶存邠州大佛寺

此刻與前石同時造一爲題名一紀檀施功德也後一行姓名已泐偏旁以前刻官職年月證之知爲李承基三字如下李齊妻武氏造像亦各有二通詳略互見 葉氏邠州石室錄

按李承基造像二石均明書長壽三年毛氏關中金石文字存逸改注爲長壽二年當係筆誤

程玄景墓誌銘 存 長壽三年 文見陸氏金石續編

右墓誌二十二行行二十二字正書字徑四五分頗瘦勁誌所叙父祖之官俱不顯故於史無攷其所稱唐大丞相府者卽唐高祖也本紀言隨義寧改元後高祖入京師隋帝授假黃鉞使持節大都督內外諸軍事大丞相錄尚書事進封唐王以武德殿爲丞相府則敬逸官朝散大夫時猶唐未授禪之先也文首云若夫道契儒林季升騰芳於漢日者謂程曾也見後漢書儒

林傳然今本後漢書曾之字季升作秀升豈字形相似而刻本傳寫之誤耶長安志龍首鄉在萬年縣東一十五里又龍首山在長安北十里又龍首渠在長安縣東北五里萬年縣界流入而注於渭蓋鄉以是得名志云龍首原猶言龍首鄉之原也長安志又云群賢坊在皇城西第三街此云群賢里蓋卽群賢坊也 陸氏古泉山館金石文編

按陸氏金石續編謂此石存長安裴氏光緒中歸於陶齋矣

房懷亮墓誌銘 存 延載元年 文見陶齋藏石記

石方一尺四寸縱橫十八格正書有蓋篆書大周故房府君墓誌銘九字

按誌略云君諱懷亮字智玄京兆人也曾祖憲唐任營繕監甄官署令祖豐唐任都臺主事公珪璋內英連城之價獨標珠璣外朗光乘之珍孤擅年甫弱冠英傑超群早從侍奉夙著功勤

授公將仕郎春秋七十有三卒於弘化之第以延載元年十月廿三日窆於龍首原禮也誌中千月辭魂萬里之悲俄及二句語不聯屬疑有誤

仇道朗墓誌銘 存文見陶齋藏石記萬歲通天元年

石方一尺二寸二分縱橫二十二格正書

此石本出長安今未詳所在案新唐書百官志國子監有律學博士三人從八品下助教一人從九品下而無直講之名得此可補其缺焉仇姓之仇吾鄉人讀若逑關中人讀若衰蓋九字本有軌音是以從九之字如簋宄之宄同軌之軌皆讀軌音而周南肅肅兎罝施於中逵赳赳武夫公侯好仇逵與仇韻此其明證也又九字音舉有切九有本係同部而從有之字如溱洧之洧鮪之鮪皆讀羽軌切則九有二字古音亦係疊韻關中

人讀仇爲衰實爲軌字一音之轉乃由雙聲而得故余嘗云俗語多存古音此楊雄所以著方言也誌中手澤之澤作滜六朝唐初人成臯之臯多作皋故澤亦可作滜隋龍藏寺碑碑側題名城臯作城皋隋扈志碑成臯亦作成皋六朝隋唐人臯皋二字不分也又誌中萬歲通天元年通字下少一天字豈上石時無察書之人歟 毛氏關中金石文字存逸考

按毛氏謂此石未詳所在不知後歸陶齋矣

梁師亮墓誌銘 存文見王氏金石萃編萬歲通天二年

石高二尺九寸廣三尺四寸十九行行二十八字正書裂爲數段下半亦佚每行止存十餘字至二十字不等原在百塔寺今存碑林

按武后所改字授作𥠢契苾明碑作𥠢今梁師亮墓誌作𥠢凡兩見均有小異 朱氏雍州金石記

思亮字永徽安定烏氏人起家左春坊別教醫生以突厥入寇轉粟功授上柱國修乾陵補隱陵署丞謫授榮德縣丞卒生平無甚著聞可見者如斯而已書者筆蹟工整猶有歐虞遺法文中多用武后新字鄭樵六書略所載爲板本所亂以此與契苾明碑考之庶得其正云 畢氏關中金石記

元思叡造像 存文見鄜州石室錄聖曆元年

銘十三行行十字字徑一寸年月姓名在銘後共三行行八九字字略小均正書

元口元口造像 存文見鄜州石室錄無年月

十九行行八字字徑一寸與元思叡造像記同刻一石

雲景嘉造像 存文見鄜州石室錄聖曆元年

文十一行行十字字徑一寸正書

高叔夏造像 存文見鄜州石室錄聖曆元年

右造像四種文字漫漶已甚或經後人摹刻致不能盡讀均存邠州大佛寺

鄭希口造像 存文見鄜州石室錄聖曆

十行行十三字正書

前半已泐所存七行亦漫漶閱之如迷五里霧其可辨者有云悲纏就養又有疾苦長祛承歡膝下語當是爲親造像祈疾 葉氏鄜州石室錄

夫人袁氏權殯誌 存文見陸氏金石續編聖曆三年

石方一尺二寸十行行九字正書存長安縣

是志不書袁氏之夫爲何人亦不詳其年壽子息僅載母家三代及卒殯日蓋權殯急就之作非誌體也夫人之曾祖君正附其父昂傳官終吳興太守唐書宰相世系表袁君正字世忠任

梁爲吳郡太守皆未言其官秘書監太子詹事志所書當是贈官泐祖名表載君正三子長曰憲字憲章隋開府儀同三司謚曰簡志載祖爲隋官當即憲也表載憲二子曰承府承家無名大業而令郇山者承府兄弟皆仕於隋或有入唐改名者然大業係隋年號改名而用隋號亦謬甚矣黃氏古誌石華

渭南令李府君殘碑存 聖曆二年 文見王氏金石萃編

碑連額高九尺二寸五分廣四尺六寸二十八行行五十六字爲元人磨滅剗也先帖木兒等題名茲載所可辨識者五十餘言篆之正書額題大周渭南令李府君碑九字篆書在渭南縣

右鴻州渭南縣令李君清德碑馬君甫撰按唐書則云天授二年析雍州之渭南慶山置鴻門縣遂以慶山鴻門渭南高陵櫟陽置鴻州大足二年廢歐陽氏集古錄

此碑爲元人翻摹泰寧宮記今字蹟隱隱獨存應是聖曆二年或作元年者非渭南縣志

續陝西通志稿　卷一百四十四　金石十　十三

于大猷碑存 聖曆三年 文見王氏金石萃編

碑高九尺三寸廣四尺四寸三十行行六十三字正書在三原縣北三家店

此碑僅存強半書者名氏遂不可求按大猷志寧之孫立政之子志寧之元孫休烈顯於肅代朝傳云休烈父默成沛縣令早卒合之正爲四世但不知默成者是大猷之子否趙明誠有默成碑今不可得見矣趙氏石墨鐫華

碑云聖曆三年歲次庚子十一月十二日合葬于雍州三原縣萬壽鄉之先塋而碑非此時立也蓋後續爲之故其書並不用武后所製字顧氏金石文字記

今在三原縣北五十里三家店碑首已失存千二百字按新唐書于志寧傳父宣道隋內史舍人餘官爵及謚均未載志寧贈

幽州都督今碑稱幽州刺史是史誤也朱氏雍州金石記

薛剛墓誌銘存 久視元年 文見陸氏金石續編

石方一尺二寸五分縱橫十八格蓋題大周故薛府君墓誌銘九字正書西安出土今存陽湖蕭氏

按此因薛君夫人戴氏合葬而冉元一銘其墓題祇稱薛府君而不及夫人可謂金石之一例不書撰而書詞則創見也懷遠里在唐城朱雀街西第四街長安縣治之後城中無龍首里蓋即城南龍首原地此石併蓋嘉慶二十年出土予購得之爲朱生卓群金質索去後歸董生方立祐誠今方立卓群相繼下世錄之憮然道光十一年九月陸氏金石續編

順陵殘碑存 長安二年 文見王氏金石萃編

碑已剝落僅存三石一八行共四十八字一十九行共一百三十六字一七行共三十六字正書今在咸陽

武三思撰相王旦書碑用武后製字武三思稱臣猶可而旦亦曰臣旦當發一笑書不知眞出旦否方整遒健可錄也碑已仆于乙卯之地震而亡於縣令之修河余猶從故家見其搨本趙氏石墨鐫華

續陝西通志稿　卷一百四十四　金石十　十四

今在咸陽縣順陵在咸陽北原明時地震碑仆取以修砌渭河之岸近於岸中崩出三段一移縣署二在民間訪得其一存一百三十五字又一存四十八字又一存三十六字碑甚鉅河岸中當不僅此也碑字大一寸五分書法亦自可玩石墨鐫華云碑已仆於乙卯之地震而亡於縣令之修河豈知陵谷變遷此碑又出人間耶朱氏雍州金石記

新書天后傳永昌元年享萬象神宮號士彠周忠孝太皇楊忠孝太后以文水墓爲章德陵咸陽墓爲明義陵天授元年號章德陵爲昊陵明義陵爲順陵此順陵之名所由始据傳則昊陵

爲士彠墓在文水順陵專爲楊氏墓在咸陽即此碑額亦只題曰大周無上孝明高皇后碑銘其非合葬明矣乃陝西通志陵墓卷載魏王武士彠墓云在咸陽縣北三十里則天父母追贈帝后名其墓曰順陵是誤以爲父母合葬一墓也（節王氏金石萃編）

行豳州司馬李齊造像題名（存長安二年）

（一行直下四十一字字徑二寸正書在邠州）

大周長安二年歲次壬寅七𠥱丁卯朔十五𡆠庚辰通議大夫行豳州司馬上柱國漢川郡開國公李齊敬造

李齊造像記殘碑（存文見葉氏邠州石室錄）

（石有斷裂行字未詳今存十七行行二十二字字徑一寸正書在邠州）

上截斷裂行字未詳造像姓名適在裂損之處以職事勳爵證之知爲李齊所造也書法古拙兼有分隸筆意頗似趙文淵華

岳頌及匡品經象諸碑（葉氏邠州石室錄）

彭城縣主造像題名（存長安二年）

（二行行二十字字徑一寸正書在邠州）

大周長安二年歲次壬寅七𠥱丁卯朔十五𡆠庚辰皇堂姪女彭城縣主敬造等身像三區千佛二十一鋪

李齊夫婦同日造像又各有二石其一無文字但直書官階姓氏唐制皇女封公主視正一品皇太子之女封郡主視從一品王之女封縣主視正二品今武氏封爲縣主非則天疏屬可知九族內稱從父兄弟之子曰堂姪（葉氏邠州石室錄）

李齊妻武氏造石像銘（存　文見葉氏邠州石室錄）

（十九行行二十四字字徑一寸沙門廣濟正書同行塞梓在邠州）

右銘沙門廣濟書劍弩蹶張森如武庫嚳之勁翮陵空絕無翩翾之態在釋子中尙不逮後之无可輩書人之上無撰人但有朝散大夫長史同行塞梓十字（葉氏邠州石室錄）

杜并墓誌銘（存　文備錄）

（石方一尺五寸縱橫二十二格正書存長安毀氏）

大周故京兆男子杜并墓誌銘（并序）　男子諱并字惟兼京兆杜陵𤯔漢御史大夫周晉當陽侯預之後世世冠族到於今而稱之曾祖魚石隨懷州司功獲嘉縣令祖依藝唐雍州司法洛州鞏縣令父囗皇朝洛州洛陽縣丞皆文學俊異無殞厥德子生而聰敏有老成𤯔之量𡆠誦萬言尤精翰墨八歲喪母不勝其哀每號哭涕泗中有血宗族歸美搢紳虛期者久矣𨲢歷中杜君公事左遷爲吉州司戶子亦隨赴官聯者阿黨比周惑邪醜舌蘭芳則敗木秀而摧遂搆君於司馬周季童妄陷于法君幽繫之𡆠子臨讐俱

斷形積於毀口無所言因公府宴集手刃季童於座期殺身以請代故視死以如歸仇怨果復神情無撓嗚呼彼奚弗仁子斃之以鞭撻我則非罪父超然於爵羅爲讞之理莫申喪明之痛寧甚以𨲢曆二年七𠥱十二終𡆠於吉州之廳館春秋一十有六悲夫安親揚名奮不顧命行全志立歿而猶生豈與夫李暠終還蘇欲讎而乂中甘寧或備陵既舞而空往則知貫乎幽顯通于神明義結魯𤯔冤深趙卒者不亦痛乎子曾未婚冠便羅夭枉休其家聲著在史筆者不亦高乎今以長安二𡕀四𠥱十二𡆠瘞于建春門東五里杜君流目四野撫膺長號情惟所鍾物爲之慼乃謀終古之事而刻銘云　嗚呼淑哲兮不享餘慶玉有碎兮蘭有摧何斯𤯔之斯命冥冥泉下兮身可歿兮名逾令

王璿造石龕像銘（存長安三年　文見王氏金石萃編）

（銘橫廣二尺五寸高九寸二十四行每行八字王無惑正書在西安府花塔寺）

右王璿造石龕像記璿字希琢武后長壽元年八月辛巳自營繕大匠遷夏官尚書同鳳閣鸞臺平章事九月癸丑流嶺南在相位僅卅三日耳史家不爲立傳不知其後事以此刻攷之知其後又入爲殿中監檢校奉宸令而封琅邪縣子也予所藏易州刺史山亭記建中二年易州司事參軍王璿撰此別是一人蓋唐有兩王璿矣王無惑書法在王知敬諸葛思禎之間而評書者不及焉予爲表而出之（錢氏潛研堂金石文跋尾）

高延貴造像銘（存長安三年　文見王氏金石萃編）

（銘高七寸五分橫廣二尺六寸共十八行行八字正書）

韋均造像銘（存長安三年　文見王氏金石萃編）

（銘高八寸橫廣二尺八寸五分共二十六行每行七字正書）

姚元之造像銘（存長安三年　文見王氏金石萃編）

（銘橫廣二尺一寸高八寸五分起首剝蝕現存二十一行行九字正書）

按唐書姚崇傳崇字元之始名元崇以與突厥叱剌同名武后時以字行至開元世避帝號更以今名宰相表自長安四年八月以前皆稱元崇九月以後始改稱元之今據此記則元之以字行久矣元之時爲同鳳閣鸞臺平章事而不入銜蓋當時猶未以平章爲正官也（王氏金石萃編）

蕭元昚造像讚（存長安三年　文見王氏金石萃編）

（石高九寸五分橫廣二尺八寸六分二十四行行九字正書）

李承嗣造像銘（存長安三年　文見王氏金石萃編）

（銘橫廣二尺六寸高八寸五分十三行每行七字正書）

文云李承嗣爲尊親造阿彌陁像一鋪唐時造像皆稱一軀惟此與岱嶽觀馬元貞所造元始天尊像作鋪軀或作傴以此爲異（畢氏關中金石記）

右造像五種均在寶慶寺內大殿兩壁間俗呼爲華塔寺造像其實塔在寶慶寺中各造像亦在寶慶寺中而華塔寺則在寶慶寺之東焉（毛氏關中金石文字存逸考）

僧德感造像記（存長安三年　文見王氏金石萃編）

（造像高三尺三寸記刻龕外兩旁楹上共二行字數不等正書）

按德感造像雍州關中金石兩記均未載惟金石萃編載之附於華塔諸造像之後并云記刻於龕外兩旁楹上未詳所在俟再訪之（毛氏關中金石文字存逸考）

梁義深等造像題名（存無年　見王氏金石萃編）

（銘橫廣二尺八寸高一尺一寸三分二十四行每行七字正書在西安府華塔寺）

今在西安府城南花塔寺塔上佛座下計一百四十四字（朱氏雍州金石記）

按碑無年月以其高廣形式與王璿造像銘相同而又同在花塔寺因附列之（王氏金石萃編）

司稼寺卿楊君夫人杜氏墓誌銘（存長安三年　文見王氏金石萃編）

（石方二尺四寸三分蓋橫二十四格行書蓋題大周故杜夫人之墓誌九字篆書）

此石今藏渭南趙氏新唐書百官志司農寺卿一人從三品龍朔三年改司農寺曰司稼寺（毛氏關中金石文字存逸考）

居士尙眞之銘（佚長安三年　文備錄）

（石高八寸廣七寸十二行行十三字正書）

大周故居士廬州巢縣令息尚君之銘　惟君諱眞字仁爽清河郡人呂望之後也春秋七十有七奄從風化呂調露元年八月十

九日逝於鄠縣脩德之里即以其月廿五日遷柩於終南山雲居寺屍陁林捨身血肉又收骸骨今於禪師林所起塼墳焉表生從善友之心殞不離勝緣之境建崇銘記希傳不朽　長安三年歲次癸卯庚申朔戊辰日外孫弘福寺僧定持建

誌云葬於終南山雲居寺按此石本出長安今未詳所在矣毛氏

趙智侶墓誌銘

關中金石文字存逸考　存　長安三年　文備錄

石高三尺四寸廣三尺三寸　三十一行行三十字正書

□周故游擊將軍上柱圀南陽趙府君墓誌銘幷序　□諱智侶南陽𤯔也其先承帝顓頊之苗胄隆周之別族若敖之胤趙文子之裔奕葉邯鄲傳光周封繼巖相承晉卿之後自我先君肅侯之代名振九邦爰自敬侯聲揚遐邇終晨假寐愛留冬㘐之暉朝夕

匪虧卿大夫傳嚴明之美神馬覆育分爲二族云昌秦雍興宗青兖任四州岳牧君即京兆侯元鳳之十代孫司空公之支派因官京師今爲長安𤯔也曾祖純隨任隆州新井縣丞祖謙隨任利州綿谷縣令父僧德唐任𠀑官朝議郎上柱圀韮器包瑚璉材實棟梁司令聞於綠墀章奏動於丹埊玳瑇珠履元僚光展驥之能墨綬銅章下邑標舞鸞之政止戈爲武柱國垂後之名七德俱兼高門降文武之効君拔俗挺生異時間出落落垂象有劔士之光芒郁郁騰文有賢𤯔之氣色坐喬林而臥盤石嘯明𠥱而傲清風蕭然獨王自謂神仙倏夢兩楹俄驚二豎不謂西州石折已𠡦之夢有期東圀山頹庚㘐之災奄及孟嘗君之富貴尋樹終平羊叔子之登臨江山徒在以𨲢曆二𠡦歲次己亥四𠥱八㘐碎於神都來庭縣會節坊之私第春秋五十有九夫𤯔宗氏悲夫逝川易往同激箭而不追浮景難迴豈麾戈而能駐夫人慶鐘蘭室才冠柳風執四德以乘龍遵二儀而卜鳳當晨起夢始泣秦嘉之書徙宅垂恩俄悲張胤之扇成龍弱篠染別淚以孤生待鳳喬梧抱空心而半死豈期朝露溘至菱花奄逝以長安二𠡦七𠥱廿九㘐殁於延康坊私第春秋卌有七嗚呼哀哉桃李春風與子偕老桑榆暮景攜手同歸生榮死哀抑斯之謂也蹔分生死之桐終合雌雄之劍黃泉路遠白㘐𠡦深悽吹動於蕭笳愁雲暗其旌旐青烏卜葬惟嗣子之纏哀白馬奔塋逢故人之來哭粵以長安三年歲次癸卯二𠥱癸巳朔廿八㘐庚申合葬窆于長安縣神禾原禮也其㘐同遷葬祖父母及叔等俱同塋限長子相王府直司上護軍令詮次子上護軍萬慶等孝逾𠀑性禮備哀榮泣血無追思竭送終之範至於葬禮今古罕儔痛結九泉哀深毀瘠絕漿止美顧悌高慙

孝感飛禽仲由聞而下媿庶防桑移谷變勒琰雕銘希海樹遷陵千齡鑿茲遺誌其詞曰　終南東峙交澗西流寶符鼎氣蘭膺洪休其一　廊廟彝器珪璋令名學綜三篋詞雄二京雲中仰德㘐下推英其二　莫事王侯寶欽巢許桂叢攀折芝蘭延佇𤯔代共貴𠀑年不與欲聽雞鳴翻聞鶴語其三　家承積慶傲俗遺榮一丘一壑無欲無營琴歌酒賦𠥱契風情道義相得林泉共清一歸長夜永閟佳城其四　鏡塵埋匣履跡封苔松深霧慘樹古風哀泉扃一閉幽顯悠哉式追南峴用讚銅臺魂兮長去神兮無來

此石近時出土未詳所在新唐書百官志武后光宅元年改吏部曰天官誌云智侶之父僧德唐任天官是嘗官吏部而不云所官何職此他誌所罕見者又誌云勳階十轉爲上護軍視正三品游擊將軍爲武散階從五品下又誌云王府屬官有百司

問事謁者一人而無直司之名豈百司即直司之誤耶又新唐書地理志武后光宅元年改東都曰神都天授三年析洛陽永昌置來庭縣長安二年省方輿紀要來庭縣治東都內從善坊焉毛氏關中金石文字存逸考

按此誌書精整秀逸饒有歐褚筆意係唐刻之佳者

姚元景造像銘存文見王氏金石萃編長安四年
銘高九寸七分横二尺八寸七分共三十行每行八字正書

按碑云朝散大夫行司農寺丞姚元景兩唐書無傳惟宰相世系表有其名即崇之兄崇以字行曰元之表書元景官潭州刺史碑稱司農寺丞者或未爲潭州刺史時官也司農寺丞六人從六品上文又云光宅寺法堂石柱造像一鋪長安志唐京城朱雀街西曰光宅坊横街之北光宅寺儀鳳二年望氣者言此

坊有興氣勅令掘得石函函內有佛舍利骨萬餘粒遂立光宅寺武太后始置七寶臺因改寺額焉王氏金石萃編

令史李延祚董口口等造像銘文佚長安四年
尺寸未詳范元哲正書

此石近時出西安爲南康謝椲蘭觀察收藏按寶刻類編有司刑寺佛蹟碑銘閻朝隱撰范元哲書長安二年立在京北是元哲在當時亦善書者毛氏關中金石文字存逸考

按此石當由謝氏攜之回南今未詳所在

光宅寺寶口口口存無年月正書

此石近出寶慶寺塔上首行僅光宅寺寶四字可辨餘均剝落前人未經著錄故表而出之毛氏關中金石文字存逸考

寶慶寺造像銘存無年月正書

今在寶慶寺塔上首行有天際二字次行有虹舒二字右右方之下缺一角造像人名正當缺處前人亦未著錄焉毛氏關中金石文字存逸考

尊勝陀羅尼經幢佚年月詳正書

首三面有武后製字餘俱後時補刻下存戊午歲三月等字末有大順時題字毛氏關中金石文字存逸考

法門寺千佛碑存無年月正書
碑高四尺九寸廣二尺四寸五分刻千佛像陰及兩側刻涅槃經別無年月題記在扶風

碑面作千佛共二十五行行四十像有額額中作釋迦坐像旁二大士侍立不詳何時所造其陰及兩側書涅槃經內有日月字作(乙)匜疑是武后時製故附置于此畢氏關中金石記

祝府君碑佚無年月

尺寸未詳子欽明撰正書

石墨鐫華云此祝欽明敘述其父綝之碑也綝字叔良功名不顯以欽明貴故豎碑欽明在中宗朝建議皇后助祭天地其人品毫無足稱但碑書法是習伯施登善而有得者非近世能書家所及趙明誠已云姓名殘缺案此石本出三原縣今逸毛氏關中金石文字存逸攷

公士安令節墓誌存文見陶齋藏石記神龍元年
石方一尺八寸縱橫二十七格隸體文撰石抱璧正書

誌畧云君諱令節字令節先武威姑臧人出自安息國王子入侍於漢因而家焉歷後魏周隋仕於京洛故今爲豳州宜祿人也祖瞻皇左衛潞川府左果毅父生上柱國君以長安四年十一月廿三日疾終於醴泉里之私第春秋六十有子如岳國臣

武臣等仰以神龍元年二月五日葬君於長安縣之龍首原禮也此石本出長安今未詳所在余友陽湖楊豫生昌勛得拓本一紙出以示余因錄其全文載入古誌石華續編中撰文之鄭休文見新唐書宰相世系表毛氏關中金石文字存逸考

按此石後歸陶齋輦運入都矣

張景墓誌銘神龍元年存文備錄

石方一尺八寸二十九行行二十八字張秦客撰

南陽白水郡張公墓誌銘并序　陝西桃林縣主簿張秦客撰

昔者銅馬運衡田龍矯翼圖開白水歷應黃星屬以炎起南陽聿來東井論公繼世之業則開立芳碑序其離居之謂則臺封盛籙別業京兆因而爲家公諱景字世雄卽京兆高陵安道里人也漢朝張羿俗號曾參宋國張曼帝稱楊柳生才可貴馳譽五龍死節

不凋飛英三葉祖問弱冠誕節博達禮經仰靈臺而千仞聳情峯而萬峙雖復奉黃公之石策不貴將軍襲素王之玉牒甘心學士隨朝官至慶州司馬匡樹近藩飛華遠著辭氣爽拔若不可干秉生知之德握天成之器悲乎年疏壠樹風流不滅於平生霜翦庭蘭芾馨尚聞於今日父志基搆重覆門閥門軒淵源濬深冰清水潔少有大度長富虛閑爰至立身棲名翊府執殳丹陛結劍紫闈行陪日月之躔位接星辰之列千門万戶時盡地而斯成雄辯高談咨昇天而靡滯自強能用行不失時隨朝累遷至晉州錄事川含鼎實地出祥雲人興附麥之謠俗返甘棠之化嗟乎莊舟夜失騰城晝開道長運銷卒于斯職公以因星授彩問日摽奇玉樹生庭金鈍主廟見北海之童子並入龍門逢洛陽之年少競馳羊駕器識沈毅風儀俊爽立言立德有質有文從己及人自家移國我大唐之爲君也玉召山藏車延草隱尋聲擢實代藉奇林公遂唱第五經射參百揆時膺選妙惟公得人解褐拜金州參軍旬月更爲秦州倉曹參軍事兵儲是委軍用其司舉口有章公私無滯旣而年符鄭嫗之相疾甚巴翁之藥忽乎大漸奄見殲良春秋卌五卒於私第以神龍元年十月廿七日葬於萬年長樂鄉古城之陽也公忠孝爲基仁義爲准吐納風月騰嘯煙霞雖混迹於簪纓終寄心於江海遺子之寶黃金不貴於一經居官之道淸操不踰於寸祿冑子福仲子表季子猷並仰遵井月俯闕幽泉崇鴈塔於玄垧鏤龜銘於綠野嗚呼哀哉乃爲銘曰　因虵命氏走馬傳祧五世封爵七葉冠貂兵書神授丹竈仙調霸城肅肅金穴遙遙其一庭春玉樹室孕明珠生膺數合才爲時須學古入官知新道邈已犯自舉非關勿諏其二業擅京輔聲高隴山其風可楫其跡難攀昇天

辯妙盡地工閑已年會夢庚日傷顏其三丸無五色鼎乖二章大運斯及幽精上空墳陪數鷲塔聚群鴻刻傳攸續列代遺功悲餘松檟獨見蒿萊其四

王三娘墳記神龍二年正書佚

雍州金石記云此石在西安府城南十里其文曰氏故妻王三娘長安人也春秋三十有八儀鳳二年八月五日捨化其月殯亡親院後至神龍二年二月八日修建墳焉書法遒媚可存案此石今久逸矣毛氏關中金石文字存逸考

比邱尼圓滿碑銘無年月正書佚

石墨鐫華目錄云在華嚴寺城南遊記云由杜曲西北爲楊萬坡夏侯村上華嚴寺西有二塔二塔之西一塔敗垣中有唐比邱尼圓滿斷碑書者不知何人全出褚登善波拂處虬健絕倫

銘內有神龍二年并鎮國太平公主等語當是中宗時人習登
善書者按此石今久逸矣毛氏關中金石文字存逸考

信行禪師興教碑佚文無年月 備錄

照裴本錄文未詳尺寸
越王貞撰文薛稷正書

隨大善知識信行禪師興教碑并序　上柱國越王貞纂　前中書
舍人薛稷書　原夫眞身設範垂二字以標靈應佛涅槃顯六時
以爲固嶓山利見善權之業斯遠連河綃化隨機之道載宣莫不
感運以揚蕤考時以敷教故知行藏之理斯異廢興之業亦殊要
者連肩雖復堅任之上人解慧之開士廣演八藏九部之說劇談
二空三性之文曷嘗辨於眞僞之宗詎知曉於是非之旨誂誂法
侶猶苦迷方濟濟覺徒安知最勝遂使魚目研綜珠篋之奇區別
金書之秘摽象運之時用揚末法之幽鍵獨步一人功侔十力惟

我大善知識信行禪師矣至乎氏胄之華勳習之業既昭著於前
碣於此可畧而言焉仰惟禪師識洞初幾照逾機之科對藥病之
理定邪正於波擾決疑是於雷同妙達機先利判同極業契初依
之躅仁逾後際之用酌金河之茂典解沙界之深纏起十受於心
靈遵三捨於身命惑障攸滅控洌淨之遙源慧炬弗實既克簡擇
之尤善人不濫良無枉罰之酷長鐲七損永謐三災開示之益允
除妄口高幔之見樹增上之口自空靜名相之驚飆昇河岸於振
弘對遣之慈彌廣用因收果即從因以表眞以果攝因乃緣果而
峭山彼逝魂收名鬼錄起茲朽骼受氣人靈諒釋門之指南允緇
服之共北者矣雖復孤擅決了之士無窮智慧之實猶昧開導之
智尚乖勸誘之義遂使鍛冶之子口習數息之因澣濯豈不然歟
欽惟襄俊親承聖範猶致疎謬靡叶深機矧乎今士幾傳遺說有
迷幽趣實喪菩華蠢蠢四生常淪苦海茫茫萬彙恒溺愛河殊塗
同歸有足悲矣斯乃前哲失之於既往惟我禪師得之於韻於旋
宮固守刻蕊弃神鋒於水府亦猶析薪求火豈覩炎光之盛畫餅
緘毒莫飫甘露之津蚊喙之識罕周牛便之劣滋甚握斯墜葉不
悟大方恃此藕絲矜乎小智者矣若乃三階演法五位騰惡而成
性徇迷惑而爲習信惡之誠且篤忘善之志亦深紊善惡而罔分
雜正邪而靡悟於是甄明種性之貫式彰顛倒之違雖則稟命愚
癡克邁辟支之軫挺質莫智俄馭口御之乘若夫七處聚義能力
未藉於假人等大地之廣持類元天之遐覆導師諸願代苦之德
靡涯正法甚深善誘之仁多裕四諦無作更明自力之知六住表
規益垂得度之紀信惡迷善之子唯彰口美之方信善忘惡術口
祛惑而獲範克紹聲聞之乘能撥亂而致賚曰生巨厥躬之樂廣

敷無漏之慓攀近諸身之事遠該成彼之業觀色觀相四部之教
不同學上學下三寶之機斯異佛法代法之攸聞自驗自知之照
理諒如矇瞽之昧即從忍受之安修上法而攜挹習善之業彌優
仰信之益日滋隨悅之方月進深苻八式蹈三義之宗好惡俱聞
憂喜不溺於心術信直咸綜成就克劭於情田受剝剝而猶甘希
韞涅槃之趣惠首目而罔悋冀證菩提之緣懼誠岐之難銷襯囊
衣而歸俗襲重想之存慎彌而契冷之節既調陽及毀正之侶繼
踵寘於無間訾聖之徒接衽赴於冥晦祈法需而滌釁入淨土而
投誠求智之美以隆歎法之深以舉樂嬉遊於火宅未懼一門之
隘恣沉泳於苦海匪憚五欲之災曰馭牛以宣慈說窮子而啓諭
守節迦葉辭請食於檀主護名釋胤拒匹儷於國王且夫穢觀已
成嫌惡未受不引其賊如擠其坑惟好所用自歸惟善所願躬納

猶虛天而比廣若厚地而絜大煩惱之藏莫窺空智之幾雖覩亦有戒壞而見存或有見全而戒毀能發誠而懺咎遂刻意而悔衍二伐之報可求三乘之果何遠夢羅刹而能警臨將歿而敎念故婆門誹謗思良津而免尤闡提善報資後囙而延福觀相之心旣切繫念之志必深蠲五逆於幽猶解四禁於冥籍原乎蒼生處俗受格異規黔黎居代殖操殊軌負才之子實多矜己之長好機之流則惟覩物之短旣憎身之長少便覿人之短多學上谷以彌豐存下好而良鮮遵別之情無極業溥之道未宏庶疚懷而利他乃留想而褌已習氣飄而匪定稟命雜而弗醇暨乎詮聖之理可徵驗果之由斯照則有偏居信善兼包信惡自他之善寧敢專收自他之惡安能孤亮正可以舉善而攝善知惡而統惡焉假使少能迴已以同人廢已以從人亦未能頓袪三業長駈八正然可惡善

之內則利俱學之優旣遠之中囙爾揔施其能都泯其蹤物我咸緝之務乃弘是以冰室由之遂寒石峯以之增峻三春戒序青要之律克調九秋御節白藏之氣攸美遇善諧性叶勝緣而自感逢惡爲情蘊凶德而成否固可廣存並學甄明別機粗述二階之宗式標其趣矣次有利報邪見常緘顚倒之想斂質僻懷恒苞迷謬之態雖復久承戒珠之義夙奉禪鏡之明猶告毀於波若尙嗜沓於種智肆其輕謂則背誕於三寶縱其妄識則委體於六魔墜泥黎而未央陷阿鼻而無盡徒勤謏學虛事鍇遵七十五由斷見之非仍起九十一刼喑瘂之苦未瘳易前探於本根當後歸於正遍又有囙無始之界自有識之心罕聆法寶嘗淪俗化或恃長以縮短或見短以綜長或習上好之多或學下好之少惟別溥之偏駁混善惡之交馳植角之喻茲興祓蟻之譏斯發洎乎覩佛開敎聞法貽矩駉身之善遂多覩彼之惡攸衆但能廢人同已未克省躬就物志希極上之業情昏最下之規

冬仲同路若公兩奉若過文蓀親翁齋小飲覽信行禪師碑用筆渾融靜逸煥然古質無後代習氣意甚又聞歌哭風沙苦霧車塲馬聲嘈雜中偏觀寶書大是快事囙醻數盞遣寒冽之氣己丑歲社弟王鐸

薛少保書白杳冥君昇仙太子碑年月書名外僅見余乃得龍門涅槃經七十五字此刻乃有一千九百餘字用筆之妙雖青瑣璀璨合意之作不是過也可云買薛得褚矣子貞太史其寶之道光丙申九月廿有八日南海吳榮光借觀并記

按此碑惟集古錄目載其梗槩以後金石家未再著錄蓋宋時已淪亡矣毛氏金石文字存逸攷有信行禪師塔銘之目然非

興教碑也觀文內氏冑之華熏習之業旣昭著於前碣於此可畧而言數語則兩碑判然矣攷信行禪師宣教於至相道場在終南山麓梗子谷建塔於開皇十四年至唐而其教益顯信奉者輒葬於其側並豎塔以誌皈依又名百塔寺故追述其興教功也纂文爲越王貞太宗第八子與紀王愼同以文學著書者爲薛少保本與虞褚齊名而見於金石者止杳冥君銘與昇仙太子碑年月題名數行第奉勅書矜持少態此碑則縱橫恣肆而秀韻天成與褚河南如出一手宜後人有買薛得褚之語惟年月莫稽攷新唐書薛收傳稷於武后時爲中書舍人景龍末爲諫議大夫此碑結銜爲前中書舍人且無武后新字其在神龍景龍間無疑惜殘缺不完奘本且剪去其磨泐多字故文不能竟讀道州何氏以千二百金購得以寶薛名軒自謂海內無

二乃長安薛氏亦藏其一文字多寡相同惟裴藏小異可見流
傳者不止一本而金石家從未一見殊可異也

秦州都督士曹參軍顏瑤墓誌銘 存 文見黃氏古誌石華 景龍二年

石高一尺三寸五分廣一尺三寸十三行行十四字正書

誌云葬於雍州萬年縣曲池坊之北一百步余友王叔琴大令
聯軫嘗句當公事至咸寧縣屬之鳴犢鎮云此石在鎮內古廟
壁間 毛氏關中金石文字存逸攷

按此石今爲牧童敲剝幾乎字之完好者無幾其年爲景龍四
年與毛氏所載景龍二年有異或爲兒童添畫亦未可知

編纂渭南武樹善

續修陝西通志稿卷一百四十五

金石十一

唐

韋公夫人裴氏墓誌銘 存 全文錄 景龍三年

石高三尺廣二尺八寸十一行行四十三字正書蓋題唐故魏國夫人墓誌銘篆書在西安圖書館

大唐故魏國太夫人河東裴氏墓誌 并序 夫人諱覺字寶眞空
河東聞喜人衛御卿京兆韋公之內子也欽厥靈源胤顓頊而長
派恭子慶系奄裴卿而大啟故椒實桂芳衣冠奕代文經武緯史
冊兼題蓋則効節卯金掌玉壺而負軍潛則避言漢水察未兆而
高翔亦有重望推乎領袖厚實揚乎文籍修尙儒術飛名本朝風
神高邁取奇見者將非河汾有氣乎梁霍有靈乎曾祖鴻智後魏
龍驤將軍雍州長史高邑縣開國男食邑二百戶周車騎大將軍

儀同三司贈邑三百戶襄州道大總管進爵高邑侯贈使持節豐
遂資三州刺史表裏山河具資靈氣文武義藝允曰天生銜刀符
建鄴之謠尹京留班述之謀爵窮五列榮冠兩朝總戎江漢橫天
討而詰暴開府辟徵極人臣之至貴飾終禮縟追署外臺祖師武
隨蜀王府記室參軍鳳彩龍章文房翰苑奉曹遊而賦月光射步
兵儕楚侍以哥風聲雄宋玉父懷旻皇朝燕然都護府司馬幽州
大都督府司馬忠州諸軍事忠州刺史郄桂幽芳和松勁節再臨
司武展驥足而高馳一守專居駕熊車而求瘼身去于代惠留于
人夫人襲彩藍田盈芳蕙畝由公宮而立禮自師氏而知和淑問
有孚淳心允塞既笄而字言結其縭鸞媒告祠鴈贄承奠四爵允
篚三鼎迥門其從如雲遂歸于我若乃廟見禮成婉茲婦順蘋蘩
采采志六義之精華巾盥事事恭三本之骨髓環珮應乎足容圖

史成乎日實而飲食奠饋常恥弗躬爲絺爲綌率由于己由家室
以宜娣姒承式順成大義克臻至和蔬食菜羹致虔而執事文繡
纂組警害而不爲加以寬厚慈恕端莊靜直中外吉凶必聞必救
家人常務以悅以情引進之慈式在桑之平惠思賢之志憲采荇
之遺風故寵無專房衣無常主矣柔以克剛貞以承順謠詠芣苢
薄言采之比方葛藟委于其質故芝蘭玉樹聞植而銜華琬琰若
華連英而屬秀矣信而可仗小曾杍之竟投德其不孤大鄗鄰之
屢擇故金籯業遂朱萼鮮融室降王姬寵隆邦媛矣府君嘗勞州
郡曆著能名夫人夙興左右實勤內助故象服以宜鵲巢登頌矣
神龍元年我皇應天御曆大造寰寓衛尉公以懿戚承恩首綰朱
紱拜河東縣君景龍二年第二子太僕少卿駙馬都尉鐵加銀青
光祿大夫拜河東貴涉于寵渥琴瑟鼓鐘媚茲靜好而志尚閑素

心存周急雖克享兼祿而食無重味雖金玉滿堂而施惠滋廣遂
歸心釋氏不茹于葷大猷苦集都忘塵累有高僧釋善福者以慈
攝應忽振錫而來儀夫人稽首禮足因請受菩薩誡乃發大誓願
願與三代諸佛同一道而詣眞乘悲夫金竈久誣玉膏空誌仁不
偕壽遘疾彌留雲空水閱一朝萬古景龍三年二月廿六日薨于
永寧私第之適寢春秋六十有六贈魏國夫人制曰銀青光祿大
夫行太僕少卿彭城縣開國男駙馬都尉韋鐵母裴氏河汾演慶
蘭菊滋榮作範著於閨門宜家洽於琴瑟斷機之訓造次無愆徙
宅之規始終不忘高堂遽掩厚穸俄淪宜加瓌珮之陣式展哀崇
之禮可贈魏國太夫人肅恭朝典光昭泉穴寵冠延鄉榮兼新野
夫人孝恭無競柔順不違婉娩四德綢繆六行樊衛之高芬遺斑
左之緐彩于佐君子式儀母師外言不入于閫內言不出于閫五

宗伊和十義伊穆自門通魯館家築秦臺翟茀而朝蠶妾之勤遂
警魚軒以軔鹿車之賁不忘用能元吉離祉高堂受福咸宜子孫
克令兄弟嗚呼行至延曆空聞曩辰閱人爲世遂悲今日景龍三
年歲次己酉七月乙卯朔十九日癸酉歸窆於萬年縣御宿川大
曲之舊塋媚先姑也車賜徘徊弔延宮閣容衛專道哀榮充朝鬱
鬱蓮闕遙成却月蒼蒼松柏近入秋風天道如何人生已矣府君
思結長簟悲纏孤劍駙馬天經素純日嚴中奪攀凱風而血背方
永三年感寒泉以痛心長哀七子奉祇先遠之禮敬卜歸眞之宅
動必因心寧過于厚庶展蒸蒸之義微答哀哀之勤誓極家貲不
預官費蓋士君子之孝也懷高岸其或夷懼幽堂之未志遂題貞
石載永芳塵其詞曰　非子之裔邑于裴鄉遂以命氏因而代昌
卓兮領袖爲龍爲光富矣文籍載華載芳其一高邑亭亭瑤巖碧岫

忠州肅肅政新風舊克生有齊閨房允秀女于君子光華日就其二
采蘋肅事方巢頌聲不專題美思賢發英蘭風氣潤惠露光清延
我內則形于外成其三二門合慶百祿歸祉鵲橋星飛鳳樓霞起夫
尊子貴同榮共美軒影輪魚衣文闕雉其四苦器知猷眞宗是歸二
嚴迴奉十力方希大士說誡如來覆衣黯然滅景返眞于微其五潘
月懸清簟空虛室皐風不靜年還何日生死哀榮眞方名實形史
既載青圖寧失其六白鶴薦兆班牛啓塋天子命弔中闈舉聲容衛
繁兮戒神寵朝廷空兮送禮成歸重泉兮永固邈千秋兮大名其七

按此誌文字均不佳拜河東貴並樊衛之高芬數句均有脫誤

法琬法師碑　存　景龍三年　文見王氏金石萃編

碑高五尺二寸廣三尺三十行行五十四字額題大唐比丘尼法琬碑九字篆書沙門承遠撰彭城劉欽旦正書今在碑林

右碑題云大唐故比丘尼法琬法師碑按碑法師諱法琬神龍

皇帝之三從姑鄭王亮之曾孫史稱鄭王元懿爲小鄭王又曰惠鄭王以別於亮亮之子孫皆有謚而無傳法琬奉勅爲尼創建祠宇又剃度女僧三七爲弟子歿則銘碑垂後唐之佞佛此爲尤異錄之以示一戒碑有天分廾應極廾應是斗漢隸廾斗二字易訛故正書改廾爲斗至唐承襲已久不應如是之謬也 葉氏金石錄補

此碑於數歲前土人鬻於市匠人方磨爲別用咸寧令柳君見之移於碑林按唐史襄邑恭王諱神符贈司空今碑內神字下缺二字當是符字又稱神符贈荊州都督今碑稱荊揚并三州大都督又德懋附見神符傳第云官少府監臨川郡公餘官及謚俱不載皆史之缺誤也德懋捨女爲尼爲親資福誠愚孝也其謚曰孝有以夫 朱氏雍州金石記

許公夫人楊氏合葬墓誌銘殘石 存 景龍三年

石不完全 柳紹先撰文 李爲仁正書

誌略云祖耀隋滕王東閤祭酒父神雅有奇節居多勝氣又云貞觀中制授抗州錄事參軍永隆二年制除恒州司馬又云口口六月七日寢疾卒於私第春秋六十有五夫人華陰郡君楊氏萬歲通天二年正月五日春秋七十六卒於私第子彥協等思極終憂情邈口禮以景龍三年七月十九日合葬於長安縣西龍首原禮也　今在西安府學碑林案此石題銜姓氏已泐文內敘述家世有讓帝字蓋有許由讓天下事又云乎恩貴戚放丹第而封侯蓋用漢書外戚傳許廣漢事因定爲許姓云誌中寢疾之寢當係寢字之譌 毛氏關中金石文字存逸攷

按此石今在碑林方二尺八寸二十六行行二十八字字徑九分以文推求前缺二行每行缺五字蓋出土後爲人別用鑿而成方文不能讀故不錄

蘇文貞公壞碑 存 景雲元年 文見王氏金石萃編

碑連額高一丈二尺六寸廣四尺七寸六分二十八行行六十字篆額題唐故司空文貞公蘇府君之碑十二字張說撰銘盧藏用撰序并隸書 在武功縣

蘇許公壞武功人景雲元年十一月葬武功碑隸書剝蝕過半存者才十三書法猶有漢魏遺意金石略云盧藏用書而金石錄云藏用撰書攷文苑英華藏用撰序張說撰銘今碑後猶有范陽張說字鄭趙二公未見耶 趙氏石墨鐫華

碑已漫滅存八百餘字金石文字記云盧藏用序并八分書張說銘景雲元年十一月石墨鐫華云碑後有范陽張說字今碑中猶隱隱可讀 朱氏雍州金石記

碑文與唐書本傳并合惟神龍初爲尚書右丞後曾封懷縣男碑不及之耳 畢氏關中金石記

長安縣丞龐思亮墓誌銘 存 景雲三年 文見黃氏古誌石華

石方一尺一寸七分 縱橫二十六格 顏惟貞撰文正書 在長安縣

誌云窆於神禾原古誌石華云神和原在咸寧縣南三十里和一作禾案顏惟貞魯公眞卿之父也誌云夫人譙郡熊氏左金吾將軍元逸之女古誌石華云夫人熊氏誌作能氏左氏春秋傳晉侯夢黃能釋文云熊亦作能鳳枝案元和姓纂引姓苑云能氏長廣人楚熊摯之後也避難改爲能氏唐有京兆少尹能延休鄠縣人上元中眞州刺史檢校刑部尚書河北招討使能元皓生昱炅太僕少卿又王伯厚姓氏急就篇云能音耐呂氏春秋能意見齊宣王唐有能元皓孝友傳能君德是能氏本

熊氏所改謂其出於熊姓可也謂能字爲熊之譌則不可也毛氏關中金石文字存逸攷

按此石明書夫人能氏而金石萃編古誌石華均改作熊氏非是能氏本熊氏所改望出華陰宋時醫人有能日宣王氏黃氏未之詳攷耳

馮本紀孝碑存先天元年 文見王氏金石萃編 碑下闕一字連額約九尺寬四尺一寸二十六行行五十字口□□撰姪子敦直隸書篆額今在高陵縣

右碑中斷金石家以上截爲亳州錄事參軍殘碑下截作紀孝碑者非是畢氏關中金石記

右亳州錄事參軍馮本紀孝碑在高陵縣碑已斷中央損五十餘字撰文者名朝隱而闕其姓考唐書文藝傳閻朝隱先天中爲秘書少監此碑文云朝隱竹簡舊遊蓬山遺老題銜書少二字可辨祕字亦存其半知爲閻朝隱無疑也馮君卒於咸亨四年以久視元年葬先天元年樹碑距葬時已十三年矣碑爲嗣子銀青光錄大夫留直昭文館敦直所書歐趙諸家俱未收錄顧氏記金石文字始錄之又別出亳州錄事參軍一碑其實即此碑之上半誤分爲二耳碑書瓞作瓝敦作𣪊皆別體潛研堂金石文字跋尾

契苾明碑存先天元年 文見王氏金石萃編 碑高一丈三尺五寸廣六尺共三十六行行七十七字婁師德製文□元□正書額題大唐故大將軍涼國公契苾府君之碑篆書今在咸陽

右碑在縣北五里雙泉洞微東北上崖字近下面碎落僅可意會識之上面則猶初然也咸陽金石遺文

按唐書契苾明傳悉與碑合石墨鐫華云長子嵩襲封涼國公而後云孤子息涼國公嵩立又何也明葬于萬歲通天元年碑立於先天元年仍稱周革命仍用武后製字都不可曉金石文字記亦以此爲疑愚謂此蓋明葬時婁爲之製文殷爲之書是以稱大周用武后所製字其碑中稱李孝義爲唐膠西公以在周時不得不稱唐也碑文已書而未立至先天元年始立耳不然婁師德卒於聖曆元年至先天元年已十餘年矣焉能起而爲之製文其先天元年數行書法似別出一手且所書俱不用武后字可爲明驗無疑至立碑乃次子嵩或製文書碑時三子無恙至先天時聳已故嵩知非次子嵩襲爵葬時嵩與崇不過子爵今嵩稱涼國公涼爲契苾氏世爵此亦一明驗史止言聳襲爵不言嵩襲爵何知非史之闕耶朱氏雍州金石記

李府君夫人王氏墓誌銘存開元二年 文錄後

石方二尺四寸二十八行行二十九字正書

大唐太上皇三從弟朝議大夫行右衛長史上柱國李府君之夫人太原縣君王氏墓誌銘并序 夫人諱口太原晉陽人也粵若漢庭陰德軒車馳七族之門曾家元老彝狀盛三台之位由是將軍闢壘廓垂惠之氛埃丞相登朝驚當于之視聽巍巍茂緒列綿祀而飛績穆穆清風播景鐘而逸韻備詳之於簡諒今可略而言焉曾祖君儒隨侍御史御史中丞太子左庶子祖孝遠皇朝屋盩縣令大理正紫微舍人參知機務同紫微黃門三品平章事除京兆府少尹提衡孝友藻繢彝章或望重烏臺凛嚴霜之峻旨或詞華紫禁敷陽春之惠澤昔者佩刀傳覡江荊貲其燮理絕席申歡山桑表夫金石眷言斯道家不乏賢考崇皇左千牛兗州司功許州司戶黔州石城縣令太子舍人學擅文場辞彈辯囿外參端士

聽春誦於搖山入纂侍臣奉天顏於錡衛方當誕靈鱣瑞將飛越海之鱗呀吭鶬池遽拉摩霄之羽夫人秀氣呈祥柔儀韞則管纖給纓之禮實自生知端明婉順之德匪因教至若鋊華煥彩艷桃李之春暉洛珏飄香掩桂蘭之秋馥輕步遊羅帳神女爲之低雲含情對鏡臺姮娥猶其罷月於是瓌姿瑋態光日下以無雙淑問嘉聲命仙儔而少疋李君連枝瓊樹挺杞梓之宏材積潤瑤谿引溟渟之遠派爰茲合姓式終偕老夫人作嬪君子無虧侍櫛之方正位家人允叶從夫之秩太極元年四月十五日授太原縣君加寵命也豈謂蓮房夕隕黃泉無再發之期粉匣晨銷玄室豈凝妝之處絲琴幽怨嗟鶴操以長孤華桐結根歎龍門之半死以開元二年閏二月十五日遘疾終於京兆府萬年縣安興坊之私第春秋五十有四李君悼齊體之無歸恨冥途之永閟始看餘桂撫長

簟以銜酸載想遺形望空帷而屑涕息鉉等痛深泣血哀逾飲水訴昊天而罔極觸厚地而無追敬卜休貞俯營窀穸即以其年甲寅五月丁亥朔二十三日已酉安厝於京兆府長安縣居安鄉高陽之原禮也高隰悠悠荒臺寂寂背巖城以遵路指靈丘而塵迹野既迴兮無隣一人去兮成昔乃爲銘曰　太原之士晉水之濱中朝握政外戚通姻其一王道蕩蕩帝緒親親誕斯令淑光于作賓其二從梁以儉在冀如賓婉娩其志貞明其身其三彼蒼不閔壺則方淪頹齡奄謝大暮何晨其四南臨巖壑北枕城闉泉臺有夜櫃隧無春其五隴荒宿草樹古摧薪爰彫翠石永播芳塵其六

案此誌以盞歷作歷敖當係筆誤

思言禪師塔銘 存開元二年全文錄

石高一尺四寸五分廣一尺五寸二十三行行二十一字正書存長安閻氏

大唐崇義寺思言禪師塔銘 并序

夫法尚應權言貴稱物無違於俗有利於人所以不捨凡流而登覺路未階十地便入一乘者其惟禪師乎禪師法諱思言俗姓衡氏京兆櫟陽人也幼標定慧早悟眞空戒珠明朗心田獨□四分十誦自得地靈三門九法總攝天□無解而解善惡俱亡非空自空物我齊泯不現身意行住涅槃雖假言談長存波若由是隨緣起念自關洛而徂遊應物虛□經海沂而演授昭化煩惑濟盡摩冥法侶雲趍俗徒霧委請益無倦屢照忘疲薰以香膏焚緣明盡曰茲不忝遂搆淸羸日居月諸奄先朝露以延和元年五月二十三日捨化於浚郊大梁之域遂就闍維嗚呼哀哉春秋六十有九四十夏祥河輟潤惠炬潛光井邑生悲風雲改色即以開元二年歲次甲寅閏二月己未朔十二日庚午姪沙門悊及道俗等敬收舍利於終南楩梓谷大善知

識林後本師域所起塔供養俯臨寶刹仍從梵衆之遊却背皇居尚起杜多之行緇素如失道俗生哀嗚呼蓮華會上空聞說法之名荆棘林中獨結哀歌之恨梁摧道逝涕實何依氣竭恩深敢爲銘曰　本有之有三千大千人超佛地法證眞天智非一覺神亡二邊弗住而住雖牽不牽參羅萬像愚智皆賢悲深性域化俗情田形隨物弊身將刼遷哀纏沒後痛結生前變通誰察起現何年

按此石光緒初年出土爲載倫貝子購去攜歸北京矣

鄭玄果墓誌銘 存開元二年 文見陶齋藏石記

石高一尺七寸七分廣一尺八寸七分三十六行行三十四字正書

誌略云公諱玄果滎陽開封人也先世仕魏爲東光侯祖德通隋平州刺史父仁泰唐靈川都督左衛將軍右武衛大將軍進爵同安郡開國公卒於涼州都督謚曰襄公起家文德皇后挽

郎解褐曹王府兵曹趙王府法曹轉豳州錄事參軍遷伊州長史代州司馬未逾旬月除尚乘奉御遷左率府郎將除右衛親府郎將右衛翊府中郎將仍兼右金吾將軍襲爵同安郡公以大唐垂拱元年六月十九日卒於位春秋六十有三夫人河南郡君河南元氏後魏景穆皇帝第九子南安王楨七代孫右衛將軍壽之姪右驍衛郎將備之女春秋五十有三以大唐永淳元年二月十四日寢疾終於京師龍首里之第以開元二年歲次甲寅十二月廿九日與公合葬於承平里之原禮也長子同安郡開國公行閬州晉安縣令口嗣等云云　此石今藏渭南趙氏誌之下方邊際尚有字跡可辨蓋磨舊石而重刻者唐誌似此類固甚多也玄果之名不見於史傳其父仁泰之名屢見新唐書高宗本紀及高麗傳中貞觀二十一年以李勣為遼東

道行軍大總管右屯衛大將軍鄭仁泰副之顯慶三年鄭仁泰及悉結拔也固僕骨同羅戰敗之龍朔元年鄭仁泰為鐵勒道行軍大總管二年鄭仁泰及鐵勒戰於天山敗之三年吐蕃攻吐谷渾涼州都督鄭仁泰為青海道行軍大總管以救之今誌中所載仁泰官爵多與史合毛氏關中金石文字存逸考

按此石於光緒二十八年為陶齋攜去

馮貞祐妻孟氏墓誌銘

佚開元三年文見王氏金石萃編

石方一尺三寸六分縱橫十三格正書蓋篆書唐故馮氏婦墓誌之銘首行題唐將作監主簿孟友直女墓誌并序

案題云唐故馮氏婦墓誌之銘又云唐將作監主簿孟友直女墓誌十一娘字心河間人也年十九適馮貞祐明年終於洋州興道縣舍留葬陳倉縣之新平原父母為之立志其略如是此石以乾隆己卯年出土從前金石家所未著錄者畢氏關中金石記

關中金石記云此誌以乾隆己卯出土雍州金石記云在寶雞縣武尹署蓋篆書唐故馮氏婦墓誌之銘九字此誌寶雞鄉人於土中得之以為玉也攜賣於市久而無售遂棄道旁寶雞縣丞王君若愚好古士也取而藏之鳳枝按此石久逸陝中拓本有數種字跡各殊皆非原刻也毛氏關中金石文字存逸考

裴公妻賀蘭氏墓誌銘

佚開元四年文見王氏金石萃編

石高一尺七寸七分廣一尺六寸四分十六行行十七字正書

案鴉即鴟字鴟鳴堆即梗梓谷在長安縣南六十里夫人卒年四十四其夫裴公尚在志不言與寺僧有何瓜葛而病則移寢於方丈殯則陪葬於禪塔恬不為怪且以為禮唐世士大夫之佞佛而不諱於家政如此明趙崡城南遊記云百塔寺本信行禪師塔院山畔唐裴行儉妻庫狄氏葬塔尚存而此誌裴協律

妻乃賀蘭氏非庫狄氏亦未詳其夫名為行儉攷唐書行儉字守約聞喜人麟德二年擢安西都護為司文少卿未任太常協律之職西安郎官石柱題名戶部員外郎有行儉名亦未載其官協律行儉為司文少卿在麟德二年距開元四年已隔五十年其夫人卒時不應止四十四歲亦不應夫人卒而行儉健存或係子𢈔誤記否則協律為行儉子弟行儉妻庫狄氏先葬信行塔側而賀蘭氏因而祔之也志內攘衰之攘當作禳黃氏唐石刻遺拾

法藏禪師塔銘

開元四年文見王氏金石萃編

銘額篆三尺三寸高六尺九寸三十六行行三十字田休光撰文正書

右碑題云大唐淨域寺故大德法藏禪師塔銘八分書京兆府前鄉貢進士田休光譔文正書無姓名或即休光書也開元四

年五月廿七日建按序俗氏諸葛蘇州吳縣人爲瑾之後曾祖譽吳郡太守蘇州刺史大父穎隋閬州刺史父禮皇唐少府監丞以名賢後裔不應捨族披緇但云年甫廿六奉勅爲濮王度則當時爲后主太子諸王剃染者皆搢紳子弟可知也濮王即太宗子魏王泰泰以貞觀二十一年改封碑云師于開元二年捨生報齡七十有八則剃度在永徽三年正泰開府置僚屬時也（葉氏金石錄補）

尹尊師碑（開元五年 存 文見王氏金石萃編）

（碑高一丈一尺一寸廣五尺二十六行行七十一字員半千撰文隸書額篆大唐尹尊師碑六字篆書弟子侯少微等建今在盩厔縣樓觀）

尊師出世於唐之貞觀碑建於開元甲子十周字畫昏蝕慮歲久益舛先迹無攷口重摹于石以壽其傳　大元大德元年三

月朔提點嵩志眞敬識

員半千之取名謬爲應運五百者碑文殊不稱可笑碑敘文操遊太白覩異像以爲奇蓋太白名山至今多見靈異不足奇也至謂老子降於壇間萬衆共覩則近誕矣書分隸遒古不著姓名且經元朝翻刻失眞可惜（葉氏石墨鐫華）

韋項墓誌銘（開元六年 存 全文錄）

（石高三尺二寸廣三尺四寸三十八行行四十字蘇晉撰正書蓋題大唐衛尉卿韋公墓誌銘篆書在西安教育局）

大唐故銀青光祿大夫衛尉卿扶陽縣開國公護軍韋公墓誌銘

并序　前中大夫守泗州刺史上柱國野王縣開國男蘇晉撰　公諱項字勵已京兆杜陵人也厥初泉流系聖於軒昊肇允繁祉作玥於夏商孟傅弘義而保身玄相補而興構既崇德以貽厥固綿永而浸昌高祖邕後魏奉朝請大著作曾祖休業後魏大丞相府東閣祭酒上黨王諮議參軍太中大夫馮翊扶風宜陽三郡太守使持節車騎大將軍開府儀同三司金紫光祿大夫新豐縣開國公祖澄隋大丞相府法曹東京兵部侍郎定陵郡守司勳侍郎朝請大夫尚書左丞通議大夫國子司業皇朝上開府國子祭酒金紫光祿大夫使持節綿州諸軍事綿州刺史贈彭城縣開國公謚敬父慶植皇唐秦國公府錄事參軍秦王府司馬倉部郎中舒密二州刺史禮樂文章重規天爵旂常圭紱疊矩朝經著作之庭良直擅其經緯曳裾之苑文雅治其儀形代有卷舒君大降隱居之志時吏喪亂山甫弘經緯之心臺閣茂其崇蘭甍蓋流其時兩人謠尙襲國史攸詳公善積靈根慶鍾秀植神情瀟浪華英外挺於珪璋風韻周流和順內馥於蘭茝瑤林鬱其茗楚丹穴紛其美價年卅五解褐補秦州都督府戶曹參軍秩滿授岐州司倉參軍河

西都會政兼戎馬岐陽奧壤地牧實雜版籍克諧京庾斯作道存夷雅常坦虛舟之懷事有遭隨旋蹈遇坎之數以親累左遷定州司功參軍事眞定名區寶符攸在達人大觀幽蘭自芬載光汝南之書終遇弘農之嘯遷宜州同官縣令轉雍州三原縣令畊綴鄜時隧分高陸邑疏畿甸王化所先溝通鄭白華實斯上豪有五陵之舊政爲百里之難刑之以秋霜德之以春雨茂陵慙於有讓谷口愧其無言加朝散大夫遷豳州司馬黃裳元吉朱紱方來板屋近郊俗敦行葦緹油貴屏禮盛楹桐式題仲舉之輿用展士元之驥尋拜都水使者叟勤溝洫漢務河渠權郡國之魚鹽分上林之池籞昔惟錐利之雜今實優賢之地留連多暇勝韻彌高俄遷宗正少卿又轉光祿少卿彤伯所職序厥宗親漢官舊儀亞茲權貴伯興忠節著於朝廷思元泛愛被於斷養又遷衛尉卿加銀青光

祿大夫漢豐八毛晉崇九列君陵戚屬而猶讓叔則茂行而方居冠冕日華風流滋廣情存跛缶禮及懸居表疏陳乞恳從優允石氏紘歌未盡明君之曲魏宮鐘漏竟催田豫之年曰以開元四年四月十日薨於京師永甯坊之私第春秋八十有一嗚呼哀哉惟公從心而處慮已以遊均毀譽於條風審憂驩於短晝由是交士林忘其貴撫寮舊盡其懷囊中約十日之遊席上盈万錢之費所謂泰兼名實樂極優遊者焉夫人河東裴氏魏龍驤將軍雍州長史高邑縣開國男周車騎大將軍儀同三司豐遂資三州刺史鴻智之曾孫隋蜀王記室叅軍師武之孫皇燕然都護司馬幽州都督府司馬忠州刺史懷㚚之子分氏命族由來尚矣人物衣冠著於圖牒鵲巢爲貴可略而言夫人稟柔明之姿承詩禮之訓紃組不已於姆教盥醑潛會於嬪則年甫笄縱迨如言歸爰采蘋蘩克

蠲祠禴自初鳴鳳之盛終致關雎之美夫華蒼玉朝奉柏梁之宴子貴瑤芝暮下平陽之第既茂山河之服是光翬翟之容嗚呼寒暑爲邪有在肓之癘福善何爽無返魂之香嗚呼哀哉以神龍三年二月廿六日薨葬於長安城南畢原之兆制贈魏國夫人官給喪事羽儀鹵簿至暮來往曰以開元六年歲次戊午七月丁癸朔廿九日辛酉乃奉公之神駕合葬於魏國夫人之舊塋禮也有子駙馬都尉銀靑光祿大夫彭城郡開國公上柱國右金吾將軍衛尉卿左出歙州別駕鐵䇋甚叔高名加武子伊嵩增痛風樹窮哀惏陟谷之感遂䇿篆刻之無昧其銘曰　冑始軒昊祚啟彭韋楚孟流懿漢賢增輝自茲厥後福履攸歸高才貴仕紱冕朱扉其一日時雨淸風藹如其二琁玉載誕自家形國椒桂其芬始終無忒濯纓從事縣車貽則卑高以諧風猷允塞其三靈關洞達衡闕蕭森愛泛僚下傾驩士林叅以洒德遣以琴心人言無間天命匪忱其四蘭畹初茂慶雲其郁彼美鵲巢載華翬服方榮石窌遽嗟濛谷終悲共盡言安永卜其五杜陵舊域畢陌新阡蔓草沾露行楸滅煙哀哀孝子愼終追先庶高深之無極惟蘭菊之在焉其六

按此誌淸宣統二年出於咸甯縣之李王村緣其地古墓忽陷縣令培繹如成親往察看撿出墓誌篆蓋四石乃知係唐衛尉卿韋公頊暨裴夫人合葬之墓裴夫人葬于神龍三年韋公葬于開元六年故各有墓銘遂封墓舁石送圖書館以存古物裴誌已見前此誌書法峻整亦唐刻之佳者惟互相補而興搆句有脫字七月丁癸朔更屬謬誤

于知微碑 開元七年 存 文見王氏金石萃編

碑高九尺八寸廣四尺四寸三十四行行七十五字 姚崇撰文 正書

石碑殘缺卽姓名亦不可見有五代祖謹知爲于氏及考趙曰錄注建碑年月始定爲知微也父立政見志寧傳知微自釋褐歷官至兗州都督皆有惠政撰文者姚崇也末云生平言行實僕所知揄揚事功則吾豈敢竊謂不知其人視其友武氏之臣荀爲姚宋所與建碑庶幾不愧惜三原之鄉人鑽泐其文爲無識也公侯子孫非奇才異績不得附見國史向錄大猷碑喜于氏復得三人此碑云子克勤克搆克懋皆顯官合知微而四于氏之傳於今者非碑版之故耶于氏諸碑皆在三原縣墓上 葉氏

金石後編

按知微乃立政之子與大猷同父其世次與大猷碑及唐史有小異讀者當自得之至唐史志寧傳贈幽州都督大猷碑稱志

寗贈幽州刺史今知徵碑又與大猷碑同則志寗之爲幽州都督爲史之誤無疑也（宋氏雍州金石記）

王仁晈碑（存　開元七年　文見王氏金石萃編）

（碑連額高一丈五尺六寸廣五尺七寸二十二行行五十四字隸書額題御書二字在碑首末石泐剝一行存字大抵模糊）

舊唐書仁晈本傳仁晈以開元七年卒令張說爲其碑文玄宗親書石焉攷兩書本傳所載並合惟擢將作大匠後轉太僕正卿新書不之及耳碑自歐趙自今從未著錄（畢氏關中金石記）

按仁晈明皇廢后王氏之父也唐書后妃傳稱同州下邽人碑云太原祁人者舉其族望也碑文張燕公所撰而明皇親書之額題御書二大字不審出何人筆（潛研堂金石文字跋尾）

華嶽精享昭應碑（存　開元八年　文見王氏金石萃編）

（碑高一丈四尺三寸十九行行四十九字咸廙撰文劉升隸書李休光題額華嶽精享昭應之碑八字篆書在華陰縣西岳廟）

右碑序頌華陰主簿咸廙爲故相許國蘇文憲公頲祈雨獲澍而作者也侍御史劉升書按趙明誠金石錄於唐碑搜訪殆徧而獨遺此升書亦僅見於此碑而已（弇州山人稿）

華嶽精享昭應之碑其文即刻於後周天和二年頌碑之陰其碑之右旁有顏魯公大字題名乾元元年十月左旁有賈竦謁華嶽廟詩元和元年十月作并書太和六年四月姪男宣義郎行華州參軍珹重修碑之下方亦有唐人題名此碑前後空處爲宋人攙入題名甚多幸正文皆八分書題文或隸或行不相混耳廟中古碑嘉靖末地震多毀唐碑惟此與述聖頌二通僅存（顧氏金石文字記）

韋希損墓誌銘（存　開元八年　文見陶齋藏石記）

（石高一尺八寸八分廣一尺一寸二分二十一行行二十三字子瓊撰文正書）

誌略云君諱希損字又損京兆杜陵人口祖量魏散騎常侍生高祖瑗隋陽武令瑗生曾祖知止口口建伯勳領幽州刺史生祖仁儉儉早終考嗣業皇口口口爲蓬閬之秀君即秘書公第二子也享年六十有三開元七年八月九日傾于新昌里第之中堂子渾金等以開元八年歲纏庚申正月八日奉神輿權安厝於城東南曲池里子渾金等云云　此石今藏渭南趙氏案新唐書宰相世系表希損出小逍遙公房誌云希損高祖瑗官陽武令表作武陽令自當從誌爲正誌云希損曾祖知止官幽州刺史表云官庫部郎中此誌與表異者希損之祖仁儉之名及希損父嗣業官秘書希損官京兆府功曹表中均未載得此可補其闕誌有設熬置銘語案設熬置銘見周禮春官小祝（毛氏關中金石文字存逸考）

按此石於光緒二十八年爲陶齋攜去字跡漫漶已甚細心諦視可得八九

崇福法師塔銘（存　開元九年　全文錄）

（石高一尺二寸廣一尺六寸二十四行行十七字正書）

大龍興寺崇福法師塔銘并序　法師諱崇福俗姓王太原祁人自受氏之後世無專業初以太子晉賓於大羅次及太常肅宗于闕里終以法師歸於釋氏千有餘載興我三教者其在茲乎法師年弱冠身未離俗以爲父母遺體期於報復先宗不嗣罪莫大焉雖受之以妻子固無忘於梵行以人代如泡幻以冠冕爲蓋纏物我雙遣色空齊置時有淸信者未嘗不歸依烏奉景龍元年十二月二日勅甄擇精恪許令出家而法師預焉隸于龍興精舍離于

繫縛𡧓智靜而六趣俱寂修心而三明自炤神遊雖恨緣相何常行不住回忽焉遷化去先天二年五月十八日泥洹寺房春秋七十權瘞于長安城西以開元九年二月廿四日遷窆於金城北原先王制禮而非無封樹釋氏道教則崇乎寶塔於是發菩提之勝因規育王之遠跡闕豎岑立增盤崔嵬閉以金棺藏諸齒髮輿諸眷屬瞻仰知歸庶使終刧長存業風不懷豈口東府之墓毀及池隍驪山之墳災生牧豎渡流沙而已遠應復無歸過龍樹而興嗟詎知神理若斯而已哉銘曰　前因已報無人雖證口提且輪沒嗟嗟上士不復歸空見寶塔藏金骨

按此誌未經前人箸錄亦未審何時出土現存省內圖書館字跡尚工整惟銘詞前因已報無人句下應有脫字然細視確有添註痕跡而不能識其何字矣

長孫安墓誌銘 存 文錄後 開元九年

石方一尺九寸二十六行行二十五字正書

唐故青州長史長孫府君墓誌銘 并序　公諱安字弘安河南洛陽人也粵若稽古皇皇者軒天飛龍光作我人極實命昌意鎮于陰山倬哉熊融肇此公族遠自後魏迄茲聖代作茅分竹佩玉懷璜尚主爲郎軒遊鼎食者詳乎國史家諜公擢根芳菀養秀華池隋太常卿緯之嫡孫蜀王府長史曜之元子恭順之色發於孩笑孝敬之心著自齠齔聞喜則學見賢思齊才爲文宗行作人範眉目若畫志氣如神時國步初夷才賢實急詔選良家子爲左右千牛非夫點漆凝脂渾金樸玉家傳閥閱代襲貂蟬者疇其以堪堂堂我公雅稱休選秩滿遷符璽郎公才行獨高藝能兼美超侍軒禁勤勤歲時天開嘉聲出爲隰城宰時仰休政改爲會州佐汾水之曲隴關之外人貪於利俗異於華公先陽春之熙熙則人吏蘇息後嚴秋之肅煞則姦豪畏威人不忍欺吏不敢飾尋拜益州九龍令牛刀再鼓鴟紘復調圖境馳聲不仁自遠俄轉硤州司馬又授襄州司馬復拜青州長史毗是千里翊彼六條不以私害公不以義通利官雖半刺職是端寮俗政歌謠在公徧得夫如是者則循良傳有遺愛碑存於戲他人之賢譬比丘陵逸矣府君如日之升方期坐廟堂宰天下豈神無祐善禍則鍾賢春秋七十三咸亨二年三月十五日遘疾終於官舍有識興慟無思不哀夫人同郡獨孤氏禮華其質涓絜其心獎是閨風弘諸婦道作福無驗哀禍重臻時以年月未便權殯長安城南粵開元九年龍集辛酉十有一月犖開六英金鷄鳴玉龙吠蓍蔡攸吉人神叶從合葬於白鹿原葢遵周公之典也孤女張氏妻哀無怙恃酷彼劬勞淚終以血

氣竭而獨仍懼陵谷貿遷歲月相易謹銘洪懿勒此玄石詞曰鳳城之東荀口之北壤土燕銜來葬田烏相得佳城兮鬱鬱松檟兮蕭瑟于嗟公兮埋此室于嗟公兮埋此室

按此誌以極作極書作畫號作𩑸鬱作欝皆文人好奇之過至以犬吠作犮吠則奇而不成字矣

張思道墓誌銘 存 文見陶齋藏石記 開元九年

石高廣各一尺五寸二分縱橫二十四格正書

誌畧云君諱思道字勤王京兆涇陽人也曾祖魏驃騎大將軍謚曰恭祖隋胡勝二州刺史皇朝梁州總管謚曰順父金紫光祿大夫司馭正卿贈原州都督謚曰安公以如意元年四月廿八日殯於私第春秋五十有四開元九年十月遷祔於豳州宜祿縣之西原　此石今藏渭南趙氏誌中書後作後命作㕣春

作書克作亰播作劉國作囯惟蜀字見康熙字典係播之古文」餘則筆畫奇詭不知所自焉隋書地理志有勝州而無胡州得此可補其闕毛氏關中金石文字存逸攷

吳文斷碑存開元九年文見王氏金石萃編碑僅存下截高三尺一寸廣四尺二寸三十五行行字數無考僧大雅集王羲之行書徐思忠刻字

此碑斷缺棄於西安城南隍中王生堯惠見之以語郡守昇置頖宮碑爲大將軍吳文立宏福寺僧大雅集右軍書余觀其筆法去聖教遠甚應是集字者不及懷仁而碑中有開元九年字疑又從聖教序諸刻中摹集非右軍眞蹟也趙氏金石墨華

古今碑刻集右軍書見諸記載者凡十八家皆從聖教序出此碑其最著者也鐵函齋書跋

文中神龍三年下有所謂唐元年者應是唐隆元年避玄宗諱

去一字耳畢氏關中金石記

御史臺精舍碑存開元十一年文見王氏金石萃編碑高四尺一寸廣三尺七寸三分十八行行三十字崔湜篆文梁昇卿隸書額題御史臺精舍碑六字篆書在西安碑林

碑陰及兩側題名名詳王氏金石萃編陰高三尺七寸廣二尺五寸三十一行分作二截書每截字數十二至三十三不等其兩側一五行行五十七字一六行行六十字不等正書

御史臺精舍記崔湜纂梁昇卿書讀其文則湜於佛可謂篤信者矣唐書列傳云桓彥範等當國畏武三思使湜陰伺其姦而三思恩寵日盛湜反以彥範等計告之遂勸三思速殺彥範等以絶人望因薦其外兄周利正以害彥範等又云湜貶襄州刺史以譙王事當死賴劉幽求張說救護得免後宰相陷幽求嶺表諷周利正殺之不果又與太平公主逐張說其餘傾邪險惡不可勝紀世云佛之徒能以禍福怖小人使不爲惡又爲虛語矣以斯記之言驗湜所爲可知也故錄之於此其碑首題名多知名士小字頗佳可愛也歐陽氏集古錄

此梁昇卿追書崔湜文湜人品殊汚人齒頰而昇卿尚追書其文何也豈唐世重佞佛湜之立精舍於御史臺適投時好耶但昇卿分隸聲動一時東封朝覲碑史册稱之今觀此碑名不虛耳碑陰題侍御史幷內供奉殿中侍御史幷內供奉監察御史名共六百餘人參差不齊分書者五六人餘皆正書書有法度不似后世胥吏書也趙氏金石墨華

文云左臺精舍者諸御史導群愚之所作也長安初湜自左補闕拜殿中侍御史至止之日其構適就蓋自武氏稱制告密之法熾羅織之風行日殺無辜如刲羊豕其後周興侯思止來俊

臣之徒相繼伏誅用刑稍平而歲繫臺獄者猶以千計於是執法之吏於獄旁作精舍假佛法以懺之雖云導人作善道災亦痛逝者之含寃地下不得已而爲資其冥福也潛研堂金石文字跋尾

按碑題御史臺精舍長安志載皇城承天門街之西第六橫街之北御史臺元和四年御史臺佛舍火罰直御史李膺一季俸此佛舍似即碑所謂精舍也文爲中書令崔湜任殿中侍御史日所纂湜之官中書令在先天元年八月其任殿中侍御史以修三教珠英得遷在神龍以前其罷中書令流竇州在開元元年七月行至荆州賜死此碑立於開元十一年距其纂文之日又十九年不知何以又追書其文以刻石也書碑者梁昇卿唐書附韋抗傳工八分書歷廣州都督碑陰題名上截凡侍御史幷內供奉一百二十二人殿中侍御史幷內供奉四百九十七

人下截及左右石棱不書官位者一百十九人中間攙入鄭韶會二十七日寓直一行左側題一百三十三人右側題侍御史兼殿中一百三十八人碑額題監察御史四十二人碑陰額題知雜事御史五十一人而知雜事御史之下又云自天寶元載以後則非開元十一年一時所刻矣揣其情當由御史臺官因崔湜爲中書令追書湜之文欲刻臺中而未果至開元十一年始爲刻石距湜之死又十一年矣碑陰題名重複自再見以至三見四見者不一而足或由前後屢任則屢書之然亦不盡符合者今撮舉數人與兩唐書傳攷之如顏眞卿再見傳云開元中舉進士四命爲監察御史遷殿中侍御史轉侍御史據碑侍御史內不列眞卿名殿中侍御史知雜事御史有之苗晉卿三見傳載進士擢第由萬年縣尉遷侍御史此後不云再任御史

王維三見傳云開元九年進士歷監察御史後亦不云再任楊愼矜再見傳云開元中拜監察御史丁父憂二十六年服闋累遷侍御史授大理評事攝監察御史數年又轉知雜事天寶二年權判御史中丞是不止於再任矣餘鮮于仲通獨孤通理李彥超苗延嗣徐履道王翼張利貞達奚珣皆再見趙廣微三見李彥允四見皆無傳可攷無從定其合否大抵此碑出于胥吏工人之手殆不足深據也題名中凡單名者姓下闕一格書令與二名者齊此例始見于此　王氏金石萃編

毗伽公主墓誌銘　開元十一年　佚　文見毛氏關中金石文字存逸攷

賁氏虎凝曰史稱突厥之先爲阿史那氏誌稱阿那氏者省文也默啜唐書突厥部有傳載其兒曰骨咄祿誌稱公主父曰骨啜祿默啜似合兒弟之稱爲一人而傳稱默啜子毗伽之妻曰胥咄祿婆匐可敦則胥咄祿又似是突厥通稱矣開元初突厥亡國歸附中朝公主之婿覓覓以犯法伏誅朝命改嫁伽煞故誌云家國喪亂委命南奔家婿犯法身入宮闈家婿謂覓覓也又云禮秦晉於家兄謂其改嫁伽煞也其稱伽煞爲家兄者撰文者爲伽煞之弟而公主之小叔也公主之子曰懷恩唐書叛臣傳有僕固懷恩鐵勒部人舊唐書載其父曰乙李啜拔新唐書曰乙李啜顏魯公撰臧懷恪碑載其父曰設支皆無伽煞之稱未知此誌懷恩即僕固懷恩否僕固懷恩代宗時舉兵欲叛其母拔刀殺之曰吾爲國家殺此賊若是公主之子則拔刀者乃其繼母也　此石舊爲寧武楊君所得今未知移徙何處　毛氏關中金石文字存逸攷

折夫人曹氏墓誌　開元十一年　存　文見陸氏金石續編

石方一尺五寸縱橫十七格正書在咸寧縣裴氏

此誌前題曹氏譙郡君夫人書婦姓幷書封郡與他誌異嘉慶二十五年十月出於長安西鄉咸寧裴修甫購得之乞爲考証春秋不或或與惑通用論語以四十爲不惑以三十爲立年唐人習用者　陸氏金石續編

隋開皇十七年大將軍昌樂公府士行參軍張通妻陶墓誌書姓而不加夫人與氏字書法與司馬景和妻及杜夫人誌均小異　陸增祥志

按曹氏爲左驍衛將軍折府君之夫人乃首題曹氏譙郡君夫人墓誌銘而不書夫家之姓與夫人袁氏壙誌同例然袁屬權殯此則墓誌亦誌之變例也

堅行禪師塔銘　開元十一年　存　文見王氏金石萃編

石高八寸廣六寸七分十二行行十三字正書在西安府城南

代國長公主碑　存開元十一年文見王氏金石萃編

碑高九尺五寸廣四尺八寸三十一行行六十一字駙馬都尉鄭萬鈞撰文男聽正書在蒲城縣

右代國長公主碑碑云公主字花婉而傳作華婉又云肇開湯沐册號永昌後乃相攸下歸于鄭錫之美邑一千四百戶開元初加崇代國長公主傳不書封邑之數而開元初加號長主公亦略之未免失之簡矣考唐書十一宗諸子列傳云開元後天子敦睦兄弟故寗王戶至五千五百薛岐五千申王四千邠府千八百帝妹戶千而公主傳鄎國公主開元初封邑至千四百戶此碑所載代國公主食邑亦千四百戶則公主封邑未嘗以千爲限也　錢氏潛研堂金石文字跋尾

按此碑爲駙馬都尉鄭萬鈞撰文男聽書蓋夫爲妻撰文子爲

母書碑亦墓碑之一例也子書母碑猶于志寧王仁求子書父碑之例鄭萬鈞父子本皆工書張說般若心經贊序稱萬鈞深藝之士也學有傳癖書成草聖揮灑手翰鐫刻心經云云可知聽之能書源本家學觀此碑筆法婉麗極似河南顧書譜但有萬鈞名而不及聽亦偶略也文內萬鈞自稱曰蒙與莊子同義蒙卦疏蒙微昧闇弱之名萬鈞自謂義殆仿此　節王氏金石萃編

高福墓誌　存開元十二年文見陶齋藏石記

石方一尺四寸縱横二十七格孫翌撰正書篆行

福字延福武后時中人初爲奚官局丞轉局令再轉宮闈局令兼內謁者監以養子力士貴拜中大夫守內侍上柱國新書力士傳力士馮盎曾孫中人高延福養爲巳子因冐其姓又云力士幼與母麥相失嶺南節度使得之隴州帝爲封越國夫人而追贈其父廣州大都督福與妻侍養亦與麥均舊書云力士義父高延福夫妻正授供奉與碑稱仿彿皆合力士以誅蕭岑功拜右監門衛將軍碑云大將軍蓋史是唐制左右監門衛大將軍正三品將軍從三品力士之封大將軍自開元以前無之唐六典云中官之貴極於內侍若有殊勛懋績則有拜大將軍者然仍兼本職六典作于是時殆即因此等事言之耳　節畢氏關中金石記

張說爲高力士撰祭父文云小子不夭夙齡凶閔身嬰寇剽家値虜裂幸充掃洒遂蒙侍從又云阿母遠至於京華妹兄自拔於泥滓與新唐書本傳語合而如孫翌墓誌則一字不提直云卑人之教父因子貴府君之寵嗣曰力士云云殊失紀實之體然據張說云云則力士特一粤東姓馮者耳而力士碑乃妄以爲馮盎之後則非也　王氏蛾術篇

誌略云府君諱福字延福渤海人也曾祖權祖父護並碩如石爲府君解褐拜文林郎守奚官丞秩滿遷本局令稍轉宮闈令兼謁者監以寵嗣力士之故特拜朝議大夫守內侍員外郎遷中大夫正除本官出入四代凡更六職以開元十一年十二月廿五日終于來庭里之私第春秋六十有三明年太歲在甲子正月壬戌朔廿一日壬午遷窆於京兆府白鹿原之西隅禮也云云按此碑向在農家將爲杜礎乾隆中畢中丞訪知之以三萬錢購得置于靈岩山館光緒中端中丞攜歸北京坊間有重摹本

宋運妻王氏墓誌銘　存開元十二年文見陶齋藏石記

石方一尺九寸四分二十四行行二十六字正書

按誌首題云大唐故右金吾衛翊衛宋府君夫人墓誌略云府

君姓宋諱運字簡微子之後廣平人也以永淳二年二月八日卒於高陵清平歸義里私第春秋三十有一曾祖師隨隴州汧源縣令祖其唐洪州司馬父柱唐左驍衛長史上柱國夫人王氏周靈王後太原人也良人早背獨守偏孤苦行持齋精節戒道以開元十二年二月十一日卒於京第休祥之里春秋有七十嘗以開元十二年五月十四日葬于京城之西南高陽原三會寺舍利塔南之所右按宋君歷官爲右金吾衛翊衛唐書百官志左右金吾衛凡翊府之翊衛及外府之佽飛番上皆屬焉翊衛有隸左右驍衛左右武衛左右威衛左右領軍衛左右金吾衛之不同宋君之翊衛乃隸右金吾者翊衛爲正八品上宋君早世夫人厲志撫孤息心淨業有足多者潘安仁寡婦賦鞠稚子於懷抱羌低徊而不忍此文鞠稚子二句即用潘語宋敏

求長安志朱雀街西第四街之南有休祥坊夫人卒於京第休祥里即此惟其子葬母不言與其父合祔乃以優婆夷禮營塔葬之銘云雙遷寶塔似叉父母共瘞一塔唐人佞佛成風不足爲恠長安志言高陽原在長安縣西南二十里與此誌言京城西南相合三會寺則不知所在誌文頗工書法亦極似褚登善藏弆得此殊可第爲上品矣 端陶齋藏石記

唐氏女端墓誌銘 存 開元十二年 文見黃氏隋唐石刻拾遺

石方一尺四寸十五行行十四字行書蓋題大唐故唐氏女墓誌銘九字篆書原在咸寧縣後歸常州陸氏

右殿中少監唐昭女端墓誌銘志前不題疑即昭所撰與孟友直女馮氏婦十一娘盧鄯幼女姚婆兩墓石皆父銘女子之詞十一娘爲已嫁之女姚婆爲下殤端爲中殤殤不立傳而有銘誌者由於情之不能已韓退之爲女挐銘壙亦此志也唐書昭事無可考宰相世系表唐儉曾孫昭河南尹豈始爲殿中少監繼爲河南尹與百官志殿中少監從四品六典殿中省少監二人從四品上隋置一人皇朝增至二人龍朔咸亨隋省改復宋敏求長安志唐京城萬年縣所領朱雀街東第二街有靖安坊靖或作靜即此靜安里也唐書武元衡傳白氏長慶集寄微之百韻詩皆作靜正與此合義善鄉不詳所在宋志有義善寺貞觀十九年建縣在南十五里寺以鄉名殆即其地此石出於嘉慶二十一年五月凡一百九十二字皆完好 陸氏金石續編

淨業法師塔銘 存 開元十二年 文見王氏金石萃編

石高二尺六寸廣二尺八寸二十六行行二十四字畢彥雄撰文正書在長安縣香積寺

碑云師以延和元年六月見微疾而告滅按睿宗景雲三年正月改元太極五月改元延和八月玄宗即位改元先天一年之

中三次改元故司馬公通鑑冠以先天而太極延和則附見於其後乃紀事法也若此碑直序法師寂滅之時適當延和初改則以爲延和元年而已 葉氏金石補錄

淨業姓趙氏父廸爲天馬監唐書百官志太僕之屬有沙苑樓煩天馬監開元二十三年廢即其職也字書無廸字蓋廸之別 潛研堂金石文字跋尾

虢國公楊花臺銘 存 開元十二年 文見王氏金石萃編

序石高八寸五分廣二尺二寸二十五行行九字銘石高一尺廣二尺五寸七分十九行行八字申屠液撰文正書在西安花塔寺

虢國公楊思勗也思勗以開元十二年平覃行章進輔國大將軍封虢國公像即其時造也是銘爲二石前石有序無銘自廿二行乃爲銘曰以後但署撰人姓名而無歲月後石有銘無序

自十七行以後記開元歲月而無撰人二石實是一物舊分爲二者誤也畢氏關中金石記

按花塔寺陝西通志寶慶寺在咸寧縣安仁坊俗名花塔隋仁壽初建隋文帝唐中宗嘗臨幸焉文宗咸蚰喇觀音像建五色塔此花塔寺之所由名也然未建五色塔以前先有花臺幷有此碑通志皆不詳長安志亦不載此寺及中宗臨幸文宗建塔事皆漏略也𥘉在西安常過此寺摩挲此碑及零星所得殘碑凡十三種嵌之於左右故得其詳碑題亳州臨渙縣尉申屠液撰濟研跋云唐志亳州無臨渙縣謂史之闕按新唐書地理志臨渙縣載在宿州元和郡縣志云本漢銍縣梁普通中置臨渙郡以臨渙水爲名後魏改爲渙北縣高齊改臨渙縣屬譙郡大業二年改屬亳州武德四年屬譙州貞觀十七年廢譙州縣隸

亳州舊唐書地理志云隋置譙州領縣四貞觀十七年省以臨渙永城山桑屬亳州臨渙縣本治經城十七年移治所於廢譙州元和九年割入宿州此新書所以載入宿州也文云華竇覆像盡垂交露之珠玉砌蓮龕更飾雄黄之寶此語正謂花臺也華竇者花也蓮龕者臺也麓山寺碑云誦習山頂劍立花臺要皆當時佛寺之制可與此花臺作証然則謂臺爲名花風韻可喜又謂楊花當作揚花卽散花之義者似皆曲解此碑舊以序與銘誤分爲二今更正之序後削與銘連屬而以諸跋列於銘後王氏金石萃編

涼國長公主碑存　開元十二載　文見王氏金石萃編

碑連額高一丈三尺四寸廣六尺三寸八分十八行行四十五行蘇頲撰文玄宗隸書額題大唐故涼國長公主碑文篆書首存撰人銜名正書在蒲城縣

右涼國長公主碑碑辭大半可讀攷之唐史睿宗之第六女字華莊始封仙源下嫁薛伯陽今碑內封爵先後同而字乃從花粧非華莊也又稱歸故丞相虔公溫彥博曾孫曦及考彥博傳曾孫曦尚涼國長公主伯陽傳尚仙源公主坐父稷誅流嶺南自殺然則公主固嫁薛伯陽再嫁溫曦史遺曦而碑諱伯陽也金州山人稿

其文有云開元十二載八月辛丑薨于京永嘉里第按唐書天寶三年正月丙辰朔改年爲載而此在字前二十年已云載矣蓋文字偶一用之後乃施之詔令符牒耳顧氏金石文字記

華山銘殘字存　開元十二年

隸書止四字在華陰縣西嶽廟

明皇華山銘殘字今只存駕如陽孕四字駕如者仙駕如聞句

也陽孕者陰陽孕育句也碑爲黄巢所燬故自歐趙以來不著錄畢氏關中金石記

華山銘明皇御製幷八分書開元十二年十一月今惟存四字亦殘闕錢氏金石後錄

鄎國長公主碑存　開元十三年　文見王氏金石萃編

碑高一丈一尺六寸廣六尺一寸四分二十三行行五十二字張說撰文玄宗隸書在蒲城縣

右碑題云大唐鄎國長公主神道碑銘明皇隸書撰文姓名殘泐而存中書令修國史等字宰相表開元十三年張說以右丞相兼中書令則撰文者必說也碑云公主睿宗之第七女而新唐書作第八女與碑異又云母崔貴妃薨公主方三歲不食三日哀如成人下嫁薛儆又嫁鄭孝義皆與碑同碑云求之令族殯于薛氏有男子四女子五又云改嫁鄭氏均養七子休蔭二

宗云云夫公主改適名節所繫而當時大臣勒諸碑版恬不知恥至于乃爾可深嘆也葉氏金石補錄

述聖頌存文見王氏金石萃編開元十三年

碑高六尺五寸七分廣三尺四寸十九行行三十七字達奚珣撰序呂向撰頌并正書在華陰縣西嶽廟

頌以述聖名者以玄宗有西嶽碑銘因述而頌之也玄宗銘曰十有二載孟冬之月步自京邑幸於洛陽停鑾廟下以唐本紀攷之即十二年十一月庚午如東都事碑云孟冬史云十一月微有異向本傳敘向以開元十年召入翰林院兼集賢院校理擢左拾遺進左補闕帝爲文勒石西嶽詔向爲鐫勒使以起居舍人從東巡玄宗之封太山在十三年十一月案孫逖有春初送呂補闕往西嶽勒碑詩是向以是年春奉命華山後即從往太山矣攷會要華嶽碑十三年七月七日成則向之進起居舍

人即以鐫勒功而從太山在七月後更可知又向本傳不及向爲集賢殿直學士趙冬曦傳云冬曦與秘書少監賀知章校書郎孫季良大理評事咸廙業入集賢院修撰是時翰林院供奉呂向爲校理踰年並爲直學士而集賢院即以十三年改名此碑立於十三年六月則向之爲直學士猶未踰年矣珣後由御史爲河南尹從祿山爲右丞至德二年伏誅趙氏金石錄置此于開元無歲月諸碑內因未見額陰所題故也畢氏關中金石記

推官劉繼元等題名存正書無年月

題云推官劉繼元韓翙共七字共二人在述聖頌碑陰額上毛氏關中金石文字存逸攷

思恒律師墓誌存文見王氏金石萃編開元十四年

石方三尺五分縱橫二十八格常□□撰文正書蓋題大唐故大德思恆律師墓誌文二十二字篆書現存陶齋

誌云祖元蓀蕪郡開國公集韻蓀草名地理書無蓀蕪郡名又云和帝代召入內道場和帝即中宗其謚號有太和字長安有僧法澄塔銘亦云中宗和帝可證是誌與後王守琦誌用字皆闕筆作冄未詳避何人之諱唐碑中如契苾明石臺孝經華岳精享碑無憂王塔銘用皆作冄說文云角本作肏从刀从肉則冄乃肉之變東都事略載崔偓佺云刀下用爲角疑六朝以來別體字用本有作冄者故偓佺云爾亦以刀下冄爲角也則此誌非因避諱缺筆矣黃氏古誌石華

續修陝西通志稿卷一百四十六

金石十二

唐

豐義令鄭溫琥墓誌銘　存　開元十五年　文見陸氏金石續編　石方一尺四寸五分縱橫二十三格盧秉愛撰文正書今藏武進陸氏

按滎陽鄭溫琥以寧州豐義令卒於郲遷窆於鄠其姻親盧秉愛爲之銘墓也寧州邠州並屬關內道同節度使邠州至寧百四十里至鄠三百里而近蠻方作梗云云乃開元十年安南賊帥梅叔焉等攻圍州縣遣內侍楊思勗討之元公蓋監思勗軍而溫琥入其幕因承優制得轉蒲州汾陰尉也唐玄宗置中都改蒲州爲河中府元和郡縣志謂在開元元年五月舊唐書地理志謂在開元八年通鑑則係之九年正月改置之年月不同然志云麗正殿學士韓覃疏陳不可六月詔停復爲州劉書云其年罷中都依舊爲蒲州司馬通鑑云六月乙卯罷中都復爲蒲州時乃隨改隨復故開元十年以後尚稱蒲州迨天寶元年改州爲郡乾元元年復爲蒲州三年又改爲河中府也汾陰又改寶鼎乃開元十一年又在溫琥作尉之後矣此石嘉慶間出於鄠縣帖賈攜入長安其子耀遠與吾亡弟同名且感其歿於兄所購石以歸天倫之戚古今一致耳　陸氏金石續編

廣施令于士恭墓誌銘　存　開元十五年　文見陸氏金石續編　石方一尺九寸縱橫二十一格正書蓋題大唐故于府君之誌銘九字篆書原藏長安長氏今未詳所在

按廣施縣令上柱國于士恭墓誌銘舊唐書職官志諸縣令正第六品上階上柱國正第二品縣令爲職官上柱國爲勳官于氏先世攷詳于孝顯碑士恭乃孝顯從孫也涼甘肅瓜沙五州

爲關內道唐初置涼州總管府改都督府或管四州或督八州七州宣道爲五州諸軍使當在武德七年之後商州亦關內道隨爲上洛郡唐初改商州天寶元年復改上洛郡九隴縣屬劍南道成都府本隋蜀郡武德元年改益州領成都九隴等十三縣三年分九隴等三縣立濛州貞觀三年廢仍屬益州尋復置彭州九隴屬焉元祚爲益州九隴縣令蓋當貞觀二年之後延州廣施稷州好時皆關內道好時武德二年分醴泉縣置屬雍州三年改隸稷州武后以天授元年改國號曰周誌稱分邦制邑正指其事臨潁河南道許州屬縣故云許邦思惠也神和原即神禾原詳見敬節法師塔銘在西安城南香積寺第五橋皆其地也　陸氏金石續編

六門陁羅尼經尊勝陁羅尼幢　存　開元十六年　幢高七尺五寸八面每面廣八寸各七行行六十七字汧源縣令楊談夫人韓氏敬造正書在隴州

按王氏金石萃編云題名一行內敬造之敬作敂不知何義然畢氏關中金石記實先成書未見此文今攷此幢暨新舊拓本敬字均完全無缺當係爾時氈搨有誤或由後人補刻庸俟再攷此幢於清季中斷今未斷拓本已不多覯矣字畫精整爲唐幢第一

興聖寺尼法澄塔銘　存　開元十七年　文見王氏金石萃編　碑高三尺七寸廣二尺九寸二十五行行二十二字嗣彭王志暕撰文幷書

右興唐寺主尼法澄塔銘嗣彭王志暕撰幷書志暕嘗爲宗正卿唐書宗室世系所未載也志暕女彌多羅出家爲法澄弟子而法澄祖父亦皆列官于朝蓋唐時朱門世胄無不欽信佛法以帝女之貴且有出家學道者其它固難悉數矣文云如意之

歲滛刑肆逞誣及法師將扶汝南謀其義舉坐入宮掖中宗和帝知名放出蓋武后時嘗沒爲宮婢者古人命字或取三字如張天錫字公純嘏崔宏度字摩訶衍之類法澄字無所得亦三字也 潛研堂金石文字跋尾

按此石原出咸寧其地名馬頭空光緒十五年爲黃子壽廉訪購去

敬節法師塔銘 存 開元十七年 文見陸氏金石續編

石高二尺三寸廣二尺六寸二十六行行二十一字正書在長安縣杜永村

按敬節法師塔銘撰書人皆不著開元十七年法師年七十有五則生於高宗永徽六年十歲出家爲麟德元年二十九入道爲宏道元年神禾原見景龍三年法琬碑景雲二年蕭思亮墓志銘開元十四年思恒律師墓志是刻作神和原輿開元十五

年于士恭墓志同宋張禮遊城南記陟神禾原西望香積寺塔原下有樊川御宿之水今西安府南杜曲社之西有神禾原 陸氏金石續編

王同人墓誌 存 開元十七年 全文錄

石方三尺縱橫二十七格趙不爲撰文于遵孝正書存長安段氏

唐故太中大夫使持節泗州諸軍事泗州刺史瑯琊王公墓誌銘 并序

朝散太夫行考功員外郎趙不爲撰　公諱同人周太子晉之後国號命族家于河東洪瀾派分邁德惟永漢昌邑王中尉諷諫弘遠譤歸阜廣国爲瑯琊著姓大勳茂績繼世象賢隨官徙居今爲京兆人也曾祖續皇吏部侍郎贈魏州刺史祖德儉御史中丞歸仁公贈兗州都督實掌天官人倫以叙載司宮正邦憲以淸考濬兵部尙書同中書門下平章事殿中監贈越巂溫婆等四州

刺史滎當八座政在三台生有大造歿有遺則公即府君之第二子也包元和之粹蘊淳靈之厚幼不好弄冠有成德口誦詩書而無擇言心規禮樂而無擇行早辟孝廉明經高第解褐雍州參軍以相門侍衛授左衛司戈遷太常協律郎大理評事甚諧六樂詳練五刑人神以和枉直知措轉太常主簿相王府記室司農丞漢岐二州司馬贊大農之務貳方伯之雄九穀成績六條增化奏課連最是疇厥庸入拜工部員外郎轉屯田郎中應列宿之精綰冬卿之務綸綸故事動合時矩朝廷以淮陽之風去聖已遠渤海之政必許能賢遂輟承明之奏以康洙泗之俗除使持節泗州諸軍事泗州刺史公化行革物翕然一變方將荷天衢以遐舉絕滄溟而勁躍而彼穹不憖輿善無徵以開元十六年七月十三日寢疾終於郡館春秋五十有七人吏哀號慟及鄰境豈直輟舂罷市而

已哉粵明年八月廿六日返葬祔先塋於京南大仵村原禮也公純德孔明靖恭身位不自大其事不自尙其功齋莊以順於中進退必由其政故鄉黨稱其孝也僚友稱其悌也閨閫稱其睦也交遊稱其信也豈非子產之遺愛隨武子可作者乎有一子曰澳直弘文館皇皇有望哀哀罔極思誌其美見託爲文感親懿而不忘陳信詞無而愧銘曰　惟周之裔兮弈葉重光誕生令德兮恭儉溫良靖共厥位兮能賢孔彰輿善無徵兮哀哉彼蒼佳城不曉兮冥彼南崗刊石勒銘兮身後於昌　朝議郎前行蜀州靑城縣尉燕國公于遵孝書

按此石光緒初年出土現存長安宋氏花園中誌中兊乃之之古字身乃厥之古字之兮則彌之俗體也

來慈墓志銘 佚 開元二十年

原石久佚不詳尺寸

誌略云公諱慈字思毓南陽新野人曾祖演周清水縣侯祖宏隋開府儀同父表上谷郡丞公起家權授蓋松唐安二府都尉屬西戎不賓河右時梗乃拜公河源道鎮守副使左遷春州司馬復南蠻蟻聚嶺外蜂飛廣州都督奏公行康州事神龍三年口於府第春秋六十有九夫人段氏褒國公之長女後夫人吳氏大將軍志之小女幷母儀令淑婦德幽閑不終遐齡先公而歿開元二十年歲次壬申遷葬于坊州宜君縣石祠東原禮也長子斐次子景早亡次子邱次子彝孽子獎女壻常令業等云云　此誌本出宜君縣今未詳所在矣誌云葬于石祠東原即苻秦廣武將軍口產碑之立石山祠矣新唐書地理志春州康州均屬嶺南道方輿紀要云春州今爲陽春縣康州今爲德慶

州故屬廣東肇慶府誌云夫人段氏褒國公長女褒國公段志玄也新唐書地理志絳州有蓋松府同州有唐安府隴右道鄯州鄯城縣有河源軍方輿紀要云唐河源軍城在陝西西寧鎮西南蓋與積石山相近案西寧今爲西寧府改隸甘肅 毛氏關中金石文字存 逸致

房惠琳墓誌銘 存 開元二十年 全文錄

石方二尺二十二行行二十字正書存大荔李氏

公諱惠琳字惠琳清河人也天垂象以齊政星殷火帝之列君有命以錫氏邑祚丹朱之封世濟其美咨胡可備言矣曾祖粲建州司戶參軍祖士豐將作丞考亮吏部選公器古韻清調閑才逸敦彫以度禮純嘏以在邦解褐調補揔監主簿無何改蜀州清城縣尉漂俗哥其能政京輦許其仙方轉長寧公主府大農自玉壘而登金榜國其優賢捨劇班而遊散口人嗟失位丁太夫人憂去官蓬髮垢容絕漿泣血毀過於禮殆無人形伊曾閔之後身歟何塵軌之武繼也孝則不匱感而遂通達於神明彰於休祉青萱綠篠凌霜守而抽萌狡兎野鷹入丘壟而狎義鄉黨譽其節焉朝廷式其門焉既免服詔以忠臣資於孝子除延州延水縣令尋遷汾州靈石縣令下車而人吏口欺彈琴而獄訟自息入拜菀西面副監以開元廿年五月十六日遘疾卒於崇化里第也時年六十五夫人汝南周氏女師克訓懿德惟修春樹凋零壟戢蕪沒以廿一年三月十二日祔葬于龍首原禮也長子詢次子岳等慎終追遠紀德幽石銘曰　軒裳奕弃兮人之英孝友資身兮國之楨天不憖兮摧梁木兆其吉兮問佳城因烈考之松柏祔同口之園口

李仁德墓誌 佚 開元二十一年 全文錄

石方二尺七寸縱橫二十七格正書

大唐故冠軍大將軍行右威衛將軍上柱國金城郡開國公李公墓誌銘 幷序　公曰仁德族李氏其先蓋樂浪望族也自堯臣類馬周史猶龍貞裔散於殊方保姓傳於奕代考甲子皇贈定州別駕天上降成綸之恩地下光題輿之寵公即別駕府君之元子也風骨驍奇器用英遠智爲甲胄義作干戈談王霸則金火生光說甲兵則旗鼓動色當昔中宗晏駕韋氏亂常將欲毒黎元危宗廟公于是義形於色憤起於衷發皇明披紫闥奔走雷激左右風趨心冠鷹鸇手刃梟鏡人祇再色帝宇廓清翊一人以御天功存社稷膺四履而列地封固山河是用拜公雲麾將軍行右屯衛翊府中郎將金城縣開國子食邑三百戶晝巡徼道環黃屋而竭誠夜拜殊榮佩紫綬而光寵是用遷公右威衛將軍錫馬承恩一日三

見於天子以爵馭貴十卿同祿於諸侯是用加公冠軍大將軍進封開國公增食二千戶何居昊天不憖哲人其萎山岳收神日月奄壽欻以開元廿一年正月廿日薨於醴泉里之私第春秋六十有一嗚呼哀哉公履謙謙杖翼翼不軒裳而恃不江海而閑其生也榮其死也慟匪止鄰不相巷不歌實亦負扆興嗟同盟畢弔特勑贈絹二百匹賻物一百段米粟一百石供喪事也即以其年四月十三日葬於高陽原禮也南面近郊問三龜而一吉東首顧命滅大樹而小封金玉靡藏誠之智也琴瑟空置奉之仁也有子二人長曰思敬右驍衛中候次曰思讓右驍衛司階並七日絕漿式五月而葬孺慕罔極實拜無容仿地道而變盈紀天性於幽隧銘曰惟嶽降神冠軍當仁忠孝是佩清白爲鄰曷其榮也社稷貴臣何其哀也朝市悲人生可續兮孰不萬春死可贖兮孰不百身生

不可續死不可贖歷考古今誰免風燭人閱代兮代閱人忽兮倏兮一丘塵舟移壑兮壑移舟蕭兮索兮九原秋意氣盡兮萬事罷泉門閉兮九重幽悲夫悲夫空默默魂兮魂兮何悠悠

此誌本出長安今未詳所在史言玄宗平內難韋庶人爲飛騎所斬安樂公主方照鏡畫眉軍士斬之今誌有手刃梟鏡之語豈剸刃者即仁德耶漢書文帝紀夜拜宋昌爲衛將軍領南北軍誌中夜拜殊榮即用其事毛氏關中金石文字存逸考

沁州刺史馮公碑存 開元二十二年 文見王氏金石萃編

碑連額高九尺八寸廣三尺八寸五分二十行行三十七字崔倘撰文郭謙光隸書額題大唐故朝散大夫守沁州刺史馮公之碑十六字篆書在咸陽縣

此當是道士馮道力父名仁□字太元道力與劉承祖占玄宗當受命潛布款誠開元中拜道力銀青光祿大夫冀國公而又拜其父朝散大夫使持節池州諸軍事池州刺史也開元十一年五月卒十一月壬申葬咸陽北原建碑今在長陵西碑云意得玄珠謀參黃石同心戴舜以爲天子蓋指玄宗受命事也書者爲國子監丞郭謙光謙光又嘗書韋維碑見鄭樵金石畧朱長文古碑考則其書亦小有聲者此碑分隸自是名家惜剝蝕不可搨余與王咸陽從碑上錄之王公刻入金石遺文字多舛謬攷道力與劉承祖同事承祖開元十年坐姦交事配雷州詔百官不得與卜祝之人往來而道力父倘爾建碑禍不及耶以道力事不顯故參攷而著之趙氏石墨鐫華

右碑在縣東四十里漢長陵西下里許野中字八分書剝落過半存者僅有可玩近下半入土中北望平行莫識墓之所在拂拭苔鮮辨別形似讀之如右郭監丞當時名筆又分書唐太子

右庶子韋維碑古碑考載在京兆向未搜得見是碑亦差慰想並記王氏咸陽金石遺

右沁州刺史馮公碑文多漫漶其篆額云大唐故朝散大夫守沁州刺史馮公之碑凡四行十六字完好可讀此碑歐趙錄皆無之始見於寶刻類編近世金石家題爲池州由未審篆文之故攷唐書地理志池州武德四年以宣州之秋浦南陵二縣置貞觀元年州廢永泰元年復析宣州之秋浦青陽饒州之至德置碑立於開元中其時未有池州也據寶刻類編云碑以開元廿二年立今摩滅莫能辨矣潛研堂金石文字跋尾

大智禪師碑銘存 開元二十四年 文見王氏金石萃編

碑高八尺五寸廣四尺七寸三十二行行六十一字嚴挺之撰文史惟則隸書并篆額史子華刻字在西安碑林

碑陰記存 開元二十九年 記見王氏金石萃編

記刻碑陰之下方二十七行行九字陽伯成撰文史惟則隸書施碑石主鑞同

此碑爲唐史侍御惟則書竇臮述書賦稱史書古今折衷大小應變聲價極不落莫也其行筆絕類太山銘而縝密過之知開元帝潤色所自耳大智師北宗之錚錚者嚴挺之粗能其家言俱可存者

大智師見唐方技傳傳云開元二十年卒碑云二十四年碑陰陽伯成撰記施淨財事而惟則書書法瘦而少態與前碑異何也趙氏石墨鐫華

碑書縉紳作搢紳蓋以縉亦作搢遂誤手爲木耳碑陰陽伯成撰亦史惟則書前碑書于開元二十四年碑陰書于二十九年前碑老勁莊嚴此書骨力參以和緩之致乃趙子函反謂其瘦而少態何也金石存

張昕墓誌

存 開元二十四年 文見王氏金石萃編 石方一尺六寸五分二十一行行二十字正書在西安府城南杜城

按張昕及其曾祖宗祖勣父元禕隨唐書俱無傳曾祖既失寫曾字後文杜城東二百步舊塋之下當有東西左右等字亦失寫也末行十月三日已下泐一字十月是丁未朔三日乃己酉也王氏金石萃編

誌云窆於京城南杜城東二百步雍州金石記云石在西安府城南二十里杜城關中金石記云此誌與張希古誌並在長安劉氏乾隆辛丑歲余以廿千錢購得之攜送於靈巖山館案此誌今未詳所在同治時余友陽湖楊豫生在關中得拓本一紙係原刻今帖肆所行小字本乃重摹也毛氏關中金石文字存逸攷

大智禪師義福塔銘

存 開元二十四年 文見陸氏金石續編 石高二尺六寸廣二尺六寸五分二十五行行二十五字杜昱撰文正書在長安縣

大智禪師碑已見萃編此其塔銘也塔銘與碑銘蓋同時所撰故碑文中有太僕卿濮陽杜昱云云此文云其茂德殊行則刊在世碑也所述事蹟較碑銘稍畧其先世三代之名則碑所未詳彼云上党銅鞮人此云潞國銅鞮人上党以郡言也陸增祥志

尹大簡墓誌銘

存 開元二十四年 文錄全 石方二尺二十行行二十四字行書蓋題大唐故尹府君墓誌銘九字篆書

唐故寧遠將軍□王府左典軍上柱國尹府君墓誌銘并序

公諱大簡字徹天水人也轢軒后之華胤鬱周官之令族勳庸不乏史策已彰曾祖隨邢州司法參軍諱成紀法律是司刑罰惟允大父寧遠將軍膺揚衛郎將諱祥忠勇奉上爪牙攸屬皇考正議大夫右衛長史諱知古楚材可貞周行從事公纘慶鴻系飭躬大猷

文武兼適剛柔自保初以門蔭出身國親從訓授太子家令寺主簿轉監門衛胄曹參軍家令寺丞以翁歸之中立藉師丹之外響遂除遊擊將軍京兆府匡仁府左果毅又拜邠王府左典軍載除慶王府左典軍乃致仕凡更六職累典三校忠肅恭懿宣慈惠和惟善之從何居不理若乃窮弘羊心筭通計然貨術尚養身而無違不徼名以取進故汨沒下列從容終年得三樂而無悶從二疏之告老開元廿三年閏十一月五日遘疾終於淳和里之私第享年八十有二達道者雖明順化知音者終惜云亡悲哉夫人河東薛氏周隨州刺史映之曾孫綿州司馬芬之孫宋州錄事參軍珙之女也雅有徽烈克脩令儀溫柔以成範韶惠而知禮雖陰梧早折而雄劍終同開元廿四年秋七月十九日合葬於長安高陽原倍奉先塋禮也嗣子通直郎前行舒州宿松縣令上柱國靜意等

皆純孝者也爰勒幽石光照先人之令德焉其銘曰　周有吉甫嵩降精兮子孫必復嗣家聲兮公之生兮沓善誘公之成兮業可久公之老兮享富壽公之終兮名不朽

按此石最近出土在長安西南三十里某村中書法摹仿聖教序頗具規模自屬佳刻

令長新誡 佚 開元二十五年 文見陸氏金石續編

石高一尺六寸廣一尺九寸十四行行十一字韋堅正書擬在大荔縣令佚

初元宗擇令長一百六十人又自製新誡宰相裴耀卿等請令集賢院善書者書以賜之其後諸縣往往各以刻石 歐陽氏集古錄目

令長新誡 存 開元二十五年

石高二尺九寸廣一尺八寸十二行行二十字首行題御製令長新誡末題王良輔書碑額分書唐令新誡四字徑三寸在乾州

乾州大堂東北隅敗壁頹然嵌有古石刻向無知之者光緒甲申方脩州乘循索及之諦審爲唐開元新誡末署王良輔書石雖剝落字頗完好相傳州治爲唐德宗故行在迭經修葺堂基未改豈爾時即置壁耶千百年故物復播人間而日月乃恰與碑合蓋亦二月七日也既收入州乘亟命移置花廳與鑒別家共賞之權知州事山左周銘旂并識

案集古錄云唐開元之治盛矣玄宗嘗自擇縣令一百六十三人賜以丁寧之戒其後天下爲縣者皆以新誡刻石今猶有存者余之所得者六世人皆忽不以爲貴也玄宗自除內難遂致太平世徒以爲英豪之主然不知興治之勤用心如此可謂爲政知本末矣然鮮克有終明智所不免惜哉新誡凡六其一河內其二虞城其三不知所得之處其四汜水其五穰縣其六舞陽石墨鐫華云鄭樵金石略有新誡碑二一王適篆一劉飛書趙明誠又有三紙歐公又有六紙有正書有八分書者余所獲乃一王某行書碑雖泐甚然書法似深於聖教者鳳枝案通鑑唐紀開元二十四年二月甲寅宴新除縣令於朝堂作令長新誡一篇賜天下縣令當時刻石固甚夥也寰刻類編云劉飛所書令長新誡在鄧州宋鄧州治穰縣歐陽公所得之穰縣一石即寰刻類編所載之鄧州一石矣趙子函所得係王某行書并云書法似聖教序疑即此石蓋書石爲王良輔其姓恰合也寰宇訪碑錄云大荔縣令長新誡韋堅書今未詳所在 毛氏關中金石文字存逸攷

按此碑末行有朝議郎上柱國令口知止十字應係當時立碑之人惜其姓已磨泐無可攷矣

揩法師塔銘 佚 開元二十五年

石尺寸未詳[illegible]正書

寰宇訪碑錄云在長安石墨鐫華云在崇仁寺長安縣志云崇仁寺隋名濟度寺唐名崇聖寺明改崇仁寺俗名金勝寺在城西七里按此寺兵燹後已燬於火此石久逸　金石文字記云銘文正書而後列弟子沙門名皆八分書焉 毛氏關中金石文字存逸攷

無畏不空禪師塔記 存 開元二十五年 文見王氏金石萃編

石高二尺四寸四分三十五行行二十三字正書[illegible]

右塔記在咸陽原不空禪師墓前作于開元二十五年書法似顏平原叙述無畏過龍河一駝負經入龍宮講法留之宿又師子國象奔逸見無畏跪伏多與嚴郢所撰碑合又辯西域僧奏咒傳奕事曰此好事者爲之詞若果爾則邪說不足以熾吾教

也佛制戒律不踐生艸况咒斷人命乎其文可觀錄之葉氏金石萃補

比邱尼惠源誌銘存　文見王氏金石萃編　開元二十五年
石高二尺五寸廣二尺二寸四分二十七行行二十七字楊休烈撰文姪定正書

右濟度寺尼惠源和上神空誌京兆府倉曹參軍楊休烈撰姪
定書惠源宋國公蕭瑀之孫女父鉞給事中利州刺史宰相世
系表作鉞不云爲利州刺史者脫誤也文云曾門梁孝明皇帝
稱曾祖爲曾門未詳其義定官至太常卿鉞之孫也姪者對姑
之稱後世昆弟之子於世父叔父亦稱姪者乃相沿之失顏魯
公於伯父元孫稱姪男未免蹈俗若定之稱姪爲晉于古矣浮
屠之法焚骨而瘞之于塔此獨云神空者蓋墓而不塔者也誌
稱惠源將死謂其門人曰身歿之後于少陵原爲空遷吾神也
又稱以十一月旬有二日從事于空遷理命也學釋氏者猶不
忍焚如之慘而不用其法而民俗乃有惑於火葬者其亦無是
非之心矣潛研堂金石文字跋尾

續陝西通志稿卷一百四十六金石十二　十三

裴君夫人元氏墓銘佚　開元二十六年　全文錄
石方一尺一寸縱橫六格字大一寸餘

大唐京兆府好畤縣尉裴故夫人河南元氏權殯墓銘開元廿六
年九月十一日掩坎

此誌原出長安今久佚矣

龍光寺舍利塔記佚　開元廿八年

按陸氏金石續編云在扶風縣正書今徧訪不得矣

郭楚貞母李氏建多寶塔銘存　文見陸氏金石續編　開元廿九年
石高一尺四寸廣一尺六寸二十行每行十七字正書在扶風縣

按此石出土未久從西安帖賈購得拓本未知在西安否也于
時營構字句以四字例之營下當有脫字陸氏金石續編

啜祿夫人鄭氏墓誌銘存　全文錄　開元二十九年
石方一尺一寸二十一行行二十二字正書

大唐故冠軍大將軍行右武衛大將軍啜祿夫人鄭氏墓誌銘并序
夫人諱實活本㠯加落鮮卑人也餌陰兎之精蘊河之英含巫山
之暮雨作渤海之朝霞皓質若雪紅姿若花而驕據樇林日逐曾
長攢伯子而爲帳僻萬馬已爲衙占風㦰㦰候月而拜者即夫人
出適于冠軍大將軍右武衛大將軍啜祿之偶也乘月五而爭戈
下浮淹而大獵雖遠蕃黑水嘗報漢赤誠不期諸而卒於彼夫人
去開元十八年屬林胡不寧酋首背件夫人霜操不易忠志不移
迺潛謀蹮奇與男沮禮等出死入生率衆投漢聖恩遠優貴特加
開元廿年十月五日制授夫人滎陽郡太夫人鄭氏十八年八月

續陝西通志稿卷一百四十六金石十二　十四

十三日制授男沮禮襲父冠軍大將軍右武衛將軍左羽林軍上
下賜錦袍鈿帶開元二十八年七月制充河東道軍前討擊副使
仍充雲州十將使特賜姓李名愉忠更與紫袍金帶母因子寵子
襲父榮志孝志忠乃文乃武夫歲不我與旹使我憂夫人以開元
廿八年十一月廿一日卒暴於京師義寧里之私第也春秋六十
有五嗚呼逝川不住風燭難留㐫淑質於狼山悲母師於鶉野燕
支山下花落空而不春馬邑川傍雲結愁而不動以開元廿九年
二月廿一日遷於京師龍首鄉之禮也常恐時歲流易陵谷湮沉
懼徽猷之永遠鐫玉石而旌記嗚呼哀哉乃爲銘曰　古往今來
痛矣悲哉背彼蝎石歸我章臺何期不實玉樹中摧雄劍彼流雌
劍此折朔吹偏飄寒雲四結千秋萬歲孤墳幽咽其

按此誌文既平常書更草率錯誤脫遺不可勝記銘之後段每

格撝寫二字均爲他誌所未有

裴道安墓誌 開元二十九年 存 文見王氏金石萃編

石方二尺八寸三十三行行三十四字族叔朏撰文篆正書在西安府城南

按此碑撰書者族叔禮部員外郎裴朏兩唐書無傳宰相世系表洗馬裴有裴朏重晈之子官禮部郎中當即其人碑爲向來金石家所不載矩同年高郵沈君方穀爲河東轉運使以此見貽且云與裴氏有親其舊塋上唐宋碑刻甚多將盡搨之聞而欣然拭目以俟旋以病歸不果至今追憶爲之憮然 王氏金石萃編

誌云窆於長安萬春鄉神禾原寰宇訪碑錄云在長安雍州金石記關中金石記均云在西安府城孟浩然集有聞裴侍郎朏自襄州司戶除豫州司戶因以投寄五律詩一首卽撰誌之裴朏矣 王氏關中金石文字存逸攷

按此石仍存城南賈李村廟壁第爲兒童敲剝字跡模糊可識者僅三分之一道安諱禎字道安河東聞喜人

夢眞容勅 開元二十九年 存 文見王氏金石萃編

碑高九尺五寸廣四尺二寸十二行行四十四字蘇靈芝書在盩厔樓觀

此蘇靈芝書按碑開元帝夢老子眞容求得之中南之樓觀博州刺史李成裕奏准諸州同勒石則此碑天下皆刻之金石畧載之云未詳所在余此碑幷田仁琬碑得自鄉人之守易州者或在易州今中南樓觀亦有此碑亦靈芝書文同而易州碑稱奉勅旨宰相牛仙客樓觀碑稱張九齡按碑此事在開元二十九年閏四月九齡自二十四年罷相二十五年左遷荆州長史二十八年薨未嘗生至二十九年也似當以易州碑爲是樓觀經碑宋翻刻字畫不及易州三舍豈亦謬易其姓名耶 趙氏石墨鐫華

此非唐原刻乃後人重刻者碑首有重摸蘇靈芝之書唐老君應見碑十二字可證 畢氏關中金石記

金仙長公主神道碑 開元 存 文見王氏金石萃編

碑連額高四尺七寸八分廣四尺七寸四分二十六行字數無考徐嶠之撰文玄宗行書在蒲城縣橋陵

按碑下截磨滅每行字數不可知然以銘詞準之次行二章上存五字大約每章八句四字爲句二章共六十四字加註一章占一格共六十五格除次行有五字則以六十字爲一行今每行存字二十四五不等蓋僅存十之四矣公主已入道而陪葬橋陵題云金仙長公主則不以女道士目之也文是徐嶠之撰玄宗御書而嶠之下但有撰字則非奉勅也碑泐其薨年但云遷形於東都開元觀來齋云中有開元字者指此並無開元年字授堂未諦視而云薨開元年者誤也然公主之薨原在開元

年碑題大理□卿徐嶠之新唐書附其子浩傳云父嶠之善書舊傳則云官至洛州刺史而不載大理卿之在何年墨池編載嶠之字惟嶽純孝積學狄梁公魏齊公姚梁公交辟之佐佑五王迎立中宗歷趙湖洛州刺史正書行書遒媚有楷法金石錄載永豐陂頌開元七年徐嶠之撰書高行先生徐公碑開元十一年徐嶠之正書則是嶠之知名甚早而所書碑俱在開元年當皆晚年時矣舊唐書徐浩傳幽州節度使張守珪奏浩在幕府改監察御史丁父憂則浩父嶠之之卒在浩官幽州節度幕府之後兩唐書張守珪傳守珪徙幽州節度契丹別將以衆降守珪次紫蒙川大閱軍實二十三年入見天子云云則守珪之官幽州節度在開元二十三年以前而浩之丁父憂亦距二十三年以前不遠也石浮屠後記金仙長公主奏賜新舊譯經

在開元十八年則公主之薨與嶠之之撰文皆在二十年前後矣公主春秋四十有四姑以二十年薨逝推之其生當在武后天授年間碑云丙午之歲度爲女道士年約十四五歲若從唐書傳太極元年與玉眞公主俱爲女道士則年已二十歪當下嫁矣史誤無疑而潛研跋謂築觀在景雲後者誠確也碑兩稱先帝前云先帝尙其誠心者是指中宗後云先帝席圖御極者是指睿宗下云銅闕巍峨銀題赫奕正是太極元年築觀之事而其後遷形於東都開元觀必是先居京師後居東都也碑不能定其年月姑附之開元之末（王氏金石萃編）

玄元靈應頌（存　天寶元年　文見王氏金石萃編）

碑連額高一丈一寸廣三尺九寸二十二行行六十二字戴璇撰序劉同昇撰頌戴伋隸書額題開元天寶聖文神武皇帝烈祖玄元皇帝靈應頌并序十二字也篆刻在盩厔縣樓觀

中南樓觀宗聖觀觀喜宅也玄宗夢老子眞容得于此玉眞公主爲道士居于此故此碑述夢事以及玉眞歸美唐室倉部郎中戴璇撰序戶部郎中劉同昇撰頌開府儀同三司尙書右僕射曾孫戴伋書稱曾孫爲璇也然則碑云天寶元年建不知追成頌序之日而稱乎抑亦當伋時乎伋官僕射而史不書遂無從考（畢氏關中金石記）

趙崡曰此頌刻於宗聖觀記之北而唐人分書甚佳但經元人翻本減弱矣碑側宋蘇軾書詩並弟轍詩歲久剝蝕元人別摹一碑視碑側字法亦減（趙氏石墨鐫華）

右眞容靈應頌末題開府儀同三司尙書右僕射曾孫戴伋書攷唐戴胄與至德兩世宰相至德官至尙書右僕射其卒也贈開府儀同三司則伋必至德之曾孫而唐書世系表不見其名蓋史家失於採訪矣選舉志三品以上蔭曾孫五品以上蔭孫孫降子一等曾孫降孫一等贈官降正官一等僕射秩從二品開府儀同三司秩從一品伋蓋承蔭而未得官者故以曾孫繫銜猶梁府君碑稱四品孫五品孫也文云禎祥荐臻妖沴不作沴即沴字隸楷偏旁从㐱者或變从尒遂與爾相涉又變尒爲爾也（潛研堂金石文字跋尾）

王夫人崔氏墓銘（佚　天寶元年　全文錄）

石方一尺二寸縱橫六格正書字徑一寸五分

大唐京兆府萬年縣尉王口夫人山東崔氏殯墓銘天寶元年三月十二日掩坎

雲麾將軍李思訓碑（存　天寶元年　文見王氏金石萃編）

碑高一丈一尺三寸六分廣四尺八寸五分三十行行七十字族子李邕撰文并行書

李北海翩翩自肆此雲麾將軍碑尤著者將軍名思訓畫品在神妙間碑詞絕不之及豈古人以藝爲諱耶（弇州山人稿）

李北海有兩雲麾碑一李思訓一李秀官同姓又同思訓碑在陝西秀碑在良鄉秦人著石墨鐫華者誤以爲一碑且以此碑爲趙文敏所臨誤矣良鄉碑不知何時入都城宛平令掘地得六礎洗視乃雲麾碑建古墨齋以貯之不知何時又移至少京兆署中止二礎其四礎傳謂萬歷中京兆王惟儉攜去汴中金石錄云明皇以天寶三年改年爲載今此碑元年正月立而稱元載附記之俟考（庚子銷夏記）

吏部南曹石幢（存　天寶元年　文見王氏金石萃編）

幢高六尺一寸共八面每面廣八寸第一面九行行字數七十七八十不等行書餘七面皆八行行六十六字正書左光胤撰序尹匡乘撰頌劉承恩今幢在西安圖書館

按文云天官曹乩徵辟材選任庶職銓以審其能曹以覈其實所以置卌人皆時秀幹理者得之此蓋述吏部令史之事也乩借爲稽字唐書百官志武后光宅元年改吏部曰天官吏部有令史三十人幢記所列太原王彥昇廣平宋希朝天水尹謙光等似皆爲天官令史者也王氏金石萃編

按此幢八面有序有頌行書在其一面其餘七面正書則佛頂尊勝陁羅尼經也舊存鄠縣草堂寺今歸西安圖書館

褒封四子勅存　天寶元年　文見王氏金石萃編

石横廣二尺一寸連額高二尺十二行行十四字正書隸額在盩厔縣樓觀

舊唐書禮儀志天寶元年正月癸丑陳王府參軍田同秀稱於京永昌街空中見玄元皇帝以天下太平聖壽無疆之言傳於玄宗仍云桃林縣故關令尹喜宅旁有靈符發使求之十七日

獻於含元殿二月丁亥御含元殿加尊號爲開元天寶聖文神武皇帝辛卯親祔玄元廟丙申詔史記古今人表玄元皇帝昇入上聖莊子號南華眞人文子號通玄眞人列子號冲虛眞人庚桑子號洞虛眞人改莊子爲南華眞經文子爲通玄眞經列子爲冲虛眞經庚桑子爲洞虛眞經今人稱莊子書爲南華經昉於此也李肇國史補曰天寶中慶言聖祖見因以四子列學官故有僞爲庚桑子者其辭鄙俚非古人書顧氏金石文字記

告華嶽文存　天寶元年　文見王氏金石萃編

此碣與盧朝徹謁嶽廟文同一石此在上方高二尺四寸五分廣二尺三寸二十行行十五字韓賞撰文韓擇木隸書額題闕元十三年六月九日建十字在華陰縣嶽廟

按此碑爲韓賞撰韓擇木書賞與擇木史皆無傳述書賦注稱擇木昌黎人工部尚書歷右散騎常侍此碑結銜云諸王侍書

榮王府司馬是其初官也榮王者玄宗第六子名琬始王鄄徙王榮後謚靖恭太子諸王府侍書無專員其司馬則每府一人從四品下也又撿韓昌黎集稱同姓叔父擇木善八分以擇木爲同姓叔父則不與之同系唐書韓愈傳愈鄧州南陽人擇木是昌黎人顯然二系然據宰相世系表河東太守純之後徙昌黎棘城或是擇木之先世然表不載擇木非純之後人矣愈之先世源出弓高侯隤當與河東太守純仍屬一脈故愈稱擇木爲同姓叔父也王氏金石萃編

崔府君夫人獨孤氏墓誌銘存　天寶二年　文見陶齋臧石記

石高一尺一寸八分廣一尺二寸六分縱橫二十三格長子李梁篆額正書

誌略云夫人河南人父諱奉先果州長史蜀國公祖姑三代作配君王獨公卽唐初元貞皇后口故梁王信之嫡孫也夫人先

另諱大方海州刺史以天寶二年十月十七日見背於長安縣嘉會里之私第時年七十歲時不便未得遷祔先塋不謂存者生疑實恐未安泉路今且於府君塋西北一百五十步得地以十一月二日庚時權安厝於長安縣義陽鄉義陽原禮也昔吳雄葬母不擇地而塋今季所封有同於往日云云按此誌撰文及書皆其長子季良亦屬金石一例不得祔葬先塋乃安厝於近塋之地是拘形家言而期心安理得者此誌出土未久歸於陶齋

隆闡法師碑存　天寶二年　文見王氏金石萃編

碑高六尺八寸五分廣三尺六寸五分三十四行行六十五字行書在西安碑林

右唐實際寺上座懷惲碑無書撰人姓名觀碑中有弟子思莊敬想清微勒茲玄琰之語則碑乃惲之徒所撰碑稱惲能誦般若

神咒際遇高宗武后兩朝可謂緇流之出色者乃患惡疾以死朝廷復贈之曰隆闡法師然則其法果安在哉（都氏金薤琳琅）此碑行書源出聖教而漸作婉媚纏繞都玄敬云無書撰人姓名碑中有弟子思莊則爲惲之徒所撰而王元美乃曰僧懷惲撰及書今碑中叙惲生死甚備明云大足元年十月二十二日神遷春秋六十有二神龍元年勅贈隆闡大法師天寶二年建碑又弟子思莊云云蓋碑首後人妄增懷惲及書四字文理本不屬而元美疑于及字上當有撰字遂誤耳（趙氏石墨鐫華）

靜業和尚墓志（存　天寶二年　全文錄）

（石高一尺二寸廣一尺三寸五分十七行行二十六字郭曖撰文并正書存渭南趙氏）

大唐廣福寺靜業和尚墓志　和尚張氏法名矣靜業道號也曾潞人累代田家子母遺腹孕十八月夜方寢夢道士赤身蹦踊而

入驚呼閭醒而娩異香撲鼻經宿乃散額高目秀口方顴聳眉長接趫生朞月母卒寄養叔家三歲叔亦殞隣人矜之輒東食西宿越八載年十一丐食入秦至終南廣福寺遂落髮爲師靈悟者徒數十人特奇其貌親授佛經日數千言命習書三年名大噪又善畫山水性嗜靜閉門磨兜嘗數日不食潛窺之凝神端坐鼻息俱寂甫十九歲無疾而殭師甚慟之葬從豐焉後二載有相識者曾遇於長安市噫和尚之生奇死異得道神速苟非宿根之厚能如是歟余與靈悟善時遊寺中親瞻手采爰誌大凡深慨不斐　天寶二年仲秋上旬郭曖謨書

佛頂尊勝陁羅尼佛說無垢淨光大陁羅尼神咒（存　天寶三載）

（字跡模糊石亦剝落正書）

涇陽社樹堡姚氏家藏二咒同刻一石（毛氏關中金石文字存逸考）

宇文琬墓誌銘（存　天寶三載　全文錄）

（石方一尺二寸縱橫一十三格周珍撰文曹惟良正書存師範學堂）

唐故河南宇文府君墓誌銘（并序）　國子進士周珍撰　公諱琬字琬代郡武川人也炎帝爲所出之先普回曰受符之祖則有定侯岳峙文皇龍躍承家翊魏開國稱周奕葉英華斯爲盛矣曾祖洪亮皇靈州迴樂令祖搢皇綏州義合府左果毅父延陵皇朝議大夫授綏州司馬雖從事鞅掌而遊心濟泊乖裕積慶寔生我公洪惟執志謙默有質端偉義存展惠德不近名空素業能資乏絶狎朱門匪高軒冕事親孝而奉兄友訓家儉而育子慈慕君平而取給欽仲長而不仕於是人倫遐矚聲芳坐馳族兄故黄門侍郎嘉而悅之因而器之而後朝選尙其不干祿能幹人之蠱匪擲財多克家之譽矢死不倦輸誠靡他嗚呼積善無據享年未永春秋六

十一以天寶三載六月五日終新昌里之私第其載十月廿日窆於萬年縣龍首原禮也盈里閈而悽慟及路衢而憯惻伯亡友季焉如已瞿違外引乎猶子感夫男明敏而趨德女柔麗而有則未畢婚娶如何憫凶夫人天水趙氏桃李猶春室家承式痛孀嫠而俄及念遺孤而無怙嗣子遜遂等奄茹荼蓼永違顏色既號天靡訴庶刻石銘休知余先人之故也將悉其事能旌其德撫孤泣目故不欽承雖荒唐無取申梗概而爲誌矣銘曰　和惠因心謙冲自得持身無玷睦親垂則（其一）昔爲英胄今在齊人遐思赤族不慕朱輪（其二）投迹塵俗勞形奔走和光葆眞人先己後（其三）天乎不傭罹是鞠凶俄然永隔仰心無從愁扃荒壠泣樹孤松冀星霜兮長垂令聞記金石矣銘彼高蹤（其四）　宣德郎行左領軍衛長史曹惟良書

宋思禮墓誌 存 天寶三載 文見陶齋藏石記

石方一尺八寸五分 十三行行二十五字正書

誌略云公諱思禮其先敦煌人也唐之時有功遇飛龍主定應策謀當姦雄僭僞幾仆生命公耽耽其視其仁勇其義壯事之經緯公自由爾詔特加撿校馮翊郡沙苑監三馬坊使幷營田使於天寶三年二月十二日不恒化于長安安定里之私第八月十二日殯於京兆龍門鄉之禮也公有三子長曰寅仲曰獻季曰言一雄而武兩冠乃仕其長也約其仲也文其季也壯云云文多蹇澀且有脫誤故句讀不能盡通其人乃開元靖難功臣之一耳

薛良佐塔銘 佚 天寶三載 全文未見

石尺寸未詳薛鈞撰文薛良史正書

金石文字記云文言年止二十八卒於里第塔於終南山施陁林善知識之次此官而葬以僧者　關中金石記云在終南山按此石今久逸矣　潛研堂金石跋尾云薛良佐塔銘余所得拓本損其一角姓名不可得見首稱龍集協洽者天寶二載癸未歲也云以來年閏二月十四日塔于終南山考溫公通鑑目錄天寶二載正閏二月金石文字記云閏四月轉寫之誤爾其云痛三武之喪偉節蓋用賈彪事三武者三虎也鳳枝按後漢書賈彪傳賈氏三虎偉節最怒 毛氏關中金石文字存逸攷

尊勝陁羅尼咒無垢淨光大陁羅尼神咒石刻 存 天寶三載

石高一尺六寸廣二尺二寸二十七行行二十字正書在西安碑林

王同人妻裴郡君夫人墓誌 存 天寶四載 全文見

石方二尺五寸縱橫三十格嗣子璞撰正書

大唐故泗州刺史瑯耶王妻河東郡裴君夫人墓誌銘 并序 嗣子京兆府三原縣尉璞撰　夫人故尚書工部員外屯田郎中泗州刺史瑯耶王公諱同人之妻河東裴郡君也其先自舜帝命虞爲高陽氏洎周爲尤裴氏秦漢魏晉領袖清通光鑠河汾洋溢靑史高祖蘊冬官尚書曾祖爽御史大夫祖承家光州司馬父援屯田員外靑州長史河東公紛論葳蕤奕葉世濟衣冠禮樂爲天下所宗夫人即河東公之第二女也生而端懿有德行有言語性至孝性至和河東公尤所鍾愛幼爲叔父振太子文學之所器異指夫人曰此女紺髮蓮目柔指儀形孝出冥心慈稟仏性豈非菩薩相好宿殖德本歟初笄歸于我先君系周靈王太子晉駕鶴賓天爲慶流寶刀篋長淮水忠則叱馭孝則躍鱗發揮古今傳襲鐘鼎世世成績紀于太常我大門諱堉故兵部尚書平章事爰立作相

近天子之光保合大和竭股肱之力道以弘濟功加于時我列考罔天縱之才文孝經天地忠義滿朝廷坐神仙之省行諸侯之牧垂範子物保乂皇家九牧泣於遺愛也夫人生高門之下歸相門之中自幼及長於天下亦貴矣事舅姑祇勤肅順爲六親所服孝父母揚名無憂俾九族稱歎克盛雞鳴之禮垂裕蘋藻之風動必有儀言不傷氣心行平等義在溫恭故兄弟情戚荷其慈內外大小飲其德詩書禮樂無不明閑手自繕寫法華經演鈔金剛華嚴般涅槃義比卄餘載志求无上道外榮華去滋味猒服錦繡不茹薰辛雖處居家常修梵行每禪家皆多法樂說經論廣勸童蒙嘗謂女于氏二娘嗣子渙吾久依止福寂和上彼岸者降伏其心心是道場如如不遠伏惟證密行矣登正覺耶以開元廿九年五月六日奄弃背於永樂私第享年五十七孤子渙號訴荒欸顙裂屠

心道俗奔趨雷慟雨泣甥煒萬年縣令涇州刺史躬自哀撫凶儀有甚天倫之戚曰四姊久得道隱化時顧命勤勤只令歸依三寶不驚不惱姮眠姮睡渙等孤酷不知所從先君以開元十六年七月十三日薨于泗州官舍攀慕無及不孝永深卜葬于萬年縣義善鄉風栖原禮也慈親以開元廿九載九月廿五日權年安措於五先塋東祇馴善飽以天寶四載十月廿五日遷祔昊天罔極叩地分崩銘曰　母氏聖善孝慈有則歸我先君威儀不忒志成仏道禪解從眞痛毒欒兮永鍾孤露陟岡岵兮不住世因

按此誌嗣子渙自銘其母與崔府君夫人獨孤氏誌同一例惟文筆殊欠雅潔且以夫人爲夫民當系避其父同人之諱甚矣唐人之多諱也韓昌黎諱辯云若父名仁子不得爲人乎今竟有父名同人母不敢稱夫人者矣眞堪發噱此石光緒初年出土亦爲載倫貝子攜歸北京

石臺孝經　存　天寶四段　文王氏金石萃編　碑連額高一丈五尺五寸四面各廣五尺前三面十八行行五十五字末一面前七行亞上同玄宗御製序并註及書書隸半分上下兩段上段表文小字九行正書批答三行大字行書下疏題名四列額上大唐開元天寶聖文神武皇帝註孝經臺十六字皇太子亨篆書在西安府學

唐玄宗書孝經後有太子亨右相林甫左相適之等題名韋郇公陟稱彭城縣男蓋自吏部侍郎出爲河南採訪始襲公爵此本封耳韋斌封平樂郡公可補本傳之闕書法豐妍匀適與太山銘同行押亦雄俊可喜當其時爲林甫所蠱媚極矣猶知有是經耶三子同日就隕屬鏤南內淒凉廢食厭代唐家父子如此循覽遺跡爲之慚慨弇州山人稿

孝經前第二行題曰御製序并註及書其下小字曰皇太子臣亨奉勑題額後有天寶四載九月一日李齊古表及玄宗御批三十八字其下有晉國公臣林甫等四十五人姓名惟林甫以左僕射不書姓中間人名下攙入丁酉歲八月廿六日紀九字是後人所添是歲乙酉非丁酉也又末二人官銜下不書臣亦可疑顧氏金石文字記

玄宗御製孝經頌幷註皇太子亨篆額今在西安府學墨洞內作大亭以覆之下作石臺高五尺餘啄鬼工猙獰擎扶狀上啄石蓋爲龍螭拏攫狀皆極精緻中石四面皆廣五尺高九尺餘束以巨鐵上下通計高二丈四面遍書小註分寫兩行石瑩潤如玉照人髮眉朗若明鏡鑿刻精工爲最殊觀來齋金石刻考略

明皇序文云韋昭王肅先儒之領袖虞翻劉邵抑又次焉劉炫明安國之本陸澄譏康成之注案陸德明孝經音義有孔安國

鄭康成王肅韋昭劉邵而無虞翻劉炫陸澄陸譏康成而據之爲注是明皇不尊鄭學者矣唐書藝文志有今上孝經制旨一卷應卽是書畢氏關中金石記

按玄宗御注孝經刻於天寶四載其篆額題曰孝經臺蓋當時勑建石刊臺刻御書故世謂之石臺孝經今注疏本前有成都府學生鄉貢博注奉右序稱有唐之初傳行者惟孔安國鄭康成兩家之注至玄宗乃於先儒注中採摭精英芟去煩辭撮其義理允當者用爲注解至天寶二年注成頒行天下仍自八分御札勒於石卽今京兆石臺孝經者是也唐會要載開元十年六月上注孝經頒行天下及國子學天寶二年五月上重注亦頒行天下又云天寶五載詔孝經書疏雖粗發明未能該備令更敷暢以廣闕文令集賢院寫頒中外是孝經注疏皆經重修

注修於天寶二年疏則修於五載此碑李齊古表題四載九月是重注之後又復兩年乃謀刊石其修書疏寫頒之事又在一年後矣玄宗本紀天寶三載十月詔天下家藏孝經一本則在刻石前一年故唐六典稱教授諸生之經孝經用開元御注舊令用孔鄭兩家蓋自重注頒行立石國學之後諸生始能遵奉新令也舊唐書經籍志及崇文總目並云玄宗孝經注一卷而金石錄作明皇注四卷陳振孫直齋書錄解題亦稱家有此刻爲四大軸以爲書閣之鎮則又指此碑四面環刻裱本每面爲一卷也碑字肥瘦得中運筆與太山銘約略相似其大小視太山銘才五分之一注則又較經文四之一耳所書序目經注以監本較之經文異者四字少者一字孝治章祭則鬼亨之開成石經與此同監本亨作享案釋文此字作許丈反明唐本作亨

若作享字何必用音乎今本釋文刻作享誤後喪親章以鬼亨之作亨亦音許丈反可證也廣要道章敬一人而千萬人悅監本而作則石經及日本國鄭注本並與此同諫爭章雖無道不失天下監本失下有其字案釋文云不失天下本或作不失其天下其衍字耳是定本無其字故石經亦作不失天下喪親章此哀感之情也釋文石經並與此同監本感不从心與下文兩感字歧出誤皆當以碑爲正注文不同者諸侯章言富貴長在其身監本長作常三才章人之恒德監本恒作常五刑章臣所稟命也監本所作之感應章君爇族人監本爇作燕此數字雖無礙詣然義尚得通至如序云皆糟粕之餘監本作糟糠誤案疏引釋名酒滓曰糟浮米曰粕以解二字之義是本作糟粕石經與此同庶有補將來監本補下衍於字石經與此同開宗明

義章注言先代聖德之主監本注作王誤庶人章注秋收冬藏監本收作斂案釋文收如字又手又反斂力儉反是定本作收孝治章注大然者然上孝理皆得懽心監本脫上然字諫爭章監本爭作諍沿釋文之誤案經文爭字凡八見皆不从言此題不應獨書作諍亦當以碑爲正也又有碑文誤刻而監本足據者聖治章注參聞明王孝理以治和平碑書聞作閒言親愛之心碑書心作也感應章注則神感至誠碑書誠作諴疏云諴和也書曰至諴感神據此則神感至和當爲至諴今定本作至誠之誤凡此之類皆由信筆偶譌未及勘對輒勒於石不得以之校經者也經文盡後空一行上截刻李齊古上表三百餘字端楷細書石墨鐫華以爲行書者非是下截李林甫等四十五人題名疑皆當時從事刻石諸臣林甫而外兩唐書有傳者陳希

烈孫逖韋斌席豫陸景融韋陟張均凡八人適之官兵部尚書封渭源縣公而傳但云刑部尚書清和縣公席豫封襄陽縣男而傳作縣子韋陟彭城郡公韋斌平樂縣公傳皆不載賴有碑以補史之缺也達奚珣嘗薦顏允南爲左補闕見顏氏家廟碑今河南濟源縣有遊濟瀆記幷碑陰序一篇刻於天寶六載皆珣所作署銜吏部侍郎此碑題中大夫行禮部此郎蓋由禮部遷吏部也韋騰題名之下忽書丁酉歲八月廿六日紀九字攷開元以下至肅宗至德二載方是丁酉是時喪亂之後天下甫定不聞別有刻碑太學之事況所紀諸臣歷官皆在天寶初載與史多合其非至德丁酉可知顧亭林謂此條後人攙入因是歲乙酉譌爲丁酉幷疑解休一王思恭二人不書臣字然驗碑文所題諸臣銜名前後筆跡多同惟林甫適之二人其字稍大

餘皆相等斷非兩手所書而自臘以下二十餘人皆無史傳可稽疑事毋質兩亦未敢強斷也王氏金石萃編

編纂渭南武樹善

續陝西通志稿卷一百四十七

金石十三

唐

任令則碑 天寶四載存 文見陸氏金石續編

碑高七尺廣三尺五寸三十行行五十四五字不等李邕撰文并行書在武功縣

按李北海撰書任令則碑假師段襄亭大令任武功時訪得之拓以寄贈碑凡一千五百餘字可辨者尚及三分之一姓名官階年月以及先世後嗣猶得諦書錄之任氏之先始於薛侯下至漢魏則有御史大夫敖司空隗吏邦尚書愷攷元和姓纂漢御史大夫任敖敖之後爲晉尚書任愷望系樂安博昌後漢書任光子隗章和元年拜司空乃南陽宛人非任敖支派豈北海所據譜系或有附會耶陸氏金石續編

此碑於嘉慶二十年七月出於武功縣令假師段襄亭訪得之移置縣學其碑陰爲宋人大觀聖作碑北海碑版照四裔文字震耀一時集晉唐之大成開宋元之先路其佳處尤以縱筆勝縱橫如意姿態橫生令人把翫不厭惜傳世碑版如娑羅樹嶽麓寺諸碑半經後人重刻雲麾碑椎拓日久筆畫漸細靈巖寺碑鋒穎亦鈍惟此碑存字無多而神采飛動著紙欲活實爲北海眞蹟吉光片羽可勿寶諸毛氏關中金石文字存逸考

尊勝陀羅尼咒經幢 天寶五載存 文見王氏金石萃編

幢高二尺七寸八面每面廣六寸五分俱作兩截上刻佛像下咒第一面磨泐已盡其餘七面各五行行十二字十五字不等

興聖寺尼決定等敬造在西安府

按此幢爲興聖寺尼所建題云南閻浮提震旦國娑訶世界宛委餘編云佛稱中國爲閻浮提翻譯名義云震旦或云眞丹或

云廝丹琳法師云東方屬震是日出之方樓炭經云葱河以東名爲震旦以日初出耀於東隅得名也又云娑婆訶或云娑訶此翻善說又云散去蓋總謂之東南中國世界也長安志唐京城朱雀街西第二街西從北第一太平坊次南通義坊西南隅興聖尼寺高祖龍潛舊宅武德元年以爲通義宮貞觀元年立爲寺此幢云是興聖寺尼所建當卽此寺也王氏金石萃編

成府君墓誌銘 天寶五載 佚 文見陸氏金石續編

石方一尺六寸二分十九行行二十二字正書原在長安今佚

酎軒新獲此碑較比年所得稍大雖間有剝蝕而筆致秀逸頗類褚河南惜未載書者名容當考之 庚寅中秋靑門李僕崧安氏題 行書三行刻誌後

誌沿下方左角標題處自宜錄以下缺七字以文驗之當是宜祿府左折衝都尉其知爲成府君者文敘姓源有列乎于成句也黃氏古誌石華

此石道光九年出土十三年春顧米脂鶴寄粵陸氏金石續編

雷詢墓誌銘 天寶五載 存 文錄

石方二尺三寸縱橫二十一格正書蓋題大唐雷君墓誌之銘六字篆書在長安段氏

大唐故處士陪戎副尉雷君墓誌銘 幷序　君諱詢字明遠關內馮翊郡人也德能匡俗垂寶光於先功可濟時福慶流於後故祖路曄兮雄勇風骨不凡欝兮清雅神彩異俗應前隨以見用位列錦司入大唐而昇朝職臨司馬父通上柱國智可運籌德堪濟物不徇私門唯憂報國揮霜戈於隴外戎虜電除耀金甲於輪臺骨都膽讋功成遂退賞悅丘園知命無憂自怡風月君稟陰陽之秀氣受天地之雄和維孝維忠克恭克敏虛心應物任性歸眞坐幽窒以怡神臥白雲而放志將爲義門比壽豈其孔父齒亡以天寶五載六月五日攖疾於私第終於家館夫人趙氏道叶坤順德配乾剛性以謙約爲本行以溫柔作常訓女乖誠教男義方遷居均善於孟母守志侔貞於敬姜何寶婺之昔殞乃龍劍之今淪同臻玉匣雙契佳城書帳虛而斂跡粧樓空以生塵幽顯既分死生道隔降婁次陬皆月合葬於仙宮原侍光塋也孤子賓泰敬思遺訓代稱泉壤以爲銘其辭曰　凜兮儼兮家國稱美倩兮絢兮閨闈有軌道契神明德侔君子動止不乖於町畦心形豈違於天理任物同化委體從流泯然形順颯然入幽琢石鐫名兮光德芳聲不朽兮千秋

按此誌字體頗有魏晉筆畫任意增減以祖爲衵孟爲盂倘未大差乃書帳之帳作悵先塋之先作光則成別字不可通矣蓋

四旁刻夜半子雞鳴丑平旦寅日出卯食時辰禺中巳正南午日昳未晡時申日入酉黃昏成人定亥三十六字並刻鼠牛等十二像此石本出郃陽爲同州太守徐德修所購今歸長安段氏

寶天生碑 天寶六載 存 文見王氏金石萃編

碑高七尺五寸廣四尺一寸二十七行行五十五字李邕撰文段清雲正書范愛題額末有元郃陽縣尹姚遂禮重立題名在郃陽縣橋頭鎮

案唐書本紀天寶六載正月辛巳殺北海郡太守李邕此碑立於是年二月則在邕歿之後當時李有重名而死又非其罪故身歿而文猶見刻古人之重文行不重勢利如此居士之季子元禮官梨園教坊使行內侍省內侍而碑文多述其戰功蓋以宦官董軍如楊思勗之類碑文稱元禮正議大夫後題制新加

銀青光祿大夫蓋由正四品上轉正三品下也柳子厚述唐時葬令云凡五品以上爲碑龜趺螭首降五品爲碣方趺圓首居上無位而立碑於法爲僭特以其子方爲內侍故當時不以爲非雖以李北海之強直且爲製文它人固無論矣 潛研堂金石文字跋尾

王靜信妻周夫人墓誌 佚天寶六載 文見王氏金石萃編

石方一尺縱横十七格正書

誌後云以茲吉晨赴杜城東郊之禮也余初疑句有脫字及觀大歷間光祿卿王訓墓誌亦云遷厝萬年縣滻川鄉滻川原之禮也則當時自有此文法志不知何人作但有岳也匪才添爲敘述之語岳則其名也而不著姓銘亦甚率畧此石舊在長安農家畢中丞云近爲山西汾陽某氏攜去今此搨本模糊者僅三字不知是原刻抑翻本也 抱經堂文集

司馬霜殘幢 存天寶六載 文見王氏金石萃編

幢上下皆缺八面每廣五寸各七行每行字數無考司馬霜書文正書在西安府

按歲次丁亥乃天寶六載也唐書百官志吏部司勳凡酬功之等見任前資常選曰上資司馬霜謂之吏部常選蓋上資也 王氏金石萃編

按此䃭剝蝕已甚經文記讚均不完全

潘智昭墓誌銘 存天寶七載 文見王氏金石萃編

石方一尺九寸五分共二十一行行二十一字行書蓋題大唐故潘府君墓誌銘九字篆書在西安府

潘府君名智昭字洛京華原人誌歷敘其上世云楚大夫汪之緒也左氏傳楚有潘尫賈氏注楚大夫師叔字今字作汪與傳文不合又智昭祖觀太中大夫行司津監唐書百官志龍朔二年改都水監曰司津監使者曰監以是推之觀行司津監即其

爲使者在龍朔以後也誌內戊字缺畫又書景時景時者丙時也時皆用支此獨用干他文亦不見惟北齊書南陽王綽傳有景時 授堂金石跋

尊勝陁羅尼神咒經幢 存天寶七載 文見王氏金石萃編

幢八面高四尺八寸每面廣六寸共六十四行每行五十五字正書在西安開元寺後有駱休齊重建跋

尊勝陁羅神咒經幢 存天寶七載 文見王氏金石萃編

幢八面高二尺六寸八分廣二尺八寸三分二十四行行二十五二十八字不等張少悌行書在長安崇聖寺

余所收尊勝咒石幢凡八紙其一爲張少悌行書清圓秀逸蘇靈芝之輩不及也在崇仁寺經堂前以木罩柵之一字不損其一正書無名方整森嚴全習信本而結法稍不如在牛頭寺其六紙或正書或行書都不作惡札然不無遜其腕力也 趙氏石墨鐫華

佛說施燈功德經 存天寶七載 正書

今在岐山縣末行年月下題云朝議郎行扶風郡岐陽縣尉李口徵建立新唐書地理志扶風郡岐山縣下注貞觀七年析扶風岐山京兆之上宜置岐陽縣八年省上宜入岐山永徽五年復置元和三年省 毛氏關中金石文字存逸考

金剛經幢殘本 存天寶七載 文見王氏金石萃編

石幢存兩段合之高三尺八寸五分上段止存三面下段八面每面廣八行九行十行不等字數無考[illegible]文張貞行書在咸甯縣城南李家村

咸甯縣志云在城南李家村案此幢書法遒逸仿懷仁聖教序 毛氏關中金石文字存逸考

薛義墓誌銘 存天寶八載 文見陶齋藏石記

石方一尺八寸三分二十二行行二十四字正書

誌畧云公諱義字成河東汾陰人也昔奚仲居薛仲虺相湯薛

之所封其來遠矣曾祖魚亭亭高竦不雜風塵祖芝與時偕行聲明光國父知信以公之勛贈安化郡都督府司馬公稟氣非常少習戎旅中宗業廓牝雞竊命公以懸布之勇隨龍上天旣拔立極之勳自取當時之貴解褐授絳郡長祚府左果毅自初任至冠軍總十三政躍馬廿載春申有立楚之功食邑五百戶周勃有佐漢之力以天寶八載閏六月十日薨於西京長安金城里私第春秋七十有二以其載七月廿八日旋葬于國門之西龍首原之禮也嗣子光大光俊等云云文內何圖作河圖銘內隨龍勳何有脫遺且躍馬卅載對食邑五百戶以卅作四十讀終屬不合

翠峰亭記 存　天寶八載　文見陸氏金石續編

崖高二尺廣三尺七寸十八行行九字房渙撰正書在略陽縣城東十五里大石峽壁中

翠峯亭銘 存　無年月　銘見陸氏金石萃編

右記一百五十二字房渙撰書刓泐四字宮苑作宮苑與天恩皆闕一字書及專城亦闕一字避石泐也銘六十二字刓泐十四字撰銘爲太原王口當是繼房渙守郡者按唐書地理志興州順政縣太平寰宇記唐立興州以武興山取名記云武興泉石銘云守武興四境山嶙峋即今大石峽是也畧陽縣志載翠峯記而不及二刻王君森文署畧陽縣事訪得之 陸氏金石續編

按記一百五十二字天寶八載房渙構亭作記述其身遭際之隆與其地泉石之勝也銘六十二字無年月乃太原王口追蹤攬勝讚美房君之芳躅也事雖連屬而文非一時刻非一石王氏金石萃編第見其銘未見其記故不免一誤再誤

清和郡太夫人張氏墓誌銘 佚　天寶九載

石尺寸未詳秦元愛撰文男林行正書

金石文字記云在咸陽縣案此石今久逸矣 毛氏關中金石文字存逸考

楊忠馮夫人合葬墓誌銘 佚　天寶十載　全文錄

石方二尺二寸共十七行行十八字正書蓋題大唐故楊府君夫人□篆書

大唐故大內皇城判官右衛率大明長史弘農郡楊公始平郡馮夫人墓誌銘　君諱忠京兆長安人也束髮從宦久歷衣冠解褐庫谷令白姓歸仁能聲洋洋轉右衛率府大明長史我皇幸東京留後皆委兼判大內吏人愧畏考秩既滿臥疾斯起捨財散施專心大乘生存積善臨終道場春秋六十四天寶元載夏六月六日卒於崇化里男號動哭痛切骨髓親戚臨哀如喪考妣始平郡馮夫人常好西方之業坐觀幻化之身雖不染衣志求佛性忽抱斯疾不口藥餌春秋亦六十四也天寶九載夏五月口口口于崇賢

之里右脅累足如來之加葡男則號天叫地風雷並起悲雲灑而衆談皆異天寶十載歲在辛卯八月丁酉廿二日壬申合葬之禮葬于長安龍首原也銘曰　生前德行死後榮名子存孝道父母同塋春秋變易速如流星泉臺一臥永保安貞

按此石文內側注　二字

多寶塔碑 存　天寶十一載　文見王氏金石萃編

碑高七尺九寸廣四尺二寸三十四行行六十六字岑勛撰文顏眞卿正書徐浩題額在西安碑林

右唐多寶塔感應碑岑勛撰顏眞卿書多寶塔者僧楚金所造楚金嘗寫法華經千餘部寘塔中今猶有存者余於士大夫家數見之余亦得其一卷乃乾元二年肅宗所造卷首佛像絹素畫蹟尚如新也 趙氏金石錄

有宦秦中者向余言唐碑石皆如玉其字皆直刻入深一二寸

如今刻牙小印者然不似今碑但斜掠也後問之李伯玉亦不盡爾惟此多寶塔等一二碑爲然所以經久不糢糊此是魯公最勻穩書亦儘秀媚多姿第微帶俗正是近世掾吏家鼻祖又點畫太圓整筆寫不應若是米元章謂魯公每使家僮刻字會主人意修改波磔致大失眞觀此良非誣又因此知顏書是腕着案書案亦大有力倚此爲牆壁則折旋皆如意不致欹斜但作字時少減趣亦使無魏晋天然態耳今世所謂顏書率師此亦以其有牆壁易學故大抵字必帶俗乃入時眼乃盛行 書畫跋

顏公之書多矣然此碑盛傳人間歐陽公作集古錄跋尾而此獨見遺惟趙氏金石錄有之謂嘗寫法華經千餘部實塔中士大夫家數見之則楚金之書至宋猶有存者 金薤琳琅

魯公正書惟此碑最著以其字較諸碑稍小便于展玩耳碑舊

在興平千福寺不知何時移立西安府學中 趙氏石墨鐫華

多寶塔爲魯公少時書魯公書碑遍天下權輿於此此碑以前無魯公書也 虛舟題跋

右千福寺多寶塔感應碑康熙中碑石斷銘詞缺佛知見法爲五字空王可託本願同六字損歸我無空四字末行缺大夫行內侍趙思七字 潛研堂金石文字跋尾

張元宗妻令狐氏墓誌 存 天寶十二載 文見陸氏金石續編

石方一尺九寸縱橫二十格行書在長安縣碑林

此誌無書者姓名驗其筆跡與張希古誌絕相似亦鴈門田穎書也夫人夫元宗食邑鴈門希古食邑馬邑皆在今山西大同府穎籍其地故爲書誌二張蓋族人也誌中貌作貇怨作惌自阻以後阻當作俎宦作宧善作譱權作㩲代易世久世字不避太宗諱闕筆去天寶九載去當作以然唐志以去作以字用者甚多僧思道誌云去至德二載春秋八十有一解進誌去元和四年三月四日疾終尹澄妻朱氏誌云去開成四年告終于第皆是如此蓋當時習俗相沿有此用法也 黃氏古誌石華

楊珣碑 存 天寶十二載 文見王氏金石萃編

碑高一丈五尺廣八尺五寸二十六行行五十七字玄宗御製文并隸書額題恆農先賢楊公之碑八字皇太子亨篆書在扶風縣法門寺

右碑在縣北二十里高原之上損闕者三之一然猶有可辨者碑今尺高二丈三尺寬六尺二寸方趺海馬垂雲寬九尺製造鉅麗書法媲美孝經末行有二載癸巳字上下缺如知是天寶十二載建立也題額亦工甚歐陽唐書世系楊珣出太尉楊震之後上谷太守珍珍生清河太守眞眞生洛州刺史宏農公

懿懿生冀州刺史三門縣伯順順生儀同三司平鄉縣公琛琛生宣梁郡通守汪汪生庫部郎中令本令本生昊陵令友諒友諒生宣州司士參軍珣珣生國忠而友諒之弟志謙生蜀州司戶參軍玄琰玄琰生太眞妃故妃與國忠應爲同曾祖之兄妹而碑云珣之考爲靑城令志謙是玄琰與珣同志謙所生珣生國忠玄琰生貴妃妃與國忠爲同祖之兄妹匪同曾祖之兄妹也此史之誤於世系也碑以汪爲隋國子祭酒吏部尚書戴國公而世系只言梁郡通守此史之誤於職官也貴妃傳言詔爲玄琰立宗廟帝自書其碑此因帝有題碑之事曠代作史誤傳珣爲玄琰不曾親察此碑耳此史之誤於紀事也嗚呼金石之文不泯於世功豈淺鮮哉碑中孝乎惟孝亦是四字爲句 扶風縣志

張瓛墓誌銘 存 天寶十二載 文見陶齋藏石記

石高一尺六寸四分廣一尺七寸七分二十四行行二十五字　張安撰正書

誌畧云公諱璬字承宗清河東武城人也曾祖淵隋開府儀同三司江南道東二道行軍總管衛尉卿上大將軍文安縣開國公食邑壹千戶謚曰莊祖孝雄唐尚輦直長湘源令鄀府司馬考敬之侍御史司勳郎中乾封縣令漢州刺史太府卿禮部侍郎公即侍郎公之元子也弱歲以宿衛出身中年以常調縻職授秦州參軍事以神龍二年十一月十一日終于東京溫柔里之私第享年三十有六夫人琅邪王氏祖方茂伯祖方慶唐中書令同中書門下平章事承相門之慶緒得女則之深規以開元十七年七月二十五日遘疾終於東京壽安縣之別業享年七十有二並以天寶十二載二月十二日同歸祔於京兆府全城縣三陂鄉舊塋東北卅二步禮也嗣子恒前饒陽郡鹿城縣

尉云云此誌於同治時出土今未詳所在因其葬地在興平故屬之興平焉方輿紀要云漢平陵縣屬右扶風故城在今興平縣東北二十里曹魏改曰始平後魏時遷於今治唐景龍二年送金城公主出降吐番至此更名金城至德二載改曰興平　毛氏關中金石文字存逸考

張夫人令狐氏墓誌銘　存全文錄　天寶十二載

唐故銀青光祿大夫行內侍員外同正員上柱國張公夫人雁門郡夫人令狐氏墓誌銘　并序　惟天寶十有二載十一月四日夫人卒於京兆府殖業里之私第嗚呼時載六十有三若夫人之姓裔自平太原處嬪于室凡廿載矣夫人進對工繡以備於賓祭先祖恭具於會澤正之以容皃不以悅己怡色事上撫下允穆謙和愛子如生育人無怨夫張公諱元忠任太中大夫賜邑爲雁門郡君後進銀青光祿大夫遂加號爲雁門郡夫人也不意曰由運改福謝緣疎夫去天寶九載五月十三日卒於河南府里之私宅次載就葬於京兆府三原縣之分界自阻已後念逝來緣每弘慈悲常思不忘以夫先偶同事幽泉又歲月無良遂別塋壤衆子未宦莫能再榮嗚呼人道所悲傷矣以今載十二月四日遷殯於京兆府長安縣龍首鄉之原也代移世久墳壠摧殘刻石爲銘媿敘夫人之德銘曰　食邑之家捨於珠瑁彝纓之族衣無重綵六行所備四德並載謹慎閨門善音無壞太山南揖渭水東邁歲月蒼蒼記之永代

優婆姨段常省塔銘　存文見陶齋臧石記　天寶十二載

石高七寸七分寬一尺一寸六分十六行行十一字正書

士端按此銘金石諸書未著錄書法近褚登善阮氏小滄浪筆

談引祖庭事苑云梵言貧婆華言叢林梵言優婆塞華言善士中州金石志跋齊天統造象記云菩薩字即菩薛一切經音義作扶薛蓋聲之轉六朝隋唐皆作薛不從産猶見古義　宋氏宜祿堂金石記

按此誌原出長安梗梓谷後歸陶齋

劉感墓誌銘　存文見王氏金石萃編　天寶十二載

石高一尺二寸七分廣一尺一寸四分縱橫二十三格李震撰文席彬行書

誌石近出土完好前列河東進士李震撰宰相世系表列震泉州刺史集賢院上柱國席彬書舊唐書職官志有集賢殿書院即誌所稱集賢院也院設官各有職任不聞以勳官備員蓋亦誌文所闕與劉感誌稱其當玄宗撥亂之開元提劍以從遂使群凶授首云云開元元年秋七月甲子太平公主及岑羲蕭至忠竇懷貞謀反伏誅感當時從討立功始基於此誌所書感歷

轉階職由從七品下進正六品上又進正五品下又進從四品下最後轉從三品上無一越級者攷咸初從玄宗撥亂事定後僅授翊麾副尉蓋非有殊勳可紀如碑所云殆亦子孫文飾之詞欲耀於人與黃臺鄉見元載傳稱萬年縣界此作咸寧縣地理志萬年天寶七載改爲咸寧乾元復舊此當天寶十二載故依改名元載當大曆十二載故仍舊稱也史例之嚴如是惟大桃戍新舊書地理志皆遺此名其屬何州不可攷矣 武氏授堂金石跋

劉元向墓誌 佚文見王氏金石萃編天寶十載

石方二尺五寸七分縱橫二十七格賚忻撰文田穎行書

按碑稱釋褐爲掖庭監作大食市馬使唐六典掖庭局有監作四人從九品下監宮中雜作之事大食者西域大食國也市馬使無專員六典總記于互市監條下而不及大食并碑下文所

云骨利幹市馬尤未詳也碑又云奚首領屈突于侵擾璪亭勅公討之又北庭劉渙躬行勃逆委公斬之此二事史皆無徵未云塋於龍原府夫人舊塋合祔龍原府未詳所謂舊塋不知其先世何人之塋也 節王氏金石萃編

孫志廉墓誌銘 石文見王氏金石萃編天寶十三載

石高二尺五寸二分廣二尺四寸二分縱橫二十四格中堂搆撰文韓獻之正書原出咸陽後歸靈巖山館

右內侍省內常侍口府君墓誌銘今在咸陽縣文字完好而府君之姓獨剝落誌口口口之第六子亦闕三字蓋爲人椎去攷其文云吳稱帝業飛龍鬱起于江東漢辟賢臣易道超來于北海疑其族出孫氏也志廉官中常侍階止正五品下生平無他見既沒之日詔贈粟帛申之弔祭喪事人力借供於是知明皇表之崇寵宦者踰越常制以啟一代閹竪之禍所由來漸矣唐六典無文部常選之名舊唐書職官志天寶十二載改吏部爲文部新書亦同斯碑立於天寶十三載故曰文部所謂常選者不知何官攷宰相世系表有吏部常選又有兵部常選意其爲選人之稱爾銘詞云堂堂雅重蓋雅量之訛與下文玉巵有當協韻矣堂攜丹徒人有詩名殷璠選其詩入丹陽集史稱其爲武進尉不云平陸尉也 錢氏潛研堂金石文字跋尾

此碑向在農家乾隆四十二年余以數千錢買之今移置靈巖山館庶免村童敲火牧牛礪角之菑也 畢氏關中金石記

皇第五孫女墓誌銘 全文錄天寶十三載

石高廣三尺八寸四分各除花邊四十刻神怪花紋二十三行行二十五字張漸撰文劉秦行書蓋題皇第五孫女墓誌銘篆書四周作龍鳳花紋存藍田閻氏

皇第五孫女墓誌銘并序　中大夫行中書舍人翰林院待制上杜國臣張漸撰　朝議郎行太子宮門郎翰林院供奉臣劉秦書

巨唐宗系混元貽謀道德保祐之慶儲自上天令淑之姿誕于中掖恭惟皇之第五孫女也傳芳玉扆挺秀銀潢率禮閑和秉心柔順而夙禀青宮之範載煇彤管之則生知道要幼誦眞言跡慕神仙心凝虛白鉛華不御常思鸞鶴之遊瓊蕊方飡詎假鳳凰之兆勤修祕籙克受靈方歌八景之洞章究三清之隱訣鮮膚綽約儼冰雪之容慧識精明製薰華之玩每習靜觀妙練形坐忘理契窅冥氣合沖漠代俗不測其用視聽莫見其端栖志太虛寧樂人寰之貴脫身懸解詎論修短之期以天寶十三載歲次甲午十一月吉日丁酉恬然委順時春秋二十一載仙駕臨空天樂在聽白雲一去瞻帝鄉而未歸素輤啟行指佳城而將掩皇上慈深軫念禮重哀榮式備羽儀爰從卜宅以其載閏十一月二十九日庚寅祛

葬於京兆咸寧縣義豐鄉之銅人原禮也詔使護喪鳴笳引路詣
上清而日遠瞻留烏而增傷乃命小臣誌於幽壤銘曰　家膺執
象系纘猶龍大和保合至道斯宗誕生女士有婉其容松柏之茂
桃李之穠其一　虹彩孕靈星輝誕質淑慎任只秉心專壹纂跡靈仙
仝形芝朮受籙玄鍵歸眞靜室其二　碧落降節玄洲召名刻藉瓊圖
遊魂玉京載飛仙馭尙軫皇情履舃猶在龍隧方營其三　松野蒼茫
荃原重複羽駕齊轡雲輿並轂弔鶴初飛瞻烏已卜敢書令範以
誌陵谷其四

張登山墓誌銘　存　天寶十四載　今文錄

石方二尺四寸縱横二十三格申參撰正書

唐元功臣故冠軍大將軍右龍武軍大將軍張公墓誌銘并序
京兆府鄉貢進士申參撰　君諱登山字伯倫燉煌人也其先軒

轅第四子受封關內列侯從居趙地世爲冠族漢司空即其後也
黼衣朱紱已降於唐大迹煥其禎符累仁鬱其分構故得餘慶綿
昇遺列乃懷瑾瑜而鎭雅俗負日月而利賓王集朝陽以鳳鳴口
雲津以龍躍詳諸史牒可略而言焉曾祖利貞隨任雍州石臺府
折衝機重宏深標託峻遠祖懷左衛郎將上柱國器宇清茂風度
閑華考龍穆州司馬精誠外澈獷俗懷仁恂恂敬鄉黨之容雍雍
悅詩禮之訓君資靈岳府識鑒弘通如芝蘭生谷以淑郁松柏凌
寒而勁正生知合契天骨應圖屬國步再康寰宇淸謐君乃麟角
直指鳳翼橫張獻策金門遂受腹心之寄唐隆元載解褐授游擊
將軍寧州靜難府右果毅會識融通仁智合散道孚邦邑譽滿京
華卷舒懷抱之間逍遙人野之際開元二載授岐州義伏府左果毅
開四載授游騎將軍行華州鄭邑府左果毅文武內明鋒穎外發

但奇桐入爨詎銷淸耳之音神劍沈櫝豈絕干星之氣開十載授
京兆府元城府折衝開十四載轉甘泉府折告明威將軍開十五
載授京兆大明府折告壯武將軍皆夙著誠欵績用可嘉鍾石彰
革代之音星雲表龍飛之瑞俄遷左驍衛翊府右郎將次任左領
軍衛翊府中郎賜紫金魚袋開元十七載授雲麾將軍右龍武將
軍翊府中郎次改授左淸道率府率遷冠軍將軍封經城縣開國
侯食邑七百戶加本軍大將軍東越舊吳地稱巨麗南金竹箭餘
烈尙存君受命轅門扙劍出塞指惹山則陣雲常偃彎繁弱則漢
月長孤甲如山兮馬如鐵謀如雨兮汗如血襲五陣則刀鋋落星
戰百勝則鏌鋣呈鍔孝家忠國約禮遵詩虛已膺物罕有榮羡法
心悟一常窺甘露之門知色相俱空慈奪猛風之海意珠卌口輕
垢心印照千二百蓮花生一念而出於暗輪問五勝息肩於靜綱

君子聞之曰痛矣夫斯人也危言屈短口口常數嗚呼天寶十四
載九月十二日氣疾暴增奄捐元舍春秋九十焉唯君幼乃鳳毛
長便麟角秀氣與雲松並峻素概將冰玉俱貞而不升台庭而不
到壽域主上當食而弗懸親賓相視而行哭都人罷市里巷不歌
轜轜在門騎吹伏路慕纚人吏悲深賓宋古之不朽何以加焉長
子仲仙樂平郡青谷府別將第二子景仙任左金吾衛善訓府折
衝第三子浩然右領軍衛馮翊府別將並擢枝蘭畹舒葉桂林涵
芳流以散輝映圓浪而浮景望淸三賈聲華二陳友悌著於崳夷
仁孝立於顚沛仰慈顏而永慕懷網極以增悲庶憑宅兆之安少
慰終天之戚粵以其載十月廿三日遷葬於開遠門西三里龍首
原禮也步長原之迥野噎斯路之良難霜雲結而蒼山暮楸檟衰
而隴遂寒逐飄風於落日瀉頹運於驚湍長安陌龍首原萬古千

秋沈夜魂託金石之不朽寄窮思之音翰其詞曰　山門寂兮山日沈泉關掩兮泉路深荒郊廓兮歸望絕霜月明兮松悵陰慈巖緬而永翳欒棘標而崩心彼天長兮地久此貞石兮無侵

按此石清末出土見存長安段氏

張毗羅墓誌　天寶十四載　全文據　石高一尺三寸廣一尺二寸正書

唐故定遠將軍守左武衛將軍員外置同正員上柱國內長入供奉張府君墓誌銘并序　公諱毗羅其先清和人也父諱毗羅弈葉承家隱輪不仕公累襲冲和之氣克遵高上之風芝蘭入室蓮瑜照廉其事親也色難以養之其行異端智周以成之由是蕭灑丘園恬淡霞月優游朝市不違大隱之趣弋釣林泉有光豪士之迹夫然者宜其夫奏天階羽儀帝座公家其寵命遂拜定遠將軍

守左武衛將軍以天寶十四載八月廿七日薨於金城里之私第春秋七十卽以其載十一月十七日葬於承平鄉原之禮也長子咸哀泣血威隮詔冗孟常泣惑於大風賢陵卦劍於心許乃爲銘曰　府君友葬叶成西吉兆地夏明金雞千秋萬歲兮松柏齊魂魄歸兮長不迷

此石近出長安未知移徙何處誌中譌言甚多如隱淪之淪作輪延陵之延作賢地下之下作夏鳴金雞之鳴作明皆極不通之字疑出村學究之所爲也　毛氏關中金石文字存逸考

按此誌父子同名亦所罕見

韋瓊墓誌銘　存天寶十四載　文見陶齋臧石記　石方一尺九寸二分縱橫二十格范朝撰正書

誌畧云君諱瓊字瓊京兆杜陵人也漢葉崇盛丞相乃擅其名唐業克昌逍遙遂因其號君之苗裔即其後也曾祖元整皇中大夫使持節曹州刺史上柱國祖絲皇益州成都縣令父景皇廣平郡肥鄉縣令君幼年好學書劍兩全封侯未就遘疾俄臻以天寶四載十二月廿九日終於濛陽郡九隴縣之私第春秋四十有六以十四載五月十三日卜葬於長安縣永壽鄉畢原附先塋禮也南臨太一北帶皇城胤子署居喪有禮云云

張安生墓誌銘　存天寶十四載　文見王氏金石萃編　石方二尺五寸二十八行行二十九字正書蓋題大唐故張府君墓誌銘九字篆書在西安府

按此碑但稱諱安生而不及其字與希古碑但稱字而不及諱皆行文之略又希古碑有書人而無撰人此碑則書撰人皆無亦皆刻誌之變例未必取法於漢也碑書祖若父皆無官位其家世寒微可知其云景雲中屬韋氏竊權殘我王室公乃提一

劍而直入掃九重以殄謐再清京兆之天重捧長安之日云云此指玄宗誅韋氏睿宗即帝位之事安生不過萬騎兵中之一人事定之後叙其微勞因授以果毅折衝等官也碑又云天寶十三載冬十一月十日扈從薨於昭應縣之官第唐書玄宗紀天寶十三載十月乙酉幸華清宮又地理志京兆府昭應縣有宮在驪山下貞觀十八年置咸亨二年始名溫泉宮天寶元年更驪山曰會昌山三載析置會昌縣六載更溫泉曰華清宮治陽井爲池環山列宮室又築羅城置百司及十宅七載更會昌縣及山曰昭應碑稱安生薨於昭應縣之官第者蓋扈從百司之第也碑不著安生里居但云葬於龍首原長安志萬年縣有龍首鄉在縣東一十五里當即龍首原地理志京兆府萬年縣天寶七載改曰咸寧安生或即家於此歟碑書譜牒作譜嫌冠

冕作冠冕皆別體蕭何作簫何則筆誤也節王氏金石萃編

張希古墓誌銘存今見王氏金石萃編天寶十五載

石高二尺九寸七分廣三尺四分縱橫二十二格原出長安今在吳縣靈巖山館

碑載府君字希古不言其名曾爲馬邑郡尚德府折衝都尉馬邑卽朔州唐書不及府名亦可補史之缺畢氏關中金石記

碑爲田穎行書竇泉述書賦有販書人田穎注云長安人志凡識滯疑卽此人但竇云長安人而此題曰雁門爲不同王氏蛾術編

劉智合葬墓誌銘佚全文錄天寶十五載

石方二尺縱橫十九格張遘撰文

大唐故劉君合葬墓誌銘幷序　進士張遘撰文　君諱智字奉智其先彭城郡人也恭聞受氏於夏受命於秦創庶天官化被江漢爰洎魏晉代列侯伯今爲京兆府涇陽縣人也曾祖寶皇右領軍衛折衝都尉祖敬左衛果毅都尉父柱右武衛長上折衝左羽林軍宿衛學國有二柄武有七德或干城以禦侮或腹心以衛上友兄奉進見任銀靑光祿大夫行內侍省內侍彭城縣開國男食邑三百戶故當時君子曰積德積載奕葉冠蓋者也君承餘慶以謹身竭忠貞以旌義勳列餘美武部常選享年不永春秋四十有五天寶二載九月十二日終於私第夫人孫氏淑慎凝禎柔儀婉變允臧君子宜爾室家而修短有涯早瘞幽壤以天寶十五載歲在涒灘五月甲寅朔十九日壬申合葬於京兆府長安縣國城門西七里龍首原龍門鄉懷道里嗚呼前嘱終南良木其壞後臨淸渭逝者如斯爰恐陵谷遠遷天長地久勒茲幽石貽傳不朽銘曰

公侯之裔相傳孝悌有涯終極無朽功諱宅兆增感豐碑口淚悼泉雞之不鳴傷野鶴之空唳

此石本出長安今未知移徙何處帖肆本有蘇靈芝書者乃重摸也誌中友兄之友疑作有爾雅太歲在丙曰柔兆在申曰涒灘此誌但云歲在涒灘未書柔兆蓋僅記地支未記天干耳毛氏關中金石文字存逸考

按此誌書法遒勁方整頗類蘇靈芝書故原石爲人收藏坊間重模卽除去進士張遘文五字另寫武功蘇靈芝書六字惟筆畫稍肥武功六字且有俗氣缺其上方右角短九字不見原拓儘能亂眞也

華嶽廟題名一百七種

鄭虔等題名佚名見王氏金石萃編開元二十三年

碑已殘缺存縱橫尺許六行首行一字次行兩字三行六字四行五字五行七字六行四字分書共四人

唐鄭虔題名云開元二十三年四月二十三日滎澤鄭虔彪鄉道之智覺同登華山回步而謝子神云云其詞四六排偶共百五十餘字史子華刻分書仿史惟則骨氣卑下非唐隸之佳者葉氏金石錄補

碑只存六行共三十四字不可句讀惟簿尉之名可識又有史子華刻字字樣史子華者卽刻大智禪師碑者也畢氏關中金石記

李憕題名存今見王氏金石萃編開元二十四年

在華嶽廟碑左側李仲昌題名下共四行行十四字正書

左輔頓寮刻石記存今見王氏金石萃編開元二十四年

石已斷裂現存三塊合之橫廣三尺八寸七分高三尺十九行行十六字楷徑撰文杜繹分書共九人

右碑石分爲三存一百七十七字文不可讀惟倕文繹書數處可辨考金石錄有禹傳卽倕所撰文當開元二十五年又宰相世系表以爲卽德輿之祖故附置於此書法類蔡有鄰畢氏關中金石記

紀

在華陰縣嶽廟中左輔謂左馮翊也隤謂置隤如今之尖站是也寮謂寮宷也此碑題名爲劉遵素權倕盧奕薛𪻐裴季通苗元震邵潤之杜繹李從一共九人 毛氏關中金石文字存逸考

蘇顥題名 開元二十三年 名見王氏金石萃編 在華嶽廟碑左側蘇顥題名下李博題名後三行行十四字左行正書

蘇炎題名 今存 名見王氏金石萃編 在蘇顥題下二行行六字

在北周華嶽頌碑左側蘇顥題名之下計一人題曰郊社丞蘇炎記新唐書百官志太常寺卿所屬有兩京郊社丞各一人從八品上 毛氏關中金石文字存逸考

顔眞卿等題名 乾元元年 名見王氏金石萃編 在嶽廟碑右側第五琦題名下四行行十二字顔眞卿正書共六人

公以乾元元年三月自翊馮太守改刺蒲州尋爲御史唐旻誣搆即於是年十月改刺饒州道經華陰乃與監察御史王延昌等同遊華嶽題名金天王祠當是時公內忌於宦官外誣於酷吏連遭貶斥罷於奔命始無虛日而從容暇豫題名華嶽如無所事者然蓋公之義命自安不爲威武所屈貧賤所移此可見矣金天王華嶽神也舊史玄宗紀開元元年九月封華嶽神爲金天王 [illegible]

張惟一等祈雨記 乾元元年 記見王氏金石萃編 在華嶽廟碑左側四行行十七字李權分書共九人

右張惟一祈雨記刻於述聖頌之左側據宰相世系表惟一望出淸河東武城宰相錫之孫官至華州刺史此記正在刺華州時與唐表合新舊史皆不爲惟一立傳王定保摭言載蕭茂挺父爲莒丞得罪淸河張惟一時佐廉使按成之茂挺初登科自洛還莒道邀車發辭哀乞惟一涕下即日舍之且曰蕭贊府生一賢方資天下風教吾由是得罪無憾也宋子京嘗采其事入穎士傳蓋好賢之誠有足多者又嘗爲荊州長史見呂諲傳 錢氏潛研堂金石文跋尾

王宥等謁嶽祠題記 上元元年 名見王氏金石萃編 題名刻述聖頌右側作兩截書上年月四行行五字篆書下名四行行十六字李樞隸書並篆共十三人附鄭翊一人

樞李權弟述書賦注云李權淮安王神通曾孫工八分弟樞工小篆內有處士王季友即杜甫所稱酆城客子是也豫章圖經云季友酆城人家貧賣履博及群書李勉引爲賓客甚敬之 畢氏關中金石記

此刻題名篆書第二行三行之間有閏月二字第三行四行之間有鄭縣丞鄭翊五字亦係唐人題名附記於此 毛氏關中金石文字存逸考

太州別駕殘題名 上元 字見王氏金石萃編 在告華嶽文之後一行十三字正書

案文只存十三字云正議大夫太僕少卿兼太州別駕考華州以上元二年改名太州則此爲肅宗時人所題矣 畢氏關中金石記

邱據題名 寶應二年 名見王氏金石萃編 石横廣一尺一寸高一尺寸六行行八字正書

右邱據題名其云使主者節度使李抱玉也抱玉本陳鄭潁亳節度使代宗即位兼澤潞節度使方鎭表寶應元年澤潞節度兼領鄭州又增領陳邢洺趙四州正抱玉爲帥之日德宗以後

陳鄭與澤潞各自爲鎭不復相統攝 錢氏潛研堂金石文跋尾

金吾大將軍題名 存

在邸據題名之後正書

在邱據題名之後題云潼關節度都虞侯節度副使元從鎭國大將軍左金吾大將軍銀青光祿大夫殿中監 以下缺 案此題名金石萃編未載焉 毛氏關中金石文字存逸考

劉士深等題名 存 廣德元年 名見王氏金石萃編

石高一尺廣六寸七行字數不等正書共六人

按此題列名皆以地望爲先後藍田奉天兩縣尉居首重京邑也告成縣丞書在豐陽令上者告成屬河南亦爲東都故耳北嶽神廟碑安喜縣尉李遜與此稱告成縣丞者或即其人未可知也新唐書藝文志李遠詩集一卷字求古大中建州刺史者

以廣德紀元方爲尉則至大中時八十餘年矣疑別爲一人 武氏授堂金石跋

按此題名六人內有李逞畢氏關中金石記直謂之李遙毛氏關中金石文字存逸考謂逞卽逞字攷字典補遺則夷針切音淫過也未審孰是

韋口題名 存 廣德二年 名見王氏金石萃編

石高一尺廣七寸七行行十字正書共七人

題名以廣德二年二口口七日越自師旅將詣朝廷云云者以是時僕固懷恩叛也韋君不詳其名 畢氏關中金石記

按此題名畢氏關中金石記王氏金石萃編均缺其名而毛氏關中金石文字存逸考則書爲韋勝必有所本惜未明白耳

孫廣等題名 存 廣德二年 名見王氏金石萃編

李仲昌等題名 存 廣德 名見王氏金石萃編

在華嶽廟碑左側寶塔詩下三行行七字十字不等正書共二人

在華嶽廟碑左側寶塔詩下六行行字數不等韋辯正書共八人

宰相世系表辯官昭應令案此云行華陰縣丞同正當在未爲昭應令之先又有云行尉崔頲表以爲頲終同州刺史 畢氏關中金石記

韋公右等題名 存 名見王氏金石萃編

石殘缺見存橫廣一尺五寸高八寸八行行五字六字不等正書共五人

趙令衿題名 存 名見王氏金石萃編

在韋辯左右空諧行十字左行行書

李懷讓題名殘字 存 廣德 名見王氏金石萃編

三行行上下缺正書

右止存三行每行七字共二十一字考唐常袞華州刺史李公墓志云公諱懷讓以佐命功特授鎭國大將軍加特進兼鴻臚卿封汧國公充潼關鎭國軍使同華等州節度使華州刺使以廣德元年九月薨於華州軍府詔陪葬建陵則此乃懷讓題名也再考唐會要叙陪葬名位建陵只及汾陽王郭子儀一人而無懷讓應爲缺畧懷讓薨於廣德改元故附置於此 畢氏關中金石記

焦鍰題名 存 永泰元年 名見王氏金石萃編

在隔壁一尺三寸高一尺三行行十字十一字不等正書

將羅漢題名 存 名見王氏金石萃編

在焦鍰之左三行行九字十字不等正書

王嘉欽等題名 存 名見王氏金石萃編

在焦鍰之右三行行字數不等共四人正書

第五公等題名 佚名見王氏金石萃編大歷五年

在華嶽頌碑右側顔魯公題名上十一行行九字十字不等正書共六人

文云前相國第五公自戶部侍郎出牧梧州蓋坐與魚朝恩善貶也又云子壻虞常子壻之稱自此始壻作聟者千祿字書云聟聓壻乜俗中通下正壻一變爲壻再變爲聓三變爲壻四變爲聟皆由胥變爲肖致誤又聓或亦寫作胥故月耳相溷 畢氏關中金石記

蘇敦等題名 存名見王氏金石萃編大歷五年

在昭應碑下截作兩段書前一段八行後一段九行每行六字七字八字不等正書共八人

宰相世系表蘇氏河南尹震有七子敦發教徹璥政儆此云汝州司馬敦弟華陰令發弟咸陽縣主簿敎弟前華原縣丞徹弟太常寺主簿敞弟吏部常選璥弟少府監敎弟儆不同者璥疑

續陝西通志稿〔卷一百四十七　金石十三　二十四〕

即是璥有敦不應後有璥也政疑即是敞字形相近此等要當以碑爲正 畢氏關中金石記

按宰相世系表蘇震共有七子今敦以下列名者有七弟是震共有八子矣畢氏第辯其名字之同異未及人數之多寡或者有一早亡史家不詳載耳

裴士淹題名 存文見王氏金石萃編大歷五年

在華嶽頌碑左側上截七行行四字左行正書

盧綸等題名 存名見王氏金石萃編大歷六年

石橫廣二尺一寸高八寸六行行七字十字不等左行正書共五人

右題名殘斷不相屬舊唐書盧簡辭傳云父綸大曆初宰相王縉奏爲集賢學士祕書省校書郎會縉得罪坐累久之乃調陝府戶曹河南密縣令不見作尉閿鄉事惟新唐書有之云大曆初數舉進士不第元載取綸文以進補閿鄉尉與此合 武氏授堂金石跋

今在華陰縣華嶽廟中題名爲陸漸陸永陸涓盧綸趙鄴共五人盧綸字允言河中蒲人大曆初數舉進士不入第元載取綸文以進補閿鄉尉與吉中孚韓翃錢起司空曙苗發崔峒耿湋夏侯審李端皆能詩齊名號大曆十才子見新唐書藝文志及綸本傳此題名正其爲閿鄉縣尉時所題也 毛氏關中金石文字存逸考

庚口等題名 佚名見王氏金石萃編大歷六年

石殘缺現存橫廣一尺六寸五分高八寸十一行行五字六字七字不等左行正書共九人

崔微等題名 存名見王氏金石萃編大歷七年

石高一尺廣四寸四行行十字左行正書共四人

右題名正書自左起宰相世系表清河大房有微河南少尹子溉太常少卿此題蔇從卄不從水又元和十年題名華陰縣令崔蔇亦即其人皆與表異文苑英華穆員陸渾尉崔泳墓誌云河南少尹微之子又云君長兄河南府尹司錄參軍溉不勝其哀崔少尹盧氏墓誌云唐河南少尹清河崔微則微字傳誤也

續陝西通志稿〔卷一百四十七　金石十三　二十五〕

溉亦從水並誤 武氏授堂金石跋

郎仲堅題名 佚大歷七年

一作江陵少尹郭仲堅題名關中金石記云在華嶽廟今未詳所在 毛氏關中金石文字存逸考

韋憑題名 存名見王氏金石萃編大歷七年

石高廣俱九寸三行行六字正書

元澄等題名 存名見王氏金石萃編大歷七年

石高九寸橫廣一尺六寸八行五字六字不等左行正書共三人

題內有大理評事盧恒宰相世系表恒殿中侍御史畢氏關中金石記

盧朝徹謁嶽廟文存大歷九年名見王氏金石萃編

碑高四尺二寸廣三尺四寸五分九行字數十八至三十不等正書在華嶽廟

文正書微損十餘字此爲唐時守令莅任謁廟之詞元張養浩著三事忠告言故事權民官既上必告境內所當祀之神宜以不賄自誓庶堅其遷善之心即此義也武氏授堂金石跋

按盧朝徹兩唐書無傳文皆用韻詞意簡質有云清是家風所遺方乃天誘其衷與衆難合於時不容可見其世守清正而有不諧於俗之概也陝西通志令長卷亦不爲立傳王氏金石萃編

韋況杜錫題名存大歷九年名見王氏金石萃編

石横廣二尺六寸高九寸共九行行六字左行正書共三人

按此題名王氏金石萃編目爲三人一時題名以其同在一石

也毛氏關中金石文字存逸攷以韋況與杜錫杜梅另列以其月日各別也然後題建口三月廿三日文義不能強通當有脫誤

李謀等題名存大歷九年名見王氏金石萃編

在韋況題名之右三行行八字十字不等正書共六人

右題名正書舊唐書德宗紀貞元九年五月甲辰以鄭州刺史李融爲滑州刺史義成軍節度使蓋即此題稱前長安縣主簿者也攷記文前書五月庚申則甲辰當爲六月紀於此脫文矣融又見李適之傳子季卿孫融立性嚴整善吏事貞元十年歷官至滑州節度使卒渭當作滑傳刻誤也宗室世系表列適之相玄宗下惟書霅而季卿及融俱失載融又見裴光庭傳加宏文館大學士引壽安丞李融令直宏文館是融初從仕亦以文

學見引非獨善吏事矣予故綜其前後論之以見名不虛附也武氏授堂金石跋

上官沼題名存大歷十三年名見王氏金石萃編

在昭應碑下截蘇敦書之左三行字數不等行書

宰相世系表有上官詔當即其人表宜從碑作沼爲是畢氏關中金石記

案東台之名因話錄云武后朝御史台有左右肅政之號當時謂之左臺右臺則憲府未嘗有東西臺之稱惟俗間呼在京爲西臺東都爲東臺攷舊唐書獨孤郁傳憲府故事三院御史由大夫中丞自辟請命於朝時崔晃鄭居中不由憲長而除勅命雖行郁拒而不納晃竟改太常博士居中分司東台盧杞傳父奕天寶末爲東台御史中丞昌黎集故虞部張君墓誌銘拜監

察御史經二年拜眞御史明年分司東台轉殿中呂和叔集故太子少保贈尚書左僕射韋府君神道碑銘遷監察御史內供奉東都留守即拜東台侍御史司空表聖集虞知猷神道碑遷侍御史專領東台之務以此題名證之則當時見於史傳文集皆稱東台決非從俗爲之因話錄檢審不精妄爲此議也武氏授堂金石跋

崔漢衡題名存興元元年名見王氏金石萃編

在昭應碑後李休光題額字下三行字數不等盧儆隸書

題云守兵部尚書博陵郡開國公唐書載漢衡官爵甚詳不言封博陵郡公亦是缺略婁機漢隸字源云漢樊毅復華下民租碑唐興元中華陰縣令盧儆求得而爲之記八分書於碑末即此人畢氏關中金石記

崔頍草綬等題名　存貞元元年　名見王氏金石萃編

唐書草綬傳綬字子章京兆萬年人建中中爲長安尉朱泚亂嬴服走奉天拜華陰令案唐有兩草綬爲草貫之兄非此人　畢氏關中金石記

在昭應碑崩威悍字下四行行六字九字不等左行行書共三人

題云檢校水部員外郎崔頍華州司功參軍鄭齊聃華陰令草綬貞元元年二月六日記字迹秀逸刻工亦佳尉人尋玩有晋人風範可寶也　毛氏關中金石文字存逸考

裴堪等題名　存貞元七年　名見王氏金石萃編

在華嶽文碑王中七行字數不等左行裴潾正書共七人

潾河東聞喜人善隸書唐書有傳宣和書譜云潾隸書爲時推重晚歲行草尤勝攷潾以蔭起家此稱參軍事而不著地當即

是華州諸參但未辨何司耳題內有盧湝盧佩湝名見宰相世系表佩名見河東記　畢氏關中金石記

鄭全濟等題名　存貞元十三年　名見王氏金石萃編

在華嶽文碑表題之下五行字數不等左行正書共三人

內有華陰縣尉鄭暐世系表有之　畢氏關中金石記

賈竦謁華嶽廟詩　存元和元年　詩見王氏金石萃編

行字不計賈竦右詩首正書在華陰縣華嶽廟後周天和碑側姪男琡太和六年重修

元和元年十月著作郎河南賈竦謁華嶽廟賦五言詩題名大和六年四月其姪宣義郎行華州參軍事琡修之修之者殆録之也詩題北周天和二年趙文淵書万紐于瑾所撰華嶽頌之左方頌之陰則開元八年劉升書咸廙所撰精享昭應碑也其右勒顔眞卿乾元元年題名工每椎拓三面而遺竦詩以是流傳者寡然其詩特醇雅顧圖經未之采焉　朱氏曝書亭集

竦賈餗兄據宰相表則竦官著作郎也無姪琡名可以補史之缺　畢氏關中金石記

尉旻題名　存元和元年　名見王氏金石萃編

石高一尺二寸廣五寸三行字數不等正書

郭豐等題名　存元和元年　名見王氏金石萃編

在華嶽頌碑左側裴士淹下十行行六字七字八字不等左行崔朽正書共七人

題內有門下典儀李誠明門下典儀者門下省屬官也　畢氏關中金石記

孟簡題名　佚元和元年

寰宇訪碑錄云在華陰今未詳所在　毛氏關中金石文字存逸考

薛存□等題名　存元和四年　名見王氏金石萃編

石廣一尺九寸高八寸八行字不等左行共七人

右題名正書自左起按薛存下缺字當作誠舊唐書薛存誠傳裴垍作相用爲起居郎轉司勳員外與題名合柳澗附見韓愈傳云華州刺史閻濟美以公事停華陰令柳澗縣務俾攝掾曹居數月濟美罷郡出居公館澗遂諷百姓遮道索前年軍頓役直後刺史趙昌按得澗罪以聞貶房州司馬愈因使過華知其事以爲刺史相黨上書理澗留中不下詔監察御史按驗得澗贓狀再貶澗封溪尉又皇甫湜韓文公神道碑云華州刺史奏華陰令柳澗贓詔貶澗官澗任華陰坐貶始末如是然則澗之挾怨煽衆固黠吏所爲而刺史相黨必致之罪亦世情哉　武氏授堂金石跋

續修陝西通志稿卷一百四十八

金石十四

唐

杜濟墓誌銘（存 大曆十三年 文錄後）

石方二尺一寸二十四行行二十四字正書

京兆尹兼中丞杭州刺史劍南東川節度使杜公墓誌銘（并序）

九有虞卿行師貴于絍席四方取則鈎鉅資乎口壤誰其行之則杜公其人矣公諱濟字應物京兆杜陵人皇主客郎中續之曾孫明堂令知讓之孫贈太子少保惠之第三子資度韶華心靈敏達在家必聞既蘊睦親之志所居則化多稱不器之能解褐南鄭主簿州士司馬垂引在使幕轉長杜尉隴西法曹皇甫侁江西採訪奏爲推官授大理司直攝殿中口御史賜緋魚袋尋正除殿中歷

宰鄜渭南成都三縣綿州賜紫魚袋魚袋戶部郎中加朝散大夫廣德中檢校駕部郎中上柱國嚴武劍南南行軍司馬杜鴻漸分蜀爲東西川以公爲副元帥判官知東川節度拜大中大夫綿劍梓遂郝防禦使梓州刺史兼中丞時寇盜充斥公示以威信八將之不隕公之力焉尋拜東川節度使俄而移軍復爲遂州都督徵拜給事中間歲拜京兆少尹明日遷京兆尹出爲杭州刺史公務清簡庭落若無吏焉不幸感風疾以大曆十三年歲次丁巳秋七月二日辛亥薨于常州之別館春口五十有八夫人京兆韋氏太子中舍迪之第三女也沈敏精深高明柔克幹夫之蠱以懋厥家凡生三子四女而公即世夫人星言晝哭躬護櫬櫝與子肅以冬十二月二十有四日壬申歸窆之公於萬年縣洪原鄉之少陵原祔先塋也鳴呼以公之志業才力宜其振揮鮮翮淩厲清浮而命迮

成山功虧長世吁可恨也眞卿忝居友胥敬接周行痛徽音之永隔感存沒其同口銘曰　藹藹禹禹時維杜公業光臺省政洽軍戎乃尹京兆乃麾江口帝方倚理命則不融口子護喪哀哀口口

按此誌無撰書人名而文有眞卿忝爲友胥句字體與小麻姑壇絕相似或係魯公撰并書惟筆畫多欠老當當係鐵筆未工耳文內紫金魚袋下復有魚袋二字或係重出此誌出土年月莫稽今藏長安段氏

尊勝陀羅尼經幢并讚序（佚 大曆十三年 文見王氏金石萃編）

幢高六尺五寸八面每面廣七寸作兩截書上咒共三十一行共剝蝕每行約十七八字下讚并人名共四十行行三十餘字讚震造并撰文及書

此幢題銜云開府儀同三司試秘書監使持節鳳州諸軍事鳳州刺史兼御史中丞充興鳳兩州都團練使同山南西道節度

副使上柱國口口開國侯口震敬造并撰及書其姓適當缺處案新舊唐書均有嚴震傳新書傳云震字遐聞梓州鹽亭人至德乾元中爲州長史後官鳳州刺史興鳳兩州團練使好興利除害建中中劍南黜陟使萁楨狀震治行爲山南第一乃賜上下考封鄖國公治鳳十四年號稱清嚴遠邇咨美遷山南西道節度使以傳考之此幢當爲嚴震所造蓋震於此時方爲興鳳兩州團練使也其開府儀同三司兼御史中丞之銜見舊唐書本傳新唐書未載而此幢云震同山南西道節度副使兩唐書均未載得此可補其缺唐鳳州治梁泉縣即今鳳縣以地望準之此幢當在鳳縣內矣（王氏關中金石文字存逸考）

無憂王寺寶塔銘（存 大曆十三年 文見王氏金石萃編）

碑高九尺六寸廣四尺四寸三十三行行二十四字張彧撰文楊播正書在扶風縣

按此碑題曰大唐聖朝無憂王寺大聖眞身寶塔碑銘據碑文則無憂王寺之額是中宗所題其在隋時爲誠實道場唐武德年間改爲法門寺碑云奉以身命碎于微塵精誠克孚指掌斯獲又云寸餘法身等虛空而無盡似即所謂手指骨也舊唐書德宗紀貞元六年岐州無憂王寺有佛指骨寸餘先是取來禁中供養正月乙亥詔送還本寺岐州者本魏周所置舊名隋改扶風郡唐初復置岐州至德初升爲西京鳳翔府不知貞元時紀何以仍稱岐州也陝西通志載法門寺在扶風縣北二十里唐書地理志扶風縣本漳川武德二年析岐山縣置貞觀八年更名碑稱太宗聖帝弔薛舉以問罪次漳川而犒師則扶風之法門寺正即太宗犒師漳川之地與碑合也詳玩碑文指骨藏塔中三十年一開顯慶五年開後至長安四年復往開之肅宗

時又啟發迎赴內道場紀所謂先是取來禁中供養者正指肅宗啟發之事非憲宗所迎之骨也邵氏聞見後錄古塔四層葬佛手指骨一節唐憲宗盛儀衛迎入禁中即韓吏部表諫者塔下層爲大有石芙蕖工製精妙每芙蕖一葉上刻一施金錢人姓名殆數千人宮女姓名爲多又刻白玉像所葬佛指骨置金蓮花中隔玻璃水晶匣可見又明人張杰撰筆記云法門寺者唐憲宗迎佛骨之所也元和十四年詔改爲法雲寺敕學士張仲素撰碑今此碑立於大曆十三年不但在憲宗迎佛骨之前三十餘年且距德宗貞元六年送還本寺亦有十一年則是憲宗迎佛骨之事非此碑所稱之佛骨也困學記聞但疑無憂王寺與法門寺名不同而不知佛骨是兩事閻若璩謂法門寺即無憂王寺是矣而亦不辨佛骨之是一是二皆未詳考此碑者也此碑撰文者張彧無傳可考書者楊播即楊炎之父傳載肅宗時即家拜散騎常侍號元靖先生則當書此碑時已拜散騎常侍矣炎傳又稱炎居父喪廬墓側號慕不廢聲有紫芝白雀之祥炎三世以孝行聞門樹六闕古所未有是播亦以孝行聞而門樹二闕矣炎傳又云宰相元載與炎同郡炎又元出也故擢炎吏部侍郎史館修撰會載敗坐貶道州司馬唐書宰相表元載權知門下省事在大歷四年載誅在大歷十二年至十四年八月德宗初即位召炎爲門下侍郎同中書門下平章事然則炎之歷官居相位皆在大歷四年以後其時父喪已起復則播卒在大歷四年以前而此碑立於十三年播卒已逾十年是書碑在前立碑在後也碑載肅宗藏骨塔中有瑟瑟數珠一索以賻博雅云瑟瑟碧珠也本草云瑟瑟寶石碧者方以智通雅

今寶石出西番回鶻諸坑井內雲南遼東亦有之紅者名刺子碧者名靛子唐人謂之瑟瑟即此也唐書于闐國傳德宗遣內給事朱如玉之安西求玉于于闐得瑟瑟百斤蓋瑟瑟爲時所寶如此碑末行四月口丑朔二十五日辛口建勑二字據廿五日干爲辛則朔日是丁丑廿五日是辛丑也碑避諱書用作用世作卅泯作泯　王氏金石萃編

顏勤禮碑　在文編錄　大歷十四年

碑高七尺廣三尺三寸厚九寸四面刻字正面十九行碑陰二十行每行三十八字右側五行行三十七字左側磨平顏眞卿撰并書碑中諱故字多缺

唐故秘書省著作郎夔州都督府長口上護軍顏君神道碑　曾孫魯郡開國公眞卿撰并書　君諱勤禮字敬琅邪臨沂人高祖諱口遠齊御史中丞梁武帝受禪不食數日一慟而絕事見梁齊

周書曾祖諱協梁湘東王記室參軍口苑有傳祖諱之推北齊給事黃門侍郎隋東宮學士齊書有傳始自南入北今爲京兆長安人父口思魯博學善屬文尤工詁訓仕隋司經局校書東宮學士長寧王侍讀與沛國劉臻辯論經義臻口屈焉齊書黃門傳云集序君自作後加踰岷將軍太宗爲秦王精選僚屬拜記室參軍口儀同娶御正中大夫殷英童女英童集呼顏郎是也更唱和者二十餘首溫大雅傳云初君在隋口大雅俱仕東宮弟愍楚與彥博同直內史省愍楚弟遊秦與彥將俱典秘閣二家兄弟各爲一時口物之選少時學業顏氏爲優其後職位溫氏爲盛事具唐史君幼而朗悟識量弘遠工於篆籀尤精詁訓秘閣司經史籍多所刊定義寧元年十一月從太宗平京城授朝散正議大夫勳解褐秘書省校書郎武德中授右領左右府鎧曹參軍九年十一月授輕

車都尉兼直祕書省貞觀三年口月兼行雍州參軍事六年七月授著作佐郎七年六月授詹事主簿轉太子內直監加崇賢館學口宮廢出補蔣王文學弘文館學士永徽元年三月制曰具官君學藝優敏宜加獎擢乃拜口王屬學士如故遷曹王友無何拜祕書省著作郎君與兄祕書監師古禮部侍郎相時齊名監口口同時爲崇賢弘文館學士禮部爲天册府學士弟子通事舍人育德又奉令於司經局校定經口太宗嘗圖畫崇賢諸學士命監爲讚以君與監兄弟不宜相褒述乃命中書舍人蕭鈞口口口曰依仁服義懷文守一履道自居下帷終日德彰素里行成蘭室鶴籥馳譽龍樓委質當代口口口口以後夫人兄中書令柳奭親累貶夔州都督府長史明慶六年加上護軍君安時處順恬口口口不幸遇疾傾逝于府之官舍既而旋窆於京城東南萬年縣寧安鄉之鳳栖原先夫人陳郡口口泉柳夫人同合祔焉禮也七子昭甫晉王曹王侍讀贈華州刺史事具眞卿所撰神道碑敬仲口部郎中事具劉子玄神道碑殆庶無恤辟非少連務滋皆著學行以柳令外甥不得仕進孫元孫舉進士考功員外劉奇特標牓之名動海內從調以書判入高等者三累遷太子舍人屬玄宗監國專掌令書滁沂豪三州刺史贈祕書監惟貞頻以書判入高等歷畿赤尉丞太子文學薛王友贈國子祭酒太子少保德業具陸據神道碑會宗襄州參軍孝友楚州司馬澄左衛翊衛潤倜儻涪城尉曾孫春卿工詞翰有風義明經拔萃犀浦蜀二縣尉故相國蘇頲舉茂才又爲張敬忠劍南節度判官偃師丞杲卿忠烈有清識吏幹累遷太常丞攝常山太守殺逆賊安祿山將李欽湊開土門擒其心手何千年高邈遷衛尉卿兼御史中丞城守陷賊東京遇害楚毒

參下詈言不絶贈太子太保謚曰忠曜卿工詩善草隸十六以詞學直崇文館淄川司馬旭卿善草書胤山令茂曾訥言敏行頗工篆籀䟫爲司馬闕疑仁孝善詩春秋杭州參軍允南工詩人皆諷誦之善草隸書判頻入等第歷左補闕殿中侍尉史三爲郎官國子司業金鄉男喬卿仁厚有吏材富平尉眞長耿介舉明經幼輿敦雅有醞藉通班漢書左清道率府兵曹眞卿舉進士校書郎舉文詞秀逸醴泉尉黜陟使王鉷以清白名聞七爲憲官九爲省官荐爲節度採訪觀察使魯郡公允臧敦實有吏能舉縣令宰延昌四爲御史充太尉郭子儀判官江陵少尹荊南行軍司馬長卿晉卿邠卿充國質多無祿早世名卿偶佶伋倫並爲武官玄孫紘通義尉沒于蠻泉明孝義有吏道父開土門佐其謀彭州司馬威明邛州司馬季明子幹沛詡頗泉明男誕及君外曾孫沈盈盧逖並

爲逆賊所害俱蒙贈五品京官濬好屬文翹華正頵並早夭頍好
五言授書郎頵仁孝方正明經大理司直充張萬頃嶺南營田判
官顥鳳翔參軍頰通悟頗善隸書太子洗馬鄭王府司馬並不幸
短命通明好屬文項城尉翽溫江丞覿綿州參軍靚盬亭尉顥仁
和有政理蓬州長史慈明仁順幹蠱都水使者頲介直河南府法
曹頔奉禮郎頎江陵參軍頡當陽主簿頌河中參軍頂衛尉主簿
願至左千牛頤頫並京兆參軍頎須頪並童稚未仕自黄門御正
至君父叔兄弟息子姪揚庭益期昭甫強學十三人四世爲學士
侍讀事見柳芳續卓絕殷寅著姓畧小監少保以德行詞翰爲天
下所推春卿杲卿曜卿允南而下息君之群從光庭千里康成希
莊日損隱朝臣朝昇庠恭敏鄰幾元淑溫之舒說順勝怡渾允濟
挺式宣詔等多以名德著述學業文翰交映儒林故當代謂之學

家非夫君之積德累仁貽謀有裕則何以流光末裔錫羨盛時小
子眞卿聿修是忝嬰孩集蓼不及過庭之訓晚暮論譔莫追長老
之口故君之德美多恨闕遺銘曰 下闕

右唐顔勤禮碑魯公撰并書元祐間有守長安者後圃建亭榭
多輦求境内古石刻以爲基址此碑幾毁而存然已磨去其銘
文可惜也 趙氏金石錄

右唐夔州都督府長史顔勤禮碑曾孫魯郡公眞卿撰并書民
國十一年壬戌十月之初何客星營長獲之長安舊藩廨庫堂
後土中石已中斷上下皆完好無缺泐案此碑久無知者僅見
於六一集古錄及題跋意趙宋時尙盛行於世元明以後陵遷
谷貿此碑埋沒城中垂千年後之金石家不特未嘗寓目並其
名亦鮮知之者此碑立於大曆十四年時公年七十五家廟碑
立於建中元年僅隔一歲二石皆在長安而一隱一顯豈亦有
數存乎其間耶歐公嘗云顔書如忠臣烈士道德君子其端莊
尊重人初見而畏之然愈久愈可愛山谷亦云魯公書奇偉秀
拔奄有魏晉隋唐以來風流氣骨宜爲後代所寶也客星酷嗜
金石得此喜而不寐拓以見示屬識顛末其旁以見神物之出
初非偶然也客星河南宜陽人名夢庚今官省長署衛隊營營
長癸亥孟春 醴泉宋伯魯跋

右唐顔勤禮神道碑魯公撰并正書歐趙均著錄勤禮惟貞之
祖魯公曾祖也據宋敏求長安志顔師古墓在長安縣南二十
里勤禮爲師古弟墓亦當在彼處金石錄云元祐間有守長安
者後圃建亭榭輦取境内古石刻爲基址此碑幾毁而存是此
碑移置城内在宋哲宗時也不知何時殁於土中去冬復見於

省長公署按省署即故布政使署唐爲尙書省或云于志寧郭
汾陽宅基金元明皆爲行中書省宋時守臣蓋亦宅此碑中所
紀顔氏世繫與家廟碑同而加詳書法神彩煥發則遠甚焉蓋
廟碑推拓多歷經刓鬄此碑轉以沈埋得葆其貞也碑四面刻
字惟右側銘文磨泐餘均完好集古錄云立石年月皆亡而跋
尾則云大曆十四年立趙錄亦云大曆中立蓋永叔德父皆曾
見未磨以前拓本叔獨未之見也又案魯公千祿字書殷夫人
碑署銜皆稱第十三姪男據家廟碑所載以杲卿兄弟雁行數
之魯公應居十一家廟碑署名第七子據碑魯公實居第六王
蘭泉侍郎不得其解今攷之此碑魯公從兄弟凡二十二人無
可疑矣碑中斷爲二每行闕一二字證以廟碑皆可得之總之
凡有闕文疑義取兩碑互攷無不渙然冰釋殷夫人碑剝蝕太

甚得此碑細心研究可補之闕文亦不少眞大快也毛昌傑跋

案此碑文字環刻四面從正面挨次循環讀之銘在左側據趙氏金石錄謂元祐間爲武人磨去然其處重刻忽驚列岫曉來逼朔雪洗盡煙嵐色十四字大徑二寸不倫不類狗尾續貂不知何時何人作此然磨後刻字重行豎立可知則中斷入土當在徽欽以後文內明慶卽顯慶避中宗諱乙速孤行儼碑與此同猶泉之代淵武之代虎也顏氏世繫官爵參考家廟碑乃詳備

段行琛碑大曆十四年 存 文見王氏金石萃編

碑高一丈一寸二分廣五尺二寸四分二十六行行二十二字張增正書李同系篆額在汧陽縣

此碑名不著而書法遒逸豐美極是當家書者爲張增增無書名亦可知唐人能書者多矣非此碑則後世不知有增也按碑

續陝西通志稿【卷一百四十八　金石十四　九

行琛者忠烈公秀實父忠烈兄弟四長祥穎次公次秀成次同穎史傳不著因爲拈出碑又不署撰文者姓名豈卽張增耶忠烈公汧陽人碑在汧陽完好可搨趙明誠金石錄又有一碑云楊炎撰蕭正書與此不同而却無此碑豈段公有二碑耶書之以俟考趙氏石墨鐫華

此碑人以其非名家也搨者少故石尚全然字固非惡可以觀唐代文明之盛又何必名家乃可存也余于唐碑多有采錄此更罕得但碑中叙府君之殁張掖以軍事未見含歛猶之可言至於葬事襄于昆弟已爲不情乃赴闕出鎮多歷年所未見展墓之請況於終制之思卽唐世之不體臣衷亦王之綴于諗主此中曲折覽之悶人及觀宋之名賢永叔阡標瀧岡全未目見長公自舉進士迨司玉局終身未嘗入蜀松楸邱墓何以爲心則軍旅之交介冑之士更何多焉然獨云時制太嚴拚職非易至於我朝恤念臣勞士君子欲仕則仕欲歸則歸有何功令之束其中尚有父母在堂數十年奉諱方入里門者其視唐宋諸人更愧矣書以志慨墨林快事

此碑標題揚州字作楊考開成尚書石經淮海惟楊州字亦從木則是時兩字通用矣畢氏關中金石記

臧懷恪碑大曆 存 文見王氏金石萃編

碑高一丈一尺一寸廣五尺四分共二十八行行字自五十八至六十四不等李秀巖題額顏眞卿正書在三原縣

臧懷恪碑顏魯公纂并書懷恪再爲王晙蕭嵩兵馬使積官右武衛將軍封上蔡縣侯三贈而至工部尚書則以子希讓貴故也兄懷亮至左羽林大將軍懷恪有子七人咸顯而希讓至尚書節度使魯國公碑稱兄弟子姪勛賢間出自天寶距于開元

續陝西通志稿【卷一百四十八　金石十四　十一

乘朱輪而拖珪組者數百人而唐史不爲立傳故聊載之書法偉勁不減家廟茅山而石完不泐尤可喜也金石錄又載韓擇木書第三子太子賓客希忱碑及希晏碑以韓秀弼書之希讓冑子也而能爲不朽計乃爾誠有過人者矣王氏弇州山人稿

右贈工部尚書臧懷恪碑不見立碑年月趙氏金石錄以爲大歷中立廱氏金石文字記據碑文載廣德元年十月贈官詔書因系之廣德元年予以魯公署銜正之而知德甫爲可信也魯公麻姑仙壇記云大曆三年眞卿刺撫州其撰李含光碑云大曆六年眞卿罷刺臨川旋舟建鄴今此碑題金紫光祿大夫行撫州刺史上柱國魯郡開國公則必在大曆三年以後矣寶刻類編以爲開元十二年立則但據其卒之年月并未讀其全文尤爲疏舛錢氏潛研堂金石文字跋尾

田尊師碑 存 大曆 文見王氏金石萃編

碑連額高七尺九寸廣三尺四寸二十八行行字數不等□光行書并題額在富平縣

按碑文約一千六百餘字今存者約九百餘字而間斷難讀文義不能曉暢撰人姓名全泐據孫星衍寰宇訪碑錄載此碑云蕭森撰田名德集王羲之行書大曆六年十月立又據抱經堂集觀身經銘碑跋云關中金石記名之曰永仙觀主田尊師碑蕭森撰名德集書非也蕭森所撰乃永仙觀記亦集右軍書是皆以此碑爲蕭森撰集右軍書也今按此碑蕭森姓名雖不見而次行則有內供奉□光書并篆額等字其非集右軍書明甚碑今在西安府富平縣美原鎮唐書地理志美原縣屬京兆府太平寰宇記美原縣屬耀州義林旌義二鄉唐元和三年割隸富平縣以奉豐陵然則今富平縣美原鎮即唐美原縣地而立

碑之所疑即義林旌義二鄉也長安志美原縣載集靈觀而無永仙觀即富平縣亦無此觀是觀在宋時當已廢毀宜乎陝西通志亦無考也然據碑文云□原縣西□一十五里曰永寧鄉似永仙觀建于其處縣名泐一字疑美原也考長安志美原縣無永寧鄉碑既闕泐無可證矣碑云中宗皇帝名永仙則似中宗時已有永仙之名又云天寶二載爵起仙宮玄宗贈額曰永仙觀是永仙之額玄宗始賜也碑又云上元歲大兵凶災人受凍餒尊師活逾千計于是田親等卅八人刊碑頌尊師德行下有寶應皇帝及中書令汾陽王子儀中書侍郎元載黃門侍郎王縉等姓名唐書肅宗紀乾元二年十二月史思明寇陝州上元元年閏四月大饑代宗紀寶應二年七月壬寅群臣上尊號曰寶應元聖文武孝皇帝壬子大赦改元廣德宰相表乾元元年八月郭子儀兼中書令寶應元年五月元載行中書侍郎廣德二年正月王縉爲黃門侍郎碑所載與唐書皆合據會善寺戒壇牒大曆二年十二月王縉列銜尚是黃門侍郎則立碑歲月不出大曆初年金石補錄稱田名德造觀大曆六年三月落成則立碑當在是年今與觀身經並列之碑稱尊師脈分三部意□多方觀身經碑亦云智方愈疾慧食充饑是尊師又常以醫藥濟人不獨道行高妙也關中金石記以美原鎮爲眞人拔宅處後人立石此蓋流俗傳訛未詳玩碑文者也 王氏金石萃編

顏氏家廟碑 存 建中元年 文見王氏金石萃編

碑連額高一丈一尺四寸廣五尺三寸二十四行行四十七字碑陰同側廣一尺二寸各六行行五十二字碑後額十四行行九字字顏眞卿正書額題顏氏家廟之碑六字李陽冰篆書唐末仆於郊野宋太平興國七年師頴李準移載入府立於文廟

陸士龍有言文以述祖德爲美故三代彝器皆孝子慈孫爲其

祖父而立者魯公此碑蓋近之矣又此碑後有太平興國七年八月二十九日重立李延襲記十七字篆書乃夢英手筆蓋此碑倒於郊野延襲告於上官移載入於府城立於文廟故自記之也夫以顏氏之物子孫不能守而後之人爲之移徙樹立則不惟顏氏之名節可重而字畫亦不容泯矣然則爲人子孫思以稱述先德而異世之後欲圖不朽者可以思矣 蒼潤軒碑跋

魯公書高祖記室君國初居此宅云云共八十五字人不知摹搨塵土封翳予拂拭摹出碑前後皆二十二行每行四十七字左右旁皆六行每行五十字字比前後面略小額字又差小 來齋金石刻考略

自秦造分隸以至東漢增減任意譌舛相錯篆籀古法遂以大壞魏晉之間鍾王繼起風會雖於是而開然未能有所是正暨

乎六朝喪亂之餘譌以滋譌遞相傳染日以鄙倍唐興太宗高宗相繼右文書學漸歸於正虞褚諸公出雖未能盡加刊削然六朝謬體蓋已十去七八矣延百餘年顏元孫作干祿字書魯公極力揚扢之於是書體廓然大正每作一字必取與篆籀吻合無敢或有出入雖其作草亦無不與篆籀相準蓋自斯喜來得篆籀正法者魯公一人而已評者議魯公書眞不及草草不及稿以太方嚴爲魯公病豈知寧樸無華寧拙無巧故是篆籀正法此家廟碑乃公用力深至之作當是時公年已七十有二去其死李希烈之難不過五年年高筆老風力遒厚又爲家廟立碑挾泰山巖巖氣象加以俎豆肅穆之意故其爲書莊嚴端愨如商周彝鼎不可迫視少師告亦書於是年而風度開明如端人正士冠裳佩玉蓋書家廟則精神肅敬少師告則意緒堂

皇故書雖出於一時而韻趣迥別有如此也碑經五季之亂倒於永興郊野宋初太平興國七年都院孔目李延襲者始告於殿中侍御史師頑知永興軍府事李準移植學宮書環四面其後一面字較淸朗然比於元刻氣味今古迥絕意其棄擲郊野時經樵夫牧豎毀壞李延襲以舊本重刻而後序未之詳耳元本兩側字形略小余特擴而大之令與前後齊一以便觀覽又李陽冰篆額之後有碑陰一小方詳敘立廟規則而知而搨者絕少余幷臨於後文闕四字據都穆金薤琳琅補足之於是家廟碑由篆額以迄碑陰都二千八百二十八字無一字闕後有夢英楷跋幷李延襲篆跋亦夢英所書盡皆臨之經始於雍正七年八月至九月廿有五日乃完即日晚書其後　禮不逮事父母則不諱王父母魯公少孤故於勤禮昭甫兩世不稱諱則不諱王父母之義也其於父則稱諱者則禮所謂死則諱之者也然不逮事父母於王父母俱不諱乃自欽至思魯十二世又稱諱何歟服絕於高祖廟制親盡則祧以親而言思魯爲魯公高祖親未盡宜稱諱則勤禮昭甫於公益親尤宜稱諱而碑不稱諱若執不諱王父母之義則祖既不諱自祖以上槩不必諱而各加諱字殊無義例蓋魯公徒以思魯以上尊故宜稱諱而不準諸禮故多所未合又意在行文不及校點故稱與不稱皆不免錯出耳顧甯人金石文字記謂碑自祖以上並直書名而加諱字蓋未詳察之故若今人自述先人行狀而使他人塡諱爲不合於臨文不諱之義則顧氏之辨可謂卓矣　按宣和書譜李陽冰字少溫趙郡人官至將作監其書名每作冰說文冰魚陵切凝本字徐鉉云今作筆陵切以爲冰凍之冰陽冰蓋取

海賦陽冰不冶之義故字少溫猶韓文公名愈而字退之也今人每稱李監爲陽凝不讀仌者便以爲誤實則當爲冰凍之冰若爲陽凝則於少溫之義無取其所以書冰者以仌字獨書難以成文故隸楷皆從冰猶主字篆當從丶獨書不成文故皆從鐙主之主也今魯公家廟碑書冰作氷幷於冰省一筆其非凝可知不然不應以目前好友誤書其名如此 盧舟題跋

按此碑魯公爲其父立廟而建碑以紀之也子爲父立廟而碑題曰顏君文中亦多稱君又金石之一例也文實正書而夢英記乃謂之隸書古人楷字多謂之隸書唐六典校書郎正字所掌有五一古文二大篆三小篆四八分五隸書八分石經碑用之隸書典籍表奏公私文疏用之惟其爲楷書始可用於表奏文疏也東魏時有文覺寺碑楷書也而題曰隸書夢英之語同

其例也文叙先世云出于顓頊之孫祝融融孫安爲曹姓其裔邾武公名夷甫字顔子友别封郳爲小邾子遂以顔爲氏通志氏族畧顔氏曹姓顓帝元孫陸終第五子曰安安裔孫挾周武王時封之于邾爲魯附庸至于夷甫字顔公羊謂之顔公子孫因以爲氏據圏稱陳留風俗傳及葛洪要字皆如此云但謂顔爲武公然邾自顔六世至文公遽蓧始有爵謚武公之號未必然也王儉譜云顔氏出自魯侯伯禽支庶食采顔邑因氏焉眞卿尚書譜云未知儉何所憑故當依圏葛二家及舊譜爲定據此知魯公已自不主王儉出自伯禽之説鄭氏復不撿左傳齊侯娶魯顔懿姬之語而皆專主顔氏爲曹姓也但氏族畧以安爲祝融之孫顓頊元孫之子據碑則安爲顓頊之元孫據史記顓頊生子窮蟬又生稱稱生卷章卷章生重黎吳回吳回生陸

終陸終生子六人五曰曹姓與鄭氏合然曹姓是吳回之孫非祝融之孫又不同也碑云孔門達者七十二人顔氏有八考孔門弟子之顔姓者曰顔回曰顔無繇顔幸顔之僕顔噲顔何顔高顔祖凡八人又據李錯尚史引呂覽有顔涿聚齊大夫初梁父之大盜也學于孔子爲天下名士以終其壽史記孔子世家云弟子三千身通六藝者七十有二人如顔涿聚之徒受業者甚衆則是涿聚亦孔門弟子之姓顔氏者而史記弟子列傳無其人此碑但云八人涿聚亦不在其列矣碑云戰國有率燭秦有芝貞漢有異肆安樂戰國策有顔斶齊宣王見之曰斶前斶亦曰王前未見有所謂率燭者芝貞異肆亦無考安樂字公孫魯國薛人家貧爲學精力官至齊郡太守丞見前漢書儒林傳碑云魏有斐盛盛即詳本碑斐見三國魏志附倉慈傳云京兆太守濟北顔斐注引魏畧云斐字文林有才學黄初初爲黄門侍郎後爲京兆太守遷平原太守吏民啼泣遮道車不得前碑云盛生欽欽生默默生含含生髦欽默皆附見晉書顔含傳而事蹟不詳含在晉書孝友傳云少有操行以孝聞兄畿死復活含絶棄人事躬親侍養兩兄繼歿次嫂樊氏因疾失明醫人疏方須髯蛇膽無由得之有青衣童子持青囊蛇乃膽也童子出戶化成青鳥飛去此碑銘詞所謂侍兄疾感蛇童者指此然云兄疾與傳異含後歷官累遷光祿勳三子髦謙約髦歷黄門郎侍中光祿勳含喪在殯鄰家失火移棺紼斷火將至而滅僉以爲淳誠所感碑所謂事具孝行傳者如此碑云髦生綝綝生靖之靖之生騰之騰之生炳之炳之生見遠見遠生協協生之推之儀之善梁書顔協傳父見遠博學有志行齊和帝鎮荊州以

見遠爲錄事參軍及即位于江陵以爲治書侍御史兼中丞高祖受禪見遠乃不食發憤數日而卒協博涉群書工草隸世祖鎮荊州轉正記室吳郡顧協亦在蕃邸府中稱爲二協卒世祖爲懷舊詩傷之云宏都多雅度信乃含賓實鴻漸殊未昇上才淹下秩傳與碑參攷互有詳畧又傳云協撰晉仙傳五篇碑作三篇爲異北齊書顔之推傳云之推九世祖含父協梁湘東王繹鎮西府諮議參軍世善周官左氏學之推早傳家業甚爲西府所稱繹以爲其國左常侍加鎮西墨曹參軍繹自立以爲散騎侍郎累官平原太守齊亡入周大象末御史上士隋開皇中太子召爲學士碑不叙大象之官傳不載寃魂志證俗音字二書各有畧也周書之儀傳字子升官爵與碑同有文集十卷碑所畧碑云之推生思魯君之曾祖思魯生勤禮君之祖勤禮生

昭甫君之父思魯兩唐書附見思古傳勤禮昭甫均無攷碑所載國史稱溫大雅在隋與思魯同侍東宮彥博與愍楚同直內史省彥將與游秦同典校秘閣二家兄弟各爲一時人物之盛二家兄弟者卽謂思魯與弟愍楚游秦溫大雅與弟彥博大有今撿兩唐書顏溫諸傳俱不載此國史語蓋史家略之矣碑云君少孤昭甫明詁訓工篆籀草隸書與內弟殷仲容齊名又云君之妻兄育舅殷仲容氏蒙教筆法殷仲容爲君之舅則爲昭甫之妻兄弟而上文有內弟之稱儀禮舅之子注云內兄弟也爾雅姑舅之子爲內兄弟昭甫稱殷仲容爲內弟則昭甫之子不當稱爲舅矣據碑陰稱高祖妣殷夫人是思魯之妻夫人之兄弟勤禮當稱舅兄弟之子勤禮當稱內兄弟兄弟之孫昭甫當稱內兄弟或者昭甫更娶殷夫人兄弟之孫則君當稱仲容爲舅也又

魯公之母亦殷氏見前殷夫人碑若然則顏氏三世娶于殷矣書小史載顏元孫少孤養于舅殷仲容家尤善草隸仲容以能書爲天下所宗人造請者牋盈几輒令代遣元孫爲君之兄是兄弟並育于舅氏而書法並爲舅氏所授矣碑云君與會稽賀知章陳郡殷踐猷吳郡陸象先上谷寇泚河南源光裕博陵崔璩友善唐書傳賀知章字季眞越州永興人與族姑子陸象先善蕭宗爲太子授秘書監善草隸殷踐猷卽仲容從子字仲起與賀知章陸象先韋述最善授秘書省學士陸象先蘇州吳人元方子尤知名玄宗朝累官太子少保源光裕相州臨漳人乾曜族孫亦有名由中書舍人累官鄭州刺史崔璩博陵安平人元暐子官終禮部侍郎惟寇泚無攷碑云豪州生春卿杲卿曜卿旭卿茂曾豪州者卽元孫官滁沂豪三州刺史長子春卿次

杲卿唐書傳春卿十六舉明經拔萃高第調犀浦主簿轉蜀尉蘇頲在蜀爲長史被譖繫獄爲樓櫚賦自託頲遽出之據碑則頲爲春卿舉主也春卿終偃師丞臨終捉眞卿臂曰爾當大吾族顧吾不得見以諸子誘汝眞卿主其婚嫁是春卿有子而碑未斷也杲卿字昕開元中與兄春卿弟曜卿並以書判超等吏部侍郎席豫咨嗟推伏據碑則同日試超等者尚有魯公之兄允南也杲卿後死祿山之難自旭卿以下群從俱無傳碑云君生闕疑允南喬卿眞長幼輿與眞卿允臧凡七子而眞卿爲第六子此碑首行稱第七子所未詳也眞卿本傳云帝崩以爲禮儀使代宗以大曆十四年五月辛酉崩十月己酉葬此碑立於建中元年七月距葬後已逾半年而結銜尚云充禮儀使殆猶未解此職也碑書哉生明爲才生明崇班爲崇斑或是借用或

重刻之訛唐書宰相世系表不列顏氏故關中金石志特據此碑及晉北齊唐諸顏氏傳攷定爲魯公世系列于志中而考證未備茲故縷述之 王氏金石萃編

按此碑與勤禮碑體制相同而字體結構較勤禮碑尤老蒼奇偉文字環刻四面兩側字畧小文中昭甫下註本名顯甫避中宗廟諱非昭甫更名也銘後增書八十九字敘碑成以後已身與二子三姪之加官進爵碑後額又書八十五字敘廟基之由來本顏氏故宅某君曾居某室蓋家廟落成而無鳩工庀材等詞故補此以明之非贅文也

不空和尚碑 存 文見王氏金石萃編 建中二年

碑高八尺三寸五分廣四尺二寸二十四行行四十八字嚴郢撰文徐浩正書在西安府碑林

右唐不空碑自明皇以後職官不勝其濫下至佛氏老子之徒

亦皆享高爵祿故不空始爲特進大鴻臚封肅國公既歿又贈
司空嗚呼名器之輕一至於此昔舜命伯禹作司空異於是矣
趙氏金石錄
舊唐書王縉傳曰初代宗喜祠祀未甚重佛而元載杜鴻漸與
縉喜飯僧徒代宗嘗問以福業報應事載等因而啟奏代宗由
是奉之過當嘗令僧百餘人於宮中陳設佛像經行念誦謂之
內道場其飲膳之厚窮極珍異出入乘廄馬度支具廩給每西
蕃入寇必令群僧講誦仁王經以禳虜寇苟幸其退則橫加錫
賜故僧不空官至卿監封國公通籍禁中勢移公卿爭權擅威
自相凌奪凡京畿之豐田美利多歸於寺觀吏不能制僧徒雖
有臧姦蓄亂敗戮相繼而代宗信心不易乃詔天下官吏不得
箠曳僧尼又見縉等施財立寺窮極瓌麗每對揚啟沃必以業

果爲證以爲國家慶祚靈長皆福報所資業力已定雖小有患
難不足道也故祿山史思明毒亂方熾而皆有子禍僕固懷恩
將亂而死西戎犯闕未擊而退此皆非人力所制也帝信之愈
甚公卿大臣既推以業報則人事棄而不修故大曆刑政日以
陵遲有由然也五臺山有金閣寺鑄銅爲瓦塗金於上照耀山
谷計錢巨億萬縉爲宰相給中書符牒令臺山僧數十人分行
郡縣聚徒講說以求貨利代宗七月望日於內道場造盂蘭盆
飾以金翠所費百萬又設高祖以下七聖神座備幡節龍傘衣
裳之制各書尊號於幡上以識之舁出內陳於寺觀是日排儀
仗百寮序立於光順門以俟之幡花鼓舞迎呼道路歲以爲常
其傷教之源始於縉也史傳所言佞佛之弊至切故具錄之按
此碑不空以胡僧而官至特進大鴻臚開府儀同三司肅國公
遂爲後代沙門授官之祖吁亦異矣 顧氏金石文字記
不空得總持門靈異甚多故不獨伏象澄海數事如值大旱京
兆尹蕭昕請致雨空咒畫龍投曲江白龍尺許振鱗出水亘天
昕鞭馬疾驅奔及十步暴雨驟至比至永崇里已決渠矣玄宗
嘗召術士羅公遠同至便殿校功力殿石瑩滑師借遠如意遽
激窣羅再三取之不得上起不空曰三郎勿取此影耳因舉手
示羅如意又西蕃寇西涼詔不空入誦仁王密語神兵見於殿
庭西涼果奏東北雲霧中見神兵鼓噪蕃部有金色鼠皆咋絕
弓弦城坳幻光明天王怒睨蕃帥大奔帝敕諸道城樓置天王
像此其始也又邙山有蛇頭若丘陵見不空乞度遂欲陷河雒
決所居不空授戒說法且曰昔以瞋深受此苦報今復忿恨吾
力何及當思吾言此身自捨旬月遂死溯中不空多秘密法當
時甚著碑荒落不稱余所見尚多遺忘故少爲筆削附載於此
郭氏金石史

景教流行中國碑 石在建中二年文見王氏金石萃編

碑高四尺七寸五分廣三尺五寸三十二行行六十二字僧景淨述呂秀巖正書今在西安府碑林

右碑下及東西三面皆列彼國字式下有助檢校試太常卿賜
紫袈裟寺主僧業利檢校建立碑石僧行通雜于字中字皆左
轉弗能譯也按碑三一妙身玄玄眞主阿羅訶者教之主也大
秦國上德阿羅本者于貞觀九年至長安也京兆府義寧坊建
大秦寺度僧二十一人貞觀十有二年也此即天主教始入中
國自唐至今其教偏天下矣予讀西域傳佛菻古大秦國居西
海上去京師四萬里與扶南交趾五天竺相貿易開元盛時西
戎冐萬里而至者百餘國輒貢經典迎入內飜經殿遂使異方

之教行於中國然惟建寺可以度僧計當時寺五千三百五十八僧七萬五千二十四尼五萬五百七十六凡兩京度僧尼御史一人涖之僧尼出踰宿者立案止民家不過三宿九年不還者編諸籍甚嚴也今天下寺不常建而僧尼遂至無算何耶葉氏金石錄補

今在西安城西金勝寺內明崇禎間西安守晉陵鄒靜長先生有幼子曰化生生而雋慧甫能行便解作合掌禮佛一六時中略無疲懈居無何而病微瞑笑視儵然長逝卜葬於長安崇仁寺之南掘數尺得一石乃景教流行碑也此碑沈埋千年而今始出質之三世因緣此兒其淨頭陀再來耶則佳城之待沈彬開門之偈陽明此語爲不誣矣見類陽劉雨化集中字完好無一損者下截及末多佛經番字寒齋金石刻考略

按此碑明末出長安城西即就近豎於金勝寺清季有西人訪得此碑依式模刻以重賄賂僧欲以新刻者易原碑僧大駭鳴諸官而止且以城外難於防護乃移置碑林西人運新刻者以去

涇王妃韋氏墓誌銘存　建中二年　文見陸氏金石續編

石方一尺三寸十八行行二十二字至二十四字不等張周撰文正書在南海吳氏

右墓誌首尾共十八行參差不齊首行二十二字正書字徑五分文爲張周撰攷涇王名侹肅宗之子本紀載至德二載十二月封子東陽郡王侹爲涇王亦見宗室世系表韋氏祖湜父昭訓並見宰相世系表乃鄖王房之後表載湜齊州刺史昭訓太子僕墓志敘湜爲中散大夫潁王府司馬贈光祿卿與表異而昭訓爲贈衛尉卿表亦弗之及自當以墓志爲正德宗本紀載涇王卒於興元元年五月則妃薨時涇王尚在也志不書所葬之郡縣此刻向來金石家皆未著錄恐係新出土者予得之吳門碑估處察其紙墨似是關中拓手恐在陝西古泉山館金石文編

此石嘉慶二十五年春始見於長安市上以萬錢得之貽南海吳兵備榮光陸氏金石續編

吳嶽祠堂記存　興元元年　文見王氏金石萃編

碑高六尺一寸廣二尺七寸二十一行行二十六字于公異撰文冷朝陽正書篆額在隴州西鎮吳山廟

右記于公異撰冷朝陽書爲李西平于興元元年十月有事吳山而作也按晟傳德宗遣張少宏口詔進晟尚書左僕射同中書門下平章事此記云鳳翔隴右涇原四鎮北庭兼管內副元帥司徒中書令西平郡王而不以僕射平章入銜豈敘後之官爵略前所加而不書耶抑進至三公則解僕射平章耶唐制率

以僕射平章遙授藩鎮殆爲虛名晟拜鳳翔則爲節度以中書令出鎮與僕射平章迥別矣舊書兼鳳翔尹新書遺四鎮北庭皆當以碑爲正記又述李抱玉鎮翔鳳日以中軍委晟禱嶽雨降今晟亦鎮鳳翔復舉祠事文氣之工只三四語盡西平偉績通鑑載公異草露布至梁州上覽之感泣即其人也朝陽書遒媚可愛非俗手可及葉氏金石錄補

楊君夫人裴氏墓誌銘佚　貞元元年

尺寸未詳李衢遠正書

誌畧云貞元元年仲冬十一月十有七日夫人藏於京兆之九毗原曾祖友直皇朝給事中祖伯義皇朝彭州刺史考諱就皇朝大理評事夫人即評事府君次女也及笄而嫁楊君君宏農人也　此石本出西安今未詳所在矣誌云夫人伯姊嫁於吳

氏大曆之中爲國元舅考新唐書后妃傳代宗之母爲章敬皇后誌中所謂吳君即后弟吳溱也又云建中歲大盜移國卽指朱泚僭號之事又誌題銜云度支郎中李衡逃衡爲李翱叔父後官戶部侍郎見韓昌黎所撰李楚金墓誌中又咸寧長安二志無九毗原之名得此可補其闕 毛氏關中金石文字存逸攷

張府君夫人姚氏墓誌銘 存 全文錄 貞元四年

石方一尺四寸三十行行三十二字 甘伷撰文糜寬正書并篆蓋 蓋佚

唐故游擊將軍行蜀州金堤府左果毅都尉張府君夫人吳興姚氏墓誌銘 并序 前將作監丞賜緋魚袋甘伷撰 前楚州盱眙縣尉糜寬書并篆蓋 夫人姚氏其先吳興人也虞舜之後舜生姚墟因以命氏其後子孫徙居吳郡吳分丹揚置吳興郡歷代居此以爲家焉夫人因六代祖僧垣典郡關中今爲華陰人也家傳

文史代襲彝纓遠承帝王之宗近繼諸侯之胤昔者崇勳霸業如斯之盛者也曾祖巖謙皇朝中散大夫行武功縣令祖珪皇朝丹州司馬父擇友皇朝涼州神烏縣令夫人即神烏宰君之長女也芳姿婉麗秀質穠華稟內則之令儀蘊閨門之雅操尤善琴瑟其道幽深造五音之微窮六律之要得在纖指悟於寸心生而知之非其學也后妃之德進於伎矣斯淑女也年十有五歸於張府君事舅姑以敬仰親族以睦主中饋以正直致肅祀先宗以蘋蘩立誠內外協從上下咸序斯孝婦也嗚呼府君不享偕老有子有女各三人爲痛兮無怙思之罔極夫人恩情轉甚劬育如初教子以義方誡女以貞順無改三年之道俾遵嚴父之規免墜家風匪虧名教斯慈母也孀居毀容迴心入道捨之緇綵棄以珍華轉華法經欲終千部尋諸佛意頓悟微言與先輩座主爲門人與後學講

流爲道友曾不退轉久而彌堅斯善人也何期彼蒼不憖殲我良嫡春秋六十有七貞元四年五月八日寢疾終於上京平康里之私第也嗟呼夫人臨終遺令屬念誠深憂之季男恤于仲女仲女久披緇服竟無房院住持季男初長成人未有職事依附緬想爾等栖栖者歟吾言及痛心不忍瞑目深思兩遂在爾諸男速宜勉旃無負吾志言畢而謝可不哀哉夫人亡夫張府君諱暈字暈其先清河人也曾祖顗皇朝唐元功臣忠武將軍左清道率祖克恭皇朝游擊將軍雍州歸政府折衝都尉父處廉皇朝太倉令府君即先君之二子也少年豪俠志氣風雲棄筆從戎留心學劍應武舉擢第以常選授官歷職優深加拜五品大曆十三年五月十三日暴卒於金堤府之任也時年六十三於戲遠之巴蜀永別鄉關亡櫬委灰歸魂未葬歲月滋久神識無依嗣子季良等泣血漣洏

銜哀永慼以夫人奄逝之年太歲戊辰八月辛酉九日甲申號天叩地拜手招魂合祔葬於萬年縣龍首鄉原禮也嗚呼哀哉生涯暫隔死路同歸挽駕臨埏傷今悼昔泉扃永閟聖代長辭子兮淚盡一哀女也痛深五內以伷忝承半子之眷命刊幽石之銘自媿淺才曷以紀德銘曰 河岳之秀氣兮坤德靈窈窕淑女兮婦道貞禮於六宗兮表精誠睦和九族兮彰孝名葬高崗兮□地形開玄堂兮應天星保家人兮長清寧昌胤嗣兮封公卿晝飇飇兮松風聲夜晈潔兮山月明黃泉白日永相隔墳□那堪子母之情

凡八百六十七言

右爲唐故游擊將軍行蜀州金堤府左果毅都尉張府君夫人姚氏墓誌銘其塔前將作監甘伷撰前楚州盱眙縣尉糜寬正書并篆蓋三十行行三十二字民國十七年出長安城南十里

現藏翰墨堂段氏文章爾雅書法勻秀除銘詞損二字外均完好唐誌中佳品也案北周書姚僧垣傳吳興武康人歷仕梁武帝簡文帝後元帝赴荆州魏剋荆隨于謹至長安周建德四年除華州刺史北史本傳文同與誌云先爲吳興人僧垣典郡關中今爲華陰人語正合新唐書百官志武散階游擊將軍從五品下又折衝府左果毅都尉各一人上府從五品下中府正六品上下府正六品下誌首張府君官階及誌中加拜五品語與史悉符新書兵志折衝府凡三等兵千二百人爲上府千人爲中八百人爲下金堤未知居何等以加拜五品語觀之定爲上府書誌人櫟寬署衛前楚州盱眙縣尉案新書地理志盱眙屬泗州誌云武德八年隸楚州建中二年來屬櫟君官盱眙在建中二年以前故署前楚州也張君曾祖顗唐元功臣忠武將軍左

清道率按新書百官志武散階忠武將軍正四品上又太子左右清道率各一人又兵志玄宗改龍武軍皆用唐元功臣子弟若宿衛按上文云高祖龍遣義兵其願留宿者三萬人號元從禁軍後老不任事以子弟代謂之父子軍所謂唐元功臣或即元從禁軍之子孫耶夫人葬以貞元四年八月九日甲申據通鑑是年七月丙午朔八月九日正值甲申以上誌文攷之周書北史新舊唐書通鑑皆一一吻合者也又按全唐詩有張頲官左司郎中未審即張君曾祖否他無左證未敢臆定誌末書凡八百六十七字石刻惟開成石經詳記字數他未之見此又可爲金石家增一例也　毛昌傑跋

蘇君殘墓誌　佚　文字見關中金石文字存逸考

原石久佚未詳尺寸正書

此石前半殘闕後篇頗可讀敘次簡潔書法似徐會稽吉光片羽可寶也一百八十六甲子每歲得甲子六此君春秋實三十一也誌云以塔代封又云奕奕方墳俗人用浮屠之制唐時習俗如此誌前題銜既缺亦無篆蓋因銘語故知爲蘇君耳此石未經前人著錄陽湖楊君豫生得拓本一紙出以示余因加考焉　毛氏關中金石文字存逸考

奉先縣懷仁鄉敬母村經幢　佚　貞元五年

原石未見不詳尺寸郭謂正書

此幢今在蒲城縣規模雄偉題銜有扈從游擊將軍守金吾衛翊府中郎上柱國昨和高□竹馬府果毅楊崇綱泰陵副使張果報右驍衛中候上柱國吳國清國子監學生上柱國子司璘其餘題名尚多皆鄉農村嫗及僧尼也寰宇訪碑錄云此幢在

乾州案此幢題爲奉先縣唐奉先在今蒲城若乾州乃唐之奉天非奉先也唐奉先縣開元四年屬京兆府天祐三年屬同州馮翊郡係睿宗陵邑奉天屬京兆府係高宗陵邑均見新唐書地理志　毛氏關中金石文字存逸考

李元諒碑　存　貞元五年　文見王氏金石萃編

碑連額高一丈五尺五分廣六尺二寸四分三十二行行六十五字張濛撰文韓秀𢿱隸書額題大唐鎮國軍隴西節度使右僕射李公懋功昭德頌二十字李彝篆書在華州治大門內

李元諒者駱元光賜姓名也以朱泚之亂能鎮定華州將從治隴右故華州人感之行軍司馬董叔經請於天子立碑述頌也張濛撰韓秀𢿱分書秀𢿱手筆固是君家尚書公嫡派而碑頌駱公詞無虛溢幷可重也駱公封武康郡王謚莊威舊史不收見新唐書此所謂事增于前者乎　趙氏石墨鐫華

李元諒本安息安氏少養宦官駱奉先家冒姓駱名元光鷙敢有謀會朱泚之亂能鎮定華州張濛述頌所謂昭德楙功皆實錄也韓秀弼分書當兵戈雲擾碑復琢磨精工巋然不爲苟就亦足占中興之兆萬曆初碑卧廢署草間人多職其上永昌石公元麟來守華州移置郡衙 郭氏金石史

舊唐書李元諒傳元諒本名駱元光嘗在潼關領軍積十數年軍士皆畏服德宗居奉天賊泚遣僞將何望之輕騎襲華州刺史董晉弃州走望之遂據城將聚兵以絕東道元諒自潼關將所部乘其未設備徑攻望之遂拔華州望之走歸元光乃修城隍器械召募不數日得兵萬餘人軍益振以功加御史中丞賊泚數遣兵來寇輒擊卻之遷華州刺史兼御史大夫潼關防禦鎮國軍節度使與副元帥李晟進收京邑力戰壞苑垣而入遂

復京師賜姓李改名元諒官終隴右節度使 顧氏金石文字記

法界寺尼正性墓誌銘 存 貞元六年 文見陶齋藏石記

石高一尺一寸寬一尺一寸六分縱橫二十格蓋題大唐故尼正性墓誌銘一十字並正書蓋四周有花紋闊四寸

誌畧云闍梨裴族釋號正性河東聞喜人曾祖諱光庭皇朝侍中吏部尚書忠獻公祖諱稹祠部員外郎贈太子賓客正平公考諱倚駕部郎中御史中丞闍梨即郎中之愛女弃鉛華而甘落髮斥綺縠而披壞衣繁曜不棲於心嗜愛永離於著貞元六年八月十日現滅於櫟陽縣修善鄉之別墅稟春秋之年四十有八受菩提之夏二十有三以其年十月八日遷神於城南神禾原口—郎中之塋從俗禮也云云

姜嫄公劉廟碑 存 貞元六年 文見王氏金石萃編

碑連額高七尺二寸廣三尺二寸二十八行行四十九字高郢撰文張誼行書張璿篆額韋丹建立在邠州城南本廟內

廟在今邠州城南邠寧節度觀察使張獻甫所遷故當時稱曰新廟而高郢爲文予昔以尚書郎出使寧夏道邠謁廟其後稍上有履迹平乃姜嫄履巨人迹所在予爲大書履迹平三字俾州官刻置廟側蓋州人但知有廟而少知乎此故表而出之 都氏金薤琳琅

郢事李懷光能引譬忠義不爲勢屈卓然名臣獨爲相時不能制王叔文輩耳文尤冗弱殊無足稱張誼于書家不甚著此書不及王縉而畧似柳公權亦足存也 趙氏石墨鐫華

唐書稱獻甫從渾瑊討朱泚累遷至金吾將軍檢校工部尚書不及刑部爲邠寧後加檢校尚書左僕射不及封邠寧郡王並史之缺誤當從碑爲是 畢氏關中金石記

韋夫人王氏墓誌銘 存 貞元六年 文見陸氏金石續編

石方一尺二寸七分二十三行行二十四字子縯撰文正書在西安碑林

按下邽縣丞韋公夫人王氏墓誌銘子縯撰書而韋公之名不著以元和十五年韋端玄堂誌證之則下邽縣丞韋公者即韋端夫人乃韋端之配此誌與玄堂誌皆道光初同時出土考詳玄堂誌後夫人以元和十三年追贈臨汾縣太君見玄堂誌 陸氏金石續編

唐南陽張公故太原郡太夫人之墓誌銘 存 貞元八年 文見陶齋藏石記

石縱橫各九寸六分十七行行十七字揚自政撰並書

按此文字均無佳處故不錄首敘夫人三代未能明瞭且不敘其夫名字及歷官卒葬而侈談信奉釋氏貞元八年終於長安義寧里私第春秋七十有五三月二十日葬于長安城西龍首原子女號呼擗地又皆從俗銘內有張公之室永閉雙春且似

合葬之墓白楊風悲傷之見人語不能解蓋其子爲奉天定難
功臣之一武夫不嫻於文字故一切草草

編纂渭南武樹善

續修陝西通志稿卷一百四十九

金石志十五

唐

柳開等題名 元和四年 佚

張鄴題名 元和六年 佚

鄭公幹額名 元和八年 佚

王高題名 元和八年 佚

李紳題名 元和八年 佚

右柳開等題名五種全文均未見寰宇訪碑錄云在華陰縣華嶽廟中今均未詳所在矣 毛氏關中金石文字存逸考

協律郎李□等題名 元和十年 存 名見王氏金石萃編

石橫廣一尺一寸高七寸八行行八字左行正書共六人

裴□題名 元和十二年 佚

華嶽志金石門有此目今未詳所在 毛氏關中金石文字存逸考

韓常謁華嶽廟記 元和十二年 佚

寰宇訪碑錄云在華陰縣華嶽廟中今未詳所在矣 毛氏關中金石文字存逸考

容府題名殘石 元和十四年 存 名見王氏金石萃編

石橫廣一尺二寸高五寸十一行行六字左行李暢式正書

宗室世系表有容府經略推官李夔之容府經略使左庶子李景仁容府者即容州都督府也屬嶺南道 畢氏關中金石記

張嘗履題名 元和十五年 存 名見王氏金石萃編

在盧綸題名石之右二行行五字九字不等正書

王璠題名 元和十五年 存 名見王氏金石萃編

在盧綸題名石之右四行行七字八字不等左行正書

右題名正書自左起文云起居舍人賜緋魚袋王璠舊唐書璠本傳元和中入朝爲監察御史再遷起居舍人副鄭覃宣慰于鎭州此題稱元和十五年與傳合而璠出使重鎭宜賜章服以寵其行傳失紀此事蓋從畧也 武氏授堂金石跋

裴潁題名 存 長慶元年 名見王氏金石萃編

石横廣一尺五寸高八寸七行行六字七字不等左行正書

廟令張從本題名 存 名見王氏金石萃編

在裴潁題名石之後一行篆書

裴潁等題名 存 名見王氏金石萃編

在盧綸題名石之左七行字數不等左行正書以無年號附錄於此共三人

右題名正書自左起案宰相世系表東眷房裴潁衛尉卿附馬

續陝西通志稿　卷一百四十九　金石十五　二

都尉諸公主列傳齊國公主下嫁張垍又嫁裴潁年代差遠當別爲一人南來吳房亦有潁官左淸道率府兵曹參軍或卽是題名者與 武氏授堂金石跋

鄭簡之題名 佚 長慶元年

寰宇訪碑錄云在華陰縣華嶽廟中今未詳所在矣 毛氏關中金石文字存逸攷

方參等題名 存 大和二年 名見王氏金石萃編

石高一尺二寸題名二段前五行行十六字左行正書字多殘闕可辨識者一人

按爲國討叛 句 思契丹懇 句 契有勤合之義丹懇猶言丹誠下云敬祭敬拜謂竭其勤懇丹誠以祭拜也舊唐書文宗記大和二年五月王廷凑出兵侵鄰藩欲撓王師以援李同捷詔義劉從諫請出兵討之七月甲辰詔宰臣集三署四品以上常參官議討王廷凑可否九月甲午詔削奪王廷凑在身官爵隣邑接界隨便進討新書紀八月己巳王廷凑反是月甲寅朔則己巳爲十六日也今此題紀在大和二年八月廿八日其時所云爲國討叛者正指王廷凑事非契丹也北狄列傳歷叙契丹朝獻次數云大和開成間凡四並不言有叛附征討之事蓋授堂句讀偶誤耳 王氏金石萃編

李德裕題名 佚 大和三年

右題名八行自右而左李德裕崔知白王璿王武共四人原刻久佚儀徵阮文達北湖祠塾重摹華山碑刻此題名在碑額之左 毛氏關中金石文字存逸攷

李璠題名 存 大和三年 名見王氏金石萃編

在焦鐩題名之右一行十五字正書

續陝西通志稿　卷一百四十九　金石十五　三

韋公式等題名 存 大和四年 名見王氏金石萃編

石高一尺廣七寸共七行行十四字左行正書共二人

右題名正書自左起案以後向逾一紀推之此題在大和四年前題當元和十二三年間矣官成以周禮鄭氏注謂官府之成事品式公式率爾留記蹇蹇不忘於此信非俗吏也 武氏授堂金石跋

李虞仲題名 存 大和四年 名見王氏金石萃編

石横廣一尺二寸高八寸共十行行九字左行正書共二人

虞仲李端之子唐書本傳虞仲字見之第進士宏詞累遷太常博士寶曆初以兵部郎中知制誥遷中書舍人出爲華州刺史歷吏部侍郎末有云判官事柳乘同來乘名又見懷素聖母帖後蓋以大理評事出判華州事也 畢氏關中金石記

李德裕等題名 佚 大和四年

右題名十行自左而右李德裕崔知白張嗣慶李商卿共四人原刻久逸儀徵阮文達公北湖祠塾重刻華山碑刻此題名於碑額之石 毛氏關中金石文字存逸攷

李貽孫題名 佚 大和七年

李貽孫題名又見大中三年十二月祈雪及大中五年七月題名各一通 毛氏關中金石文字存逸攷

尚書主客員外郎口口題名 佚 開成元年

縣令鄗宗口題名 佚 開成元年

右李貽孫等題名三種寰宇訪碑云均在華陰縣華嶽廟中今未詳所在矣 毛氏關中金石文字存逸攷

竇存辭等題名 存 開成二年 名見王氏金石萃編

石高九寸廣七寸五行行七字八字不等左行正書共二人

口庾題名 存 開成二年 名見王氏金石萃編

石後缺現存高廣俱五寸五行行五字六字不等左行正書

李景讓等題名 存 開成四年 名見王氏金石萃編

石橫廣一尺七寸高一尺十二行行字數不等正書共八人

景讓字後已李澄之孫也唐書本傳稱景讓入爲尚書左丞至大中始進御史大夫劾免爲侍御史據此則開成時已爲此官也當是爲節度使時兼攝之官故史不記之耳 畢氏關中金石記

陳商等題名 存 會昌元年 名見王氏金石萃編

石高一尺廣六寸六行行十字十二字不等正書共二人

此題云司門郎中史館修撰題後又有後六年商自禮部侍郎出鎭分陝云云攷商以禮部侍郎主文以延英對見辭不稱旨改授王起卽其出鎭之事也見唐摭言唐書云商字述聖官至

秘書監封許昌縣男 畢氏關中金石記

常侍口口祀嶽廟殘詩 存 會昌二年 詩見王氏金石萃編

石高廣俱八寸七行行七字十字不等正書

崔郇等題名 存 會昌二年 名見王氏金石萃編

石高一尺廣八寸五行行十字十五字不等正書共二人

右題名自左起按郇見宰相世系表亦見權載之集崔陲神道碑曰郇今爲廷尉實當會昌元年是此題云守京兆尹葢由廷尉擢是職也汝海卽汝州游宦記聞稱坡公元豐七年自黃量移汝海葢唐時已有此名矣 武氏授堂金石跋

崔愼由等題名 存 會昌五年 名見王氏金石萃編

在尉晏題名之右三行字數不等左行正書共三人

愼由爲宣宗相寓尺東於所知必稱安濳故時人有王凝裴瓚

舍弟安濳之語後亦位至侍中古人之升沉後進若此 畢氏關中金石記

李執方題名 佚 會昌六年

王季題名 佚 會昌六年

右李執方等題名二種全文均未見本在華陰縣華嶽廟中今未詳所在矣 毛氏關中金石文字存逸攷

李口方題名 存 大中元年 名見王氏金石萃編

石高八寸廣四寸五分三行行八字左行正書

按雍州金石記作李祁方今字已泐 王氏金石萃編

李貽孫祈雪題記 存 大中三年 記見王氏金石萃編

石橫廣一尺六寸高一尺五分七行行七字八字不等左行正書共三人

右題名正書自左起貽孫史不爲立傳予攷歐陽行周文集序爲貽孫所撰序云大和中爲福建團練副史大中六年又爲觀

察使其前結銜特詳所記實爲福建等州都團練觀察處置等使正議大夫使持節都督福州諸軍事福州刺史兼御史中丞上柱國賜紫金魚袋以此題證之當大中三年嘗官於朝至六年任於外矣全唐詩話元賓終於四門助教李貽孫序其文元賓李觀也與行周同年進士早沒而貽孫於其遺集爲之表章如此廣川書跋酆都宮陰眞人祠刻詩三章唐貞元中刺史李貽孫書蓋大中之前又爲刺史於忠州矣貽孫好文喜奇於斯可想其爲人而題名當亦貽孫所自書故可寶也 武氏授堂金石跋

鄭復等題名 存　大中四年　名見王氏金石萃編

石高廣俱八寸五行行六字左行隸書共四人

損時爲臨晉縣令璥鄉貢進士宰相世系表損字慶遠禮部尚書璥魏州刺史 畢氏關中金石記

續陝西通志稿　卷一百四十九　金石十五　六

劉口仁修廟題名 佚　大中四年

李伯蔭氏華嶽志金石門載此題名今未詳所在矣 毛氏關中金石文字　存逸攷

李貽孫題名 存　大中五年　名見王氏金石萃編

石高八寸五分廣七寸六行行七字至九字不等正書有磨泐　約共五八

張權題名 佚　大中五年

薛謂宋壽送座主尚書赴滑臺題名 佚　大中五年

按右二種畢氏關中金石記毛氏關中金石文字存逸攷載其名均未詳所在矣

于德晦等題名 存　大中六年　名見王氏金石萃編

在李廣伸題名之左三行字數不等左行正書共二人

題名正書自左起新唐書宰相世系表德晦官同州刺史其見於史者惟此而已長安志務本坊有左散騎常侍于德晦宅 武氏授堂金石跋

崔瓘題名 佚　大中七年

李植題名 存　大中十一年

石橫廣八寸高六寸五行行五字至七字不等左行正書

張瓘題名 佚　大中十一年

崔彥昭題名 佚　大中十一年

按右二種寰宇訪碑錄載此石今久逸矣

李蟥祈雪題名 存　咸通元年　名見王氏金石萃編

石橫廣一尺九寸高八寸五分四行字數不等正書

溫璋題名 佚　咸通五年

按寰宇訪碑錄有此名今久佚矣

續陝西通志稿　卷一百四十九　金石十五　七

許環等題名 存　咸通十一年　名見王氏金石萃編

在方參題名之左四行字數不等左行正書共三人

李深題名

將羅漢題名

韓解題名

阮易題名

張懷進題名

王嘉欽等題名

鄭博題名

按以上題名七種均見毛氏關中金石文字存逸攷今并未詳所在矣

楊漢公題名殘石 存　年月泐　名見王氏金石萃編

石殘缺僅高六寸廣五寸二行左行正書

漢公隋越公後裔字用又官至天平軍節度使檢校戶部尚書題稱其官爲給事中當在爲同州刺史之前唐書本傳不及之者略也畢氏關中金石記

司空圖嶽廟殘詩存無年月詩見王氏金石萃編

在徐恭徐昌等題名之後二行行七字正書

唐摭言云裴晉公赴敵淮西題名嶽廟之闕門大順中戶部侍郎司空圖以一絕紀之曰嶽前大旆赴淮西從此中原息戰鞞石闕莫教苔蘚上分明認取晉公題今此詩只存首二句作嶽前大旆詩淮西則有一字異矣圖書世所罕見則此十四字可寶也畢氏關中金石記

巖口題名存乙卯歲名見王氏金石萃編

石盡廣一尺七寸高九寸行數不辨每行五字正書

按乙卯爲昭宗乾寧二年八月乙酉朔庚寅是初六日也王氏金石萃編

崔恭伯等題名存無年月名見王氏金石萃編

石殘缺存高一尺寬七寸五分三行字數不等左行正書

李境等題名存無年月名見王氏金石萃編

石高八寸五分寬四寸三行行六字正書共三人又續題名

趙宗儒等題名存無年月名見王氏金石萃編

在華嶽頌碑右側顏魯公題名下四行行七字九字不等正書共三人

唐有兩李益一宰相揆族官禮部尚書一官太子庶子此未知孰是王氏金石萃編

穆準等題名存無年月名見王氏金石萃編

在華嶽頌碑右側下截趙宗儒題名之右四行行三字四字不等正書共二人

裴賁等題名存無年月名見王氏金石萃編

在昭應碑右李体光題頌之側一行隸書共三人

獨孤愻等題名佚無年月

寰宇訪碑錄有獨孤愻韋彪韋舒題名共三人今未詳所在矣毛氏關中金石文字存逸攷

按華嶽題名共得搨本七十二段皆分刻於華嶽頌碑述聖頌碑精享昭應碑告華嶽文碑之左右凡姓名三百餘人其有事蹟可考者分記於各段之後茲不更贅計始自開元二十三年迄於唐末各段俱總附于鄭虔題名之後不復析出分年件繫俾覽者連類及之便於詳檢猶聖教序岱嶽觀碑陀羅尼經幢之例也王氏金石萃編

右華嶽廟題名拓本有紀年者一百六十二人無年號者二十六人有官銜而無姓名者五人因文字而附見題名者二十六人題名原石久逸見于摸本者九人見於韓昌黎文集者八人見於金石諸書未見拓本者七十一人共三百零七人較之歐陽公五百一人之數已少一百九十四人又三百零七人中除去重題者六人三題者六人是三百零七人實得二百九十五人蓋歲月浸久所失浸多余故備錄其名俾不致湮沒不彰也凡題名殘石均嵌華嶽廟東廡壁中土人呼爲碑洞咸豐丁巳暨庚申余兩謁嶽祠瞻廟宇之壯麗覩唐賢之遺迹蓋低徊不能去云至題名之字雖妍媸不同工拙各異惟不甚經意之作轉覺眞趣洋溢輒令人把翫不置也毛氏關中金石文字存逸攷

施燈功德經佚乾元二年

後附尊勝陀羅尼經

寰宇訪碑錄云在長安今未詳所在 毛氏關中金石文字存逸攷

大德禪師遷葬記 佚 乾元二年

全文未見沙門義寘撰行書

金石文字記云在西安府華嚴寺案此石今久逸矣咸甯縣志云華嚴寺在樊川北隈有會聖院眞如塔樊川在西安府城南二十里韋曲鎮之南 毛氏關中金石文字存逸攷

通微道訣碑 存 乾元二年 文見王氏金石萃編

碑高七尺三寸廣四尺十四行行三十二字後重刻記四行行四十餘字明皇御製文行書年月京大化觀

右通微道訣七十五句前云御製後云大唐乾元二年六月十五日于大同殿奉詔賜無書人姓名按諸爲明皇製碑爲肅宗敕道士達觀大師楊重彎于渭北大化觀立石歲久字泐知觀

楊思聰補上此石設語皆五千言之糟粕演而成訣耳王者寡欲清心納身軌物自然淸明在躬志氣如神安用孜孜于眞經之旨不死之方哉 葉氏金石錄補

按原碑立于乾元二年歲久缺裂戊午歲人日知大化觀事毛致靜重刻楊思聰記不言何代之戊午關中金石記以爲元時當必有據是仁宗延祐五年也 王氏金石萃編

尊勝陀羅尼經幢 佚 上元二年 文見王氏金石萃編

幢幾缺高六尺一寸僅存三面每面廣七寸五分各八行行五十六字年號及銘在下截字數無考正書

寰宇訪碑錄云在隴州今未詳所在矣 毛氏關中金石文字存逸攷

按此石有上元二年字樣而毛氏金石存逸攷注爲乾元元年未審何據

劉奉芝墓誌銘 佚 上元二年

原石未見不詳尺寸趙喆撰文劉奉行書

誌畧云公諱奉芝其先彭城人也曾祖寶皇右領軍衛折衝都尉祖敬皇左衛果毅都尉父杜贈將作監公監之第二子解褐拜內坊典直秩滿授內府局丞無何轉本局令尋遷內寺伯以上元元年十二月十九日大漸於輔興里之寢居時年六十五以今上元二年辛丑歲正月丁亥十一日丁酉與前夫人趙氏合祔而同穴嗣子景延庭倩等云云　此石近時出土未知移徙何處 毛氏關中金石文字存逸攷

焦璀墓誌銘 存 寶應元年 文見陶齋藏石記

石高一尺三寸五分廣一尺三寸七分十九行行字數不等正書

誌略云公諱璀字潤河內廣平人也曾祖仁皇口陪戎校尉祖貞皇勳官上護軍父莊君以寶應元年十二月十二日遘疾卒

於私家春秋二十以唐寶應元年歲次壬寅十二月景午朔廿七日庚辛殯於邠州三水縣歸義鄉邠邑原此石今藏渭南趙氏新唐書地理志邠州有府十其六曰蜂川今三水縣有北周賀屯植墓誌云葬於豳州三水縣棒川之良平原棒川即蜂川也方輿紀要云芊川府在陝西邠州三水縣北十五里案芊川亦即蜂川皆一音之轉也又誌云十二月景午朔廿七日庚辛以逐日建辰推之則丙午朔之廿七日當作壬申此誌作庚辛選擇家以酉初爲庚時戌初爲辛時庚辛二字或紀葬時亦未可知不得其詳姑從闕如 毛氏關中金石文字存逸攷

按此石於光緒初年出土藏於趙氏二十八年歸於陶齋

空寂寺大福和尚碑 存 寶應二年 文見藍田縣志

原石未見不詳尺寸除沼撰文沙門惟讞行書

今在藍田縣新建胡大令元煥重修縣志載其全文并云書法頗佳有李北海筆意雖漫漶頗甚尚可句讀前代著錄金石家皆未著錄惟宋陳思寶刻叢編載其目近時碑估搜出始行于世毛氏關中金石文字存逸攷

元復業墓誌銘 存　廣德元年　文編錄

石方二尺三寸縱橫二十五格陳翃撰文行書

大唐京兆府美原縣丞元府君墓誌銘并序　朝散郎行大理口口口口口魚袋陳翃撰　府君諱復業河南人其先黃帝之孫至魏高祖始遷於洛邑以元命氏盛矣哉東西兩魏前後八帝疏封四十七王襲拜廿五公族茂也曾祖濬皇隨州刺史左武衛大將軍襲雲簡公祖乾直泗州刺史父思莊朝散大夫左肅政臺侍御史皆紹以生德世不乏賢府君侍御第四子自天聰敏少志於學覽

續陝西通志稿【卷一百四十九】金石十五　十二

春秋涵江海之浸讀周易達陰陽之奧舉孝廉射策第一歷新鄉尉泉丞又遷美原縣丞潔己也寒泉冽清莅事也新口發硎三邑之政脩文厥聲京畿採訪使御史中丞盧公奐再有口狀舉能官也及從調初擬椽於岐陽會有疾不成官而即世開元廿八年三月廿八日於長安通化里私第瞑目春秋六十嗚呼府君之爲人也與行宅義純孝茂才外垢浮華中味恬淡時行時止知微知章每休官之暇常口終南山悅芬馥翫幽奇松溪月釣草堂雲宿賦詩數十篇陶性情而已不介乎壽空著其名悲夫夫人權氏屯田郎中崇基之孫會稽令上右之女生巽以順閨坤而靜少習詩禮已婉於女儀婦撫諸孤更慈於母訓深精貫花之句遽興就木之悲天寶十四載五月十八日終美原常樂里私第從藁殯也有子四人名掩三虎長曰棣滄州清池尉次曰啟大理司直次曰用右驍衛錄事參軍次曰涉豐王府戶曹參軍長號不天灑泣拱木遂墨灼龜背墳開馬鬣以廣德元年八月十四日於三原縣落泉鄉長平原祔先塋禮也翃與司直有同官之舊承命誌之銘曰

嵯峨山頭懸片月日生蟠桃月又口口口口一閂無昏曉蒼蒼萬古寒松老

郭氏家廟碑 存　廣德二年　文見王氏金石萃編

碑高一丈八寸廣五尺一寸三十行行五十八字代宗題額真卿撰并正書在西安府布政司署

碑陰

共三十四行分三截書上截男中截孫下截曾孫字數不等行書

碑在陝西布政司御題額顏魯公撰並書敬之汾陽忠武王父也夫以汾陽家廟得魯公手書千載而下猶有生氣其文與書又非所論也但其碑在役人雜遝之所雖歸然壁上而不無磨

續陝西通志稿【卷一百四十九】金石十五　十三

蝕之憂然以二公之靈鬼神呵護有由來矣碑陰具述汾陽兄弟子孫始知汾陽兄弟九人皆列大位不止史所稱幼明一人而已且汾陽封拜與史小異錄具左方碑正書碑陰行書不審亦出魯公否觀其筆力似非魯公不能也　史稱子儀初授左衛長史累遷單于副都護振遠軍使又以天德軍使兼九原太守又衛衛尉卿靈武郡太守又加實戶七百頗與碑不合碑立于廣德二年十一月子儀是時年六十八歲官止于尚書令兼中書令故不及攝冢宰尊尙父等事但史言子儀辭尙書令碑乃實書之且通鑑拜尚書令在十二月此前一月書當是謨趙氏石墨鐫華

此碑書于代宗廣德二年十一月正與論坐書同時是時公年五十六正月除檢校刑部尚書兼御史大夫朔方行營汾晉等六州宣慰使宰相元載與公不協恐公因使奏對必言其

短章罷前命但以公檢校刑部尚書詔之間散故得從容翰墨而爲此碑常時以魯公自書告雍容朗暢不類魯公平生風格爲其晚歲極深到之作今觀此碑與自書告略同而朗暢處更出自書告之上直使人不復思自書告矣碑陰雖無魯公欵然決知亦是魯公書公既大書其前誰敢更續貂其後故趙德甫金石錄斷然目爲魯公書雖非魯公經意之作然即此尚可函蓋徐季海張少悌等數十輩豈直正碑爲足高出一切而已

太保卒於玄宗天寶三載時令公甫從戎功名未盛後十餘年令公屢立奇勳再造王室至德二年以功加司徒封代國公明年二月始有追贈太保之命又七年當代宗廣德二年令公始爲太保立廟當是時僕固懷恩引迴紇深入天子幸陝避狄令公方專涕勤王刻無寧晷乃萬端拮据中猶能以其舊居爲

父立廟忠孝之盛顛沛不忘於戲豈非人倫綱紀也歟舊史書太保追封祁國公此碑不書恐是史誤　碑陰書令公歷官與新舊兩史皆同但史畧而碑詳耳又史稱八子七壻皆爲朝廷重臣而不知令公兄弟九人亦皆貴也碑曰友于著睦鸞龍虎者十人言兄弟也兄弟止九而云十者舉成數也貽厥有光紆青紫者八十言子孫也令公子姪凡十五人而但云八碑以令公爲主故但言令公之子也　碑立於廣德二年故書令公歷官止於尚書令按史是年十一月帝以子儀爲尚書令子儀以太宗嘗爲此官屢表堅辭答詔有無待禮成曲從德讓之語則已允其辭矣既允其辭不宜復書而碑陰又有拜尚書令之語此碑立於十一月當拜命之時詔允辭讓在其後歟　天以郭氏再造唐室靈粹之氣鍾於一門豈惟令公秉仁蹈義始終爲社稷純臣即其子孫無不世世忠孝自古名臣往往無後獨令公子孫無復遺議史稱令公子八人壻七人皆朝廷重臣猶淺之不知公者矣 盧舟題跋

郭太保敬之乃汾陽王之父碑在今陝西布政司下庫相傳布政司即汾陽府第下庫即家廟舊基也碑雖漫漶然猶當在顏氏家廟上若碑陰則斷非魯公書趙子函之言不足信也 鐵函齋書跋

顏魯公與郭僕射書 存　文見王氏金石萃編　廣德二年

石廣廣四尺六分高三尺二分兩截書上截三十二行旁溢行下截二十二行旁溢三行字數不計草書在西安府碑林

昨日長安師文出所藏顏魯公與定襄郡王書草數紙比公他書尤爲奇特信手自書動有姿態乃知瓦注賢于黃金雖公猶未免也 東坡集

右顏魯公與郭僕射書僕射郭英乂也魯公於座位高下小有失當猶力爭如此使之立朝其肯逢君之惡乎 趙氏金石錄

魚朝恩擠郭令公折元載搖相里造侵王縉一時權燄熏灼若此魯公秉義以奪其驕至今幾五百年尚凜凜有生意猗其偉歟但其間稱譽朝恩尚數十言大半於行間增入豈尤未免於危行言孫耶 魏了翁鶴山集

三稿祭姪爲先告伯父次之論坐最後祭姪告伯皆在乾元元年公以三月刺蒲州故九月祭姪稱蒲州刺史十月改刺饒州故告伯父稱饒州刺史後七年當代宗廣德二年公乃與定襄有論坐書三稿皆公奇絕之作祭姪奇古豪宕告伯父淵潤從容至論坐則兼有祭姪告伯兩稿之奇情緒不同書隨以異所以直入神品足爲蘭亭後勁也 盧舟題跋

按爭坐位帖自宋以來摹刻者有七種一曰京兆安氏本一曰吳中復重刻本一曰米襄陽臨本一曰北京本一曰戲鴻堂本一曰嘉善魏氏本一曰關中本今在西安府學碑林者即關中本也　王氏金石萃編

李光弼碑　存　廣德　文見王氏金石萃編

碑連額高一丈三尺四寸廣五尺一寸四十行行八十二三字不等　顏眞卿撰文張少悌行書額題大唐太尉兼侍中臨淮武穆王贈太保李公神道碑二十字並行書在富平縣

關西道耀州富平縣李光弼墓在縣西四十里顏魯公爲碑　太平寰宇記

張少悌書在當時不大知名而此碑殊勁拔清圓深得右軍行草遺意惜殘缺不完且于李公中興偉略不得一一證之唐史耳　趙氏石墨鐫華

右李光弼碑顏眞卿撰張少悌書按史光弼營州柳城人父楷洛爲契丹酋長武后時入朝而碑云京兆萬年人父楷洛薊郡開國公未嘗言契丹酋長也地理志柳城郡于萬歲通天元年爲契丹所陷開元五年還治大都督府楷洛於武后時入朝柳城陷未久不應即爲酋長既陷後又安得入朝也或以入朝後附籍京兆而酋長之說魯公爲臨淮諱故并其舊籍而逸之耶史云楷洛贈營州都督謚忠烈碑云贈幽州都督而無謚又云兄還直遷沂弟光琰光彥光進子義忠彙而史但稱光進與彙詳貴也夫臨淮雖與汾陽齊名戰功尤爲中興第一如斬侍御史崔衆賞郝廷玉之褌將援矛者壁野水度還軍以避李曰越之刼其膽識出諸將上碑共畧之顏公筆弱不能如司馬子長韓彭諸將傳使千載下鬚眉如見也　葉氏金石錄補

宣化寺經幢　佚　永泰元年

幢存下截高三尺一寸八面每面廣五寸三分各四行每行字數無考沙門覃素述行書

按此幢沙門覃素述爲大德尼李元眞造王氏金石萃編謂在宣化寺寰宇訪碑錄云在長安今則徧訪不得矣

新平郡王儼墓誌銘　佚　永泰元年　文見古誌石華

原石久佚不詳尺寸韓遂撰文正書

誌云葬於萬年縣龜川鄉細柳原案此石今久逸矣新唐書十一宗諸子傳奉天皇帝琮玄宗之子本封慶王天寶十載薨贈太子謚靖德肅宗立進謚奉天皇帝妃竇爲恭應皇后墓號齊陵新平郡王儼本太子瑛之子瑛既廢玄宗使慶王畜儼等爲子故誌云儼爲奉天皇帝之長子也後乃以瑛之第四子倸嗣慶王云　毛氏關中金石文字存逸攷

扶風夫子廟殘碑　存　大曆二年　文見王氏金石萃編

碑不全僅存一石高廣俱一尺五寸許共七十一字顏眞卿正書在華州

此文載于唐文粹爲扶風縣文宣王廟記大曆二年駕部郎中程浩撰文而今西安府學有僧夢英書此一記其文正同但去扶風古縣也以下半篇其跋云此記刊石元在湖州臨安縣夢英愛而書之豈駕部先作此於扶風魯公又書於湖州而去其半耶又考唐書地理志臨安縣屬杭州不屬湖州得非夢英之誤耶今華州有此殘碑數十字其文同　顧氏金石文字記

按此碑文五百四十餘字今存者連銜名祇七十一字文存十之一耳檢唐文粹刻本有此文錄補成篇文粹載此文題曰扶風縣文宣王廟記撰人爲程浩今碑題與程浩名俱不存但存顏眞卿書及徐浩名徐浩必是篆額者唐書地理志扶風縣屬

關内道鳳翔府扶風郡武德二年初置湋川縣貞觀八年更名扶風然碑又云扶風古縣也在京之西環渭之北扶風爲貞觀改名不得爲古若扶風之名莫古於漢即鳳翔府爲漢右扶風地自隋以來謂之扶風郡今以縣爲古乃文之失實者云在京之西謂至德二載號鳳翔府爲西京也顔眞卿結銜存司員郎三字以本傳攷之眞卿之爲武部員外郎在天寶初年此後未嘗官員外然此文末題大曆二年文粹所載要非無據未敢斷以爲誤也程浩無傳可考篆者徐浩碑存其銜曰書都官郎中徐浩傳載浩歷憲部郎中在安祿山反之前則亦是天寶十四載以前之官而未嘗爲都官郎中文盛稱扶風縣尉袁弁賁奉詔旨建文宣王廟奉先師及亞聖十哲像而令丞簿皆牽連及之則興建之功獨在尉矣文云浩自帝鄉薄遊鳳翔則此文專爲扶風縣之文宣王廟而作魯公不應又書之於湖州至湖州之無臨安縣與杭州臨安縣之現無魯公書此碑皆屬夢英之誤記又不足深論總之此碑文爲程浩作固無可疑其書碑篆額結銜與作文之年不合當必有傳刻託名之誤而碑在華州則或是殘石易于轉徙未可知也 王氏金石萃編

按此碑文專屬扶風魯公絶不能書於臨安夢英所見或其時臨安有重模本耳今華州殘石亦佚坊肆所存皆重模本惟渭南趙氏翻刻本尚佳

王訓墓誌 佚 文見王氏金石萃編 大曆二年

石高二尺六寸廣二尺四寸二十二行行二十三字李滙撰並正書

右光祿卿王訓墓誌訓字訓光祿卿駙馬都尉同皎之孫駙馬都尉繇之子唐書王同皎傳不載其名同皎贈太子少保繇官特進太子詹事贈太傅亦史所未及也史稱相州安陽人而碑云瑯琊臨沂人者舉其族望爾宗室表嗣紀王澄初名鐵誠當從碑作城爲是 錢氏潛研堂金石文字跋尾

撰文者滙義珣之子見宗室世系表 畢氏關中金石記

三墳記 存 文見王氏金石萃編 大曆二年

碑高六尺四寸廣二尺八寸兩面刻共二十三行行二十字李季卿撰文李陽冰篆書今在西安府碑林

按此碑爲李曜卿兄弟之墓其人皆有文學早仕宦而不壽以歿最少弟季卿撰表而宗人陽冰以玉筋刻之也其石猶故物故無傳改之譌 王氏金州翰墨

元吾邱衍謂陽冰即杜甫之甥名潮取海賦陽冰不治之義爲字既以字行乃别字少溫楊用修嘗辨其非今人讀陽冰爲陽凝非也按文苑英華有林滋陽冰賦戴侗六書故曰説文仌凍也冰水堅也俗作凝孫氏魚陵切説文蓋以冰爲凝按仌於隸楷不能獨成文故後人加水焉凝之从冫从水無義當从今文 顧氏金石文字記

文有云下土得蔵者用宋玉九辯文也蔵玉篇以爲即古文乾字以講陰堂講從冓聲與搆字通史記漢書凡媾解字多作講亦是也谿字見魏張猛龍碑及周華嶽廟頌嵩少字應即用崇見于漢書而竟作嵩劇甚字應用勮見于漢隸字原而竟作劇猾字應從𠃓作猾而從犬作猾禮字應從豊作禮而從豐作禮徹字從育作徹斷字從㡭作斷熇字作焯埶字作藝昦字作昊皆不合于六書之正者也又説文無第字只作弟而孔穎達正義引以爲從竹從𢎘説文無莅字只作竦故鄭康成注儀禮每讀位爲莅此竟有第字莅字蓋後人隸寫之譌而以之作篆則

尤謬也 畢氏關中金石記

右三墳記碑末無重開年月而字畫更明顯筆力似較弱蓋開鑿又在前碑之後也文云下土得瓻上腹成賦說文無瓻字蓋用楚詞后土何時而得瓻語又云僅逾強仕以講陰堂後漢書周盤夢見先師東里先生與講于陰堂之奧既而長歎其月無病忽終記蓋用此事也昊當從夰而碑從天𡕾當從叡而碑從谿疑翻刻之譌 錢氏潛研堂金石文字跋尾

栖先塋記 存 大曆 年 文見王氏金石萃編

碑高六尺八寸廣三尺三寸十四行行二十六字李陽冰篆 在西安府碑林

此李氏卜葬李曜卿兄弟三人而弟季卿記從子陽冰書卜地人為邵權記云徧得管郭之道管謂公明郭則景純也書玉筯經大中祥符間刻故不及縉雲碑 趙氏石墨鐫華

陽冰書結體茂美而多乖于六書之義然蔡邕石經已多別體豈書家多不究小學耶文中若寒從宋碑作㝯高從口碑下從口亹碑作亹龕從含碑省作合棲或作西碑全作栖樊中從爻碑從夕佐古只作左碑加人𡗝碑譌作𡵓勢古只作埶見漢書碑加力宜從夕碑從冈隧古只作隊見竹書穆天子傳碑作隧輛碑作輀藏古只作臧詩中心臧之先儒有臧藏二義碑作藏悅經傳多作說碑作悅版加作版皆詭于文字之正若泉作泉借洎字為之改從己借欵改字為之寶作瑶案瑶字見竹書穆天子傳玉篇引聲類亦曰古文瑶字此或古人省文借字之法猶未大失也篆者聖人不慮作非可依隸以造昔徐鉉作說文新附識者多譏其謬獨怪陽冰自言斯翁之後直至小生又欲求刻石經立于大學而不究小學如此倘任鴻都之役未見其勝於張參唐元度諸人也 畢氏關中金石記

右李陽冰書遷先塋記說文改更字从戊已之已㲋改字从辰已之已徐鉉引陽冰說謂已有過攴之即改而此碑書改元字御从已不從已秦詛楚文改亦從巳蓋二文可假借也玨字說文玉篇廣韻集韻俱不載惟家語執轡篇息土之人美玨土之人醜注玨耗字此少溫所本矣叙說文从攴此與三墳記俱从又泉即洎字水當在左旁變文居下 錢氏潛研堂金石文字跋尾

金石萃編云記為李季卿所述季卿在大曆中宣慰江南見新唐書陸羽傳而未詳其先世所謂先侍郎者不知何名 陸枝案新唐書文藝傳云李適字子至京兆萬年人舉進士再調猗氏尉武后時預修三教珠英書成遷戶部員外郎兼修書學士睿宗時遷工部侍郎卒年四十九嘗夢與人談大衍數寤而曰吾

壽盡於此敕其子曰霸陵西視京師吾樂之可營墓樹千松焉云云子季卿亦能文舉明經博學宏詞歷官吏部侍郎河南江淮宣慰使大曆中終右散騎常侍以碑證之栖先塋記云先侍郎即世建塋霸陵遺令也即傳中敕其子營墓霸陵事然則記中所謂先侍郎即李適矣新唐書藝文志李適有集十卷舊唐書文苑傳亦載李適事不如新書本傳之詳又金石萃編云碑云先大夫徐公未詳何謂案舊唐書文苑李適傳云適贈司馬承禎詩序朝士屬和者三百餘人徐彥伯編而序之謂之白雲記徐公即徐彥伯也 毛氏關中金石文字存逸攷

李楷洛碑 存 大曆三年 文見毛氏關中金石文字存逸攷

原石未見不詳尺寸楊炎撰文史惟則八分書

此碑今在富平縣文苑英華亦載此碑而石刻與版本不同版

本計一千五百餘字石刻僅九百餘字蓋上石時重加刪節也石勁句法與版本相同者敘文中惟君子曰井谷不可以游龜龍蟻垤不可以栽松柏又拜玉鈴衛將軍左奉宸内供奉又左飲青海北登狼山又參定國者前朝拖侯服者四紀會兵車者百勝出帳下者千人國有事未嘗不勞公無私可謂知禮又堯于懷遠縣之師次春秋六十七追贈營府都督明年詔葬于富平縣檀山原又乾元中以公炳德不赫積仁流慶追考功績謚曰忠烈又韓國夫人於是建廟堂命宗祝室有山龍之服樂有鐘石之和昭宣令圖共二十七句相同銘詞中惟帝命韓國祚於夫人亦詔薊邱下·寵明神四句相同且字句前後互異彼此懸殊迥不相謀矣又參定國者前朝版本前朝作所軍懷遠縣版本作懷定縣營府都督版本作營州都督樂有鐘石之和版

續陝西通志稿【卷一百四十九】金石十五　二十二

本樂字誤饗字鐘字作金字又碑云謚曰忠烈版本作謚曰忠遺去烈字均當從碑爲正又碑云乾元中贈公爲司空范陽口大都督版本未載碑云公長子太尉中書令江淮河南口口副元帥臨淮郡王光弼版本但云太尉臨淮郡王兼侍中又碑云少子太子太保御史大夫渭北鄜坊口口節度使武威郡王光進版本但云太保光進皆不若石刻之詳蓋撰文在前上石在後故能文減而事增考古者不可不知也余友戈青侯雅好金石搜訪甚勤嘗以此事相質因爲詳考如右載於是編以補金石諸書之未備　楷洛爲李光弼父其事附見新唐書光弼傳云楷洛營州柳城人本契丹酋長武后時入朝累官左羽林大將軍封薊郡公吐蕃寇河源楷洛率精兵擊走之初行謂人曰賊平吾不歸矣師還卒於道贈營州都督謚曰忠烈史中所載多與碑合又李光進傳云母李本有鬚數十長五寸許封韓國夫人即碑中所云韓國夫人也毛氏關中金石文字存逸攷

臧希晏碑 存　大曆五年　文見王氏金石萃編

碑高九尺四寸五分廣四尺五寸六分二十四行行四十九字張孚撰文韓秀弼書在三原縣

按臧希晏爲懷恪第六子碑題口口州大都督泐二字據懷恪碑是贈揚州也撰文者張孚孚字可辨蓋與曹倦圃先生藏本同爲佳搨矣張孚及書人韓秀弼史皆無傳古今碑帖考載韓秀弼秀實秀榮三人云並以八分擅名又俱同時必其兄弟諸書皆無可考墨池編載秀弼所書碑有六曰元待聘碑李齊物碑鄭叔清碑裴曠改葬碑鎮國公李元亮功德頌李晟先廟碑並八分書而不及此碑弇州山人稾則載此碑云廣德二年書是亦未細閱全文也碑稱曾祖君寵祖善德與懷恪碑不同又

續陝西通志稿【卷一百四十九】金石十五　二十三

稱父懷恪右領軍衛將軍魏州刺史贈工部尚書亦與懷恪碑異碑云開元理兵之歲命禮部尚書信安郡王控弦廿萬以專征之此即開元二十年正月信安郡王禕爲河東河北道行軍副元帥伐奚契丹事詳見白道生碑跋中碑云屬親征振旅薄伐弔人此指肅宗靈武時事顔魯公撰臧氏糺宗碑懷恪七子書贈官者六人惟希讓不書贈官蓋其時希讓在也此碑則云希讓贈太子太師則亦卒矣希晏三子叔獻叔雅叔清其官位與糺宗碑不同碑云叔獻睦王府長史糺宗云朝散明州長史碑云叔雅鄂州別駕糺宗云朝散洋州司馬碑云叔清河清縣主簿糺宗云京兆府參軍蓋糺宗與此碑有建立前後之不同也王氏金石萃編

尊勝陀羅尼經幢 存　大曆六年　文見王氏金石萃編

幢高六尺字二面廣七寸共十三行行六十餘字不等僧書戳撰額務行書額篆書左行在富平縣六井

按此幢爲修慈寺尼惠寂建也惠寂爲黎城縣尉曹秀臻之女廣德二年十一月寺遇狄奔惠寂墜井而死至大曆六年其父乃建幢以紀其事唐書代宗紀廣德二年八月癸巳吐蕃寇邠州至十一月乙未吐蕃軍潰京師解嚴河西節度使楊志烈及僕固懷恩戰于靈州敗績云云幢所記惠寂殉井即此時也王氏金石萃編

智悟上人墓誌銘 大曆六年 存 文錄後

石方一尺二寸二十四行行二十五字裴適時撰文蓋題智悟上人墓誌銘七字并正書

唐故淨住寺智悟上人墓誌銘 并序

口俗姓劉諱仲立彭城郡人也緬尋前史歷討群經其先皇帝之孫爰後公劉之裔秦時爲戎所逐乃居於彭城遂世爲彭城郡人也至於衣冠奕葉禮樂風標

史諜具詳茲雖備述曾祖如顧志高泉石脫略軒榮蒲帛累徵偃仰蘿薜貴樂生前之志殊輕身後之名祖玄福皇華州下邽縣令彈琴爲口不言化成馴翟得魯恭之遺風不欺庶先賢之美跡而公則下邽之愛子也公淳孝自然博雅天縱混流俗而不染處濁亂而哺糟雅好無爲深精玄妙視軒冕如桎梏等金帛如塵埃上迫父命強爲婚媾晚歲歸道永愜私心法宇窮不二之門蓮宮契三禪之妙公以持律爲業一食長齋久染微痾心齊生滅積以成疾藥物無徵漸至彌留奄先朝露行年六十有五殞于來庭坊之私第嗟乎哲人不永太山其頹明鏡忽掩寶劍長埋以大曆六年十二月廿日葬于藍田縣鍾劉村之東原禮也公在俗有子四人崐山片玉桂林數枝信可克昌家門榮顯宗族長子會州黃石府別將賜緋魚袋光歸次子朝議大夫守內侍省奚官局令上柱國光順第三子朝議郎守內侍省內府局令上柱國光璡季子絳州新田府折衝賜紫金魚袋上柱國光暉等自丁酷罰泣血連哀號天不展其哀扣地莫申其戚爰修宅兆以展孝思懇請誌文略序遺跡適時詞理荒拙輒課虛無乃爲銘曰　平原莽莽松柏蕭蕭哲人斯逝泉夜無朝痛纏綿於嗣子嗟玉樹兮先彫太山俄頹泉扃永閉幽明既殊慈顏永決呼蒼天兮莫問潰肝腸以見裂　朝散郎前汴州司法參軍裴適時撰

此誌近時出藍田新唐書地理志會州屬關內採訪使而無黃石府之名得此可補其闕焉誌中但敘曾祖祖父而未載其父之名亦他誌所罕見者毛氏關中金石文字存逸攷

按此誌未敘厥考之名且云祖玄福皇華州下邽縣令而公則下邽之愛子也是直以祖爲父矣謬誤殊甚而彈琴爲三字亦

不成句爲之下應脫治字

觀身經銘碑 大曆六年 存

碑高六尺一寸三分廣五尺五寸五分前刻觀身經銘後刻永仙觀碑文共三十行每行五十二字田名德集王羲之行書在富平縣美原鎮

永仙觀碑文 存

與前經同刻一石二十二行蕭森撰並摸集王右軍書

今在富平縣美原鎮題曰美原鎮永仙觀碑文相傳田眞人拔宅上昇處也顧氏金石文字記

永仙觀在唐京兆府美原鎮即今富平縣觀主田名德同令柳升奉天寶二年詔書葺治永寧鄉古廟至大曆六年三月落成建碑也自明皇夢見老子眞容之後承奉風旨者獻符瑞興土木干戈肆起幾至亡國恬不知悔田名德中宗時景龍觀所度

道士年八十餘刻清淨智慧觀身經亦集右軍書襲五千言之
糟粕殊不足觀與此碑並傳于世（葉氏金石錄補）

張銳墓誌銘（存　大曆九年　文見陶齋藏石記）

（石方一尺四寸二十一行行二十二三字不等殷庭筱撰文父張恪正書姊夫李西華題諱）

誌畧云公諱銳字鄕侯姓張氏清河人也曾祖志鄭州洛交縣
令祖彥昇贈鄧州長史父恪朝議大夫號州長史公號州之長
子也生則秀異幼而聰敏未弱冠入仕以門蔭解褐授右司禦
率府兵曹至德中充四鎮節度隨軍判官知支度事轉恒王府
掾加朝散大夫轉光祿丞屬西蕃未靖國步猶虞尋奉使宣傳
聖旨陷沒賊庭者久之公辯說縱横權謀應變陳之以禍福懼
之以威嚴既迴有詔特遷太中大夫蜀王府司馬公以恭承睿
畧遠仗天威於我何功固辭不拜前後三表方允乃授今任焉

由是恩制授太夫人長樂縣君以板輿迎侍於江陵且夫奉使
不屈忠也揚名立身孝也方期積慶用以成家天道何常降年
不永以寶應二年正月廿五日殁於江陵官舍春秋廿有七
以今大曆九年歲次甲寅三月四日癸卯窆於京兆之鳳栖原
從太君之新塋也　此石今藏渭南趙氏觀誌所云銳於當時
傳旨西蕃奉使不屈亦忠節之士也惜史傳未載賴此誌以傳
其人耳（毛氏關中金石文字存逸攷）

按子書父碑誌者屢有之父書子誌者於此僅見且倩人題諱
亦金石之一例也此誌光緒初年出土藏於渭南趙氏二十八
年歸於陶齋

王忠嗣碑（存　大曆十年　文見王氏金石萃編）

（碑高一丈三尺三寸廣五尺九寸四十二行行九十字元載撰文王縉行書趙恳篆額在渭南縣鄉賢祠）

忠嗣殁於天寶初碑立於大曆十年元載撰文王縉行書載忠
嗣女夫縉王摩詰兄也（趙氏石墨鐫華）

清源不獨忠勇敢戰其策石堡料祿山皆深謀卓見非一將之
識也獨爲林甫所惡陰使誣告明皇不察論死非哥舒翰以官
爵贖罪幾至不免然猶貶死史稱工於謀國拙於圖身其然哉
元載清源女夫也其筆力庸冗固爾不言李林甫排陷何也史
稱忠嗣華州鄭人碑稱華陰人碑豎州城西三十里赤水道南
又南高原即其塚也余猶及布氈其下頫極穹窿追琢之妙非
今人可及側刻水獸尤奇異恠偉益令人遠想唐人畫蹟不覺
色飛萬曆間渭南崔令君邦亮忽移置縣城之西道北不知何
故（吳氏金石存）

按忠嗣初名訓賜今名李林甫惡之陰使人誣告欲奉太子帝

怒付三法司鞫治應死哥舒翰請以官爵代贖罪貶漢陽太守
久之遷漢東郡年四十五而卒碑多不詳忠嗣功在社稷知祿
山有亂萌不免以讒死史官惜之碑文宏麗其叙述處多與史
合至云借公爲資動搖國本成公謫居人無不恨以四語易史
傳數行微而顯矣（葉氏金石錄補）

王海賓戰死於青海西玄宗育孤於禁中恩隆寵渥千載下爲
之歆血况身受其賜者乎清源之不爲身謀良有以也特玄宗
始厚而終薄始任賢而終信讒亦始治而終亂然而社稷無隕
唐祚再安用舊日之部曲成光復之大功其一念誠懇夫固有
入人深者矣（來齋金石刻考略）

舊書忠嗣太原郡人家於華州之鄭縣新唐書云忠嗣華州鄭
人今案碑五代祖隨周武帝入關署馮翊椽因徙家于鄭今爲

華陰人所錄較詳于史而史特就其占籍之始言之宜參之此碑爲據也紀功與史同然其文頗贍麗可喜蓋亦所謂當時體也碑僅磨泐數字細推皆可識唐石刻之幸完整無缺者如是碑亦不多見其爲後人取資多矣武氏授堂金石跋

眞化寺尼如願墓誌佚文見王氏金石萃編大曆十年

石方二尺二寸八分二十七行行二十八字沙門飛錫撰文桑吳正書蓋題唐國師故如願律師謚大正覺禪師誌銘十六字並正書

按銘云律師薨于長安眞化寺師諱如願俗姓李氏隴西人也申公之裔僧尼之化未有稱薨者此如願爲隴西人又爲申公之裔必是宗室之女故其化也稱薨以別之銘又云貴妃獨孤氏葛覃繡德十亂匡時葛覃作葛蕈殆借用字獨孤氏爲代宗貴妃大曆十年薨追册爲皇后謚曰貞懿唐書后妃傳不詳獨

孤氏之薨在何月此碑則云律師薨於十年五月葬於七月而文稱獨孤氏爲貴妃可知獨孤氏之薨在七月以後矣銘又云弟子長樂公主主爲肅宗長女始封長樂徙封宿國下嫁豆盧湛傳不云其師事如願也銘又云奉勅法葬於長安城南畢原長安志畢原在萬年縣西南二十八里法葬二字始見於此王氏金石萃編

王履淸碑存文見王氏金石萃編大曆十二年

碑僅存上截連額高六尺六分廣三尺四寸二十三行每行字數無考候冕撰文正書篆額在高陵縣

按文云恤弟疾篤割其股肉是兄療弟疾而封股和藥也此事世不多見姑拈出之王氏金石萃編

高力士殘碑存文見王氏金石萃編大曆十二年

碑僅存上截連額高六尺四寸五分廣五尺三十行每行字數無考行書額題大唐故開府儀同三司贈揚州大都督高公神道碑二十字篆書在三原縣

右內侍監高力士碑石已中斷失其下截每行止存二十餘字文稱馮盎子智戣爲高州刺史智戴爲恩州刺史智玺爲潘州刺史攷唐書盎傳惟有智戴及智彧無智戣智玺亦不云智戴爲恩州刺史皆其漏畧也史稱寶應元年力士自巫州赦還見二帝遺詔北向哭歐血而卒不云卒於何所此碑云朗州龍興寺蓋其卒之地也錢氏潛研堂金石文字跋尾

金城郡王辛公夫人李氏墓誌銘存文見陶齋藏石記大曆十三年

石方一尺六寸强縱橫三十格獨孤愐撰文韓秀實正書

誌略云夫人隴西成紀人也曾祖微明微明生審則皆以肥遯不干于時有儉德而無貴仕審則生儒珪沙州長史夫人即儒珪之長女也天生神惠親戚異之繫纓之年歸我金城金城當將相之任作心膂之臣或有謀之臧否政之頗纇夫人嘗以義制事必考而咨之是以金城終然允臧天子聞而嘉之曰李氏宜於室家是稱哲婦致滋勳業實佐良夫可封隴西郡夫人而

中年體道知生生之不可以久恃也有離俗之志金城諭而止之而志不可奪由是上聞有詔度爲崇敬寺尼法號圓寂以大曆三年閏六月十五日寢疾於太原順天寺因歸寂滅時年五十八歲時未吉權厝晉陽以十三年六月十日啟殯西歸詔贈肅國夫人以其年七月廿四日窆于萬年杜陵之南禮也有子曰浩云云

右誌不載辛公名字以舊新兩唐書考之蓋辛雲京也元和姓纂韓氏廣陵望族韓擇木生秀實太子中允陶齋藏石記

一切如來心眞言幷明覺寺持律尼心印記佚大曆十三年

同治四年乙丑西安重修貢院工人掊土得之今未知移徙何處矣毛氏關中金石文字存逸攷

編纂渭南武樹善

續修陝西通志稿卷一百五十

金石十六

唐

張維岳碑 存文錄後 貞元八年

碑缺下截存者高四尺六寸廣三尺八寸二十九行行三十五字六字不等邵說撰文書名缺在高陵縣

唐故開府儀同三司兼左羽林軍大將軍知軍事文安郡王贈工部尚書清河張公神道碑缺 秘書安陽邵說撰 前太常寺奉禮郎缺 大曆乙卯歲夏四月有星犯于北落泊秋九月癸巳大將軍維岳薨于位冕旒悼惜缺 高陵縣奉政原之先塋公髫髦敏異口冠宏達風儀朗澈望之儼然業於武專於學精於陣戰缺 遂屬幽陵首禍安羯稱亂汾陽王郭公子儀偉其材略引爲部將清渠之戰特拜左衛將軍党缺 肅宗命公以麾下敢死亟往摧之遷右衛大將軍乾元中汾陽蕩定咸洛追鉏元惡公銜無口缺 太僕卿封南陽縣男思明繼逆再擾東夏太尉李光弼扼河陽之險制畢懷之邊公凌壞口口缺 聖私表異遷銀青光祿大夫試鴻臚卿李國貞繼掌師律身找衆潰虎旅散掠居人駭亡公缺 心腹公閟視材力教之引滿藝成徹札者凡二千人署曰平射嘗爲師之口右先後缺 今聖踐極改試殿中監進封開國伯自是走朝義踰九河梟凶醜逆日聞凱獲授特進試太常缺 封漢中郡王贈封一百五十戶充朔方都知兵馬使公以三軍無帥審於避嫌馳歸闕下缺 辭爵邑之大食二百五十戶前此軍政壞蠹習以生口有無其人而私入其食與其邑者有市缺 戶歸之戶京解紫綬而從褐衣者凡千二百釐其餘慰撫字恤討而訓之皆趫才勇悍一以當缺 大君深維其人莫克續奉起公於苴絰之內俾復舊官改封文安郡王

泣乞終喪抑而不納口缺萬萬計其長戟利劍戈矛殳鋋亦萬萬計至於經費餘羨縎錢繒縞米鹽稻麥之數莫之能紀缺亦數十百萬上所獎重遷本軍大將軍公以天時地利明主之所當知也創風缺帝益加歎因而賜弔公始至將校騑隨節制幕下之碩畫公必佐焉軍中之右職公必更焉口缺一人之顧問公實參焉九重之謀議公皆造焉錫以金劵仍畫像於凌煙閣謂享餡口缺御鑒結轍傾落之後中貴盈門賵襚之數加常一等或吊唁其室或奠祭於塗其恩缺於養盡心於疾養則問其所欲視其所膳晨昏莫之違也疾則顇其色致其憂冠帶莫之解缺鉅加以義禮接於姻戚任恤深於子姪窶貧飽其口孤藐忘其亡蓋孝悌之極也本乎世系缺王府司馬贈靈州大都督履仁之子世尚忠肅以術學理行聞蓋靈源之濬也議其祚徧則缺議郎晟崇文生畢長未及冠弱幾知方然而因心克孝率禮不越蓋積慶之深也公視其母缺而喪紀辦護豐碑篆刻皆令季之所爲也人謂文安友愛有志弟悌張氏之業其不替乎缺勳臣之賢將有文安累康屯難爲邦垣藩棼棼𠂤猾射天吠主缺馳關輔關輔既清復東其口訓潡貔虎戕摧寇虜思明繼逆再復三河河陽之師實制穳缺勳伐居多懷恩授鉞討除姦猲翳公烈烈逐𢈪逋燮汾上之濆我成其功蓮難遠嫌口口缺官洪惟飾終輤發京邑珊歸渭汭精魂何之英名孰繼空留片石萬有千歲　貞元八年三月十一日建

此碑於道光時出土未經前人著錄今在高陵縣題銜曰清河張公蓋稱其郡望也維岳官爵已不爲卑而新唐書無傳按通鑑云安史之亂諸道用兵是時府庫無蓄積朝廷專以官爵賞功諸將出征皆給空名告身自開府特進列卿大將軍下至中郎郎將聽臨事注名其後又聽以信牒授人官爵有至異姓王者諸軍但以職任相統攝不復計官爵高下及清渠之敗復以官爵收散卒由是官爵輕而貨重大將軍告身一通纔易一醉凡應募入軍者一切衣金紫至有朝士僮僕衣金紫稱大官而執賤役者名器之濫至是而極焉碑云維岳於清渠之戰特拜左衛將軍即至德二載郭子儀與安守忠戰清渠之敗以官爵收散卒時也碑又云維岳畫像凌烟閣考凌烟畫像功臣位次見新唐書一百六十卷忠義傳上而無維岳之名案畫像者武德功臣十六人貞觀功臣五十三人至德功臣二百六十五人大中初又續圖三十七人共三百七十一人今傳中有名者僅一百八十七人則傳中未經列名者固不僅維岳一人也撰文之邵說見新唐書文藝傳藝文志云說有集十卷是說於當時

固有文名者此碑叙事未見筆法惟銘詞鏗鏘壯健朗朗可誦不愧大手筆焉　毛氏關中金石文字存逸攷

按此碑道光時出土毛氏猶見全文不知何時中斷今並下截而佚之甚矣古物保存之難也

閻君夫人張氏墓誌銘　貞元八年　佚　全文錄

石高一尺二寸五分廣一尺二寸廿九行行十九字楊暄撰文劉釓正書

大唐故清河張夫人墓誌銘幷序　弘農楊暄撰　外孫子咠彭城劉釓書　夫人號威德清河之族積善承家祖考諱延昌二女不乏世賢園林隱跡夫人既笄之後嬪于閻氏婉順和睦克柔母儀淑慎於家聲聞於里況乎先覺早悟色空齋戒在心持念閉目奈何善不增壽命也自來染疾月旬歲過不減貞元八年二月廿八日終於京長安縣義寧里之私第春秋六十有九即以其年五

月十八日擇兆吉辰葬於長安城西龍首原之禮也嗣子庭蕚右
龍武軍宿衛忠孝之道號絕過禮次子庭珍右羽林軍宿衛邠州
節度使尚書張獻甫奏赴行營遂忠於國孝不並行報哀之情昊
天何極嗚呼痛哉又足悲也一女四德嬪于白氏半子之分禮以
恭仁攀慕痛深將刻斯石其銘曰　清河夫人嬪于閻氏二男一
女忠孝誰理其一公之獨口痛傷靈機四時定省賴之半子其二楚挽
送終染疾一周死生命也念之何求其三孤墳寂寂松柏颼颼泉門
永掩萬古千秋其四　外孫太清刻字

誌云葬於長安城西龍首原案此石本出長安今久逸矣鈊即
鈊字玉篇鈊弩牙也集韵晋求毛氏關中金石文字存逸攷

內侍王庭瓌妻馮氏墓誌銘佚　貞元八年　文見古誌石華

原石未見不詳尺寸

續陝西通志稿　卷一百五十　金石十六　四

誌云葬於長安縣龍首原案此石本出長安今已逸矣毛氏關中金石文字存逸攷

左果毅都尉樊口言墓誌銘佚　貞元九年

全文未見不詳尺寸

續寰宇訪碑錄云在長安今未詳所在毛氏關中金石文字存逸攷

東陵聖母帖存　貞元九年　文見陸氏金石續編

石高二尺廣四尺上下兩截五十行行字不等懷素草書今西安府碑林

貞元九年釋懷素草書宋元祐三年刻在西安府學聖母晉康
帝時人其得建號爲東陵聖母者以其主食江淮故也禹貢導
江過九江至於東陵漢書地理志廬江郡金蘭西北有東陵鄉
者是也王松年仙苑編珠曰聖母杜氏妻也學劉綱術坐在立
亡杜氏不信誣以姦淫告官付獄即從囱中飛出入雲中而去
與帖所云正合聖母自晉迄隋無不崇奉至唐則尤甚此帖書
於德宗時文稱從叔父淮南節度觀察使禮部尚書太原郡公
而不書名蓋指建立祠宇之人案其文義當在廣陵郡地帖蓋
宋時以墨本摹刻者後有柳棨柳乘裴休同登題名陸氏金石續編

于申墓誌銘存　貞元九年　全文錄

石方一尺三寸五分二十八行行二十八字于公異撰文正書在長安縣

唐故朝議郎行尚書屯田員外郎上柱國梁縣開國子賜緋魚袋
河南于君墓誌銘并序　從叔朝散大夫前行尚書祠部員外郎
公異撰　維唐貞元九年歲次癸酉八月十三日尚書屯田員外
郎于君歿於開化里私第春秋卌嗚呼哀哉君諱申字伯厚河南
洛陽人也八代祖諱謹周太師柱國三老燕國文公七代祖諱寔
周司空燕國安公曾祖諱汪贈邠州刺史祖諱庭謂贈刑部尚書

續陝西通志稿　卷一百五十　金石十六　五

皆勳德炳耀貽裕于後人父金紫光祿大夫太子少保譙郡公日
碩陳力三朝爲國元老君鍾粹而生依順以立內積和易外敷英
華揔角屬文韻諧金石成童探學義窮壺要譙公匡時成務君亦
延慶楙官懇辭而罷十八擢進士上第授校書郎櫟陽尉監御史
轉殿中京兆府戶曹又拜在臺監察御史轉殿中遷屯田員外郎
凡一賓戎幕一椽京邑四執憲簡一入文昌所莅皆以端重器敏
稱先時詔賜百寮宴麟德殿上賦詩俾中外屬而和之君時在口
闕下因獻頌鋪陳王風瑰博溫麗及是奏御上甚異之口口求左
右史此即其人屬宰政傲才外斂內否是以有戶曹之授壽口監
察眞口之命伸前事也惟君衆華紛目約已者眞百行蘊身根心
者孝幼口所恃霜露晚悲長當問安冠帶無稅嚴諸父友衆弟取
拾而必推其口顚沛而曾不違恭君子哉譙公歷京河尹御史大

夫有擢官之清躬慎獨之行德可以肥九族仁可以垂無窮今則喪我克家已臨於暮齒惟君早世不及於終身則徵積善論報應者滋無據矣以其年十月十五日歸祔於城南長安縣居安鄉高陽原祖母之故塋禮也其有邦彥聞人會葬執紼皆曰粲盛可薦嘉穀中零壇壝始陳琮璋忽折噫茲不幸未若口田之不幸也哀哉一子口和幼而有文足以當室公異蒙譙公器遇與君前後登科於存也由恩以加親於歿也由親而加痛故謀敘其詞也哀而繫銘曰　杜國司空有德有功胤美丕赫譙公纂戎惟君之生世閥克開孝以鍾性文以暢才萬石宗建子服推回登科結綬直躬行古學遵孔徒頌追吉甫頡頏時英含香振纓臺閣表式吾門重輕如何先秋竟負高名屯田約仁譙公邁德與善不徵考祥斯惑收跡盛時口神故域萬古九原懷風歎息

按此石今藏於長安段氏無書者姓名而字跡工整有誠懸筆意亦隹刻也

杜府君夫人韋氏墓誌銘 佚 貞元十年 全文未見李宣撰文嬉成乃行書

金石文字記云此石在西安府城外寺城杜君官至京兆尹名濟案此石今久逸矣 毛氏關中金石文字存逸考 杜君名字賴金石文字記一語以傳否則不知為誰何氏矣

按杜濟字應物京兆杜陵人由京兆尹出為杭州刺史大曆十三年薨于常州韋夫人與子肅扶櫬歸葬于少陵原其誌近時亦出土其卒葬先夫人十六年其誌石晚出殆六十年

諸葛武侯新廟碑 存 貞元十一年 文見王氏金石萃編

碑高六尺八寸廣四尺二寸二十三行行三十七字沈廻撰文元鍔正書在沔陽本廟

按諸葛武侯廟在漢中府甯羌州沔縣東五里三國蜀志諸葛亮傳亮疾病卒遺命葬漢中定軍山因山為墳冢景耀六年春詔為亮立廟于沔陽裴注引襄陽記曰亮初亡所在各求為立廟朝議以禮秩不聽百姓遂因時節私祭于道陌上言事者或以為可聽立廟於成都後主不從步兵校尉習隆中書郎向充等共上表曰亮德範遐邇勳蓋季世燕嘗止於私門廟像闕而莫立使百姓巷祭戎夷野祀非所以存德念功述追在昔者也今若盡順民心則瀆而無典建之京師又逼宗廟臣愚以為宜因近其墓立之于沔陽于是從之此即舊廟也碑不詳新廟所在漢中府志載諸葛武侯墓在沔縣南十里定軍山下水經注沔縣故城南對定軍山諸葛亮之死也遺令葬于其山舊廟即在墓前今廟在城南五里是距舊廟五里也此碑撰文者沈廻

書者元鍔兩唐書俱無傳唐書宰相世系表錫為司儀郎延祚之曾孫綿州長史平叔之孫吏部員外郎挹之子錫字君貺輿宰相元稹同系表祇載其官淄王傅而此碑結銜乃為節度推官將仕郎試太常寺協律郎又據韓文考異衢州徐偃王廟碑韓愈撰福州刺史元錫書是錫又嘗官福州刺史矣碑云府王左僕射馮翊嚴口經理西鄙營軍沔陽嚴下泐一字陝西通志云唐貞元十一年左僕射嚴武增修有記即謂是碑則所泐者乃武字也武為挺之子兩唐書傳稱挺之為華陰人嚴氏有馮翊華陰二望碑稱馮翊者舉其舊望也惟碑有左僕射之官兩書嚴武傳所無且舊傳稱武卒於永泰元年不應貞元三年嚴武尙在是陝西通志與碑不合關中金石記定為舒王誼唐書宗室傳舒王誼初名謨昭靖太子子德宗愛其幼取為第二子

其爲沔鄂節度在李希烈反之時正貞元三年事宜乎合矣而亦未嘗有左僕射之官且與馮翊嚴口義亦無着希烈之亂在淮蔡舒王誼爲節度在沔鄂即今湖北漢陽府沔陽州非陝西漢中府之沔縣則關中金石記亦不確也碑叙伊尹呂望夷吾樂毅只四人而云八君子亦不可曉 王氏金石萃編

鄭楚相德政碑 存 貞元十四年 文見王氏金石萃編

碑連額高八尺六寸廣四尺二十四行行字數四十至四十四不等口口撰文鄭云逵行書姜元素篆額在澄城縣

鄭君字叔敖泐其名案文中有云詔京銘記左馮翊澄城令鄭楚相功德于其理所之南門則其名爲楚相矣京字慶復官至秘書少監集賢學士見柳宗元行狀 畢氏關中金石記

碑殘泐金石文字記云公字叔敖鄭州滎陽人而不得其名今案碑前列鄭楚相名故下惟云字叔敖而名不再見顧氏殆失

檢也鄭君初擢秀才第爲東觀校書郎授長安府至于宰是邑百姓孫士良等請命朝省斯頌作焉後又言左司郎中宇文邈修功善狀蓋唐自武后聖曆二年制州縣長史非奉有勑旨毋得擅立碑于是凡以政績將立碑者具所記之文上尚書考功有司而考其詞今此碑猶可案也驗實則人無溢美準勑立碑有風勸余故錄之以見唐制如此宇文邈載宰相世系表爲御史中丞者當卽其人 武氏授堂金石跋

唐故清河郡夫人張氏墓誌銘 存 貞元十五年

趙郡李氏女墓石記 佚 貞元十七年

石方九寸六分十七行行十九字李蕃撰文李淳正書

誌畧云女趙郡高邑人也小字孫孫年十六貞元十七年十一月廿二日遘疾終于長安永寧里之旅舍以十二月三日窆於萬年縣高平鄉西焦村之南原曾祖父諱畬皇國子司業贈太子賓客祖諱承皇正議大夫檢校工部尚書兼潭州刺史贈吏部尚書謚曰懿子歷淮西道淮南道黜陟使河中道山南東道湖南道節度觀察都防禦都團練等使父藩祕書省祕書郎此石今藏渭南趙氏咸寧縣志云焦村在西安府城南金雩霆社今觀是誌在唐時已名焦村其名甚古矣李畬字玉田新唐書宰相世系表言其官考功郎中循吏傳言其官國子司業而贈官之事表傳均未載李承李藩新唐書亦均有傳承傳所載官秩多與誌合惟謚法失載書誌之李淳爲藩之弟宰相世系表未載得此可補其闕焉 毛氏關中金石文字存逸攷

尊勝陀羅尼經幢 佚 貞元十八年 文見王氏金石萃編

幢高六尺九寸四分八面每面廣七寸五分作兩截上截每面七行行七十二字其記及人名並下截元澄清正書

按此幢初建於貞元十八年下刻元和十三年二月廿七日奉勑內園戶移于口口口口口安置凡移者約五百餘家而置佛堂一所因記其歲月於前題之後此勑憲宗紀所不載長安志皇城內外亦不載內園之址無從詳攷此幢所在不知是何地名是何寺院且不知移園戶時並此佛堂經幢移建他所抑或園戶自他所移來就此有幢之所而重立佛堂皆不可知後列銜名亦皆內官而院主施主並附於後 節王氏金石萃編

焦撓斷碑 佚 貞元十八年 文見毛氏關中金石文字存逸攷

碑存下截共二十三行每行存十五六字至二十字不等從鵠郁撰文朱獻任行書

此碑載於寶刻類編書撰人名年月日具全今則僅存半截惟碑末云郁忝茲宗末則撰文之名尚存也碑云爰在童幼即便弓馬撓蓋以武功起家也河東節度辛公謂辛雲京也聖上有

梁洋之蒐六軍之師中亦潰散公總其部下云云輦上謂德宗也李懷光之變德宗出幸梁洋犹總禁兵以從得封高平郡王蓋亦興元元從功臣也碑有儒林著傳外黃究陰陽之語蓋用漢書焦贛事贛字延壽即撰易林者漢書本傳云贛爲小黃令荀悅漢紀作外黃令碑作外黃蓋本漢紀也小黃外黃二縣漢時均屬陳留郡此碑一帖賈云同治時出於興平未能質指其處因其葬地在咸陽故仍屬之咸陽焉（王氏關中金石文字存逸攷）

王郊墓誌銘（存　貞元十九年　文見陶齋藏石記）

（石高一尺二寸廣一尺二寸五分二十一行行二十五字嗣澤王潤撰並書）

誌畧云公諱郊字文秀琅耶臨沂人也曾祖同皎駙馬都尉琅耶文烈公贈太子少保尚定安長公主祖繇駙馬都尉琅耶懿公贈太子太傅尚永穆長公主父訓累授光祿卿娶嗣紀王纖

誠之季女公自宏文館明經虢州宏農尉次任揚州江陽主簿入調長安授公京兆府涇陽主簿以其年八月九日終于萬年縣興甯里永穆觀之北院享年五十七夫人則秘書監贈揚州大都督嗣澤王溓長女潤之姊也公任宏農日染疾不起權殯于縣界長子貞素泣血號天柴毀過禮終身之痛惟茲是憂遂策杖於宏農扶護棺櫬將及合祔公有子二人次曰貞鑑女一人猶未及笄出我家也後娶楊氏有子三人女二人楊女與貞鑑尚家維揚道路遐遠報不及期以其年閏十月十七日卜擇於萬年縣滻川鄉先塋之側也　此石今藏渭南趙氏王同皎新舊唐書均見忠義傳新唐書本傳皎詳五王誅張易之等同皎與其謀後爲武三思陷害睿宗時復官賜謚惟新唐書本傳言同皎謚忠壯誌云謚文烈而王繇之謚懿公新書本傳中亦未載也訓娶嗣紀王纖誠之女宰相世系表作鐵誠王訓誌作鐵城此處作纖誠三處互異殊不可解郊父訓有誌在咸甯縣田家灣訓誌嗣澤王溓撰郊誌嗣澤王潤撰潤爲溓之子蓋王氏與宗室世締婚姻亦以忠臣之裔故也誌本無紀元以資治通鑑考之唐德宗貞元十九年係閏十月故定爲貞元十九年云（王氏關中金石文字存逸攷）

按此誌於光緒二十八年歸於陶齋

李廣業碑（存　貞元二十年　文見王氏金石萃編）

（碑高一丈三寸廣四尺九寸四分二十七行行五十四字行書撰書人姓名俱泐在三原縣）

廣業即孝同之孫爲劍州長史長子國貞爲王元振所害者次子若水仕金吾衛太將軍通事舍人功名俱不顯以國貞子錡貴始樹此碑考之史國貞原名若幽而附若水于李齊物傳云

齊物族弟不言爲國貞親弟又孝同碑云有子瑱此碑云雲麾將軍璲公之烈考則廣業家世歷歷可尋至錡以叛逐亡王元美謂書撰人皆不可考今碑中有云謂雲逵嘗學書史云云而前署撰者官刑部侍郎當是鄭雲逵攷雲逵正與李錡同時撰文無疑但碑又云上柱國原武縣開國男雲逵傳不及或史畧之耳書者誠不可考然亦是徐浩敵手（趙氏石墨鐫華）

按碑泐撰書人姓名撰人爲鄭雲逵則文內已有雲逵字可據金石錄補以爲前行是雲逵撰書後行是袁滋篆額今驗其結銜有華州刺史字袁滋官華州刺史一見於軒轅鑄鼎原碑再見於晉太原王公碑一是書碑一是篆額則此碑定爲袁滋篆額無可疑也唐書表傳載李廣業不詳事蹟但云劍州長史而已此碑雖間有缺泐其存者多可讀也廣業之五代祖即高祖

之祖追尊太祖景皇帝生八子次子昞即高祖之父第八子亮即廣業之高祖追封鄭王宗室表謂之大鄭王房自曾祖以下並見於表傳而事蹟多畧碑稱廣業以春秋經旨仲尼所志三代之禮家分糅雜故暢二口口義成一家師法是廣業于春秋禮經皆有著述矣今檢兩唐書經籍藝文禮類無考惟春秋類新書藝文有李氏三傳異同例十三卷注云開元中右威衛錄事參軍失名朱氏經藝考亦列此書而未詳撰人之名今據碑則李氏之官與廣業同又廣業卒於開元十八年與所謂開元中者時代亦合疑所稱李氏即廣業也此書晚出故不爲舊唐書所收而行世不久故晁陳二家亦未著錄也元子次子碑皆泐其名以表證之國貞若水也兩唐書皆有傳 王氏金石萃編

楚金禪師碑 存 貞元廿一年 文見王氏金石萃編

碑高七尺四寸二分廣四尺一寸八分三十二行行字數不等沙門飛錫撰文吳通微正書在西安府碑林

按賈氏談錄言通微爲學士工行草然體近吏中州士大夫效習之謂爲院體此碑清圓有餘遒勁不足即所謂院本體非耶 王氏弇州山人稿

碑載禪師廣平程氏法諱楚金歿以乾元二年七月七日子時其書其諸多靈跡並及恩遇之隆勅驃騎大將軍朱光暉監護舊唐書呂諲傳肅宗即位於靈武諲馳行在內官朱光輝李遵驟薦有才代宗紀收捕越王係及內官朱光輝馬英俊等禁錮之碑所稱朱光暉者是其人但輝宜從日依碑文爲正碑爲紫閣山草堂寺沙門飛錫撰正議大夫行中書舍人翰林學士上柱國東海男賜紫金魚袋吳通微書通微本傳自壽安縣令入爲金部員外郎召充翰林學士尋改職方郎中知制誥改禮部郎中尋改中書舍人翰林學士時已行中書舍人非改禮部後始轉此官也又階勳與爵傳亦失載並宜以碑補之 武氏授堂金石跋

顏魯公奉使帖 存 貞元 文見王氏金石萃編

石高五尺一寸四分廣二尺三寸五分分作三截上截書十一行行七字下截像中截跋十三行行十四字並行書唐重跋正書

觀此筆蹟不顯歲月以事實考之蓋使李希烈時也希烈以建中元年陷汝州盧杞建議遣公奉使至貞元元年八月丙戌公不幸遇害困踬賊庭者逾二年刃加於頸而色不變度無還期誓不易節蓋書此以自表云重既摹公之像於蒲繪而祠之又訪得此石本狀貌老矣公以乾元元年自同徙蒲至奉使時垂三十年氣節不衰而狀貌非昔也乃刻石而寘之祠室俾觀者

有考焉　靖康元年七月壬申朝散郎秘閣修撰知同州軍州事唐重書

魯公行書奉命來此事期未竟止緣忠勤無有旋意又作二語云人心無路見時事只天知宋刻同州下有公小像不知原刻在何處 趙氏石墨鐫華

案魯公以興元元年奉使貞元元年八月廿四日死難唐書本紀以爲八月丙戌獨行狀以爲興元元年者非重字聖任自署爲朝散郎秘閣修撰知同州軍州事攷重以右諫議大夫疏斬蔡京父子遷中書舍人言宰輔當先補外爲宰相所惡落職知同州傳不載其爲秘閣修撰當是畧也是年金兵破晉絳重度不能守開門縱州人使出自以殘兵數百守城金兵疑其有備不渡河而返尋擢天章閣待制即其時事矣後爲京兆府路經

畧制置使爲金將婁室所攻城陷殉節攷欽宗本紀金破晉絳乃是年九十兩月事也婁室破永興軍乃高宗建炎二年正月事也重在同州繪公圖像刻置祠堂是其忠義之氣根於天性觀此圖者不特使眞卿英靈不沫重之氣節亦於是乎可見矣畢氏關中金石記

藏眞律公帖 存 文擇錄 石高五尺廣二尺分五截上二截懷素草書下三截後人題跋首一行題懷素法帖末一行移置年月

懷素字藏眞生於零陵口遊中州所恨不與張顚長史相識近於洛下偶逢顏尚書眞卿自云頗得長史筆法聞斯法若有所得也律公好事口前後數度遂口懷素小輿也可深藏之比遲問也素貧道頻患腳氣常憂悶也常服三黃湯諸風疾兼心中常如刀剖乃可處方數數服不然客舍非常之憂耳律公能相步求貧道

顚草斯乃好事也卒復不盡垂悉沙門懷素白

余既連得見魯公眞蹟三帖其筆法遒勁溫潤竊甚愛之及讀懷素書乃云所恨不得與張顚長史相識近於洛下偶逢顏尚書眞卿自云頗傳張長史筆法然後知魯公之書蓋得張顚之概梗云 穎叔書

唐僧懷素書藏眞律公二帖最號精妙自五代以來爲予亡友安師孟家藏後爲王思同子孫所有近歲復歸於安氏噫豈斯文之顯晦亦有數耶因模刻于長安漕臺之南廳及以諸公題跋李白所贈草書歌同附于卷尾傳諸好事者元祐八年九月初一日武功游師雄景叔題長安安宜之模

唐懷素帖及諸公題跋游景叔摹於石舊在使宇南齋齋砌口元符三年七月孫軫龜于使廳之東壁

藏眞律公共三帖宋游師雄刻之于石者所謂游絲筆法也有驚蛇飛電之悅渺有挽強拔山之氣力最奇筆也后刻諸跋大半皆宜删去李白歌贋作可笑尤爲此帖之玷趙氏石墨鐫華

千字文 存 文習見不錄

唐釋懷素以草書鳴及觀千文果足以信今傳後而無媿先正李太白之所與也間或毫釐有差特一時鐵筆未工耳其於筆法可少貶哉茲用摹刻于石期與學者共之　大明成化庚寅歲孟夏月之吉陝西右布政使西蜀眉之青神余子俊跋

此帖明成化間余肅敏公刻于石者書故橫肆以刻手不良遂使素師婉轉淸逸之趣十失其五所未亡者骨力耳視前二帖斯爲下矣趙氏石墨鐫華

按此二帖本宋明人所刻而金石家皆列于唐故仍附於東陵

聖母帖後而置于貞元之末

昭武校尉守左驍衛將軍上柱國陳義墓版文 佚 永貞元年 原石久佚不詳尺寸候銘撰文邱穎行書

誌畧云公諱義字興河南人也王父克同考福淳素自高蔬於榮祿公屬天寶季祀羯胡干紀激仁爲勇移孝作忠徇定遠之從戎期征虜以效節官至左驍衛將軍策上柱國春秋七十有二永貞元年十月六日卒於上都金城里之私第嗣子叔甯年齒尚幼夫人河南邱氏茹荼飲泣庀於喪事以其年冬十一月二十有五日庚申葬於長安縣龍首原禮也　此誌行書頗爲遒逸原石爲一士人所得忽將文字磨去不解其故今帖肆所行乃重摹本也毛氏關中金石文字存逸考

俱海墓誌銘 存 全文錄 元和元年

唐故朝請郎行撫王府功曹參軍平原郡俱府君墓誌銘 并序

石方一尺四寸二十六行行二十七字行書

愚谷子梁匡堯述　公諱海字全貞出自黄帝之苗裔乃爲平原人也洪源派遠三皇生翼贊之臣茂緒聯芳周漢廣英髦之士氣高雄畧每朝揚獨步之先文字風清聖代列天衢之末世寄衡茅爲武功人也曾祖清高蹈不仕祖偉朝請郎試左武衛率府兵曹參軍道高守素漁樵避世祿之榮名振當時兵要屈□曹之位養蒙巖穴世路仰其遺風才逸官微賢傑益其興嘆列考玉隱于衡門志窮樂術栖神於素簡之書心慕長生練質託金丹之妙公即高蹈君之元子也學贍文詞明於理世義高志遠朋友慕其方來德廣量深朝野仰其仕從舉以功優出身解褐硤州司戶參軍調改朝請郎行撫王府功曹參軍初登曹務能官正方伯之儀才

佐皇王守法備國儀之禮飲冰從官輝映當時逸翮翔煙屈勢飛於霄漢賢遵軌範代仰清塵嗟乎久懷匡輔之誠不展當權之用悲矣夫懸車之歲寢疾辭官長慶元年正月十七日終於華原縣觀相鄉之私第享年七十有二先夫人太原王氏後夫人渤海吴氏並禮歸高族同鸞鳳之和鳴義表移天等蕙蘭之芬馥禯華尙茂嗣子成人春霜殞花親戚傷其風燭元和元年五月十日歸殯武功縣三時原舊鄉之塋府君今年二月廿三日合祔於舊塋禮也嗚呼天高地廣痛琴瑟兮雙歸白草煙深感逝川兮嗚咽元子文明儒林郎試左金吾衛長史仲子文誼昭武校尉前守左威衛慈州吉昌府折衝都尉季子文素未仕並才通文武道貫英儒禮及過庭學深嚴訓痛增氣血哀徹五情慮地變山移誌于幽隧命余援翰握筆潸然空媿於辭乃爲銘曰　身沒于世空餘德音鳳鸞歸穴琴瑟聲沈蒼山霧□白草煙深月照幽壠魂歸故林風悲松檟行路傷心

按此誌光緒中出土今藏長安段民

裴承章墓誌銘 佚 元和元年

原石久逸不詳尺寸子方撰文正書

誌畧云有唐故侍御史裴公諱琚貞元十七年貶崖州澄邁縣尉至二十年十一月終于南海有一子曰承章護靈車由東洛將歸京師遘在路疾至永寧竟終焉春秋廿矣以元和元年四月將柩至城其年十一月廿六日歸葬于城南陪先父之塋禮也　此誌本出長安今未詳所在矣撰文之子方爲于頔子其名附見新唐書于頔傳中又寶刻類編所載贈司空于瓊碑係其孫于方八分書元和十二年六月立寶刻類編所載之于方即此誌之于方也 毛氏關中金石文字存逸致

神兮尼姜氏墓誌銘 佚 元和二年 文見陶齋藏石記

誌略云大唐元和元年三月十四日長安昭成寺尼大德三乘行歸寂于義寧里之私第春秋七十九戒臘一十九伏惟神兮俗姓姜氏望本天水今則長安高陵人也故中散大夫贈太子左贊善大夫執珪之女適昭陵令贈通州刺史李昕之妻有二子長曰誼終杭州餘杭令幼曰調終溫州安固縣尉有嗣孫五人定寅寓寗實以元和二年二月八日歸窆於城南高陽原禮也　此石今藏渭南趙氏姜氏適昭陵令李昕已有二子五孫葬法則從浮屠唐人崇奉佛法風尙如此不足異也誌末云泌追承遺則泣而爲銘所謂泌者即撰文人名也 毛氏關中金石文字存逸致

按此誌光緒二十八年歸于陶齋

孟再榮造像記 存 元和三年 文見黃氏隋唐石刻拾遺

石廣一尺五寸高九寸許在西安佛寺

隋唐石刻拾遺云在西安佛寺寰宇訪碑錄云在長安或云在鐵佛寺 毛氏關中金石文字存逸攷

陀羅尼經幢 佚 元和四年 正書

長安縣志云此石幢後記云元和十二年二月常政大師於永興里廣福寺遷化葬此幷正書在城南今未詳所在 毛氏關中金石文字存逸攷

心經 佚 元和五年 正書

按經末一行題大唐元和五年正月一日刊楊君元泗得之長安石裂爲三書法秀整分上下二層每層凡十行 黃氏隋唐石刻拾遺

佛頂尊勝陀羅尼經幷序讚石幢 佚 元和六年 文見王氏金石萃編

幢高七尺二寸八面每面廣六寸各七行行七十字至八十餘字不等讚四行刻在第八面下截尚沟遞正書

按此幢上刻經文是元和六年二月所刻下刻讚語亦元和六年文云元和歲在單閼太歲在卯曰單閼正元和六年辛卯也文下云月臨太簇則正月之律是刻讚在先刻經在後矣考通鑑目錄辛卯歲正月丙申朔十五日爲庚戌與碑合末云大中六年再立是距辛卯歲又四十二年矣 王氏金石萃編

寰宇訪碑錄云在長安今未詳所在矣案通鑑唐宣宗紀大中六年中書門下奏自今諸州準元敕許置寺外有勝地靈跡許修復云云此幢重立於大中六年正其時矣 毛氏關中金石文字存逸攷

苻載妻李氏墓誌銘 存 元和七年 文見毛氏關中金石文字存逸攷

此石今藏渭南趙氏誌云夫人爲衛尉卿昇之孫吏部尚書暠之堂姪孫房州刺史逞之女新唐書宗室世系表大鄭王房有光祿卿昇武都郡公吏部尚書暠暠昇之子名遷而無房州刺史逞之名得此可補其闕又宗室列傳太祖八子鄭孝王亮生子神通神通生子孝節孝節曾孫嵩少孤事母孝與兄昇弟暈相友以工部尚書遷吏部屢爲太子少傅武都縣伯卒贈益州大都督　又新唐書藝文志苻載有集十四卷文苑英華選有苻載所撰劍南西川幕府寫眞贊五福樓記歐獲虎頭文筆淸健爾雅可誦此誌文亦雅潔而十二硯齋謂文與書勢均非佳品又云誌中稱父曰鄙人殊失子述父行之禮文之乖悖如此余按誌文云夫人敬恭長上誘納卑弱情禮周洽六姻睦然風韻孤遠不嬰常態中饋酒食外彈雅琴詠古詩鄙人褊炇陰有輔助云云鄙二人字蓋載之自謂乃對其妻而言非指其父而言也其題銜稱孤子者誌所謂上天降禍薦丁舋罰扶護靈櫬歸

於鳳翔因得祔葬於皇先姑之側其時載方丁父憂扶櫬來秦與母合葬其妻亦得祔焉稱孤子者以丁父憂故也惟爲妻作誌自稱孤子終覺未安耳論此誌者每以孤子二字不得其解而文體疏落入古味淡聲希以致每多訾議余爲博采群書詳加攷證庶使名流文字不致湮沒不彰也 毛氏關中金石文字存逸攷

保唐寺經幢讚 存 元和七年 文見王氏金石萃編

幢高二尺五寸八面每面廣五寸八分各五行行十九字楷書篆額正書在碑林

盧宏正毗沙門天王記云毗沙門天王者佛之臂指也左扼吳鈎右持寶塔其旨將以摧群魔護佛事在開元則玄宗圖像于旗章在元和則憲宗交神於夢寐據之則是時正崇奉其教也 畢氏關中金石記

尊勝陀羅尼經幢 存 元和八年 文見王氏金石萃編

石橫廣二尺五寸高一尺三寸五分三十二行每行十六字正書在碑林

唐刻此經甚多惟此爲沙門不空所譯首云曩謨即今所謂南無也或稱曩莫並同縛音宂可反者春秋左傳音義釋其縛舊音扶臥反扶臥與宂可同也抳音尼嫳反如吼呢之呢二合呼爲納銘銘嫳聲相同故也其作譏即與揭同賀即與呵同其稱婆婆呵爲婆縛賀攷古本無婆字此故以縛爲婆此釋氏對音之法亦不謬於古人音讀之正者也釋家書多於字旁加口此咒誦之說也如囌字之類道家書多於字上加雨此符籙之說也如雲字之類見宋陳景元上清大洞眞經玉訣音義所謂出唐史崇一切經音義者是也唐時有兩一切經音義僧元應所著者爲釋書音義史崇所著者爲道書音義兩書引據多古書雖爲二氏之學其於博雅猶不遜陸德明經典釋文余每欲合

而刊之以供同好也菩薩二字皆以草受名本曰菩提薩埵華言之曰覺有情也其薩即薛字唐元應一切經音義云菩薩本作扶薛宋張有復古編亦云薛別作薩非唐人書薩猶作立下主此碑亦然自宋以後乃改從產形矣古無那字即郍字也說文云安定有朝郍縣今朝郍之郍亦作那今郍讀如含反那讀諾何反居然分爲兩字此刻那羅字體作郍猶不失古人之意唐劉晏云字唯朋字不正蓋朋字古篆爲𠷎依形而書勢不能不稍存欹仄今人則皆正書之矣加那字例得正書今人則反作欹仄之形唐人去古未遠於本字之義猶可近求故能不戾於古人若是　畢氏關中金石記

陳志清墓誌銘　存　元和九年　文見陶齋藏石記

石方一尺四寸五分十九行字數不一正書

按此誌出土未久而剝蝕甚多文不能竟讀略云昔高祖得丞相陳平運玄機除口楚而成帝王之業也口戡戢諸呂再口劉氏其餘勳德口口在史籍署不書之公即漢丞相之後也口貫皇開府儀同三司檢校太子賓客公即賓客之元口口諱志清才大位屈貳于臨洮言行無口口夜在公春秋六口口口和八年癸巳歲十月終于鳳翔府口人口郡口口天資賢懿神縱口惠春秋五十八其年六月廿二日先府君而終即以元和九年歲次甲午十月六日卜營寢於長樂鄉原合祔禮也嗣子陪戎副尉守左金吾衛大將軍英奇次曰英憲英幹英徹悲深千古痛貫九原云云

魏邈墓誌銘　存　元和十年　文見陸氏金石續編

石方一尺六寸縱橫三十格息孤子匡贊自撰并行書在咸寧縣

匡贊爲父誌墓乃用行書上石篇末云內舉不避且旌善人此豈贊父之詞耶其云以鄉貢射策上省五六賠援兼無竟不登第唐代制科人材輻輳其不盡出於公即此可見匡贊書父諱缺末筆其云圖籍致毀當作棄高尚其仕當作事曰終于宣州之公館今人以宦遊所寓曰公館始見於顏魯公殷夫人碑云卒於戊己尉氏之公館此其再見也　黃氏古志石華

李輔光碑　存　元和十年　文見王氏金石萃編

石高廣各三尺九寸三十七行行三十六字崔元略撰文巨雅正書在咸陽縣

右碣在縣東北五十里高陵界王氏附中完全未滅土人傳先年涇河南岸崩擁水絕流三日是碣適出銘載水竭原遷驗矣甚奇並記　咸陽金石遺文

文稱門吏晉州司法參軍巨雅此輔光爲河中監軍所除唐時

士人而出于內侍之門者蓋不少矣輔光少選入內而有夫人輔氏子四人唐之宦官有權位者則得娶婦史之所載高力士娶呂元晤女李輔國娶元擢女皆奉勑爲之而楊復光至假子數十人又後漢書劉瑜傳言常侍黃門亦廣娶妻周舉傳言豎宦之人亦復虛以形勢威侮良家取女閉之至有白首歿無配偶逆於天心單超傳云四侯轉横多取良人美女以爲姬妾則固不始於唐時也　碑內宮掖作宫腋阼作祚士君子作仕皆謬盧藏用書蘇許公碑亦以踐阼作祚 顧氏金石文字記

史稱元略爲京兆尹收貸錢萬七千緡爲御史劾奏詔三司雜治元略素事宦人崔潭峻頗左右之獄具削兼職而已此誌云元畧從事中都素飽內侍之德其昵於宦者可知誌稱太原帥李自良薨于鎭監軍使王定遠爲亂兵所害甲士十萬露刃相

向公馳命安撫下車乃定便充監軍使前後三易節制軍府宴如十五年間去猶始至李自良卒於貞元十一年三易節制謂李說鄭儋嚴綬也通鑑河東節度使嚴綬在鎭九年軍政補署一出監軍李輔光綬拱手而已裴洎具奏其狀請以李鄘代之事在元和四年自貞元十一年至此正十五年矣然則輔光之去河東亦在元和四年而是年復除河中監軍也輔光以監軍兼絳州銅冶使絳州銅冶置使亦史所未載也云自元和四年至九年元戎四換以史考之蓋王鍔張茂昭張宏靖趙宗儒也 錢氏潛研堂金石文字跋尾

李繼墓版文 佚 元和十一年 文見毛氏關中金石文字存逸攷

原石久佚未詳尺寸叔弟紳撰文正書

此石久逸按唐書宰相世系表李紳之祖名守一官成都郫令表與誌合紳父名晤官金壇令誌作晉陵令自當從誌爲正紳字公垂後官宰相唐書有傳惟史言紳官國子助教誌作太學助教爲小異耳紳在唐以詩名時號短李白香山詩苦教短李伏歌行卽其人矣此誌文筆簡淨詞無枝葉亦習古文者惜石文剝落未窺全豹爲可憾也末行韻語近於詛誓之詞爲古誌所罕見繼妻崔氏其後仍祔於繼誌文亦紳所撰詳考見後又宰相世系表未載李繼之名得此可補其闕娘卽嫂字閤帖中嘗有之或云五更卽五叟豈更叟二字相通歟 毛氏關中金石文字存逸攷

殘經幢 佚 元和十二年 正書

寰宇訪碑錄云在長安今未詳所在矣

大德塔銘 佚 元和十二年

原石久佚未詳尺寸沙門文湜撰文王叔清正書

雍州金石記云在西安府城南題曰唐故大德塔銘幷序釋門弟子文湜撰王叔清書畧云和尚俗姓柳河東人也因隨父任家寄鄭州出家洛陽元和十二年八月八日坐化云云後列僧弟子三十餘人石已磨滅幾不能讀和尚之名無由識也而小楷書字畫近古故記之案此石今久逸矣 毛氏關中金石文字存逸攷

李仍叔女德孫墓誌銘 存 元和十三年 文見匋齋藏石記

石方一尺一分十五行行十五字李仍叔撰文正書

誌略云女生元和乙未歲七月廿日亡戊戌歲七月十八日於同州內城官舍來廿七日已酉瘞京兆府萬年縣龍首鄉因聖寺佛閣西門之南地土連亡叔之墓風接西塋之松冀爾駿魂不怕幽壤云云後小字書元和十三年戊戌七月癸未朔廿七日己酉仍叔撰文

龍花寺韋和尚墓誌銘 元和十三年 失 文見古誌石華

原石未見不詳尺寸韋詞翊撰文正書

誌云遷神於萬年縣洪固鄉畢原案此石未詳所在而字跡遒勁實唐楷之佳者又有一石題中書侍郎翰林學士李吉甫撰并書乃重模本非原本也 毛氏關中金石文字存逸致

興國寺上座憲超塔銘 元和十三年 存 文見王氏金石萃編

原石未見不詳尺寸沙門元應撰文并行書

寰宇訪碑錄云在淳化縣今在縣署未行題云金龜鄉臥龍里紀 案新唐書藝文志有元應大唐衆經音義二十五卷今名一切經音義其書撰于貞觀時與此石撰文書石之元應固兩人也 毛氏關中金石文字存逸致

尼韋契義墓誌銘 元和十三年 存 文見陸氏金石續編

石方一尺八寸二十五行行二十四字從父弟同翊撰文正書 在咸甯縣

尼契義歿後門弟子爲作經幢見前錄此誌云杖而會葬者數百千人唐世佞佛成風往往如此故詧空和尚塔志云弟子與俗侶白衣會葬服縗者千人焉玄奘法師塔志云葬於滻東京畿五百里內送者百萬餘人淨業法師塔志云葬之日道俗闐湊號慟盈衢不可制止者億百千矣噫送而縗焉猶可也至杖而會葬必無之事也彼搖筆爲文者極言弔客之衆多不計杖制之輕重其荒謬乃至如此 筠清館金石記

按契義韋氏女爲尼者其從祖弟同元撰經幢記稱比邱尼大德諱契義俗姓韋氏此誌則從父弟同翊撰題云韋和尚墓誌銘所罕見也曾王父安石大父斌考袞並見唐書安石斌俱有傳宰相世系表斌臨安太守袞駕部員外郎同翊斌孫逢之子字啟之並與誌合臨汝作臨安乃表誤刻斌本傳亦作臨汝元和戊戌憲宗十三年 陸氏金石續編

西門珍墓誌銘 元和十三年 存 文見陸氏金石續編

石方二尺二寸三十二行行三十二字至三十六字不等從姪元佐上

是誌卒葬年月另敘於銘詞之後前序及銘係珍作生壙時命從子元佐預爲撰刻銘後三行則葬時補敘也 黃氏古誌石華

按唐中官西門珍誌石嘉慶二十五年出土爲咸甯帖賈裴修甫所得考誌序建塋記石皆在生時而記卒葬於銘後元佐銘詞不書撰而書上皆創見也西門受氏始於春秋元和姓纂鄭大夫居西門因氏焉列子有西門子魏文侯時西門豹爲鄴令漢王莽時有道士西門思洞仙傳有西門惠按漢書王莽傳道士西門君惠無名思者惟唐宦官有西門思恭珍蓋其族也唐

雲陽縣爲今涇陽淳化地括地志雲陽城在雍州雲陽縣西八十里元和郡縣志故城在雲陽縣西北八十里長安志本漢縣昭帝置屬左馮翊古有雲陽宮因以爲名唐武德元年析雲陽縣置石門縣貞觀元年改石門縣爲雲陽縣改雲陽縣爲池陽縣屬雍州省雲陽以其地入池陽而改曰雲陽天授二年以雲陽置鼎州領雲陽三原涇陽醴泉四縣大足元年州廢縣隸京兆府西南至府一百二十里以今地考之當在涇陽淳化境也充十王宅使者唐制自先天以來皇子幼居內長居十王宅以中官押之珍釋褐於至德之初終於元和之末事肅宗代宗德宗順宗憲宗凡五主而云歷事六朝者以生於天寶五年當玄宗之世計珍始入禁近纔十數齡耳朱泚李懷光李楚林之叛伊慎之下安黃張建封之鎮徐泗並與正史合惟楚林唐書作

楚琳小異阿城即阿房宮故址長安志漢書云阿城秦阿房宮也以其墻壁崇廣俗呼爲阿城唐張賁然撰忠武將軍茹義忠神道碑葬於長安縣永平鄉阿房殿之墟此誌以阿城屬承平鄉承永字近則承平鄉之阿城即永平鄉之阿房殿也今長安縣西二十里王寺版有村名東阿房宮西阿房宮蓋即其地修德里亦見長安志皇城西第一街街西從北第一修德坊本貞安坊武后改（陸氏金石續編）

龍華寺經幢（佚　元和十三年　文見陸唐石刻拾遺）

（從祖弟阜同元撰　正書）

案龍花寺即龍華寺西安府志龍華尼寺在昇道坊唐高宗立車秋舲得此幢於長安寺幢內密自布書書當作畫但營小家家當作冢恒爲冠首冠即冠字別體字畫端整在唐幢中最爲

完俱（黃氏陸唐石刻拾遺）

心經（存　元和十四年）

此石新出長安縣西北鄉漢故長安城中（毛氏關中金石文字存逸考）

隴西李夫人墓誌銘（存　元和十四年　全文錄）

（石方一尺二寸　縱橫二十二格　正書）

唐故隴西李夫人墓誌銘（并序）　從叔前河陽節度巡官前試太常侍協律郎玄質撰　夫人世家于絳郡七代祖武陽公因官于秦今爲秦人曾祖諱殷祖諱廣國詞華貫代名稱當時自幽陵千紀屬車南巡著責胡頌唐書數軸布在方册官至陳州太康縣令烈考諱通寧州彭原縣丞叔祖惟誅有殊功於國除將作監內作史泊二帝陵園以封樹中禮遷戶部尚書夫人即彭原丞長女也先夫人天水尹氏以孤嫠是育婚姻所宜年二十餘歸于試太子舍人潁川陳公副僅經二紀特豚明婦順之禮柔德彌彰執饋有如賓之敬聽從無怠撫幼弟養舅姑雖古今孝列之婦無得而喻焉陳公數年家徒屢空今春遂從軍維揚與之訣別夏乃偕行會淮楚有兵如約過時每忽忽不樂積夢成災元和十四年五月廿日暴疾卒于夫之私第享年卅七以其月廿六日乃葬非速也從卜也歸葬于萬年縣長樂鄉王柴村先父之塋非權也不忘本也悲夫有二男一女幼在童孺不知哀至而爲哀也有愛弟二人曰士眞曰士和皆哭踊絕地泣血號天充窮護喪行路增歎余以猶子之念爰記茲石誌于墓銘曰　穆穆令德惠和淑愼好合君子柔嘉治聞女儀閨範玉潤蘭薰天道不仁神理難問奄謝昭世倏隨短運痛幼弟兮心搖丹旐撫童孺兮氣結中帷仰房籠兮如在感松阡兮涕垂嗚呼哀哉

邵才志墓誌銘（佚　元和十四年）

（原石未見不詳尺寸　邵仲方撰文　魏璵行書）

誌略云典軍諱才志字元甫望出高平萬年縣人也曾祖慶祖諱儀皇不仕父諱明皇昭武校尉守恭王府左帳內副典軍上柱國賜緋魚袋公即長男也立身從事卅餘年建中四年朱泚寇逆陷沒城堞執持堂印隨駕奉天重圍之內苦歷艱危遂遷五品歷更九任元和十四年八月廿七日偶遇朋友酒筵至夜有司糾劾詔下書刑貶於坊鎭又遭寒熱伏枕數旬子全亮妻張氏親看扶舉藥餌無效春秋五十有五元和十四年已亥歲九月廿七日終于坊州館舍其年十一月十六日舉葬於長安縣承平鄉史劉村塋先塋之禮也　此石舊出長安今未知移徙何處（毛氏關中金石文字存逸考）

趙夫人墓誌銘 存 文見陶齋藏石記

石高一尺八分廣一尺三分二十二行行二十二字顧方肅撰文正書

按此誌文字均平平且夫人爲再醮之婦撰文之顧方肅即其後夫也前夫楊周旋二十年而卒生子女九人以貧改適五年而卒昔凱風刺有七子之母不安於室趙夫人且過之文有元和十五年少帝即位二月五日改號爲永新元年其年歲在戊戌攷是年歲在庚子亦無改歲永新事秉筆者亦殊荒謬故不錄其文

韋端玄堂誌 存 元和十五年 文見陸氏金石續編

石方一尺六寸二十七行行二十五字第四子紓撰文并正書在咸寧縣

按韋端玄堂誌第四子紓撰書端五仕不出丞簿而題稱朝散大夫秘書省著作郎致仕者元和十三年淮西既平有詔推恩百官父母故端得拜顯揚之典端先世著於唐書宰相世系表

郎公房與誌畧同元和姓纂鄖國公裕字孝寬周大司徒尚書令生津隋隴州刺史黄門侍郎吏部尚書唐諫議大夫太僕少卿壽光男津生琬職方員外成州刺史琬生季䓖季䓖生廉考功員外廉生端端生縝紓與誌互異據誌元和十四年已亥端壽八十有三則生於開元二十五年丁丑卒之明年葬萬年縣洪固鄉畢原夫人王氏之塋以子縝所撰夫人王氏墓誌合之大曆十三年戊午夫人年三十九則生於開元二十七年已卯十七于歸當天寶十四載乙未凡二十四年而歿故曰輔佐君子踰廿年也越十二年爲貞元六年庚午葬祔於姑又越三十年而端與夫人同穴蓋端長於夫人二年後夫人四十二年而卒夫人志稱曾祖眞行有唐汝州葉縣令父毗京兆府奉天縣丞此志則稱夫人曾祖諱子眞皇襄州錄事參軍考毗昭應縣尉惟祖怡官爵二誌皆同又夫人誌子五人曰縝曰潔曰系曰縚曰紺端誌子縝系綀紓絢亦五人縝系見前誌餘名不同意端有子八人迨元和庚子誌墓之時僅存其五或潔爲前卒而縚紺更名皆未審也此可補唐書宰相世系之闕林寶姓纂撰於元和七年則在此誌之前矣唐時子撰父碑者始於令狐德棻之撰令狐熙碑子書父碑者始於于立政之書于志寧碑其以墓誌爲玄堂誌則此爲創見玄堂墓宅也閣帖唐高宗書云使至知玄堂已成既得早了深以爲慰陵初料高一百二十尺今聞高一百三十尺不知此事虛實是以陵寢爲玄堂蓋唐時玄堂之稱貴賤同之

司馬宗夫人孫氏墓誌銘 存 元和十五年 文見陸氏金石續編

石方一尺三寸十九行行十九字賈中立撰文正書在長安縣

右墓志文共十九行行十九字正書極秀媚字徑五六分攷長安志頒政坊在皇城之西即墓志所云頒政甲第也又史記正義引括地志及元和郡縣志云阿城在長安縣西北十四里長安志云秦阿房宮一曰阿城在縣西二十里據此云將遷于國西阿城南原則長安志是也

尊勝陀羅尼咒石幢 存 長慶元年 文見王氏金石萃編

幢八面高六尺六寸每面廣六寸四十五行行約五十字正書僧義儲等三人建在涇陽縣

朱孝誠碑 存 長慶元年 文見王氏金石萃編

碑高八尺廣三尺九寸三分二十八行行九十六字蘇遇撰文曹罕行書並篆額在三原縣

右朱孝誠碑在三原縣乾隆戊子歲鄉人掊土得之頃江寧嚴侍讀冬友遊秦中歸摹以遺予書法流麗可愛案唐書憲宗紀

載伯靖之降不言何人所招致嚴綬傳云遣將齎檄開曉群蠻悉降亦不言所遣者何人讀此碑乃知孝誠實銜命以行孝誠乃中人非綬部將亦足以補史之闕史稱伯靖潊州蠻碑作敘當以碑爲正孝誠爲李光顏監軍平淮西破李師道皆預有功光顏自忠武徙鎮邠寧孝誠仍留監忠武軍碑云潊蔡牢落陳許猶痍二年之中四更節將撫新懷舊軍郡帖然蓋紀光顏徙鎮以後事忠武軍初領陳許二州元和十二年增領溵州十三年又增領蔡州故兼舉溵蔡也其云午參之機變繆子之薦賢此用春秋傳伍參戰國策繆賢事伍參古今人表作五參說文五从二陰陽在天地間交午也是午與五同 錢氏潛研堂金石文跋尾

文有云元和初張伯靖負固叙州嘯聚蠻落公銜命於傲擾之際撫諭于溪洞之中謂六年伯靖寇播費二州事也以八年崔

能嚴綬潘孟陽柳公綽等所破降云元戎授鉞問罪淮西恩加朝散大夫內侍省內給事以護許軍者謂九年吳元濟自稱知軍事詔嚴綬李光顏李文通烏重允合軍討之也云是歲李師道遘逆竊竊近郊憲宗移司空公光顏鎮守滑臺以行天討兩道全師委公監撫收斗門下臨濮皆公之力者謂十三年光顏徙義成節度使師陳許兵攻師道于濮陽拔斗門杜莊二屯事也其爲監軍即在其時又云出入四朝則其入侍之初猶在代宗時也 畢氏關中金石記

編纂渭南武樹善

續陝西通志稿卷一百五十一

金石十七

唐

石忠政墓誌銘 存長慶二年 全文錄

石方一尺二寸一十四行行二十五字正書石裂爲五片

唐故石府君墓誌銘并序　府君曰忠政字不邪生于京兆府萬年縣人也邑崇仁里清閑不仕自居其家昏何氏不幸元和二年四月逝葬城西小嚴村府君壽八十有二終于長口二年七月十日以其年八月二十二口亦葬于小口村長子義後亡亦葬於口口口口口口元年當家口口口口口口鄉南姚口口掃灑莊一所遂再口口口厝莊東南口十步已來遂擇吉晨以其年八月九口口祔翁婆及兄義並安于墳闕乃命口口存之不朽銘曰　八月口口

風悲切安厝先靈歸墳闕口口孝感理於天萬代子孫昌不口

按此石昔藏渭南趙氏字跡草率安作安歸作滞聞光緒二十八年亦歸陶齋

梁守謙功德銘 存長慶二年 文見王氏金石萃編

碑高一丈五寸七分廣五尺三分四十六行行八十八字楊承和撰并正書陸邳篆額在西安府碑林

此宦者梁守謙造經於興唐寺而護軍中尉楊承和爲銘之書之者也頌宦者功德乃謂淮蔡之功十居其七將令裴李諸公何處生活 趙氏石墨鐫華

邠國公者內侍梁守謙也攷之唐史宦者守謙無傳惟憲宗十五年書帝暴崩于太極殿中尉梁守謙王守澄等共立太子殺吐突承璀及澧王惲而韓文公平淮西碑亦載守謙在帝左右嘗命之撫蔡師夫守謙以一宦者而爵至上公此可見憲宗之

信任小人宜其晚節不終卒此官者之手然則予之錄此蓋將爲天下後世之戒而非徒取其文字也郘氏金薤琳琅

右邠國公功德銘楊承和爲文而書之承和一閹人耳安能工於文詞且書法精妙乃爾殆當時文士游中官之門者爲之假手也守謙以元和十三年充右軍中尉至大和元年三月始致仕以王守澄代之盍典禁軍者十年故穆宗文宗之立皆預定策功唐書宦官傳劉克明弑敬宗樞密使王守澄楊承和中尉梁守謙魏從簡與宰相裴度共迎江王發左右神策軍及六軍飛龍兵討之承和事見於史者惟此耳碑以尺晏爲尺鷃翦參爲翦參皆異文錢氏潛研堂金石文字跋尾

韓愈平淮西碑稱守謙出入左右命撫蔡師碑中云蔡人迎戎命公撫綏與之正合守謙於興唐寺寫經爲國祈福故立此頌

碑末云天水強瓊摹勒并刻字強瓊亦中人見其妻王夫人墓銘碑額已失文獻通考唐六譯金剛經恒農楊翙集中貴人楊承和集右軍書刻之興唐寺亦是其時所爲畢氏關中金石記

范傳正女阿九墓誌銘佚　長慶三年

原石破碎不詳尺寸鄉貢進士范𨚗述正書

誌略云皇光祿卿贈左散騎常侍順陽公次女字阿九年十六以長慶二年十二月十九日疾終于京兆長興里明年四月十三日窆於國之東隅白鹿原之別業案此石今未詳所在矣

新唐書列傳云范傳正字西老鄧州順陽人父惀爲戶部員外郎與趙郡李華善有當世名傳正舉進士宏辭皆高第授集賢殿校書郎歷歙湖蘇三州刺史有殊政進拜宣歙觀察使代還改光祿卿卒贈左散騎常侍此誌所謂順陽公即范傳正也惟傳中未載順陽公封爵得此可補其闕焉又傳正觀察宣歙時嘗爲李白遷葬當塗之青山又爲立碑誌墓恤其二女孫免其女孫夫家之徭役其人殆賢者也事詳傳正自撰李公新墓碑銘中毛氏關中金石文字存逸攷

尊勝陀羅尼經幢并記存　長慶四年

原石未見不詳尺寸沙門國咸述正書

光緒五年博山張竹西大令培之訪得此幢於永壽縣東南鄉好留里桃源村題云大唐京兆府好畤縣鎮爲國敬造尊勝陀羅尼幢一所題名有右神策軍好畤鎮遏兵馬使朝散郎檢校太子右諭德兼殿中侍御史王從矩監軍使朝議郎行內侍省內府局令員外置同正員上柱國王文幹都虞候金紫光祿大夫檢校太子詹事兼侍御史上柱國史惟晟又一行云朝議郎

權京兆府好畤縣令飛騎尉鄭縣開國男蕭什等名案方輿紀要云唐武德二年分醴泉縣置好畤縣屬雍州貞觀二十年改置上宜縣旋復曰好畤貞元以神策軍分屯近畿此爲好畤鎮此幢題爲好畤縣鎮與方輿紀要合毛氏關中金石文字存逸攷

尊勝陀羅尼經幢佚　寶歷元年

原石未見不詳尺寸釋惟淨等造

寰宇訪碑錄云釋惟淨等爲師應澄造咸寧縣志云在馬頭空今未詳所在矣毛氏關中金石文字存逸攷

尊勝陀羅尼經幢存　寶歷元年　文見王氏金石萃編

幢高五尺一寸八面僅存四面廣各五寸共二十六行行七十字銘則四十七八字不等曹□□正書在終南山楩梓谷

長安縣志作大德惠澄經幢云在楩梓谷隋唐石刻拾遺云在終南山後有銘并序爲湛大師之弟子頌師而作門人國珍智

藏列名者二十人 毛氏關中金石文字存逸攷

張佯墓誌銘 大和二年 佚 文見關中金石文字存逸攷

石佚未詳尺寸盧從儉撰文韓逵分書

誌略云君諱佯字佯其先北地貴強族也曾王父栖巖皇平州剌史大父瓌皇龍嵎節度邢洺觀察使邢洺生道晏皇左散騎常侍兼御史大夫涿州剌史公卽涿州第三子公之元舅司徒高公諱霞寓常隨族父崇文平劍南西川寇難論功第一徵拜衛將軍尋授振武軍節度使又轉唐鄧邠甯慶等道節度使以公孝敬忠節可口戎事而曰吾之宅相其在爾乎因推頻輔之恩委以牙門之任歷職既久官秩屢遷以大和三年八月十一日終于汧王府諮議參軍年四十四夫人淸和崔氏有子一人曰憲郞公之內弟右威衛將軍扶卽司徒公之元子也爰悉家

財式護窀穸以其年十月廿三日窆于萬年縣崇義鄉南姚里蓋從宜也　此石道光時出土爲涇陽縣尉吳縣姜君榮所得今未知移徙何處矣誌言佯之大父爲龍嵎節度邢洺觀察考新唐書地理志龍嵎爲邢州附郭縣又考方鎭表邢洺二州隸昭義節度而龍嵎之立節度邢洺之設觀察方鎭表均無明文得此可補其闕高霞寓新唐書有傳誌中所載霞寓官階皆與傳合汧王名郇憲宗子見十一宗諸子傳書志之韓逵名見宰相世系表中 毛氏關中金石文字存逸攷

梁守謙墓誌銘 大和二年 存 文錄後

石方二尺八寸四十八行行四十八字雷景中撰文并正書

唐故右神策軍護軍中尉兼口口口口口府儀同三司行右衛上將軍知內侍省事上柱國邠國公食邑三千戶食實封三百戶

贈揚州大都督安定梁公墓誌銘 并序　朝請郞前試大理評事上柱國雷景中撰并書　嶽降靈粹時生哲人運契休明光輔口德暨入學綸誥出乎衮戎使妖氛廓淸建功業廣大者安定梁公也　公諱守謙字虛已姓標令族代不乏賢擢居元臣班列獨步曾祖晟皇任左淸道率府長史祖希倩皇任寧遠將軍翊衛中郞將父庭皇高道不仕咸以大口口修令名隱居莅官皆陰德濟物玄慶不泯素風藹然公則嗣其後也爰自弱冠節行孤高起登內朝便處要地貞元末解褐授徵事郞內府局令充學士院使公藝業精通器宇沈邃性不苟合發言成規元和初進階宣義郞遷掖庭局令監琳瑘杞梓之士賜銀章朱紱之寵依前院使憲宗以文明御宇知翰苑勤勞四年加朝議大夫拜內常侍錫金紫之命授正議大夫戀樞密之任自統握大柄謀猷日新方隅乂安兇醜屢

滅綱紀中外弼諧聖明至公無私環海淸謐十一年丁內艱茹毒銜哀泣血過制以其內相權重奪情起復授忠武將軍知省事公識度寬明機智深遠潔白廉退口之古人其年冬詔徵天下之師討淮蔡之師監統之選不易其人藉公良籌膺此殊任進階加雲麾將軍充行營招討都督時閫外之事委公裁之威肅令嚴將校知禁明年夏五月拔郾城降叛卒賊勢既挫皇威益張撲滅可期詔命口闕口秉機務再口盛朝冬十月蔡之元兇果就擒獲俘馘上獻氛埃蕩銷此時天兵猶未卸甲公又銜命暫統師口甄叙戰功勸賞在手馹騎所至道路風生殘孽餘兇皆感恩宥復命十三年加冠軍大將軍遷右監門衛上將軍尋拜口口口軍護軍中尉朝望益重勳庸轉高厚德深仁天下欽服公素蘊宏略初權禁戎恩信不虧進獻無闕十五年拜特進列戟朱門渥澤逾盛繇是實

其府庫精以戈甲警巡撫禦靡不親躬十五年遷驃騎大將軍兼
右武衛上將軍時皇帝昇遐宗社未定公首册儲貳肅清宮闈又
加寵命長慶元年封安定郡開國公冬十月西戎犯邊詔下左右
神策兼京西諸道兵馬討焉拜公爲監統乃精選良將訓練鋭師
犬戎畏威慴憚奔北二年封邠國公食邑三千戶四年拜開府儀
同三司兼右衛上將軍公捧日從龍偏承聖旨儉德守道家無餘
財竭俸傾心修建功德不以壽終爲諱於大塋側創置先修栽植
松楸樹立碑記君子謂之達觀也洎敬宗嗣位夏四月小孽猖狂
凌犯帝座公卽日掃蕩以靜皇居忠憤昭彰勳績廣茂二年冬孽
起蕭墻禍生宮掖潛龍未震神器不安公引兵誅夷旋定社稷功
高前列位冠內庭加實封三百戶大和元年春公朝對之暇嘗謂
朋從曰夫寵辱若驚功成身退苟順天心必全其真因迴止足之

心頓起滿盈之誡願保冲素不顧浮榮遂陳表章懇讓權位皇帝
嘉歎纍荅天書褒德贊功三請未許公尋進車馬服用便與將校
言別一軍號慟聲徹九重臥轍攀轅如喪父母蓋恩信慈惠感人
之深故也明日將赴朝謁披露血誠冐觸宸嚴固乞休退上引其
帶礪之誓念以翼輔之功省表歔欷難輟斯任公再陳哀迫方遂
深衷君臣銜悲相顧流涕聖心重惜如失股肱此日勅又令班列
大臣咸送到私第歸休之盛千載一時公歷侍六朝每立殊績名
位雖退恩榮不渝翌日拜右衛上將軍致仕特加全祿賜錢帛粟
麥寵命優崇榮耀里閈光載史册追二疏之退蹈陸賈之高名
優遊林泉多在別墅前後賜御藥寶器凡九降天使恩亦至矣豈
料天不福善忽罹于殃以其年冬月廿日暴薨于永昌里之私第
享年四十有九嗚呼帝道克昌元臣遽沒乾綱載定一柱俄傾天

子輟朝都人罷市追懷痛惜倚賴無期追贈揚州大都督寵其逝
也賫布帛之外別賜錢一百萬以備齋七之給夫人南陽韓氏以
令淑溫和配合琴瑟婦道宜睦母儀肅嚴早受恩榮封號冀國每
起撤帷之慟猶懷舉案之儀痛切崩城追攀不及令子五人長曰
承敏任朝散大夫掖庭局令賜緋魚袋次曰承度任朝議大夫宮
闈局令賜緋魚袋充沂海監軍仲曰承乂任朝議郎內府局丞仲
曰承汶賜緋魚袋幼曰承政賜綠皆玉潤貞姿博通群藝忠孝雙
美聲華並馳不墜清風克奉嚴訓自丁艱疚號哭無時雖執三年
之喪竟偑終身之感有女二人長適太原郭氏親弟一人曰守志
任原王府司馬兼侍御史恭而且悌禮義修身揮涕擗踊哀同護喪
葬大和二年二月二十三日龜筮叶吉將窆于京兆府萬年縣李
姚村白鹿原先修塋禮也鹵簿儀仗所司備供慼春色無光路人

掩泣送終之飾亦冠絕當時嗣子以景中久踐門闌粗諳事實恐
陵夷谷變因命爲文輒課虛懷無慚直筆銘曰　嶽瀆降靈賢人
誕生孤標令德翊戴文明少負公才早登翰苑鯤鵬雖化驥足未
展密近旒扆從容掖垣偏承睿渥獨掌綸音始佩銀章旋紆紫綬
秉持樞要匡建在手帝命監統籌能濟時鄜城將拔遽滅淮夷出
仗皇威入權禁旅恩霑品物義振區宇位極開府功高護軍底寧
宮闈掃蕩妖氛祇事六朝策名二紀道齊德喪榮保終始每味玄
寂常嗟俗塵崇修梵宇廣樹良因寵辱若驚勳庸不恃朝車請退
賢路求避屢獻章表懇辭官榮泣離丹陛悲動皇情既遂休閑隱
居別墅優遊泉石纔變寒暑天意不慭禍殲忠良俄然遘疾奄爾
薨亡天子輟朝股肱如失大厦棟傾巨川舟沒痛結親愛哀纏里
閭風悲繐帳日慘轜車鬱鬱佳城蕭蕭寒柏萬古千秋紀在貞石

按梁守謙一刑餘之人耳其生也開府儀同三司邠國公食邑三千戶其卒也九降天使輟朝罷市賻錢一百萬前之功德碑後之墓誌銘鋪張揚廣其勛幾與房杜相埒積習相沿欲不受制於家奴其可得乎此石近時出土見藏長安段氏

西平郡主李晟碑 存 大和三年 文見王氏金石萃編

碑連額高一丈四尺二寸廣五尺八寸三十四行行六十一字 裴度撰文柳公權正書并篆額在高陵縣本刻

右唐李晟碑裴度撰碑載西平子十二人願聰總愻憑恕憲愬懿聽惎慇唐史宰相世系表所書亦同而新舊史列傳皆云晟有十五子舊史云侗佃皆無祿蚤世豈以侗等早世故碑不載歟又李名撰李聽碑云西平有子十六人疑有未名而卒者爾元和姓纂載西平子十人以碑校之姓纂缺聰總愻懿四人而恁應二子墓碑舊史皆無之又其倫次差謬亦當以碑為正 錢氏金石跋

予舊未見此碑近始見之字雖剝落然一段挺拔不群之概尚可捫而得也王元美不滿晉公之文謂西平之子皆逝獨太保聽存乞文於晉公然此碑列銜云臣裴度奉勑撰予以為奉命之作固自有體西平之功赫著人間何可過為鋪張不為人主忌者之口溫公竟不能有其碑此千秋之炯鑒也 庚子消夏錄

碑文簡畧不及史傳敘事之詳惟云乾元初客武都值酋豪以缺守遘亂殺掠平人公與所從十數騎而射之殪其為魁者餘黨遂遁寇所虜獲積如邱山公一無取惟椎牛釃酒享士而去邦人具狀以聞特拜左清道率則新舊史俱未之載也晟祖思恭洮州刺史父欽左金吾衛大將軍今南監本汲古閣本唐書世系表云思恭金吾刺史欽左洮州金吾衛大將軍乃轉寫之譌爾碑經後人重開雖間架尚存而神采頓減如裴晉公署銜當云特進守司空今譌守為爵俗生不通官制以臆妄改甚可笑也 錢氏潛研堂金石文字跋尾

此近時所搨然字跡尚不甚模糊惟其間有妄人增益者如具以狀聞聞字上本空一格今本作具以狀以聞既無此文理而次以字全乏端重之容與前後以字無一相同者又唐文宗年號大和本是大小之大今本於大字內增一點作太與碑中所有太字相較其點畧小亦後人妄加也魏明帝與北魏孝文帝年號是太和而文宗則是大和他碑版咸可據宋刻新唐書亦然今人皆一例作太和矣安知不反據此碑以為左證乎 抱經堂文集

相國令狐氏廟碑 佚 大和三年

全文未見 劉禹錫撰文正書陳錫篆額

宋張禮城南記注云出啟夏門少西北有揚場及令狐氏廟碑

毛氏關中金石文字存逸攷

尊勝陀羅尼經幢 佚 大和三年 文見王氏金石萃編

幢高六尺三寸五分八面每面廣六寸二分各五行行五十六字行書徐智編刻

寰宇訪碑錄云在長安今未詳所在 毛氏關中金石文字存逸攷

吳達墓誌銘 存 大和四年 文見王氏金石萃編

石方一尺八寸九分二十三行行二十四字正書蓋題大唐故吳府君墓志銘九字篆書列銜有鄉貢進士寇同而無撰書字

樣在武功縣署後歸陶齋

按誌所稱吳達及其祖偉父口冕兩唐書俱無傳誌稱達累試洋王府長史洋王者憲宗子初名寰後改名忻始王高密進王

洋誌又云祔葬于京兆府萬年縣洪固鄉北韋村長安志洪固
鄉在萬年縣南一十五里管村四十八畢中丞沅注引路巖撰
渾偘神道碑有胄貴里歐陽詹撰左驍衛將軍馬實墓誌有延
信里司馬村而不及此誌之北韋村可據此以補長安志之古
村名也誌又云夫人萬氏捐館于前里第捐館二字本史記蘇
秦傳秦陽君捐館舍云云其用之婦人則始見于此王氏金石萃編

劉洪潤妻楊氏墓誌銘佚　大和四年　文見黃氏古誌石華

石佚　不詳尺寸　魏則之撰文　李約行書

誌窆於鳳城西龍首鄉龍首原此誌有跋語三通一云右劉公
夫人楊氏墓誌並篆蓋戊子仲秋余獲于長安書法工整石刻
完全其可寶也富山嚴烇謹識一云道光己丑重九日鎬京吳大志觀
于啟後堂一云熾侯學博獲此石較比年新出諸唐刻特為完

整蓋用柳葉篆碑文字畫謹飭精神團結得顏家廟筆意李公
在晚唐以詩名不知其善書如此熾侯精於鑒古寶之宜矣庚寅清甲之月青門李口蕤安氏跋
古誌石華云此誌與其次子仕俌墓誌皆出
長安今未詳所在矣鳳枝案此誌字跡完好如新似懷仁聖教
序亦唐人院體書也李蕤安氏謂其似顏家廟碑似覺未諦其
謂李公在晚唐以詩名攷全唐詩小傳有李約字存博汧公勉
之子官兵部員外郎書誌之李約豈即其人歟毛氏關中金石文字存逸攷

佛頂尊勝陁羅尼經幢并銘存　大和六年　文見王氏金石萃編

幢高六尺二寸八面每面廣六寸各七行行七十四字僧叡川文　无可正書　在西安府百塔寺

凡經幢多書尊勝陁羅尼經余既有此癖遇必摩之而擇其佳
者錄之但其書法劉慎徽僧无可書者佳餘無名姓然皆與此
四敵者也關中石幢無數或埋或斷或移作他用深為可恨趙氏石墨鐫華

雍州金石記云在西安府城南五十里百塔寺關中金石記云
无可賈島從弟字法學柳公權鳳枝案咸陽縣有寂照和尚碑
亦无可書也毛氏關中金石文字存逸攷

佛頂尊勝陁羅尼經幢并序銘佚　大和六年　文見王氏金石萃編

幢高五尺七寸八面廣六寸行書　崔郇為其父叡建立

眞空寺經幢存　大和六年　文見王氏金石萃編

幢高七尺四分八面各寬七寸三面六行五面七行字數六十餘至百餘字不等　張檮述并行書　在終南山

王夫人隴西李氏墓誌銘存　大和六年　文見陶齋藏石記

石高一尺二寸七分廣一尺二寸六分二十三行行二十五字　劉礎撰文并正書

誌畧云夫人諱元素其先隴西人也年十九適王公有男二人
長曰從約次曰從禮有女一人早歸於礎夫人以大和六年二

月廿有九日終於道政里之私第享年六十六以其年五月八
日歸葬於京兆府萬年縣龍首鄉成義里鳳棲原禮也　此石
今藏渭南趙氏題銜稱正議大夫檢校右散騎常侍光祿卿上
柱國賜紫金魚袋劉礎撰并書攷新唐書百官志右散騎常侍
二人屬中書省毛氏關中金石文字存逸攷

按此石光緒二十八年歸於陶齋

李琮墓誌銘佚　大和六年

石佚　未詳尺寸　昔耘撰文　李璵正書　左行

誌略云府君諱琮字溫中先曰隴西人也曾祖欽皇金紫光祿
大夫左金吾大將軍贈太子太保祖晟皇開府儀同三司太尉
並中書令贈太師父愬雲麾將軍前右龍武將軍知軍事府君
未踰弱年兩覲銓選大和二年八月一日終官於朝請郎行都

水監丞雲騎尉以是年是月十五日葬於京兆府萬年縣寗安鄉杜光里　此誌本出咸寗今未詳所在琮爲西平王晟之孫右龍武將軍憠之子新唐書宰相世系表晟子有名憠官嵐州刺史者即琮父也惟表中未表琮名得此可補其闕 毛氏關中金石文字存逸攷

唐安寺尼明空墓誌銘 佚大和六年

石佚文亦未見王涯撰

此誌之名見觀妙齋金石文考略案渭南趙氏藏有唐上都唐安寺廣惠塔銘一石出於韋曲唐安寺當在今咸寗縣境內此誌亦當出於其處故記之 毛氏關中金石文字存逸攷

御史大夫溫□造先廟碑 佚大和七年

原石久佚未詳尺寸牛僧孺撰文正書

寰宇訪碑錄云在長安今未詳所在矣 毛氏關中金石文字存逸攷

辛幼昌墓誌銘 存大和七年文見陶齋藏石記

石方一尺三寸中有裂文二十一行行二十六字姑射處士巽撰文正書

誌略云公諱幼昌字宏運其先隴西人曾祖父奉國開府儀同三司豐州刺史天德軍使兼御史大夫□郡蕭國公食邑三千戶贈工部尚書烈祖榮朔方節度副使□□都知兵馬使兼御史大夫平陽郡王食封一百五十戶父□持節通州諸軍事通州刺史兼御史中丞公授大理寺司直以大和六年十二月廿五日卒於平陽郡之私館□□年廿有六胤子師周仲兄幼直等以明年三月廿七日□歸祔于萬年縣三趙村東原之大塋禮也　此石今藏渭南趙氏三趙村今名三兆社隸咸陽縣之東南鄉距西安府城十五里撰文之人名嵒案嵒即嵓字列子殷湯篇荷擔者三夫叩石墾壤箕畚運於渤海之尾釋文云嵓音本是當與嵓字同意 毛氏關中金石文字存逸攷

按此石於光緒二十八年歸於陶齋

謩空和尚塔銘 存大和七年見陸氏金石續編

石高一尺四寸廣二尺一寸三十一行行二十一字王申伯撰文田復正書在咸寗縣杜城關帝廟

按謩空和尚塔銘王申伯撰田復書申伯結銜正議大夫正四品上文散官祕書監從三品職事官上柱國正二品勳官瑯琊縣開國公從二品爵唐書宰相世系表瑯琊王氏有申伯不著官爵可據此補之謩空之謩同辨玉篇俗辯字與唐寺本名罔極寺唐神龍元年太平公主爲則天皇后建開元二十六年改名興唐見通鑑注及本寺碑記 陸氏金石續編

杜行方墓誌銘 存大和七年文見陸氏金石續編

石方二尺一寸五分二十四行行二十四字姨弟鄭澣撰文杜邁甫正書在咸寗縣

宰相世系表襄陽杜氏有元志考功郎中杭州刺史其子參謨陝州司倉參軍即行方之曾祖及祖也表載參謨三子寅淪嶠淪水部郎中澧州刺史即行方之父誤倫爲淪行方及其五子之名皆表所未及撰文之鄭澣乃德宗時宰相鄭餘慶之子大和七年十一月爲癸丑朔葬日以甲寅月之二日也 黃氏古誌石華

杜行方瞿氏作行力所得拓本未攜至湘無由較其孰是 陸增祥志

李惠經幢 存大和七年

幢高四尺六寸八面面各五寸五分六行行字無攷正書在麟遊縣

麟遊縣新志云在縣西福昌院一名天台寺題云九成宮內飛龍隴西李惠造 毛氏關中金石文字存逸攷

僧法惠尊勝陀羅尼經幢 存大和七年文見王氏金石萃編

幢已斷僅存五尺八面每面廣六寸四分或四寸六分各七行字數無考行書在涇陽縣

崔蕃墓誌銘 佚存 大和七年 文見黃氏古誌石華

石佚未詳尺寸趙博齊撰文正書

誌云葬於京兆口口縣甯安鄉案此石今未詳所在矣大理司直辛幼昌墓誌題姑射處士此誌趙博齊自題嵩陽隱士皆以別號入銜者亦金石之一例也 毛氏關中金石文字存逸攷

尊勝陀羅尼經幢 存 大和八年 文見王氏金石萃編

幢下斷高四尺九寸八面每面廣六寸五分各七行字數無考正書在涇陽縣

朱夫人趙氏墓誌銘 佚 大和八年

石佚全文未見崔鐸撰文行書

志略云夫人趙氏其先天水人歸于朱氏大和八年四月十六日終於長安輔興里之私第享年七十有五先府君元和七年

即世權窆於京兆長安縣龍門鄉石井村今以其年十一月十四日改卜新阡重安窀穸于承平鄉大嚴村合祔禮也嗣子朝政宮闈局令充閤門使兩女長適濮陽吳氏先夫人二歲而卒次適彭城郡劉氏　此石本出長安今久佚矣 毛氏關中金石文字存逸攷

劉寍墓誌銘 佚 大和八年 文見陸氏金石續編

照裝本錄文尺寸行字不計景炎撰文正書在長安縣

近人尺牘稱仁兄哲弟又俗謂婦翁爲泰山觀此誌則自唐人已然不獨丈人峯之說見於宋人載記矣石紐農禹事也上缺三字不知何以牽合及此標題處墓誌作慕志中室又泣血當是室女之譌 黃氏古誌石華

楊迥墓誌銘 存 大和八年 文見陶齋藏石記

石高一尺七寸五分廣一尺七寸七分二十六行行二十五字賈文度撰文弟道正書

誌畧云公諱迥字居然其先宏農人也曾大父元珪任銀青光祿大夫守工部尚書贈太子少保大父錡任銀青光祿大夫守衛尉卿駙馬都尉尚萬春公主贈太常卿父錡任中散大夫守光祿卿尚宜口縣主世秉懿德姻襲金枝初任文敬太子廟令次任左監門衛冑曹參軍次任左威衛冑曹參軍次任河中府河東縣尉次任太府寺主簿府君有子二人長子曰宏次子曰口訓以義方時人稱公善誘教何期口不福善以大和七年十月十七日寢疾終于延康里之私第享年五十有二夫人秀容縣主十一月十日不勝其哀薨于靈側春秋二十有六後公廿三日而歿以歲次甲寅八月己卯朔廿四日壬寅遷公及夫人靈座合安厝於萬年縣高平鄉高望里祔先塋之禮也　此石今藏渭南趙氏元珪等官爵均詳新唐書宰相世系表惟表言

錡官太僕卿誌作衛尉卿自當從誌爲正晅之官爵表中未載得此可補其缺迥之夫人秀容縣主自迥卒後不勝其哀薨于靈側可謂烈婦矣惟修史之例自公主而外均不列傳賴此石流傳夫人義烈得以復顯於世誌石下方爲土花所蝕文多缺略獨夫人殉夫事字畫完好豈鬼神亦有闡幽之心而爲之呵護耶誌言迥葬於高平鄉高望里案高望里當由高望堆得名潘岳西征賦憑高望之陽隈文選注引長安圖云高望堆延興門南八里今其地在西安府城南屬咸寧縣境萬春公主玄宗女見新唐書公主傳 毛氏關中金石文字存逸攷

按此石於光緒二十八年歸於陶齋

裴濴夫人杜氏墓誌銘 佚 大和九年

石佚未詳尺寸杜寶符撰文裴濴正書

誌畧云夫人京兆杜氏七世祖封萊國公名見史籍夫人曾大父諱含章任左千牛累贈鄭州刺史大父諱縮任京兆府司錄累贈尚書左僕射父諱黃裳任檢校司空同中書門下平章事兼河中晉絳慈隰等州節度使累贈太尉夫人天錫明敏笄年適河東裴濟生子九人長曰枘次及女等皆稚子夫人享年卅七大和乙卯歲歿於崇賢里私宅以其年十月廿九日權窆萬年縣甯安鄉杜光里　此誌本出咸甯今未詳所在矣誌云夫人七世祖封萊國公謂杜如晦也夫人爲杜黃裳女黃裳爲唐時名宰相唐書有傳毛氏關中金石文字存逸攷

杜夫人李氏墓誌銘存 大和九年 文見陶齋藏石記

石方一尺四寸四分二十一行行二十一字李遇撰文正書

誌畧云夫人姓李氏隴西人也其先伯陽之後父諱承顏奉天定難功臣天威將軍夫人生禀秀異溫柔內和及玉笄耀首嬪于杜公不尚鉛華之餝曾無出閫之言唯善是修頗精內典以大和九年二月九日寢疾終于輔興里之私室享齡七十遂以其年四月十日窆于長安縣龍首鄉故金夫之塋側離而祔之從魯禮也嗣子文章左清道率府職云云　按此石書法潦草以言作言之歸作踾破體已甚且殘缺壞之字不能成文殊不足觀

落星石記存 大和 文見王氏金石萃編

記二段一段七行行九字長城陳元錫記一段四行行十一字元至正睦峒米克明記均正書在興平縣署

右刻在唐大和中陳元錫題名之後石即晉昇平元年所隕者也詳見元錫記及晉書本在縣東北田間克明昇之縣署因有此題畢氏關中金石記

石刻十二經并五經文字九經字樣存 開成二年

共一百一十四石各鐫兩面高八尺八寸廣三尺四寸至四尺不等每石橫分八截縱一段或二段三段不等每石三十一行至四十一行行九字十字十一字亦不等經目卷數大字分書經後字數大字直行分書餘均正書在西安府碑林

周易九卷

王弼注上經下經六卷韓康伯注繫辭說卦三卷又王弼略例一卷自第一石起訖九石之半凡二萬四千四百十七字

尚書十三卷

孔氏傳并序自九石後段起訖十九石之半凡二萬七千一百三十四字

毛詩廿卷

鄭氏箋自十九石後段起訖三十四石之強半凡四萬八百四十八字

周禮十二卷

鄭氏注自三十四石後半起訖五十二石之半凡四萬九千五百一十六字

儀禮十七卷

鄭氏注自五十二石後段起訖七十二石之半凡五萬七千一百一十一字

禮記廿卷

鄭氏注月令一卷李林甫等註序又御刪定禮記月令表自七十二石後半起訖一百五石之少半凡九萬八千九百十四字

五經文字

張參序例上中下三卷自一百五石後半起訖百十三石之少半共三千二百三十五字旁注不計

新加九經字樣

唐玄度序一卷自百十三石後半起訖百十四石兩面合計共五十七石四百二十一字排刻東廊旁注不計

春秋左氏傳卅卷

杜氏集解并兩序自百十五石起訖百八十二石之少半凡一十九萬八千九百四十五字

春秋公羊傳十二卷

何休學并序自百八十二石後段起訖百九十八石之強半凡四萬四千七百四十八字

春秋穀梁傳十二卷　范甯集解并序自百九十八石之後䍐起訖二百十四石之彊半凡四萬二千八十九字

孝經一卷　玄宗御注并序自二百十四石之後半起訖二百十五石之彊半凡二千□百□十三字

論語十卷　何晏集解并序自二百十五石之後半起訖二百二十二石之少半凡一萬六千五百九字

爾雅三卷　郭璞注并序自二百二十二石之後半起訖二百二十六石之彊半凡一萬七百九十一字

後半石書九經并孝經論語爾雅字樣等都計六十五萬二千五十一字大字分書一行開成二年月次於玄日惟丁巳一行

書石學生艾居晦陳玠等三行

第二百二十七石前半下方則書石官段絳校勘篆石舊上石柏篆陳莊士稷定字膽官唐玄度校勘官篆專知都勘定經書

檢校刊勒上石章師道楊敬之都檢校官鄭覃均全衡每八一行發半上方則國子監進呈石經狀文見陸氏金石續編殘缺

不完約十二行下方則明八左思明書風沂二大字徑一尺五寸

第二百二十八石係春秋左氏傳卷一之陰全貼後人題字漫澇不能辨認下半刊左思明静觀自得四大字徑二尺

孟子一皆唐前未列學官故石經闕如滿康熙中巡撫賈漢復補刻孟子上論以足十三經之數命生員許賡業等集石經字

募勒於石其石與尋常碣碑制式圓頂而方趺較石經小三分之一共九石刻十七面另立碑碑林西偏小屋

汲郡呂公龍圖領漕陝右之日持適承乏雍學一日謁公公喟然謂持曰京兆闤闠間有唐國子監存焉其間石經乃開成中鐫刻唐史載文宗時太學勒石經而鄭覃與周墀等校定九經文字上石及覃以宰相兼祭酒於是進石壁九經一百六十卷即今之石經是已舊在務本坊自天祐中韓建築新城而六經石本委棄於野至朱梁時劉鄩守長安有幕吏尹玉羽者白鄩請輦入城鄩方備敵軍之侵軼謂此非急務玉羽紿之曰一旦敵兵臨城碎爲矢石亦足以助賊爲虐鄩然之乃遷置於此即唐尚書省之西隅也地雜民居其處窪下霖潦衝注隨立輒仆埋沒腐壞歲久折缺殆非所以尊經而重道予欲徙置於學府之北墉子且伻圖來視厥既視圖則命徒役其器用平其溝塹而基之築其浮處而實之凡石刻之偃者仆者悉輦置於其地洗剔塵土補錮殘缺分爲東西次比而陳列焉明皇注孝經及建學碑則立於中央顏褚歐陽徐柳之書下迨偏旁字源之類則分布於庭之左右俄而如登道山如入東序河圖洛書大璧琬琰爛然在目而應接或不暇矣先是有興平僧誕妄惑衆取索無厭大尹劉公希道沒入其貲有欲請於朝以備慈恩浮屠者公即建言崇飾塔廟非古而興建學校爲急朝廷乃以五百千畀之不費於公不役於民經始於元祐二年初秋盡孟冬而落成門序旁啟雙亭中峙廊廡回環不崇不庳誠故都之壯觀

翰墨之淵藪也學者暇日於此游息得之於目而會之以心固已有超然遠詣之意豈曰小補之哉竊惟六經天人之道備聖人所以遺天下來世之意盡在於是自周末至隋千餘載之間已遭五厄汗簡以載或焚或脫縑楮魚蠹易腐易裂道雖無窮而器則有敝惟鐫之金石庶可以久有唐之君相知物之終始而憂百世之慮深故石經之立殆以此也然以洛陽蔡邕石經四十六碑觀之其始立也觀視摹寫者車乘日千餘輛填塞街陌可謂盛矣及范蔚宗所見其存者纔十有二枚餘皆毀壞磨滅然後知不得其人以護持雖金石之固亦難必其可久此呂公所以爲有功於聖人之經而不可不書也然持書此者豈特紀其歲月而已哉將使後之君子知古人之用心而不廢前功庶斯文之有寄云爾元祐五年九月　黎持新移石經記

金故一誤冉誤至章句文字之攷稽先儒異同之辨別條分縷晰則惟王氏爲最詳原書具在不贅錄焉

編纂渭南武樹善

陝西續修通志稿卷一百五十二

金石十八

唐

馮宿碑 開成二年存文見王氏金石萃編

碑連額高一丈八寸廣四尺三寸四十一行行八十三字王起撰文柳公權正書在西安府碑林

觀韓昌黎與馮宿論文書時值唐文之衰馮公獨能力進乎古爲昌黎所推許生無愧於宗之官死而柳公權爲之書碑今又列於泮宮馮公亦足以不朽矣第碑稱竟見失甚所惜哉劉青藜金石考略

唐制諸王拜節度大使者皆留京師以副大使知節度事者實正節度也碑稱充劍南東川節度副大使知節度事而新舊史但稱節度使者蓋以此舊史本傳云韓愈論佛骨時宰疑宿疏出爲歙州刺史新史疑其未必然而刪之然碑云公爲比部

郎中爲持權者所忌會韓文公愈上疏切諫佛骨忌公者誣公實爲之出刺歙州則固有此事矣昌黎之文自後世論之固非宿所能及在當時則猶夫人爾況出于忌者之口亦何所不至哉史稱婺州東陽人而碑云冀州長樂人蓋舉其族望然唐時冀州固無長樂縣劉知幾所譏謬哉錢氏潛研堂金石文跋尾

苻璘碑 開成二年存文見王氏金石萃編

碑高一丈廣四尺五寸三十一行行六十二字李宗閔撰文柳公權正書并篆額邵建和鐫字在富平縣署

右唐苻璘碑按唐書列傳璘姓符而碑作苻以姓氏書考之瑯邪符氏出于魯頃公之孫公雅爲秦符節令因以爲氏而武都苻氏出于有扈之後爲啟所滅奔西戎代爲氐酋本姓蒲至苻堅以背有文改焉今此碑以璘爲苻氏又云其先瑯琊人皆不可知然按璘與第瑤皆封邑於瑯琊豈書碑者誤以苻爲符其

文取其正由是諸生之師心曲學偏聽臆說咸束而歸於大同積六十載崩剝汙蠛泯然不鮮今天子尙文章尊典籍國學上言遽賜千萬時祭酒𨽥博士公肅遂以羨贏再新壁書懲前土塗不克以壽乃析堅木負墉而比之其製如版牘而高廣其平如粉澤而絜滑背施陰關使衆如一附離之際無跡而尋堂皇靚深兩屋相照申命國子能通法書者分章揆日懸其業而繕寫焉此文當作於大和元年間自土塗而木版自木版而石壁凡三易矣乃今石刻其末曰乾符三年孫毛詩博士自牧以家本重校勘定七月十八日書刻字人魚宗會其字別體與朱梁所刻相類而本文不然當是開成中所刻其中有磨改數字者意自牧所爲也　九經字樣一卷凡七十六部四百二十一字冊府元龜周太祖廣順三年六月尙書左丞兼判國子監事田

敏獻印板書五經文字九經字樣各二部一百三十策奏曰臣等自長興三年校勘雕印九經書籍經注繁多年代殊邈傳寫紕繆漸失根源臣守官膠庠職司較定旁求援據上備雕鐫幸遇聖朝克終盛事播文德於有截傳世教以無窮謹具陳進是此二書曾有印板而自宋以來學者不言之何也顧氏金石文字記

玉海云大歷十年司業張參纂成五經文字以類相從開成中翰林待詔唐玄度加九經字樣補所不載皆開運末祭酒田敏合二者爲一編以考正俗體譌謬後周廣順三年六月田敏進印板九經書五經文字樣各二部一百三十冊宋朝重和元年十一月二十八日言者謂張參唐玄度所撰五經文字九經字樣辨證書名頗有依據然其法本取蔡邕石經許氏說文宜重加修定分次部類爲新定五經字樣從之按中興書目五經文字五卷大歷十一年司業張參撰序曰詔委儒官勘校經本乃命孝廉生顏傳經收拾疑文互體受法師儒取說文字林蔡邕石經陸德明釋文爲定例凡一百六十部非經典文義所在皆不集錄顧氏既於九經字樣詳加採錄獨於五經文字考中言之寥略夫二書皆附石經以傳皆有功於石經且五經文字爲九經字樣之所從出焉獨得闕故書此補之石經攷異

按開成石刻十二經共一百一十四石當時若何建立無文可稽要必兩行分列卽劉鄩輦入城中黎持移於府學北牖其照舊排列有斷然者蓋自周易卷一起至九經字樣五十七石自春秋左氏傳卷一起至呈進石經狀子五十七石均一氣銜接卷首俱在石中無可斷處故一石不容淩亂其以五經文字九經字樣厠於禮記之末殆幾費斟酌就經卷次第字數多寡分

配勻停非孟浪爲之也一石或分兩段三段書者卷首章首提高另列則上文須數字分行縮於七截八截之內且三五行之截不與本下截相連屬而與上下石之短截連讀必須二三十行方足一截之數故裝裱石經之工匠非有師承不敢著手每經並未刻注而書某氏注某氏箋者唐以前無通行本各家之說有不同擇其最善者用之某氏注卽某氏本耳今之碑林卽宋之府學北牖中間曲廊五十間覆庇石經東廊橫列二十四石縱列三十三石西亦如之其石廣狹或殊高下一致承以方趺覆以經版且篆周易尙書毛詩等字於額以淸眉目惜多半磨泐王堯惠補字刻小石二十餘方嵌於經旁壁間游覽其中覺墨香撲鼻石氣陰森誠洋洋大觀也王氏金石萃編謂易九石書十石等語及每石七八層石高七八尺不等諸說均屬耳

今本異有君子以裒多益寡裒作褎力小而任重小作少雜卦姤遇也姤作遘攷說文無裒字鄭荀諸家易作捊取也褎从衣从孚孚與孚通則褎亦與捊通矣力少而任重章懷注後漢書亦引之今本改作小則與知小句重出姤字說文亦不載古文易作遘而鄭氏從之王輔嗣改就俗體獨此一字未改此古文之僅存者石經勝于今本正在此等而顧氏皆以爲誤蓋古學之不講久矣略例云筌者所以在魚得魚而忘筌筌字初刻从艸後改从竹按說文無筌字荃蹄之語出莊子外物篇崔譔注荃香艸可以餌魚則從艸者爲正後人不知而妄易之　尚書十三卷第三第四第五第十一字畫似經重刻泰誓予有亂十人亂下旁添臣字春秋襄廿八年武王有亂十人昭廿四年余有亂十人論語予有亂十人俱有旁添臣字陸元朗論語釋文

云本或作亂臣十人者非邢昺始據誤本增入臣字故劉原父有子無臣母之疑唐以前無此說也予謂石刻本增加字皆北宋人所作觀於此益信說文猒訓飽厭訓笮經典多借厭爲猒飽字此經萬年猒于乃德爾雅豫射猒也皆從正體此亦石經勝于今本之一證　毛詩二十卷詩十篇爲什惟二雅周頌爲然若魯頌止四篇商頌止五篇不能成什故但云駉詁訓傳那詁訓傳相臺岳氏本與石經同今本稱駉之什那之什者誤矣予尾翛翛作脩脩有蕭音故中谷有蓷篇與歗叶宋高宗御書石經亦作脩說文本無翛字也賈用不售初刻作讐不遐有害初刻作瑕如彼遡風初刻作愬按說文無售遐二字晉人賦云愬流風而獨寫正用詩語此則後來改本不如初刻之善矣涼曰不可涼非諒此用鄭義訓諒爲信無此疆爾界作介此從

陸氏釋文顧皆亦爲誤以未深攷爾　周禮十二卷牛人軍事共其犒牛石刻作槁攷說文無犒字小行人若國師徒則令槁禬之注引鄭司農說槁謂犒師也春秋傳使展喜槁師服虔云以師枯槁故饋之飲食然則槁爲犒之古文也攷工記蚡胡之笴注云故書笴爲笴杜子春云當爲笴笴讀爲稾按說文無笴字石刻上半雖殘缺下半从句不从可其爲笱無疑笱與簹字形相似讀笴爲稾聲尤相近也至如大司樂王大食三宥宥與侑通大宰邦甸之賦今本譌爲郊甸凡以神仕者今本譌爲仕皆當依石刻正之顧氏轉以石刻爲誤殊不可解若地官序官一篇遂師當承遂人之下鄙師贊長鄰長當承遂大夫之下而各自跳行中川下士六人當承川衡之下中川非官名而亦跳行此則書石者無學劉昫所譏殆爲是歟　儀禮十七卷士昏

禮燕禮二篇皆後梁重刻而燕禮篇尚存元刻五六行鄉射禮重刻者三之一聘禮重刻者大半此外皆元刻也而書法稍劣然監本毛本此經多脫文賴有石刻後人得以校補厥功亦偉矣士冠禮啐醴建柶興與士昏禮啐醴建柶興之文同今本建譌爲捷鄉飲酒禮遵者降席席東南面與鄉射禮大夫降席席東南面之文同大夫即遵者也今本脫一席字鄉射禮闔人爲燭于門外與大射之文同今本燭上多大字少牢饋食禮尸受同祭于豆祭與有司徹同祭于豆祭之文同今本受同譌爲同受此以前後篇參觀之而決其可信者也有司徹主婦洗于房中與少牢主婦洗于房中之文同今本洗下多爵字則與特牲文同予謂少牢有司二篇皆有主婦贊者授爵之文則洗爲洗爵可知特牲無贊者授爵一節故云洗爵此古人文字之密或

按六朝以前用分隸今石經皆正書且多用歐虞書法知其爲唐人書矣禮記首月令尊明皇純字諱尊憲宗又知其非天寶以前人書矣然則今西安府學石經乃唐文宗時石經也嘉靖乙卯地震石經倒損西安府學生員王堯惠等按舊文集其缺字別刻小石立于碑旁以便摹補又按唐書謂文宗朝石經違棄師法不足觀然其用筆雖出衆人不離歐虞褚薛法恐非今人所及惟王堯惠等補字大爲紕繆今華下東生文家有乙卯以前搨本庶幾稱善焉 趙氏石墨鐫華

右唐國子學石刻六經開成二年鄭覃勘定勒石本也新唐書載覃奏起居郎集賢殿學士周墀等四人校定又册府元龜載文宗命率更令韓泉充詳定官而題名於石者有四門館明經艾居晦陳玠等並覃共十人顧國史所記者題名不書題名書

者國史亦不紀不可解也石經文劉昫譏其字乖師法然終勝今監本坊本儲藏家不可不以此插架焉 朱氏曝書亭集

右國子學石經舊唐書譏其字體乖師法近儒崐山顧氏尤詆之予於癸巳歲取石本校勘再三乃知此經自開成初刻以後幾經後人之手乾符修改一也後梁補闕二也又有旁注字大約北宋人所作三也若明人補刻闕字則別爲一石不與本文相淆而世俗裝潢者欲經文完具乃取明刻翦割聯綴之遂不復別識顧氏所舉石經之失太半出於明刻而援爲口實不知其爲裝潢本所誤也若旁注之字惟易書詩春秋論語有之其尤戾於古者如易觀卦彖添日月不過四字書封比干墓式商容閭幕上闕上俱添之字詩從夏南南下添姬字上入執宮功執下添于字錫山土田錫下添之字山下添川字田下添附庸二字歲其有有下添年字詒孫子詒下添厥字春秋姜與子犯謀下添飲之酒三字兹弓矢千弓下添十旅二字奸絕我好我下添同字則是康公絕我好也公下添弃字我下添同字童子言焉子下添何字余狐裘而羔袖余下添猶字若不能猶有鬼神能下添掩字叔虎之母美而不使使下添視寢二字是將行而歸爲子祀行下添乎字其四國當之之下添六物之占四字今子少不颺少下添負字而告于知氏氏下添范氏二字二子之不欲戰也宜宜下添哉字多陵人者皆不在在下添矣字皆淺陋非唐刻之舊或謂晁公武據孟蜀石經增入非也公武撰石經考異在乾道庚寅帥蜀之日其時長安已非宋地公武何從增改之且公武所舉經文不同者三百二科十二經皆有之而石刻旁注祇有易書詩春秋論語其非公武所作審矣惟春

秋六物之占一條與公武所舉適合然孟蜀石本經文即用開成舊本公武作攷異乃以長興國學板本校勘得之而又自言石經固脫錯監本亦難盡從則公武亦非專信監本也予故謂旁添之字必是北宋人依監本增改然監本出於田敏敏經學疏淺又在唐玄度之下固難深信矣太平御覽所引經文間與旁添之文相合亦即據當時監本非別有古本也朱梁所刻惟儀禮左氏穀梁三經間有數段蓋經韓建築城委棄之後鞏來城中偶有損失而任意補之非奉朝命故字法醜劣亦無師承所謂自鄶以下無譏者矣乾符修改與初刻本互有得失當分別觀之夫今人得宋槧本尙知貴而愛之此經刻於唐世同時儒者譏其蕪累固所不免越今已及千年世間不復見有唐本而此石巋然獨存乃以繆戾譏之甚矣其惑也　周易十卷與

爲舌又如皇戌向戌穿封戌沈尹戌皆从戊从一唯衛公叔戍
从戈从人板本往往混殽非得石本何由決其異同以是知石
刻之可貴也　公羊十二卷與今本亦多異同如桓二年隱賢
而桓賤也今本賤作賊據注云賤不爲諱則當爲賤也僖二十
六年乞者卑辭也今本乞下有師字據疏云乞者至若辭則不
當有師字也宣六年此非弒君如何古文如與而通當從古爲
如也成二年郤克眣魯衛之使今本眣作眣說文有眣無眣當
以今本爲長然陸氏釋文音舜又丑乙達結二反从下二音當
爲眣从舜音當爲眣石刻蓋據陸初音也襄廿七年摇其妻而
與之盟今本攜爲挈注云挈猶提也按上文已有挈其妻子何
氏無注注于此句之下知當爲攜字注中挈字亦攜字之譌提
攜爲疊韻故轉相訓也襄廿九年爾弒吾君今本弒作殺按下
文云爾殺爾兄兄言殺君言弒詞有輕重之別石刻爲長定元
年不衰城也今本衰爲蓑說文衰訓雨衣正字蓑俗字亦當从
石刻也惟成十年經無冬十月注云去冬者惡成公今石刻依
左穀增入非何注義矣　穀梁十二卷襄公篇爲朱梁重刻成
公篇重刻者居其半僖公篇亦似後來重刻却不避城字顧氏
謂昭定哀三卷亦朱梁補刻則攷之殊未審矣隱元年貝玉曰
含石本與監本同顧氏謂石經作殊玉欲以糾刻本之誤豈其
然乎定元年此該郊之變而道之也今本脫郊字石刻止存郊
之變而四字以字數計之郊上當有該字顧謂該誤爲郊又不
然也　論語十卷顯車馬衣裘衣下旁注輕字此宋人妄加攷
北齊書唐邕傳顯祖常解所服青鼠皮裘賜邕云朕意在車馬
衣裘與卿共敝蓋用子路故事是古本無輕字一證也陸氏釋

文於赤之適齊節音衣爲於既反而此衣字無音是陸本無輕
字二證也邢疏云願以已之車馬衣裘與朋友共乘服是邢本
亦無輕字三證也皇氏義疏云車馬衣裘共乘服而無所憾恨
是皇本亦無輕字四證也今注疏與皇本正文有輕字則後人
依通行本增入非其舊矣無求生以害人今注疏本人作仁而
疏中仍有害人字蓋明人依朱本校改猶幸改之未盡以石刻
證之益明白矣陽貨篇子曰巧言令色鮮矣仁九字皇本無之
石刻亦無此節宋人增注于旁非唐本之舊矣至如我三人行
必得我師寢不尸居不客漆雕之爲彫皆據陸氏釋文而顧氏
以爲誤何也　孝經一卷與今本無甚異同惟序文庶有補於
將來石刻無於字　爾雅三卷文字與今本異者多勝於今本
如釋詁底厎止也釋文底丁禮反厎之視反後人疑其重出輒
改底爲廢不知注中替廢連文乃訓替爲廢非本有廢字也釋
言楮柱也今本皆從手旁按說文楮柱砥古用木故从木非从
手也華皇也今本皇在華上按釋文亦先華後皇釋天四氣和
謂之玉燭今本氣作時李善注文選引此文正作氣也釋艸盂
狼尾今本盂爲孟荷芙渠今本渠爲蕖澤烏蕵今本蕵爲蘾䔿
麻母今本䔿爲莩蒙王女今本王爲玉釋木味荎著今本味爲
菋狄臧橰今本臧爲藏釋鳥鸄白鷢今本分楊鳥爲二字皆當
依石刻正之　錢氏潛研堂金石文跋尾
五經文字三卷凡一百六十部三千二百三十五字大歷十一
年國子司業張參以說文字林兼采漢石經著爲定體按劉禹
錫國學新修五經壁記曰大歷中名儒張參爲國子司業始詳
定五經書於論堂東西廂之壁辨齊魯之音取其宜考古今之

疑此有脫文者失之矣喪服大夫之妾爲庶子適人者譌番石刻爲下本有君之二字按注云君之庶子女子子也則經文當有此二字大功章云大夫之妾爲君之庶子與此文正同可證君之二字不可省今本皆無之石刻亦已磨改幾於不知而妄作矣　禮記二十卷以御刪定月令第一曲禮第二曲禮下第三檀弓第四檀弓下第五王制第六文字與今本異者以相臺岳氏本校之多相合乃知俗翁正俗之功大也曾子問祭殤不舉今本舉下有肺字按注云舉肺脊以經文但言舉故以肺脊實之且肺脊兩物如經文言肺不言脊正義亦當申明之矣岳本及衛湜集說本皆無此字其爲後人妄增無疑也喪大記子大夫公子食粥今本公子下有衆士二字蓋因上有子大夫公子衆士皆三日不食之文相涉而誤按下文士疏食飲水即衆

士也則衆士不在食粥之內矣燕辟廢其學大學人之其所親愛而辟焉之其所賤惡而辟焉之其所畏敬而辟焉之其所哀矜而辟焉之其所敖惰而辟焉石刻辟皆作譬蓋用鄭義岳本皆作辟而圈去聲亦依鄭讀也緇衣章義癉惡今本義作善蓋後人依尚書改之陸氏釋文引皇侃云義善也又云尚書作善可證古本不爲善矣君奭曰在昔上帝岳本在昔作昔在石刻亦作在上帝而在字上有闕文必與岳本同間傳杜楣剪屏今本杜作拄拄俗字岳本作柱而圈上聲用陸德明音得其正矣他如豐耗之耗作秏廢疾之廢作癈鏗鏘之鏘作鎗一个臣之个作介皆當以石刻爲正　春秋三十卷內宣公上下俱經後梁重刻上卷尚存元刻五六行下卷重刻者僅三之一若僖公篇亦有數段似出後人重刻如僖六年面縛釋縛之縛皆譌爲

縛救譌爲羖與他卷全別定公篇亦似重刻越句踐之句他卷从口此从厶是其證也然較之後梁刻本則字跡遠勝之矣顧氏於此經所摘誤字甚多今攷之大率明人所補或係朱梁所刻非唐本之舊隱十年宋人蔡人衛人伐戴此據陸氏釋文非誤也文元年王使毛伯衛來賜公命經書錫傳書賜故註有謝賜命之語非誤也宣三年晉侯伐鄭及延今本作郔說文亦以郔爲鄭地然地名从邑多由經師增益廣延字亦無邑旁也宣十八年凡自內虐其君曰弒今本少內字內與外相對成文似不可省成二年且辟左右石刻且作旦夢必在夜則旦義爲長昭三年少齊有寵而死今本齊作姜亦石本得之定元年榮駕鵞今本作駕鵞字說文無之依正文當用鴐假借同音則駕亦通也哀二十六年四方其順之正義云四方諸國皆順從之是

古本作順也今本作訓乃後人依詩文妄改顧氏皆斷以爲誤果孰誤而孰否乎若石刻之勝於今本而顧所未舉者襄二十九年高子容與宋司徒見知伯今本高上有齊字予謂左氏義例至精一言不可增損此傳子太叔稱鄭以經不言游吉也華定書官不書族故稱宋以別之其餘諸卿已見于經知悼子不書晉太叔文子不書衛高子容何獨書齊乎此後人妄加而失其義者也昭元年趙孟曰天乎今本天作夭天與亡相對故云鮮不五稔也昭二十五年吾聞文成之世謂文公成公也史記魯世家漢書五行志皆作文成今本作文武誤矣哀元年宿有妃牆嬪御今本牆爲嬙說文無嬙字陸德明云嬙本又作廧或作牆漢隸爿旁字或變从广廧牆實一字也哀二十六年越皋如舌庸二十七年越子使舌庸今本舌作后以國語證之亦當

家出于武吏不知是正乎 趙氏金石錄

碑云公諱璘字元亮沂州臨沂人傳云瑯琊人蓋傳舉其郡而碑舉其州與縣也碑云璘在田悅軍中幷州師馬燧以犀帶遺公爲約而傳畧之傳云璘與父令奇嚙臂別而碑不載豈作史者欲形其父子之忠義而粉飾之也耶 葉氏金石補錄

按此碑無建立年月王氏金石萃編謂爲開成三年以誠懸開成三年方轉工部侍郎與此碑結銜同也

李繼妻崔氏墓誌銘 佚 開成三年 文見毛氏關中金石文字存逸攷

石佚未詳尺寸李紳撰文正書

此誌與李繼誌均未詳所在矣兩誌皆李紳撰文簡雅潔峭故錄之商庸事未詳 毛氏關中金石文字存逸攷

玄奘塔銘 存 開成四年 文見王氏金石萃編

石高三尺四寸五分廣六尺八寸四分七十六行行三十二字劉軻撰文沙門建初行書在西安興教寺

玄奘久居西域廣釋佛言唐太宗極尊崇之據史卒於顯慶六年即龍朔元年銘則云卒於麟德元年之二月史云年五十六銘云年六十九先葬滻東後移徙樊川北原即少陵原文宗開成四年劉軻纂文僧建初書行艸秀勁有法而文亦粗能言師事俱可存也 趙氏石墨鐫華

玄奘法師始出塞涼州都督李大亮留之不聽去且奏聞邊臣之風紀凛然高祖勅放行崎嶇西域十七載得番經六百五十七部而還詔譯於慈恩寺再譯於洛中自佛法入中國至是始大行於世也按唐書法師從天竺東歸婆羅門國王尸羅逸多遣使隨入朝貞觀二十年命長史王元策往慰之蔣師仁爲副未至尸羅逸多死其臣阿羅那順自立發兵拒元策元策時從

騎纔數十戰不勝皆沒時吐番以尚主親中國元策挺身奔吐番西鄙檄召隣國兵吐番泥阿婆羅皆將騎士以來二十一年五月元策部分之攻和羅城三日破之婆羅那順委國走合散兵復陣師仁破擒之獲其妃王子萬二千人雜畜三萬降城五百八十獻俘告廟法師且親見之矣天竺居葱嶺南去長安萬里自古未有使至其國者法師以取經爲其王敬信其臣阿羅那順悖逆遂以召戎至於君臣係累萬里爲俘中國之威靈於佛法何有哉今阿羅那順刻石肖像於唐太宗昭陵列諸番君長十四人之末侍立北闕背刻曰婆羅門帝那伏帝國王阿羅那順云 來齋金石刻考略

塔銘稱曾祖爲曾父潘昂霄金石例所未聞也碑載永徽三年春三月造甎塔七級事其下即云冬十月中宮方娠請法師加

祐旣誕神光滿院則中宗孝和皇帝也請號爲佛光王受三歸服袈裟度七人請法師爲王剃髮按中宗以顯慶元年十一月生若永徽三年則其時武氏未爲后不得云中宮矣碑蓋失書其生之年爾 錢氏潛研堂金石文跋尾

基公塔銘 存 開成四年 文見王氏金石萃編

石高二尺二寸五分橫廣三尺四寸五分共四十一行行二十三字李宏慶撰文沙門建初行書沙門令檢建在興教寺

基公者尉遲敬德之從子也度爲僧譯經於慈恩寺卒於永淳中大和間始建塔李宏慶銘之書者亦建初 趙氏石墨鐫華

基公尉遲氏蓋鄂公之從子玄奘請之而後披剃者鄂公晚年學延年效方士之所爲宜其陷是子于緇流也碑首按吏部李侍郎乂碣文乂唐書有傳爲吏部時請謁不行時人語曰李下無蹊徑風斯尚矣銘題基缺畫下凡兩見又不缺或以行書可

權爲之耶 武氏授堂金石跋

衛夫人輔氏墓誌銘 存 開成四年 文見陶齋藏石記

石高一尺三寸八分廣一尺四寸二十四行行二十四字後缺角上頂撰文銘後另有小字寫詞二行皆正書

誌略云夫人姓輔氏字德一其先茂陵人也曾祖嚴申州鍾山縣令祖太初朗州長史父元逑楊州右司馬母吳興郡君夫人沈氏皆先夫人而歿夫人即司馬長女也天資令淑神爍精明輔佐君子星霜未周以開成四年八月十五日終於親仁里之私第年二十有二有子一人茹毒之秋纔逾滿月以其年八月廿七日窆于萬年縣寗安鄉畢原權葬先塋之左禮也夫人猶有衆子三人寄于淮楚長曰孟老次曰小孟口曰十郎並齠齓之年也銘後又續小字二行曰河東子泣而銘曰判合去歲乖離此年子居襁褓將何恃焉 缺 皇天后土當聞是言　按此誌

題衛云唐左春坊太子典膳郎河東衛君夫人扶風輔氏墓誌銘則後續之銘題曰河東子自屬其夫之銘可爲金石增一例

元政尊勝陀羅尼經幢 佚 開成五年 文見王氏金石萃編

幢已三段合之高五尺九寸八面每面廣五寸各六行行六十九字正書

陳士揀墓誌銘 佚 開成五年

石佚未詳尺寸班溥撰文正書左行

誌畧云君諱士揀字適之其先潁川郡人也祖新父運晦亦不仕君藝攻騎射學覽詩書誓志從戎將身許國爰起隊將遷授押衙及天威併於神策以右廂隸屬西軍仍加正將乃元和九年矣後屬中外多事侍衛勤勞自振威校尉累至金紫遷試到詹事官改監察殿中侍御史轉勳上柱國進爵潁川公食邑二千戶未婚有子三人曰宗敬宗直宗楚及娶扶風班氏女生子曰宗峻宗師夫人先君而逝享年廿二終于修德里第即元和十一年四月廿六日以其年六月廿六日窆於長安縣承平鄉大嚴村陳氏之先塋禮也公以開成四年八月廿一日終於修德里第年五十四以來年正月十九日嗣子宗峻等護靈舉合祔先夫人之塋遵周制也　此誌舊出長安今未詳所在矣 毛氏關中金石文字存逸攷

重修大像寺記 存 會昌元年 文見王氏金石萃編

碑高六尺六寸七分廣三尺六寸三十一行行六十字沙門叶行書秦錫刻字在隴州

按大像寺今陝西通志隴州寺觀已不載蓋頹廢久矣碑云乙卯歲是大和九年戊午歲是開成三年碑載潁川郡陳公爲左神策將軍而不詳其名碑前刻寺記後刻莊地果園頃畝四至而記乃云頃畝年代並錄于寺記碑陰者何也所記園地數惟

幾頃幾十幾畝至半而止不似後世有釐毫絲忽細數也地有荒熟則並載之地之段落曰垙曰塽地之四至曰南阡北陌垙字見廣韻垙陌也字書無塽字疑俗書或與稜陵通用也阡陌二字舊說不同說文云南北爲阡史記秦本紀開阡陌注引風俗通曰南北曰阡東西曰陌河東以東西爲阡南北爲陌朱子曰陌之爲言百也遂洫從而涇涂亦從則遂間百畝洫間百夫而涇涂爲陌阡之爲言千也溝澮衡而畛道亦衡則溝間千畝澮間千夫而畛道爲阡阡陌之名由此而得字典曰按陸機答張士然詩迴渠繞曲陌通波扶直阡此以南北爲阡柳宗元田家詩蓐食徇所務驅車向東阡此以東西爲阡也據此碑則云南阡北陌以阡陌分屬南北而東西不與焉要之阡陌亦無定義皆田間涂畛之名而已碑書四至之例近他人者著他人姓

名近本寺地則日自至亦叔見也內有云東鍾進通西晉三娘晉姓見廣韻唐叔虞之後以晉爲氏魏有晉鄙然絕無一人登史傳者此晉三娘獨得刻于碑碣以傳何其幸也寺中僧職有典座又有直歲始見于此 王氏金石萃編

玄秘塔碑 存 會昌元年 文見王氏金石萃編

碑高一丈五寸廣五尺一寸二十八行行五十四字裴休撰文柳公權正書邵建和并弟建初鐫在西安碑林

按此碑世多搨本下截每行磨滅二字雖舊搨者多同其餘則皆完好也碑題左街僧錄新唐書百官志貞元四年置左右街大功德使總僧尼之籍法師蓋充此職也撰者裴休舊唐書傳稱其善爲文長于書翰自成筆法家世奉佛休尤深于釋典太原鳳翔近名山多僧寺視事之隙遊踐山林與義學僧講求佛理云云其歷官則舊傳但云會昌中自尚書郎歷典數郡新傳

但云歷諸府辟署入爲監察御史吏內外任此碑結銜云江南西道都團練觀察處置等使朝散大夫兼御史中丞皆兩傳所略也潛研跋云方鎮表建中元年升山南西道觀察使爲節度使祠後無降爲團練使事疑史有脫漏蓋以休結銜爲山南西道也此碑搨本南字上一字大半已泐然左旁下存點右旁下存短畫諦視之確是江字之下半非山字宋米芾書史云江南廬山多裴休題寺塔諸額皆眞率可愛是可爲江南西道之確據矣書篆者柳公權結銜云充集賢殿學士兼判院事新書傳作知院事百官志集賢殿書院開元十三年置初制宰相知院事常侍副知院事又置判院一人元和四年始以學士年高者判院事是知院與判院品秩不同立碑之時公權年已逾七十宜乎判院而傳作知院疑傳訛也傳又稱公權嘗書京兆西明寺金剛經有鍾王歐虞褚薛諸家法當時大臣家碑誌非其書人以子孫爲不孝然則大達之門弟子亦以得公權書爲孝耶碑但稱大達天水趙氏世爲秦人而不詳其諱閤門使劉公亦不書其名皆文之略也書大題方口頭作頤別體字 王氏金石萃編

尊勝陀羅尼經幢 存 會昌元年 文見王氏金石萃編

幢上下皆缺八面每面廣六寸各六行每行字數無考敬思正書在長安縣杜城

寰宇訪碑錄云在長安今未詳所在矣 毛氏關中金石文字存逸攷

龍首鄉尊勝陀羅尼經幢 佚 會昌三年 文見王氏金石萃編

幢上下皆殘現存兩面計共高五尺六寸八面每面寬六寸或六行或七行不等字數無考

寰宇訪碑錄云在長安今未在所在矣 毛氏關中金石文字存逸攷

趙夫人河內張氏墓誌銘 存 會昌三年 文見陶齋藏石記

石高一尺一寸五分廣一尺一寸二分十六行字數不一沈樸撰文銘後列一三行安子書宜郎篆額閆郎刻字

誌畧云夫人河內郡雲陽人也既笄之年歸于天水趙公春秋五口口口會昌三年歲次癸亥正月廿四日終于長安延壽坊之私第四男成長二子聘室兩女有家其年五月廿六日窆于京兆府長安縣小嚴村之原禮也云云　按此誌磨泐已甚故其子壻之名不能盡晰概不錄且屢稱夫人爲大人後安子宜郎閆郎皆不書姓當係夫人親屬惟稱謂未明白耳

王文幹墓誌銘 存 會昌四年 文見王氏金石萃編

石方二尺五寸三十八行行三十字至三十二字不等趙造撰文蕭瞻正書在西安府

按誌敘自曾祖祖父及文幹之身蓋四世爲內官矣王父上又加祖字祕見于此唐書百官志閑廄使押五坊以供時狩一曰鵰坊二曰鶻坊三曰鷂坊四曰鷹坊五曰狗坊而無鷄坊誌云遷鷄坊使翦拂珍禽在鬬自我是鬬鷄之職也又云未幾息車

改栽接使唐六典尚寢局掌燕寢進御之次敘總司設司輿司苑司燈四司之官屬司苑掌園苑種植蔬果之事是栽接使卽司苑所掌皆可廣唐書六典所未備也又云開成五年詔遣充新羅使迴檣累程潮退反風恐懼在舟疾從此起云云舊唐書新羅傳開成四年又遣使朝貢以下無文新書傳載開成五年鴻臚寺籍質子及學生歲滿者一百五人皆還之不云遣使據誌所云恐是命文幹護送還國而史畧之也誌云有子三人而下文只義仙義立其一殆卽適史氏之女也 王氏金石萃編

韋敏夫人李氏墓誌銘 存 文見毛氏關中金石文字存逸攷 會昌五年

石方二尺一寸二十一行行二十一字于濆撰文正書石破裂不全四周有花紋

此石本出興平今爲三原北城李氏家藏撰文之于濆見新唐書宰相世系表濆字子漪泗州判官藝文志于濆詩一卷濆於

唐時亦有文名者此誌古雅可誦有韓柳風格文中尚缺一字又誌中不能嘉也之嘉當作加亦不辨其罪出也罪字當作非皆上石之譌未能更定也又假假然三字未詳所本 毛氏關中金石文字存逸攷

按此誌文甚雅潔而正書草率刻工亦劣食糠羹藿句食之下註曰音祀

柳氏長殤女墓誌銘 存 文見陶齋藏石記 會昌五年

石高一尺六分廣一尺二分十六行行十七字兄仲郢撰文正書

誌略云妹名老師會昌五年五月二十一日夭于昇平里第享年一十有六粤以六月二□一日葬于杜城村兄仲郢執筆誌其石云 此誌本出長安後歸岐山宋氏今未詳所在矣有重模本 毛氏關中金石文字存逸攷

按古有三殤女年十六則爲長殤見小戴禮喪服傳仲郢新舊唐書俱有傳附其父公綽後仲郢署銜云權知京兆尹資治通鑑唐武宗紀會昌五年李德裕以柳仲郢爲京兆尹女卽殤於斯歲仲郢甫爲京兆準以試守之例故曰權知京兆尹也文中我家及世祿上皆空三格不知其故度亦自尊其家之意 陶齋藏石記

按此石光緒二十八年亦由宋氏歸於陶齋誌中杜城陶齋以爲卽杜陵所謂城南韋杜者也大誤杜陵卽杜曲原在城南四十里杜城今仍名杜城村在城東南二十里

魏夫人趙氏墓誌銘 存 文見陸氏金石續編 會昌五年

石方一尺八寸二十八行行二十二字至二十八字不等王儔撰文正書在咸寧縣

魏遐墓其子匡贇已誌之矣此爲其妻趙氏祔葬而作題魏君

夫人墓誌而前幅叙遐官履甚詳則仍爲合葬誌也匡贇誌云授懷果二州參軍皆未上而此云凡歷四郡皆直道佐理所載已失其實又匡贇誌載子三人長卽匡贇次曰文質季曰齊貢而此誌則稱長曰齊貢次曰匡贇幼曰文質兄弟之序顛倒至此作者偶誤其家人亦不更正何也匡贇誌云女三人而此誌則有曰女四人長適皇甫氏又爲匡贇所遺一家之事二石互異考據家欲據衆手共成之史辯論千古得失不亦難哉誌所稱文貞公乃唐初相國徵也誌中振作桭儒作儒粹作粋冥作寘剛作剛號避虎字諱作𧆞也氏字以避太宗諱缺筆 黄氏古志石華

堵穎墓記 佚 文錄後 大中元年

石方一尺二寸十行行十字十一字不等正書

維大中元年歲次丁卯閏三月景寅八日□□故內侍省令史堵

潁年卅五其月四日一更時卒于上京頒政坊餁飩曲東本貫常州晉陵縣五湖鄉臨湖里權殯于長安縣龍首鄉口嚴村買地壹段地主王公政其小嚴村即開遠門外臨皋驛西南孝弟集賢供奉中題記

按堵氏爲鄭大夫堵叔師之後楚堵敖之後亦曰堵氏新唐書百官志内侍省有令史八人亦末職也石甚磨泐字跡草率頗似鄉村造像今未知移徙何處矣

于惟則陀羅尼經幢 存 大中二年 文見王氏金石萃編

幢高六尺六寸八面每面廣八寸各七行行六十六字王鉉撰文衙口口正書今在西安府碑林

李朝成尊勝陀羅尼經幢 存 大中二年 文見王氏金石萃編

幢高六尺九寸八面每面廣六寸前六面各六行後二面各五行字數五十餘至八十餘不等行書在西安府碑林

按幢立於長安縣義楊鄉義楊當是義陽長安志云在縣西南

一里李朝成結銜云劍南西川監軍使唐書兵志上元中以北衙軍使衛伯玉爲神策軍節度使鎭陝州中使魚朝恩爲觀軍容使監其軍此監軍之名所自始然幢立于大中二年距上元之設監軍又隔九十年豈其官不廢耶且劍南西川之置監軍使始于何年史亦無考李文端結銜含光副使未詳朝義大夫當即朝議内府局輿其子公繹之官掖廷局同屬内侍省又宮教博士掌教習宮人書扇衆藝之官皆内官此幢後題李文端有夫人馬氏又有三子蓋是當時之内官皆娶妻而有嗣子也 王氏金石萃編

周公祠靈泉記 存 大中二年 文見王氏金石萃編

碑連額高九尺二寸八分廣三尺二寸二十四行行五十五字額題觀德泉記四字崔珙狀奏宣宗批答並正書在岐山縣

周公祠靈泉湧出大五小七凡十二處觀察崔珙奏狀勒石事在大中間石前刻奏狀中間宣宗批答后刻珙謝表文詞宛至有盛世風書亦遒健有法且其敘列大似漢人碑例而遜其古質耳如此等碑宋以後恐不能得也 趙氏石墨鐫華

鳳翔府岐山縣鳳栖鄉周公祠舊有泉水久竭大中間泉忽湧出崔觀察珙奏狀亦水旱恒事耳宣宗手詔褒嘉猶見下霽而史尙以無復仁恩察察爲明短之今世何可得也碑勒奏及手詔謝表筆氣蕭散有褚河南意後書年月及銜復似柳如出兩手 郭氏金石史

新唐書珙傳宣宗立以太子賓客分司東都起爲鳳翔節度使正在大中初年珙具奏靈泉之日何爲削其封郡食邑舊書所載與碑同 葉氏金石錄補

王府君夫人張氏合祔墓記 存 大中三年 文錄後

石方一尺三寸十七行行十八字正書存長安閔氏

唐故文林郎守江州彭澤縣尉王府君夫人清河郡張氏合祔墓記

君諱常散京兆三原人曾瓊祖顒高尙不仕皇考恒左羽林軍將軍君第六子也貞元乙酉歲勳蔭釋褐授尉彭澤直口口元和四年己丑口于京師歸葬三原享年四十二夫人清和郡張氏有子三人長智崇前武昌軍節度押衙兼監察御史次雲居入道内供奉講論大德開成四年己未僊化祔塋玄靜先生塋次賛口京兆府孝德府右果毅夫人大中二年戊辰四月十二日終布政里享年六十七時議歸祔卜筮不從明年己巳口口廿四日於長安縣大嚴村龍首原自三原起舉合祔茲塋蓋巳祔君口道門威儀賜紫謚玄靜先生季倫口也内外宦官並載兄誌此其簡略慮陵移谷變代易時悛故紀佳城終古不泯也　直北去玄靜先生

塋約三百步

按此誌曾祖璦書曰曾璦無乃太簡後並載兄誌不知所指

翟府君夫人高氏墓誌銘 存大中四年 文見陶齋藏石記

石高一尺四寸七分廣一尺四寸五分二十四行行二十四字 堂叔□□撰文正書

誌畧云夫人諱婉字順美我先祖渤海蓨人也曾祖利皇太中大夫太子僕贈揚州大都督祖昇皇開府儀同三司鳳翔隴右節度觀察處置使鳳翔尹兼御史大夫上柱國紀國公集賢待制父鐶皇儒林郎行鳳翔府參軍夫人則紀公次子都官之第二女也生秉敏慧幼聞詩禮迨有行於翟氏能輔佐以肥家大中三年十一月十一日歿於京兆府鄠縣宜善鄉龐保村莊舍春秋五十有八嗣子曰虔次曰駢以四年冬十月五日營窆于當鄉中龐村祔於先舅先姑塋之北阡孝之終也　此石今藏

續陝西通志稿　卷一百五十二　金石十八　十二

渭南趙氏誌中夫人姓缺郡望則爲渤海蓨人案渤海蓨縣本爲高氏郡望而夫人之祖昇曾官鳳翔節度又有集賢待制之銜考通鑑唐代宗廣德元年十月吐蕃陷長安郭子儀收兵行至藍田遇鳳翔節度使高昇又永泰元年三月命文武臣十三人於集賢殿待制注中有檢校刑部尚書高昇此誌云夫人之祖名昇官鳳翔節度使又爲集賢待制與通鑑所書高昇官銜適相符合故定爲高氏云 毛氏關中金石文字存逸考

按此石於光緒二十八年歸於陶齋

柳知微妾陳氏墓記 佚大中四年 文見毛氏關中金石文字存逸考

石佚不計尺寸柳知微撰文并正書

此石舊出長安後爲懷寧張木三購去攜至山左今未詳所在矣書法似柳誠懸蓋習其家書者歐陽集古錄有孔岑父碑係柳知微所書知微在當時亦有書名也 毛氏關中金石文字存逸攷

劉繼墓誌銘 存大中四年 文見陶齋藏石記

石方一尺三寸三分二十四行行二十八字女壻徐有常撰文正書

誌略云公諱繼字嗣卿南陽人也大中四年五月五日歿于金容里私第享年七十有九其先漢景帝子中山靖王勝之後裔也曾王父問鄧州刺史王父元貞左龍武軍大將軍贈使持節都督天水郡太守考瑩鄧州內鄉縣令公風神高邁文武兼資解褐以太廟室長選授漢州金堂縣主簿長慶元年再選授雅州倉曹大中二年選授司錄參軍何期天奪其壽岱宗忽逝夫人張氏故朝散大夫漢州金堂縣令尉元之女也嗣子詢謀次子知溫長女以比年歸有章之室小女適見任趙州九隴縣主簿李師仲以其年孟冬之月廿有八日遷柩歸葬十二月廿九日卜葬于長安縣西龍首鄉末央里祁村白帝壇西隅三百步存歿禮也　此誌文欠雅潔字亦撩草以叔作尗以萬作万均屬罕見

續陝西通志稿　卷一百五十二　金石十八　十三

王守琦墓誌銘 佚大中四年 文見陸氏金石續編

石方一尺六寸二十二行行二十二字劉景逸正書

誌中兩用徯字一云煥彩實暉於徯嗣當作後一云怨嗟熒徯則又當作獨銘詞中兩用釰字一云書釰全功一云釰鏡人仁字書釰音日鈍也與此文義不合當是劍字別寫天子曰崩諸侯曰薨位高者尚可通用此誌書卒曰崩則妄甚矣文內擑授擑掂握楊凡从才之字皆作才握恩不樹樹應从言此亦作才葬事將塋塋當作營吉晨用刻晨當作辰用字缺筆與僧思恒志同 黃氏古誌石華

元存勗經幢 佚 大中四年

石佚未詳尺寸行書

此幢爲咸寧晁氏家藏今歸渭南趙氏 毛氏關中金石文字存逸攷

按此幢已佚未審歸於何氏

勑内莊宅使牒 存 大中五年 文見王氏金石萃編

石橫廣四尺四寸五分高二尺二寸八分二十五行行十四字正書在碑林玄秘塔碑陰

按文云不忓同學忓音干說文長箋云忓有迂進之意故迂干此與說文訓極也之意别新唐書萬壽公主傳無忓時事正與此同後人直作干字矣碑稱同從師出家者爲同學俗家爲俗弟子皆始見此碑至院内祖婆父其稱謂不可曉長安志滻水在萬年縣東北流四十里入渭碑稱滻川鄉陳村此鄉必以滻水所經得名長安志已不載此鄉則當在唐時四十五鄉之内

畢制府長安志注歷引諸碑所載古鄉名村名而不及此亦可以廣未備也 王氏金石萃編

才人仇氏墓誌銘 存 大中五年 文全錄

石方二尺二寸二十三行行二十四字宣宗御製文朱玘行書唐遠篆蓋存長安畏氏

故南安郡夫人贈才人仇氏墓誌銘 并序 御製 周官天子立六宮始有三夫人之位漢因秦制内職叙夫人之班魏晉以還多遵故事所以昭顯婦順明章内治必用德授以爲教先斯則關雎鵲巢之本國風王化之端也南安郡夫人贈才人姓仇氏爰自牧香之後卒多聞人由本部疏封錫湯沐之邑初以才貌選充後宮吾擢居寵遇行止侍隨貞孝罕儔懿範殊古爾儀標九嬪行備四德含徽挺烈執柔處謙玉潔而朝霞共鮮蘭薰而月桂爭馥而又婉嫕順意幽閑持心深誡繁華偏滋窈窕賢鈞筐奉職褕翟榮身不以渥恩自矜不以貴秩自滿雀釵成禮膺昔代之規橫象章稱奇鄙漢時之侈麗故能令則列於彤管善譽溢於椒塗蘊是芳猷著爲則躅彼衛宮知德遠察輪轅之音齊孟墮車不忘環佩之響方茲懿如也既蹈淑慎宜登遐延美蘩沚之前修歎蕣英之遽夭期享壽之齡年固輔佐之多歲豈料穠華二紀膏肓忽侵未涉踰旬蓐禍斯至悲降年不永難駐蕙風嗟悼已深念不及矣嗚戲窈女尚騃一男纔生付託而誰弃之何速吾懷傷歎加以涕零感想慟之哀爾長往以大中五年五月十八日歿于宮中時年廿四嗚戲爾生于華宗被此顯秩存有懿德歿有殊榮可謂無恨於初終矣以其年八月四日葬于京兆府萬年縣崇道鄉只道里銘曰

仇氏簪纓蟬聯在昔乃生蕙質來備宮職閱史何箴披圖比德嘉此韶茂隆於典則旄旗洛浦雲雨陽臺帝庭暫住仙路終迴秘殿

長別新阡迥開百齡共盡萬古同哀瓏樹行兮宿草生春風罷兮秋月明年來兮歲往留閨範於松銘 翰林待詔中散大夫茂王傳上柱國吳縣開國男食邑三百戶臣朱玘奉勑書 翰林待詔朝議郎行宣州司士參軍上柱國賜緋魚袋臣唐遠奉勑篆蓋中書省刻字官臣強琮奉勑鐫

李從證墓誌銘 佚 大中五年

石佚未詳尺寸尹叢撰文林言正書

誌畧云府君姓李名從證曾祖諱溫祖諱進超興元監軍烈考諱行邕有命子三人公即第三子也事武宗皇帝授宣義郎行内侍省内僕局丞員外置同正員上柱國大中四年十一月十六日終于廣化里私第有命子一人曰敬融大中五年正月廿三日葬于先塋碑堂之東地即京兆府萬年縣滻川鄉上傳堂

置其墳焉　此石本出咸寗今未詳所在矣毛氏關中金石文字存逸攷

梨園店尊勝陀羅尼經幢存　大中五年　文見王氏金石萃編

幢高六尺一寸八面廣七寸四分或五寸及五寸三分各八行行六十二至六十五字不等行書在淳化縣

按文所稱皇帝乃宣宗也舊唐書宣宗紀大中二年春正月壬戌宰臣率文武百寮上徽號曰聖敬文思和武光孝皇帝此碑作敬聖未詳孰是王氏金石萃編

比丘尼正言疏存　大中六年　文見王氏金石萃編

石橫廣四尺八寸六分高一尺六寸十八行行十二字正書與前勅牒同刻玄秘塔碑陰

按此與勅牒連類而及牒是官頒者此疏是正言自立者爲永捨寺中之憑據李自遷俗家也不曰俗第子而曰手下弟子當是皈依正言者文云少許䙰利䙰音襯廣韻䙰與䞋同䞋錢也皆與䞋利同義碑書謬烈緇倫烈當作列王氏金石萃編

僧幼恭尊勝陀羅尼經幢未詳所在　大中六年　文見王氏金石萃編

幢已三段合之計高七尺九寸八面每面廣六寸八分各七行行七十一字行書

杜順和尚行記存　大中六年　文見王氏金石萃編

碑高四尺四寸七分廣二尺八寸二分二十一行行二十七八字不等杜殷撰文董景仁行書郗建初刻字在西安府碑林

此唐碣也字頗可收乃其文義晦澁破碎全不成說使此和尚空有行記之石千年在世與草木同腐則何益矣乃知言之不文行之不遠使再不得此字更消滅久矣墨林快事

按神僧傳法順姓杜氏雍州萬年人碑云京兆人與傳合僧冠以姓與裴大智碑相似而朱長文碑帖考又有華嚴寺法順大師碑許康佐書此碑今在長安縣開福寺中葉氏金石錄補

王圻續文獻通考法順姓杜氏萬年人爲隋文帝所重月給俸供之有病者對之危坐少即愈生而聾者與言即聽啞者與語即能言狂顛者使人領往向之禪定少選即拜謝而去又嘗臨溪侍者懼不可濟順率同涉水即斷流其神迹類如此太宗素敬之嘗引入宮禁妃主戚里諸貴奉之如天佛集嚴華法界觀門弟子智嚴尊者傳其教畢氏關中金石記

圭峯定慧禪師碑存　大中九年　文見王氏金石萃編

碑高八尺八寸廣四尺二寸三十六行行六十五字裴休撰文并正書柳公權篆額邵建初刻字在鄠縣草堂寺

右圭峯禪師碑唐相裴休撰并書其文辭事跡無足採而其字法世所重也故錄之云歐陽集古錄

柳書名噪一時視公美固在鴈行裴博綜教相通徹祖心手書藏經五百函序諸疏論固是宰官禪那其父中明肅越州觀察使又建龍興大佛殿先是越州沙門曇彥同許詢造塔未就詢亡彥師可百二十歲猶存岳陽王將撫越彥曰元度來也時詢

亡已三十餘年弟子疑其耄忽岳陽果至以誌公密示先造彥彥遥召曰許元度來何暮昔日浮圖今如故岳陽曰弟子蕭詧何呼許元度彥曰未達宿命拉入室席地以三昧力加被岳陽忽悟前身造塔事宛若目前因重新二塔衆以殿事請彥曰吾緣力未至二百年後以待非衣刻石記之及裴至期應不爽遂爲建殿觀此裴公再世皈依宿因故碑能爲其家言復無精詣何也郭氏金石史

宗密姓何氏果州西充縣人嘗登進士二十五歲時于遂州渚江西峯遇道圓禪師問法契心遂受圓教文曰自迦葉至達摩廿八世達摩傳可可傳璨璨傳信信傳忍忍爲五祖忍傳能爲六祖忍又傳秀爲北宗能傳會爲荷澤宗又傳讓讓傳馬爲江西宗荷澤傳磁州如如傳荆南張張傳遂州圓張又傳東京照圓

傳之師師于荷澤爲五世可即慧可信即道信忍即宏忍宏忍與道信並居蘄州雙峯山東山寺故謂其法爲東山法門贊寧高僧傳稱宏忍七歲至雙峯道信密付法衣號爲東山法門者是也六祖本住寶林寺後刺史辛據命出大梵寺辭往雙峯曹侯溪故六祖時亦稱爲雙峯和尚所謂曹溪宗者是也宏忍既傳能爲南宗又傳秀爲北宗其弟又各以其師爲六祖秀之弟子普寂爲七祖王縉大證禪師碑敘達摩歷傳至大通大通傳大照大通即秀大照即寂也後能宗衰而秀宗盛惟會以能門高弟直入東都與北宗相抗獨孤及三祖碑所謂曹溪頓門孤行嶺南秀公師弟兩京法主三帝門師帝王分座后妃臨席惟荷澤會公致普寂之門盈而復虛能祖宗風于斯不振者以此秀宗盛于開元會乃復于天寶至貞元十二年敕以會爲七祖

北宗至是遂無所聞矣會亦稱神會如即法如如之弟子爲惟忠即荊南張也文又云師初謁遂州繼謁荊南謁東京後謁華嚴觀觀即澄觀唐時所稱淸涼國師我朝雍正十二年特封妙正眞乘禪師者也師本不識觀後遣人持書以門人禮通之觀答書有云伯牙絕絃仲尼傾蓋矧乎不面而傳意猶吾心其自作圓覺經序有云叨沐猶吾之納謬當眞子之印者即指其事文裴休撰其圓覺經論書前亦有休序傳次師事與此略同有沙門如山注云休先世名許元度因建越州塔未終後託梁武帝之孫蕭詧詧訪曇彥禪師爲入定觀明其宿因師云許元度來何暮昔日浮圖今如故後衆請師起龍興大殿師云非吾所爲三百年後當有非衣功德主來至唐三生爲休攷宋沈仁衷祇園寺舍利塔記文云云與此相合說雖近誕然相傳有其事用以博異聞焉也可 畢氏關中金石記

永壽鄉經幢 大中九年 佚

陳鴻爲亡妻武氏建於永壽鄉姜村正書

長安縣志云在姜村今未詳所在矣 毛氏關中金石文字存逸考

劉某妻霍氏墓誌銘 佚

石佚不詳尺寸周邁撰文行書 文見黃氏古誌石華

全文見古誌石華誌云祔葬于萬年縣龍首鄉先常侍塋側此石今藏渭南趙氏 毛氏關中金石文字存逸考

按此石今佚

薛志容尊勝陀羅尼經幢 大中十載

法門寺尊勝陀羅尼經幢 無年月 佚

幢七面面七行行六十五字正書

右二幢寰宇訪碑錄云在扶風縣今均未詳所在矣 毛氏關中金石文字存逸攷

劉蛻母姚夫人權葬石表 大中十一年 佚 文見毛氏關中金石文字存逸攷

石佚未詳尺寸劉蛻撰文李坤正書蓋題唐姚夫人權葬石表八字亦正書

右唐劉蛻母姚夫人權葬石表舊出長安今未詳所在矣攷新唐書藝文志劉蛻字復愚咸通中書舍人有文泉子十卷蛻爲長沙人方唐時荊南每解選舉人多不成名號曰天荒大中四年蛻領荊南府解及第崔鉉作鎭以破天荒錢七十萬貧蛻蛻謝書畧曰五十年來自是人廢一千里外豈曰天荒其事互見見聞錄及唐摭言中又唐闕史云裴休尙古好奇嘗得古器曰盎有大篆九字曰齊桓公會於葵邱歲鑄裴公寶之猶鍾玦鄀鼎也一日設食會門弟子出器於庭則離立環觀迭詞以質獨

劉舍人蛻以爲非當時之物近世矯作也公不悅曰果有說乎紫微曰某幼專邱明之書且載小白桓公九合諸侯取威定霸葵邱之會第八盟又按禮經諸侯五月而葬同盟至既葬然後卒哭卒哭然後定謚則葵邱之役實生前不得以謚稱此乃近世矯作也裴公怳然而悟命擊碎然後舉爵盡歡而罷懿宗咸通時蛻官左拾遺懿宗晏遊無節又以宦者閽門使吳德應爲館驛使蛻屢有諫諍均不聽後以論令狐淳事出爲華陰令是蛻於當時非特有文名其氣節亦矯矯也全唐文劉蛻小傳云蛻字復愚自號文泉子長沙人大中時擢進士累遷左拾遺中書舍人忤宰相令狐綯出爲華陰令終商州刺史鳳枝以蛻於唐時以氣節文章著新舊唐書均未立傳因裒其事迹見於他書者附於篇以爲知人論世之助其石表文中字義難解者復爲詮釋如左云 毛氏關中金石文字存逸攷

比丘尼廣惠塔銘 存 大中十二年 文見陶齋藏石記

石方一尺九寸二十二行行二十八九字不等令狐專撰文孔□□正書

略云大德諱廣惠俗姓韋氏漢丞相之遺祉周司空之遠孫我皇十年以名臘隆抗充外臨壇大德大中十二年夏五月廿六日寂然入滅報齡五十七僧臘三十八弟子性通等以年六月十八日遷座於韋曲之右　此石今藏渭南趙氏末有隸書一行云道光辛卯仲春余獲此石於城南韋曲西北又有楷書一行云長安□□□□□氏識 毛氏關中金石文字存逸攷

按此石光緒二十八年歸于陶齋

尚書省郎官石柱題名 存 大中十二年 文見王氏金石萃編

柱八面高一丈二寸周圍廣九尺三寸每面各四截每截十行至二十一行止字數三十餘至四十餘不等正書中斷在西安府文廟

尚書省官石記序 佚 文見王氏金石萃編

石久佚陳九言撰文張旭正書

右郎官題名石柱八面如幢式自左司訖膳部皆先郎中次員外郎姓名按唐宋之制六部皆隸尚書有吏戶禮居左兵刑工居右其敘遷則以吏兵爲前行戶刑爲中行禮工爲後行每部各領四司司名與部同者爲頭司餘爲子司二十四司之外別有左右司各置郎中員外郎皆稱郎官此柱所刻則左司及左十二曹也歐趙所載張長史書石柱記有文無題名蓋別是一碑久已不存此柱雖有殘闕亦僅十之一二合之御史臺題名一代清流姓名略備未必非攷史之一助也 錢氏潛研堂金石文跋尾

按郎官石刻有前記有後序有題名前記爲陳九言撰張旭正

書後序爲許孟容撰劉寬夫隸書皆別勒于碑題名不著書人刻于石柱記序立于都省廳壁題名石柱立于左右丞東廡記序碑石久亡戲鴻堂帖但得舊搨前記重摹上石董跋已云世無別本惟王奉常家有之則搨本之存亦僅矣今所存題名祗左丞一柱搨亦不全存者只七面內多泐字計其姓名可見者凡三千一百九十四人除去姓名不全者二百七十七人其全者有二千九百十五人內姓名再見者五百四十七人三見者一百四十八人四見者二十六人五見者六人通共重見者七百十九人蓋一人兼歷別司則前後複出亦有在本司再任而複載者其姓名之在新舊兩唐書有傳者攷其歷官與碑合否又參以唐書宰相世系表及全唐詩小傳補兩書所未備凡有可攷者得五百七十六人餘一千六百廿四人則無攷矣大率兩

傳語畧多書其人最後之官故碑載歷官往往不見於傳然亦有傳載歷某郎而碑反不見者亦有傳載官某司而碑反在別司者又有傳載官郎中而碑反在員外者諸如此類或皆傳有記載之訛也今悉詳註於姓名之下無可攷者闕之所存漏本七面綜其官名若郎中員外全者曰吏部曰司封曰度支曰司勳曰倉部曰戶部曰金部曰左司若考功主客但有郎中而無員外若祠部但有員外而無郎中若司封左司郎中皆兩見參錯若此碑立於大中十二年所題姓名亦當終于是時溯其始則有在武德貞觀年者亦有起于高宗則天時者其各司所載人數多寡不齊其中最多者戶部員外有三百十二人郎中亦二百六十四人其次則吏部郎中員外俱二百餘人其餘率不過百餘人計自唐初以至大中立柱幾及二百四十年而各司

姓名祇此可知當時亦未全載也據前記斷斷自開元廿九年始往者不可及來者不可遺今題名則開元以前皆已追書當由大中立柱之年追攷開元以前之有姓名可記者裒集之故與前記之語不合所謂別是一碑者確矣攷諸司遷擢之制在京或由侍御史在外或由縣令或由掌書記內擢先員外而後郎中其由郎中升遷或給事中或中書舍人知制誥或外任刺史此遷轉之大凡也唐之設官以郎官爲清要一代名卿賢相未有不荐歷郎官者此所攷雖祇五百餘人而已可得其槩矣檢全唐詩有鄭谷者袁州人光啟三年擢第歷都官郎中嘗作中臺五題詩其一石柱即謂此題名也詩云暴亂免遺折森羅賢達名末郎何所取叨繼外門榮自注云外祖在南宮七轉名曹鐫記皆在谷之爲都官郎中當在昭宗時距立柱已四十年

其時正當四方兵戈俶擾之時而石柱無恙其都官鐫記皆在是其亡在唐以後矣今此碑著錄家不多見即著錄者亦不加詳考則但存其姓名殊無裨於考訂之用也茲編雖未能詳備然可以廣史傳所不載而稽其異同則亦未爲無補云前記雖不與石柱同列然爲題名之緣起因附錄其文陳九言兩書無傳張旭則兩傳但稱其善草書此記正書徑寸餘歐公稱其眞楷可愛而歷代名畫記又言其小楷樂毅虞褚之流則其工書非沾沾一體者矣傳不言其歷官是無官位者故記但書其貫吳郡 王氏金石萃編

按郎官石記刻於開元廿九年石柱題名建于大中十二年而王述菴採錄其文謂爲石柱前記攷開元末年爲有唐極盛之時豈有已刻記石而遺題名以待後人補刻之理且其文云咸

列名于次往者不可及來者不可遺則刻題名明矣蓋天寶以後兵燹頻仍石已殘毀至大中時踵前逸事特刊極大之石柱以期永久而許孟容又爲之序惜其文不傳無從攷其源委耳故謂此記乃題名之緣起可謂爲石柱之前記則不可合兩事而一之必牽強而難通然萃編既以此記附之石柱以類相從可仍其舊

王公素墓誌銘 大中十三年 存 文備錄

石高三尺一寸橫廣二尺三寸上下有花紋圖寸三十二行行三十一字陳竦撰文史頎正書并篆蓋

唐故湖南監軍使正議大夫行內侍省內寺伯太原縣開國男食邑三百戶賜緋魚袋太原郡王府君墓誌銘 并序　朝議郎試左武衛率府兵曹參軍陳竦撰　登仕郎守歙州休寧縣主簿直翰林院史頎書并篆　府君諱公素字全白京兆高陵人也其出自

幷州太守通之後裔回官南北遂以家焉曾祖諱簡祖諱瑤幷志樂雲水高尚不仕父諱進皇奉天定難功臣雲麾將軍昭武校尉守右翊衛府中郎將上柱國公貌瓌偉性特達志耽經史博綜群書一覽無遺五行俱下秉貞節之志寒暑無移挺松筠之操嚴霜見質卓爾不群迥然孤立可謂五百之間生千載之一遇矣廣陵潛龍歷選嘉哲公得其人遂應清問永貞末隨駕宣徽其年賜祿授內侍省掖庭局監作上護軍四季賜緋魚袋內府局令歷弓箭右神策都判官壽拜十六宅使長慶二祀伏以兇渠作孽常山窺興戎馬生郊戈鋋襲野蠆開路絕薊北雲屯聖皇赫怒大黜天兵十道齊師戮力併銳遽命公充深州行營監軍使且賊勢滋陵重圍四合公乃施万計之長策展百勝之籌謀布油設弩突壘攻營統領大衆以至下搏堅守方定鴻霈旋臨滌蕩兇首命公赴闕察

以敷條嘉歎良深爰遷品秩遂拜殿前高品旋加宣徽供奉官復加正議大夫授內寺伯除湖南監軍到郡纔方二稔綏撫多方民狎吏安兵士緝穆皇風遠布襲此嘉猷賞爵勳崇以明不昧天恩授封太原縣開國男食邑三百戶九季准詔赴闕征帆越境纔屆荊門風水是虞洎染疾瘵療方杖策履步經巡顧眄山原口然有感曰伯玉知非如晦惜老莊子悲羊吾何已夫遂請罷官稅車休息凡歷時景廿餘載於戲神不祐善疾疹所鍾沉歷綿痾以大中十一年十二月廿九日終于大寧里私第享季七十有一嗚呼將臨往也不昧生言訓子承家誡於儉約斯爲永固無惑前辭覩之涕零孰不哀痛夫人樂安縣君高氏曹謝同儔芳蘭比德蓬頭殞毀戚滅心糜有子六人長曰惟昌早亡次曰惟弁任武德都判官掖庭局監作次曰惟乂大中十三年亡次曰惟質早亡次曰惟實上柱國季曰惟贇任牛羊判官內僕局丞有女二人長適段氏次適劉門弟兄皆以孝悌承家恭勤王室奉先之教書銘紳心以大中十三年歲次己卯四月丁亥朔十四日庚子葬于京兆府萬年縣灞城鄉招賢里西崗懼陵阜之頹隳歲月歸遠謹勒斯石以爲之記銘曰　堂堂瓌皃烈烈貞臣佐國承命于斯一人宣命四朔光臨九有荒服咸若蠻夷稽首威儀肅肅口皃瓌瓌處之有道求福不回骨鯁忠亮蓋世貞萋比肩衛霍翊輔堯時其德可尊其仁可畏出入丹墀孰不欽仰助漢滅兇從魯下僚重闈既適萬歲唐堯大道有晦我亦隨潮寄沒同蜕松櫝蕭蕭　王冊官陳從諫刻字

按此石近時出土爲長安蘇氏購得什襲珍藏其蓋則毀棄矣

內寺伯袁公夫人王氏墓誌銘 佚文見葉氏古誌石華 大中十四年

石佚未詳尺寸王孟讀撰文正字

誌云窆于萬年縣灞陵之原案此石本出咸寧今未詳所在矣 毛氏關中金石文字存逸攷

陀羅尼經幢 佚 大中十四年

殘缺只二尺許字迹漫漶難稽正書

寰字訪碑錄云在長安今未詳所在矣 毛氏關中金石文字存逸考

劉氏尊勝陀羅尼經幢 存見王氏金石萃編 咸通二年

按幢題佛弟子彭城郡夫人劉氏爲亡夫造幢云云而贊語乃自云彭城夫人母儀欽則此當是男從實等爲父造幢尊其母遂題劉氏爲亡夫之語於前而贊詞則歸美于母也幢建于萬年縣滻川鄉鄭村里長安志萬年縣不載此鄉里惟云滻水在縣東北流四十里入渭又云長樂坡在縣東北一十里即滻水

之西岸十道志曰舊名滻坡此題云滻川鄉疑即近長樂坡也
王氏金石萃編

雙讚尊勝陀羅尼經幢

存　文見王氏金石萃編　咸通二年

幢兩段合之高六尺七寸八面每面廣五寸八分各六行行七十餘字口徵造前後兩讚正書今在省內臥龍寺

程修已墓誌銘

存　文見黃氏古誌石華　咸通四年

石方一尺五寸三十行行三十字溫憲撰文男進思正書冪思篆蓋蓋題唐故廣平程府君墓銘九字在西安府碑林

按程修已畫名盛著以陳夷行薦受知於文宗歷文武宣懿四朝凡三十餘年開成四年八月葬文宗元聖昭獻孝皇帝於章陵大中二年十一月葬懿安太皇太后郭氏於景陵皆奉詔書册工草隸筆跡幾與右軍相亂又與李商隱溫庭筠交遊時有沈約謝朓之目則固善書能詩藝兼三絕不獨擅長六法已也朱景玄唐朝名畫錄程修已列妙品第四冀州人祖大歷中仕

越州醫博士父伯儀少有文學畫東封圖爲時所寶修已兼工寫眞人物鞍馬花木草木鳥獸古賢士女眞仙佛像山水竹石與誌詳略互異又名賢畫錄大和中文宗好古重道以晉明帝朝衛協畫毛詩圖草木鳥獸古賢君臣之像不得其眞召修已圖之皆據經定名任意採掇由是冠冕之制生植之姿遠無不詳幽無不顯誌所謂畫毛詩疏圖藏於內府是也刓泐處當即昭憲二字全唐詩文宗題程修已竹障注云修已冀州人學周昉畫嘗畫竹障於文思殿帝賜以詩朝士皆奉詔繼和與此誌並合惟修已評畫於周張楊許皆有微詞後人以爲學昉殆非所願耳又唐詩紀事全唐詩話並載文皇好詩大和中賞牡丹上謂修已曰今京邑人傳牡丹詩誰爲首出對曰中書舍人李正封詩天香夜染衣國色朝酣酒時楊妃侍上曰粧台前宜飲以紫金盞酒則正封之詩見矣令紀事文皇誤作明皇詩話程修已誤作陳修已皆可據此證之集賢直院官唐六典集賢殿書院有書直畫直官爲直院開元十九年奏定太子春坊中舍人正五品上職擬中書侍郎親王府長史從四品上掌統理府寮紀綱職務誌云七爲王府長史題以榮王府者從最後書之餘不可考唐書宗室世系憲宗二十子榮王憒嗣王令平誌詳程氏先世而不及里居篆蓋題廣平程府君文宗詩注及名畫錄皆云冀州人廣平郡在唐乾元後爲洺州與冀州並屬河北道程修已當是洺州人本其舊望故稱廣平因屬禹貢冀州域故亦曰冀州修已卒於京師未歸葬誌沒於口國里國上刓一字宋敏求長安志朱雀街東第三街南有昭國坊即此里也杜荀鶴松窗雜記載開元中有程修已善畫爲玄宗誦牡丹詩開

元當是開成之誤玄宗當是文宗之誤溫憲庭筠子登進士第光啟中爲山南從事陸氏金石續編

此石今在西安府學碑林誌云修已以善畫名李商隱溫庭筠皆與之遊其名重一時可知矣撰文溫憲庭筠之子也文體雅潔有韓柳風格不愧飛卿之子全唐詩鈔小傳云憲庭筠子登第後爲山南從事詩鈔內錄其春鳩郊居五律二首詩致清麗能嗣其家風云進思楷法極有晉人筆意於黃庭玉版爲近惟石筆太畫細需得精拓本乃能精神畢露耳誌不言修已爲何郡人篆蓋題云廣平程府君廣平程氏之郡望也毛氏關中金石文字存逸攷

按此誌陸氏金石續編黃氏古誌石華毛氏關中金石文字存逸攷均錄其文而各有不同毛氏辨之極詳然不能合諸石於

一處而精究之無從別其眞贋也

龍華寺窣堵波塔銘 存 咸通五年 文見王氏金石萃編

石高一尺六寸五分廣一尺九寸五分二十二行行十八字高塌逸并正書在咸陽縣龍華寺

右窣堵波塔銘布衣高埔述并書案釋元應一切經音義云寶塔諸經論中或作藪斗波或作塔婆或云兜婆或言偷婆或言蘇偷婆或言脂帝浮都亦言支提浮圖皆僞略也正言窣覩婆此譯云廟或云方墳此義翻也案元應以窣覩婆爲正此又作堵譯音元無定字也窣堵波與塔即非二物此題云窣堵波塔重複無當蓋唐人不知梵義者爲之耳予嘗謂古無塔字唯葛洪字苑有之云佛堂也音它合反據元應所述諸文斗也兜也帝也覩也皆與荅聲相近釋教初入中國塔婆字本當爲荅後人增加土旁而稚川承之其音爲他合切者又即偷婆之轉聲也 錢氏潛研堂金石文跋尾

嚴密墓誌銘 佚 咸通五年

全文未見王森文正書

會稽趙氏之謙續寰宇訪碑錄云此石在咸寗今未詳所在 毛氏關中金石文字存逸攷

編纂渭南武樹善

陝西續修通志稿卷一百五十三

金石十九

唐

長安縣尉楊籌妻王氏墓誌銘 佚 咸通五年 文見黃氏古誌石華

原石久佚未詳尺寸正書

或云此石在咸陽賈村程氏今未詳所在 毛氏關中金石文字存逸攷

楚國夫人楊氏墓誌銘 存 咸通六年 文備錄

石方二尺八寸共二十六行字數不齊劉允章撰文張宗厚行書撰書刻字人銜名均正書蓋佚存長安白氏

故楚國夫人贈貴妃楊氏墓誌銘并序　翰林學士朝議郎守尙書戸部郎中知制誥賜紫金魚袋臣劉允章奉勑撰　翰林待詔將仕郎守四州司馬臣張宗厚奉勑書　翰林待詔承奉郎守建州長史臣董咸奉勑篆　維咸通六年歲次乙酉四月辛亥朔十

九日己巳楚國夫人楊氏薨於大內享年三十有二皇帝震悼不視朝者一日越翌日贈貴妃以其年七月廿三日葬于萬年縣崇道鄉夏侯村禮也皇帝悼蕣華之夙殞嗟掖殿之凝塵廰視神傷綢繆睿睠將存懿範用飾遺儀遂詔侍從之臣受以彤管之史臣實當御承命直書貴妃弘農人也受氏有周分茅往漢伯僑蓋得姓之始赤泉乃啟土之侯派自河汾誕生淑哲以良家子選居禁掖而待年于公宮天付凝華柔明有素漸淸于保姆之訓肄習於婉嫕之儀悅詩禮以自持頻薄怒而莫犯洎乎顯迴天旨恩拜御中無鋼龍姤娼之心有蹈和納順之譽德隆坤則祚集靈祥嘉夢屢兆於國香甲觀亟延於皇胤金相瑤式玉度蘭儀慶洽代梁運遷舟壑降齡甚促眞宰何言然而截道驚飆薪火罷續淸問不及於蒙被徵醫無建於秦俞用是纏悲宜乎恒化借使雲陽山下未

央宮中通靈建臺致神設帳烈不誕之方士祖故態於文成徒示勸求詎瞻髣髴千載兮何有寧一遇之可期所以深軫皇情式備隆禮刻銘貞石用慰玄扉詞曰　珪月圓明兮中凝瑞光猗蘭擢穎兮捴翠含芳何陰雲之倏起兮殷維夏之繁霜顧明豔之俄失兮徒怊悵以彷徉慟皇情兮夙駕去閶闔兮適中野圖甘泉兮何爲想樂池兮同大夜修容物兮禮有終緘永恨兮意何窮　中書省刻字官臣強琮刻字

開元寺尊勝陀羅尼經幢 咸通七年 佚 正書

李付佐建左有光化二年男繼宗題字

咸寧縣志云在開元寺今未詳所在 毛氏關中金石文字存逸攷

佛頂尊勝陀羅尼石幢 咸通八年 存

石高四尺一寸八面每面廣四寸四行行四十字小註不計正書存長安任氏

按此幢前二十二行刻陁羅尼呪並註音後刻日光菩薩爲授持大悲心陁羅尼者說大神呪三行又月光菩薩爲授持者說呪三行後署咸通八年歲次丁亥五月已亥朔八日丙午同州長春宮判官將仕郎守監察御史裏行趙龜建立都檢校勾當人陳登刻字魚元誠三行近時出於同州現藏長安任氏

令狐綯墓誌銘 咸通八年 佚 文見毛氏關中金石文字存逸考

原石未見不詳尺寸堂姪澄撰文堂姪洵正書并篆額

此誌于同治時出土爲帖賈薛氏所得出售無問津者因磨去文字石作別用可惜也余觀其文體雅潔敘事簡淨因錄之俾傳久遠焉　綯爲宰相令孤綯之兄弟行其三代世系詳新唐書宰相世系表中表云綯之曾祖崇亮官昌明令祖承簡字居易官太原府功曹參軍皆與誌合而不及贈官又表言綯父從官檢校膳部郎中誌云從官鄂州刺史蓋表略而誌詳也綯及其子裔之名表均未載得此可補其闕焉撰文之令狐澄楚之孫綯之子楚綯皆以文名觀澄此撰可謂能嗣家聲矣誌云烈祖贈太師文公即楚也惟傳言贈司空誌作太師爲不同耳書誌之令狐洵表亦未載又誌云丞相夏侯公夏侯孜也今相國徐公徐商也孜于大中十二年四月戊申同平章事商於咸通六年六月同平章事均見新唐書宰相表焦村今屬咸寧金鬥霳社在西安府南十五里 毛氏關中金石文字存逸考

按此誌篆蓋而題曰篆額亦爲他誌所無

李君夫人宇文氏墓誌銘 咸通八年 存 文見陶齋藏石記

石方一尺四寸四分二十五行行二十七字李郴撰文楚封正書

誌略云夫人姓宇文氏初代武川人太和中遷居洛陽遂爲河南人也高祖遠慼皇任梁王掾曾祖成器皇任絳州翼城縣丞贈禮部員外郎祖邈皇任御史中丞左遷澧州刺史贈太尉父瓚現任右散騎常侍夫人工五七言詩詞皆雅正常侍公每覽之咸通甲申歲因丞相令宛陵楊公媒適隴西李郴時郴官京兆府參軍也明年郴改長安尉其夏轉監察御史裏行充湖南都團練判官又明年敕拜祕書郎又明年春夫人得疾長安宣平里九十日啟手足而化是歲丁亥夏四月辛卯享年三十有壹以其年八月壬申歸葬長安縣承平鄉龍首原南劉村先塋有子四人女二人長曰召前婺州義烏縣尉次曰吉前宣州溧水縣尉次曰占授滁州永陽縣主簿以親喪不之任幼曰同前明經云云　此石今在西安府學碑林宇文邈宇文瓚均見新唐書宰相世系表遠慼及成器之名未載而邈贈太尉瓚官右

散騎常侍表中失載得此可補其缺丞相宛陵楊公乃楊收也新唐書宰相表咸通四年五月已巳翰林學士承旨兵部侍郎楊收守本官同中書門下平章事七年十月壬申收檢校工部尙書宣歙池觀察使收字藏之新舊唐書皆有傳 毛氏關中金石文字存逸攷

按此石原存碑林光緒二十八年亦爲陶齋攜去

劉仕俌墓誌 存 咸通八年 文見陸氏金石續編 石方一尺九寸二十行行十九字至二十一字不等張鍠撰文并書在咸寧縣

誌敘仕俌之父曰皇諱英閏特進皇字當是衍文特進乃其官階太宗昭陵陪葬諸碑內豆盧寬碑額曰唐故特進芮定公之碑不叙其由某階特進某階亦此例也又撰書此誌之張元勿署銜曰登事郞唐制初入仕販者由將仕郞進授登仕郞後劉遵禮誌所云開成五年授將仕郞會昌元年授登仕郞是也此

云登事郞疑是筆誤誌中宴作宴聯作聅徑作徑公實歷二年公紀綱一郡公性親玄奧三公字皆可删公咸通七年此公字當作以 黃氏古誌石華

篆古誌石華作元勿二字殊誤又人懷其惠操心政理二句缺其惠操三字名定著於紫府句缺著字可據此補之 陸增祥志

劉遵禮墓誌銘 存 咸通九年 文見王氏金石萃編 石方二尺九寸二分四十行行四十字劉瞻撰文崔鍇正書并篆蓋蓋題唐故彭城劉公墓誌銘九字在西安府

誌近時出土完具無缺劉君諱遵禮字魯卿自筮仕至終沒皆兼使職撰文者劉瞻新唐書有傳云劉瑑執政薦爲翰林學士拜中書舍人進承旨出爲河東節度使咸通十一年以中書侍郎同中書門下平章事今誌瞻題銜翰林學士承旨守尙書戶部侍郎與世系表合而守尙書戶部侍郎傳未之及得此則詳

略足備也書方勁似柳誠懸 武氏授堂金石跋

洪福寺尊勝陀羅尼經幢 存 咸通十年 文見王氏金石萃編 幢已斷合之高六尺三寸七分八面每面廣五寸三四分至七八分不等各六行字數六十四五至七十四五不等行書兵馬使王口人建 在西安府

千手千眼大悲心陀羅尼經幢 存 咸通十二年 文見王氏金石萃編 石橫廣三尺九寸高一尺六寸共四十二行行約二十字正書王元沔建在長安縣臥龍寺

李繆妻楊氏墓誌銘 佚 咸通十四年 文見黃氏古誌石華 石佚未詳尺寸李繆撰文正書

誌云窆于京兆府萬年縣小陽村案此石本出咸寧今未詳所在矣魏王名佾懿宗子見新唐書十一宗諸子傳 毛氏關中金石文字存逸考

考

千手千眼大悲心陀羅尼經幢 存 咸通十四年 石高五尺八寸八面每面廣五寸五行行七十四字正書

按此幢新出長安城南石尙完好首題佛說千手千眼觀世音菩薩廣大圓滿無礙大悲口口妙章句陁羅尼末書弟子薩壽謹造上件尊勝陀羅尼幢一所願口生功德奉爲先亡父母及亡過七世婆父并法界衆生冥司諸鬼神土地靈口等口願有遠近見聞沐塵霑影者皆悉離解脫生居佛國見佛聞法當來世中同爲法會菩提眷屬維咸通拾肆年歲次癸已八月口辛酉廿六日戊午建立渤海吳淑刻字

魏公先廟碑 存 咸通 文見王氏金石萃編 碑上下殘缺現存者高五寸五尺五分廣四尺三寸六分三十六行行字無攷崔璵纂文柳公權正書并篆額在西安府布政使署

右碑石裂爲五其四石可次序末十行文不接續故附于後 王昶

記

按此碑殘缺標題但存判戶部事上柱國賜紫金魚袋魏公先廟碑考其文則鄭國公魏徵之廟而判戶部事不知何人唐書宰相世系表徵之子孫中未有判戶部事者兩唐書徵之後惟五世孫謩相宣宗傳甚詳而其子亦不言判戶部事然魏公先廟始建爲祀鄭公而重修則爲祀謩碑云鄭國文貞公魏氏在貞觀立家廟於長安昌樂里檢長安志昌樂坊在京城朱雀街東第二街有太子太師鄭國魏徵家廟大中中來孫謩爲相再新舊廟以元成爲封祖元成者鄭公之字也則似廟爲謩所重修謩之新廟在大中中則碑亦當立於大中年然以碑文證之文云貞觀立家廟後二百卅五年又云顯考相國位猶滯于三品室未備數顯考相國即謂謩也謩官平章事在大中十年其

卒在十二年廟之始建不知在貞觀何年據鄭公卒于貞觀十六年即以是年爲始至二百卅五年爲僖宗乾符三年則長安志以爲大中中新廟者未覈也碑文撰者崔璵結銜存博陵縣開國子璵傳載封博陵子在大中七年碑書鄭公爲祖考其下云皇考妣王考妣玩其文稱祖考妣者始封之祖也皇考妣者曾祖考妣也王考妣者祖考妣也其後所叙世次頗詳而文多缺泐不得見其全矣碑不能確定其歲月姑附咸通之末 王氏金石萃編

強瓊妻瑯琊王氏墓銘經幢 存 乾符三年 文見王氏金石萃編

幢高二尺二寸三分八面面廣三寸二面墓銘餘六面陀羅尼呪每面三行行十七字至二十二字不等正書在西安府金勝寺

右瑯琊王夫人墓銘在西安府崇仁寺題云墓銘實與尊勝陀羅尼同刻一幢非埋於壙中者瑯琊字古書多作琅邪此用唐人俗體夫人爲玉册官內供奉強瓊之妻強氏見於史者唯宋強至及其子淵明瓊任玉册官殆以鐫字供奉者歟文云忽染膏荒之疾借荒爲肓也 錢氏潛研堂金石文跋尾

楊万歲尊勝陀羅尼經幢 存 乾符三年 文見王氏金石萃編

幢高六尺三寸八面每面廣五寸六分各六行行七十一至七十六字不等行書在洪福寺

趙虔章墓誌銘 佚 乾符三年 文見陸氏金石續編

石方一尺二寸二十三行行二十字孫瀞撰文姚綱正書在咸寧縣

按趙虔章墓誌銘題云唐故前河南府錄事天水趙公宰相世系表天水趙氏代王嘉子趙王公輔之後世居隴西天水後徙京兆表不載虔章無由悉其先代百官志西都東都北都皆有牧府尹少尹其屬有司錄參軍事錄事四人從九品上掌正違失莅符印誌稱龍授糺曹之貴即指河南府錄事故云譽

滿東畿其職掌正違失故云糺曹糺即糾也萬年縣寧安鄉三趙村即今咸寧縣南十五里三兆社趙兆音近而訛社有鳳棲原顏魯公撰顏勤禮碑寗安鄉鳳棲原亦其地也此石道光中出土及門顧小雲鶴宰米脂時拓寄 陸氏金石續編

錢氏女墓誌 存 乾符五年 文錄後

石方一尺二寸十七行行十八字叔玥撰盖題唐故吳興錢氏女墓誌均正書存長安白氏

唐故吳興錢氏女墓誌　叔鄉貢進士玥述　乾符五年歲次戊戌十一月壬辰朔廿九日庚申錢氏女烏娘終于長安昭國里祖廟之東偏我烈考故太子賓客贈工部尚書府君諱方義仲兄故戶部巡官試秘書省校書郎府君諱瑑烏娘即校書府君之長女生三歲其母葛氏卒後十五歲丁校書府君憂服除三歲遘疾終生世二十二年中所賦也如此痛哉而生植慧性夙成淑姿執先

君之喪盡其哀事吾嫂劉夫人之心本乎孝愛巽㫖之屬極其仁奉長幼之序均其分有自然之深識得自守之常規故其終也雖家人無不悲以出涕者嗚呼婦容已成天命則夭骨肉之痛其可勝耶即以其年十二月壬戌朔十一日壬申權窆於京兆府萬年縣甯安鄉三趙村歸祔先封期於吉歲載刻幽石痛不忍銘

楊公女子書墓誌　存文見陶齋藏石記　乾符五年

石方一尺二寸十九行行十九字兄檢撰文并正書

誌畧云口口諱芸字子書隨越國公素之裔顯考公常侍府君諱發第七女曾祖公諱藏器邠州三水口口顯祖公諱遺直贈右僕射子書於乾符五歲六月七日終于延福里第春秋卅十月廿八日葬於長安縣南原姜尤村　此石今藏渭南趙氏楊發字至之爲楊收之兄附見收傳新唐書宰相世系表亦載藏

器等名表云藏器爲三水縣丞則誌中三水二字下缺者當係縣丞二字矣又表云遺直爲濠州錄事參軍其贈右僕射表中未載發之官爵表中亦未書發之子有名櫟字文逸者而未載楊檢之名得此均可補其缺焉　毛氏關中金石文字存逸考

按此石三水下本缺一字當係丞字其一乃顯祖抬頭空格毛氏謂闕二字未詳此石光緒二十八年歸於陶齋

武安君白起廟記　佚文見王氏金石萃編　乾符五年

照褰本錄文不詳尺寸

廟在今咸陽東古杜郵起慘刻獨有將略耳亦祀至今何也壁間記唐乾符五年重修事正書遒勁亦有歐法知唐世官牒無不作佳書也記中所列添置物色有姚子舍十一間沙子三間華一顆石押衙影等皆不可曉　趙氏石墨鐫華

牛頭寺經幢　存文見王氏金石萃編　乾符六年

幢高五尺六寸四分八面每面廣六寸六分各五行行五十二字沙門詞浩述并正書栄門門建內佛頂尊勝陀羅尼呪千手千眼觀世音自在菩薩摩訶薩廣大圓滿無礙大悲心陀羅尼眞言阿閦如來根本滅惡趣陀羅尼淨口業眞言寶樓善薩破地獄眞言普賢菩薩滅罪眞言解多生冤結眞言文殊五字眞言吉祥眞言

按此幢刻咒讚及諸眞言共十一種在長安城南牛頭寺

張師儒墓誌銘　存文見陶齋藏石記　廣明元年

石高一尺九寸六分廣二尺三十七行行三十八字蔡德章撰文男溥正書

誌畧云公名師儒其先清河人也曾祖景仁祖旻父南素公自豸府從職授坊州昇平縣主簿秩滿授宣州南陵縣尉乾符五年八月一日終于宣州權居之所享年七十有二第三男溥護喪歸京廣明元年十月五日乙酉吉辰歸葬于萬年縣寧安鄉新塋之禮也夫人王氏引駕王公魯之女有男四人長曰洙義

武軍節度都押衙銀青光祿大夫檢校國子祭酒前隴州長史兼御史中丞次子曰汾豸府從官次曰溥次曰湜與義武軍節度王公弟左神策軍粮料使宏紹句當供軍之務有女一人娉同州押衙王衮兒孫二人長名難胡長男洙之子次曰周兒乃是溥之子也孫女二人長適高翊次曰阿宜云云　此石今藏渭南趙氏誌中所載義武軍節度乃王處存也與李克用同平黃巢有功事見新書唐本傳方輿紀要云唐義武節度治定州乾符六年王處存有其地　毛氏關中金石文字存逸攷

按此石光緒二十八年歸於陶齋

萬壽寺記　佚文見王氏金石萃編　廣明元年

石高三尺二寸八分廣一尺二寸八分十五行行二十九字柳玭撰文正書

按記爲刺史柳玭撰新唐書柳玭傳玭仲郢第四子官至御史

大夫昭宗欲倚以相中官譖玼頌碎非廊廟器乃止坐事貶瀘州刺史卒則其撰此碑距卒年不遠矣碑但署刺史而不言瀘州者何也記云漢長安城本秦離宮也高帝七年長樂宮成自櫟陽徙都之漢書高帝紀七年二月至長安蕭何治未央宮立東闕北闕前殿武庫大倉上自櫟陽徙都長安未央宮碑作長樂宮者本史記語也記又云惠帝覩其窄狹發長安男女城長安云云語亦見漢書惠帝紀五年春正月復發長安六百里內男女十四萬五千人城長安三十日罷碑不言三十日罷而以五千作六千則異也長安志秦孝公始都咸陽及并天下置內史以領關中項籍滅秦分其地爲三封章邯爲雍王都廢邱司馬欣爲塞王都櫟陽董翳爲翟王都高奴高祖五年在洛陽從婁敬說始都之此語又與漢書小異又據西京雜記曰未央宮

周匝二十二里九十五步街道周四十七里潘岳關中記未央宮周旋三十一里街道十七里諸說又與碑不同碑稱羈城門外一里許有萬壽寺檢陝西通志載此寺語與碑同而云寺有劉枇撰記誤以柳玭作劉枇也碑又云改僧寺名化度寺改崇福寺溫國寺改崇聖寺經行寺改龍興寺奉恩寺改興福寺今通志所載洪福寺舊在西關貞觀間太宗爲穆皇后追福立爲宏福寺神龍間改爲興福寺溫國寺在城南四十里隋名實際寺開元十五年改爲溫國寺頒政坊龍興寺貞觀五年太子承乾立崇福寺在城東北五十里宣義里則天后建時譯經多于寺此所載不知即碑所稱各寺否也碑云萬壽一寺宣帝親幸賜額此宣帝謂宣宗也 王氏金石萃編

尊勝陀羅尼經幢 存 乾寧元年 文見王氏金石萃編

幢殘缺存下半高三尺七寸八面各廣七寸每面十二行十三行不等行存八十餘字正書陳氏建在臥龍寺

今在西安府城內臥龍寺方丈院中小楷字極精整唐幢之佳者 王氏關中金石文字存逸攷

大馬村陁羅尼經幢 存 無年月 文見王氏金石萃編

幢不知幾面今僅存其末一面高七尺二寸廣二尺三寸漫滅已甚行字俱無考僅存咒語一截十字正書在乾州

按幢無建立年月末下角有題名五行剝蝕存字如此其助緣鹽醋助綠口食字畫可辨大約是建幢時所助之食物也然他碑無此式 王氏金石萃編

涇陽縣陁羅尼經幢 存 無年月

幢高八尺九寸六分八面各廣七寸五分每面八行行一百十至一百三十餘字不等正書在涇陽縣

吳承泌墓誌 佚 乾寧二年 文見王氏金石萃編

石佚不計尺寸裴庭裕撰文闕湘行書兼篆蓋在咸寧縣

按吳承泌是內官而唐書無傳撰人裴庭裕僅見全唐詩小傳云庭裕字膺餘昭宗時翰林學士左散騎常侍後貶湖南卒而不詳其里貫其詩有蜀中登第答李搏云何勞問我城都事又高捲絳紗楊氏宅自註云時主文寓楊子巷則是蜀人也其歷官惟翰林學士與此誌結銜合餘俱互異也書者不見其姓名寰宇訪碑錄謂闕湘書當必有據也 王氏金石萃編

大德禪師碑額 存

額高一尺五寸九分廣一尺二寸五分正書題唐三階大德禪師碑九字存咸寧縣薦福寺

此不知何碑之額今存寺中碑猶存半截卻無一字可見 畢氏關中金石記

陀羅尼經幢 佚 天復六年

太原郡君許氏建正書

寰宇訪碑錄云在鳳翔縣今未詳所在矣毛氏關中金石文字存逸考

仁王院碑佚

今文未見韓擇木八分書

長安縣志云仁王院在省城九府街舊志即十方院有韓擇木八分書史惟則篆額　此石久逸存其名以俟考毛氏關中金石文字存逸考

郭敬之神道碑佚年月缺

昇平公主墓碑佚年月缺

宋張禮遊城南記注云由杜光村南歷仇家莊莊西北有二大碑一壽州刺史郭敬之神道碑敬之字敬之子儀父也以子儀貴贈太保徐國公碑額御題韓國公苗晉卿撰序蕭華書其一郭氏所尚昇平公主墓碑撰人姓名缺毛氏關中金石文字存逸考

續陝西通志稿《卷一百五十三　金石十九　十二

貞空寺尼韋提墓誌銘佚無年月　文見黃氏古誌石華

原石久佚辛瀞撰文正書

誌云措於萬年縣禦宿鄉案此石本出咸寧今久逸矣毛氏關中金石文字存逸考

贈戶部尚書楊貞公瑒廟碑佚無年月

石久佚李林甫撰文王曾正書王敬從題額

司直廳石幢佚無年月

石幢不計尺寸鄭模撰文裴諧正書存庚申二字當是開成五年結有會昌元年評事李门逸一通

寰宇訪碑錄云在長安關中金石記咸寧縣志均云在西安府學按此石今久逸矣司直爲大理寺屬官新唐書百官志大理寺司直六人從六品上評事八人從八品下此幢題名有評事之銜固知其爲大理司直矣司直廳者司直之聽事也古官衙謂之聽事今則加广作廳與府州縣並列所謂府廳州縣也說文高小堂也从高省同聲又廎篆下云高或从广頃聲金壇段茂堂氏云元次山有廎銘宋人多謂廎即亭字非也今案可讀如今之廳然則今之廳字即古之高廎二字矣案高廎二字皆讀从聲蓋廳字本由聽字轉出又與高廎同義故古音皆讀从聲也其讀平聲則自廣韻始廣韻云廳廳屋也集韻云古者治官處謂之聽事後語省直曰聽故加广增韻聽事言受事察訟於是漢晉皆作聽六朝以來乃始加广毛氏關中金石文字存逸考

亅澄覺寺窣堵波造像存無年月　文繫後咒不錄

石方二尺四寸四周有殘缺一面彌陀像三面序文并經咒正面十六行兩側各八行行十六字比丘尼伏力謹造

聞夫摩伽國內靈塔下開滬瀆江中神龕上湧自茲厥後寶刹相望無憂恢建於西天法子規崇於東夏粵有澄覺寺淸信比丘尼伏力謹拾衣鉢上爲國家下該含類敬造石窣堵波塔中造阿彌陀像一鋪幷鐫寫佛頂尊勝陀羅尼咒庶茲妙福口浹無垠佛頂尊勝陀羅尼口口口口罪口口鄗口口一切穢惡口口口口口口口口尼婆享口上口口口口口口口口中於幢等上或見或與口近其影暎身或風吹陁羅尼幢上塵落在身上蠢動含靈乃至蟻子一經其耳口不受惡報之身薄口短命衆生更延壽命即說咒曰

按此石近時出於潼關其書法與昭仁寺碑絕相似亦唐代之佳者現藏三原馬氏

白石殘經存無年月

按此石高廣均二尺六寸有奇三十八行行三字至三十七八字不等蓋早爲無識者毀方爲圓耳既無首尾亦無年月且缺

續陝西通志稿《卷一百五十三　金石十九　十三

書建人名惟白石晶瑩書法精妙與隴州開元寺經幢相伯仲實唐人刻意之作截長補短猶得一千餘字如此佳品誠不易得竟爲村人鑿毀殊可惜也此石最近出於藍田現存估商李氏

歐陽瑛夫人裴氏墓誌銘 佚 無年月

石佚未詳尺寸白季隨纂文正書

誌略云涇陽縣尉歐陽瑛又云天興縣邵吉原從先塋禮也又云歐陽族渤海郡厥先尚矣曾祖諶皇朝散大夫洛 缺 又云邢州距鹿縣令云云　此石本出鳳翔今歸岐山縣知縣灌縣胡鴻賓大令僅存一角已佚大半諶爲率更兄弟行新唐書宰相世系表云爲鞏縣令此誌朝散大夫下有一洛字當係洛州鞏縣令也表云諶子名禎未載官職未知即瑛祖父否　新唐書

地理志鳳翔有邵吉府此誌邵吉原當以此得名唐天興縣即今鳳翔縣　文獻通考選舉考唐建中元年經學優深科白季隨及第即撰此誌之白季隨也 毛氏關中金石文字存逸攷

爾朱逵墓碣 存 無年月 文見王氏金石萃編

碣高廣俱一尺七寸五分二十五行行二十四字程彥矩撰文正書在郃陽縣朱家河

朱家河本名大谷河世傳爾朱之後改爲朱氏居于河濱因建逵廟砌此碣於廟內近世陝人某作彼縣志即以此爲廟碑誤矣 畢氏關中金石記

右爾朱逵墓碣廣平程彥矩撰攷其歷官始爲懷州軍事押衙改授山南東道節度散兵馬使改東都留守押衙洪容齋續筆云唐自肅代以後賞人以官爵久而浸濫下至州郡胥吏軍班校伍一命便帶銀青光祿大夫階殆與無官爵者等明宗長興二年詔不得薦銀青階爲州縣官賤之至矣此爾朱逵正以軍校而帶銀青階者也逵卒於江陵府無競里私第歸葬同州澄城縣武安鄉碣已損一角有年月而不得其紀年大約在中葉以後矣江陵嚴侍讀道甫遊秦中搨以見貽云石在郃陽縣西卅里朱家河自來收金石家所未見也 錢氏潛研堂金石文字跋尾

寂照和上碑 存 無年月 文見王氏金石萃編

碑高五尺七寸廣二尺九寸三十八行行五十二字段成式撰文僧无可正書額題唐故安國寺照和上碑九字順元篆書在咸陽縣

此碑在咸陽西馬跑泉地中武功康子秀先生過而識之以語土人豎於道旁其後王咸陽移之咸陽城中寺以碑有安國寺字遂改名其寺爲安國寺按碑段成式撰僧无可書成式文筆自奇此文爲佛尤言奇无可賈島從弟有詩集傳世其書法出

柳誠懸子秀名楙太史德涵子也 趙氏石墨鐫華

碑文險怪用內典字極夥樊宗師之流亞也有云西方聖人設戒二百五十魏書釋老志爲沙門者初修十誡而終于二百五十則具之成大僧婦人道者曰比丘尼其誡至于五百隨事增數在于防心攝身正口古之僧尼未有不從律戒入者今則以禪悟爲上乘置戒律于不復道矣 葉氏金石補錄

按照和上卒于大和七年冬季而立碑無年月顧氏金石記題云開成六年王氏金石萃編有添註二行云開成六年歲次辛酉正月癸酉朔六日戊寅門人圓進維慶等同建謂巜舊拓本補入則顧氏之說不爲無稽然原石具存且完整並無添註之字或者另刻小石早就淪亡惟開成五年正月文帝即崩武宗改元會昌是開成並無六年秉筆者何其謬也此碑段成式纂

衔刻於文前而无可之書顧元之篆與李鄴刻字則刻銘後

陳居士塔銘 佚 無年月

全文未見

石墨鐫華云武功人有耕而獲斷碑首題曰大唐潁川陳居士塔銘篆書下有數十字首云居士諱生字善慶正書俱有法焉

按此石今久逸矣 毛氏關中金石文字存逸考

殘經幢 存 無年月 正書

幢殘缺已甚僅餘一尺餘字數亦磨泐無考在三原縣

在三原縣學使署中跋云吳縣郭鳳翔於三原城東訪得此石移置學署西院錢塘沈兆霖 毛氏關中金石文字存逸考

金剛經殘幢 存 年月泐 正書

陀羅尼殘幢 存 年月泐 行書

按右二幢均八面惟殘缺已甚文字磨滅不能成讀均在乾州大馬村

開福寺經幢 佚 年月缺

開元寺經幢 佚 年月缺

上下俱失上存二尺許經序自爾時三十三天起

開元寺唐梵二體經幢 佚 無年月

沙門海覺海梵書

香積寺經幢 佚 年月泐

張延美自述及眷屬題名末又有開元寺青龍院三峯石作等字

按右四幢據寰宇訪碑錄云均在咸寧今徧訪不得姑存其名

慈恩寺經幢 存 年月泐 正書

字跡漫漶末二行筆跡且不類有大朝丙午仲夏字蓋元人磨去重刻者

長明燈臺經幢 佚 無年月

咸寧縣志云幢六面三面刻佛像三面刻經下截缺在牛頭寺今未詳所在 毛氏關中金石文字存逸攷

湘子廟經幢 存 年月缺 正書

石高五尺四寸八面每面廣五寸五行字數不一上題大唐京兆府長安縣孝佛九子焦福昌造

今在西安府城內湘子廟街湘子廟內毛鳳枝訪得之 毛氏關中金石文字存逸攷

口徽經幢 存 無年月 正書

石高五尺二寸八面每面廣五寸五行行字漫漶不計後題佛弟子惠敬名

今在西安府城內書院門街寶慶寺大殿後院中石墨鐫華載劉慎徽所書石幢趙子涵以為佳品此幢徽字上慎字右邊頁字末筆尚可辨識當係劉慎徽所書經幢也字跡頗為遒美寺

僧置之穢處余訪得此石因募人移於淨所拓得數紙以歸又此幢之名亦見錢竹汀先生潛研堂金石文字目錄中 毛氏關中金石文字存逸攷

殘經幢 存 無年月 正書

存下截尺許中有中散大夫試太子左贊善五行末有六日建字經行書記

今在西安府學碑林新唐書百官志東宮官屬左春坊左贊善大夫五人正五品上 毛氏關中金石文字存逸攷

香城寺經幢 存 無年月

按幢甚漫漶不能成讀

西五台經幢 存 無年月

按此幢殘缺不完字跡漫漶亦不辨所刻何經

朱庭璋造像殘字 佚 無年月

按寰宇訪碑錄云在長安今不詳所在

大士廟經幢 佚無年月

按長安縣志云在縣西三橋鎭今訪不得矣

百塔寺經幢 佚無年月正書

普賢寺經幢 佚無年月正書

右二種長安縣志云均在百塔寺今未詳所在 毛氏關中金石文字存逸攷

尊勝陀羅尼經幷大悲咒石幢 存無年月文見王氏金石萃編 幢上殘闕僅存高五尺八寸七分八面廣八寸七分分作兩截書上截各九行每行約六十字下截各十行行十字十一二字不等經文正書記行書後有歲在作噩皇甫寶等字在涇陽縣

尊勝陀羅尼幷寶幢銘石幢 存無年月文見王氏金石萃編 幢高七尺五寸三分八面每面廣八寸或六寸二分書或七行或八行行七十三字七十四字不等正書末張餘撰銘序行書在涇陽縣

尊勝陀羅尼經幢 存無年月文見王氏金石萃編 幢高七尺四分七面每面廣七寸各七行行六十五字正書在法門寺

陀羅尼經幢 存無年月 幢殘缺僅存高一尺七寸八面面廣六寸六行每行存十七八字不等正書在西安府慈恩寺

尊勝陀羅尼經幢 存無年月 幢殘缺止存上截高二尺三寸八面面廣六寸三分各七行存二十字十七八字不等行書在開佛寺

石鼓尊勝經幢 存無年月 鼓已殘缺周遭現存高一丈八寸五分廣二尺八寸六十八行行存二十餘字行書在醴泉縣廣濟寺後

此以石爲鼓而週刻之其文尊勝經咒也書遒健有法存者不能強半鼓下作石山山上作天王鬼神戴之斧鑿工甚奇在醴泉縣趙村廣濟寺後疑是唐初建寺時物寺僧不知護持鼓下爲泐側可慨也 趙氏石墨鐫華

西明寺尊勝陀羅尼經幢 存年月泐文見王氏金石萃編 幢八面上截已斷僅高三尺七寸五分每面廣七寸五分或七寸八分不等各八行字數無考其讚與人名分上下兩截刻行書在西安府

按經文六面後二面有題名幢記書撰年月皆不可攷 王氏金石萃編

香城寺尊勝陀羅尼經幢 存無年月 幢八面刻今存五高七尺六寸六分廣七寸字數不計正書在西安府香城寺

按幢末有淸信男子張口美幷眷屬梁氏造幢寫經始末四行文已半泐不錄香城寺咸寧縣志在城內錢局創自石晉思遠禪師則在唐時尚未有寺安得建幢幢記不詳年月又無香城寺明文或係他處移來姑附於此 王氏金石萃編

尊勝陀羅尼經幢 未詳所在年月泐 幢八面首三面有武后製字餘俱後時補刻下存戊午歲三月等字末有大順時題字

陀羅尼經幢 存年月泐 石破裂僅存上截字數難稽中有武后製字在涇陽縣

寰宇訪碑錄云在涇陽縣潛研堂金石文字目錄云此幢行書雜隸體焉 毛氏關中金石文字存逸考

按佛法自後漢流入中國歷南北朝以迄隋唐日興月盛而佞佛之法亦月異而歲不同始則施佛頂禮以乞無量之福故除造像無他法也自玄奘取經東還太宗高宗尊爲聖教御製序記風靡一時士大夫尤而效之以宣揚爲佞佛之妙法而寫經又爲宣揚之捷徑寫之不足遂刻經打本以資迅速而經幢乃不可勝記所刻之經則心經金剛經觀世音咒而外惟佛頂尊勝陀羅尼經咒爲最夥以漢地衆生惡業惟此經能滅除之係佛陀利二次由西國取來不在六百五十七部之內所謂對症

發槃故信奉者尤衆經者顯教咒者祕教凡三千二十言迭次奉詔翻譯譯本有四一杜行顗一佛陀波利一義淨一地婆訶羅關中經幢全刻佛陀波利譯本殆以其原取經人必有獨得之眞諦也王氏金石萃編著録六十餘種在陝五十餘今再加訪集漫漶者概行删弃數且及百與歷朝造像相埒而文字率秀逸可觀均堪寶貴不同造像之蕪雜由刻經全出士夫與造像悉由己意文野懸殊而佛法之駸駸日上於此益見至翻譯原委訓名釋義王氏論之詳矣不復贅

湼壓一方 存 文録後

高五寸廣三寸强一面佛像一面十二字陽文八分書

大唐善業湼壓得眞如妙色身

按此湼質甚細其堅如石陽文修整秀逸在虞歐之間洵佳品

也今藏長安段氏

瓦當二種

光被四表

按右瓦出醴泉昭陵較漢瓦當形製爲小文字非篆非行非隸光緒三十年善化程君勤爕遊昭陵得破瓦二合成此文携以入京今不知所在

唐受天命

按右瓦形製粗小出三原縣東北四十里唐村坡下宋修唐高祖廟址光緒三十四年三原令德鋭祭獻陵遇雨其從者覆車於此起轍淤泥獲殘瓦二有此四字隸書方整然頗漫漶或疑宋制未必然也

太倉和糴粟窖甎文四種 佚 文見陸氏金石續編

一縱橫各一尺五分八行行十字至十四字不等共九十二字正書貞觀十四年

一縱橫各一尺五分十一行行十四字至二十字不等共一百六十二字正書貞觀二十三年

一縱橫各一尺一寸十行行十九字至十七字不等共一百三十四字正書大中十年

一縱橫各一尺一寸十一行行十六字至十九字不等共一百八十一字正書大中十一年

按右和糴窖甎四種嘉慶間出土陳於長安市上爲宜興湯希山吏目所得携之南旋矣

五代

重修法門寺塔廟記 存 文見王氏金石萃編 天祐十九年

碑高七尺一寸八分廣三尺八寸三十行行五十二字至五十四字不等薛昌序撰文王仁恭正書揉福巢字在扶風縣

碑稱天祐十九年是時唐亡已久李茂貞尚稱唐年號又二年而莊宗取梁茂貞稱臣又一年而茂貞死戰爭之時得作此佛事者以梁晉搆兵茂貞偷安故也按傳茂貞先稱岐王莊宗改封秦王據碑則已先稱秦王矣碑王仁恭書亦精勁有法 趙氏石墨鐫華

天祐十九年卽梁主瑱之龍德二年也秦王卽李茂貞唐亡梁稱帝改元開平日茂貞與李克用並襲天祐蜀王建稱天復七年以明年改元武成吳楊渥稱天祐十五年以明年改元武義並是也茂貞踞有鳳翔等二十州于梁主瑱貞明乙亥丙子之間鳳翔爲蜀所克史不言復爲茂貞所有據碑可見其脫誤碑又稱天復十二年十九年二十年天復之十二年卽天祐九年其十九二十年則天祐十六十七兩年也是茂貞稱天復天祐

年號之限克用專稱天祐茂貞兼用天復天祐此其所異者也茂貞本姓宋僖宗賜姓爲李氏或云茂貞封秦王在同光初天祐十九年不得有是稱案天祐十九年即梁亡之年明年則爲同光元年豈茂貞自稱爲秦王莊宗因是封之耶蓋不獨武都楊盛不改義熙年號比志於陶靖節矣 畢氏關中金石記

劉源李彥鋼等重立秦王碑題名 佚 天祐二十年

天祐二十年癸未四月立正書在扶風法門寺秦王重修法門寺塔廟記之側　是爲後唐同光元年是年四月已巳存勗稱制改元已巳當是二十五日此云四月二十九日是存勗已立五日矣 畢氏關中金石記

折嗣祚碑 存 無年月 文見王氏金石萃編

碑高九尺廣三尺七寸前面已缺僅存二十八行正書字數剝蝕無可考在府谷縣

按碑殘缺無年月諱字可見但據文中有昔先生求枚嗣祚之語知折君名嗣祚耳凡碑敘事皆稱爲公此語直言嗣祚蓋承先王爲言明尊君也嗣祚有子五人次曰從遠五代史有折從阮傳云從阮字可久本名從遠避漢高祖舊名故改下字即此人也傳稱父嗣倫爲麟州刺史今作嗣祚與史異然云享齡五十終祿於麟郡是嗣祚終麟州刺史與傳合即嗣倫無疑矣舊史從阮傳唐莊宗初有河朔之地以代北諸郡屢爲邊患起從阮爲河東牙將領府州副使同光中始授府州刺史碑稱從阮動合楷模 缺 府府州副使又云當今晉王感公有大忠於王室是碑之立當在同光改元以前故尙稱晉王耳碑敘嗣祚世系行事頗詳而剝蝕過甚無從據以補史惜哉 王氏金石萃編

賜長興萬壽禪院牒 存 長興三年 文見王氏金石萃編

石高四尺廣三尺十行行十字十一字不等正書在鳳翔府

按是牒頒於長興三年九月刻宋鳳翔府停廢寺院牒之下截張虔釗遼州人舊五代史本傳云長興中爲山南西道節度使兼西面馬部軍都部署碑稱興元節度使則虔釗奏薦青峯禪院乞賜院額即在長興初矣末題門下侍郎平章事李者李愚也愚以是年八月丙寅由宰臣爲門下侍郎同平章事監修國史見明宗本紀 王氏金石萃編

張希崇華嶽題名 存 清泰二年 文見王氏金石萃編

題名四行字數不等正書左行在華嶽廟

按是題在崔伯恭題名之右首行張希崇以下殘闕舊史希崇傳云希崇少通左氏春秋復癖於吟咏天祐中依劉守光爲裨將後隸周德威麾下守平州爲案巴堅所虜詢希崇知爲儒人

因授元帥府判官後遷盧龍軍行軍司馬繼改蕃漢都提舉使天成初爲平州節度使尋以管內生口二萬餘南歸唐明宗嘉之授汝州防禦使歷二年遷靈州兩使留後告諭邊士廣務屯田歲餘軍食大濟璽書褒之因正授旄節清泰中希崇厭其雜俗頻表請覲詔許之云云此刻稱歸闕時清泰二年十月因謁清廟乃留是題必由靈州歸闕時所題也 王氏金石萃編

楊凝式題名 佚 清泰

原石已佚清泰乙未□月刻行書

王應麟云華嶽題名自開元迄清泰所稱清泰蓋即此是也黃庭堅云見顏魯公書則知歐虞褚未入右軍之室見楊少師書然後知徐沈有塵埃氣少師筆札重于一時得片紙寸書者實逾共貝而此題石竟埋湮于殘題斷砌之間數百年莫有問之

者于以見採錄之功爲不小也畢氏關中金石記

移文宣王廟記存開運三年文見王氏金石萃編

碑高四尺五寸廣二尺九寸七分二十七行行十八字至二十字不等楊思進行書在大荔縣

按碑馮道撰記其再鎮同州時移置文宣王廟始末僅四百餘字文云淸泰中道初領鎮之時徧謁廟之際又云民未蘇而責躬廟纔成而赴闕別離七縣倏忽十年今又此來固非所望攷舊史道本傳云唐末帝嗣位以道爲山陵使禮畢出鎮同州未幾入爲司空又晉少帝即位出道同州節度使歲餘移鎮南陽據碑所稱移建孔廟適當是時而其移鎮南陽當在開運三年正月以後自淸泰二年乙未至開運三年丙午中隔十載所謂別離七縣倏忽十年也陶岳五代史補載道鎮同州有酒務吏乞以家財修夫子廟道以狀付判官參詳其事判官素滑稽因

以一絕書判後云荆棘森森繞杏壇儒官高貴盡偷安若教酒務修夫子覺我慚惶也大難道覽之有愧色因出俸重創之今碑文自叙移廟之事其言似出至誠且云濫爲弟子忝作公矦得富貴而因詩書擁旌旄而輕俎豆何以爲漢相何以見魯人云云詞甚悱惻自非有激而爲此舉者酒務出財判官滑稽之說恐未必確抑道既出俸重修欲雪前憾故作此誠敬語耶碑末題銜稱守正宏德保邦致理功臣匡國軍節度管內觀察處置等使開府儀同三司檢校太師兼侍中使持節同州諸軍事行同州刺史上柱國秦國公食邑八千五百戶食實封一千二百戶自匡國軍節度使外歐史皆略不載薛史述其長樂老自叙一篇所記生平仕履甚詳云特進開府儀同三司再授匡國軍節度同州管內觀察處置等使檢校太師兼侍中再封秦國公上柱國守正崇德保邦致理功臣皆與碑合惟宏德作崇德彼此不同疑傳寫之誤當援碑正之王氏金石萃編

廣慈禪院殘牒佚廣順三年文見王氏金石萃編

碑上下殘缺高二尺七寸廣二尺六寸五分兩截書行數字數無考行書在咸寧縣

按此碑殘闕第四行順上一字不可見牒尾署銜有宣徽南院使判軍府事袁者袁義也義於廣順二年十月由宣徽南院使權知永興軍府事見舊史周太祖記此碑後列天福四年寶宅人姓氏天福爲晉高祖建元蓋刻碑時追書其事猶顯德二年永興軍牒附書廣順二年重修水磨寺僧名也王氏金石萃編

樂安公主祭告題名佚廣順

廣順癸丑六月刻口遜正書在華嶽廟畢氏關中金石記

永興軍牒佚顯德二年文見王氏金石萃編

碑高三尺二寸五分廣一尺四寸二十三行行十五六字不等行書在西安府

按牒頒於顯德二年七月蓋顯德初詔幷天下寺觀有敕額者存無敕額者停廢此牒所列應存者十處應廢者十處皆就永興軍言之然長安志惟載開元淸涼二寺知其餘八處宋時亦不存矣後題中書侍郎平章事景中書侍郎兼禮部尚書平章事王者景範王溥也是時兩人正居此職與史皆合王氏金石萃編

廣慈禪院記存顯德二年文見王氏金石萃編

碑上下皆缺連額現存高四尺一寸三分廣二尺八寸三分二十五行行字無考額僅存敕賜廣三字並正書劉從乂撰文在咸寧縣

重修文昌廟記存顯德五年文錄後

石上殘缺中裂爲二現存高二尺一寸廣四尺四十二行行字數無考劉從乂撰文正書在西安碑林

首行全缺

缺兼殿中侍御史劉從乂撰缺以序四民之業故

曰強不缺壽昌藏文顯用以來漸成奸詐眷言缺海澄波當閫外之罷征念關中之待治缺何斯時也今稱盛府昔號名都黃圖赤縣缺綺錯里閈星繁臨高乎甕張守要而襟束缺道往來賚粮屝屨之饋治煩拨劇非缺靜勤身以致力因事以致宜鏡懸而遠取四缺後甲每出令以風行今務昔孺聽徒調而嚮合缺溫所以致其附剛而斷所以滅其私寬而栗所缺樹其仁而恤隱絕其利而革邪引義以正其身缺口曲盡其能比夫黃嗣米鹽細民受賜李崇桴鼓缺語哉於是急務皆臻朞年盡化嘗以府衙本文昌缺年祀縣遠棟宇傾頹因周覽疚懷不怡終日且曰缺高張提八棱而正軍容備九牢而迎缺口于歡有司決其獄之寃禪將展屬鞬之禮雖迴缺字荒階詧無完緝寒來暑往但悉因循乃命度力缺於舊趾聳崇構於新規危簷䴏若以雲橫大廈嶪缺棟虹舒見暫勞

永逸之謀見經始圖終之義缺奐翬飛見府城之改觀加以不貪爲寶以缺之高封不輕稼穡耀缺絕歌堂舞閣之歡屏飛蓋照碁之樂匪關謀政無缺山之儀形作缺叨依缺三千雖歷接武鐵錢十万敢謂憐才奉命直書俾刋缺將來時顯德五年歲次戊午九月一日記缺朝請大夫檢校尚書工部員外郎兼殿中侍御史柱國武廷訓　缺書記朝議郎試大理司直兼殿中御史劉從乂缺大夫試大理司直守少尹兼監察御史范晞　缺檢校尚書戶部郎中守少尹兼侍御史崔絢　缺官朝散大夫試大理司直兼殿中侍御史武若訥　缺官朝散大夫檢校尚書兵部郎中兼御史中丞賜紫金魚袋施繼業　缺金紫光祿大夫檢校司徒兼御史大夫上柱國朱廷規　缺司馬金紫光祿大夫檢校司徒兼御史大夫上柱國孫暉　缺處置等使特進檢校太尉兼侍中行京兆尹上柱國瑯琊郡開國公食邑三千五百戶食實封九百戶王彥超

按此碑未經前人著錄宋史王彥超傳周顯德初爲河中節度使後遷京兆尹六年移鎮鳳翔宋初重鎮永興軍此顯德五年重修文昌廟正其初任京兆時也後又重修文宣王廟開元寺乃其再鎮永興時事故此結銜爲周之節帥後結銜爲宋之功臣也劉從乂史無其人畢氏關中金石記王氏金石萃編謂即文苑傳中之從義然亦無所證實或屬其兄弟行要必以侍御史爲節帥僚屬故王彥超屢有興作皆從乂爲之撰文也長安當後漢時經趙思綰之亂城之圍者經年至於殺人而食公所寺院強半毀廢故顯德以後多所重修耳

石暎墓誌銘 存年月缺文見陸氏金石續編

石縱廣各一尺七寸五分二十二行行二十字至二十二字不等朱仲武撰文并行書蓋題大漢故石府君墓誌銘九字篆書在西安府碑林

右石暎墓誌并蓋二石嘉慶二十二年出土卒年缺葬書甲子而不書國號年號閱題蓋篆書乃知仕於北漢者按北漢高祖劉知遠以丁未歲稱帝都汴仍稱天福子隱帝承祐乾祐三年爲周所篡辛亥知遠弟崇稱帝於晉陽仍稱乾祐崇卒子承鈞嗣丁巳改元天會戊辰承鈞卒子繼恩立被弒弟繼元立改元廣運宋太宗太平興國四年親征太原繼元降北漢前二主四年後四主二十八年凡三十二年歲次甲子北漢天會八年實宋太祖乾德二年暎爲劉氏舊臣故蓋題大漢宋既受命故稱前朝不書天會亦不書乾德猶陶靖節於晉宋之際但以甲子紀年也歐陽五代史謂亂世縉紳無復廉恥所傳一行僅四五

人若睽之敦素晦跡與朱仲武之書法不苟不偷可道歟京兆在北漢爲永興軍宋初則爲陝西路旋置永興軍路其云率先義勇克集茂勳或即指隱帝二年平趙思綰之亂也六典左右武衛中郎將各一人正四品掌領其府校尉旅帥翊衛中郎以宿衛而總其府事太子通事舍人正七品下掌導引東宮諸臣辭見之禮及承令勞問之事陸氏金石續編

性質溫溫黃氏作性柔謨又黃氏編列宋初按是時宋雖已受命尚是天會八年蓋題大漢列於北漢爲得實也陸增祥志

廣慈院東北兩莊地土牒佚天福六年

原石佚係天福六年八月立正書在咸寧香城寺

牒爲晉天福時給其立石則在宋淳化三年六月畢氏關中金石記

編纂渭南武樹善

陝西續修通志稿卷一百五十四

金石二十

宋

宋保寧寺鐘存咸平三年款見王氏金石萃編

鐘高四尺四寸八分周圍八面共寬一丈二尺六分每面作三截中截無字餘皆三行上二字下四字正書在興平縣保寧寺

欵內稱府主者知京兆府事者也內品者內侍官也所謂把門內品後苑內品是也鎮將及副鎮則鎮砦官耳畢氏關中金石記

按欵云皇千主秋府歲萬口應讀云皇帝萬歲府主千秋蓋欵文錯置也年月一行云大宋國大宋下加國字始見于此陝西通志保寧寺在興平縣西街而興建不詳鐘亦未及王氏金石萃編

臥龍寺鐘欵存咸平六年款見陸氏金石續編

鐘高四尺六寸周圍一丈三尺八面每面一字爲皇帝萬歲文武千秋八字陽文餘除剝蝕不計外存九十四字均屬施主姓名多陽文間有陰文

淨安寺鐘存崇寧四年款見王氏金石萃編

鐘刻字凡四面行字皆不等正書在朝邑縣

寺故址在渭水濱元至正元年沒于渭明改建于王林村欵云同州朝邑縣魯苑鄉金史有鎮名四而無魯苑之名亦可補地志之缺畢氏關中金石記

郃陽縣鐵醮盆存政和三年文錄後

盆圍一丈二尺五寸文刻盆邊周圍在光濟寺

同州郃陽縣仙宮鄉刑庄社糺首王海男王俊趙實王希席興王棟有願心鑄造醮盆一口并鐵索獻上白柔神三郎九郎政和三年癸巳孟夏壬午朔巳亥十八日記

星羅寺鐘銘存嘉定

原鐫未見不詳尺寸

嘉定甲申二月造兩截上截篆書有四神立像下截銘及題名正書在興安州今興安府城南純陽宮畢氏關中金石記

鳳翔府停廢寺院牒存文見王氏金石萃編 建隆元年

石高二尺七寸廣二尺分上中下三截上十七行行十一十三十四字不等中十二行皆書法名下刻長興萬壽禪院牒一行書

按碑刻長興萬壽禪院牒陝西通志鳳翔府寺觀無長興萬壽禪院名故興廢無攷牒載准顯德二年五月七日勅文應天下僧尼寺院除已指揮存留外其餘並行停廢毀折者此勅舊五代史載之最詳是月戊辰朔七日乃甲戌也通鑑載天下寺院非勅額者悉廢之禁私度僧尼凡欲出家者必俟祖父母父母伯叔之命禁僧俗捨身斷手足煉指挂燈帶鉗之類幻惑流俗者諸條皆本之舊史所載勅文又載諸道供到帳籍所存

寺院凡二千六百九十四所云云即此碑所謂除已指揮存留者也長興萬壽禪院已在停廢數內至是年復行存留是以刻此牒也年月後三行但有結銜而無姓名以太祖本紀攷之右僕射兼中書侍郎平章事爲魏仁浦司空兼門下侍郎平章事爲王溥司徒兼侍中爲范質也王氏金石萃編

太一宮記存文見王氏金石萃編 建隆三年

碑高六尺六寸二分廣三尺一寸二十九行行六十四字陳摶撰文宋復正書陳義篆額在終南山太乙谷

按此碑題曰華山陳摶撰鄉貢進士宋復書鄉貢進士陳義篆額文多夸誕事無可徵似非希夷手筆恐亦道流所託也宋書陳義名不見於書譜陝西通志長安縣有玄君廟在縣北三十里馮党里創自唐代又古壇廟有泰一壇元光二年從亳人繆忌奏立於長安城東南郊禮樂志武帝祀太一甘泉在京西北

云云而別無所謂太一宮者按亳人繆忌奏祠太一事見史記封禪書事在武帝立之十八年是年爲元朔六年非元封亦非元光通志與碑皆不合通志又載咸寧縣有太一元君行宮在東關鮑坡坊舊有廟在太乙谷士民以其去城甚遠不使祈祝故建行宮未知創自何代云云亦非碑所稱太一宮碑云後晉相國桑中令謂桑維翰也新舊五代史維翰傳均不載其鎮雍時歲旱禱雨之事蓋皆荒邈難稽矣後題道士王希美重立石云政和元年歲次辛卯庚寅朔十日己亥而不書何月宋史徽宗紀是年月皆不書朔稽遼史朔考是年十月庚寅朔也後道士題名者有曰秘希孟曰降清堅秘降二姓不多見王氏金石萃編

重修文宣王廟記存文見王氏金石萃編 建隆三年

石高六尺二寸五分廣二尺三寸四分二十五行行四十八字劉從乂撰文昭吉行書并篆額安仁祚刻字在西安府文廟

按此碑乃宋初王彥超鎮永興軍重修文宣王廟劉從乂爲文以紀其事也永興軍京兆府即今之西安府宋史王彥超傳彥超大名臨清人周顯德中官京兆尹永興軍節度六年移鎮鳳翔宋初加兼中書令代還未幾復爲永興軍節度此碑之立卽其時也碑末題彥超結銜首曰推誠奉義翊戴功臣文獻通考載功臣號始於唐德宗宋朝因之宰相初加六字餘臣初加四字其次並加兩字彥超官檢校太師兼中書令與宰相同體碑載功臣號六字當是初加也但通考所載賜中書樞密院臣僚功臣號凡十一而以此碑六字校之只戴翊二字相合其推誠奉義四字並通考所不載豈通考遺漏耶撰文者劉從乂史無從乂而有從義或是一人然史附文苑鄭起傳與顥贊董惇張翼譚用之張之翰並列贊惇並詳其官從義但稱其多藏書續

長安碑文爲遺風集二十卷下云餘皆官不達則從義之有官明矣而不詳其何官據此碑是以工部員外郎兼殿中侍御史爲觀察判官也彥超官兼觀察處置等使從乂似卽爲其屬官故得撰文記修廟之事書篆者但存昭吉之名而闕其姓無從考矣節王氏金石萃編

按書篆之昭吉自屬昭姓吉名楚公族後裔戰國時有昭奚恤昭陽昭雎王氏謂闕其姓殆未之詳攷耳

重修開元寺行廊功德碑存建隆四年文見王氏金石萃編

碑高八尺六寸四分廣四尺三寸三十八行行六十七字劉從乂撰文袁正己正書并篆額王彥超建立安仁祚刻字在開元寺

按此碑以建隆四年七月十七日立是年十一月甲子改元乾德七月尚是建隆四年也王彥超及撰文之劉從乂結銜與重

續陝西通志稿〈卷一百五十四〉金石二十　四

修文宣王廟記同事逾一年官位不改書篆者袁正己書史會要稱正已汝南人善書而不詳其官位此碑結銜可補所未備矣陝西通志載開元寺在咸寧縣治西唐開元二十八年正月二十八日玄宗於延慶殿與勝光師論佛恩德乃令天下州府各置開元寺一所此其一也宋建隆四年中書令瑯琊王彥超及僧嗣麟重修侍御史劉從義記卽謂此碑也據碑文寺已燬於唐末天祐甲子許國韓公先已重建至是乃增建四廊壁畫高僧四百五十尊卽所謂行廊功德也高僧者似卽五百羅漢之緣起本皆僧嗣麟貲力而歸美於節帥故多頌太師王公之功績碑書虒褫字皆闕末筆尚沿唐諱之舊募匠作慕匠似系筆誤薦字作廌凡二處通用字也王氏金石萃編

開元寺經幢三種

尊勝陁羅尼經幢幷記存乾德元年記見王氏金石萃編

幢高五尺二寸八面每面廣七寸三分各八行後一面九行行六十餘字不等黃麟撰記會首王瓚正書

尊勝陁羅尼咒石幢存開寶七年

幢高一尺六寸六分六面每面廣六寸書五行楷第四第六兩面均四行行十七字至二十一字不等正書

尊勝陁羅尼經幢存淳化四年

幢高四尺八寸八面每面廣七寸四分各七行行六十四字正書

按開元寺宋刻經幢三種本非一時而王氏連類及之統於開元寺姑仍其舊

同州修文宣王廟碑存乾德二年文見陸氏金石續編

石高二尺四寸廣三尺六寸二十六行行二十字二十四字不等梁勗撰文行書在大荔縣

篆書千字文存乾德三年文不錄

碑高一丈廣四尺三寸四分二十五行行四十字周興嗣次韻僧夢瑛篆書古文額袁正己隸書吳廷祚建安仁祚刻在西安府學碑林

續陝西通志稿〈卷一百五十四〉金石二十　五

瑛書全學李監未似張敾而袁正已隸書方勁有歐法與陰符經同非嘉祐以後人所及也趙氏石墨鐫華

右千字文宋僧夢英書他碑皆作英獨此作瑛千文他本皆云指薪修祜獨此本作修祐英公自負書家同時獨推一郭忠恕獨不聞江南有二徐在耶予謂英公特長于書法耳未通字學也此及偏旁二碑皆步趨當塗尚不失六書榘度至所作十八體便墮惡道矣金石存

夢英以篆法自名而體多閒架筆趨便易不若少溫之安詳端雅也且多繆體字如宙字應從由而作㽞往字應從㞷而作𢓊閏字應從王而作閠嚴字應從厂而作巖匡字應從㞷而作匩頓字應從屯而作𩑶嫡字應從啇而作𡣪出字應從屮凵而作出

克字應作亯而作亯列字應作𠛱而作𠛱殿字應作殿而作殿丞字應作𠫲而作𠫲穀字應作𣫞而作𣫞敕字應作敕而作敕觴字應作觴而作觴眺字應作眺而作眺盟字應從血而作盟或省或增或改變皆非正體又古無藏字只用臧古無岷字只用昆古無潔字只用絜古無邈字只用藐古無懸字只用縣古無塗字只用涂古無貽字只用詒古無妙字只用眇古無悅字只用說此亦並用俗字揆其故蓋因玉出昆岡昆池碣石女慕貞絜紈扇員絜等字本重疊故也又逍遙古只用消搖藝古只用埶此竟作逍遙與藝律呂調陽本作律召隋智永唐歐褚所書皆然今則作呂更徵謬陋矣英書已傳數百年然不能免後人之譏如此攈管者可不知所取法哉畢氏關中金石記

重修清涼建福禪院記存文見王氏金石萃編乾德四年

碑連額高六尺四分廣三尺一寸六分二十九行行五十字司馬詁撰文沙門道雍書并篆額在西安府碑林

按此碑爲沙門道雍書雍名不見於書譜司馬濤文亦繁蕪末題同學法眷僧名同學法眷之稱僅見于此王氏金石萃編

三體陰符經存文不錄乾德四年

碑高六尺廣三尺六寸二分二十一行行二十字郭忠恕三體書安仁祚勒字

右陰符經郭忠恕書篆法自唐李陽冰後未有臻於斯者近時頗有學者曾未得其髣髴也實錄言忠恕死時甚恠豈亦異人乎其楷書尤精也歐氏集古錄

忠恕篆書幾與徐鉉埒而尤以工小楷名畫入妙品仕宋爲國子主簿用酒狂得罪貶能自卜死日或云仙去不死也陰符經最爲唐人所重褚河南前後奉敕書至累百卷中亦多精語是老子以下鬼谷以上人作但非黃帝書耳忠恕既謫仙人宜其有會屢書之而不足也王氏弇州山人稿

此刻唐懷惲禪師碑之陰三體者以篆爲正而以古隸分注于下也蠶字本從𠯑從䖵而省爲蚕最謬者則列字作𠛱耳其所用古文多無所本宋史稱忠恕有古文尚書并釋行世今其所作汗簡中採錄甚多字體亦正俗參半乃博覽之家非求精之學也篆體既變少監舊法又加之筆畫謬戾何以示後畢氏關中金石記

篆書千字文序存文見王氏金石萃編乾德五年

文刻篆書千字文碑陰二十一行行三十五字陶穀撰文皇甫儼正書吳廷祚建安仁裕刻字

書出皇甫儼手可謂升率更之堂者趙氏石墨鐫華

按太祖紀乾德五年十一月癸卯改元開寶此碑以九月二十八日立故仍稱乾德五年文爲夢英千文序千文刻于正面此

序即刻於其陰千文以乾德三年刻陶穀撰序在丁卯仲春爲乾德四年而刻以五年蓋非一時之事也序末與千文同列吳廷祚銜名史載廷祚以乾德二年改鎮京兆開寶四年來朝遇疾卒其在京兆八年之久矣宋史陶穀傳太祖將受禪未有禪文穀出諸懷中以進太祖甚薄之此序乃自述其三署交官七朝掌誥誇以爲榮甚矣其鄙也傳又稱穀諸子佛老咸所總覽宜其爲英公作此序也函丈作函杖全謝山云出禮記王子雍本王氏金石萃編

夢英十八體書存詳見陸氏金石續編乾德五年

石高四尺一寸廣二尺五寸行字不計江淹擬惠休上人怨別詩一首夢英篆書每五字爲一體並以分書註釋後各人贈詩並袁允中正書在西安府碑林

贈詩共十二人馬去非宋白賈黃中陳摶趙逢李頌盧岳許道

寧何承矩呂端僧永牙元寶咸平元年刻者惟賈黃中呂端二詩相同此題端爲太常丞當是太祖定國初所贈然則咸平刻云特進太子太保致仕者爲追錄無疑也米芾書史曰夢英諸家篆皆非古失實一時又從而贈詩使人愧笑（畢氏關中金石記）

摩利支天經（存　乾德六年　經文不錄）

黃帝陰符經　附

（二經同刻一碑高五尺五寸廣二尺六寸三分作五截上三截摩利支天經各二十行下二截陰符經各二十六行行十一字或十字不等袁正已正書摩利支天經前李準畫像陰符經前翟守素畫像在西安府碑林）

此碑首摩利支天經前作佛像次黃帝陰符經前作黃帝問道廣成子像畫俱不惡書者爲袁正已亦能習歐陽率更法者因以見宋初諸人猶步趨唐矩也（趙氏石墨鐫華）

袁正已所書摩利支天經及陰符經立於乾德在京兆國學以

太學刻二教之經不必論宋初文字徐以篆夢英以雜體袁正已以楷皆得郭忠恕之一端而此爲袁得意之作古淡閒雅尚有李氏遺風爲蔡襄稍爲變調繼以蘇黃各出新意陵夷至於顛老古法掃地盡矣余於宋初猶有取焉（墨林快事）

按太祖於乾德五年十一月改元開寶此乾德六年己成開寶二年碑建於國學成于冬季何以貽誤至此殊不可解

新修唐高祖廟碑（存　開寶六年　文見王氏金石萃編）

（碑高一丈二尺六寸廣四尺九寸二十五行行五十九字至六十四字不等盧□撰文張仁愿行書額題大宋新修唐高祖廟帝廟之碑十二字篆書在三原縣）

按此碑撰文之盧□無從證實攷宋史禮志太祖令李昉盧多遜王祐扈蒙等分撰嶽瀆祠及歷代帝王碑則此碑撰銜其爲扈蒙無疑宋史有傳字日用幽州安次人

新修周武王廟碑（存　開寶六年　文見王氏金石萃編）

（碑高九尺一寸廣四尺五寸二十四行行五十五字盧多遜撰文孫崇望行書在咸陽縣）

宋修周武王廟碑盧多遜撰孫崇望行書亦開寶六年建蓋與唐太宗廟同時修葺者廟近王陵今廢圮碑不知何時移于城中（趙氏石墨鐫華）

右碑行書可觀有宋立于本廟在縣北一里今失其址碑見存今廟中夫有宋于文武成康俱于境中建廟與碑今止存此碑與康王碑而文成不可考矣噫四聖王陵寢俱在而廟貌頹圮非闕典而何（咸陽金石遺文）

崇望書宋時謂之院體蓋用集聖教序筆意而加豐潤者趙崡謂出吳通微恐未必然（畢氏關中金石記）

新修唐太宗廟碑（存　開寶六年　文見王氏金石萃編）

（碑高八尺廣四尺二十三行行五十字李瑩撰文孫崇望行書在醴泉縣）

按撰文之李瑩宋史無傳惟太祖紀開寶七年五月戊申朔殿中侍御史李瑩坐受南唐餽遺責授左贊善大夫當即其人

修周康王廟碑（存　開寶六年　文見陸氏金石續編）

（碑高五尺六寸廣二尺九寸二十五行字數不計孫崇望行書額題大宋新修周康王廟碑九字正書在咸陽縣）

文有云我應天廣運聖文神武明道至德仁孝皇帝宋太祖紀乾德元年十一月百官上尊號曰應天廣運仁聖文武至德皇帝開寶元年十一月上尊號曰應天廣運大聖神武明道至德仁孝皇帝與此聖文者異（畢氏關中金石記）

修唐憲宗廟碑并序（存　開寶六年　文見陸氏金石續編）

（碑高四尺五寸廣二尺三寸二十七行行六十二三字趙富撰文張仁愿正書在蒲城縣）

重修龍興寺東塔記（存　開寶八年　文見王氏金石萃編）

碑高五尺五寸廣三尺二十六行行四十六字正書在同州府

寺建自隋而重修于宋開寶之末檀郍楊繼宗也碑內有云府主連師太師者有曰通總隴右公者有曰觀風譙郡夏侯公者皆不可攷作碑者名岵而不言其姓亦無從知之書者并無姓名書法率更方整有之遒逸不如也 趙氏石墨鐫華

按同州龍興寺有二一在州西北隋開皇年建一在州正西陝西通志不言建于何代但云明洪武嘉靖中重修宋有重修龍興寺塔碑以此碑攷之則亦建于隋文帝時也碑云隋文因以所居宅為此寺隋書高祖紀皇妣呂氏以大統七年六月癸丑生高祖於馮翊般若寺紫氣充庭有尼來自河東謂皇妣曰此兒所從來甚異不可於俗間處之尼將高祖舍於別館躬自撫養而不言別館所在馮翊正同州首邑據此碑知龍興寺為隋

文帝居宅矣然據陝西通志又云州治東金塔寺右有興國寺隋文帝龍潛處唐改隆興寺尉遲恭建是又以興國寺為隋文帝居宅而改建為寺又在居時其非即龍興寺明矣恐通志未確當以碑為據也碑載院西有長興萬壽院今已無考宋史馮繼業傳繼業字嗣宗大名人開寶二年拜靖難軍節度使三年改鎮定國軍太平興國初來朝是碑載府主連師太師信即馮繼業建碑之八年尚在鎮也末題開寶八年乙亥歲四月辛巳朔二十九日辛未建由辛未上推至朔不應是辛巳據遼史朔考四月是癸卯朔方與辛未合碑誤也 王氏金石萃編

蒼頡廟碑並陰 佚 開寶八年

石佚不計尺寸韓從訓撰文韓文正行書原在白水縣

碑字甚拙其陰列孔子弟子姓名書冉耕字伯牛攷漢敝毋廟石闕銘有川柏繇義作伯漢碑陰又有出錢幾伯文是古百伯柏三字通用也書公冶長字子之苑甯曰公冶長名芝字子長以芝為名非也古芝與之同字書漆雕開字子修樊遲字子緩又分樊須為二人則非是 畢氏關中金石記

按錢氏潛研堂金石目錄作韓元正書與此碑異碑佚無從證實姑兩存之

張仲荀抄高僧傳序 存 無年月 文見王氏金石萃編

碑連額高六尺一寸二分廣三尺四寸十七行行二十四字陶穀撰文僧夢英行書遷客郭忠恕篆額在西安府碑林

英公以正書為得行筆非所長也篆蓋乃郭忠恕郭小字篆文習見之此漸大而尤有典則八字元為兩行行間甚闊余手自裝潢聯作一幅 墨林快事

宋史忠恕傳建隆初被酒與御史競於朝堂坐貶為乾州司戶

參軍又擅離貶所削籍配靈武其後流落不復求仕進多遊岐雍京洛間至太宗即位始召赴闕授國子監主簿則其篆碑額亦在太祖朝遊雍岐之時故署為遷客也 王氏金石萃編

法門寺浴室院靈異記 存 記見陸氏金石續編 太平興國三年

石高廣各二尺二十二行行二十八九字不等正書在扶風縣本寺

按太平三年四月法門寺浴室院靈異記云前節度推官毛文恪文而識之是記為文恪所撰特未知書者為何人耳孫氏訪碑錄不著撰人畢氏關中金石記槩云無撰書人姓名殊皆疏漏 陸氏金石續編

保寧寺額牒 佚 太平興國三年

石佚不計尺寸原在興平縣

牒云興平縣清梵寺宜賜保寧之寺為額西禪院宜賜淨相禪

院爲額誌公塔院宜賜多寶院爲額法花院宜賜惠安之院爲額後有中書侍郎平章事盧者盧多遜也右僕射兼門下侍郎平章事右僕射兼門下平章事者當是沈義倫薛居正兩人（畢氏）

使帖（佚　太平興國三年　正書刻前牒文下）（關中金石記）

中書右贊善大夫通判軍州事揚而不及劉敞等漢書刋誤曰楊氏世有兩族出赤泉侯者從木子雲當從手吳仁傑正之曰子雲先世食我食采於楊而得姓字亦應從木案魏志楊修字從木而自稱爲修家子雲知兩字古本通也後有武功郡王宋史宗室列傳太祖子德昭太平興國元年鎮永興封武功郡王（畢氏關中金石記）

縣帖（佚　太平興國三年　正書並刻牒文下）

太上老君常清淨經（存　太平興國五年　經文不錄）

太上昇玄消災護命經　附

太上天尊說生天得道經　附

（石高五尺五寸廣二尺六寸分四截清淨經前有畫像共書二截護命經書第三截得道經書第四截每行十三字行數不等　白廷蘊繪像龐仁顯正書在西安府碑林）

按此碑書者龐仁顯學步率更頗得神似三經合刻一石而月日各別上二截則書太平興國五年二月二十一日三截則太平興國五年閏三月十五日下截篆書太平興國五年閏三月二十一日也

上清太平宫碑（存　太平興國五年　文見王氏金石萃編）

（碑連額高一丈二尺四寸廣二尺二寸二十九行行六十字徐鉉撰文張振正書在盩厔縣）

按上清太平宫今名太平興國觀陝西通志在盩厔縣東三十里終南鎮宋太宗以年號名宫今俗呼雪樓宫碑建於興國五年撰者徐鉉書者張振宋史徐鉉傳鉉字鼎臣廣陵人仕江南歷吏部尙書及隨煜入覲太祖命爲太子率更令太平興國初直學士院加給事中官位與碑合張振無攷碑云我國家御歷之元祀有神降於鳳翔府盩厔縣之望仙鄉盩厔縣後唐隸京兆府晉隸鳳翔府宋因之玉海云國初有神降于盩厔民張守眞家守眞爲道士卽所居創北帝宫太宗嗣位眞君降言有忠孝加福愛民治國之語詔於終南山下築宫凡二年宫成宫中有通明殿題曰上清太平宫如眞君預言祀神之夕上望拜興國六年十一月壬戌封神爲翊聖將軍祥符七年加號翊聖保德眞君凡眞君所降語帝命王欽若編爲三卷上作序名曰眞君傳此碑建時蓋猶未封將軍之號也（王氏金石萃編）

扶風夫子廟堂記（存　太平興國七年　文見王氏金石萃編）

（碑高五尺一寸八分廣三尺二寸四分十九行行三十字唐程浩撰文釋夢英正書并篆額安文璨刻字在扶風縣）

按此文爲唐駕部郎中程浩撰釋夢英正書篆額文全篇已載本書九十五卷全文五百四十餘字彼碑存者祇七十一字已取唐文萃所載增注於彼卷矣此碑所存祇半篇計二百四十六字亡其後半而所存之文間有與彼卷增減互異之處今全文不錄惟摘記其不同者天地吾知其至廣以其無不覆載彼卷知下無其字廣下有也字無下有所字測明以尺圭明彼作景偉夫夫子彼作偉哉家國用和彼作用肥道不可筌其有物彼不作未筌作詮我先師夫子聖人也彼於聖人上重夫子二

字古之帝聖者曰堯古之君明者曰禹二句彼作帝之聖者曰堯王之聖者曰禹師之聖者曰夫子三句用之而昌捨之而亡彼而皆作者昔否於宗周今泰於皇唐彼無宗皇二字不然何耀袞而裳垂珠而王者矣彼不然下有者字耀作被珠作旒矣作哉此下彼有扶風古縣也云云半篇此全闕後夢英記重建原委其湖州臨安之誤及考證之處前跋已詳茲不贅但文佚其半而記內不言缺失之由何也夢英書此碑似亦在遊終南山時距其書千文又十七年此碑題名作英前作瑛不同而文章字學宣義大師八字則前碑所無者太宗即位二年改名曰炅故賜號不避義字末題重建歲月曰壬午歲六月蓋太平興國七年也後列同轉運祖吉轉運副使趙載權知永興軍李準三人銜名宋史俱無傳陝西通志名宦亦不載夢英記但言轉

輸二君子而銜方有三人者知軍尊于轉運不可畧也 王氏金石萃編

廣慈禪院修瑞像記 雍熙二年 佚 記見陸氏金石續編

石佚不計尺寸陳摶撰文楊從乂正書篆額題廣慈禪院新修瑞像記九字原在咸寧縣香城寺

周約謁祠記 雍熙二年 佚

石佚不計尺寸正書原在華嶽廟

上清太平宮鐘記 端拱元年 佚 文見王氏金石萃編

石佚不計尺寸王化基撰文趙偉正書道士張守眞建黃德用刊

按上清太平宮興建緣起已詳前碑此碑爲王化基趙偉奉勅撰書宋史列傳王化基字永圖鎭定人太平興國二年舉進士爲大理評事通判常州遷太子右贊善大夫知嵐州改淮南節度判官入爲著作郎遷右拾遺召試知制誥此碑結銜中微六字而存者曰朝奉郎尚書駕部則傳未嘗爲駕部官也趙偉無攷文云昔李茂貞竊據之時嘗移古道宮樓觀鐘於天柱山懸挂道士張守眞具以上請太平興國五年閏三月三日詔移是鐘歸于本宮然則此鐘從天柱山移來矣陝西通志不載天柱山即樓觀之有鐘亦未述及歐五代史雜傳梁太祖即位諸侯之彊者皆相次稱帝獨茂貞但稱岐王開府置官屬視朝出入擬天子而已有地二十州云云此即李茂貞竊據之事也碑末不紀號而曰皇宋耕藉之元年宋史太宗紀端拱元年春正月乙亥親耕藉田還御丹鳳樓大赦改元則碑建於端拱元年七月在移鐘後九年矣 王氏金石萃編

新譯三藏聖教序 端拱元年 存 文見王氏金石萃編

碑高六尺八寸三分廣四尺五寸二十行行四十字太宗御製文沙門雲勝書并篆額在西安碑林

西域僧天息災譯三藏太宗爲序雲勝書天息災無玄裝師之奇異太宗無唐文皇之雄才雲勝無懷仁之手腕又無王逸少之殘墨斷楮足供其補綴時代既非不能超乘而上后之爲不朽者難哉 趙氏石墨鐫華

廣慈禪院莊地碑 淳化二年 佚 文見陸氏金石續編

石佚不計尺寸額題本院東北兩莊地土之碑十字前段安守忠淳化二年狀後附石晉天福六年安審琦奏并戶部牒後乃本院主師忠狀下截各莊地頃畝細數

呂文仲題名 淳化四年 存

劉大智禪師碑陰正書在碑林

文仲時以左諫議大夫與陳堯叟爲關西巡撫使見宋史本傳 畢氏關中金石記

王著題名 存 無年號

刻定慧禪師碑陰正書在鄠縣

著以攻書事太宗爲侍書傳以爲與呂文仲同時人故附于此

畢氏關中金石記

崔承業題名 存淳化四年

晉大智禪師碑陰正書在碑林

重修裝畫彌勒佛閣記 存至道二年文錄後

石高三尺五寸廣二尺三寸十二行行二十六字李德用撰文楊翾文行書李翔篆額額題□□彌勒大像幷閣之記十字

在武功縣

京兆府武功縣寶口寺重修裝畫彌勒佛閣記　鄉貢進士李德用撰　進士楊翾文書　鎮遏使主父偃篆額　夫武功縣者唐高祖潛龍之地寶意寺者彌勒佛大像之居名山隱映鎮於西城麗水汪洋遶其東口即王勃有言曰人傑地靈何處不有至若䂊基之額自述古碑整口葺隳聊憑新記刱茲佛也身高百尺閣就三層度木鳩工動盈口數若非信心化誘特力主張孰以興其善事也奈以年代逾遠風口凋零虹梁欹而鴛瓦將飛繪事暗而金身徒倚一旦有本邑知縣都監隴西殿直以驚巡之外迎送之口下馬登臨憑欄顧望乃曰今以寇盜屛跡人民乂安稼嗇爰豐國家康泰政事以簡軍旅稍閑始則修之以縣城用嚴禦扞次則勸之以農務不使訟爭漸乃飾之以口蓮宮口光教法也覩茲丹雘欲荐補修則前買木元公同心誘化共作維郍仍有效忠都頭崔進專勤勝事夙著道心俾爲部轄之能甚有精嚴之志於是官寮減其清俸士庶捨以口資選匠命工立成壯麗榱桷以之重密棟梁以之不欹佛像以之莊嚴佳致以之幽邃或登樓而閑詠勢若飛翔或寓目以匿觀宛如屛障今古盛事不其偉歟德用以早跡

文場及叨鄉薦亟承請命輒叙廢興時大宋至道二年歲次丁酉九月癸亥朔十五日丁丑建　安璨刻字都維郍頭曹州效忠第三指揮第三都頭口進　將仕郎守主簿權縣尉呂皐　前買口口德方殿直知縣兼兵馬兼押巡檢李崇

贈夢英詩碑 存咸平元年　文見王氏金石萃編

碑高九尺廣四尺二寸四分作六截書各三十三行行十四字至十六字不等僧正崇正書僧智全等建安文璨文賤刻字在西安府碑林

贈英公詩者三十餘人陶穀宋白蘇易簡郭忠恕諸人皆在其中而備諸惡道無一首合作宋初人口語如此無論初盛何可令許渾見之書手出廬岳僧正蒙得誠懸法以英公廟堂碑觀是其相知之深者故欲有效於英耳詩中書劉倚作劉靈

趙氏石墨鐫華

贈夢英大師詩共三十二人陶穀楊昭儉趙逢王著蘇德祥趙文度郭從義何承裕楊徽之范杲李建中張洎呂端賈玭李鑄師頏李若拙宋白賈黃中趙昌言鄭起許仲宣馬去非韓溥臧丙蘇易簡王承衎陳文顯穎贇郭忠恕陳摶宋溫舒叙次官職往往與史傳合唯李若拙范杲臧丙爲左諫議大夫鄭起爲左拾遺史並作右爲非耳又楊徽之不及爲翰林侍讀學士亦其脫略砍碑作咸平元年刻石而史載徽之以二年爲兵部侍郎兼秘書監師頏以三年爲翰林學士呂端以太子太保致仕亦在眞宗立後一二年並在石刻後者疑碑追刻歲月實非元年所製也碑書諸人官職皆舉其後且顯者故有不合耳詩並言某人上或無上字唯范杲作狂筆言甚粗鄙不足法也夢英一沙門耳其傾動朝士不必皆如詩所云云或好事者依託爲之

以彰大其教耶然非所攷矣諸詩亦俱無可觀王著題云翰林學士中書舍人知制誥當是單州人以開寶二年卒無書名與太宗時爲侍書者是兩人 畢氏關中金石記

昭應縣文宣王廟碑 存 咸平二年 文見王氏金石萃編

碑連額高六尺[illegible]寸廣四尺四寸二十四行行四十五字王洪撰文蕭資[illegible]書并隸額[illegible][illegible][illegible]路建[illegible][illegible][illegible]字在臨潼縣

按昭應縣大中祥符八年改臨潼縣屬永興軍路京兆府宋史趙昌言傳真宗即位遷兵部侍郎知陝州未幾移知永興軍三年召入兼御史中丞此碑立于二年八月正昌言知軍時也陝西通志臨潼縣學舊在縣城北宋咸平中知縣趙恪改建主簿王漢有記即謂此碑也然碑云故廟之址居邑之南逼側蕪穢乃就邑之北擇良地筮吉日而遷焉則是自南而遷於北志載未晰且以趙恪爲趙格亦訛撰記者主簿王漢碑泐其名賴志補之 王氏金石萃編

說文偏旁字源并序及郭忠恕答書 存 咸平二年 文見陸氏金石續編

石高六尺四寸廣三尺隸書一行篆書十七行行三十三字正書十一行字數不等字源篆書自序答書正書並釋夢英書安文篆刻字在西安碑林

英書多繆體如𥩈字作[illegible]字作[illegible]字作[illegible]字作[illegible]字作[illegible]字作[illegible]字作[illegible]字作[illegible]皆不合六書之正者也英公書法與郭忠恕如出一手故每相標榜恕答英公書亦頗稱之而自序直云自李監之後惟洛陽郭忠恕共余深得其妙未免太自矜矣　字原於每字下各著一音皆自爲音切不本前人所製合之紕弄之例猶無所誤其最謬者如音皂爲方木反攷皂字古有兩音一音香一音皮即反從無方木之音音犛爲陌包反犛字从牛𠩺聲氂字从犛省毛聲是誤以犛爲氂字音甾爲方九反說文曰楚東名缶爲甾本音例詞反又誤以甾爲缶字是英公非但不識字亦並不識音 畢氏關中金石記

夢英所書偏旁五百四十部以說文校之多一子部少一丶部又部序先後間有小異郭忠恕答英公書云見寄偏旁五百三十九字按說文字源唯有五百四十部子字合收在子部今攷說文子字却在了部非在子部亦不可曉碑後題劉知信柴禹錫二人銜名宋史柴禹錫傳至道初制授鎮寧軍節度知涇州入謝上詔曰由宣徽罷者不過防禦使爾今委卿旌節兼之重鎮可謂優異矣然則宋時節鎮雖祇空銜亦未嘗輕予也功臣之號惟中書樞密得賜推忠字知信以庶僚得之蓋殊數也職官志稱京兆府兼安撫使馬步軍都總管知信之銜惟帶提轄兵甲捉賊公事不兼安撫蓋官制沿革非一史家不能盡書也

錢氏潛研堂金石文字跋尾

梁顥李易直題名 存 咸平三年 文見王氏金石萃編

石橫廣一尺餘高七寸五分八行行七字正書左行末行缺

按宋史真宗紀咸平三年正月益州軍變害鈐轄符昭壽逐知州牛冕等推都虞候王均爲首作亂十月己丑雷有終追斬王均於富順監禽其党六千餘人丙寅以翰林學士王欽若知制誥梁顥分爲川峽安撫使題名部字上泐一字據史乃益字也題名言誅王均之踰月而紀乃牽連書於十月據長編李易直爲副而紀不及者畧之也咸平四年三月始分川峽爲益利梓夔四州爲四路此時尚爲川峽兩路蓋東西兩川及巴峽也梁顥與王欽若同日受命爲安撫而題名不及欽若與李及甫者及甫自副欽若而行而欽若又自赴川路殆行不同程也 王氏金石

補

西嶽廟乳香記 存文見王氏金石萃編 咸平六年

碑高六尺四寸廣二尺七寸四分二十一行行五十四字韓見 素撰文智通正書董洎篆額高紳等建姚玉鐫字在華陰廟

高紳轉運荆湖奏請勅賜南岳焚香而四岳并及之據碑南岳諸殿日破乳香一兩西岳諸殿共十一處乃日破半兩古人焚香其儉如此且所焚乳香非今香也碑正書亦有柳誠懸筆意 趙氏石墨 鐫華

按乳香廣志謂之乳頭香生南海是波斯松樹脂包紫赤如櫻桃透明者爲上宋史太祖記乾德元年十二月泉州陳洪進遣使貢白金千兩乳香茶藥皆萬計蓋當時以乳香爲難得之物也香譜載曹務光禮趙州用盆焚乳頭香此亦禮神物用乳香之一證其謂之乳頭者本草云薰陸即乳香爲其垂滴如乳頭也 王氏金石萃編

續陝西通志稿【卷一百五十四 金石二十　二十一】

重眞寺田莊記 存記見陸氏金石續編 咸平六年

碑高三尺八寸廣二尺二寸記八行行四十二字至四十六字 不等田莊數五行僧徒名三行上件計錢一行年月一行字數 不計並行書額題買田地莊園記六字 二行正書在陝西扶風縣法門寺

華嶽題名八十八段 詳見王氏金石萃編

高紳韓見素等題名 佚 咸平

石裂爲三合之橫廣一尺九寸高一尺五寸七行行六字七八 字不等左行隸書原在華陰廟

高紳曾致堯李易口題名 存 咸平四年

石橫廣八寸高五寸五分八行行六字七字不等正書在華陰 廟

口仲卿祭嶽廟題記 存 景德二年

石橫廣二尺二寸高九寸九行行六字正書

李濬題名 存 大中祥符三年

按李濬爲李超之子宋史附潘美傳李超者冀州信都人爲禁卒常從潘美軍中主刑刀美好乘怒殺人超每潛緩之美怒解輒得釋以是全者甚衆人謂其有陰德子濬字德淵中進士景德初累判吏部銓權樞密直學士尋知開封遷右司郎中出知秦州暴疾卒濬與李宗諤同歲同月後一日生其卒也亦後一日衆以爲異據李宗諤傳宗諤以大中祥符五年五月卒年四十九則濬之卒年月與春秋若干皆有可攷而知此題在大中祥符三年二月是其官秦州蓋兩年餘也 王氏金石萃編

韓國長公主設醮題記 存 大中祥符三年

在乳香記右側上截七行行十四字至十七字不等正書

宋史本傳楊國大長公主至道三年封宣慈長公主咸平五年進魯國下嫁柴宗慶歷徙韓魏徐福四國仁宗立進鄧國大長

續陝西通志稿【卷一百五十四 金石二十　二十一】

公主以眞宗本紀攷之封韓國後應是衛國非魏國也本紀是年閏二月帝幸第視疾即指此事案太宗七女惟此歷封韓國爲長公主若雍國大長公主亦改封韓非此 畢氏關中金石記

韓國長公主禱謝題記 存 大中祥符三年

在乳香記右側中段作兩截書上設醮計八行下人名四行字 數各不等正書

宋垂遠等題名 存 大中祥符三年

在拱極觀碑右側下截五行行二十四字左行隸書後張紳題 三字行書共五人

按宋史傳宋璫字寶臣華州渭南人長子明遠次子柔遠三子垂遠據此題有弟寧遠史所不載此題云庚戌季秋提點京西刑獄公事庚戌爲大中祥符三年京西舊分南北兩路後併爲一路南路所屬爲襄陽府鄧隨金房均郢唐七州光化一軍北路所屬爲河南潁昌淮寧順昌四府鄭滑孟蔡汝五州信陽一

軍垂遠家于渭南請假省母則於此路爲近也垂遠父瓚傳稱卒于淳化四年年六十一至此年距瓚之卒又十八年度其母年幾八十矣稱母爲北堂始見於此 王氏金石萃編

麗房等題名 存 大中祥符三年

在拱極觀碑右側上截作兩層書上四行字已泐斷甚爲詩行書下題名八行行五字正書

李懷口設醮題名 存 年月缺

按此題名泐其年月據記有將祀汾陰四字宋史禮志眞宗東封又明年以群臣請詔許四年春祀汾陰后土此云將祀則在三年矣 王氏金石萃編

李自正題名 存 大中祥符六年

在張皥民題名之左三行行五字六字不等左行正書

按此題無年月但云嶽神册帝之明年西嶽加封金天順聖帝

係大中祥符五年事則此爲六年所題也 王氏金石萃編

張懷彬等題名 存 大中祥符九年

在遂城碑頌碑額述字之下七行行十一字十二字不等搨可久正書共四人

按天書九載即大中祥符九年 王氏金石萃編

王懷珪設醮記 存 大中祥符九年

石高一尺廣八寸八行行十二字張綽正書

李知常設醮題記 存 大中祥符口年

在乳香記左側上截六行行十五字正書共二人

許文德題名 存 天禧三年

石高六寸五分廣五寸三行行九字正書

送御書奉神述碑記 存 天禧四年

石高一尺三寸廣九寸八行行八字九字十一字不等正書

文有云巳後午前丙時豎立所稱丙時即二十四路法也其法出於淮南子天文訓子午卯酉爲二繩丑寅辰巳未申戌亥爲四鈎東北爲報德之維西南爲背陽之維東南爲常羊之維西北爲號通之維所謂四維者乾巽坤艮四路也故下又有斗指子則冬至指癸則小寒指丑則大寒指報德之維則立春指寅則雨水指甲則驚蟄指卯則春分指乙則清明指辰則穀雨指常羊之維而立夏指巳則小滿指丙則芒種指午則夏至指丁則小暑指未則大暑指背陽之維而立秋指申則處暑指庚則白露指酉則秋分指辛則寒露指戌則霜降指號通之維而立冬指亥則小雪指壬則大雪等說道家傳黃帝宅經多有其法世蓋襲用之而不知其出於淮南矣又云神述碑一斤玉篇有斤字云平也又有廳字云客厨此蓋以斤爲廳案聽事之所爲

廳古無斤廳二字是即用聽字矣 畢氏關中金石記

眞宗御製詩殘字 佚 年號缺

碑已斷裂僅存二塊一高一尺九寸廣一尺八寸兩截書上七行下六行每行二十二字至四十五字不等一高一尺八寸廣一尺四行字數無考

按宋詩紀事搜採眞宗詩得七首而此詩未見則亦以殘缺過甚不能錄存也詩有汾陰回輿親祠等字知爲祀汾陰以後賜從臣之作附以備攷又考玉海大中祥符四年四月丁未作西祀還京歌有寬簡育群生虔恭居大寶之語賜近臣和庚戌三司使丁謂等請以汾陰路聖製歌詩命大臣書立石此詩前序殘泐之中有勅丁二字或即勅丁謂等之文姑附識之 王氏金石萃編

李昭通等華嶽殘詩 存 年號泐

在拱極觀左側上下皆泐共八行字數無攷行書

按此詩亦殘缺僅見李昭通姓名宋史傳有李昭慶爲繼隆子李昭遜爲繼和子並處耘孫而獨無昭通宋詩紀事亦無攷詩可讀者三句其全篇當是七律前有序云各賦小詩則非一人作也序有汾陰嶽神等字亦從祀汾陰而謁嶽神者 王氏金石萃編

錢若水等觀稼謁嶽廟殘題 存 年號泐

石高八寸廣六寸四行行六字左行正書

按史傳錢若水字澹成一字長卿河南新安人眞宗即位累加工部侍郎充集賢院學士判院事修太宗實錄累知開封府又遣巡撫陝西緣邊諸郡此題觀稼謁廟殆即巡撫陝西時事而眞宗記不詳巡撫爲何年題名又無年月可系姑附於眞宗之末 王氏金石萃編

段微明設醮記 存 乾興元年

續陝西通志稿　卷一百五十四　金石二十　二十四

石高一尺五分廣七寸七行行十字至十八字不等正書

題云奉宣差入內內侍省內侍高品段微明往慶成軍太寧宮太寧廟開啟道場慶成軍即河中府榮河縣以大中祥符中陞爲軍太寧宮即后土祠禮志曰大中祥符四年改奉祇曰太寧宮石刻宮名泐一字知爲太字 畢氏關中金石記

范雍題名 存 乾興元年

石高一尺一寸廣四寸五分四行行九字十字不等正書

題云陝西轉運使尚書兵部員外郎賜紫金魚袋以傳攷之當由京東轉運副使歷河北轉運使及陝西也史不及兵部員外郎是其缺畧 畢氏關中金石記

上官沖等題名 存 乾興元年

在周約題名之左四行字數不等左行正書共二人

范雍再謁祠題名 存 天聖元年

石高一尺一寸廣五寸五分四行行十字十三字不等正書

題云今歲自三司度支副使遷此官復爲本路轉運使以傳合之蓋由陝西轉運使入爲三司戶部副使又徙度支以尚書工部郎中爲龍圖閣待制陝西都轉運使耳 畢氏關中金石記

劉巨川題名 存 天聖三年

在張承禧題名之下共四行行十三字正書

宋漢臣題名 存 天聖三年

石橫廣一尺三寸高一尺一寸十一行行十二字左行正書

按此題年月日皆用支干而不言數今以遼史朔考考之壬戌是眞宗乾興元年乙巳爲四月辛亥是十二日也甲子爲仁宗天聖二年丁口月者二月建丁卯也乙口歲戊口月者天聖三

續陝西通志稿　卷一百五十四　金石二十　二十五

年乙丑正月建戊寅也壬午月壬午朔丁酉日者五月十六日也乙酉月庚戌朔辛亥日者八月二日也謂天聖二年二月解罷三年正月赴闕五月同判華州八月祭禱靈嶽也宋漢臣無傳 王氏金石萃編

杜詵等題名 存 無號年

石橫廣二尺五分高一尺一寸六行行五字六字不等左行正書共五人

按題名五人無年月可系五人中惟蘇舜欽有傳舜欽字子美易簡孫初以父任補太廟齋郎調　陽縣尉玉淸昭應宮災詣登聞鼓院上疏尋舉進士改光祿寺主簿玉淸昭應宮災乃天聖七年六月事姑以此題附天聖後 王氏金石萃編

陳執中題名 存 景祐四年

在韓賞告華嶽廟碑下截右旁共三行行十八字正書

宋史本傳執中字昭譽明道中安撫京東進天章閣待制使還知應天府徙江寧府再遷工部郎中改龍圖閣直學士知永興軍按此所云與史傳合 畢氏關中金石記

題名殘石 佚 寶元二年

石橫廣一尺三寸高五寸五分五行行四字正書又附進士鄭據名

按紀號元字泐上一字當是寶元 王氏金石萃編

王堯臣藍元用等題名 存 慶曆五年

石橫廣一尺高九寸九行行九字左行正書

題云被詔綏撫涇原又云經畫西事以史攷之即王堯臣也堯臣以翰林學士知審官院陝西用兵爲體量安撫使韓琦徙秦州范仲淹徙耀州堯臣言二人不當置之散地又薦种世衡狄青有將帥才慶曆二年九月趙元昊自鎮戎軍原州入寇乘勝

掠平涼關中震恐仁宗思其言復以琦仲淹爲招討使使堯臣再撫涇原其所論沿邊城砦設險阨要賊徑通屬及備禦輕重之策動關利害故史節載其文以仁宗本紀攷之是年十月甲寅有遣使安撫涇原路之文而不著姓氏夫堯臣能識韓范於既敗之後舉种狄於未用之先所見已爲卓然又經畧西兵朝廷多從其計至以疏請諸事付之各鎮用取爲法是堯臣之出爲當時重有關係之人本紀反畧之宋史之採撫失當於此可見 畢氏關中金石記

王榮張孔採題名 存 慶曆七年

在唐李貽孫題名之右各一行字數不等正書

施昌言題記 存 慶曆七年

石連額高一尺六寸廣九寸五行行八字隸書

按陝西通志不載是年修廟事昌言字正臣通州靜海人傳稱其由三司度支副使除天章閣待制河北轉運副使降知華州 王氏金石萃編

田況與弟淶題名 佚 慶曆七年

在程遵路題名之下四行行七字八字不等左行正書

按宋史傳田況字元均趙元昊反夏竦經畧陝西辟爲判官言治邊十四事累官陝西宣撫副使東都事畧載其除龍圖閣直學士知成德軍徙秦州進樞密直學士知渭州 王氏金石萃編

謁岳廟題名 存 慶曆七年

在田況題名之左五行行八字九字不等左行正書共二人名全泐

程琳等謁嶽祠題名 存 慶曆七年

幢長四尺二寸八面每面廣七寸五分題名刻兩面各三行行十七字正書共九人

按宋史琳字天球永寧軍博野人累遷工部尚書加大學士河北安撫使改武昌軍節度使知永興軍陝西安撫使以宣徽北院使判延州仍爲陝西安撫使所載與題名互有詳畧而無年月可攷題名云丁亥歲六月則慶歷七年也東都事畧云寶元二年遷工部尚書加資政殿大學士河北安撫使拜武昌節度使知永興軍明年拜宣徽北院使判延州則當在康定元年與題名不合傳不書琳子此則有男嗣隆嗣弼嗣恭又有姪男嗣直可補史缺 王氏金石萃編

葉清臣等題名 存 慶曆八年

在程琳題名石幢第五六兩面各三行行二十字正書共六人

按宋史傳清臣字道卿蘇州長洲人天聖二年進士累擢起居舍人龍圖閣學士權三司使公事出知江寧府踰年入翰林爲

學士父憂服除宰相陳執中素不悅之即除翰林侍讀學士知邠州改澶州進尚書戶部郎中知靑州徙永興軍浚三白渠溉田踰六千頃會河決商湖北道艱食復以爲翰林學士權三司使此題慶歷丁亥秋赴官欵祠明年四月蒙恩召還再經宇下則此題在慶歷八年戊子陳執中入相始于慶歷五年至皇祐元年八月罷是慶歷七八兩年正執中當國之時也赴官在七年之秋召還在八年之夏其官永興僅踰半年而浚渠溉田有惠于民如此史傳未嘗晰載年月不覩此題不知其勤民之敏也因表出之 王氏金石萃編

程琳再題名 佚 皇祐元年

在石經第七八兩面各三行行二十字正書共七人

內有云太常博士蔡挺即工部尙書蔡敏肅公也字子政史但

續陝西通志稿【卷一百五十四 金石二十　二十八】

載從王堯臣范仲淹兩次宣撫陝西不及程琳幷不及太常博士俱是缺畧 畢氏關中金石記

傅口題名 存 皇祐三年

在浙國公題名之後六行字數不等正書

李杞題名 存 皇祐三年

在唐妻頌題名之右四行行七字八字不等正書

蘇軾有臘月遊孤山訪惠勤惠思二僧詩又有李杞寺丞見和前篇復用元韻答之詩疑即其人 畢氏關中金石記

孫昌夏大雖題名 存 庚子

石高四寸五分廣四寸四行行五字六字不等正書

成麟殘題名 佚 號年湯

題名上缺在王希倩之左四行字數無致左行正書共三人

張恭禮設醮題記 存 嘉祐四年

在乳香記右側下截五行行十三字正書

程遵路題名 存 嘉祐七年

在唐浙國公題名之後十行行二字左行隸書

內侍省口口設醮題記 存 治平二年

在乳香記左側下截十一行行七字八字不等正書共三人名並殘缺

史炤題名 存 治平三年

石橫廣七寸五分高五寸餘上已殘缺五行行約七字正書

閻詢題名 存 熙寧元年

在華嶽頌碑後蔡延慶題名之下一行二十四字正書

宋史詢傳詢知商州神宗初轉右諫議大夫改邠同二州提舉上清太平宮使此詢自署諫議大夫是從商州還朝道經於此

續陝西通志稿【卷一百五十四 金石二十　二十九】

留題耳 畢氏關中金石記

陳繹等題名 存 熙寧二年

在華嶽頌碑第十八行人神宗悅字之下二行行三十七字四十四字不等行書共六人

按宋史本傳繹字和叔開封人神宗立爲陝西轉運副使入直舍人院修起居注知制誥拜翰林學士以侍講學士知鄧州史不及爲京東轉運使者缺也 畢氏關中金石記

楊遂題名 存 熙寧三年

在華嶽頌碑右一行三十二字正書

題云宋馬軍都使容州觀察使新環慶副都總管楊遂宋史作楊燧云開封人累遷榮州團練使京城左廂巡檢英宗即位以爲鄧州防禦使步軍都虞侯歷環慶涇原鄜延二路副都總管至馬軍副都指揮使由容州觀察使拜寧遠軍節度殿前副都

指揮使卒謚莊敏地理志容州屬廣南路畢氏關中金石記

編纂渭南武樹善

續陝西通志稿卷一百五十五

金石二十一

宋

劉忱題名 存 熙寧辛亥 詳見王氏金石萃編

在華嶽頌碑楊遂題名之下四行行十二字左行年號一行在前正書共六人

忱即議遣河東疆界者見宋史神宗本紀畢氏關中金石記

呂賁題名 存 熙寧四年

在李滯題名之右五行字數不等左行正書

按呂賁史附大防傳大防父賁官比部郎中家于藍田范育撰大鈞墓表則云考賁贈左諫議大夫宋史大鈞傳又云知三原縣請代賁入蜀移巴西縣賁致仕大鈞亦移疾不行不知賁又任蜀中何官賁有六子其季早死則存者五子而史列傳者四

子惟大觀無傳長大忠字進伯次大防字微仲三大鈞字和叔四大臨字與叔當大防知延州時此四子想皆未入仕也史稱大忠大防大臨同居切磋論道考禮大鈞從橫渠學大臨受學伊川之門王氏金石萃編

張孝孫題名 存 熙寧四年

在鄭據題名之右一行年號小字書于行下正書

林顏題名 存 熙寧四年

石殘缺僅高七寸廣三寸五分二行字數無考正書

陳絢題名 存 熙寧四年

在唐李瓚題名之左二行字數不等左行正書

蔡延慶題名 存 熙寧六年

在華嶽頌碑後紀元之上二行字數不等正書

按題稱東萊蔡延慶宋史蔡齊傳齊字子思其先洛陽人曾祖綰爲萊州膠水令因家焉齊無子以從子延慶爲嗣延慶字仲遠中進士第通判明州歷福建路轉運判官提點京東陝西刑獄此題云治平丁未蓋英宗治平四年事也傳又云神宗初以集賢校理累直舍人院判流內銓拜天章閣待制秦鳳等路都轉運使即此題所載熙寧六年事也 王氏金石萃編

劉航等題名 存 熙寧六年

在華岳頌碑首行之左一行三十四字正書

呂公等祈雪題名 存 熙寧六年

在石壁程琳已出題名第二面上二行字數不等行書左行共四人

按首題云紫微呂公而不署名趙希弁讀書志載東萊呂紫微雜說一卷爲呂本中居仁之說本中嘗官中書人故稱曰紫微

據此則此題紫微呂公當爲呂本中撿宋史本中傳本中係公著之曾孫好問之子紹興六年召赴行在特賜進士出身擢起居舍人兼權中書舍人則此題之非本中明矣宋史神宗紀熙寧五年二月以知鄭州呂公弼爲宣徽南院使判秦州或即其人癸丑爲熙寧六年据遼史朔考是年十一月庚子朔丙寅爲廿七日當是十九日祈雪而廿七日大雪也秦中祈雪於前而京師紀大雪於後由京西至秦中一路降雪當不懸殊也 王氏金石萃編

陳紘題名 存 熙寧七年

在華岳頌碑爲之頌曰之下二行行十八字二十二字不等正書共四人

按陳紘史無傳亦不見他書其子三人皆用彥字爲名與陳繹同似紘與繹同弟兄行也餘無可考 王氏金石萃編

叅恭叅昌等殘題名 佚 缺七年

石前缺橫廣一尺二寸高八寸約七行行十二字正書共四人

按此題爲知永興軍府事某奉詔赴闕率其兩子一孫恭謁嶽廟題名惟其名與年號殘缺無考姑就其存者錄之

李侃祈雨題名 存 熙寧八年

在華岳頌碑陳繹題名之下一行十一字正書

張叔卿題名 存 熙寧十年

在華岳頌碑蔡延慶題名之上五行字數不等正書

郝隨題名 存 無年號

在景德囗仲卿題名之後二行行六字正書

崔黼題名 佚 辛酉重九

石殘缺存高六寸廣二寸餘二行字數不等正書共二人

吳中復題名 存 無年號

在景德囗仲卿題名第三六行之下四行行四字左行隸書

俞次皋題名 存 元豐元年

在華岳頌碑陳紘題名之下二行行十七八字不等行書左行共三人

按俞次皋無攷題云侍親出帥華池而自書其貫爲鄞江據宋史俞充傳云俞充字公道明州鄞人熙寧中累遷成都路轉運使後擢天章閣待制知慶州則次皋即充之子也 王氏金石萃編

謁嶽廟殘題 佚 元豐元年

石殘缺僅存四行行七字八字不等左行正書

按關中金石記作孫迥謁祠記戊午爲元豐元年 王氏金石萃編

薛昌朝等題名 佚 元豐元年

石高六寸廣四寸四行行五字左行正書

蔡延慶再題名 元豐二年　存

在華嶽廟碑楊造題名之後一行二十九字正書

云自龍圖閣直學士涇原路經略使赴召者本傳延慶以應辦熙河軍功進龍圖閣直學士王韶入朝攝熙帥不及爲涇原經略使者略也 畢氏關中金石記

王希倩題名 元豐二年　存

在陳絢題名之左三行字數不等左行正書共二人

按此題但云判官而不詳其地似屬上下尚有磨泐之文王希倩無考蔣之奇傳稱字叔穎常州宜興人神宗朝新法行爲福建轉運判官遷淮東轉運副使歷江西河北陝西副使在陝西經賦入以給用度邊粟皆支二年移淮南擢江淮荆浙發運副使元豐六年漕粟至京比常歲溢六百二十萬石錫服三品可知元豐六年以前正之奇官陝西之時而官爲副使並非判官可知判官自屬王希倩而蔣之奇當別有官名已磨泐也 王氏金石萃編

劉陶題名 元豐五年　存

在昭應碑崔頲題名之下二行字數不等正書

趙諒題名 元豐五年　存

在嶽廟華嶽碑第七行下空處三行字數不等正書

按雲臺觀在華陰縣華山下陝西通志云後周武帝時有道士焦廣獨居雲臺峯辟粒餐霞常有三青鳥報未來之事武帝親詣山庭臨軒問道因於谷口置雲臺觀唐宋之亂希夷先生實修是觀而隱居焉又宋史禮志眞宗神御殿十有四一曰華山雲臺觀集眞殿此題祠下朝拜必是趙諒奉命奠獻神御殿也

末有押字叔見於此 王氏金石萃編

薛紹彭題名 元豐六年　存

在司空圖殘詩之左三行字數不等正書

王顥等題名 元豐六年　存

在唐劉士深題名之下八行行四字五字不等正書共二人

陳康民等題名 元豐七年　存

石高八寸廣五寸五行行九字正書共三人

王子文設醮題記 元豐八年　存

在述聖頌標題之下三行字數不等正書

薛俅題名 元祐元年　存

在昭應碑下截唐蘇敦題名之右四行行十一字至十四字不等正書

張舜民題名 元祐二年　存

在唐口庚題名之左四行字數不等行書

按史傳舜民字芸叟邠州人中進士第爲襄樂令元豐中在靈武作詩坐謫監郴州酒稅赦還司馬光薦其才氣秀異剛直敢言以館閣校勘爲監察御史左遷通判虢州提點秦鳳刑獄召拜殿中侍御史固辭改金部員外郎以此題證之自虢還邠者通判虢州時還邠州之鄉也司馬光之薦當在元祐元年至二年則已左遷後八年歲次乙亥爲紹聖二年其時當是召拜還京也舜民又自號浮休居士書史會要稱其擅豪翰其蹟雜見群玉堂法帖中則此題完美僅泐一字宜亦可貴也 王氏金石萃編

游師雄題名 元祐三年　存

石高七寸餘廣四寸四行行五字左行正書

按史傳師雄字景叔京兆武功人學於張載第進士爲儀州司

戶參軍遷德順軍判官元祐初爲宗正寺主簿執政將棄四砦訪於師雄以爲不可棄因著分疆錄遷軍器監丞鬼章構夏人爲亂使師雄與邊臣措置擒鬼章遷一官爲陝西轉運判官提點秦鳳路刑獄畚攷宋史神宗紀及夏國傳棄四砦是元祐四年六月事鬼章爲亂是熙寧元年事皆與傳有錯互此題元祐三年正月奉使關中不能詳其爲何事也師雄家於京兆關中形勢故實皆所熟閑嘗繪唐太宗昭陵圖題記于後今附刻長安志以傳其所著分疆錄則未見也 王氏金石萃編

劉承搆題名殘石 存 無年號

石高二尺一寸廣六寸三行行六字正書

杜純題名 存 元祐戊辰

石横廣一尺四寸高一尺五分四行行九字十一字不等正書

題云轉運使濮陽杜純本傳云元祐元年范純仁韓維王存孫永交薦之除河北轉運判官歷徙陝西轉運使 畢氏關中金石記

按戊辰是元祐三年閏月者閏十二月也 王氏金石萃編

祐晟祀嶽廟題名記 存 已巳

石高一尺一寸廣六寸五行行十二字十四字不等正書

按祐晟不著姓己巳不知何年自號得時閑士亦題石不多見也下有燒紙保扶等字俗語已見于此時 王氏金石萃編

陳知新題名 存 元祐六年

在唐李□孫題名之右三行字數不等左行正書

呂至山等題名 存 無年號

在景德□仲卿題名之右五行字數不等左行正書

按呂至山有艸堂寺題名在建中靖國元年故列此 王氏金石萃編

□澤仁題名 存 崇寧四年

在景德□仲卿題名之右四行行四字左行年號右行在宋行之下隸書

王敘題名 佚 崇寧四年

石高一尺一寸廣六寸六行行五字左行正書

席旦題名 存 大觀元年

在週閣殘缺存高九寸廣七寸三行字數無攷正書

李傳題名 存 大觀四年

在石幢程琳丁亥題名第四面上三行字數不等正書

席旦再題名 存 政和二年

在昭應碑第六行下一行二十九字正書共二人

按史傳旦字晉仲河南人七歲能詩元豐中舉進士徽宗召對累擢顯謨閣直學士知成都府徙鄭州入見坐進退淹留黜知

滁州久之帝思其治蜀功復知成都以前後兩題名證之前題爲大觀元年是初守成都時此爲政和二年壬辰歲題乃再守成都時也子二奎益傳但云益字大光紹興初參知政事傳稱旦臣詩而各詩選本皆無其名殆久佚矣 王氏金石萃編

蘇莊等題名 存 政和五年

在程琳石幢題上共六面面各四字正書共二人

梁激題名 存 宣和三年

在石幢葉濟臣題名第一面上三行字數不等左行正書

王正叔題名 存 無年號

在浙國公題名之後二行行四字左行正書共二人

按正叔王正叔也宣和時人慈恩草堂俱有題名又按華嶽題名陝西畢巡撫沅修華嶽廟訖工取篆隸正行殘石之字悉陷

置廡壁不下數百枚今擇其有人地官職稍可辨者錄之凡宋人題名今存八十八段　王氏金石萃編

永興軍文宣王廟大門記　存文見王氏金石萃編大中祥符二年

碑高七尺六寸廣三尺七寸六分二十二行行四十四字孫僅撰文冉宗閔正書張格篆額在西安府文廟

宋史禮志是年以國諱改元聖文宣王爲至聖文宣王五月通封十哲爲公七十二弟子爲侯先儒爲伯　畢氏關中金石記

按此碑大中祥符二年六月立撰文者知軍府事孫僅宋史附孫何傳僅字鄰幾何弟汝陽人咸平元年進士景德初累官同知審官院知永興軍大中祥符元年加比部員外郎代還知審刑院此碑結銜與傳合不書何年代還據碑則二年尚在永興也書者冉宗閔無傳永興軍爲唐之京兆府文宣王廟即國子監舊址碑故云故地雖易舊名尚存民到於今或以監名呼之

軍之有學始于景祐二年范雍知軍時所立此時祗有廟也碑云丁未歲冬僅奉命出守丁未爲景德四年碑又云因開元之舊封增元聖之新號此是大中祥符元年十一月事是時封禪回蹕幸闕里因加封元聖至五年十二月改謚至聖宋史禮志謂以國諱改謚按宋代歷世無諱元者或因是時加號北嶽爲安王元聖而改之也碑側三行金章宗時題名內云泰和五年春三十五日春三下脫月字　王氏金石萃編

晉國大長公主設醮題記　存文見王氏金石萃編大中祥符二年

在乳香記左側高品李知常題記之下十行行十九字至二十三字不等正書

按宋史公主傳太祖六女長曰魏國次即公主初封延慶下嫁石保吉太宗即位封許國淳化元年改晉國眞宗初進長公主大中祥符二年進大長公主是年十二月辛巳朔日薨逝此碑殆因公主病劇遣內侍張永和設醮西嶽有此題記也設醮在十月二十九日庚戌上泐其朔日干支以庚戌推之是壬午也自庚戌下至薨逝僅一月耳公主薨于大中祥符二年關中金石記云淳化元年改封即以是年十二月薨逝者誤也公主爲眞宗之姑薨年不知其幾薨之明年石保吉亦卒年五十七則公主之年約略相當矣是時石保吉官鎭安軍節度方在鎭所詔歸視主及薨眞宗爲之罷承天節上壽及明年元日朝會而此時則因病設醮恩禮之隆蔑以加矣　王氏金石萃編

忠國師多心經序　存序見陸氏金石續編大中祥符二年

碑高二尺四寸廣一尺七寸十二行行十五字忠國師遠正書額題多心經序四字橫列在西安碑林

沙門靜己書偈碑　存文不錄大中祥符三年

碑高六尺八寸廣三尺三寸五分十八行行三十六字沙門靜己行書僧名中篆額僧義遠建安文願刻字在西安碑林

此與鈔高僧傳序碑并在西安府學俗并呼鈔高僧傳余視之乃某禪師所述偈語語非上乘而書出僧靜己行草甚類英大師疑二碑同時建靜己英之徒也　趙氏石墨鐫華

重刊旌儒廟碑并記　存文見王氏金石萃編大中祥符三年

碑高六尺四寸廣三尺八寸二十七行行四十八字唐賈至撰文宋張綽作記並正書篆額在臨潼縣學

右碑賈至撰廟在臨潼縣西南二十里驪山半原橫坑村舊名坑儒鄉引漢書注顏師古曰新豐縣溫湯之處號愍儒鄉西南三里有馬谷谷之西岸有坑相傳爲秦坑儒處衛宏詔定古文官書序云秦既焚書患苦天下不從所改更之法將諸生到者拜爲郎七百人乃密令冬種瓜于驪山坑谷中溫處瓜實成詔博士諸生說之人人不同乃命就視之爲伏機諸生方相難決發機從上塡之此則愍儒之地也唐天寶中改爲旌儒鄉立旌

儒廟按史記始皇三十五年因盧生侯生亡去遂疑諸生在咸陽者爲訞言以亂黔首于是使御史悉案問諸生諸生轉相告引乃自除犯禁者四百六十餘人皆坑之自除云者猶自首免罪也則所坑者在四百六十餘人之外并無數目未知衛宏所云種瓜冬實七百人決難有何據也 葉氏金石錄補

文云天寶中改坑儒鄉爲旌儒鄉册府元龜云天寶元年改驪山爲會昌山仍於坑儒之處立祠以祀遭難諸儒 畢氏關中金石記

沂陽縣普濟禪院碑 存 大中祥符三年 文見王氏金石萃編

碑高六尺七寸廣三尺七寸五分三十二行行五十五字關仲鴐撰文沙門蘊傳集王右軍書並篆額在沂陽縣

碑在沂陽于御史永清始獲之亟稱賞以爲不減聖教余得一紙觀其書非惟不及聖教抑且不及隆闡法師碑時代爲之非書者責也書者爲僧善傳署曰習晋右將軍王義之書其年爲

大中祥符此時蘇黄四家未出故書雖遜古猶有唐風 趙氏石墨鐫華

廣慈禪院者即府城之香城寺也爲晋天福時改名古有集書無稱習書者習書應是依仿爲之此碑筆畫雖近却甚拙陋如闔字作門內陷右軍時必無此體尤爲無所據矣 畢氏關中金石記

賜汾陰后土廟號泰寧宮牒 佚 太中祥符四年

原石久佚正書原在渭南縣

藍田縣文宣王廟記 存 大中祥符四年 文見王氏金石萃編

碑高六尺四寸三分廣三尺五寸五分十六行行四十字董儲撰文僧嗣端隸書孫穆之立在藍田縣

孫穆之者宰是邑修孔廟而進士董儲記僧嗣端書董文靡弱殊無足採嗣端分隸則深得唐人法者后署大中祥符四年皇帝祀汾陰之月攷史爲二月是時契丹歲幣三十萬而水發徐兗旱連江淮無爲烈風金陵大火帝方且侈天書之妖尋漢武

唐玄之蹟無恠其後世之不振也 趙氏石墨鐫華

賜陳堯咨勅 存 大中祥符七年 文見王氏金石萃編

石橫廣四尺一寸七分高二尺四寸二分十九行行十三字陳堯咨行書在西安布政司廨

按龍首渠因龍首山得名在西安府城山在城北十里水經注蕭何因龍首山營未央宮山長六十餘里首入于渭尾達樊川云昔有黑龍從南山出飲渭水其行道因山成跡山即基闕不假築高名山記云龍首山西北高處爲秦長樂漢未央稍東南六坡爲隋城唐西內其東爲唐南內興慶龍池之所其北爲唐東內大明宮含元宣政紫宸蓬萊金鑾諸殿南內東南引滻水入城爲龍首渠入東苑內龍首池龍首殿皆因山得名此碑是陳堯咨知永興軍時濬渠利民奏聞眞宗因降勅奬諭堯咨即日書勅而勒石也碑結銜與史傳合而傳無年載可攷東都事

畧亦同惟隆平集載堯咨咸平三年登進士擢知制誥景德三年貶鄆州團練副使大中祥符九年復知制誥遷集賢院又遷龍圖閣直學士知永興軍據此則知永興在九年而此碑立于七年已居此官似隆平集誤以七爲九也濬渠固利民而堯咨性豪侈所爲作不法史傳諸書皆同朱子名臣言行錄稱堯咨精于弧矢自號小由基爲知制誥出守荆南回其母馮氏問之曰汝典名藩有何異政堯咨曰州當孔道過客以堯咨善射無不歎服母曰汝父訓汝以忠孝輔國家今不務仁政善化而專卒伍一夫之技豈汝先人之意耶以杖擊之金魚墜地夫善射尙無戾于吏治而母訓之嚴已如此此賢母之可爲法者因附識之碑以九月九日立勅文有夏熱卿比平安好之語下註十五日不祥何月大約是六月所降也 王氏金石萃編

按龍首渠引滻水由東入城分注於西實因唐南內之水改而濟民耳惟山多源淺歲須疏濬明成化間又開通濟渠引浐水由西入城分注於北居民乃無乏水之慮及清康熙初西城鑿得甜水大井水甘而泉深足供一城之用於時修築東城遂將龍首渠截斷而通濟渠亦漸次淤塞矣惟井雖充牣汲引運輸全資人力東北之民又苦之光緒間又議疏通濟故渠屢作屢輟至今數十年迄無成功蓋省垣地形東高而西下順逆懸殊與其修通濟渠不若修龍首渠之爲得計因此條關係省垣水利特表而出之

陳堯咨詩 存 無年號 詩序錄後

石缺上截首高五尺五寸廣三尺二寸陳堯咨撰沙門善能行書額首篆額安文璨文晟刻石在四川會館

缺 兼管內勸農使管勾駐泊軍馬提轄乾耀等七州巡撿兵甲公

事上輕車都尉臨潁縣開國子食邑五百戶賜紫金魚袋陳堯咨撰 缺 禁中出守關右睠惟大府昔之故都兵民實繁刑政難肅自 缺 消闔口亦止一歲之內凡獄空者多或百日少則月餘予之不才 缺 詩凡二百言刻石留于府署後之觀者幸不以矜伐貽誚焉 缺 其民多豪俠頗土咸膏腴風俗尚侈靡士族罷彎裾威令若不嚴 缺 侮智但欺愚奸盜競旁午忿鬬爭喧呼詞訟鎮囂然禁繫常紛如 缺 紫詔垂哀矜法綱在寬疎獄空凡五日勞績許批書粵予別 缺 始入境視事促下車判押堆机案追擾充庭除縲絏盈狴牢捶 缺 口牧臨方隅舜帝方恤刑夏王仍泣辜 缺 口原市信令出惟斯須削繁爲簡要適變成規模害馬率先去 缺 狂浮薄徒摧口破黨魁執法摧凶渠刑政頓清肅良善懷忻愉 缺 猛貴相扶猛則纖人畏寬則平民蘇作詩聊紀述斯豈徒云乎 缺 理訴事武騎尉敏

古篆額　南岳賜紫沙門善能書　安文燦文晟刻石

按此碑光緒末年西城修路掘土得之缺其上段以文義推求每行約缺十字攷陳堯咨於大中祥符七年知永興軍詩正此時所作年號雖缺可置之大中祥符末焉

保寧寺鐘樓碑 存 天禧二年 文見王氏金石萃編

碑連額高九尺二寸廣三尺九寸二十八行行五十字冉甘撰文並正書冉商篆額在興平縣

文甚華贍足傳行書亦整健商自署官爲三班借職監商稅者三班借職武臣之初階監商稅隸大府寺都提舉所謂諸州易務雜買務雜買場者是也 畢氏關中金石記

大宋敦興頌 存 天禧三年 文見王氏金石萃編

碑高六尺九寸廣四尺一寸三分十八行行二十一字盧儀先生撰文唐英篆書篆額李夢徵傳才安琛刻字在西安府碑林

右敦興頌題云盧儀先生撰而不著其名序云日者文表起戎

保權告難北軍爰整南服乂口頌云洞庭漣漣巴陵遷遷億萬斯年蓋叙宋初平湖南事也宋史文苑傳有馬應者薄有文名多服道士衣自稱先生開寶初倣元結中興頌作敦興頌以述太祖下荆湘之功欲刊石於永州結頌之側縣令惡其夸誕不以聞此頌三句一轉韻與中興頌同格署先生而不名知其爲馬應所撰也碑後題年月云皇帝嗣明离之三葉歲在未月建午日丁卯山陽吳玉揩以爲開寶四年辛未予攷開寶四年五月乙未朔無丁卯日其時宋有天下十二年爾雖三改元不當云三葉且太祖開創之主不得云嗣明离也碑末書攝太常寺奉禮李夢徵傳本則勒石之時去開寶初已遠矣宋自太祖至眞宗有天下者三世葉者世也云三葉其在眞宗之世乎眞宗景德四年丁未五月丙申朔無丁卯日惟天禧三年已未五月

丁巳朔丁卯乃月之十一日也故定爲天禧三年云錢氏潛研堂金石文跋尾

按此碑現裂爲三王氏金石萃編注云高二尺一寸誤矣

號縣重修至德常寧觀記存天禧五年文見王氏金石萃編

碑高四尺八寸七分廣三尺二十三行行四十二至四十八字不等高安撰元趙綱行書

按宋之號縣屬鳳翔府元時省入寶鷄縣今檢陝西通志祠祀寺觀卷寶鷄縣不載至德常寧觀王氏金石萃編

勸慎刑文存天聖年建文見王氏金石萃編

石高六尺六寸八分廣三尺六寸五分三十三行行六十一字晁迥述正書在西安府碑林

此宋晁迥述自古酷吏循吏之報應以爲用刑者勸文冗似點鬼而書方整勁拔有歐陽率更法稍遜其遒逸耳碑無書者姓名以后慎刑箴碑證之當爲盧經書趙氏石墨鐫華

續陝西通志稿【卷一百五十五金石二十一】　十四

慎刑箴存天聖六年文見王氏金石萃編

石高六尺六寸三分廣三尺二寸五分十一行行四十四字晁迥述盧經正書篆額在西安府碑林

迥既作慎刑文又爲是箴刻石永興軍文宣王廟即今西安府學碑立于天聖中是時迥判西京已年八十餘矣召宴太清樓既而獻斧扆慎刑箴是此耶中多爲長吏語似非上天子者迥爲殿中丞時失入死囚奪二秩故晚景津津慎刑如此耳書碑者進士盧經大有歐法并可存也趙氏石墨鐫華

白水縣齋十詠并序存天聖六年詳見陸氏金石續編

未見原石不詳尺寸寇參自序並詩十首吳節行書並篆額在白水縣

重修白水縣獄記存天聖六年記見陸氏金石續編

未見原石不詳尺寸寇參撰文吳節隸書並篆額在白水縣

逍遙栖禪寺水磨記存天聖六年記見陸氏金石續編

未見原石不詳尺寸沙門志隆撰文並正書晏殊列石在鄠縣

永興軍牒存景祐二年文見王氏金石萃編

碑高一丈一寸廣四尺七寸作兩截書上十六行下十四行字數不等僧惟悟正書陳諭篆額在西安碑林

按此碑乃景祐元年范雍知永興軍奏請立學舍頒經史撥莊田朝庭依奏而給此牒也立學大事宋史及東都事畧俱不書選舉志於仁宗即位但載賜兗州學田及命藩輔皆得立學而不及永興立學賜田之制文獻通考學校門不詳范雍之奏隆平集學舍一條祇記書院之制而郡縣學畧焉陝西通志西安府學宋以前全不載是以無從與碑參攷也牒載令國子監賜九經書籍不得假借出外損汚散失令本軍選官一員管勾替相交割朝庭愼重經籍之道詳審精密於此可見王氏關中金石萃編

永興軍中書劄子存景祐二年文見王氏金石萃編

續陝西通志稿【卷一百五十五金石二十一】　十五

碑高六尺二寸三分廣三尺五分十一行行二十八字正書陳諭立安亮刻字在西安碑林

按碑載景祐二年范雍知永興軍以寄住官員子弟不務肯構恣行過犯因請建置府學賜九經書每日講授見有修業進士一百三十七人在學關中風俗稍變乞勅命指揮令常遵守規繩不得隳廢奉聖旨依云云宋史傳雍字伯純河南人仁宗朝累遷尚書禮部侍郎章獻太后崩罷爲戶部侍郎知陝州改永興軍傳但載其關中饑疫雍爲賑卹而不載建學教士之事夫寄住官員子弟不守家風務爲嘲譃鬬訟雍設學教之使不致比匪蕩檢則搢紳之家蒙其益者多矣此誠爲治之大不可畧也因表而出之王氏金石萃編

大佛寺題名六十三段詳見葉氏鄜州石室錄

題名皆在石壁故不計尺寸第計行字

新知渭州王沿題名 存康定二年
四行行十三十五字不等正書左行通行直線字徑一寸餘

趙威題名 存康定二年
二行一行十三字一行十一字正書字徑一寸餘

韓稚圭尹師魯題名 存康定二年 附李純等題名
行南段相連上段一行八字一行七字正書下段兩行均十字行書字均徑二寸餘

伯庸題名 存康定二年
三行行九字正書左行字徑二寸

滕宗諒題名 存
二行行十四字一行十五字字徑一寸正書左行與上伯庸題名相接曰總至子此當仍康定二年

王冲題名 存慶曆二年
三行前後二行行九字字徑二寸末五字在中間一行偏下截字略小

程戩等題名 存慶曆四年
十五行行三字字徑四寸正書共三人聯題

王素題名 存慶曆四年
三行行五六七字不等字徑三寸餘行書

張翼題名 存慶曆五年
二行行字大小不等首行十一字末行十四字正書

王稷等題名 存慶曆六年
三行行十五字末行十六字字徑三寸正書左行共六人

阿彌陀象贊 存年月泐
九行行三十二字字徑一寸下截磨泐正書左行太原武懷寶列字七字大徑六寸餘

李丕旦題名 存慶曆
一行直下十五字字徑二寸年月小字雙行在下正書半泐

李丕旦再題名 存
一行直下九字字徑一寸三分正書

劉儿廖浩然等題名 存皇祐二年
六行行五六字不等字徑約二寸正書共六人

鄧永世等題名 存至和二年
八行行五字一行四字相間字大小不等約徑三寸餘年月字略小正書左行

史世則馬清題名 存至和二年
七行前三行行五字後四行行四字錯落不齊列人武懷寶高行者捧硯正書左行

曹穎叔題名 存嘉祐四年
二行一行居中九字直下字徑二寸年月字略小另刻一行正書

太原陟景昇題名 存嘉祐五年
三行行九字字約徑二寸正書

廣平宋永之等題名 存治平元年
四行行八九字不等字徑一寸餘大小不等正書

旡老廷老介夫題名 存治平二年
三行前一行十一字徑約二寸後二行八字徑約三寸正書左行

朱□等題名 存治平三年
二行一行十二字一行八字徑約二寸正書左行

仲遠題名 存治平□年
三行一行十一字約徑二寸年月二行略小正書左行

曹起題名 存熙寧元年
六行行四字徑約二寸正書

智周叔姪題名 存無年月 附杜良臣題名
三段相連橫列第一段四行第二段三行略高第三段六行行者二字徑約一寸強大小相等正書

安頓題名 存 熙寧元年

後半泐存八行行三字徑約四寸正書

劉宗傑等題名 存 己酉

四行行五字約徑二寸正書左行共三人

楚建中題名 存 熙寧壬子

二行行十三字約徑四寸正書

范恢題名 存 熙寧壬子

前半闕存七行行四字約徑三寸正書

宋唐輔題名 存 熙寧丙辰

五行行七八字不等字徑二寸行書左行

戴天和等題名 存 元豐己未

四行行五字徑約四寸年月十字分注末行正書左行共三人

續陝西通志稿　卷一百五十五　金石二十一　十八

李孝廣題名 存 元豐己未

四行行四字前二行字徑三寸後二行略小正書左行

蔣之奇題名 存 元豐二年 附周天倪續題

一行直下十字約徑五寸右爲年月一行十字左爲續題一行九字字略小並行書

張太甯題名 存 元豐壬戌

四行行七字約徑四寸行書左行

王戩种師中題名 存 元豐七年

四行行六字約徑二寸正書

張行中李行之題名 存 元豐八年

三行行五字約徑二寸年月二行字略小行書左行

范忠宣題名 存 年月泐

僅存前四行行五字約徑四寸篆書

右刻僅前四行年月佚攷忠宣集家傳及曾子開所撰墓誌忠宣仕陝先爲轉運副使其後兩知慶州初在神宗朝環州羌盜之獄种古訟公雖以誣告得罪而呂惠卿猶密奏公擅回宥州牒除知信陽軍其去也以左遷非內召哲宗初立再知河中府遷朝議大夫元豐八年夏復以直龍圖閣知慶州歲中擢天章閣待制召還充侍讀又除給事中明年即入樞府被召還朝正其時也此刻審爲公再知慶州入朝時賓佐餞別所題當附元豐八年後 葉氏邠州石室錄

張守約題名 存 元祐丙寅

三行行六字大小不等約徑二寸隸書

王雍李敦題名 存 元祐丙寅

十四行行七字約徑一寸餘正書左行

續陝西通志稿　卷一百五十五　金石二十一　十九

濰陽𡖖儒洛中愚叟說 存 無年月 詩鈔後

大字二行行五字約徑三寸小字四行行六字正書左行

心險衆佛生心平衆生佛

殘題名 存 戊辰

三行一行九字約徑二寸正書左行

宋值戊辰開寶紀元第一年其次天聖六年其次元祐三年慶壽宋刻始於康定宣和以後無一片石中間八十餘年僅一戊辰此石可定爲元祐三年刻 葉氏邠州石室錄

王舉題名 存 元祐六年

一行直下約徑一寸餘年月字小雙行在下各四字正書

周天倪題名 存 元祐六年

一行直下八字約徑二寸年月字小雙行在下各五字正書

范棟題名 存元祐七年

五行行五字約徑二寸正書

河南張重等題名 存紹聖元年

三行兩行十二字約徑二寸年月一行署小正書左行共四人

劉准題名 存紹聖乙亥

二行一行五字一行二字約徑八寸年月字小雙行在次行下字徑三寸均篆書左行

進士辛九皋題名 存丙子

一行直下十九字約徑一寸餘正書

此刻辛九皋自署爲進士以李丕旦題名王因證之亦當是宋太平興國元年景祐三年皆值丙子慶壽題壁宋無景祐以前刻此丙子當是紹聖三年再下一甲子則爲紹興二十六年宋又南渡矣 葉氏耀州石室錄

趙尚題名 存紹聖戊寅

二行一行八字一行九字約徑一寸五分正書

李寬題名 存己卯

四行行六字約徑一寸餘正書左行

殘題名 存政和五年

三行兩行存三字中間一行五字約徑三寸正書

隴西朋甫題名 存宣和己亥

四行行七八字不等字徑一寸餘行書左行

宋仲宏題詩 存宣和三年詩敘後

十七行一行十字一行十二字餘皆十一字約徑二寸行書

宣和三年姪衍登第西歸因與子炎載遊慶壽歷覽石室慨想文皇西征遺跡徽福瞿曇豈武非盡善故歟用少陵登慈恩塔韻作一首蓋十月十有二日也　宋仲宏父　年華迫人老王事無時休及茲出西域聊復寫我憂涇川截高原木落萬景搜迢遙出俗子架屋陰崖幽瓦儒鑱正觀閱世同波流小禽自朝暮庭樹空春秋石間紛題名人物不可求但能記秦王昔也征西州還凱戈甲明戰罷風雲愁青蓮雖出地白骨等□丘當時得蕭瑀懺悔釋氏投古人創業難何人不鬼謀

高郵秦□題寶勝佛象 存宣和三年題敘後

五行行十二字十四字不等字徑一寸餘行書

按寶瓶經載賓陁國有大導師號寶勝佛現比丘身爲人說法此像是也刻琢之妙有顧陸畫法惜五色剝落因顧工飾之宣和三年□月戊□高郵秦□題

仇鈃等題名 存宣和壬寅

五行行六字末行擠一字約徑二寸餘正書左行共八人

蒲慶隆題名 存宣和壬寅

四行行八字約徑一寸餘行書左行

張植題名 存宣和壬寅

五行行五字約徑一寸五分正書左行第五行以下闕

錢受之題名 存宣和癸卯

二行一行七字一行二字年月字小側寫正書左行

錢受之再題名 存無年月

一行四大字約徑六寸左有斷筆惟末一遊字略可辨正書

陳述古題名 存無年月

二行行五字約徑四寸正書

字希大同雲鵬題名 存無年月

三行一行四字二行五字約徑三寸篆書左行

殘題名存無年月

一行直下泐存十二字第七八字又蝕字徑一寸餘正書

了然獨遊詩存無年號詩錄後

五行四行七字一行四字約徑一寸餘草書左行

水落涇河浪轉號川原木落益蕭騷歲寒唯有庭中梅獨向霜前韻最高了然獨遊

劉堯咨題名存無年月

一行行五字約徑三寸正書

王君佐題名存無年月

僅四字分兩行正書字徑二寸

興慶池禊宴詩并序存慶歷六年序詩見王氏金石萃編

碑連額高九尺三寸二分廣三尺八寸分六截書每截二十八行行十一字張子定序正書隸額在西安碑林左側厚一尺二行行十八字金明昌甲寅劉仲游題字右側共六行行十一字金明昌五年劉瑄七絕一首

四六序典雅清麗詩韮卓卓可傳子定高平幕下士也可想見一時之盛畢氏關中金石記

按興慶池在興慶宮唐書地理志宮在皇城東南距京城之東開元初置至十四年又增廣之唐會要云上在藩邸與宋王成器等同居興慶里人號曰五王宅至是爲宮焉玉海云開元元年以隆慶舊邸爲隆慶宮在隆慶坊玄宗名隆基改興慶宮長安志云開元二十年築夾城入芙蓉園自大明宮夾東羅城經通化門以達此宮先是武后時民井溢浸成大池數十頃號隆慶池丞相王子列第其北望氣者言鬱鬱有帝王氣中宗神龍二年幸池上宴侍臣以厭之又據唐六典玄宗隆慶坊舊宅有井忽湧爲小池周袤十數丈常有雲龍或黃龍出其中景雲間浸廣里中人悉移居遂爲龍池又據雍勝畧景龍池本爲隆慶池以諱玄宗名改興慶池立宮後謂之龍池此興慶池之原委也此碑撰序者張子定史無傳序爲慶歷壬午歲作壬午爲慶歷二年後載范雍張奎劉渙張子定張掞王揚庭李諷尹仲舒王冲等十八人之詩范雍詩和轉運學士而不同韻劉渙王冲皆同范雍韻張子定雷簡夫前後與范同而中二聯別用韻餘皆各自爲韻體皆七律獨趙濟用五律宋宏二首一五律一七絕爲異王氏金石萃編

褒城縣文宣王廟記存慶歷二年記見王氏金石萃編

碑連額高六尺六寸廣三尺八寸四分二十一行行三十六字竇充撰文并書張公□篆額宋立德立石古青刻字在褒城縣學

按褒城縣屬陝西漢中府宋時興元府治此陝西通志云縣有褒水在城東一里即黑龍江自鳳縣界流入又南流入漢褒城縣學宋慶歷間倚于江岸竇充宰褒建有自記即此碑也而不詳充未建以前之所在據此碑云先是舊廟僻處山塢充治是邑亟從改作擇堰之右得官地一廛云云是舊廟近山失其地址矣堰當即褒水之堰漢中府志云堰界石在褒城縣東三里黑龍江中上一石有乾道元年史可觀記下一石鐫制置大使司提修造張儀自嘉定三年至七年督責軍人董工治堰自爲記觀此碑可知褒水之有堰已見於慶歷以前其時未有黑龍江之名故碑中不及也竇充無攷碑云誌諸溫珉當即貞珉避仁宗諱改也王氏金石萃編

普通塔記佚慶歷五年紀見王氏金石萃編

石高廣俱二尺七寸二十一行行二十字沙門可度正書任化成立石

按普通塔爲釋氏瘗骨之所今在叢林普同塔之所昉也重眞寺據碑當在扶風縣城内檢陝西通志已無攷也劉昌李用衡皆監鳳翔府岐陽鎭商稅兼巡防官岐陽縣名即岐山縣唐武德七年所更名至德中復爲岐山而岐陽之名遂用之於鎭今亦未能詳攷似在岐山扶風之間也 王氏金石萃編

法門寺修九子母記 存 慶歷五年 記見陸氏金石續編

石高二尺三寸廣二尺五寸二十三行行二十二字張奭撰文魏戩行書張遵刻在扶風縣本寺

按法門寺重修九子母記張奭筆甚雅潔魏戩書仿右軍張遵刻石尤爲北宋能手如記所狀即王塑任畫亦各精妙惜東廊故像無復舊觀矣記稱議修於景祐丙子畢事於慶歷五年相距十稔仁宗景祐初西夏元昊繼立取瓜州肅州有地萬里僭

號入寇故云西夏跋扈邊鄙興師迨慶歷中韓范宣撫陝西元昊上表内附秦鳳無事像教觀成即一隅修廢之端可知世故與政治之得失焉魏戩訪碑錄誤作戢 陸氏金石續編

重刻夫子廟記 存 慶歷八年 記見前題錄後

高三尺八寸廣二尺二寸二十二行行三十三字唐程浩撰文王宗元正書張遵刻石在扶風縣學

文成後二百二十年實炎宋慶歷戊子歲琅耶王宗元自衛尉丞知縣事駭民廬之踰廟也甚矣過新廟刻文牖民爲學副本朝右文之意謹題

按唐大曆二年程浩撰扶風夫子廟記載唐文粹當時碑刻既佚不知書者何人至俗傳顔魯公書刻湖州復刻華州者乃後人集顔書贋刻殘字無多錯誤淺陋作僞之拙萃編姑錄無足辯也是碑爲宋慶歷八年知縣事王宗元所立觀後題識蓋即其書丹而刻者爲張遵宗元書法遒逸在褚遂良殷元祚之間合觀法門寺修塔廟碑陰慶歷戊子皇祐己丑行書詩刻題名及復唯識廨院記雖與此碑書體不同而筆蹟實出一手唯識記或正或草或兼篆縮分隸有隋曹永恪修陳思王廟碑之遺此以正書而參嶧山碧落諸體用意相類爲宗元自書無疑唯識記後有皇祐三年琅邪口口元書以此碑証之泐處爲王宗又無疑也張遵精於勒石此碑及唯識記而外如普通塔記法門寺九子母記封太白山神濟民侯勅皆其鐵筆極一時之能事獲斯石墨足洗假殘筆之穢矣自宋仁宗慶歷八年戊子上溯唐代宗大歷二年丁未實二百八十二年自大歷丁未歲文宗大和元年僖宗光啟三年五代漢高祖天福十二年宋眞宗景德四年凡五丁未宗元所記誤短甲子一周故祇云二百二

十二年耳記中道未可詮其有物其作亦動賢相之精選精作清畋頌樂而不支支作知皆筆誤宜從文粹 陸氏金石續編

慈恩寺塔題名二十二段 詳見王氏金石萃編

劉建勳周輔等題名 存 慶歷八年

塔門用石梲題名皆在其上此題四行行十一字左行正書上兩名殘缺共四人

雷簡夫等題名 存 慶歷

隸書殘缺止存一行十字約三人

口興題名 存 嘉祐壬寅

殘缺止存四行行十二字左行正書

康定等題名 存 治平甲辰

五行行十三字左行正書共七人

陳知益等名 存 年號缺

殘缺止存三行行十二字左行正書共三人

孫永等題名 存 熙寧元年

五行行八字左行正書共四人

吳中復等題名 存 熙寧六年

隸書四行行七字共三人

趙抃等題名 存 熙寧七年

隸書六行行十四字吳中復題共五人

右吳中復題名在西安慈恩塔八分書甚有法按趙閱道以熙寧三年四月自政府乞罷改資政殿學士知杭州後改青州召見以大學士再知成都移越道經京兆時也中復知永興軍秦提舉陝西常平俱見宋史本傳公弼任陝西轉運使亦見食貨志杜祁公衍家越之山陰晚年退居南都即今之歸德府也似

不當立家廟於長安且北宋大臣罕有立家廟者或別是一人非衍也 錢氏潛研堂金石文跋尾

俞希及等題名 存 年號缺

隸書殘缺止存四行行十餘字不等共四人

張璪等題名 存 元祐元年

七行行三字左行正書共四人

范登題名 存 元祐二年

二行行八字左行正書

王許題名 存 元祐三年

四行行十字左行正書

按漢制公卿以下皆五日一休沐唐會要永徽三年上以天下無虞百司務簡每至旬假許不視事以便百僚休沐則唐時十日一休沐矣休沐亦謂之休澣唐書劉晏傳質明視事至夜分止雖休澣不廢是也宋時百官旬假循唐故事故有上澣中澣下澣周益公撰光堯丁未本命道場滿散朱表有日逾中澣之旬攷其日乃十月二十一日又撰四月十八日丁亥本命道場朱表亦云日近中休然則每月之二十日爲中澣日上澣必月之十日矣一旬之中止一澣日今人以上澣中澣下澣當上旬中旬下旬既失其旨又休澣惟有官人乃可用之不當通於士庶也漢卿當是駙馬都尉詵之昆弟 錢氏潛研堂金石文字跋尾

王詵題名 存 元祐癸酉

二行行十二字行書

王詵晉卿宋初功臣全斌之裔全斌子審鈞爲永興軍駐泊都監因家京兆晉卿於審鈞爲曾孫則京兆乃其故鄉又攷王詡

題名有展先塋語則晉卿屢游慈恩殆亦以展禮先塋之便歟 錢氏潛研堂金石文字跋尾

王端等題名 存 崇寧丙戌

十行行三字左行正書共四人

徐處仁等題名 存 政和元年

六行行九字正書共七人

康訓等題名 存 政和四年

二行行八字行書共五人

趙耘老題名 存 政和丙申

五行行六字正書

眞常題名 存 宣和

八行行七字左行正書[illegible]

王正叔等題名 存 宣和辛丑
九行行五字行書共五人

黎獻民等題名 存 宣和
六行行二字左行正書共五人

范智聞題詩 存 宣和四年
四行行十字左行草書

張智周等題名 存 無年號
二行行八字正書共五人

按陝西通志慈恩塔在西安城南十里曲江池北內有浮圖塔六級即雁塔后重加營建至十層兵餘止存七層後唐長興中西京留守安重霸再修之判官王仁裕有記宋張茂中遊城南記云長安士庶每歲春秋遊者道路相屬熙寧中富民康生遺

火經宵不滅而遊人自此衰矣此題名二十二段皆來遊者所刊起慶曆八年訖宣和四年凡七十餘年其中泐不能辨者數人其姓名可辨者得六十三人 王氏金石萃編

李太尉祠堂記 存 皇祐元年 記見王氏金石萃編
碑連額高一丈一寸廣四尺六分十二行行三十字王晳撰文張大中正書虎山南題額亦正書僧普遵刊在富平縣

按李太尉即唐李光弼也光弼累拜太尉兼侍中進封臨淮郡王事蹟詳顏魯公撰神道碑已見本書九十二卷唐書有傳碑文又載顏魯公集此碑所稱西則司空公東則太尉司空公謂光弼之弟光進也太平寰宇記載李光弼墓在富平縣西四十里陝西通志則云在富平縣西北三十里覓子店光弼墓旁即太尉祠祠旁即光進墓然則太尉祠在兩墓之間矣碑亦云按圖邑之西三十里有李太尉墓疑寰宇記作四十里者訛也 王氏金石萃編

改賜終南山宮觀名額牒 存 皇祐元年 牒見王氏金石萃編
石橫廣二尺七寸六分高一尺六寸十九行行十字至十七字不等道士王全矩正書梁志刊在盩厔縣

按盩厔縣宋時屬鳳翔府故此牒云鳳翔終南山樓觀也據牒順天興國觀額以端拱元年改賜陝西通志訛作端拱三年長安志則云興國觀本名宗聖觀太平興國三年改今名疑太平興國三年所改者但有興國二字至端拱元年乃加順天二字也牒以端拱元年賜至皇祐元年始刻石年月後列銜四人據宰輔表戶部侍郎參知政事王者王沔也戶部侍郎參知政事辛者辛仲甫也中書侍郎兼戶部尚書平章事呂者呂蒙正也守太保兼侍中不署姓乃趙普也勅牒之例宰相出使在外則但列虛銜以表考之則淳化元年正月趙普出爲西京太守河

南尹但其時是守太保兼中書令非兼侍中若端拱元年則兼侍中加太保非守太保表與牒彼此小異 王氏金石萃編

題天漢臺望京樓詩并序 存 皇祐元年
石橫廣三尺六寸高二尺四寸十六行行十二三字不等王沖述王眞臣正書字徑一寸五分在洋縣

題天漢臺望京樓詩 并序 易澄心亭比舊宏壯臺上有亭曰天漢臺亭上有舍曰望京樓高可三休遠足四望望京之心爲郡之志韻以爲詩用杼臣誠云　尙書屯田員外郎知洋州郡事王沖述　池上有臺臺上樓聊憑舊址一增修仰窺日月三千界平見江山七十州 可望京西荊南陝西□□□州七路江山像約可七十餘州軍 春檻牡丹乘露賞秋舩菡萏信風遊最思東北祥雲際百拜眞珠十二旒　皇祐紀元四月二十五日立石　次子進士眞臣書

傳求等釋奠題名 存 皇祐二年

刻開成石經之後在西安碑林

傳應法師行狀幷後序 皇祐二年 文見王氏金石萃編

碑高七尺八寸廣三尺八寸三十四行行七十三字張籌集行狀周郁撰後序並正書篆額碑陰繪上清太平宮之圖梁志剛

在盩厔縣

復唯識廨院記 皇祐三年 記見王氏金石萃編

碑連額高九尺三寸廣三尺六寸四分十四行行三十字幷額俱正書在藍田縣

唯識廨院者藍田故龍泉寺也有洪集者與姚氏共復之而爲之碑碑文寥落耳書或正或行或草或兼一二筆小篆分隸其草又時作渴筆極奇怪遒偉似魯公誠懸而時復出入但記者爲豫章黄口闕其名書者爲瑯琊口口元闕其姓名二字題額者爲鄭口口闕其名立石者爲口大雅闕其姓諸人名姓無一全者獨刻者張遵姓名無恙人固有幸有不幸哉 趙氏石墨鐫華

按佛氏有三界唯心萬法唯識之語故以此名其寺院復者重修也命名特別故識之

李參等草堂寺題名 皇祐甲午

石高一尺五寸廣一尺八行行十三字十六字不等左行行書共七人在鄠縣

此鳳翔題名也不知刻于何地後題皇祐甲午上巳亦不知何人筆綽有筋骨法似顏柳最爲合作 墨林快事

按陝西通志草堂寺在鄠縣東南四十里圭峯下後秦西僧鳩摩羅什譯經之處唐改棲禪寺即所謂草堂寺也鳩摩羅什自天竺來爾時未有寺爲樹草堂譯經其中其後建寺始定今名而俗猶呼草堂寺云題名七人惟李參有傳云字淸臣鄆州須城人但載其歷知興元府淮南京西陝西轉運使與題名之所載淮南江浙荆湖等路都大制置發轉使尚書司封郎中者不

同末題皇祐甲午上巳日是年四月朔改元至和三月尚是皇祐六年也 王氏金石萃編

編纂渭南武樹善

陝西續修通志稿卷一百五十六

金石二十二

宋

玉華宮詩幷題記 存詩記見王氏金石萃編 至和元年

石高三尺六寸廣三尺七寸十行行十六字唐杜甫詩宋李元瑜題正書在宜君縣

按唐書地理志玉華宮在坊州宜君縣北四里鳳凰谷貞觀二十年置永徽二年廢爲寺冊府元龜云太宗建玉華宮正門謂之南風門殿覆瓦餘皆葺之以茅帝以意在淸涼務從儉約匠人以爲層嵓峻谷元覽遐長於是疏泉抗殿包山通苑皇太子所居南風門之東正門謂之嘉禮門殿名暉和殿其官曹署寺並皆創立徵事營造庶物亦擾市取供而折番和僱之費以鉅億計矣及帝遊幸勑奉御王孝積於顯道門內起紫微殿十三間文礎重基高敞宏壯帝見之甚悅據此則玉華宮之規模壯麗如此自貞觀二十年至永徽二年僅逾六年雖廢爲寺而宮殿之制不改也自永徽二年至杜少陵賦詩時相距百年而詩中已有不知何王殿之語似乎玉華宮名已不可問者又云蒼鼠竄古瓦陰房鬼火靑則寺宇尚存但人迹闃寂耳至此碑之刻在宋至和初又閱三百年宜乎僅存遺址幷石馬俱不可攷矣李元瑜以中部主簿愴然于懷刻杜詩以表遺蹟可謂賢簿矣惜無傳可攷又其記未將興建之盛著於篇特詳識之 王氏金石萃編

京兆府小學規 存規見王氏金石萃編 至和元年

碑連額高七尺二寸四分廣三尺八寸五分作四截書各十八行行七字文移正書李鑑篆額李郃立石樊仲刻在西安碑林

右京兆府小學規後題忠武軍節度使特進檢校太尉知軍府

事文而不名者潞公彥博也潞公以前宰相知府事故題銜較通判以下特大而不署名凡節度使必帶檢校官宋史彥博傳不云檢校太尉者畧之也宋史職官志慶歷四年始置教授委運司及長吏於幕職州縣內薦或本處舉人有德藝者充蓋其時諸州教授皆由本路薦辟不奉朝旨故胡瑗教授蘇州不見於本傳據此碑蒲宗孟嘗爲京兆府教授本傳亦未之及也宋時有崇政殿說書及王府說書據此刻則府學亦有說書矣裴袗書學顏淸臣而得其形似其書於作於則他碑無之 錢氏潛研堂金石文字跋尾

封濟民侯牒 存牒見陸氏金石續編 至和二年

碑高七尺八寸廣三尺九寸二十三行前奏每行四十九字後勅每行三十九字正書隸額封濟民侯之勅六字李昭遘奏請賈黯立石張尊鐫字在鄠縣清湫鎮廟內

按此封太白湫神爲濟民侯昭遘舉慶歷七年聖水泉封潤德侯爲例然眞宗時已封通泉廟爲靈派侯昭遘祇就仁宗時言之耳皇祐元年五月遣官祈雨三年三月分遣朝臣詣天下名山大川祠廟祈雨至和二年四月遣官禱雨故云朝庭近年累遣內臣投寘龍簡碑列給事中參知政事程者程戡也戶部侍郎平章事富者富弼也兵部侍郎平章事劉者劉沆也吏部尚書平章事文者文彥博也是年六月陳執中罷彥博再相弼亦同入此爲七月十三日牒正與史合通典天寶八載封太白山爲神應公故嘉祐六年旱簽書鳳翔府判官蘇軾禱神得雨軾代守臣宗選請於朝有云昔公而今侯是爲自我而左降乃勅封明應公熙寧八年封福應王奏稱唐世正元中即貞元也禎爲上名故兼避貞此牒嘉慶中吾友劉兩田用霖宰鄠拓贈 陸石

氏金續編

靈巖寺題刻五段 存 至和乾紹定

未見原石照拓片錄字在略陽縣

劉異等題記 至和三年三月劉拱正書

劉忱等題名 元豐元年七月正書

王守忠等題記 嘉定乙亥八月

郭公褒等題名 寶慶丁亥六月

重刻郙閣頌記後 紹定三年五月田克仁記

藥水巖詩刻 存 至和三年 詩見陸氏金石續編

原石未見照拓本錄入劉異七律詩一首劉拱上石在略陽縣

寺在縣南七里嘉陵江之藥水巖方輿勝覽稱去沔州城七里南有二石洞洞有泉能療疾者此也今洞又在藥水巖之上五

里云洞口石尚存 畢氏關中金石記

口欽題刻 存 紹興二十九年

趙彥吶詩刻 存 嘉定癸未

此二刻未見全文均在畧陽藥水巖附記於此

新開白水路記 存 嘉祐三年 記見王氏金石萃編

字徑寸 崖高一丈七寸廣七尺二寸二十六行行三十七字雷簡夫撰文並正書篆額在略陽縣

按白水路因江爲名白水江水經注所稱濁水者是也青泥亦水名太平寰宇記有左溪水入嘉陵江者是水經注漢水又東南于槃頭郡南與濁水合水出濁城東流與丁令溪水會又東逕武街城南故下辨縣治也又東宏休水注之又東逕白石縣南又東南泥陽水注之又東南與仇鳩水合又東南與河池水合又東南兩當水注之即故道水又南注漢水 畢氏關中金石記

石林亭唱和詩 存 嘉祐七年 詩見王氏金石萃編

石高三尺九寸二分廣一尺九寸十六行行二十七字劉敞詩蘇軾次韻和作共二部正書郭九齡建額題京兆唱和四字篆書

在麟遊縣

按石林唱和詩刻在陝西鳳翔府麟遊縣今陝西通志古蹟不載石林亭其詩唱者劉敞和者蘇軾施注蘇詩編此詩在嘉祐六年辛丑十二月按東坡先生年譜不載此詩先生以六年十二月赴鳳翔任初到匆匆似不暇與安撫倡和況李邰書此詩在七年十二月十五日則詩亦當以七年作恐原編或有誤也此詩題云次韻和劉京兆石林亭之作石本唐苑中物散流民間劉購得之詩有云唐人唯奇章好石古莫攀盡令屬牛氏刻鑿紛班班注引白樂天太湖石記云今丞相奇章公嗜石於此物獨不謙讓東第南墅列而置之以甲乙丙丁品之各刻於石

陰曰牛氏石甲之上丙之中乙之下按奇章公牛僧孺也劉敞字原父臨江新喻人傳稱其累以識論與衆忤求知永興軍拜翰林侍讀學士碑系銜有尚書禮部郎中稽之東都事畧及史傳皆畧簿尉李邰縣令郭九齡無攷 王氏金石萃編

妙德禪院新修明覺殿記 存 嘉祐八年 記見王氏金石萃編

碑高五尺八寸廣三尺三寸七分十七行行二十五字雷簡夫撰文劉二正書沙門智勝立石在耀州

太史公廟詩 存 治平元年 詩見陸氏金石續編

石高二尺一寸廣三尺四寸十四行行十字李徐五七律各一行正書在韓城縣

據李徐司馬太史廟碑詩治平元年知韓城縣事時刻石詩有龍門韓奕坡濾水梁山諸地元豐九域志同州馮翊郡定國軍節度治馮翊縣領縣六韓城州東北二百里有大梁山㟧水攷古雍州之域有二梁山書治梁及岐詩奕奕梁山春秋梁山崩

爾雅梁山晉望皆指韓城之梁山即古呂梁龍門之南山也曰大梁山者以別乾州之梁山孟子稱太王去邠所踰之梁山耳澽水在韓城南東南入河當即崌水司馬遷廟在韓城南二十里芝川鎮也陸氏金石續編

宋球張道宗玉華山倡和詩存詩見王氏金石萃編治平三年

石横廣四尺七寸五分高二尺五寸七分二十九行行十七字詩七首五律各一首次韻和贊上之正書張詢立石李玉鐫在宜君縣

唐貞觀二十一年營玉華宮永徽二年廢爲寺據此知山以宮名也金於此置玉華鎮書史會要冀上之字冠卿西河人楷書師歐陽率更畢氏關中金石記

張峋玉華山詩存詩見王氏金石萃編治平三年

石横廣三尺三寸五分高二尺一寸十五行行十四字贊上之正書在宜君縣

游玉華山記存記見王氏金石萃編治平三年

石横廣四尺一寸五分高二尺七寸五分三十四行行二十四字張鍔記贊上之正書李玉鐫在宜君縣

按元一統志玉華山在宜君縣西南四十里有唐建玉華宮宋雍熙初於此獲一角獸時以爲麟又野火山在縣西南七十里即碑所謂野火谷也碑又云野火之西曰鳳凰谷則唐置宮之故地其西曰珊瑚谷蓋嘗有別殿在焉珊瑚之北有蘭芝谷沙門玄奘譯經於此宜君縣志蘭芝之谷在縣西五十里嘗產蘭芝故名鳳凰谷在縣西南五十里昔有五色雀見於此玄奘譯經已詳唐碑聖教序跋茲不贅玉華宮制度見册府元龜已詳前卷惟碑所稱其殿曰耀和册府元龜曰暉和爲異唐書地理志宮在坊州宜君縣北四里此碑則云宜君縣西南四十里爲玉華山其南曰野火谷西曰鳳凰谷唐宮之故地則與唐書云縣北四里者不合疑唐時縣治別也宜君縣唐屬坊州今因元明之舊屬鄜州撰記者張鍔字子望前碑作詩者張峋字子堅其兄也皆滎陽人無傳可攷前詩作于治平丙午五月望蓋三年也此碑以治平三年五月丁已來遊壬申作記距遊之後十六日矣據遼史朔考是月甲寅朔初四日丁已十九日壬申是作記在作詩之後四日也王氏金石萃編

温泉箴存箴見王氏金石萃編治平四年

石廣二尺八寸四分高二尺七分十八行行十四字唐張說撰文宋楊方平正書尹光臣立石後有元祐呂淺山題名在臨潼縣

按温泉在臨潼縣東南驪山下泉上有温泉宮天寶六載更名華清宮宮有湯井爲池唐帝皆嘗遊幸玄宗特侈此箴爲唐張燕公所作至治平丁未縣令尹光臣重刻也丁未爲治平四年

書者楊方平史無傳王氏金石萃編

陳繹題名存熙寧三年

行書一行刻王忠嗣碑陰在渭南縣

王臨題名存熙寧三年

行書一行刻王忠嗣碑陰在渭南縣

善感禪院新井記存記見王氏金石萃編熙寧七年

碑連額高七尺九寸廣二尺五寸八分十八行行三十六字侯可撰文僧慧熙行書額題善感院新井記六字李元直篆書在咸寧縣香城寺

按陝西通志香城寺在西安府城內錢局創自石晉思遠禪師周顯德中賜額廣福禪院宋仁宗更賜名曰善感然人恒以香城名之此碑標題云善感而文內仍但稱香城蓋善感之賜名未久也王氏金石萃編

張百藥等題名 存 熙寧八年

未見原石正書在略陽縣

杜公白水詩碑 存 熙寧九年 詩見陸氏金石續編

原石未見不詳尺寸唐杜子美五古二首五律二首宋賈京後記立石李協正書並篆額題杜子美詩四字王順刊在白水縣

內三詩見全唐詩錄詩內啼畏虎猛聞詩錄作虎狼野果充餱糧餱作糇高義薄層雲層作層相結爲昆弟相作永胡羯仍構患胡作羌泉聲聞復息息作急吏隱道情性道作適胡羯豈強敵胡作羌九日潘懷縣九作今皆當以碑爲正唯虎猛之猛非傳寫即刻工誤也喜雨一首詩錄未載 陸增祥志

問答孫韓二眞人仙容詩 佚 熙寧九年

原石未見草書在耀州五台山

晼字贊 存 熙寧十年 贊見王氏金石萃編

石高二尺六寸七分廣一尺四寸四分上書晼字下太宗皇帝贊七行行十字僧師俊正書沙門惟果立石在咸寧縣臥龍寺

續陝西通志稿【卷一百五十六 金石二十二】 七

觀褚書聖教序題名七段 詳見王氏金石萃編

范育等題名 存 熙寧四年

均在同州府聖教序碑陰此題名五行行五字至九字不等左行正書共四人

游師雄等題名 存 元祐甲戌

九行行七字左行正書共五人

游師雄等再題名 存 元祐三年

四行行七字左行正書共二人

張景修等題名 存 崇寧元年

四行行九字左行正書共二人

張智周等題名 存 政和元年

六行行九字左行正書共六人

暨尹卿等題名 存 宣和辛丑

四行行十字左行行書共四人

暨唐裔等題名 存 宣和五年

五行行八字至十字不等行書共四人

游師雄題名二通俱在同州府褚書聖教序碑陰其一題元祐三年五月而不著官職以宋史本傳推之當是任陝西轉運判官時也其一題元祐甲戌中和節後一日稱權發遣轉運副使公事甲戌者元祐九年也阿房宮賦石刻有師雄䟦立於元祐八年亦稱權發遣轉運副使公事本傳云爲陝西轉運使蓋脫副字宋時外任差遣資淺者加權字尤淺者則稱權發遣某官

續陝西通志稿【卷一百五十六 金石二十二】 八

公事史書皆略而不書惟石刻一一書之章楶時以直龍圖閣知同州故有章龍圖之目白時中官同州教授亦史傳所未及 錢氏潛研堂金石文跋尾

海公壽塔記 存 元豐元年 記見王氏金石萃編

碑連額高五尺七寸八分廣二尺九寸三分二十二行行三十四字僧慧觀記王頤正書篆額沙門傳蘊立石在咸寧縣香城寺

按善感禪院有新井即海公所開碑見前卷此碑叙海公主善感時亦述其開新井事與前碑合撰記者慧觀即前碑書丹者也篆額之李元直則兩碑皆同東坡常稱元直字通叔長安人其先出於唐讓帝學篆書數十年覃思甚苦曉字法得古意用銛鋒筆縱手疾書初不省度 王氏金石萃編

閻使君祠記 存 元豐元年 記見王氏金石萃編

石橫廣二尺七寸高二尺一寸五分十九行行十九字馬唐民撰文郭仲詮正書高渙立石在宜川縣

按閭使君碑泐其名唐書惟閻濟美新書附盧坦傳舊書入良吏傳然係貞元時非高宗永徽時餘無有閭姓之在高宗時官宜川者陝西通志名宦傳亦不載唐時閭姓之官監牧守令者碑云得使君故塋于西嶺搆屋而祠之通志陵墓祠祀兩門俱無攷高渙宋史亦無傳惟碑云地狹而峻遷於丹陽川之口丹陽川即丹陽水亦即丹水在宜川縣西南水經注丹水出丹陽山東北逕丹陽城東又東北合白水口又東入於河元河郡縣志西魏置丹州因丹陽川爲名太平寰宇記蒲川水自鄜州洛川縣流入丹陽川玩碑文語意似係遷城於丹陽川口者然通志城池條下亦不詳志乘缺略如此識亦備攷王氏金石萃編

渾王廟記 存元豐二年 記見王氏金石萃編

石橫廣二尺四寸四分高一尺八寸六分二十行行十四字馬唐民撰文郭仲詮正書高渙立石在宜川縣

廟在鳳翅山上在今縣之東南五里文云廟直丹州之東二里在兩崖間者唐舊治也舊誤爲閏王廟以閏渾聲近後左藏庫副使知丹州事高渙爲之改正唐民撰文以記其事畢氏關中金石記

按渾王及渾瑊兩唐書有傳稱瑊本鐵勒九姓之渾部也世爲皋蘭都督父釋之封寗朔郡王廣德中與吐蕃戰沒瑊年十一善騎射事德宗屢立戰功緜樓煩郡王徙咸寧咸寧者本丹州縣名唐置周廢宋初復置太平興國初省入宜川碑故云丹州舊郡即唐忠武渾王故封也忠武乃瑊卒後所加之謚尙非宋封唐爵祇郡王宋元豐二年八月以禱雨有應乃即以謚爲封號特封爲忠武王有牒見下碑王氏金石萃編

渾王廟牒并記 存元豐二年 牒記見王氏金石萃編

碑連額高七尺一寸八分廣四尺一寸三分共二十五行大字行三十二字小字行六十一字郭仲詮正書額題勅封忠武王碑六字馬唐民正書牒後有王碩題記碑側廣四寸五行字數與碑小字同列中書劄子

按陝西通志稱渾瑊廟中有惠澤水歲旱禱於此碑所載聖泉者是也牒後列銜三人署姓不署名曰右諫議大夫參知政事蔡者蔡確也蔡不署押而注假字殆在告也禮部侍郎平章事王者王珪也工部侍郎平章事吳者吳充也餘皆丹州屬官無可攷碑書一尺作一赤古通用字方田之法宋史食貨志載神宗患田賦不均熙寗五年修定以東西南北各千步當四十一頃六十六畝一百六十六步爲一方歲以九月縣委令佐分地計量隨陂原平澤而定其地因赤於黑壚而辨其色方量畢以地及色參定肥瘠而分五等以定稅則此碑列銜內有朱定官潞州上黨縣主簿而以指教方田系銜即所謂縣委令佐分地計量者也王氏金石萃編

謁太史公冢祠記 佚元豐三年 記見陸氏金石續編

石佚不計尺寸王景修撰文正書張元賓等立石僧永秀鐫在韓城縣

醴泉銘碑側題名三段 詳見陸氏金石續編

王璞等題名 存元豐三年

正書一行共二人

吳翬等題名 存元豐五年

正書二行張覲題共三人

張琰等題名 存元豐六年

正書二行鄭琳題誌共二人

東坡集歸去來辭詩 存元豐四年 詩見王氏金石萃編

石橫廣三尺六寸八分高三尺四寸五分作三截書每截十八行行七字八字不等東坡詩并書在西安府碑林

按東坡集歸去來辭五律詩今見於施注蘇詩在續補遺卷中有十首此但刻六首與施注本互校有不同者鄉老自將迎施作有逢迎去去徑猶菊施作徑有菊注云一作猶淸酒引觴壺施作引罇壺滕琴聊盡歡施作聊自歡注云一作盡言語審無倦施作言話委心懷樂天施作還樂天駕言鄉路尋施作歸路尋老農人未樂施作農夫人不樂互異如此竟不能定其孰是也 王氏金石萃編

興教寺玉峯軒記 元豐四年 存 記見王氏金石萃編

石高廣俱二尺一寸五分十八行行十八字陳正舉撰文隸書在西安府

興教寺舊在樊川呂大防帥雍奉祠事而道經于此即其地爲軒題曰玉峯今記後署銜龍圖閣直學士朝散郎充永興軍路馬步軍都總管安撫使兼知軍府事較宋史本傳除龍圖待制

知秦州元豐初徙永興者爲詳然記言雍而傳言秦州則記者以古疆域名之也 武氏授堂金石跋

溫泉雙皂筴行 元豐五年 存 詩見王氏金石萃編

石高二尺八分廣一尺八寸四分十八行行十八字陳叔度詩其子陳正舉爲之記列于石在臨潼縣

按陝西通志華淸宮四聖殿東有怪柏朝元閣南有連理木而獨不及此雙皂筴此碑完善不泐一字存之可以補通志之漏略 王氏金石萃編

天和寺詩刻并記 元豐六年 存 詩見陸氏金石續編

石未見原石不詳尺寸蘇東發五律詩一首十行陳雄題記九行均行書在扶風縣

謝卿材饒益寺題名 元豐六年 存 題見王氏金石萃編

石高二尺六寸四分廣一尺九寸七行行七字正書在朝邑縣

按謝卿材見續通鑑長編載元祐八年二月淮南等路發運副使謝卿材知相州又欒城集有謝卿材自陝漕徙河北轉運使告辭此皆卿材之歷官也東坡詩集有謝運使仲適座上送王敏仲北使詩即卿材也舊注蘇詩皆缺今馮應榴注極詳癸亥爲元豐六年題云自歷下移守馮翊又可知其元祐以前之官矣 王氏金石萃編

第一山三字 無年號 存

碑高八尺五寸七分廣四尺五分米芾行書在盩厔縣樓觀台上

此刻在盱眙縣終南樓觀石乃摹刻耳縱逸飛動殊有一夫當關之勢 趙氏石墨鐫華

薛紹彭書樓觀詩三段 元祐元年 存 詩見王氏金石萃編

薛周留題樓觀五律一首

石橫廣二尺二寸四分高一尺四寸三分共十三行行八字紹彭正書在盩厔縣

虞學士集評書謂坡谷出而魏晉之法盡米元章薛紹彭黃長睿方知古法又云長睿書不逮言惟紹彭最佳而世遂不傳米氏父子世學其奇怪據此似于坡谷之後獨取紹彭也今終南樓觀有紹彭書詩刻余凡得五紙其一書唐人玉眞公主莊王眞觀諸詩小楷法出入黃庭洛神無一毫滲漏其一書蘇子瞻詩其一書其叔薛周詩其一書王工部詩其一書一絕句字稍大或作眞行其法皆自晉唐絕不作側筆惡態眞可寶也紹彭號翠微居士其父師正重摹定武蘭亭其子嗣昌刻智永千文蓋世有書學者伯生之鑒精矣哉 趙氏石墨鐫華

大中題樓觀南樓七絕一首 存 詩見王氏金石萃編

石廣一尺七寸高一尺三寸八分十一行行十一至六字不等薛紹彭正書

王工部題五絕七律各一首 存 詩見王氏金石萃編

石橫廣二尺八寸高二尺二寸中刻詩共十九行行八字薛紹彭正書上書石吏吾等題名十八字亦正書

按上清太平宮乃太平興國觀中北帝宮通明殿之額也在盩厔縣東三十里縣東南三十里即樓觀彼此隣近故監宮者往往留題樓觀也薛紹彭宋史附見薛向傳向之祖顏河中萬泉人傳但稱紹彭有翰墨名而不詳其官位米元章書史稱其字道祖王弇州稿稱其累官祕閣修撰知梓潼路漕周草窗癸辛雜誌稱其與米家父子同留意筆札蓋當時工書米薛並稱元章嘗有詩云世言米薛或薛米猶言弟兄與兄弟是也薛周爲顏次孫是向之弟史傳不爲附載其大中及王工部二人詩俱無攷 王氏金石萃編

按趙氏石墨鐫華云得薛紹彭書凡五紙今書唐人諸詩之小楷與蘇子瞻之詩均不可復見所存者僅此三石耳

東坡書上清宮詞幷記 存 元祐二年 詞見蘇文忠集欒城集

碑高五尺五寸廣二尺四寸七分作五截書每截十八行行十一字至十三字不等東坡子由詞各一首東坡行書在盩厔縣

嘉祐八年冬軾佐鳳翔幕以事口上清太平宮屢謁眞君敬撰此詞仍邀家弟轍同賦其後廿四年承事郞薛紹彭爲監宮請書此二篇將刻之石元祐二年二月廿八日記

上清宮即徐鉉作碑述神人降于鳳翔者今在盩厔盩厔昔屬鳳翔子瞻判鳳翔過此要子由同賦薛紹彭請書刻石遒逸豐美比公他書尤勝石舊在本宮一道士院中斷爲二余與余友徐宣伯偶過觀之搨二紙後邑侯王公之桐移置衙齋作磚亭焉 趙氏石墨鐫華

按此石今已斷裂爲七中間殘缺甚多文不能讀惜哉

寶月禪師龜銘 存 元祐三年 銘見王氏金石萃編

石橫廣二尺六寸高二尺三寸七分十六行行十四字王[illegible]撰文幷行書在寶雞縣

渾王祠詩幷記 存 元祐四年 詩記見陸氏金石續編

未見原石正書唐李義山七絕一首游師雄撰記錢景逢立石後題一行仇伯玉賞張舜民謁拜祠下在乾州

過九成宮詩幷記 存 元祐五年 詩記見陸氏金石續編

未見原石正書游師雄[illegible]題六言小詩二章閔上功撰記立石在麟遊縣

游師雄題六駿碑 存 元祐四年 記贊見王氏金石萃編

碑高七尺一寸廣三尺八寸五分作四截下三截摹六駿幷贊上截記凡二十五行行十一字刁玠書[illegible]安時篆額呂由聿

按游師雄所繪昭陵圖有紹聖元年石刻詳後卷圖中六駿儼然在昭陵之後其馬贊舊題於石座東坡嘗得石本賦詩紀之此碑乃師雄重繪六馬幷贊刻石于醴泉太宗廟者太宗乘六駿以定天下馬多中箭此圖皆摹繪不爽可見太宗不忘大勳

雖馬猶然而師雄表章之蹟亦徒非好古而已 王氏金石萃編

奉天縣渾忠武公祠堂記 存 元祐五年 記見王氏金石萃編

碑高四尺五寸廣二尺七寸二十二行行三十四字辛育撰文安宜之正書篆額在乾州

按今之乾州宋時謂之醴州所屬奉天縣即唐德宗幸奉天朱泚以兵薄城渾公禦地隧陷賊身中流矢卒能解圍之所也宜川縣已有渾王廟碑見前卷宜川是其封地奉天則其建功之地至是始得建廟陝西通志載祠在乾州南門內又引世法錄云明洪武二十七年四月乾州同知史孟通言唐忠臣渾瑊在德宗時涇原兵變保乘輿全城郭功載唐史今其祠廟在而祀事有闕甚非報功勸忠之意宜令有司每春秋致祭詔從之然則祠祀至今不廢而於建廟之緣起通志畧焉是未嘗據碑而詳載之也 王氏金石萃編

蘇子瞻懷子由詩 佚詩見陸氏金石續編元祐五年

未見石刻據陸氏云在鳳翔縣

謁太史公祠題記 存記見王氏金石萃編元祐五年

石高四尺九寸七分廣二尺六寸五分七行行十三字邵䚮題正書在韓城縣

是不著書人姓名字體瘦勁與游師雄墓志略同應即邵書無疑邵字仲恭丹陽人嘗受筆法于蔡元長元長教以學沈傳師者文云元祐五年春不雨夏四月丁酉詔書委所在長吏躬禱境內名山大川將以戊午有事于禹廟者宋紀是年二月辛丑罷修黃河癸卯禱雨嶽瀆罷浚京城濠丁未減天下四罪杖以下釋之四月甲辰呂大防等求退不允丁巳詔避殿減膳諸所書皆以旱故也攷是年至五月始得雨紀于二月書禱雨嶽瀆而是題四月猶有事禹廟則其往復遣官禱祭情事可知攷史

是年正月丁卯朔二月有丁酉不言朔當是二日則辛丑爲六日癸卯爲八日丁未爲十二日也四月丁酉應是三日甲辰爲十日丁巳則二十三日也史于三月亦著丙申朔合大小餘之例亦無誤 畢氏關中金石記

京兆府學新移石經記 存記見王氏金石萃編元祐五年

碑連額高五尺六寸廣二尺八寸二十三行行三十七字黎持撰文安宜之正書安民鐫在西安府碑林

京兆府學新移石經碑記其曰汲郡呂公者宣公大防之兄以工部郎中陝西轉運副使知陝州以直龍圖閣知秦州大中也自唐鄭覃等勒石壁九經一百六十卷天祐中築新城石爲韓建所弃劉鄩守長安移置尚書省至大中領漕日始克盡列于學載黎持記甚詳方是時宣公在朝二三執政罔非正人監司長吏咸以興起學校裒集經史爲務至紹聖元符之際小人柄政諸君子咸被重罪以去宣公竄死虔州未幾大中亦降官崇寧初籍黨人立石端履門側蔡京復自書碑頒郡縣彼張商英周秩楊畏之徒反覆附和恬不知恥安民以一石工獨能嚴邪正之辨不肯鐫名姓于碑惟恐得罪後世匹夫之志不可奪如是夫特爲京兆學官其文辭條達類南豐曾氏而宜之之書亦稱入格迄今博聞之士或不能舉其姓氏民則後生末學皆能道之以此見立身行已不可不爲後世慮苟是非得其正雖百工技能之人反有榮于當時士大夫者嗚呼可感也已尹玉羽者京兆長安人以孝行聞杜門隱居鄩辟爲保大軍節度推官仕後唐至光祿少卿晉高祖召之辭以老退歸秦中嘗著自然經五卷武庫集五十卷其書散見于册府元龜惜歐陽子不爲立傳而其書亦不傳於世也予既感碑文之出于石工安民所鐫而題其後予友鍾淵映將注五代史記幷書玉羽之事告之俾附于鄩之傳焉 朱氏曝書亭集

唐凌煙閣功臣畫像幷讚 存讚見王氏金石萃編元祐五年

石二層高二尺六寸六分一廣二尺五寸六分二十六行一廣一尺七寸二十二行行皆十字正書在麟遊縣

按長安志凝陰殿南有凌煙閣貞觀十八年太宗圖畫功臣之像二十四人於閣上帝自爲讚詞褚遂良題額此太宗建凌煙閣之始也此碑寰宇訪碑錄云在麟遊縣碑刻功臣畫像並讚祇王珪魏徵李勣侯君集四人乃元祐五年游師雄撰書以刻石者唐書王珪傳珪仕太宗朝封永寧縣男進封郡公由同州刺史召拜禮部尚書此碑題云禮部侍郎永興公與史異魏徵傳屢拜太子太師封鄭國公徵亡帝思不已登凌煙閣觀畫像賦詩悼痛考徵之卒在十七年正月而畫功臣在二月蓋卒後

所畫也李勣傳高祖初封英國公徙封曹改舒國公太宗卽位徙封英治幷州召爲兵部尚書高宗永徽四年册進司空始太宗時已畫凌煙閣至是帝復命圖其形自序之俟君集太宗初封潞國公遷兵部尚書進吏部後坐承乾事帝謂曰與公訣矣今而後徒見公遺像而已因泣下遂斬之所謂遺像者殆卽凌煙閣也獨王珪之圖形傳無明文此碑當有年月及書撰題識或搨者失之 王氏金石萃編

涇陽縣孔子廟記 元祐五年 存 記見王氏金石萃編

碑連額高八尺六寸三分廣三尺四寸五分二十四行行三十四字杜德機撰文王璆正書並篆額道士董宗卿刊在涇陽縣

按陝西通志載涇陽縣學在縣治西南宋元祐五年建據此碑則舊有廟而弊陋元祐五年特重新之耳知縣事賈公裕無考文爲杜德機撰以廟學碑而刊之者乃雲臺觀道士董宗卿亦

賢矣哉雲臺觀在華陰縣華山下 王氏金石萃編

蘇文忠獨遊南山詩 元祐五年 存 詩見王氏金石萃編

石橫廣三尺二寸高二尺六寸十行行十字字徑二寸蘇軾撰並正書在鳳翔縣

按此詩文忠自署云趙郡蘇軾子瞻史傳稱爲眉州眉山人卽潁濱撰墓誌銘亦稱世家眉山此獨題趙郡其詩以施注蘇詩本校之此首在續補遺卷中題云壬寅重九不預會獨遊普門寺僧閣有懷子由此題則云壬寅重九以不與府會故獨遊至此有懷舍弟子由彼此互有詳略東坡先生年譜嘉祐七年壬寅先生年二十七官於鳳翔稱傳嘉祐五年調福昌主簿歐陽修以才識兼茂薦之祕閣試六論除大理評事簽書鳳翔府判官卽是時也陝西通志普門寺在鳳翔府東一里唐建有王建吳道子壁畫其曰獨遊南山者似是指府西北三十里之雍山卽水經注雍水出雍山者也鳳翔有山皆在西北東北而南面無山此詩云來看南山冷翠微者亦借用陶詩悠然見南山語非實有所指也詩中與集本不同者花開酒美曷不醉集作花開酒美盍不歸此顯然是集誤是時文忠官府判不預府會故云曷不醉若云盍不歸則無謂矣不向秋風強吹帽集作不問亦訛末題元祐庚午秋庚午爲元祐五年殆立石之年歟 王氏金石萃編

遊師塔寺留題 元祐庚午 存 詩見王氏金石萃編

石高二尺二寸五分廣二尺四寸八分九行行十字程奇詩一首正書寺僧惠元立石李轉刻在咸寧縣

觀音像並讚 元祐辛未 存 讚見王氏金石萃編

石二均高二尺三寸五分廣二尺一寸四分各繪觀音像一幀唐吳道子筆讚刻第一像下截二十四行行四字六字不等正書在西安府碑林

二觀音乃唐吳道子筆余以母氏苦目疾訪求累年近方獲于長安僧惠譚因摹刻諸石又係之以二贊且俾世人瞻敬供養同結善緣云爾元祐辛未仲夏望日河南呂由聖遵古題

郃陽縣學記 元祐八年 存 記見王氏金石萃編

碑高六尺三寸廣三尺八寸五分十八行行四十二字時彥撰文王實正書並題額劉熙立石在郃陽縣

按陝西通志郃陽縣學在縣治南宋元祐六年知縣李百祿建武陽張价有記據此碑云元祐辛未有令來閱事越明年理孔子祠爲學舍辛未卽元祐六年其時令初視事明年建學則七年也撰記者時彥乃通志不云時彥有記而云張价豈別有張价碑耶抑卽時彥之誤也時彥史有傳云字邦美開封人舉進士第簽書潁昌判官入爲祕書省正字累至集賢校理碑不署其官位文之略也記刻於癸酉爲元祐八年令李百祿及書者

王寔俱無斁 王氏金石萃編

游師雄玉泉院題名 存題見王氏金石萃編 元祐九年

石高一丈一尺五寸六分廣一丈五寸五行行五字正書在華陰縣

右在山蓀亭下字徑一尺五六寸景叔書莫大於此 畢氏關中金石記

阿房宮賦幷後序 存詳見陸氏金石續編 元祐八年

碑高四尺二寸廣一尺六寸唐杜牧阿房宮賦宋游師雄後序分五層每層十九行行十六字安宜之正書在西安碑林

按阿房宮賦唐杜牧撰宋游師雄記其後安宜之正書杜賦家紘戶誦無不童而習之桉以石刻有足正俗本相沿之謬者俗本未雲何龍石刻雲作雾俗本不知西東石刻西東作東西與上冥迷與下淒淒叶韻並爲遠勝惟工女作女工乃安書誤筆也游記多本史記始皇本紀三輔黃圖水經注諸書惟以阿城爲因慕容冲築城而名不免強爲解事漢書東方朔傳舉籍阿

城以南師古曰阿城本秦阿房宮以其牆壁崇廣俗呼爲阿城是漢孝武時已有阿城之名不因慕容冲築城明矣括地志雍州郭城西面卽阿城東面 陸氏金石續編

重修周公廟賦幷序 存文錄後 元祐八年

未見原石王□撰並正書在岐山縣

重修周公廟賦並序　左宣德郎充鳳翔府府學教授王□撰並書　元祐元年春三月皇帝嗣位肆大眚以赦天下詔書之下郡縣者有曰前世聖帝明王忠賢哲義有大功利及物列於祀典其陵寢廟貌廢缺不完者悉令葺治所以揭虔妥靈格於上下稽若古訓敦厚風俗其意甚美當是之時有司固嘗增致然制度狹陋草率苟完不足以奉承朝廷尊大先古聖賢之意今陝西轉運使游公元祐六年按刑西路飭官吏畀材用大爲營建凡一百一十間又因其泉流導之者爲畎澮潴之者爲池沼植之者爲蘭林培之者爲亭榭棊布棋列落落如圖畫間使人喜遊而肆觀焉至其廟貌尊嚴殿廡華煥左右仗衛塑畫羅列劍戟森然綵繪光耀竦動人耳目而聖像巍然居其上髣髴如見當時坐朝堂被袞衣抱幼君以朝諸侯四方萬里蠻夷戎狄奔走俯伏聽命莫敢後時制禮作樂七年而致太平以成周家卜年卜世之久嗚呼盛哉此亦天下之壯觀也惟周公盛德大業具見於詩書而法度文物載在周禮及其行事之緒餘往往論辨發於史傳諸子百家之書仲尼又以其微意著於春秋以深究禮法之弊此固非成見謏聞所可道也因拾其已傳之迹而係之以賦曰　粤惟有周肇自履帝后稷不窋憂勤積累公劉基理豳土大王避狄從者如市躬仁蹈義以迨王季文王作則德與民庇小心翼翼天下有二武拯塗

炭昧爽甲子大白授首商紂妲己梯航四海車書一軌天作之輔曰旦翊世文王之子武王之弟武疾未瘳公告天地植璧秉珪請代以死至忠血誠則始見於金縢受遺託孤則恭承乎玉几奚畀顧命乃攝寶位冢宰作誥百官總己於是輔道幼主啓撻伯禽坐明堂冠冕旒撫四夷朝諸侯吐哺握髮制禮作樂卜世三十卜年七百營洛邑均道里設官職別朝市庠同異封子弟建磐石之固宅維城之利五侯九伯犬牙相制揚文武之烈光率祖宗之大緒監二代之文物揭萬世之典禮噫嘻我直如矢我道如砥變生於獨或出於似君子既試小人乃毀貝錦萋斐箕舌多哆近則成王不知召公弗喜遠則四國橫議曰公不利据手瘏口跋胡疐尾群輕折軸積毀銷骨青蠅上壁點白爲黑衆口鑠金呀吻利喙鴟無好音車有載鬼蠹目豺聲蛟涎虎噬公於是時了不芥蔕是用居

東以伐作詩以遺不顧小忍斷以大義誅殛讒亂表禩仁智罪人斯得神告以巽大風偃拔開悟主意群公盡弁乃啟金匱曰公勤勞訓我孺稚袞衣告歸天地薦祉歲則大熟禾則盡起攝政七歲明辟復子啟封七百土宇世嗣老于京師備道全美巍巍乎高哉遠哉兮亘德音以不瑕皭然泥而不滓豐功盛烈與日月而齊光兮烜赫晃耀乎垂千百祀魯侯受命祭以天子血食萬世流澤千紀榮華迄今歌頌不已漢唐而降土木其峙想望風采恍惚夢寐載在祀典廟貌蕭篁曰岐之陽在水之涘口終南兮俯清渭瞻睟容兮望遺趾睥睨爽塏兮髣髴英氣殿沉沉兮穹窿神其來哉兮昂昂顒顒晉恒落日兮古木號風停流潛碧兮清影涵空丹楹剝月兮繪壁噓龍繁雲翳翳兮暑雨濛濛遺波餘澤兮幾千百年濫而為泉兮滙而為淵灑為渠兮蓄而為川鍤雲渠雨兮溉我甫田

沃壤萬畝泝洄十里契理亂鑑臧否或通或塞或涸或沸守令得其人則決不得其人則止歲在閼逢涒灘可厲肆汹濡以漫衍極紆餘以委迤瀰潭渤以滂湃層瀲洌其櫛比瀰堆埼激賈墜淙塊砢漢坻址淪淈𣻚漪靡綺洶洶洞洞淪淪泚泚蒼崖峨峨兮白石齒齒若乃支分派引旁午錯出滌闠闤澆井里浸淫逆折乎蘭若之圃汗漫溥博乎絃歌之地瀑鱗翼於將勸蘇稂莠於既殖惟餘潤口所浹無一物而不被至於風亭月榭層臺觀閣流珠漱玉清聲爽韻洋洋乎盈耳方池曲江孤嶼絕島沐浴養長兮春楊而秋芰天波空鮮雲山倒影涼飀兮皺輕碧急雨兮歛新霽浩月沈素餘霞弄綺鳧浴兮儵漣生魚吹兮圓暈起沙堤兮蓼岸花研兮草媚客有乘范蠡之舟橫桓伊之笛延騁景以綸釣汎凄颸而鱠鯉援毫而吟挈榼而醉不事王侯屣棄名利而深入乎煙霞之際以索乎形骸之外養乎沖和之氣此智者之所樂而不可勝記夫是之謂周公之水亂曰我思古人兮永想風聲徘徊明庭兮瞻仰儀形野人何知兮桂酒芬馨攘除凶災兮祈請靈冥歲時豐樂兮吏治不驚奉法循度兮天王聖明我思古人兮姬公孔氏忽乎其在目兮邈乎其不可致如有用我者乎朞月而已將以敵天之命垂於無窮措於極治兮請侯周禮　元祐八年十二月初一日建

縣尉馬驥　主簿元熾　右宣德郎知鳳翔府岐山縣事監兵馬監押李援立石　孟永刊

按此碑未經前人著錄惟陸氏金石續編一載其名未見全文可知碑文用賦亦屬別體且岐山作歧山其字本可通用然用之地名終覺未宜

耀州修州學記　佚　元祐九年

李注記僉次舉正書在耀州

溫泉題名八段　詳見陸氏金石續編

高廣行字不計在臨潼縣

游師雄等玉女閣題名　存　元祐九年

正書左行共二人

王純臣等題名　存　元符

行書左行共九人

雍方賢題名　甲申

正書

雍元之題名　存　乙酉

行書左行

雍氏二題無年號甲申乙酉當是崇寧三四年　筠清館金石記

李德初題名 存 大觀

正書左行

任知幾等題名 存 政和丙申

行書左行共三人

師堅題字 存 無年號

二字分書

薛俅等題名 存 紹興乙亥

正書左行共四人

昭陵圖記 存 紹聖元年 記見王氏金石萃編

碑連額高七尺四寸八分廣三尺五寸分作二截上紀下圖游師雄撰記四十一行行十九字正書篆額在醴泉縣

攷昭陵陪葬例子孫願從其祖父者聽如姜遐爲行本之子行本在陪葬諸臣之列遐得從其父葬又陸先妃葬于麟德中特

續陝西通志稿【卷一百五十六 金石二十二　二十三】

請陪葬此皆在常例之外者故諸家互有不同也惟是當時各家皆有穹碑夾以蒼松翠柏巨槐長楊下宮寢殿與表裏山河共成形勢一時君臣際會之隆號稱極盛自朱梁盜發而後再歷千年金虎石麟淪沒榛莽不但基地荒蕪即金石文字亦漸剝蝕無存余以乙未春季閱視涇陽龍洞渠道出醴泉瞻拜元宮周覽封域因飭地方官重加修葺並爲釐正疆界建立碑亭庶使樵牧牛羊知所禁避而遺徽光烈得以垂諸永久云 畢氏關中金石記

高陵縣重修縣學記 存 紹聖元年 記見王氏金石萃編

碑高八尺二寸二分廣三尺四寸十六行行三十七字吳柔嘉撰文朱華建并正書在高陵縣

昭仁寺碑陰曹調鼎記 存 紹聖元年

紹聖元年七月張重題記萃編附載於正碑之後此其所遺 陸增祥記

李行之等題名 存 紹聖二年 題見王氏金石萃編

石高二尺七分廣一尺二寸五分三行行五字行書左行在扶風縣共二人

宿草堂寺詩 存 紹聖二年 詩見王氏金石萃編

石高廣俱二尺七寸八行行十六字武嗣昌正書在鄠縣

留題草堂逍遙寺詩 存 紹聖二年 詩見王氏金石萃編

石橫廣二尺七寸四分高一尺二寸五分十四行行十字十一字不等李章題正書在鄠縣

百堅紹聖二年秋九月到官奉祠高觀神廟過逍遙寺主僧紹利出先人中散昔權邑日留題今日獲覽不勝悲悼恐歲月之久將遂湮沒謹刋於石男宣德郎知縣事百堅敬題

此紹聖中刻詩未甚超字亦平乃李百堅以子知其父所權之邑數十年後覩其留題之章而刻之石者 墨林快事

續陝西通志稿【卷一百五十六 金石二十二　二十四】

錢景允祈雨玉華宮記 佚 紹聖二年

劉從益題八分書在宜君縣

游師雄墓誌銘 存 紹聖四年 文見王氏金石萃編

石高廣俱四尺九寸六十八行行六十七字張舜民撰文邵龥正書章楶篆蓋安民安敏姚文安延年模刻在西安府碑林

游公表章古蹟自周秦以及唐無不有題識其墓誌亦云然誌多與史合蓋修史時多采誌語也誌爲張舜民撰頗盡闡揚之致書者邵龥清圓秀勁所可恨者傷佻耳其書只尺作只赤赤與尺通楊用修以尺牘爲赤牘本之禽經雉上有丈鷃上有赤王元美又引華山石闕云高二丈二赤平等寺碑云高二丈八赤而疑其隱僻欲改作尺據此志則宋已多用之非僻也 趙氏石墨鐫華

師雄橫渠弟子治平元年舉進士爲儀州司曹參軍自治平迄

元祐二十餘年皆在邊帥幕府始因范忠宣薦韓魏公委督築熙寧寨糧餉後歷蔡挺韓絳劉瑄趙高諸幕而在高幕最久元祐以後屢經遷轉十餘年始徙知陝州而公已歿矣神哲二宗知之未爲不深也而卒不得大用此議者所以有用不盡才之恨歟宋史西夏傳載秉常嗣國後二十年中凡屬戰守之事得失具見合此志攷之大略出之師雄者居多余集陝西金石目錄見留遺筆跡幾至廿種其才畧風概瑰瑋卓犖宋世少其儔匹採錄之餘令人企慕久之 畢氏關中金石記

古吳山縣詩 存 紹聖四年 詩錄後

石橫廣四尺高二尺二寸四闌有花紋三十二行行十八字丁常題田雲書在隴州

古吳山縣詩十首　譙國丁常　瀟洒吳山縣岡巒繞四圍官卑新令尹邑古舊險巇趣有陶彭宅才非陸凌儀折腰休重歎適與

分相宜　瀟洒吳山縣居民僅百家孤城連阜起小市枕溪斜土潤宜栽竹泉甘好試茶公餘無一事何處悅紛華　瀟洒吳山縣登臨四望遙嵐光□曜翠野色麗□□林靜晨鴉散汀寒宿鷺翹欲知民意樂歌唱起漁樵　瀟洒吳山縣郊行路曲蹯畫藏南寺古川浸北宮寒字俗功無補尋幽興未闌一枝聊自足何羨九霄搏　瀟洒吳山縣巖居共幾層風清聞遠笛月黑見孤燈醲汲南溪水琴邀北閣僧城隅修檻穩衙退即來凭　瀟洒吳山縣槐衙舊治雄民淳庭寡訟土厚歲多豐廢壘長蛇積虛巖太像空雖非鄒魯地弦誦滿儒宮　瀟洒吳山縣風光滿澤川野桃紅映水溪柳翠生煙曲岸連幽徑平沙近暖泉若無塵事役終日聽潺湲瀟洒吳山縣庭虛夏亦涼雲龍藏峻嶽花木暗稠桑種稻連荆泊分泉過石堂誰知關塞近風物似江鄉　瀟洒吳山縣超然寓攝齋清樽留待月芳草恣侵堦竊達須歸命升沈不繫懷絃歌雖可樂吾志在江淮　瀟洒吳山縣雲峯信有餘地偏常畏虎水悍不生魚夢去遊鄉國愁來厭簿書拂衣空有志何日賦歸與　紹聖四年十月一日□里田雲書　濟陽江嗣文上石

按此石未經前人著錄詩淸腴可誦字亦樸茂遒勁有北海微意惜磨泐已甚清道光間有重摹本然錯誤多矣

關山雪月詩 存 紹聖丙子 詩見王氏金石萃編

石橫廣三尺八寸高三尺六寸五分十四行行十五字宋構題行書韓渥立石在隴州大佛寺

右關山月關山雪詩題云成都宋構承之紹聖丙子歲按部過隴山偶題按宋史不立構傳而東坡集有送宋構朝散知彭州迎侍二親詩施元之注宋彭州名構紹聖間爲金部員外郎是時都大題舉川茶事陸師閔移漕陝西謀代之者曾子宣李邦

直僉曰宋某可遂使權都大管勾攺熙寧中設成都茶司其後攺名都大提舉茶馬司凡市馬於蕃夷以茶易之此刻於紹聖間構雖管勾川茶而市易常於秦隴故有按部隴山語 錢氏潛研堂金石文跋尾

部陽縣戒香寺碑 存 紹聖五年 文見王氏金石萃編

碑連額高五尺二寸五分廣二尺七寸四分二十行行三十字僧文才正書在部陽縣

草堂寺王正等題名 存 元符二年 題見陸氏金石續編

正書三行在鄠縣草堂寺共三人

萃編載草堂寺題名凡二十七段獨遺此段此段題在圭峯碑額之陰已卯元符二年也萃編所載有李援與蘇昞等題名一段是元符三年李援再游所題 鄠縣金石記

白雲山主得利塔記 佚 元符二年

趙宗輔撰文僧道雅正書并題額在高陵縣

文云師初居鄠縣白雲山淨居禪院後居縣之隆昌寺淨居在白雲山下唐舊寺也隆昌寺在毘沙鎮金史地理志縣有毘沙鎮者是也寺爲宋太宗賜額宗輔鎔之子官至西京左藏庫副使

畢氏關中金石記

程懿叔遇雪詩存元符三年

正書在[illegible]　詩見陸氏金石續編

修鳩摩羅什塔亭記元佚符三年

審禮撰文隸書無姓名在鄠縣

草堂寺題名二十九段

詳見王氏金石萃編

碑高七尺八寸廣三尺九寸側廣九寸正面爲唐定慧禪師碑各題名參錯刻於[illegible]面又附刻另有二段在鄠縣

陳堯傳詩刻存景祐二年

續陝西通志稿【卷一百五十六　金石二十二　二十七】

正面三行字數不等僧悟正書

杜孝錫等題名存元祐庚午

側面三行行八字正書共三人

劉銅等題名存元祐壬申

正面五行行十三字正書左行共十人

薛紹彭等題名存元祐

側面六行共七行行六字七字不等正書左行共三人

王濟叔等題名存紹聖元年

正面四行行六字分書左行共二人

朱光裔等題名存紹聖二年

正面五行行六字正書左行共二人

章惇等題名存紹聖二年

石高廣俱一尺七寸五分十二行行十二字行書共四人

子厚與子瞻遊而題此書亦有臥筆間作渴筆遊絲法亦遒逸可存也

趙氏石墨鐫華

文云惇自長安率蘇君旦安君師孟至終南謁蘇君軾者宋史惇傳惇舉甲科調商洛令與蘇軾遊南山抵仙遊潭潭下臨絕壁萬仞橫木其上惇揖軾書壁軾懼不敢書惇平步過之乘索挽樹攝衣而下以漆墨濡筆大書石壁曰蘇軾章惇來既還神彩不動即其時事也今仙遊寺題名已失所存者惟此耳

畢氏關中金石記

范埴等題名存丁丑

正面二段共七行行六字七字不等行書左行共四人

李諫等題名存元符戊寅

側面四行行十字十二字不等行書共三人

續陝西通志稿【卷一百五十六　金石二十二　二十八】

崔伯宗題名存元符己卯

側面四行行十七十八字不等正書左行

李援等題名存元符三年

側面四行行六字分書左行共五人

李革等題名存建中靖國元年

側面二行行十二字正書共三人

路允蹈等題名存建中靖國元年

正面四行行十一字十二字不等行書左行共三人

孫竦等題名存建中靖國元年

石高廣俱一尺三寸八行行八字行書左行共四人

景興宗等題名存崇寧四年

正面四行行六七字不等行書左行共三人

王仲孚題名 存 崇寧丙戌

正面二行行七字篆書左行

張壽翁等題名 存 崇寧丙戌

正面四行行九字正書左行共二人

張智周題名 存 政和元年

一行刻題詩後

李逸老題名 存 政和壬辰

正面三行行十字十一字不等正書左行

竇淵等題名 存 政和乙未

正面四行行四字正書左行共二人

呂湘西題名 存 宣和二年

正面二行行十六字正書

解益等題名 存 宣和六年

側面三行行八字分書共三人

王賾等題名 存 靖康丁未

正面四行行五字正書左行共二人

王著題名 存 無年號

正書王著遊三字

紫陽 存

正書二字

堅之等題名 存

側面二行行十四字正書左行共四人

按此碑題名三面其正面爲唐定慧禪師碑磨舊碑刻之隱隱有先聖題延陵季子十字其所由來不可知矣草堂在鄠縣東南四十里唐改栖禪寺崔伯宗題記挈家游栖禪淨境者是也縣東南三十里有高冠峪峪內有高冠潭王壽題云奉祠高觀當即高冠以音同而訛也張保源題云自此遊高驪潭似即高冠潭亦以音近而異又縣東南三十里有紫閣峰杜工部詩紫閣峯陰入翠微者是也劉銅題云十人同宿紫閣即此路允蹈題云同往龍潭疑是高驪潭又云薄暮宿逍遙寺寺在長安縣西南三十里甫張村陝西通志云創時碑志無攷據此題則宋時已有之矣李逸老題云自百塔過翠微宿草堂明日將遊紫閣白雲趁終南百塔寺在長安城南五十里翠微寺在長安城西南翠微山上唐武德八年建太和宮太宗貞改爲翠微宮元和元年廢爲翠微寺其白雲山在鄠縣南二十里其下有白雲

觀終南山在鄠縣東南二十里東接長安西接盩厔蓋逸老此遊往來於長安鄠縣盡兩日之興而歷諸勝也 王氏金石萃編

編纂渭南武樹善

續修陝西通志稿卷一百五十七

金石二十三

宋

心印妙經（存　崇寧元年　文錄後）

石高四尺八寸廣二尺五寸一分兩截上截刻天尊像三日大羅元始天尊一聲救苦天尊太一救苦天尊下截經十九行二十一字末小字六行書年款并記人名道士李宗顏正書額題太上說九幽拔罪心印妙經相十二字亦正書石裂爲三在耀州

太上說九幽拔罪心印妙經　爾時元始天尊坐七寶殿放大光明遍照世界觀見罪□受諸苦惱沉淪生死受報無窮於是救苦眞人即從坐□瞻仰尊顔長跪問曰是諸衆生以何因緣飄蕩苦海沉沒無邊天尊告曰如是衆僧受諸惡業皆由自心妄想□倒不悟無□一切罪根皆從心起天堂快樂自有心生三界沈淪亦從心起心生邪見妄想貪嗔心生惑亂存□非眞心懷殺害受諸

類身心生諂曲以道無因心生虛寂以道相親重宣此意而作偈曰　大道澄廓元理幽深先天而生運化古今道無形□澄慮身心不貪□慾不嗔不淫是非莫識表裏思尋身心淸淨煩惱不侵無起無滅冥莫難尋□然空寂了心無心自然合道□□□欽□朝金闕遊玩寒林七祖解脫永□幽陰皆契心印悟道合眞念念相繼勿□塵心　是時受苦衆生聞說□法咸皆解脫衆眞作禮皆大歡喜稱揚讚嘆依教奉行　太上說九幽拔罪心印妙經

大宋崇寧元年四月二十五日耀州美原□主宋永於本縣聖帝東廟立石以此功德先用上祝皇帝龍圖啟煥鳳曆騰芳慶祚無疆洪基永□公卿明允攸序皇猷文武雄才孔修帝業次願士農工商一切等衆各協康安遍增悅豫然冀□關□族長夜沉冤脫死錄於酆山躋福堂於淨土飛沉動植俱獲逍遙法界有情同登道岸住□講經□士劉善淵校勘同住持道士孔道仲勸緣□□坊紫□□□道士李宗顏書泥陽劉源刊王鼎李康武良梁松莫泰賀□雷成張永南謹讚成

梅澤詩幷題記（存　崇寧元年　詩記見王氏金石萃編）

石橫廣二尺七寸七分高二尺二寸七分十九行行十四字梅澤詩四首崔珙行書僧紹利立石在鄠縣

余旣得珙書李騎詩表而出之以爲希有其後又得所書吳郡梅說之過草堂望終南等詩四首又題尾一段津津然有味于山水之間思往而不可得者梅之寄意不淺矣使非珙爲之書刻後世之人何從而吊其遺蹤爲始知山川之奇與人胸中之秀筆底之神率相待而成一時之盛乃山川有更移時勢有隆殺而人之心胸脈脈流行不絕又相爲灌注始終不爾猶歸於變滅悲夫誰爲後來者當與此心期己（墨林快事）

修唐太宗廟記（存　崇寧元年　記見王氏金石萃編）

碑連額高八尺六寸廣三尺五寸八分二十行行三十五字趙茂曾撰文朱光旦正書并題額在武功縣

按唐太宗廟在乾州武功縣城北武功縣志云今前殿爲鴻禧觀祀老氏明嘉靖末所建也碑引唐紀云太宗文皇帝以隋開皇十八年十二月戊午生于武功之別館今唐書太宗紀無此語不知其何本也今紀云貞觀二十三年五月己巳崩年五十三由貞觀二十三年逆推五十三年是爲隋開皇十七年此云十八所未詳也碑云武功縣南有慶善宮今爲慈德寺北日報本寺神堯之舊宅也据縣志金大定十六年勅賜崇教禪院卽此寺也報本寺在縣西北一里本唐高祖舊宅大中元年建爲寺依山立刹中有浮圖高二十尋偉然一邑之望太宗廟建於元祐三年游師雄因鬼章靑宜結搆戾人爲亂謀分據熙河詔

師雄往使擒鬼章報捷遷陝西轉運判官提點秦鳳路刑獄建
廟即在是時師雄有弟師韓傳所不載賴此碑及之 王氏金石萃編

淨相院橙軒詩刻 崇寧壬午存 詩見王氏金石萃編
石横廣二尺一寸五分高一尺七寸二分十行行八字彭迪明七律一首正書在興平縣

王碩題忠武王廟碑記 崇寧元年佚
石佚不計尺寸正書原在宣川元豐二年勅封忠武王記之上方

玉盆題名十二段 詳見王氏金石萃編

張元翊等題名 崇寧元年存
横廣四尺四寸四分高三尺七寸六分七行行五六字左行正書共三人在褒城縣石門

李口等題名 建炎己酉存
高二尺五寸廣一尺九寸五分七行行十字十一字不等左行正書共八人

晏德廣等題名 紹興甲辰存
高三尺一寸廣二尺九寸三行行六字七字不等隸書共二人

閭丘資深等題名 慶元二年存
高四尺八寸廣二尺四寸三行行七字八字不等隸書共三人

石邵等題名 乙巳存
横廣三尺一寸三分高三尺三寸五分六行行七字八字不等隸書共三人

曹濟之等題名 紹定己丑存
三行行八字正書共四人

郭嗣卿等題名 慶元存
高二尺廣一尺五寸五分三行行四字正書共三人

牟節甫等題名 開禧二年存
高一尺九寸五分廣一尺五寸四分四行行四字五字不等正書共二人

安丙等題名 嘉定己巳存
高一尺八寸八分廣一尺五寸三分四行行七字八字不等正書共四人

何武仲等題名 嘉定辛未存
高一尺九寸五分廣一尺五寸五分七行行六字七字不等正書共七人

李一鰲題句 無年號存
高四尺六寸四分廣三尺七寸五行行四字正書

李口熊題名 嘉定存
三行行三字隸書

按玉盆在褒水中詳見前卷石門題名此題名中有因禱雨而至者有因眂堰而至者亦詳見前跋此題率多缺泐其來遊姓名全見者得三十四人惟安丙一人史有傳餘俱無攷丙字子文廣安人淳熙間進士開禧二年邊事方興程松爲四川宣撫使吳曦副之丙陳十可憂于松言曦必誤國既而曦奏丙爲隨

軍轉運司居河池十一月金人攻湫池堡破天水繇西河入成州十二月金人持詔至曦受詔稱蜀王三年正月曦僭號建官稱臣於金以丙爲中大夫丞相長史權行都省事丙陽與而陰圖之遂謀誅曦三月函曦首附驛朝廷上下動色交慶加丙端明殿學士中大夫知興州安撫使兼四川宣撫副使卒謚忠定著有晶然集此題嘉定己巳爲三年正吳曦伏誅丙知興州時也晶然是其別號因以名集石邵等董堰徠登題云汎掃縱觀方羊久之方羊二字見於左傳他書多作彷徉史記吳王濞傳又作彷徉淮南子原道訓又作方洋皆即逍遙徙倚之意字異義同 王氏金石萃編

武功縣學碑銘 崇寧二年存 文見王氏金石萃編
碑高八尺一寸廣四尺三寸五分二十一行行四十二字趙茂曾撰文并正書額在武功縣

遊終南雜詠 存崇寧二年　詩見王氏金石萃編

石高三尺廣二尺三寸分兩截皆十九行行十四字李騊七律三首七絕六首崔琪書在褒城縣

李騊通判秦中留題終南而鄠令崔琪書刻石騊詩琪書皆不離宋人本色崔琪是又一人非唐廢起相判鳳翔者 趙氏石墨鐫華

按此詩共九首草堂宿紫閣渼陂七律三首雲際院等七絕六首而墨林快事謂七律二絕句八共十首者誤也

褒城縣學記 存崇寧二年　記見王氏金石萃編

碑連額高八尺七寸五分廣四尺九寸五分二十三行行三十六字蘇時撰文謝資正書閻師敏篆額張元翊立石在褒城縣

按陝西通志褒城縣學慶歷間倚於江岸竇充宰褒建自有記崇寧中張克獲移治西三十步蘇時有記即此碑也碑文殘缺惟慶歷中及度地不善濱江水庫令尹魏郡張克獲等語尚可詳譯碑建於崇寧二年六月癸未云詔天下州縣皆得立學者

是時方推廣元豐三舍之法行于縣邑因令縣邑皆置學褒城縣舊有學至是因移建也慶歷竇充碑已見前 王氏金石萃編

石門題名十八段 詳見王氏金石萃編

賈公直等題名 存紹聖乙亥

石高二尺廣一尺六寸五分五行行六字俞夾畢正書在褒城縣共四人

楊逵等題名 存崇寧乙酉

高三尺四寸廣一尺五寸三行共十四字正書共二人

李崟等題名 存無年號

行十字隸書共三人

文玉嵓等名題 存崇寧五年

高二尺廣一尺四寸五分七行行五字七字不等正書共三人

文岡等名題 存淳熙丁未

高六尺二寸五分廣一尺六寸三行行十三字正書共四人

張伯山等題名 存淳熙己酉

高三尺八寸五分廣一尺四寸五分僅存三行行十字十一字不等正書共四人

趙公茂等題名 存慶元丙辰

高三尺二分廣一尺七寸五行行七字九字不等正書共七人

宋積之等題名 存慶元丁巳

高五尺一寸廣三尺五寸八行行十一字十二字不等行書共五人

范鼎等題名 存慶元丁巳

高二尺二寸五分廣一尺五寸三分三行行六字正書共三人

王還嗣等題名 存慶元戊午

高三尺七寸六分廣一尺一寸七分僅存二行行九字正書共四人

郭公緒等題名 存嘉定庚午

高五尺廣二尺五寸三行行八字左行正書共四人

鮮于申之等題名 存嘉定三年

高六尺二寸五分廣一尺一寸四行行十六字隸書共六人

劉參等題名 存嘉定辛未

橫廣二尺高一尺五寸五分五行行六字七字不等左行隸書共四人

趙彥口等題名 存寶慶丙戌

高四尺二寸五分廣一尺九寸四分七行行十五字隸書共九人

曹濟之等題名 存紹定己丑

高二尺三分廣一尺七寸三行行六字正書共四人

郭仲辰等題名 存辛未

高二尺四寸七分廣一尺二寸七分四行行四字左行正書共二人

李炳文等題名 存無年號

宋之源等題名 無年號 存 高三尺三寸廣一尺七寸二行行六字隸書共四人 橫廣二尺五寸五分高二尺四寸二分四行行四字正書共三人

按石門在陝西漢中府褒城縣水經注褒水又東南歷小石門石門穿山通道六丈有餘刻石言漢永平中司隸校尉楊厥所開建和二年太中大夫王升嘉厥開鑿之功琢石頌德此題名中有慶元丙辰趙公茂等同來觀漢刻即指建和二年王升所刻頌也水經注又云褒水西北出衙嶺山東南經大石門歷故棧道下谷輿地紀勝云山河水即褒水出太白山有白玉盆在水中大石光白中可實五斗米漢中府志云褒水東岸有石自然如盆光潔如玉又堰界石在縣東三里龍江中上石橫刻使府打量到下鐫石古界從此石至南大宋乾道元年十一月初

五日眉山史可觀記下一石鐫制置大使司提修造張儀准相命檄自嘉定三年至七年督責軍人董工治堰嘉定七年二月記今此題名有慶元丁巳成都宋積之等來遊觀玉盆即輿地紀勝所稱白玉盆也又嘉定三年鮮于甲之跅堰山河沂褒水登石門又寶慶丙戌趙彥口等跅堰修祀事徠玩玉盆登石門所謂跅堰即府志所稱之堰界石也蓋堰在褒水中爲水利之所重故界石鐫乾道元年及嘉定七年二記此題名正當其時趙彥口題又有口竹潭口雪步口雪舊有亭云云地名缺泐不可攷矣題名共十八段綜計姓名可見者得五十九人泐者不與焉其中見於史者有李燾一人傳稱燾字仁甫眉州丹稜人乾道八年直寶文閣帥潼川兼知瀘州首葺石門堡以扼夷人淳熙改元被召此後未嘗歷外任而以前亦未嘗官漢中不知與此李燾是一人否姑識之餘俱無攷 王氏金石萃編

建安黃公詩 崇寧三年 存 詩錄後 石高三尺廣二尺八寸二十三行行二十二字黃孝先詩東長儒行書在咸陽縣署內

建安黃公詩　留題清渭樓　黃翁愛山不知休每日不下清渭樓爲官落得官下隱愛山不得山中遊朝看暮看山更好古人今人空自老天生定分不可移白雲悠悠寄懷抱　孤雁一絕并序　渭之中洲有孤雁常所棲止及渭漲沙移無復來矣抑去就自決耶被害亦未可知故作詩以思之曰沙平水淺雁長棲水漲沙移雁不知江海一身多少事清風秋月我沾衣　長儒嘗攷宋次道春明退朝錄公名孝先字子思登開寶二年第終太常博士與其從弟子溫名考恭者皆雅善詩爲宋元憲嘉賓而所錄子思句獨有詠懷云日者未知裴令貴世人爭笑彌生狂重午云風簷燕

引五六子露井榴開三四花及來關中始見華清詩于臨潼壁間其警秀有不可及者如行人問宮殿耕者得珠璣使人益恨未覩公平生全編以快心目也崇寧丙戌春咸陽主簿吳修復誦其出宰是邑二詩格高邈深飄若來從天外視前所見又出其上且云元豐五年邑宰劉君倩固嘗刻之石矣而字細易缺復在縣廨往來士大夫鮮得口誦而心惟者請爲我大書入石將寘縣驛之壁吳君其好奇喜事者也三月晦宣德郎管句學事司文字蘭陵東長儒書　權尉崔奕　主簿吳修復　縣令仲元　李壽永刊

按此石黃公二字尙顯明詩內且有黃翁愛山不知休之句而陸氏金石續編謂之王公且云關中金石記以王作黃未見拓本姑仍之既未見拓本何以直云王公不可解

靜應廟記 崇寧三年 存 記見王氏金石萃編

碑連額高五尺一寸三分廣四尺二寸十八行行二十字王允中撰文東長孺行書額正書于巽立石刋者劉源在耀州

靜應廟勅告 存崇寧三年 文見王氏金石萃編

碑連額高八尺三寸廣三尺七寸作兩截書上十九行行九字下十八行行十八字王崧正書王允中立石劉源刋在耀州

中有中書侍郎趙挺之又有尚書左僕射兼門下侍郎京蔡京也門下侍郎將許將也尚書右丞居厚吳居厚也吏部尚書執中何執中也吏部侍郎洵仁鄧洵仁也 畢氏關中金石記

樓禪寺詩刻 存崇寧甲申 詩見王氏金石萃編

石高一尺八寸廣一尺二寸八行行十四字唐邁七律一首正書在鄠縣

五臺山唱和詩 存崇寧四年 詩見王氏金石萃編

碑連額高五尺九寸廣三尺四寸五分三截書每截二十一行行十字孫巽七律一首王允中何佐均王富張舫張介夫高鈞何貢各和一首李倚立石劉源刻字連額並正書在耀州

前有巽上允中啟云拜呈知府屯田攷宋制諸府州縣皆以京朝幕等官攝之故有以某官知某府事知某州事知某縣事之稱或不帶京朝幕官等銜亦云某府知府某州知州某縣知縣至明則竟改稱知府知州知縣近人作碑刻有用宋時舊例云知某府事等稱者亦始於明世有意好古之徒通人所無有也

續陝西通志稿　卷一百五十七　金石二十三　九

畢氏關中金石記

洋縣新修學記 存崇寧四年

碑連額高六尺五寸廣三尺十八行行約三十九字額題洋州新修學記書撰人名全泐字可辨識者三分之一故不錄文

乾陵無字碑題名十三段 詳見王氏金石萃編

碑高一丈七尺廣七尺九寸計題名凡十三段在乾州

開封王轂等題名 存崇寧癸未

五行行八字左行正書共五人

范致明等題名 存政和元年

五行行九字左行正書共四人

宛丘宋孝先題名 存政和甲午

四行行十一字左行正書

李濟等題名 存政和甲午

與金都統經略郎君行記同在一面六行行十一字左行行書共五人

建安及唐裔題名 存政和戊戌

三行行七字正書

李士觀等題名 存宣和元年

七行行十二字正書共七人

宋仲口等題名 存宣和五年

五行行八字左行正書名多泐約四人

劉錫等題名 存宣和癸卯

五行行十字左行正書名多泐

續陝西通志稿　卷一百五十七　金石二十三　十

宋京題詩 存宣和五年

詩五律一首九行行七字左行正書

師具瞻等題名 存興定五年

與金都統經略郎君行記同在一面七行行十三字十四字不等左行行書張秀華題共十人

胥恒等題名 存興定辛巳

與金都統經略郎君行記同在一面三行行十字左行行書共二人

許柔等題名 存正大元年

四行行十四字正書共五人

范益等題名 存丁亥

七行行九字正書共六人

按乾陵唐高宗陵也在陝西乾州北十里東至僖宗靖陵十里

肅宗建陵四十五里太宗昭陵六十里宋元祐中計使游公圖而刻之防禦推官趙楷爲之記又有于闐國所進無字碑高三十餘尺螭首龜趺嶷然表裏無一字今題名有十三段崇寧政和宣和年者九段金正大元年者一段興定五年者二段丁亥清明日一段興定五年爲宋嘉定十四年正大改元爲宋嘉定十七年但云夏廿九日不知何月也丁亥爲金正大四年宋之寶慶三年也蓋至宣和五年以後隔九十八年而後有金人題名陵之曠無人跡亦云久矣題名中姓名間有缺泐其存者合之宋金得四十二人見於宋史者一人曰劉錫附見劉仲武傳仲武字子文秦州成紀人官西寧都護童貫招誘羌王子臧征溥哥收積石軍邀仲武計事仲武曰王師入羌必降但河橋功甚大非倉卒可成貫許以便宜僕哥累約降而索一子爲質仲

武即遣子錫往河橋亦成仲武帥師渡河挈與歸貫掩其功仲武亦不自言徽宗遣使持璣至邊賜獲王者訪得仲武召對帝勞之問幾子曰九人悉命以官錫閤門祗候此題劉錫字禹圭以宣和癸卯三月謁陵疑即其人癸卯是宣和五年又宋京一人見宋詩紀事成都人崇寧進士而不言官位此題在宣和五年云按部再至是已顯仕矣不知即其人否又金史一人胥謙附見忠義馬慶祥傳元光元年十一月閏元將萌古不花將攻鳳翔行省檄慶祥與治中胥謙分道清野遇大兵邀其歸路慶祥不屈而死胥謙及其子嗣亨亦不屈死謙贈輔國上將軍彰化軍節度使此題稱刺史與史稱治中小異然興定五年之明年即改元元光當即其人　王氏金石萃編

富丞相登大像閣詩　佚　大觀元年

原石未見予翼書并記在耀州

孫龍草堂寺詩刻　存　大觀己丑　詩見王氏金石萃編

石橫廣二尺七寸八分高二尺五寸九行行九字孫龍七絕一首又張智周題記一行行十七八字不等左行趙正書在耀縣

長興萬壽寺閣圖并記　存　大觀元年　文見王氏金石萃編

碣高二尺八分廣一尺七寸兩截上截繪圖下截記二十七行行十四字爾朱樣撰文楊時中正書在大荔縣

修三白石渠記　存　大觀二年　記見王氏金石萃編

石高四尺五寸廣二尺二寸八行行十四字趙佺題李壽永刊正書在涇陽縣

按宋史河渠志三白渠在京兆涇陽縣至道元年正月度支判官梁鼎陳堯叟上鄭白渠利害詔皇甫選何亮乘傳經度選等還言周覽三白渠溉涇陽櫟陽高陵雲陽三原富平六縣田三千八百五十餘頃此渠衣食之源也望令增築堤堰以固護之

景德三年鹽鐵副使林特度支副使馬景盛陳關中河渠之利請興修鄭白渠古制乃詔太常博士尚賓乘傳經度率丁夫治之賓言鄭渠久廢不可復今自白渠洪口合舊渠以溉涇河灌富平櫟陽高陵等縣工畢而水利饒足民獲數倍史志所載止此不及大觀二年修渠之事史稱溉六縣田此記稱通行七縣不知更溉何縣也三白渠在宋時有灌溉之利今歲久淤廢故王芥子先生大岳官陝西觀察時著涇水考二卷謂涇水古以溉田積日既久其泥重濁易於淤塞不獨民田化爲斥鹵即近山之泉來者反被其累故自宋元以來必障涇水而遠之惟恐其攔入仍渾盡留近山泉水分疏灌溉蓋地勢不同如此凡言水利者不可泥古而不知今也　王氏金石萃編

大觀聖作之碑　存　大觀二年　詳見王氏金石萃編

碑連額高一丈一尺二寸五分廣四尺二十八行行六十八字李時雍正書蔡京奉敕題額在興平縣

此刻隋賀若誼碑之陰京以大觀元年五月爲尚書左僕射兼門下侍郎二年正月進太師碑題太師尚書左僕射與史傳合畢氏關中金石記

淳化縣八行八刑條碑存大觀二年文同前

碑連額高八尺八寸五分廣三尺五寸五分二十七行行六十字鄭仲先正書劉云立石在淳化縣

高陵縣八行八刑條碑存大觀二年文同前

碑連額高八尺二寸廣三尺四寸五分三十行行五十九字胡口口篆額張口口正書並立石在高陵縣

臨潼縣八行八刑條碑存大觀二年文同前

碑連額高七尺八寸廣四尺一寸三十四行行五十一字王寵正書王興立石在臨潼縣

按大觀聖作碑聖作猶言御製也歷城縣志金石考云大觀碑山左學宮往往有之蓋通天下皆立者蔡京題額曰大觀聖作之碑以御製爲聖作猶以公主爲帝姬也其以此碑文頒之郡縣加以尚書省牒而別題額曰御製八行八刑條制其實與聖作碑同也按宋史選舉志大觀元年三月甲辰詔立八行取士科然品目既立有司必求其迹以應令遂有牽合瑣細者自元祐㫚經明行修科主德行而畧辭藝闡取禮部試黜之士附置恩科當時固已咎其無所甄別及八行科立則三舍皆不試而補往往設爲形迹求與名格相應於是兩科相望幾數十年迺無一人卓然能自著見者而八行又有甚敝蓋後世欲追古制而不知風俗教化之所從出其難固如此据史文知八行八刑在當時固亦行之久矣碑云頒之校學史志則云頒之學授校學似學校倒文學授或又學校之誤也末云鄭居中奏乞以御筆八行詔旨摹刻于石立之宮學次及太學辟廱天下郡邑考

宋制但有國子學太學其辟廱一名外學乃崇寧元年所建以處天下貢士別無宮學之文据文獻通考載外學既成增博士十員正錄五員充學諭者十人直學二人俟貢士至爲之置諸王宮大小學教授立考選法据此則當時自有諸王宮大小學而制未詳也玩碑文先立於宮學次及太學辟廱又次及天下郡邑則宮學在太學之上矣此碑今存者山左較多河南次之祀所得者僅陝西四種而已王氏金石萃編

武功縣八行八刑條碑存大觀二年文同前

碑高九尺四寸廣四尺一寸二十六行行七十一字李時雍正書蔡京題額蕭澄立石在武功縣

藍田縣八行八刑條碑存大觀二年文同前

碑高五尺八寸廣二尺九寸三十四行行六十九字正書范祕黃裔李降立石在藍田縣

按此碑王氏金石萃編登錄四種今益以武功藍田共得六種惟藍田碑書大觀元年十二月二十日奉御筆建砇碑末明云大觀元年九月十八日資政殿學士兼侍讀臣鄭居中奏乞以御筆八行詔旨摹刻於石立之學宮次及太學辟廱天下郡邑二年八月二十九日奉御筆賜臣禮部尚書兼侍講久中令以所賜刻石藍田縣何能於元年奉之元字當屬二字之誤

李梴過臨潼詩存大觀四年詩見王氏金石萃編

石横廣三尺二寸八分高一尺七寸二十五行行十五字李梴七絶三首子熙民記一段又詩子千熙記三行並行書在臨潼縣

按李梴題云予嘉祐中來主臨潼元祐丁卯赴守遂寧復過是邑到今二十八年自元祐丁卯逆推二十八年之前知其主臨潼在嘉祐五年也至大觀四年其子熙民提點永興刑獄逆推其前元祐丁卯歲侍其先君守遂寧過臨潼恰二十四年詩題

有朝元閣靈泉觀册府元龜天寶七載十二月戊戌聖神玄玄皇帝降見於華清宮之朝元閣乃改爲降聖閣改會昌山爲昭應山封山神爲玄德公仍立祠宇以時祭享又都穆遊驪山記云山之半平坡朝元閣舊建於此又上二里爲老君殿舊云老君見於朝元閣南玄宗於其處立降聖觀琢白玉石爲像今尚存殿壁繪唐從臣之像殆當時人手筆雍勝畧云靈泉觀本華清宮禄山亂後天子罕復遊唐末遂皆圮晋天福中改爲觀賜道士居之李綖李熙民史俱無考王氏金石萃編

河瀆靈源王廟碑 存 政和二年 文見王氏金石萃編

碑連額高一丈二寸五分廣四尺七寸三分二十八行行六十三字陳振撰文王愷正書非篆額在韓城縣

右韓城縣河瀆靈源王廟碑宋史禮志祀河瀆於河中府今蒲州之永濟縣也大觀初韓城河水清詔遣尚書郎張勸往祭即

舊廟而修之廟在今韓城縣之東王村非河瀆之常祀也碑稱洪河自大觀以來變濁爲清者三焉乾寧保平率以累日惟二年冬見於同州之韓城郃陽其袤百里其久彌月今考五行志祇載乾寧軍及同州二事不及保平蓋大觀政和之間郡國言瑞者多志不能盡書然未久遂有五國城之禍粉飾太平何益於國是哉碑末列名者直龍圖閣陝府西路轉運使陳遘直龍圖閣轉運副使趙口轉運判官郭倫凡三人陳降授朝散郎趙降授朝議大夫郭降授奉議郎皆列於銜此它碑所未有宋史遘傳但云爲河北轉運使加直龍圖閣徙陝西不知其降官之由也錢氏潛研堂金石文跋尾

同官四柏碣 存 政和三年 文錄後

石橫廣二尺三寸高二尺十三行行字不等行書陳休留題王傳刻石在同官縣

老杜有縣古槐根出官淸馬骨高之句迺同官邑詩也余行邑過此偶無令長遂寄榻縣宇步履後圃荒蕪不治獨有四柏鬱然於草莽間與菅茅並處良可歎者後之來者當有瘦馬長官定能爲四柏幸無忽此語也政和三年三月望日休書　保義郎監富平縣酒税務王傳後一月蒙使州口權是邑獲觀通判朝散陳公留題謹刻諸石

遊驪山詩 存 政和四年 詩見王氏金石萃編

石廣二尺二寸五分高二尺五分十七行行十二字孫漸五言詩一首行書王槇立石在臨潼縣

左丞侯蒙行記序 存 政和四年 序見王氏金石萃編

碑僅存下截高一尺八寸廣二尺七寸侯蒙記黄鉞篆張詩序十六行行十字正書在寶雞縣

按序云左丞侯公昔作尉於陳倉嘗憇是院有行記焉自元祐五載逮今政和四年經二紀也侯公者即侯蒙也史傳蒙字元

功密州高密人進士及第調寶雞尉徽宗朝累官同知樞密院尚書左丞傳皆無年月以宋史宰輔表證之其官左丞在大觀四年八月以此碑證之其尉寶雞在元祐五年是歲庚午下逮政和四年甲午正兩紀也序稱行記摸上石今但得其序在下截其記文必在上截已不可得不知所憇之院何院也王氏金石萃編

圓測法師佛舍利塔銘 存 政和五年 銘見王氏金石萃編

石橫廣三尺一寸高二尺一寸三十六行行二十四字宋復撰文並正書在咸寧縣

按塔銘在咸寧縣興教寺陝西通志云寺在城南六十里唐總章二年建內有三塔其中塔特高大爲唐三藏法師玄奘瘞身之所尚書屯田郎中劉軻銘左爲慈恩基公塔太子左庶子李宏度銘右則大周圓測法師塔銘之者貢士宋復也按銘序云奘公塔之左創起新塔據通志則云圓測塔在奘公塔右彼此

互異又按今大藏首載大般若波羅密多經六百卷凡十六會各有小序皆西明寺沙門元則撰疑卽此圓測識以俟攷王氏金石萃編

重修薦福寺塔記存政和六年 記見王氏金石萃編

碑高六尺八寸五分廣三尺二寸十七行行三十一字李繼撰文正書篆額沙門永則立石在咸寧縣

按碑云自景龍至本朝政和丙申三百九十二年今由政和六年丙申歲逆推三百九十二年以前乃開元十三年乙丑非景龍中也疑碑記憶訛王氏金石萃編

重修光濟寺碑存政和六年 文見王氏金石萃編

碑連額高五尺四寸廣三尺六寸四分三十三行行五十五字張魁撰文僧惠澂洪績等立石並正書韓刊字在郃陽縣

按碑云夏陽古西河之野唐書地理志夏陽本河西武德三年析郃陽置又以河西郃陽韓城置西韓州乾元三年更河西曰

續陝西通志稿《卷一百五十七　金石二十三　十七

夏陽隸河中後復來屬至宋熙寧四年省入郃陽是立碑之年已無夏陽碑蓋追述舊時建置也縣廢之後改爲鎮在郃陽縣南二十里鎮有太姒墓又縣城東四十里有太任太姒二聖母廟卽碑所云廟像端肅文母始生之舊里也光濟寺今陝西通志無攷王氏金石萃編

折克行神道碑存政和六年 文見王氏金石萃編

碑高一丈二尺八寸廣四尺五寸行數字數剝蝕不可計毛友撰文宇文虛中正書在府谷縣孤山堡南

號年缺文云武恭公既葬八年其子可求請立隧道之碑克行以大觀二年卒既葬八年當是政和六年也可求降金者故克行本傳不及其名碑敘次克行家世官爵大略與史並合惟御卿贈太師燕國公惟忠贈崇信軍節度使史不及之耳世以此爲折太君碑攷折太君德扆之女楊業之妻也墓在保德州折窩村非此也金史張奕傳云天眷三年夏人侵界詔奕往征還奏曰折氏世守麟府以抗夏人本朝有其地遂以與夏夏夷折氏墳隴而戮其屍折氏怨入骨髓而不得報今復守晉寧故激怒夏人欲開邊釁以雪私讐朝庭遂移折氏守青州據此則折氏之祖墳在府州者多爲夏人所夷今此及嗣祚兩墳翠石嵬然歷千年而不泯當是折氏世篤忠貞之報今以因五代宋書三史及碑敘其世系庶有攷焉　碑陰並列所統各寨主之姓名史稱折氏自從阮於唐莊宗時起家府州至宋高宗建炎二年可求以地降金凡七世父子兄弟相繼扞衞邊境者歷二百餘年而嗣祚碑有自武德中詔府谷鎮遏使之語遏使者唐鎮官名是折起於于唐初迄于宋金之際也歷五百餘年簪纓不替其勛業彪炳史册卓絕千古觀此碑陰益見其控禦邊陲鈐

續陝西通志稿《卷一百五十七　金石二十三　十八

轄蕃漢之遺制焉畢氏關中金石記

上官革等寶雲寺題名存政和六年 文見王氏石金萃編

碑高三尺七寸六分廣二尺八寸六分八行行九字上官革命吏正書共六人在隴州

按汧源縣卽今之隴州州南七十里爲吳岳卽周禮西鎮曰岳是也此題所謂嶽祠卽西鎮吳山廟祀嘗至其處寶雲寺及佛閣俱無攷上官革等亦無傳王氏金石萃編

謝龍圖溫泉詩刻存政和六年 詩見王氏金石萃編

石橫廣三尺八寸八分高二尺十一行行五字謝邃七絕一首行書梅安□立石在臨潼縣

法相院詩刻存政和七年

石高一尺六寸橫三尺五寸行字不計草書東長孺七律一首蟲循度跋並書在涇陽縣北孟店鎮

解鞍得枕口堂口萬慮銷沉午夢中莫說紅塵飛白日且從綠竹借淸風口口琬琰詩無敵殿鎖丹靑筆有功又觸炎蒸出門去此

生眞愧坐禪翁　朿大夫文章翰墨自奇絕於世尤長於吟咏而深造之以道如前所題法相院詩蓋自然也後之學者拱默於茲誦其詩思其人遂摹上暮刻於石義保郎監孟店酒稅聶循度跋

崇佑觀牒 存 政和八年 牒見王氏金石萃編

碑高五尺四寸廣三尺四分行字多寡大小不可計行書又奉牒六行小字書在朝邑縣

後題云通議大夫守左丞王押者王黼也起復少傅太宰押者鄭居中也居中以六年爲少保太宰七年八月以母憂去十一月起復八年進少傅少保少宰押者余深也深以七年十一月爲特進少宰八年七月爲少保太師魯國公不押者蔡京也以本紀列傳考之皆合 畢氏關中金石記

太清閣詩刻 存 宣和三年 詩見王氏金石萃編

石橫廣三尺八寸高二尺二寸五分十七行行十四字末章七絕二首又和詩二首行書楊□立石宋漘書刻在高陵縣

按宋京史無傳宋詩紀事云京城都人崇寧進士不詳其歷官引成都文類載其琴臺武擔二詩而不及此石刻 王氏金石萃編

賈炎饒益寺二題名 存 宣和六年 題見王氏金石萃編

石橫廣四尺一寸四分高一尺三寸四分二十五行行八字九字不等賈炎題名男兖儀觀祭上石張崇譽刻在朝邑縣

先題云顯謨閣待制提舉南京鴻慶宮賈炎政和三年五月蒙恩罷延帥奉母歸居潁昌後題云炎自鄜延帥移守南陽侍親道饒益寺顯謨閣待制新知鄧州兼西京南路安撫使賈炎題攷宋史炎昌朝之子歷官工部侍郎政和中以顯謨閣待制知應天府徙知延州求內郡以養母乃命爲潁州未行復留改河陽又改鄧州加直學士知永興入對留爲工部侍郎卒贈銀青光祿大夫前後奉母過饒益寺者始則由延帥之潁州再則由河陽改鄧州也傳文敘次不甚明白不如碑之詳著也又公傑題此云先考成正公留題傳亦不及其諡其缺略如此南京即應天府唐之宋州也鴻慶宮太祖神御殿名 畢氏關中金石記

按陝西通志饒益寺在朝邑縣南十里新市鎭創自蕭梁天監唐貞觀二年起十三層浮圖歷代名賢探勝賦詩勒石金新市監趙抃因歲久石刻殘缺收置藏春塢壁附以記今藏春塢賈炎題名石尚存即謂此石刻也 王氏金石萃編

昌黎五箴 存 宣和六年 箴見王氏金石萃編

石高三尺五寸六分廣二尺二寸四分二十四行行三十二字皆韓愈撰宋李宗袤書男玠篆上石姚彥舟刊在西安府碑林

右昌黎五箴書之者爲狄道李宗山谷跋是書作李康年又有李康年篆書心經跋云江夏李康年字樂道是宗一名康年而樂道其字也東坡亦云江夏李康年博學好名小篆尤精二公精於書法自應不爽但此書似于肉勝略無淸健瘦硬之氣乃

山谷云樂道白首心醉六經所著書章程句斷不類今時書生晚悟篆籀下筆自可意直木曲鐵得之自然秦丞相斯李少監陽冰不知去樂道遠近也得無張之太過知名箴云昔者子路惟恐有聞赫然千載德譽愈尊其解魯論與今絕異細思此解實爲有理是即君子恥聲聞過情之意也不知韓公論語筆解中亦作如是箋註否 吳氏金石存

宋於宋不甚著名筆格方整可觀惜其有譌體處書家所不避也 畢氏關中金石記

吏隱堂記 存 宣和七年 記見王氏金石萃編

石高五尺廣二尺四寸二十行行四十九字石進政撰文并行書在淳化縣

按淳化縣五代以前總謂之雲陽縣宋淳化四年析其地置淳化縣屬耀州宣和初改屬邠州碑故云梨園昔雲陽支鎭我宋

淳化間易爲縣隸華原宣和初云云梨園宋史地理志作黎園雲陽縣鎮名華原即耀州華原郡也縣令張婁祖多善政而史無傳撰書人石彥政亦無攷淳化縣隸邠州迨靖康三年爲金天會五年金元帥府宗翰宗望率兵伐宋陝西之地賜楚淪金蓋距此碑之立僅兩年耳 王氏金石萃編

王康朝詩刻 存 宣和

石高一尺二寸橫二尺二寸右半刻蕃草書大觀初河陽王康朝題七絶一首宣和間陽賓光跋在涇陽孟店鎮

蕎麥花繁吹密香風低禾黍見牛羊村村酒熟傳簫鼓帝力何知自樂康 公在大觀初作雲陽宰施及惠政民今懷之其文章翰墨雅稱當世題法相院才一絶句猶爲採詩者所賞一唱三嘆宜珍護也命工模刻託茲堅珉承節郎兼孟店鎮酒稅楊葆光跋

太史公廟記 存 靖康元年 記見王氏金石萃編

碑高三尺八寸五分廣二尺六寸五分二十一行行三十三字尹陽撰文焦內正書王彥列字在韓城縣

按太史公廟在墓前墓在韓城縣南二十里水經注云司馬子長墓塋前有廟廟前有碑永嘉四年漢陽太守殷濟瞻仰遺文大其功德遂建石室立碑樹柏太史公自叙云遷生龍門是其墳墟所在矣陝西通志引雍勝略云太史公墓在韓城縣南芝川鎮墓前有坡因號司馬坡而建祠焉韓城縣志云漢太史令司馬遷墓在芝川南嶺上西枕梁山東臨大河氣勢雄闊古柏數十百皆蒼老如鐵懸於兩崖作蛟龍狀子長一冢巋然其巔祠壁石墨林立代有名作家以石砌一柏出其上盤崛尤奇北望少梁曉烟殘照如畫圖然以上諸條可與此碑參觀俾讀者益資景仰云 王氏金石萃編

拱極觀記 存 紹興九年 記見王氏金石萃編

碑高三尺九寸二分廣二尺五寸四分二十七行行五十字撰人名湯檉銑正書道士雷道之識

右小碑本在拱極觀觀已久亡萬曆中有人掊地得此碑置之嶽廟中與宇文周碑並立其碑文鄙淺無足采然吾於是有以見宋人風俗之厚而黃冠道流猶能念本朝而望之興復其愈於後世之人且千萬也夫紹興九年高宗方在臨安而金人有許和之約考之於史八年十二月丁丑詔金國使來盡割河南陝西故地通好於我令尚書省榜諭九年三月丙申王倫受地於金得東西南三京壽春宿亳曹單州及陝西京西之地四月辛亥命樓炤宣諭陝西諸路十年五月金人叛盟陷永興軍則此地之復歸於宋蓋無多日而雷道之一道士耳能于干戈喪亂之際而繫思本朝辭微旨切以視夫士大夫之靦顏臣僕者不大有逕庭耶余見朝邑藏春塢之記稱阜昌癸丑西安府學有華夷圖刻亦稱阜昌七年而以僞齊劉豫之號而欲壽之貞石豈不見此文而媿死也其沒于土中久而後出豈陷金之後觀主埋之如鄭所南井中心史之爲耶 顧氏金石文字記

龍骨塔銘 存 紹興甲子 銘見王氏金石萃編

碑連額高三尺五寸廣二尺五寸十二行行十七字僧修信撰文游俊作篆額並正書在褒城縣福嚴寺

按陝西通志福嚴寺在褒城縣西南九十里即金華寺寺前有仙人眞身洞并龍骨塔銘即此碑也老僧嚴公通志作嚴公甲子爲紹興十四年 王氏金石萃編

漢中新修堰記 存 乾道元年 記見王氏金石萃編

碑高八尺五寸八分廣七尺四寸二十六行行三十三字楊絳撰文并正書史祁湯石在褒城縣

按堰界石在褒城縣東三里龍江中陝西通志有上下二石上一石橫刻使府打量到下鑴古界從此石至南大宋乾道元年

十一月初五日眉山史可觀記下一石鐫制置大使提修道張儀淮相命檄自嘉定三年至七年督責軍人董工治堰嘉定七年三月記關中金石記所謂嘉定七年刻者亡即張儀治堰記也此碑是乾道二年六月十五日楊絳記非乾道元年史可觀記與史不合文是磨崖非刻于堰界石者關中金石記指爲修棧道所立俗名堰界石者非也記爲築山河堰而作非爲修棧中道路其誤顯然文云乾道元年四川宣撫使判興州吳公朝行在所上寵嘉之口拜上口口爵眞王乃以奉國節髦移鎭漢中吳公即吳璘宋史孝宗紀及吳璘傳乾道元年四月乙巳吳璘來朝進封新安郡王判興元府其判興州則在紹興二十六年興州後改沔州順政郡紹興十四年爲利西路治所也興元府即漢中郡傳稱璘至漢中修復褒城古堰溉田數千頃民甚便之即此碑所記也碑云溉浸之源無若漢口國曹公山河堰

導褒水西至於褒城之野東南歸南鄭之區宋史河渠志興元府山河堰灌溉甚廣世傳爲漢蕭何所作嘉祐中提舉常平史炤奏上堰法獲降勅書刻石堰上詔中興以來户口凋疎堰事荒廢累增修葺旋即決壞乾道七年遂委御前諸軍統制吳珙經理發卒萬人助役盡修大堰濬大小渠六十五凡溉南鄭褒城二十三萬餘畝史云漢蕭何碑云漢曹公史云乾道七年吳珙修堰碑云乾道二年吳璘修堰彼此互異當據碑以證史也王氏金石萃編

楊從義墓誌

存　乾道五年　文見王氏金石萃編

石高八尺七寸五分廣四尺五寸四十一行行一百二十字袁物撰文李昌爵正書王棣篆額在城固縣

從義字子和以靖康丙午歲應募起隸吳忠烈玠麾下云建炎二年八月被圍于同州者謂金將婁室取下邽九月破同州事也時公在關中云四年九月我師不利於富平者謂金太子宗輔爲副元帥督師陝西九月敗張浚五路兵於富平也云紹興改元十月金四太子必欲取和尚原先遣兵攻神岔以嚮我師忠烈遣公擊之者謂是年十月玠保和尚原金將沒立自鳳翔烏魯折合自階成出散關約日會和尚原折合先期至陳北山索戰玠命諸將堅陣待之更戰迭休金兵潰散沒立方攻箭括關玠復遣將擊退之會婁室死兀朮復會諸道兵十餘萬造浮梁跨渭自寶雞連結諸營與玠兵相拒玠復命諸將以勁弓強弩部之先設伏兵於神岔以待金兵至大亂縱擊大破之是也云三年二月四太子擁大軍由商於侵饒風關再攻和尚原玠遣公引擊者謂金撒離喝分兵攻關統制郭仲敗走金兵入興

元經略使劉子羽棄城走三泉玠退保仙人關金兵深入既由褒斜谷還興元玠子羽追擊之是也饒風關在今石泉縣西五十里云四年二月金兵入殺金平自元帥以下盡室而來示無返意者謂吳璘守和尚原饋餉不繼玠謂其地去蜀遠命棄之于仙人關右殺金平瓶築一壘移兵守之至是兀朮撒離喝及劉夔等三十萬騎入侵玠與璘及金人轉戰數晝夜不息是也云九年金歸我河南侵疆者謂金以陝西地來歸遣使王倫受地是也云十年五月金背盟撒離喝侵陝右公與諸軍會于涇州回山原七月金據鳳翔八月與金戰于蒲坂河者謂是年金兵犯石壁及吳璘與金鶻眼郎君戰撒離喝入邠州胡世將遣公及王彥分道擢敗之撒離喝退屯鳳翔九月楊政遣公夜襲金兵至十一月又襲之寶雞是也至是公隸楊政軍云十一年

七月與金戰于陳倉撤離喝再犯和尙原又戰却之者謂是年春正月公旣敗金兵於渭南攻克隴州與戰於實雞擒金通檢孛堇是也宋史高宗紀作十月與此小異是時和議已成朝廷召政還以商秦之半畀金公亦移守鳳州復退保仙人關垂二十年無所事者皆公之力也云三十一年金主完顏亮遽背盟好者謂是年九月金兵攻黃牛堡爲吳璘所敗也云三十二年閏二月公乘勢出攻金兵宵遁者謂璘遣公攻拔大散關分兵據和尙原金人走實雞是也蓋是時始以功眞拜和州防禦使賜爵安康郡侯而弃三路之議起璘於是乎班師公於是乎丐歸矣公以乾道五年二月卒有子八人女十人子及壻並爲郎官宋史不立公傳其詳並見高宗本紀及璘玠政等傳因疏出之並見碑刻之爲功於史者不少也 畢氏關中金石記

按楊從義功戰固多而文字亦似冗長墓誌多至四千餘字此爲僅見與吳縣韓蘄王碑多至萬三千餘字者均屬絕無僅有之作

儀制令石刻 存 淳熙八年 令見陸氏金石續編

摩崖高一尺八寸廣一尺六寸正書在略陽縣靈巖

按此令爲宋律舊文榜諸要害通衢始設木牌後因刻石詳見武博山億授堂今石文字跋跋曰東都事畧太宗紀太平興國八年詔曰傳云能以禮讓爲國乎何有宜令開封府及諸州於衝要處設榜刻儀制令如律宋史孔承恭傳嘗疏請令州縣長吏詢訪耆老求知民間疾苦吏治得失及舉令賤避貴少避長輕避重去避來請詔京兆並諸州于要害處設木牌刻其字上皆行之然則此制始于宋初太宗之詔因承恭疏請也予見唐六典禮部載凡行路之間賤避貴少避長輕避重去避來宋制實仿於此武氏未之攷耳淳熙八年歲在辛丑爲孝宗嗣位之十九年武跋作度宗八年乃傳寫之誤 陸氏金石續編

趙太守興學記 存 淳熙十年 文錄後

石高四尺八寸廣三尺一寸二十一行行三十四字文伯振撰文并正書在洋縣

蜀口劔而東洋爲望郡郡之學改建於紹興兵火之餘規口口麗甲乙東西州惟口田未始增置租入無幾凡興壞補廢執事者俸廩盡取給焉故養弟口員日不滿二十人歲或水旱凶歉口用度告窘束手無策士口萎薾無講磨游息之樂淳熙九年夏四月太守趙公始至修謁先聖顧謂伯振曰有學如此殆未可使虛設也勸勵風俗之責我將何辭於是月終諭士子畢試於學旣試之三日又取諸王所習文論辨優劣陰爲之勸沮按作常式雖盛寒暑

不廢口舉酒祝曰學校政之本毋謂緩而不切毋舍本以趨末未幾士相率鼓篋而來者源源矣公歎曰今士稍嚮方來者未已是豈可使廩無粟耶遂取官田一千四十畝有奇盡畀之學爲永永育材計蓋得於編氓墾口之餘寸尺無所擾諸生喜曰至今廩食常有蓄講習常有書齋宿常有廬公之德我者深矣公亦喜曰自今他務可次第舉矣乃敕備禦乃斷獄訟乃蘇民瘼乃剔吏蠹凡圭黍利害悉興去無留越明年考書而治聲大著最課僉舉凝口燕間寬綽有餘蓋爲政而得其本則大小畢舉如絜裘振領整整而不紊者類如此哉嗚呼三舍法罷郡縣學僅存居官者未嘗聞也况重兵雲屯士馬錯雜會期追口上下相恐何暇議俎豆哉公乃勇於必爲急俗吏所緩惟恐弗及然後知其識之高且遠矣諸生欲繪公像於學宮之東序以昭盛德邦人喜聞咸謂其宜公亦

不能禁也伯振嘗謂士大夫不可以無學識苟無學識求其政之得所先後難矣觀漢文翁興蜀學變齊魯班史特表而出之乃知趙廣漢韓延壽輩未免爲俗吏也然則公之有像在學接肩聖賢無愧矣公諸王孫名善摘字循仲篤學取名第高文麗句寫山川記風俗詠情性得之自然抱負經濟將爲世用見諸事業復有大於斯者其可不書淳熙十年四月吉日門生從政郎洋州州學校授文伯振記并書門生迪功郎洋州興道縣主簿計景榮篆學正李夏英學錄王禹圭直學魏炳立石九江林㮚刻

鳳凰山神昭烈公廟碑 紹熙二年 存 文見王氏金石萃編

碑高七尺三寸廣五尺三寸二十六行行四十五字王仲撰文何環正書家應龍篆額在漢陰縣

按是碑乃宋紹熙時所立鳳凰山神廟記碑爲風雨所蝕幾不可句讀就其文觀之知山神於宋時曾加公爵並賜廟額宣撫

居公又奏請裝修貌像殿宇頗稱宏敞其云上列三湫下溉萬頃當是謂龍神也鳳凰山在漢江左岸故曰漢江繞其陽月河注其陰月河即水經注所稱之月谷川也今漢陰城實在漢水之北五十餘里襟帶月水地無高山峻嶺左右坡坂殆即水經注所謂月坂與鳳凰山崚嶒江岸高插雲霄宜爲宿將據守以備攻討攷北史謂之金鳳山祠宫陝右時因公至此徧訪地志旁詢鄉民山神祠宇絕無人知惟殘碑斷碣委棄榛莽而已 王氏金石萃編

山河堰落成記 紹熙五年 存 記見王氏金石萃編

碑高七尺四寸八分廣一丈九尺八寸四分十六行行九字字徑六寸書存褒城縣

按宋時河渠志山河堰祇載乾道七年吳珙發卒助役修堰之事此後無文自乾道七年至此僅二十餘年乃以紹熙四年大水決六堰此堰被決遂至重修晏袤臨淄人知南鄭縣見鄐君碑題記 王氏金石萃編

章邵等題名 存 慶元二年 名見陸氏金石續編

正書在褒城縣石門共九人

靈巖敘別記 存 嘉定戊寅 文錄後

原石未見不詳尺寸李耆壽撰文並正書在略陽縣

文云嘉定丁丑十二月二十有三日金兵入寇關表明年正月四川制置使寶謨閣學士臨川董公居誼進益昌督師利川路安撫節制軍馬直徽猷閣古汴楊公九鼎進屯河北以三月十七日斬其元帥一統軍七俘獲甚衆十日後金以忿兵自天水犯西河董公進沔陽不戰而退寇犯大散關舊岷州皆以敗去由是關表安堵如故楊公還駐沔陽董公復駐益昌以六月十

有四日叙別於靈巖寺幕下士眉山任處厚楊師復祥符李耆壽臨川過椿年李劉晏大正從行會稽虞剛簡眉山成申之實成楊恢同谷李榮仲俱不及舉酒而別耆壽以承乏郡寄謹書刻之巖石云

按宋史寧宗紀嘉定十年四月金人分兵圍棗陽光化軍詔江淮制置使李珏京湖制置使趙方措置調遣仍聽便宜行事命四川制置使董居誼酌量緩急便宜行事十二月全鳳翔副都統軍完顏贇以步騎萬人犯四川迫湫池堡破天水軍攻白環堡迫黃牛堡統制劉雄弃大散關遁金人據之十一年二月金人焚大散關而去三利州統制王逸等率忠義人復皁郊金完顏贇包長壽遁去沔州軍郭雄斬贇首包長壽合長安鳳翔之衆復攻皁郊趨西和州沔州都統劉昌祖焚西和州遁金人破

西和州復犯大散關即其事也是時金源多難元運方興諸兵出沒無常故勝負亦無定讀是記具見當時疆埸景狀且於以見金之不振焉 畢氏關中金石記

洋州興道縣念佛嵓院牒 存文錄後嘉定辛已

石廣二尺五寸高一尺四寸十行字不等行書後小字二行正書在洋縣

中書門下牒口口口　洋州興道縣念佛嵓院　牒奉　勅宜賜
口口口口口牒至准　勅故牒　大中祥符八年十二月　日牒
工部尚書參加政事丁押　中書侍郎兼刑部尚書平章事向
押　守司空兼門下侍郎平章事 行二　嘉定辛已監院文　管
幹住佛嵓叟嗣道璣立石　口口口口

虞剛簡詩刻 佚名見陸氏金石續編寶慶二年

原石未見正書在略陽縣

司馬溫公碑額 存文錄後紹定三年

碑連額高四尺八寸廣二尺八寸額題哲宗皇帝御書六字分書字徑三寸中間六字篆書字徑九寸小字三行中印御書之寶在略陽縣

忠清粹德之碑元祐戊辰崇慶殿書哲宗憲元繼道世德揚功欽文睿武齊聖昭孝皇帝御書贈大師溫國公司馬公神道碑額紹定三年三月朔朝奉郎新除行大理寺丞權知沔州軍州事管內安撫四川制置司參議官臣田克忞刻石本州公宇

額係元祐戊辰哲宗於崇慶殿篆書蓋司馬光神道碑首也詳見宋史本傳克忞摹刻於沔州公廨耳篆法精整宋時所少見者 畢氏關中金石記

佛說大聖熾盛光佛頂金輪王大盛德銷災吉祥陀羅尼經 存經文無錄不年號

石高二尺三寸廣二尺一寸五分二十六行行二十七字沙門不空譯正書在郃陽縣

按此碑雖甚磨泐畧可句讀無年號可稽譯者沙門不空不空在開元天寶間最著靈異封肅國公嚴郢所篆不空和尚碑推崇甚至此碑唐刻宋刻無可證實而郃陽採訪員目爲宋刻必有所本姑置之宋代之末

李若水奉命觀稼謁祠記 佚正書無年號

題云直使館李若水若水以靖康元年爲太常博士改著作左郎此應其時所刻也傳不著其直史館當是畧耳 畢氏關中金石記

于眞庵記 佚年號缺

石佚不計尺寸徽宗御製任諒集歐虞褚薛顏柳蘇家書集李陽冰篆額原在三原縣學

此爲道士于元隱所作也諒字子諒眉山人嘗以宣和中知京兆府此當即其時所爲故附於此 畢氏關中金石記

編纂渭南武樹善

續修陝西通志稿卷一百五十八

金石二十四

金

鐵醮盆 存 大定十七年 文錄後 銘口徑四尺一寸唇寬四寸七分腹徑一尺深一尺六寸七分舊在涇陽城內北極宮今移置縣文廟

維金大定十七年歲次丁酉八月戊辰朔十五日壬午三淸觀道士趙師通　小師趙睢詩　鄉貢進士鄭時舉獻銘曰　金當鎔兮柔而貞兮採摸皃氏躨跜虎形不踴不躍大器混成不曰鐘乎徒希其聲不曰鼎乎姑旌其名兹惟仰象告於神明動天之德也醮祭惟罄奚取夫罇俎之腥

九陽鐘銘 存 大定二十一年 銘見王氏金石萃編 鐘十二方橫廣二尺三四寸不等高各一尺八寸每方或七行至十三行字數七至十三不等宋元豐中柴震題名正書大定

時重鑄在臨潼縣

按鐘在靈泉觀重鑄於大定二十一年前銘後記皆臨潼縣令柴震所題次列觀中道職七人存其姓名以後助緣人等四十八人助緣道士九人本觀道士十五人又助緣人等七十八人姓名俱不錄此後監鑄各官銜名十四人又火匠以上暨轉運使銜名十二人其中孔目官五人押司官四人司吏十九人京兆府孔目官五人司吏三十人本縣司吏二十二人高陵縣五人又本縣助緣九人姓名俱不錄 王氏金石萃編

雲寂院鐘欵 存 大定二十九年 款見王氏金石萃編 鐘分上下二截界爲八區上截每區一字文爲皇帝萬歲重臣千秋下截書勸緣縣錄及鑄會諸人姓名正書在淳化縣

按雲寂院今謂之雲寂寺在邠州淳化縣西南一里陝西通志不詳其興建始末此鐘鑄於大定二十九年而院之剏始亦無攷欵列住持僧以上至淳化縣令止凡十七人姑存其姓名內有鑄鐘大鑑富平縣畱名村劉閏畱字不可識此後周刻男女姓名一百三十餘人大都皆助緣人今皆不錄然其中村名有曰崇德村李譚空村盈倉村口保村口泉村甘村車馬村安樂村俱口村西甘村巨店東埪村百家谷畱砦村小磑社東艸寺賀庄村孟堠村秋社村四泉村西陽口屯庄北步昌東甘皆金時村庄之名可資志乘攷證者識此以備採 王氏金石萃編

崇教禪院鐘欵 存 明昌三年 款見王氏金石萃編 款其六方各橫廣二尺七寸高二尺三寸或四行或六行八行至十行行或四字至十六字不等正書文爲皇帝萬歲臣佐千秋國泰民安法輪常轉在咸寧縣

崇教禪院本在武功於金爲武亭縣是鐘於康熙中出自河畔時巡撫某公方修薦福寺因載歸焉鐘後有尙書禮部牒文 畢氏

關中金石記

圓覺禪院鐘欵 存 承安四年 文見王氏金石萃編 鐘界十五區每區高廣俱一尺七寸五分字多寡不等正書皇帝萬歲臣佐千秋風調雨順國泰民安十六字在韓城縣

出韓城北郭不半里許有高原突起頫視城中數千家如平沙列萬幕然曰圓覺禪院閎傑壯麗俗所謂北閣寺者是已山門東偏有亭架鐵鐘一口聲甚宏亮寺爲金大定十三年重建鐘則鑄於承安四年土人云鐘自黃河浮來今按其欵有官庄村周村薛村少梁相里保芝川店諸地名皆屬韓城則闔邑率錢共鑄已有明證土人之言誤或云相傳鐘初成工戒以勿擊俟行數十里擊之工行二十里遽擊之由是芝川以南不聞聲此又因括地志所言嘉興德藏寺鐘而傳會者也至縣尉完顏某主簿石畠縣令納罕可據以補志乘職官之缺 右石琅玕

承安鏡 存 承安四年 文見王氏金石萃編

鏡圍徑三寸八分正書

按金史百官志都轉運司使掌稅賦錢穀倉庫出納權衡度量之制其屬有同知副使都勾判官戶籍判官支度判官鹽鐵判官都孔目官知法司吏抄事譯史通事押遞公使惟中都路置都轉運司餘置轉運司陝西東西路則置漢知法一員餘官皆同中都此鏡題陝西東運司官造蓋陝西東路轉運司所造也錄事之官志惟諸府節鎮有錄事司錄事一員正八品又諸府鎮都軍司都指揮使條下有云仍兼錄事同管城隍其轉運司所屬不見有錄事此鏡有監造錄事又有提控運使大抵以節鎮錄事爲監造官也 王氏金石萃編

泰寧宮鍾款 存 泰和六年 款見王氏金石萃編

續陝西通志稿《卷一百五十八 金石二十四　三一

款二横廣二尺五寸三分高二尺十二行行十字至十三字 十等一 廿書年月五行行三字正書在渭南縣

皇弟都統經略郎君行記 存 天會十二年 文見王氏金石萃編

碑高一丈八尺廣八尺三寸記在碑之中女直書五行譯正書六行行二十三字額題大金皇弟都統經略郎君行記十二字篆書在乾州

郎君稱皇弟無姓名天會十二年記當爲太宗之弟按金史世祖子十一人自康宗太祖太宗而外尚有八人未知誰是碑一字不能辨蓋女直字如此王元美所錄明王慎德四夷咸賓八字正與此同法而此凡一百五字后有譯書漢字字刻乾陵無字碑上 王氏金石萃編

右記文稱皇弟都統經略郎君而不署名金石家或以宗輔當之然宗輔乃太祖之子太宗之侄碑刻於太宗時不當稱皇弟也或以撻懶當之考金史紀傳其時撻懶又不在陝西予謂此郎君蓋撒离喝也撒离喝本金之宗室又爲世祖養子則與太宗爲昆弟行宜有皇弟之稱李心傳建炎以來繫年要錄云紹興元年十月宗弼爲吳玠所敗自河東還燕山副元帥宗維留宗弼在軍中更以副統撒离喝爲陝西經略使此云都統經略正與繫年錄合蓋由副統遷都統也繫年錄又云婁宿引兵來犯吳玠擊敗之撒离喝懼而泣金人因目爲啼哭郎君是撒离喝本有郎君之稱矣金史本傳不載除都統經略使殊爲闕漏當依繫年錄及石刻補之撒离喝今譯爲薩甲千云 錢氏潛研堂金石文[illegible]

浦公禪師塔記 存 大德[illegible]年 記見王氏金石萃編

石連額高三尺[illegible]寸廣二尺六分[illegible]十[illegible]行行三十字額題故浦公禪師塔銘撰者姓名漫漶正書在耀州

按碑題妙德禪院稽之陝西通志寺觀卷已無考文稱師諱善

續陝西通志稿《卷一百五十八 金石二十四　四一

浦俗姓馮氏五代宰相可道六世孫母祿氏可道即馮道之字碑敘其先世不稱名而稱字又一例也祿姓出於紂子祿父之後無一人入史傳者則其姓亦希矣碑以僧臘爲僧蠟恐是筆誤 王氏金石萃編

遠公和尚塔銘 存 貞元三年 文見陸氏金石續編

石縱橫各[illegible]尺[illegible]寸十九行行三十[illegible]字釋普明撰文僧[illegible]書在西安府城南神禾原

按崇遠塔銘金貞元三年六月建道光初始見拓本神禾原在西安府城南三十五里子午谷之北義井寺當與香積寺相近今幷鐘閣磚塔皆無考矣牛頭山在城南二十里福昌寺即牛頭寺也宋太平興國中改爲福昌寺徽宗崇寧四年乙酉欽宗靖康元年丙午時陝西州郡皆陷於金金主亶皇統三年癸亥爲宋高宗紹興十三年金主亮貞元三年乙亥爲紹興二十五

年銘後記自統癸亥乃皇統之誤陸氏金石續編

京兆府重修府學記存　正隆二年　記見王氏金石萃編

碑高六尺七寸六分廣二尺九寸五分三十行行七十字李巢撰文潘師雄正書錢義方題額來昌國等立石在西安府碑林

學爲府尹完顏胡女修建文云舊學在府城之坤維前宋崇寧二年命郡縣建府帥樞密直學士虞策改築於此據之則宋金時學非復唐國子監舊址也畢氏關中金石記

重立奉寧宮記佚　正隆四年

石佚不計尺寸喬逢辰撰文王仲成正書在渭南縣南門外

大佛寺題名存　正隆辛巳

一行書傳獎先登四大字年號下注四小字正書

勅賜觀音禪院牒存　大定三年　牒錄後

石連額高三尺五寸廣二尺六寸行字大小不等不計正書額題勅賜觀音禪寺六字篆書在耀州

尙書禮部牒　尙書禮部　牒奉勅可特賜觀音禪寺牒至勅

故牒　大定三年正月　日令史向昇主事　中憲大夫員外郎

李　郎中　侍郎

建福禪寺牒存　年號泐　牒錄後

石連額高三尺六寸廣二尺五寸行字大小不等不計正書額題大金勅賜建福禪寺八字篆書石下殘缺有遺字在洋縣

尙書禮部牒　尙書禮部　牒奉勅可特賜建福禪寺　勅至

故牒　中憲大夫員外郎李　郎中　侍郎

按此牒年月泐而與上牒形式銜名同或一時之物故連類及之

靈泉觀牒佚　大定三年

原石未見行書在同官縣

後有中奉大夫禮部尙書翰林學士承旨知制誥修國史王者王競也競字無競彰德人以二年從太傅張浩朝京師進禮部尙書畢氏關中金石記

開法寺永重壽塔銘存　大定四年

原石未見宋壽隆撰文正書原在咸寧縣開元寺

蓮峯眞逸題名存　甲申

名刻多寶塔感應碑側在西安府碑林

甲申七月正書在西安府學碑林刻多寶塔感應碑側甲申爲大定四年蓮峯眞逸喬扆號也陸氏金石續編

莊嚴禪寺牒存　大定四年　牒見王氏金石萃編

石高廣俱三尺二寸大小字共十四行每行字數不等下層刻僧衆及各村人名行書在高陵縣

按大定初年寺觀納錢請賜名額之事金史無攷今所得於陝西者凡十四碑文稱尙書禮部牒是牒由禮部發也又稱尙書

戶部差委某州發賣所是戶部設官差委外州發賣牒文也金史百官志戶部既無發賣所之官禮部亦不載牒文格式及發賣錢數但詳僧尼道女冠限度試經之數與夫中選給據之法而已據同官縣靈泉觀記云大定初王師南征軍須匱乏許進納以賜宮觀名額若然則是大定初權宜設置之事非常制也十四碑中在長安者五碑在涇陽者七碑在同官者一碑在高陵者一碑似其制獨行於陝西殆即辦軍須之所也其牒起於大定二年迄四年是時世宗初即位用兵契丹因暫行此制想四年以後即停也牒文之式不一大定二年祇稱陝西各路轉運司三年以後則有尙書戶部差委京兆府發賣所又有差委耀州發賣所是發賣所始於三年而各州皆有也其錢數大定二年但云已納訖合着錢數三年以後則著明錢壹百貫至四

年四月清涼禪院牒錢壹百伍拾貫五月莊嚴院牒錢三百貫逾時未久牒價懸殊不能知其故也諸碑皆稱發賣所獨稱勝院牒稱發給所小有不同有額名同者如洪福院有二牒一在京兆府一在涇陽縣同爲洪福字前爲禪院後爲院清涼院有二牒一在長安縣一在涇陽縣同爲清涼字前爲院後爲禪院也或當時院與禪院畧有辨歟凡請牒必由狀告與唐宋之制不同詳識于此亦可備一時掌故牒雖多種俱于大典無關今錄此一牒以志大概其餘牒內官既無名可考亦無文字可傳姑從删削　王氏金石萃編

戒師誠公塔銘　佚　大定五年　銘見陸氏金石續編

原石未見　僧師偉撰　文正書　僧有鄰篆額　在興平縣

中叙述塔頂放光一節襲用嚴挺之大智禪師塔銘弟子神奇其師每有此等異說不足重也　畢氏關中金石記

觀音院碑　佚　大定丙戌

原石未見　李□撰　方李居仁書

耀州東嶽廟記　存　大定六年　文曾後

石高七尺一寸廣三尺三寸十七行行四十五字　宋孝思撰　文正書　額題耀州重修東嶽廟記篆書八字　在耀州

□州重修東嶽廟記　夫岱宗者天帝之孫在天地間最爲鉅鎮成形於剖判之初迥出於青冥之外□群嶽之首視三公之□□雲闕之中天固石閭而□頂有金泥玉檢之藏有金篋玉策之秘故魯□發詠於所瞻而子貢託言其安仰孔子登之則可以小天下漢祖誓之則見於封□□至於南望吳會西見秦都觀日出於鷄鳴之初覽□流於俛仰□之際則形勢之高大可知也獨石之雲膚寸而合崇朝之雨滲□□□則德澤之溥博可知也鬼神護八□之□封雪霜停五松之□□則古跡之長存可知也空洞之天周迴千里稷丘之屬高□□□則靈境之勝絕可知也白□起於封中□□有焉則其□瑞可知也□雨集於路□秦皇有焉則其威□可知也若乃處震□之方占生物之地主人壽之修□名生靈之魂魄而□□之俗□□□庶其動作喘息率皆知之如鑑之明不可欺以妍醜如□□□□可欺以重輕見善□佑見惡必罰□□之來□於□□則其攬生殺之□幹旋於冥冥之中可謂無毫釐之差矣□□□□□□□□在人耳目有不可掩者是以唐□□□□子之□省方者必至焉方伯之朝王者必集焉在舜則有燔柴之告在魯則有□□之□而在□則有五祀之奉歷代□□之福可□有常而不變者矣彼鄭伯釋其祀則於禮有闕也故左氏譏之季氏□其□□□□有□也故宣尼非之二者或祭

或否皆爲一時之□計設也豈知所以事神者哉□則自古迄今普天率土在在處處或□或民皆設此嶽之行祠以表其恭事之意者其孰曰不宜華原東嶽廟乃土人姚氏之所建也姚氏之先常崇奉□嶽□□五七載必一往朝謁嶽祠之下頗有靈應遂於雍熙紀元始建殿宇三間粧塑聖像然以營葺未備□□□屬其子庭斌庭斌遂以已田十畝環舊殿而廣之及修東廡□七間以置諸神之司庭斌卒其子宗煥在熙寧間又添修齋廳增廣行廊稍稍就緒壽以兄弟異籍歲月久遠至於垣屋傾摧不能隨時修築使神聖之居有上雨旁風之陋於是知州蒲公當宣和辛丑之歲聚財興工復創修之殿宇極爲雄壯兩廡之下繪□六十四司其後七八年間遽遭兵火焚毀殆盡而宗煥之姪曰應卿於庚戌之年□誘郡人馮□同修正殿五間及□玄募工粧塑神像僅能

訖功而應子曰澤爲人循謹有常今年逾七十能遵守其父祖累
世之遺訓而不墜其百五十載奉祠之勤勞鄉人備知之故但稱
曰姚家廟蓋言其實也頃年澤又誘諭得州人昭信校尉趙興修
囗門囗間王儀修子孫囗一間王玘重修行廊十間范敏修西廊
十間王靑接修西廊轉角至三門共十二間劉成與澤共修五道
將軍殿三間至丙戌之年本州刺史耶律公因焚香至廟遂周行
殿宇見其復有疎漏細視簷桷則不無傾側之處乃命管軍許仝
主管營囗仝謹幹耐事曉夕究心一一仍舊修整之外又能多方
誨誘衆人營辦財力別修行廊至三門十有三間屛牆舍四間建
露臺一所囗階砌所需之磚石莫不備辦於仝也又都孔目官張
暉等同發誠願修齋廳四間本郡王安修司命眞君殿三間囗塑
其像於是祠宇一新高壓郡城之北而威神來宅聳動觀聽以爲

續陝西通志稿【卷一百五十八　金石二十四　九

闔郡祈禱報謝之所使來世洗心滌慮遷善遠罪不負我嶽帝臨
庇一方之意則刺史耶律公而下凡預修蓋者及前此數十年間
助財出力同共增葺之人其受賜於帝莫不福及子孫哉近者土
木之工囗以告畢而監修許仝管廟姚澤以廟之本末求文爲記
余喜此廟之成而工人囗役之久囗無倦色眞可重也囗詳書之
里人朱孝思記大定六年歲次丙囗十二月庚午朔初五日甲戌
建三原劉囗囗囗囗囗

開元寺觀音院記 存 大定六年 文見陸氏金石續編

原石未見不詳尺寸李囗撰文王從簡題額李居仁正書在耀州

惠濟院牒 佚 大定七年

原石未見正書在鄠縣槐芽寺

碑題王競爲通奉大夫與前題異金制通奉從三品中其下爲
中奉也文稱本院自來別無名額已納訖合著錢一百五十貫
乞立惠濟院名額按金世賣僧道尼女冠度牒紫褐衣師號寺
觀名額之例乃世宗大定五年所罷此額給于四年蓋七年所
刻也 畢氏關中金石記

孫眞人祠記 存 大定九年 記見王氏金石萃編

碑高五尺八寸四分廣二尺九寸二十七行行八十字宋元豐四年王巘記金大定九年宋孝思致万俟善重建在耀州

文云華原本京兆屬邑後建爲別郡曰耀其城之東有沮水水
東二三里有山曰五台爲孫眞人舊隱之地案今沮水在州城
之西是城亦非華原舊築矣五台山本名風孔山長安志云風
孔山在華原縣東五里今山在城東猶二三里稽以道里以長
安志爲是碑云在水東二三里者恐非也碑又云有昆明池龍
胡僧利其寶貨取去求救于眞人因得其方書此事出酉陽雜

續陝西通志稿【卷一百五十八　金石二十四　十一

俎云胡僧利其腦非寶貨也續仙傳云千金方以救龍子得之
與此說異今千金方書前有眞人自叙惟言集古方書知此說
近誕用以博異聞焉可耳 畢氏關中金石記

按此碑宋元豐四年万俟景祐兄弟爲眞人修堂刊碑然碑石
狹小字畫纖細九十年後祐之孫善深恐其久而漫滅乃別取
巨石以刊前記今前石早毀所存者大定之石也故應屬之大
定

思政堂記 存 大定辛卯 記見王氏金石萃編

碑連額高七尺八寸五分廣三尺七寸二十三行行四十九字鄭彥文鴻拜王書崔良弼篆額李仲仁上石在乾州

按陝西通志乾州知州署在城內西偏即唐德宗行在故址後
改爲州治金大定戊子刺史鄭彥文修二堂顏曰思政堂即謂
此碑也文云乾本漢池陽縣至唐改奉天後置爲州考池陽縣

在周爲焦穫地秦爲涇陽邑漢惠帝四年即其地置池陽縣屬內史後屬左馮翊後漢因之迨苻秦時於池陽東南析置涇陽縣宇文周時廢池陽不復置歷代至今但有涇陽縣其縣今屬西安府並非乾州地乾州始於唐睿宗文明元年析醴泉始平好時武功豳州之永壽置奉天縣以奉乾陵至昭宗乾寧二年以縣置乾州其地與池陽東西相距截然兩處碑云本漢池陽縣者誤也鄭彥文大定庚寅移守來此庚寅是大定十年碑立於辛卯則大定十一年矣 王氏金石萃編

凝眞大師成道記 存 大定丙申 記見王氏金石萃編

碑連額高五尺五寸廣二尺七寸分三層上層繪成道圖中層記二十九行行二十字下層田土地基三十六行行二十餘字不等王錫撰文李楠正書額題靈山靈泉觀凝眞大師成道記篆書在臨潼縣

按陝西通志靈泉觀即華清宮曾天福中改賜道士故以觀名

華清宮在臨潼縣南唐咸亨二年始名溫泉宮天寶六載更曰華清碑前截觀主凝眞成道記乃宋仁宗時事師歿於至和元年此記作於大定十六年丙申距師西昇一百二十三年矣記後截山林水磨田土地基四至畝數凡二十四條有東宮城西宮城之名即謂華清宮城也有秦始皇陵廟在臨潼東一十五里可見其觀地自南而東亦云廣矣 王氏金石萃編

重修太史公廟碣 存 大定己亥 文見王氏金石萃編

碣高一尺四寸廣二尺五分二十一行行十五字趙振撰文正書姚定上石在韓城縣

水經注陶渠水又東南逕司馬子長墓北墓前有廟廟前有碑永嘉四年漢陽太守殷濟瞻仰遺文大其功德遂建石室立碑樹垣太史公自序曰遷生龍門是其墳墟所在矣攷陶渠即芝川水今墓在水南俗說云漢武帝於此地得芝草改名也 畢氏關中金石記

楊仲源告屬吏文 存 大定二十三年 文錄後

石方二尺五寸四圍有花紋大字十五行行十八字分書小字七行署年月立石人名正書在長安縣署

竊惟設官置吏上下羈縻口欲各盡至公剝刑罰加諸人財賦取於彼者此尤可用心也苟有口違幽明是黜或示之顯戮或報之陰責小足以滅身大足以亡族余自束髮以來目覩而事察然可紀者冥報陰騭之說不爲虛矣每一念云鮮不膽折仲源以始戒事口悉未詳究況與爾同利害者雖夙夕戒懼未嘗少忘重慮國有恒典犯不可免當是之時雖其骨肉之親弗能相救但聽其死而已豈不哀哉故曰不告而殺虐也不戒而罰暴也古之賢哲罔不三五申告然后有犯無貸是以丁寧少陳勸諭夫財貨爲害非輕孰若康寧遠保家門故老氏曰貨與身孰多得與喪孰病蓋以

此也因書數字敢告左右時大定二十二季月日武略將軍京兆府路都總管府知事楊仲源記　小趙彥尹珍王琚張淦劉彥王林羅椿張佑胡廣李茀楊禮郭顯大趙彥韓茂戴常關可鄒方成鐸鄒珪張徽李麟孫玨何公遠侯鈘胡敏張慥王佐張景王琛孔目官劉儀李順胡口徐衡馬彥趙琦　大定二十三年二月五日徵事郎都孔目官賀忠等上立

濟安侯新廟碑 存 大定二十四年 文見王氏金石萃編

碑連額高七尺五寸廣二尺九寸五分二十五行行五十六字張建撰文薛門篆額并正書在華陰縣城隍廟

按碑敘乾寧三年李茂貞犯京師韓建請昭宗幸華州語與唐書本紀合以下敘建誅李筠散殿後軍圍十六王宅殺諸王是夜建祠劍詣行宮將及御幄有神厲聲叱退明日訪之乃華之城隍神云云本紀書於乾寧四年而於城隍之事略焉碑於此

段失書四年二字下文遂云明年八月己未車駕還京師甲子改元光化以華州爲興德府封城隍神爲濟安侯所謂明年者似三年之明年則四年矣碑誤也改元光化是五年八月事升興德府據唐書地理志實是四年事碑蓋牽連書於改元之後未分晰耳升府與封神自是一時之事升府既在四年則封神亦在四年亦爲碑所牽連也然升州爲府本紀四年不書至光化元年八月壬戌書至自華州此下乃紀改元事設使華州已升爲府則紀當云至自興德府矣此事雖碑誤而紀與志亦不能無疑因附識之碑文作於乙未爲大定十五年其立石則在二十四年濟安侯廟碑唐光化二年別有李巨川撰文柳懷素正書王弇州顧亭林朱竹垞諸家皆有跋惜搨本未備附識之 王氏金石萃編

靈泉觀記 存　大定二十五年　文見王氏金石萃編

碑高八尺廣三尺三寸文刻牒之下截三十行行五十五字楊峻撰文劉光正書劉利賓篆額党冲惠立石在同官縣

右碑兩截上截即刻三年牒文下截刻此記文甚華贍字法亦似褚虞金人碑刻之最佳者 畢氏關中金石記

按陝西通志靈泉觀在同官縣治北崖下有靈泉飲之已疾禱之能雨因以名觀碑云靈泉觀者實岱宗之行宮鎭銅川之福地東瞰漆水之煙浪南面孤祠暮雨猶孟姜之泣淚云云通志載岱嶽廟在同官縣北二里金山之麓金山在縣西北三里有姜女祠靈泉在山之西麓自石罅中湧出旱禱有應銅川爲銅官川一名同水在縣東北一里西南流合漆水入耀州界漆水在縣東北五十里以地多漆木而名其水善溢甚爲邑患南面孤祠者謂孟姜女廟也廟在金山巖下 王氏金石萃編

仙蛻巖碣 佚　大定二十七年

未見原石范若水撰文孫肖堂正書徐安上篆額碑陰亦正書在華陰縣雲臺觀

重修岱岳廟紀 存　大定二十七年　文見王氏金石萃編

碑高六尺八寸廣二尺六寸五分二十三行行六十七字無撰書人名正書劉景山篆額白偉立石在淳化縣

按岱嶽廟在淳化縣北二里高岡上其山名壽峯山或謂即甘泉賦所云三巒山也今俗呼爲三楞山文選甘泉賦服虔注椽巒爲甘泉南山又李善云三巒即封巒觀疑椽巒爲三楞山而三巒爲觀名也今封巒觀已無攷或後人即其址爲崔府君祠久之又爲東嶽廟也碑書實藏於是夬焉夬是興字之省筆俗書蓋昉於此 節王氏金石萃編

延昌寺記 存　大定二十八年　文錄後

碑連額高七尺二寸廣二尺八寸二十行行三十八字額題延昌寺記四字篆書僧□撰文杜□篆額王□正書甚漫漶在耀州

耀州□□縣延昌寺記　□府僧覺嚴文惠大師□□撰　□軒杜□篆額　華原王□書　時有興廢物有變遷歷萬刼而無弊者其惟聖人之教□自漢明帝夜夢金人□西域□聖人出斯佛□□□□于中國其來遠矣是故梁武□爲氏□形大蟒作懺□回人□而托化□利□□人□□焉金□□禰□符祈禱祇園修行自足擊鉢雙林樹下長栖般若之□□□目峯頭每現□毫之相□□□□□皇帝建昌二年□跋□□□□□□室之冑也□□□□□□□□訪山林以□□□□□至□華原始獲勝地淸流秀嶺喬□異卉可以自嬉存□□□□乃卜居焉其後修□□□□賜額延昌□公主□也於是鎔金作佛日□百軀□至于萬尊□□國人呼爲萬佛寺寺之□步□田□□□□□□□□□□□□百尋高聳雲霄

蔽虧日月若阿育王之始建□□樂王宮者群女之常□□□□□□□□□若公主發宏誓願□□□事□以龍宮□藏□□□□□□□□□益□□□大以是因□□無生果□天之報應豈無□□□□□行巍巍卓冠□古□□人未知之也迄今歷數百年□宗工鉅□往返於此多矣未有推窮始末者今幸遇高才大筆博通今昔尙能播揚厥美俾欲刋之翠琰施□罔極則平生之願足矣素供佛□辭不獲已又抑以時代綿遠無籍可攷始以一時之語而述焉□□□者善行淑德□可□揚因系之銘曰　西方有教名曰金僊流傳教法億萬斯年廣大圓滿洪文煥延莊嚴世界無量無邊時惟後魏帝□武宣興有公主王公外遷不樂華麗屛迹雲山□立林泉淸陰古木遶壁坐□菩薩萬行金□誦宣日造百軀神功施行皎皎永傳浮圖突兀百尋□天瞻仰尊像長爲福

續陝西通志稿　卷一百五十八　金石二十四　十五

田洪祉嶷嶷歲□□□超凡□聖鮮儷比肩播茲令猷金石可鐫

大金大定二十八年歲次戊申□月丁卯朔初一日戊辰住持沙門□□立石高宇刋

樓閣居士張中偉墓表 明昌元年佚

未見原石在鄜縣北大歷寺東廊

中偉爲中孚中彥之弟其二兄史並有傳碑云父諱達贈太師靖康末以守吉州死援太原之難中孚以宋之鎭戎軍安撫使降金爲鎭洮軍節度使知渭州兼涇原路經略安撫使後封原國公中彥以宋之涇原副將知德順軍降金代李彥琦爲秦鳳經畧使後封宗國公咸與碑說合金載割河南陝西畀宋中孚中彥入宋被留臨安中彥又爲宋之龍神衛四廂都指揮淸遠軍承宣使提舉佑神觀靖海軍節度皇統初金復河南中孚中彥又北歸故文又有宗公解印恒山對君淸話云云中孚中彥以宋忠臣之子仕於宋仕於金仕於齊地還宋載仕於宋地還金載仕於金恬然無所恥惟而中偉不事仕進逍遙終身此宋之遺民達之孝子矣碑題翰林侍講學士奉政大夫知制誥兼同修國史護軍馮翊郡開國侯撰文資政大夫參知政事柱國安定郡開國公書而泐其名 畢氏關中金石記

法海石塔碑銘 明昌四年存文缺後

石高□尺廣五尺□寸五十行行二十六字王師古撰文劉丹正書石斜裂公□且缺上方左角在耀州

缺師石塔碑銘并敘　華原王師古撰缺藏吳道子畫後云智者創物能者述焉非一缺工之於技自三代歷漢至唐而備矣故詩至缺書至於魯公畫至於吳道子而古今之變缺畫人物如燈取影逆來順往旁見側出橫斜缺然之數不差毫末出新意於法度

續陝西通志稿　卷一百五十八　金石二十四　十六

之中寄妙理於缺人而已郭若虛圖畫見聞誌亦云吳生之作爲萬缺宜乎唐宋以來名畫之家有數百其中名僧可錄缺人物之工則智藴今宗其人也切德變相之善則懷缺有巨然之秀潤松柏有德符之瀟洒至於傳古大師缺月大師羅漢寫怪古之形草蟲之類則詩美毗陵之居寧缺播蓮陽之惠崇斯皆得畫聖之一體時所謂非大手高格絕缺得何足道哉後之能採諸家所長爲一家之體得畫聖之筆法者□□□師之謂乎師諱法誨字仲宣姓徐氏寧州眞寧縣曹功村人也祖考□□名世業丹靑人品高妙名播秦中師始聞耀郡有先輩趙光輔范寬□□遂來遊學目想心存則而象之果得之於心而應之於手物無所□其形名傳於當世見華原延昌寺之勝境南望終南太華西接嵯峨仲山東眺五臺寶鑑北觀文武二峯近則潤水帶其右遠則漆沮襟其左

平原而下汃潤之邊居民鮮少茂林叢竹之間而建招提宅幽而勢阻眞隱者之所居乃曰境淨則跡淸跡淸則心定終日登眺林泉樂以忘歸因而廣居是刹口口本寺法堂華嚴壁與善山水楊評士澤民同畫觀者輻湊如市無不服其妙絶口又繪大殿八明王變相觀者令人駭目心加敬肅自時厥後聲口口甚在在賢士大夫名師大德爭請不暇至於劇郡名藍高堂六殿多口師之蹟爲輩流以此推服獨步關中後學多從之遊皆有所口口會皇統甲子歲皇朝推恩普加兇落師年三十有一捨俗出家口本寺僧道律爲師剃度受具戒爾後出己衣鉢縮衣節口於本寺極力營葺彩繪殿堂創造佛帳雕鏤金碧極爲莊嚴完缺補弊表裏鼎新皆誨師之力也後剃度沙門弟子二人曰惠濮惠沼皆習師之經行習畫門生二人曰杜昌茂之杜穆彥和頗得師之體要大定二

十三年四月十有四日即隻履而歸鄉里東寺而就滅也春秋七十歲僧臘四十夏師爲人質直愿愨接物以誠待人以厚奉持律尤以精嚴高弟惠湛遊方慕道知止復歸於本院嗣師之志修蓋繪塑未備者一一增葺靡所不周凡有佛事爭爲檀越一日與杜公彥和追念先師之德無以報効遂以明昌四年六月初十日於延昌寺創建石墳塔一所而葬焉手師之事狀同來請銘於予欲立碑以紀其行傳之不朽余惟不副所望未敢允從而哀鳴不已懇請益堅余雖不敏而有一日之雅憐其敦在三之義發孝心而稱善不敢固辭然杜公之好學多能在師之門下青出於藍叙述有體而文直事嚴不可加損余遂盡取杜公所錄以紀其梗槩而系之銘其詞曰　賢哉誨公出家捨俗求道從師受南嶽之具戒修東林之律儀其心也泥中之絮需以定其節也霜下之松堅而持奉梵王而散教慕畫聖以隨規瓶鉢家風威緇素而誠服箕裘世業復丹青之譽馳安蕭寺曹溪之所止合吳裝姜體之攸宜玄文傾出無盡藏絶筆寫作無聲詩旨悟三乘之奧心懷千佛之慈樂釋氏之鼓吹脫人世之羈縻俗眼多迷傳法燈而破闇塵緣難斷仗慧劍以決疑報身示滅遺命荼毗歸兜率天子物外起窣堵波於水涯觀蒼柏之慘傷咸霑露泣聽白楊之蕭瑟益動風悲感德不忘門弟子願爲有道立豐碑我取端人明勸戒逢蒙盡媿庾公斯吁嗟乎誨公　高宇刊字　忠翊校尉同知耀州軍州事權知事李希周　月窟老口劉光書丹　住持門人僧惠湛立石

觀京兆府學古碑詩 存 明昌五年 詩見王氏金石萃編

詩刻多寶塔碑右側共四行字數不等劉仲游六言詩二首草書在西安府學碑林

按劉仲游詩不見中州集金史亦無劉仲游傳據碑仲游自署

其貫曰燕臺而史有劉仲洙傳字師魯大興宛平人累官定海軍節度仲洙有兄仲源皆與仲游名同用水旁而又同貫或即仲洙弟兄行也 王氏金石萃編

京兆府提學所帖 存 明昌五年

刻宋大中祥符元年文宣王贊碑陰正書在西安府碑林

謁唐太宗廟記 佚 明昌五年

石佚未見石本趙閲昌撰文草書原在醴泉

延昌寺三門記 存 明昌七年 文篆 後

石高八尺五寸廣三尺四寸二十二行行五十五字許安世撰文劉光正書並篆額在耀州

耀州華原縣延昌寺三門記　將仕郎充耀州軍事判官兼提舉學校事許安世撰　美田鄉貢進士劉光書並篆額　釋氏之塔廟其興久矣自大雄起菩提樹詣施鹿林爲五比丘轉大法輪優

塡王造栴檀像以爲後世法此西域塔廟之始也東漢明帝永平七年摩騰法蘭二三藏持經像至洛陽明帝即於城西門外立精舍以處之圖釋迦畫像於淸涼臺中及顯節陵上此東夏塔廟之始也逮乎晋宋齊梁魏隋之間其王公崇信之者日隆其貝葉氈華之教日著塔廟之興與時競列元魏宣武延昌二年州郡總立一萬三千餘寺此延昌寺蓋其一也寺之始末傳記不可得而聞焉說者攷其故銘以爲自魏孝文皇帝延昌公主之始也公主天性獨悟厭居欲海一日私遁帝宮隱迹山野展轉跋涉至華原之西十有五里巖谷林泉雅稱歸棲之意乃結草爲庵誓修苦行雖寒暑屢遷而其節不改精苦之外乃手塑佛像萬尊以祈冥佑國人之敬信者感其棄富貴紛華樂斯貧苦乃相與崇建寶塔以置其像構立精舍以爲依棲之所精誠所感不勞而成國人因呼之

曰萬佛寺洎宣武即位有司聞於朝屢詔不起延昌元年壽七十有三無疾結加而化上悼之敕葬於西北四十里大唐山曰延昌陵賜其寺額曰延昌寺且耀之名刹雖衆唯此事爲尤古自魏迄今七百餘載其間雖有毁廢繼而復興非公主創始之誠國人崇信之篤焉能爲此國家承平日久黎民富庶釋氏之塔廟率皆崇飾茲寺居州之西偏右臨潤谷左據唐原而有山林之興加以殿塔崇峻堂室宏敞而雜以茂樹修竹蓋華原之勝境也其間締構大槩備矣唯三門爲未完繪塑或有闕寺僧有惠湛者純篤精敏人也念如來教育之恩感公主崇建之德乃罄其所有廣募工匠經之營之雕之繪之不日而告成然後寺之棟宇爲之一新俾修定慧之業者足以爲入道之場求人天之報者足以爲興福之地其爲功也不其偉歟嗚呼凡入道必以智慧爲本智慧必以福德爲基譬猶車足二輪然後可以馳千里鳥全二翼然後可以舉千尋則福之於人所不可闕也觀其修崇塔廟其福初若微細窮其所歸雖眞如至理菩提勝果亦由此而獲其爲大也可勝言哉亦由泰山之高由一拳石之多滄海之大由一勺水之多諒不虛矣明昌五年秋余官於耀州嘗因公暇一謁茲寺有僧惠湛者恨舊碑所載不足以發揮兼三門之事已告成功因華原令趙希先司候趙君謀以求文於余庶傳於不朽余乃撫其實而書之明昌七年三月廿日許安世記　將仕郎司耀州司候趙廣聽　椄尉耀州華原縣令雲騎尉趙彥祖　昭勇大將軍同知耀州軍州事權州事上輕車都尉金源郡開國伯食邑七百戶斡準撒速　大金明昌七年歲次丙辰八月十五日住持沙門惠湛立石　門人洪淵洪德　西河高宇刊

按此碑文既簡淨書亦挺拔有誠懸筆意實金代碑版之佳品惜金石家均未之見也

張公去思碑　存　明昌五年　文見王氏金石萃編

碑連額高七尺八寸廣三尺一寸五分二十行行四十九字張建撰文楊廷秀正書李居中篆額在高陵縣

按高陵縣名始於周秦之間三國魏及後魏嘗改高陸隋大業初復名高陵相沿至今此碑前云尋遷狄道高陵北海三縣令下云自公之去高陸也既更三政矣後云且喜高陸之民不忘公之德蓋高陸高陵今古之名互用也碑云口川張翔字子翔陝西通志循吏傳張翔字子翔淄川人名與字與碑倒互當由志誤而淄川則可補碑之泐文撰文者張建金史附呂中孚傳稱建字吉甫蒲城人有詩名明昌初授絳州教官召爲宮教應奉翰林文字以老請致仕章宗愛其純素不欲令去授同知華

州防禦使仍賜詩以寵之自號蘭泉有集行於世此碑立於明
昌五年而張建系銜爲將仕郎充書畫局直長不云應奉翰林
文字殆未任此官時也　王氏金石萃編

太一靈湫詩　存　詩見王氏金石萃編　明昌六年

石橫廣二尺三分高一尺六寸十二行行十字詩七絕七律各一首正書無姓名道士何元濟立石在西安府碑林

按太一靈湫在長安縣終南山漢書地理志太一古文以爲終
南五經要義曰太一一名終南山在扶風武功縣初學記引福
地記曰終南太一山左右四十里內皆福地靈湫卽湫池宋敏
求長安志池上有澄源夫人湫廟今縣有顯應夫人廟當是澄
源夫人改封在終南炭谷去縣八十里唐封澄源夫人湫池尙
在韓昌黎有題炭谷湫祠堂詩卽此靈湫也祠在長安六七月
旱亦嘗遣官求之取水往往有應此碑刻太一靈湫詩七絕一

首七律一首不著作者姓名玩詩意皆是爲靈湫禱雨而作碑
刻于明昌六年中元日不知是追刻前人之作抑是當時禱雨
有應之作詩稱自愧書生知非守土之官亦非奉香火之道士
也　王氏金石萃編

延昌寺敕修三門助緣姓名記　存　文錄後　承安二年

石高四尺五寸廣三尺八寸記十四行行三十二字姓名年月十五行字數不等杜穆撰文并正書篆額下方左角破裂在鄜州

延昌寺敕修三門助緣檀越姓名記　昔遠公大師擇地於廬山
欲建寺於此山神留師是夕有大風雷詰旦晴霽素沙周滿口坎
坦夷復有梗楠杖梓夥積其中遂敕寺其殿號爲神運後鑿池引
水植蓮結社十八賢遂居焉斯乃天下之勝槩也天台智者禪師
悟口尋訪幽棲至玉泉見山水奇秀愛而宴坐於斯現種種怪異

變化師殊無驚怖遂詔口何不體究生死作許多伎倆而何益哉
忽有神現長髯奇偉而言曰羽忠於先生口口此山七百餘年未
聞至理之言也請師少遊數日容建佛宇羽口爲門弟子師口口
口谷槩桓延留數日神敕其寺大殿廣厦無所不備至今存焉此
二事出僧史口口口令略舉大綱今則學弗繼先德不及古所以
不能動於幽冥以懇財竭力而口口口口同宇今有本寺主持沙門
惠洪創建三門自出衣盂擇其良材四遠信士慕其口口口口而
助緣洪公之用心遠人罕測之且佛垂萬法皆助一心雖芥善片
言有口口口口口能超脫死生理達希夷未嘗不由門而入者使
人向善歸道豈小補哉今口告成所有出備材木工具欲刋衆姓
名於琬琰傳之不朽乃承安二年歲次丁巳律中太簇二十有七
日少陵杜穆謹記并書丹畫篆額華原坊李法李謙馮明李天錫

垂村蕭顯李興蕭彪　留村謝照雷成　任家莊秦時秦春秦
澤　馬額村仇伸樊淵焦成　徐吳村侯忠侯京侯能侯成　下
侯堡楊貴楊皐　邵村邵德基邵林邵珪成家礑傳琪傳深趙興
郭端成興郄平　盧村張璦張全張吉張仙　茹家社茹密　元
村元木　董家谷啖成楊安　本州司候司馬天昌張世昌　承
安二年二月日住持沙門惠洪　助緣門人洪源洪德立石

修魏徵廟碑　存　文見陸氏金石續編　承安三年

原石未見孫鏞撰文王嘉猷篆額牛顯祖正書艾元老立石鄠題改修唐相鄭國文貞公廟記十二字在澄城縣

驪山詩刻　存　詩見王氏金石萃編　承安四年

石橫廣二尺七寸二分高一尺八寸移剌霖七絕一首連跋共二十三行行八字七字不等正書在臨潼縣

移剌卽耶律金史有移剌履元好問集作耶律履是其證商挺
增修華清宮記有太傅移剌公疑卽其人後有跋自署晉陽書

部吏而無姓名 畢氏關中金石記

按此詩不見於中州集陝西通志藝文卷載此詩題下注云二首選一則是此題有詩二首矣據此碑詩後跋語但云頃因再遊復留一絶是原只一首不知通志所不選者又何詩也此跋又云提憲關中嘗有題華清宮二絶句通志亦不錄跋後記歲月云承安屠維協洽書雲後七日蓋承安四年己未歲冬至後七日也 王氏金石萃編

新修州學記 存 泰和元年 文見王氏金石萃編

碑連額高一丈一尺一寸廣四尺二十四行每行下缺大約六十四字正書撰書人姓名並泐在綏德州

碑後有綏德州義合寨主簿郇□知臨洮府康樂寨事劉完金史地理志云綏德州有義合寨置弟二將臨洮府有康樂縣康樂當是先爲寨後升爲縣也又有知軍州事天水縣子同知軍州事廣平郡侯兩衘文中稱秦君守正以通儒來守高君□□以名進士爲軍判官當即兩人姓名 畢氏關中金石記

宋雄飛詩刻 佚 泰和元年

原石未見宋雄飛詩行書在鄜縣

后土廟記 存 泰和六年 文見王氏金石萃編

碑連額高一丈三尺五寸廣三尺十二行行六十二字王希哲撰文劉光正書並篆額楊瑞刻字在三原縣

按此碑題云耀州三原縣三原縣自五代迄明初皆屬耀州宏治三年改屬西安府至今因之碑云三原迺漢池陽之舊境漢書地理志池陽惠帝四年置屬左馮翊自北魏太平眞君七年改名三原相沿至今中間唐武德四年嘗更名池陽六年改華池貞觀七年復名三原元和郡縣志三原者以其地西有孟侯原南有豐原北有白鹿原也碑云后土廟在神泉鄉今名龍泉鄉陝西通志后土廟本名泰寧宮在三原縣東北四十里唐村廟神泉谷中神泉一名白馬泉又曰白龍泉其泉澄泓旱禱即應 畢氏關中金石記

京兆府學教授題名記 存 泰和六年

刻宋元祐移石經記碑陰孫通祚撰文王世英正書在西安府學

柔公法師塔銘 存 泰和癸亥 文錄後

石高二尺三寸廣一尺三寸十五行行二十四字張希仲撰文並正書額題故柔公法師塔銘篆書在鄠縣

故柔公法師塔銘 古爾鄉貢進士張希仲撰并書

公諱義柔本弘州永寧縣猶山村人也俗姓張氏十三歲甫出家禮戴聖僧德圓爲師年二十三普度受具居數載喟然歎曰爲僧不達教典何如杜門不出迺振錫西遊郡縣名刹靡不經歷大定癸未春來於是院遂止而居焉公賦性質樸有古人之風嘗精究華嚴故俗

謂之爲華嚴法師嚮已之有並充常住衣盂囊篋一無所收與院宰元公同力修建大願未酬而世緣已謝忽一日無疾而終是夜有紅光感應之瑞焉旹明昌四年七月十一日也享年七十有四敢摭其實而爲之銘曰 彼美柔公遊方自東薄惡今俗樸還古風華嚴妙典刻意研窮玄談至理深務精通立志高潔匪衆齊列身等孤雲性同皎月來兮雲生去兮漚滅清夜寂寥紅光暐曄異端嘉祥應斯靡常骨與塵化高名永揚 大金泰和癸亥孟秋晦日大覺禪院主僧祖光上石

圭峯草堂詩刻 存 大安元年 詩見陸氏金石續編

雲碧老人七絶一首洹山史奕七絶一首東原田彀七絶二首僧普定行書主僧了珍上石在鄠縣

耀州寶鑑記 佚 大安元年

原石未見高坦撰文男惟忠正書在耀州五臺山

法門寺眞身寶塔詩 大安二年　佚

原石未見僧師偉撰文宋景祐正書在扶風縣

老君庵孔朝散詩刻 貞祐二年　佚　詩見陸氏金石續編

孔朝散七絕一首庵主李守一刻石在鄠縣

楊振碑 貞祐四年　存　文見王氏金石萃編

碑高七尺四寸廣三尺八寸七分二十七行行五十五字元好問撰文□□正書□□□篆額在乾州

唐書宰相世系表載鄭國公侑子行基行基子棻棻子溫溫子幼言白幼言以下不及之碑云幼言生顒顒生皐皐生免免生珍珍生光贊光贊生懷順懷順官金紫仕至西臺御史襲封至五代漢國始除此可以補唐史之缺又云西臺有子十二人長曰公侯次曰公神公留公賢公洪公秉公石公祚公良公通公演公伏號十二楊村公侯子舜靖舜靖子信信子禹禹子言言

子宗宗子懋懋子超道公爲超道之次子攷唐以奉天之地四百頃賜楊氏故子孫遂爲縣人好問作楊奐碑文云譜系之詳見君自叙然則此即本奐所叙述矣奐即振子元禮華陰人見奐碑 畢氏關中金石記

寗曲社重修食水記 興定五年　佚　文見陸氏金石續編

原石未見高袞撰文張待舉正書康節篆額原在鄠縣

碑陰記 年月同上

正書上有圖下刻記

寗曲水即金渠之上流其源自赤谷來者自寗曲以上爲居民食水以下則灌田爲金渠蓋因其地多砂不能鑿井故引山水以資用迄今猶然碑稱爲齊相寗戚所開無所依據不足信也 畢氏關中金石記

射虎記 元光二年　存　文錄後

原石未見楊奐撰文謝良□正書張待舉篆額在鄠縣東門外

吾友隴東康楫來乞射虎記問其故爲鄠尉曹侯設也吁人之所欲詳誠吾之所欲略子徒知其去虎之虎焉知其去非虎之虎且多乎哉夫虎之殺人也見於跡人猶得而避之其害細所謂非虎之虎殺人也藏於心使人不知其所避必狎而就之其害巨一攫之後無地無之奚獨鄠也哉若夫嘯凶嗥醜伏晝伸夜禁緩則跳踉勢窮則騰躑者盜虎也氣騰一邑俛視四鄰逞貪婪之欲啗孤羸之利者豪虎也矇昏昧田誣下罔上掉離折之舌吐無證之辭者訟虎也假威官府擇肉墟落志在攫拏情忘畏惕者此吏虎也爪牙爲名意氣自若倚事以下鄉幸臟以中人者此兵虎也又若鉤距成性搏擊充己據案弄威攘權護失者同僚之虎也公衙上

檄私爭己忿擁妖抱妍醉醲飽鮮者過客之虎也人謂鄠有曹侯而盜者遁豪者慴訟者弭吏爲之縮手兵爲之斂跡同僚服廉而退讓過客憚正而引避綱而舉之其爲政亦足知矣宜乎邑之民途不拾遺寢不闔戶熙熙然坦坦然各保其性命子以射虎爲虎則漢豈無李廣唐豈無裴公勇於政斯可矣裴李世聞其射而未聞其政如曹侯可謂兩得之矣然吾不以去虎之虎爲賢而以去非虎之虎爲賢者鄙意實在茲侯名大中字時正隆安人家世官職孔臨洮嘗載之皆不書子袖此以歸其告鄠人既去其思當淚吾文

印公開堂疏 元光二年　存　文見陸氏金石續編

原石未見行書在鄠縣草堂寺

文後云內族昭武大將軍宣權統軍使兼知府事完顏者完顏

阿打也 畢氏關中金石記

重修府學教養碑 存 正大二年 文見王氏金石萃編

碑高六尺二分廣三尺四寸三分二十五行行四十八字劉渭撰文楊煥正書張邦彥篆額樊世亨刊字在西安府學

右重修府學教養碑其云行省參政金源完顏郡公者完顏合達也金史哀宗紀正大元年三月以延安帥臣完顏合達戰禦有功授金虎符權參知政事行尚書省事于京兆合達傳則云元光元年正月遷元帥左監軍權參知政事行省事於京兆未幾眞拜年月互異要當以本紀爲正傳不云封金源郡公蓋史文之漏也書石者爲奉天楊煥卽元史之楊奐煥乃奐之俗體非異文 錢氏潛研堂金石文跋尾

唐太宗贊姚秦三藏羅什法師詩 存 正大乙酉 詩見陸氏金石續編

原石未見釋義金正書在鄠縣草堂寺

重摹唐太宗慈德寺詩 存 正大丁亥 詩見王氏金石萃編

碑高六尺三寸六分廣三尺三寸唐太宗詩二首九行行二十六字李文本跋七行行五十一字僧惠鑒正書在武功縣

大唐太宗文皇帝登極後忽夜夢太后若平日既寤潸然不自勝越翌日詔有司發倉廩賑濟貧窮及於慶善宮側搬寺一所用答劬勞之德故以慈德爲名貞觀六年幸是寺顧謂侍臣曰朕始生於此念母后永訣育我之德將何以報感而大慟左右亦爲之流涕洒嚴祀於正寢及燕羣臣題詩屋壁至十六年警蹕重還故宮復題詩十韻噫孝思不忘此聖人無加之德也住持沙門法號子寧闡道之餘博暨羣書每讀大中繼明佛堂院碑嗟御製詩章久而無聞迨正大丙戌偶獲二詩於縣令盧公處乃天聖中宰公种世衡石刻也奈風雨侵剝字畫損壞住持惜之復命工刊立於安養堂前庶使後之人得觀覽焉其帝之功業有木紀在故不書丁亥歲中順大夫前平陽府判上騎都尉隴西郡開國子食邑五百戶賜紫金魚袋李文本跋首陽山老僧惠鑒書

劉希文墓碣 存 正大 文錄後

石高四尺五寸廣二尺三寸十六行行四十一字楊英撰文張徽分書李徽題額在西安碑林

口京兆劉處士墓碣銘　奉天楊英撰　武功張徽書　洛陽李徽題額　處士初諱章字希文又名九隴名謂名於莬字則不易也姓劉系出中山後世有謫官於成紀者始爲秦人希文額頜方厚眉目峭徹顧盼虎如也在童子讀書不碌碌自謂風雲勢合卿相可立致視古之人卓犖不凡者能指摘其行事可否之長從河間趙翰林游下筆有骨肋既就舉長安齟齬離合說其風土不復返剪去宦學刻意古文大抵含奇茹異不以剽襲爲主西州碑版

多出其手平居一榻之外皆法書名畫長安周秦舊都可以資玩好者戶有之希文望而判其眞贗合則雖所甚惜應手擲之不作一錢值不合錙銖之物千百金不可得嘗鬻書於市一達官輒持去麾閽者徑造廳事詰之則曰劉某也取所負書耳見其辭色趣與不識匍匐援之猶己之急無事半語不吐有可辨舖令張古雜出王伯袞袞不自休使聽之者皆竦貴游子弟入關恨不得與之交尋常燕賀有具必極豐潔惟恐其不愜強媚者欲效之不能也性不喜浮圖法而喜寺處往來開元白塔三十年所須並以力致羞爲寒乞相以溷於人或忤之叱咄不少貸審其無他腸亦不以爲怨蒙泉在皇甫里城南勝選也一得更不挂想閉門擁書動至彌月出則高冠短褐佩刀曳杖步武徐緩若有節塗人愕而避之

譏笑之不屑也或勸之娶曰非不欲也無以當吾心者寗孑然以終其身其書札似漢隸其詩律似眉山其爲人似張乖崖亦似范家老子處鄉校時宰相李公適之禮使龐公才卿內翰王公清卿宋公字儒御史商公平叔咸愛重之正大八年詔民東徙至陝既而事且變投所蓄古印章鼎彝於河入平陽入太原戊戌之秋還故隱是冬京兆倅高侯慕其氣節學問爲諸子禮致之無何明年五月十九日以疾卒年六十高倅從願言葬官塔院居士塋又二年谷口郤邦用叠書走洛告其友楊英曰希文死矣無家無妻子世次爵諱不可究生平所負若此不爲世用而復無聞於后將有任其責者爲之銘曰士之遇也如龍如虎其不遇也如魚如鼠既魚其龍又鼠其虎孰爲遇孰爲不遇然生必違其所好死必從其所惡將矯世以自戕抑直行而不顧苟有會心千載而猶旦暮著

所以信於人者以銘先生之墓吁　己酉歲孟夏壬寅朔同知京兆總管府事高貴立石

文稱處士初諱章更名九隴又名渭名於兗其字希文不易云云按金史哀宗紀元兵既取鳳翔兩行省棄京兆遷居民於河南所云事變者此也英之銘曰云云辭特崛奇而徽正書多涉篆隸體亦不猶人金源遺集傳至今者惟趙秉文王若虛段克己成己李俊民元好問數子而已斯銘不見於載記乃摭其大略書之册尾兼錄其副示長洲孫生附錄於書法攷焉 朱彝尊跋

編纂渭南武樹善

續陝西通志稿卷一百五十九

金石二十五

金

于善慶碑 存 天興 文錄後

原石未見楊奐撰文并書在盩厔縣祖庵鎮

洞眞人于先生碑并序　盈尺之璧徑寸之珠天下皆知其爲寶也不以蘊於山淵而不聞況於人乎東魯宣文炳辟世辟地之訓歷代史臣列隱逸逸民之傳宜乎綿亘千數百載而不廢也僕儒家者流竊有志於史學謹按洞眞之行實斯亦古之所謂宗師者歟故碑之無疑師諱善慶字伯祥寧海人高門于公之後祖彥升主好時縣簿考道濟韜光不仕師幼不茹葷長通經史大義雅嗜道德性命之學與丹陽同里閈大定二十二年丹陽演法於金蓮

道場萃稚雲集而師預焉時甫十七矣丹陽見而奇之且歎曰向畏重陽譏訶頗明倦弛然得以終其業者彥升之力也使是兒入道殆天報乎其家聽執几杖以從再年冬丹陽返眞徑造隴州龍門山謁丘長春長春俾參長眞於洛陽得煉心法丐食同華間明昌初長春歸海上屬曰汝緣在汧隴無他往夫人需友以成不可不擇復入秦卜吳嶽東南峯鑿石以處日止一餐凡可以資於道者造次不暫舍絕跡人間七八年迄今目其龕曰于眞人洞友蒲察道淵待之如師後翔觀平陽之石門承安中好事者輸貲有司買玉清之額禮體玄大師辱佩受法籙以輔道救物遠近益加崇敬泰和三年隴之州將保賜冲虛太師號五年再謁長春啟證心印退隱相州天平山六年長春介畢知常緘示密語督還汧隴仍易名志道師再三敬諾參長生久之道買隆重煇照一時雖黃髮

故老自以爲不逮也嘗謂學仙者存乎積累赴人之急當如己之急八年南征凱還憫其俘累必盡力購援而後已元光二年隴山亂中太一宮李冲虛聞之舉以自代不起正大改年上悼西軍戰歿遣禮部尚書趙公秉文祭於平凉充濟度師秉文高其節圖像薦諸朝召之又不起二年饑荒或言路直秦岐之咽過客無別歲計奈何師曰吾門一見其難而遽如許不廣甚矣言者悚愧未幾秋大熟遷五姓洞眞觀環居弗出逼中使絡繹不絕起而應之遂領中太一宮事七年河南不雨詔近侍護師降香濟源上初期望祀於宮中而臨河阻風鐵札既沈斥鼓棹前進登岸風如故立致甘澍特旨褒異兼提點五嶽佑神觀天興二年春京城送欵於我朝驛防高道以師爲之冠秋七月約由中灤渡北邁時苦於饑依附者衆船人疑其有金帛迤邐沿流而下夜將半遇一沙渚委之

續陝西通志稿　卷一百五十九　金石二十五　二

而去黎明驚濤四湧莫不倉皇失措會八柳樹隄潰乃定徐謂弟子符道淸曰今日之事非爾不能濟道淸秦人不安於水承命捷若神助俄路二舟馳迸舉脫其戹其臨事如此過魏過魯過趙諸侯郊迎以相躡擁隼以相先玄通子范圓曦乃爲人所尊信主東平上淸宮聞風虛席引避良有以也乙未秋入燕致祠處順堂下適淸和嗣教門事侍之如伯仲丙申燕境大旱而蝗俯徇輿情投符盧溝乃雨蝗不爲災戊戌夏四月詔天下選試道釋進號通玄廣德洞眞眞人秋七月掌教李公眞常奉請住持終南山重陽萬壽宮適北京留守烏公築全眞觀奉之庚子京兆太傅移剌寶儉總管田雄交疏邀師會葬祖庭即日命駕入關總宮事恭白雲李無欲實綱維之而曹冲和志陽實潤色之丙午夏五月遊鞏昌以汪侯德臣敦請故也冬盤桓秦亭賓僚劉澤琡王道寧焦璠朝夕

左右動靜語默具西州錄丁未春二月還宮張道士來雲中躬拜庭下師堅讓不受執事者曰眞人壽垂九秩簪冠滿前以此而處淵源之地過矣師曰禮無不答大白若辱廣德若不足老氏有之以丹陽接一童子必答焉忍自尊大耶庚戌冬十月二日沐浴正襟危坐猶平日翌日留頌以寓生不必樂死不必憂之旨曲肱斂息坦然順化春秋八十五後九日葬於宮之西北隅有洪鍾集行於世鎮陽馮侍郎璧傳其事甚悉在汴則尚書左丞張公行信平章政事侯公摯司諫許公古禮部尚書楊公雲翼王府司馬李守節修撰雷淵應奉翰林文字宋九嘉在燕則陳曹長時可吳大卿章張侍讀本在關中則參省王輔臣郎中邳邦用講議來獻臣同德寺丞楊天德員外郎張徽中書耶裴憲經濟官孟攀鱗署丞張琚蓋當世景慕者也容力取而言詰之哉師間氣天挺謙慈夷粹

續陝西通志稿　卷一百五十九　金石二十五　三

似簡而不失之倨似和而不涉於流信乎其難名也四方學徒不可勝數雖久於其事者未嘗見喜怒之色形於顏間察其日用之常則寒暑風雨無少變六十八年脅不沾席衣不解帶可謂愼終如始矣與人言惟正心誠意而已至於嵩神頤眞之秘茍非其人閉口不吐恐失之强聒也精潔儉素不習而能一履韈之細至經歲不易肯以絲毫利諸己耶東徹海岱南窮襄鄧西極鞏洮北際燕遼瑰蹤瑋跡章章可考葬之明年春僕以南漕長告老燕臺無欲子促其徒往返六千里懇徵文石嗚呼玄鶴不來青山已塵遐想巖扉強勒之銘銘曰　維道與天初同原方術分裂無適繁至人躍然起海門丹陽嫡子重陽孫空山大澤環四垣隱几坐觀萬物奔物生不顧爲犧罇火烈始見玉性溫西翺東翔動帝閽歲旱懷詔濟瀆源鴻流怒濤鯨吐吞靈符一擲懾老坤蜚廉馮夷掖兩

轅焦穀再沃如平反朝那夜哭戰死魂霓旌豹尾交續繙楊枝麾灑消寃沈隨機應物妄清渾疾雷破瞶電燭昏功成弗居德愈尊上賓碧落何軒軒道路掩面泣宿恩洪鐘叩擊皆玄言包括鄭圃羅漆園陸陶殊派契義敦我舌入筆勢可捫赤書翠琰馨蘭孫

進士題名記佚無年號記見王氏金石萃編

碑殘缺僅存高二尺九寸廣一尺七寸五分字數行數無考正書隸額在西安府

按此碑殘缺玩其文乃金朝京兆府進士題名也所題自阜昌六年迄興定口年八科進士之名下截既闕而左右亦不能定其止於此否無記文序述可考見其立碑之原委金史選舉志進士舉人之設始于天會元年十一月二年二月八日凡再行焉五年詔南北取士號爲南北選熙宗天眷元年五月詔南北選各以經義詞賦兩科取士海陵天德二年始增殿試之制更

定試期三年併南北選爲一罷經義策試兩科專以詞賦取士王氏金石萃編

改建題名碑存無年號名見王氏金石萃稿

碑連額高七尺二寸廣三尺七寸作三截上截二十四行行十六字中截三十行下截十三行俱人名字數參差不齊吳聽正書盧元撰額在西安府學

按此與前碑同爲京兆府學進士題名之碑前碑止於興定二年所載祇京兆本貫之登進士者此碑專載他貫之肄業京兆而登進士者起大定十九年迄正大七年凡十五科共四十三人據孔叔利記祇得二十八人殆立碑後增刻十五人也記文有云某人肄業於此而登第某氏宦游於此而成名可知當時取士之途亦甚廣矣王氏金石萃編

雲房二大字存無年號

字徑七寸移刻松齡草書在臨潼縣城東門內

松齡霖之子自紀云雲房鍾離子別號此蓋擬鍾離書法而爲之者畢氏關中金石記

仙游觀永陽園詩記存甲子詩文見陸氏金石續編

高四尺廣二尺七寸分二截上截刻詩并序二十二行行二十五字上橫刻仙游觀永陽園記七字徑二寸五分下截刻題讚

衆令姓氏二十三行道士闡倩一正書在盩厔縣

案潛研目錄注云題云太歲甲子正月癸丑朔不著年號以術推之蓋金皇統四年也關中金石記附金末陸增祥志

風流子詞存正大三年詞見王氏金石萃編

石橫廣三尺三寸高一尺八寸僕散汝弼詞一首十五行行九字後墓蘭記八行行十七字正書在臨潼縣

近侍副使僕散公博學能文尤工於詩昔過華清嘗作風流子長短句題之于壁其清新婉麗不減秦晏四方衣冠爭誦傳之

稱爲今之絕唱恐久而湮滅命刻于石以傳不朽正大三年重九日承務郎主簿慕蘭記

僕散希魯跋云宋元至今刻石甚多殆難勝記而當以此爲第一其詞幽麗悽惋字畫勁峭有如拱璧因砌而珍之畢氏關中金石記

遊艸堂寺詩存正大三年詩見陸氏金石續編

原石未見趙閑閑作並行書後有方亭跋在鄠縣艸堂寺

修城記佚無年號

未見原石新康侯撰文並正書在鄠縣

案碑不書紀元惟云皇帝即位十六年又云越二十二年攷金惟世宗大定二十九年餘皆不及數則碑爲大定時立文有彭城劉公以壽州酒使來鄠金制京都及眞定置都麴使司他處置酒使司劉公以監壽州酒務爲其縣令者而不傳其名畢氏關中

金石記

重置饒益寺石刻記 存記見王氏金石萃編皁昌癸丑

石高一尺七寸二分廣二尺八寸二十行行十三字趙抃記正書僧道顯上石在朝邑縣

抃自署爲新市監金史地理志朝邑縣有新市鎭是也寺在鎭之西梁天監中建唐貞觀二年起浮圖以明嘉靖地震圮文稱自唐宋以來名人賢士經由往返莫不於此題名主僧勒之于石案今題名惟宋政和中賈炎謝卿材二石尙存唐人名迹皆無之矣 畢氏關中金石記

案皁昌爲劉豫年號豫本受封於金奉金正朔後且爲金所廢雖其國號爲齊年號皁昌不能成爲國家論其年則與紹興天會同時而又礙難羼入金石家以其附於金志可仍其舊

敕祭忠武王碑 存文錄後皁昌六年

碑連額高八尺二寸廣三尺二寸分兩截上截祝版並存三十二行行二十三字下截記二十二行行二十七字王蔚撰文王寵正書孟醇篆額在宜川

維皁昌六年歲次乙卯九月辛未朔二十一日辛卯皇帝遣武節大夫閤門宣贊舍人權知丹州軍州事兼管內安撫司公事兼勸農事劉議招薦于咸寧郡王維神昔奮節義爲時名臣當奉天之難唐室傾危致命匡主克殄妖氛載在信史勳庸蔚然故能死而不朽廟食咸寧英爽凜凜如生有祈必應民受賜焉迺者時雨久愆官僚精禱挹彼靈祠之淸泉遂獲嘉澍稿苗勃興歲事有成長吏以聞深切嘉歎是用祗遣使人持此名薫式陳明薦庶答神庥維神其監之尙饗　尙書禮部都省付下本省奏禮部呈丹州知州劉議奏爲春旱率吏民詣唐咸寧郡王謚 字犯徽宗廟諱 武渾瑊廟祈雨不及旬日遂獲霑足契勘渾瑊前朝雖曾用當時謚號貞封兼所賜封爵今來正犯徽祖皇帝廟諱合行迴避欲望以今來祈禱有應民賴生全特加美號八月十三日奏得聖旨指揮封爵犯廟諱字依已降指揮不須別改外內祈雨感應事依已降指揮只特嚴潔敕祭以謝今具下項須至符下一　恭依聖旨差使臣張整齎御香祝版前去一　敕祭用籩豆貳簠簋壹牲牢止用少牢壹牲幣帛壹其合用篚箱罍洗酒罇爵盞燎草差官行禮儀制並令本州差長吏依祭祀社稷禮數排辦行禮籩貳壹實鹿脯壹實魚鱐豆貳壹實芹壹實鹿臡 闕以羊代 簠壹實稻米簋壹實黍米俎按壹羊腥幣帛壹長壹丈捌赤小赤丹州主者仰恭依前項聖旨指揮排辦行禮施行符到奉行　皁昌六年八月日下　員外郎　員外郎

唐將咸寧郡渾王在德宗朝爲時名臣履折衝之任禦侮定亂休功偉績著在信史貞元中絲樓煩郡王徙封咸寧追謚忠武後世

興建祠宇血食玆土從本封也丹陽之民蒙賴德澤凡有祈禱應若影響皁昌乙卯歲自春徂夏久旱不雨民心皇皇郡刺史躬率吏民敬謁祠下屢獲嘉應前此以守臣有請雖錫貞封然止因舊謚未足以稱褒崇之意仍以封號犯徽祖廟諱抗章有請乞別加美號以答神休九月辛卯天子遣使者頒尺一詔書齎御香祝版太常定儀式以祀社稷禮遣守臣武節大夫閤門宣贊舍人權知丹州軍州事兼管內安撫司公事兼勸農事劉議敕祭祠下是日也秋高氣爽祥烟瑞靄飛浮棟宇巖谷生光士民口口神人交慶咸以謂自貞元迄今家家數百年神之功烈被民垂光後世荐被褒嘉寔一時之盛事而聖天子不以疎遠爲間嘉良吏二千石愛民之意特垂聽納如輿輔相近臣都俞於一堂之上以成康濟之功盛美流口口口歆美莫不嘆服而仰慕豈不韙歟皁昌七年正月

初四日奉議郎權丹州軍事推官臣王蔚謹記　將仕郎臣王寵書　迪功郎臣孟醇篆額　承議郎權丹州軍州事推官臣王蔚朝奉大夫特差權通判丹州軍州兼專一管內勸農事臣張几武節大夫閤門宣贊舍人權知丹州軍州兼管內安撫司公事兼勸農事臣劉議立石　刋字人臣麻永

禹蹟圖 存 阜昌七年 圖不繪

圖高廣各三尺四寸二分在西安府碑林

圖劉豫時刻攷豫以宋紹興元年爲金所立則是年當丁巳亦金天會之十五年也每折地方百里所載山川多與古合唐宋以來地圖之存惟此而已攷宋毛晃禹貢指南稱先儒所刻禹蹟圖黑水在雍州西北而西南流至雲南之西南乃有黑水口東南流而入南海中間地里闊遠今此圖黑水與毛說合是爲

宋以前相傳之舊也唐書稱賈耽繪海內華夷圖廣三丈縱三丈三尺以寸爲百里中國本之禹貢外夷本班固漢書古郡國題以墨今州郡題以朱豈此圖之權輿與圖象之學自古重之山海經前五篇乃伯益經其後十二篇爲周秦以來釋圖之言故往往雜以後代郡縣今案其文有云在其東或在其北云捕魚水中云兩手各操一蛇云右手指靑邱北之屬皆據形言之耳山海經本有圖故陶潛以之入詩張駿郭璞以之作讚始知班固藝文志入之形家有以也不知者乃以爲域外之言堪輿之學非聖經矣又史記言蕭何收秦圖書大宛傳言昆侖天子案古圖書三王世家有御史奏輿地圖漢書言李陵圖所過山川地形元帝示後宮人單于圖明帝賜王景禹貢圖又班固案秦地圖虞喜志林薛瓚注漢書皆案漢輿地圖皆書言裴秀自禹貢地域圖十八篇李吉甫元和郡縣圖志言起京兆府盡隴右凡四十七鎭每鎭皆圖在篇首今俱不存則此圖之傳良足寶矣地理之學古今互異試條其得失附以鄙證爲讀禹貢者有所採也 畢氏關中金石記

夷圖 存 阜昌七年 圖不繪

華夷圖 存 阜昌七年 圖不繪

圖高廣各三尺四寸二分存西安府

按禹蹟華夷二圖高廣尺寸相同禹蹟圖界方格每方折地百里列禹貢山川名古今州郡名古今山水地名阜昌七年四月刻石華夷圖阜昌七年十月刻圖中所載多及宋朝通貢之語有建乾隆德寶元年號其爲宋時所圖固無可疑然其稱契丹云即今稱大遼國其姓耶律氏似乎作圖猶及遼盛時又渤海

夫餘之間有女貞國名女貞一作女眞避宋仁宗諱改名女直然在宋則避之遼人尙仍其舊稱以此證之疑是遼人所繪故有大遼字若是宋人則當避貞字若金人則宜加大金之稱說矣然遼以幽州爲南京此圖仍作幽字而宋之四京獨詳其三又似宋人所作甚不能臆定也劉豫以七年十一月丙午被廢而十月朔尙刻華夷圖者蓋廢豫之舉不過奉詔降勅並無干戈擾攘之事僞齊全境恬然安之當刻此圖之時初不料逾月即亡也兩碑但紀歲月不著所以刻石之故而華夷圖則有歧學上石字殆由學校中得此二圖舊本刻石以示諸生耳餘說已詳關中金石記不復贅 王氏金石萃編

元

天貞觀鐵雲版 存 款錄後 至元十一年

重七十斤在鄠縣署

天慶宮 三大字在中央　鄠州天慶宮口下院天眞觀尊宿提點前鄜州道正口口大師宋志明鄜州道正知天慶宮事楊志和知觀趙志元羅志方副觀任志淸王知珠知庫杜志堅楊德謹知客陳德祥張德淨典庫楊德淸楊德順知莊馮志實高口至元十一年四月上日記重陽宮造

右雲版鐵重七十斤有奇背圖日月雞兎甚工妙今在縣廨聲喤然相傳能聞五里雲版見雲仙雜誌磬之遺制唐梨園馬仙期之方響亦類此但今所傳者稍大不可入樂耳宋大中祥符七年二月鳳翔府大慶觀甘露降則知天慶觀創於宋時在鳳翔在鄠者爲天眞觀故曰下院也元初升鄠縣爲鄠州欵所題亦合 鄠縣志

靈應宮鐘欵 存 至元二十一年 欵錄後

尺寸未詳正書在朝邑縣靈應宮

皇帝萬歲臣宰千秋風調雨順國泰民安　維大元國西安府路同州朝邑縣紫陽山十方元都靈應宮住持道士張老瑀等至元二十一年歲次甲午二月日置平陽府襄陵縣東水寨大鑪盧家造

祀西鎭吳嶽廟祝文 存 泰定五年 文錄後

鐵碑未見不詳尺寸馮道安正書在隴州廟內

惟王五峯峻極屢著威靈吐納雲雨鞭笞電霆蓄澤西土民物阜寧歲祀昭答爰準禮經牲帛既具黍稷維馨欽此明薦血食萬齡

碑後題云馮道安立石而碑實鎔鐵爲之余既集陝西諸金石得鐘款十有一件鐵碑則一而已又爲陰識字體精整尤可寶也 畢氏關中金石記

唐太宗賜孫眞人頌 存 頌見王氏金石萃編

碑高五尺廣二尺五寸唐太宗頌三行行十一字徑四寸元鄧邦用跋十六行行十六字楊聰正書在耀州五臺山

孫眞人福壽論 存 丙辰 論見王氏金石萃編

碑高四尺廣三尺橫列四層各三十三行行十二字唐孫思邈撰文元楊聰正書張志和刊在耀州五台山

按太宗賜孫眞人頌及孫思邈福壽論碑皆元人楊聰書一刻於丙辰年重九日一刻於丙辰年九月望日二碑之立先後僅距六日耳丙辰爲元憲宗嗣位之六年碑在耀州五臺山孫眞人祠陝西通志五臺山在耀州東三里自唐簡陵折而西北一峯特起曰鑑山下有五峯蓋眞人孫思邈隱居地有太元洞或云眞人療龍處下有聚龍坪即眞人伏虎處此太宗賜頌所云降龍伏虎者也又太元洞西有洗藥池爲眞人洗藥處又洞東

北八里爲眞人故宅此孫眞人洞之大槪也唐書隱逸傳孫思邈通百家說善言老子莊周居太白山隋文帝以國子博士召不拜太宗初召詣京師年已老而視聽聰瞭帝歎曰有道者欲官之不受顯慶中復召見拜諫議大夫固辭上元元年稱疾還山思邈於陰陽推步醫藥無不善初魏徵等修齊梁周隋等五家史屢咨所遺其傳最詳永淳初卒年百餘歲其孫溥後爲蕭丞思邈事蹟見於史者如是而已未嘗載有太宗賜頌之事此所頌語有可疑者如曰羽翼三聖不知其何指思邈生於周長於隋入唐則歷高祖太宗高宗三朝在隋文時雖召以官不得言羽翼且太宗亦不得稱隋文爲聖在唐三朝太宗是第二世安得遂有三聖之稱明係後人頌思邈之辭而謂其經歷三朝也又唐世諱虎字太宗不得直用降龍伏虎字尤爲明證唐書

傳列思邈於隱逸祇叙其抱道不仕無一語及神仙事實則未嘗以眞人目之其所著千金方千金翼方等書始冠以眞人之號眞人之封始於宋崇寧二年三月境內不雨知軍州事王允中謁祠禱雨有應請於朝賜祠額曰靜應勅封妙應眞人有碑見後卷則太宗賜頌必是宋時道流僞託惟思邈所撰福壽論一篇李素舟跋謂載於道藏少見行世今檢道藏群字號載福壽論與靈信經旨同卷題曰唐太古妙應孫眞人述則思邈別號又加太古二字矣兩碑俱元刻福壽論錄之足以勸世太宗頌雖不能確信亦附存之思邈入唐被召在太宗朝因並附太宗之末書者楊聰無攷 王氏金石萃編

按王氏金石萃編以此石附於唐太宗之末惟書石者元人立石於元世奚能以眞人爲唐人而係於唐耶

題孫韓二眞人詩 佚 丙辰

原石未見詩不錄

丙辰歲重九日刻楊聰作並行書 畢氏關中金石記

與李素舟張志和書 佚 無年號

原石未見書不錄

無年號楊聰行書並在五臺山 畢氏關中金石記

按元至世祖始以中統紀年越四年改號至元再越八年始建國號曰元故以前數十年第以甲子紀年耳

蒲察尊師傳 存 文錄後 歲庚辰

石連額高七尺八寸廣三尺七寸二十七行行四十八字李道謙撰文楊志春正書丹并篆額額題通微眞人蒲察尊師傳九字安悟玄刊在盩厔樓觀

通微眞人蒲察尊師傳　終南鈞溪天樂道人李道謙編　三洞經籙法師知常子李志春書丹并篆額　安悟玄刊　師姓蒲察氏諱道淵通微子道號也家世上京乃祖以金朝開國佐命功封襲千戶遂爲燕都之巨室上世以威武起家故宗係莫得其詳師於天德四年壬申歲生氣稟特異方在繦褓乳母嘗以暈口哺之必泣吐而後已迨齠齔間遇道像輒自瞻拜敬慕不肯去見羽士過門必延致於家特爲設齋供養之年既冠父母欲議婚師聞之跪告於前曰塵俗之事性非所願乃所好則神仙輕舉之業父母責之曰吾家世襲彝纓賴子以承門蔭寧有是請耶遂擇良配定之乃結約之日預夜母夢婦線絰而入驚且問曰何故此服之不祥婦曰夫新喪矣既覺母曰是婦不利於吾兒遽絕其姻師即私遁於灤陽之南山得一嵒穴木葉積尺傍有清泉就爲棲遯之所惟啗柏飲水而已數月樵者見之告於山下居民爭相供奉師丹

心潛會精感仰徹忽於定中見三仙人衣冠整秀飄然而來曰聞子好道故來相過夫道無師不度道貴有傳子今塊坐於斯以求至道殆猶尋喬木而訪淵鱗耳斷無可成之理宜速下山求師可也師乃還家已逾歲矣由是求師學道之心愈切一日於燕市中見貨藥道流以狡獪惑衆師厭觀之傍一走卒言曰此妄人耳吾關西有丘師父者眞神仙中人師聞之延於市而飲之酒詢得其詳是夜夢一道者扁頭木屐身披麻衣西南而行愈逐而愈不及遂泣呼之道者回顧曰子慕道雖勤因緣未契後年三十可相見也覺而誌之常往來於燕山易水之間無幾何二親俱下世方舅氏得官長安因從入關舅氏又欲擇姻師於一室自潔其形以免政瘡焮之際夜夢昔山中所見三仙人傳之以藥未及旬而愈時清明因游興慶池遇女冠劉瓊問長春宗師所在瓊曰吾師今隱

隴山翌日徑往參謁比師將至長春預告弟子畢知常曰有自燕
都來受教者須臾師至見長春翦頭木屐克肖向夢中所遇時大
定之辛丑歲師甫三十矣長春命躬執採汲奉侍道侶勤勞既久
屢蒙印可於道大有所得丙午京兆統軍夾谷公因師請長春下
隴山居終南祖庭道過汧道之石門愛其泉石幽邃乞地數畝築
全眞堂留師居之師倘徉林麓棲眞養浩以行其所受之道明昌
辛亥夏寧海洞眞于君奉長春命來與師同處結爲方外友隴之
州將多國朝貴族稔知師門第及慕其高潔時來參拜師必以愛
民崇道之語教之乙卯朝省沙汰道流幽人逸士盡歸隴川依師
得安者衆承安戊午縣口輸貲禮部就全眞堂買玉清觀額大建
琳宇玄化鼎盛適歲饑師罄其所有賑濟賴以全活者甚多里人
無賴惡少輩師以罪福之報勸諭之不數年其俗不變泰和甲子

忽語其友洞眞曰長春有閬風之召吾將歸矣未幾示微疾而逝
春秋五十有三洞君龕其像而事之後値正大之兵觀罹刦火洎
大元革命戊戌秋洞眞得旨住持終南重陽宮主領陝右教事遣
門人興復玉清遺址仍命改葬師於宮北之天池自掩壙之初群
鶴翔舞其上已事而去萬目共瞻以爲異事歲辛亥掌教眞常李
君奉朝命追贈圓明普惠通惠之號云　口口口口口口歲在庚
辰端五吉日　提點眞靜大師鮑道元立石　功德主元帥劉善
應　宣授定遠大將軍乾州軍民元帥開州守鎮萬戶劉善慶
施主千戶鮮惠室人雷氏

孫眞人祝文（存 丙午 文錄後）

石高四尺二寸廣二尺十四行行字不等正書在燿州五臺山

皇太子令旨遣近侍貼沒業里邦古必闍赤張維講師黃大朴奉
信香祝文同京兆大小官僚遍詣寺觀廟名山大川行禮欽奉如
此貼沒欽依恭詣燿州五臺山靜明觀妙應眞人殿前薰香致奠
宣告皇太子祝文其詞曰　端竊聞有功則祀惟典之公濟物以
道乃神之功信而有徵享之無窮洪惟妙應眞人里系華原幼稱
聖童醫藥推步術數淹通方著千金論會三教在隋隱退至唐應
召愈疾明驗歷代褒封眞人之號妙應惟崇人之所欲感而必從
敬致懇辭倘鑒微衷永延壽算安保身宮萬斯年號皇祚彌隆尙
饗　昔丙午歲二月初五日使臣祝香告文至十五日觀主李素
舟等立石　楊志松刊

按文既不佳且俗字迭見如濟作済辭作辞觀此可以覘世變
焉

楊眞人碑（存 中統二年 文錄後）

碑連額高一丈四寸廣四尺二十九行行六十八字禹謙撰文李道謙正書並篆額額題終南山重陽宮碧虛楊眞人碑十二字篆書在盩厔縣

終南山重陽萬壽宮碧虛楊眞人碑　河東禹謙撰　葆眞大師
京兆府路道錄提舉重陽萬壽宮事賜紫李道謙書篆　全眞之
教尙矣肇自重陽逮夫丹陽長眞長生長春而後支分派別各有
所宗出丹陽之門而能大其傳者碧虛師其人也師諱明眞字謙
之族楊氏世居榮陽顯祖順以戎事署修武校尉父蕃潛德不耀
徙居三原之趙曲故人孫從之善占候私謂蕃曰浮山之南瑞氣
時見君家累世修積必生異人應此嘉兆至天德庚午十一月十
八日師乃生母劉氏懷胎十八月師少失所怙及長勇健絕衆習
父業養母因賈於平陽幡然自悟謂其侶曰人情大不遠彼此惟
此是視不過競蝸角之資耳吾終不以所養害其所養遂捐已貲

抵家與諸親決往從丹陽於祖庭謹事既久賜今之法名道號并秘語五篇已而所習冰釋祸毳不襟頭蓬不櫛面垢不滌行歌道舞似痴似狂人以楊害風名之嘗携馬杓丐食取給人又以楊馬杓呼之師俱受之不辱坐府署頌春亭下持不語者十二年人問則對之以手腹餒則行乞於市至承安改元陝西路統軍使完顏輔國公慕其高潔築室師事歲庚申漕使高嘉議爲疾所中吏醫莫療夢紙襖先生瞑之立愈既覺詢之左右即於頌春亭下强請入見嘉議視之其形克肖明年完顏驃騎公疾垂膏肓或告以嘉議夢中之證因再三寵召師詣寢榻布眞氣畫手字焚而飲之疾乃瘳二公備禮爲謝皆揮手固却既而求法水者如林人有將其紙襖而療疾者疾亦遄愈嘉議感其靈驗盡禮而師事之擇地而庵居之今府城丹霞觀是也自是詩意酬和不輟嘉議又爲碑記以光其德至有獨能繼祖師遺風之句志者曰撮土爲香而翠煙靄出咒水注井而震雷迅發變化駭異類此者多茲蓋一時之偶耳故不悉錄至於龍虎大丹之訣則見於長安集語默動靜之常則見於語錄俱傳於世師經營祖庭餘二十年承安中於吕口處輸貨於有司買額曰靈虛觀今名重陽萬壽宮有高嘉議所撰碑記具在出師之門者凡千百其衆有如楊四先生無欲李公高陵王公新豐李公下邽李公曹李先生及邢鄭焦董之儔自堂入奥可爲後進釋疑辨惑師待之如伯仲爾時已有十師叔之稱就如無欲公志遠尤其翹楚者故師琢磨讜訶之訓益致其嚴有願受度爲弟子者必厲色疾視而以所執枴杖毆之數下能忍則受之察其頗有難色則麾之其不輕於予進如此正大戊子夏師自京兆抵鳳翔辭諸故舊嘗言永訣之意衆皆疑之還宮又訣於諸老

六月十一日萃其徒衆丁寧撫諭付後事於無欲是夕留頌而蜕春秋七十有九初富山宋先生素與師不平其比化也師往言別宋見之恍然如夢寐間及往視則師已逝矣聞者驚駭次年葬于宮之乾地從師命也壬子春三月掌教眞常宗師追贈碧虛毅烈眞人號先是承安中無欲及劉守中守謹李志靜王志覺輩即師之故居剏爲道院榜以碧虛觀喪亂以來百廢具舉又謀銘功紀德以期不磨時無欲領陝西五路教門及重陽宮事以甲寅夏五月往謁堂下訪禹謙于燕之客舍具道眞常宗師之意懇徵文石未幾無欲歸化明年夏六月嗣教衍眞大師張志悅再以禮禱僕迫於眞常宗師無欲李公之命義不克辭謹按無欲來狀撫其行事之著見者編次之試爲之説曰天地間有至大至剛之氣流動充滿於六虛八極之表而鍾萃於生人方寸之微特顧其充養者何如耳大其心故能體天下之物剛其心故能歷天下之變今觀碧虛師日用之常似狂似口不羈世教而其中固有包括乾坤之量至於惡聲惡色人所易動師則視之不見聽之不聞非胸中至大至剛浩然獨存者乎以陽鍊陰乃凝於神則有純乾之道抱樸見素不雕不飾則有白賁之道棒喝並行實繁有徒則有顯比之道首創祖庭不居其功則有勞謙之道以是而屈公卿以是而格強暴其爲教也至矣無欲又從而光大之可謂郢匠工於運斤郢人善於受斤者歟吁使重陽丹陽全眞之教流傳於數千百載之下碧虛師實維持之功居多碑而銘之固宜　浮山老仙骨相堂堂道中標製物外簪裳納乾坤於馬杓攬風月於詩囊謔浪笑傲縱肆誕荒其古之所謂楚狂者邪地可動志不可動孰爲乎剛石可轉心不可轉孰爲平方視螟蛉於速化企鸞鶴之高翔乘彼

白雲倐歸故鄉他山片石百世玄鋼書不盡言言不盡意維以志疇昔之行藏　中統三年十一月癸未朔十八日庚子衍眞大師提點終南山重陽萬壽宮事賜紫門人張志悅立石　三原縣令李伯祿縣丞辛恩施石　門人陳志元鐫字　郝德安唐古歹白達達同施石

楊奐碑 存中統五年 文見王氏金石萃編

碑上闕四字高六尺廣二尺五寸二十四行每行存五十三字末行以後文不全元好問撰文姚燧正書并篆額在乾州

中統五年建巳月立元好問撰文姚燧正書并篆額在乾州碑文往往與史合惟作萬言策未及上歸教授鄉里後安撫使辟經歷官京兆行尚書省以便宜署君隴州經歷均辭不赴應參乾恒二州軍事庚寅春試授館張公信甫之門等事史不及之耳又史言著還山集六十卷天興近鑑三卷碑云還山集一百二十卷紀正大以來朝政號近鑑三十卷亦異燧奐之第三女壻

續陝西通志稿【卷一百五十九 金石二十五　十八】

畢氏關中金石記

署陽東嶽宮記 存中統五年 文錄後

碑連額高五尺二寸廣四尺十八行行十八字徑二寸額題修復東嶽宮記徑五寸何應和正書在署陽縣

維大朝中統五年太歲甲子三月丙子朔念七日壬寅今有魚關沔州管軍水陸轉運都元帥府同沔州長官元帥府兩司官吏軍民等切見自罹兵火神亦莫依廟貌既殘禮典何有貴等襲承君命口値沔陽雖曰有年未暇及此歲庚申之春貴等乃相與謀曰州治之北有東嶽故址頹殘久矣盍往興之即是歲之仲春念八日命工度材經之營之不日成立宮宇翬飛三門峻立塑像粧鑾粉飾備具凡有祈於聖宮者莫不饗應焉嘗謂鬼神非人不歆神而不靈神其羞矣人而不歆人自棄矣既而歲焉而風雨時墳焉而豺虎息物焉而疵癘不起民焉而災不生神之聽之介爾景福斯可謂盛矣舊有碑記求而弗獲厥應孔昭不容自已幸茲癸亥甲生之歲正當否傾泰長之時相與勒諸堅珉庶可流芳於萬世上祝皇圖鞏固聖算遐昌凡在有生咸叨靈貺仰酬浩德保佑無窮謹記　開山嗣講道士碧口子何應和書

案此石第有書銜而無撰文立石之名文內貴字小寫顯係主事人名然無姓可稽付之缺如

建極宮記 佚至元元年 文錄後

龍門建極宮記　聞諸先儒法始乎伏羲而傳乎堯堯以是傳之舜舜以是傳之禹三聖相傳而守一道西漢賈捐之乃謂堯舜聖之盛禹入聖域而不優蓋以謂堯舜傳之賢禹傳之子歟抑堯舜以德禹以功歟傳子傳賢出乎天與孟軻氏說之詳矣堯有聖

續陝西通志稿【卷一百五十九 金石二十五　十九】

德舜有明德而禹稱絕德堯成盛勳舜有大功而禹則萬世永賴而復克勤克儉不伐不矜聞善則拜見有辜則泣故柳宗元塗山銘曰德配於二聖而唐虞讓功焉功冠於三代而商周讓德焉由是觀之則大禹之功德於堯舜何間焉祀典曰能禦大菑者祀之能捍大患者祀之禹之平水土也挈天下墊溺之民而寘之安平之地又奚翅捍患禦菑而已哉歷代綿遠祀禮沒疏積習成風漫不加省有人於此慨然於廢弛之餘廣其廟貌以極崇奉得不謂之賢乎今道者姜公其人也公名善信河東趙城人年十九挺身道流師逢峯靳貞常結居王刁凋籍有道價屬陝右兵亂士大夫避地者往往依之一日語及禹門神祀因兵而燬惜無爲經畫者時公侍側乃潛有興復之志師亡公即抵其所陋其舊制而將益之鳩衆議工其鴻基鉅址當甃以大石而無隙可改俄沙其際沙

盡石乃可出人咸以爲異公精誠感發助役者多自負所食不遠千里欣欣躍躍若神使然肇自丙午而落成於壬戌爲殿五楹其門稱是兩廡間壁各十有八寢殿營於其後別爲道院殿則有四方丈雲齋無不一具又廣構神祠凡可以爲國祈禳者悉有香火之奉甫西河堧即看鶴樓之故基爲起石各巍然百尺河山勝概千里一目亦天下之偉觀也上在潘邸熟聞公名召而詢之言多應驗即位之初三見徵聘公奏對平實中多裨益陛辭勅賜宮曰建極殿曰明德閣曰慎思仍令大司農姚樞大書其額以示歸榮別遣右相張啟元詔臣鶚爲文以紀臣聞命悚然曰三代而下世教不明中材庸主不爲淫祀曲祠所惑者幾希道家者流作大緣事以事所事分內事耳若夫追崇往聖不憚勤苦曠日持久爲衆人之所不能者蓋亦寡矣吾皇眷知爲賜嘉名誠勝事也臣謹奉

續陝西通志稿　卷一百五十九　金石二十五　二十一

詔拜首稽首而爲之銘曰　維禹之功庇民無窮維禹之德配天爲極世衰道喪事及淫祀明德之遠誰其思之粵有斯人是宮是新爰居爰處至誠感神聖皇簡知嘉名是錫金石載書用彰厥蹟龍山蒼蒼洪流蕩蕩神功永賴國壽其昌

四眞記堂　存　至元二年　文錄後

石高五尺廣二尺二寸二十行行四十一字井道泉撰文何約正書許家額題趙四眞堂記四字篆書在長安奉度錢

大元重修四眞堂記　洞元純素致虛履常大師教門高士井道泉大淵撰　通奉大夫陝西等處行中書省參知政事何約書篆　京兆何信賈德刊　秦渡關中名鎭也左淸灃而右澇水背大渭而面終南木茂而土沃物豐而民繁介於鄠杜之間實一方之都會也初正隆間我重陽祖師遇仙甘水成道南時既而東遊海上以應金蓮七朶之會及其上征及期乃挈四子西歸於汴蓋九轉成入南京得知友赴蓬瀛此祖師純祖公所授秘訣中語也重陽返眞四眞西邁以物色舊隱遂得和李史嚴而師友之乃復抵汴奉柩而西焉既襄事而其心遑遑然以爲師傳之道有所未習力行之功有所未盡一夕會于是鎭之西眞武祠柳陰之下而言志焉於是相揖而退各居一方刳心煉形全精固氣莫不確然各以大事因緣爲己任及其致精微極廣大揮斥六極提挈兩儀其成功一也自是祖師之道風行天上水流地中全眞之學既闢像設之教方弘社之稷之尸之祝之乃昌廟以觀述事而文志道之名於是乎立大德間淸眞居士粱公興召公甘棠之思於稱柳之南拓地而祠焉庀工訖事像以四眞敎請神峯牛君以主以君環居數稔徒侶方集會天陽宗師召致京師而觀事索然淸眞老矣復能窮誠竭力大加修葺以復其未竟之功俾四方雲朋霞友往

續陝西通志稿　卷一百五十九　金石二十五　二十一

來食息知所欽慕及四眞所以造道之端開教之由昭昭乎著於百世之下而不泯者公之力也元統甲戌余寓京師公再四致懇義弗克辭姑爲誌其歲月耳仍系之詩曰　仙伯瑰蹤四海聞淸眞肯構著淸芬神峯事業雖無迹志道淵源自有文秋靜淸灃閑浸月春深紫閣澹留雲功成指日應飛去水惟山靈盡識君　至元二年歲次丙子重九日功德主淸眞居士粱德淸男壽孫惟善惟則立

列眞觀公據　存　至元二年　文錄後

石高三尺二寸廣三尺九寸三十三行字數不等行書額題常住地記四字在富平縣

耀州管內威儀司公據　據美原縣列眞觀主持道士馬知章狀告伏維本觀係是大唐田眞人拔宅昇天之處以此將本觀舊來口有常住地土節次興工開辦到今知章思忖得自兵革之後在

手別無照憑唯恐已久却有人昏賴臨時難以分辨今具狀赴本管威儀司陳告伏乞詳狀出給付身公憑令知章收執照用永遠住持爲主今開地土條段四至於後事當司爲此所告審勘得所指地土條段四至委是諳實別無分毫虛冒合行給付道士馬知章令本觀將下項地土刋於堅珉昭示後代傳其永久無致中間別有破口所有照據合行出給者　一段觀東熟白地東至呂遂西至觀牆南至道北至道一段觀西熟白地東至觀牆西至阡道南至道北至道　一段觀前道南熟白地東至曹進南至道西至道北至道　一段曹家莊前熟白地東至曹進南至道西至河澗北至道　一段移山廟東熟白地東至劉長南至道西至道北至口劉　一段曹家莊東熟白地并棗園子一所東至道南至道西至曹進北至道　一段撲鼠溝東熟白地東至劉通事南至道西

至尉都口北至道　右給付道士馬知章收執照用准此　至元二年三月日給　耀州管內威儀司徐押　捨財施主惠明　在市大夫馬驥施石

按公據第有四至而無畝數或近山之地向規如此然殊嫌含混也

默菴記 存文錄後至元四年

不詳尺寸照拓本錄入趙良弼撰文集唐顏骈公字正書在咸寧楊萬坡

默菴記　樊川之間有韋杜韋杜之間有村曰夏侯北有道菴隱君子邢公之所建也公臨潼縣賈村人名道安字德寧未冠乃棄家遊方外禮丹陽順化慈願馬眞人之孫洗燈子然公爲師早年遂蒙印可後游商洛秦隴熙河蘭會間隨意去留撫定後至樊川多占良田美墅無留意悉施諸名師友既得此欣然曰吾可以休於是矣因故空闢地築室爲終焉計名曰默菴以道命也余聞諸易曰君子之道或出或處或默或語而已公既遠世一之於默是爲得之顧地非平廣而高處林末泉聲淸冷竹徑幽深絕無塵土氣遂爲口川佳處夫樊闕中名川也其間勝迹固不爲不多蔑爾默庵宜若無足道者而人常以不到爲慊到必盤桓終日而不忍去則亦以主人之賢故也公又不交權貴不務外緣冬一裘夏一葛環堵蕭然僅蔽風雨飯蔬飲水恬然自樂居人長幼莫不仰其風覩其擺落塵網棲心於無事之鄉始終五十年確然不變非胷中眞有所得疇口爾耶自貞祐丙子關右喪亂幾二十年強暴虎噬玉石俱焚居民百萬以至緇黃糜滅殆盡雖賁育處之不能無惴慄而公獨坦然自若凡所去就輒與禍違竟無犯之者豈老莊所謂猛獸弗能賊兵刃無所容者歟余世之踈懶人雖忝在仕途

而丘壑之念未嘗一日忘於心昔聽傳過秦聞公之名甚欲一識面世累拘牽久莫能遂豈期天假其便奉命南來一旦得爲鄰友歲時杖屨相從臥公白雲蔭公翠竹逍遙徜徉十有二年矣至於先夫人宅兆之基家人養生之具多公勸成者今以記爲請又焉得以不敏辭至元四年歲口丁卯立冬日贊皇趙良弼記集唐顏魯公書

右記乃前陝西四川等路宣撫使趙公所作也始終不滿六百字而與默庵相與之樂樊川之口口口口口口備盡今日讀之不覺斂衽歎服門人蒲知常盥手敬跋

默庵者道人邢道安所築而趙良弼爲之記菴當樊川之上景色殊佳記亦簡淨可讀集書亦是懷仁之流亞也但持秦釋道安居川之東南今洞存而邢亦名道安豈其後身耶良弼兩副

廉希憲商挺爲陝西宣撫參議后陞行省參議未嘗爲宣撫使
而蒲知常跋曰宣撫使蓋尊稱之詞趙氏石墨鐫華
泰定四年立趙良弼撰文並集唐顏眞卿正書在咸寧楊萬坡
口元有兩趙良弼皆非此人韓國文正公字輔之卒於世祖至
元二十三年又有一人字君輔東平人爲嘉興路史遷杭州亦
能書出鍾嗣成錄鬼簿畢氏關中金石記
按此碑今仍屹立雖剝蝕日甚而至元四年等字仍甚明顯不
知畢氏何以訛爲泰定四年至以號年之訛而謂趙良弼爲別
一人非韓國文正公可謂一誤再誤攷元史本傳趙良弼字輔
之趙州贊皇人世祖初拜陝西四川宣撫使參議行省事而此
碑結銜書贊皇趙良弼記其門人蒲知常跋云右記乃前陝西
四川等路宣撫使趙公所作與史傳合其即韓國文正公殆無

疑義

贍學田記存文錄後至元六年

石高三尺九寸廣二尺一寸賈仁撰文常孜正書前紀十行行六十五字後各縣地畝花冊環刻四面字數不齊不錄在西安府學

贍學田記　崇學校所以育人材錫土田所以稗教養國家列聖
相承詔旨所及必以是爲先務其學校育材之法已具惟是田疇
之界域金穀之出入上以備稽考下以杜姦欺則有司之責而簿
籍案牘尤不可不詳且明也陝西西南之大藩而奉元陝西之名
郡行省行臺之所臨涖其田土租入視他郡頗多前乎此也以因
循苟簡交承不明失於勾稽積數十年小則侵其畔大則沒其全
甚者去其籍至無謂也文林郎陝西諸道行御史臺監察御史李
中以其職兼勉勵汲汲焉以作新爲已任既建神廚立倉庾樹靈

星門新提舉司廨幕吏舍凡廟學必用前所未備者靡不完美又
以田無簿籍久將湮沒遂鈎覈泮池故域及田之在興平等縣者
剔其隱匿理其逋欠督視有司創爲簿籍列其縣邑鄉村條其頃
畝界畔佃主地隣租入之名數具載無遺矣尚慮楮墨易於腐毀
又俾刊石則並緣爲姦者無所容焉竊惟學校之政教養程督本
也廩稍出入末也本末兼舉善之善者也遺本而究末已爲倒置
況於末又有未盡者則職教事者能無懼哉建昌路儒學教授賈
仁記　總計學田壹伯壹拾柒頃壹拾捌畝柒分每畝子粒不等
周歲合該錢粮　粮捌伯貳拾肆碩伍㪷玖升肆合　粟伍伯捌
拾一碩貳㪷捌升玖合　小麥貳伯叁拾陸碩叁㪷零伍合　錢
中統鈔陸定以下花名地畝七十九行不錄至元六年歲次庚辰
正月甲寅朔十五日戊辰立石　徵仕郎陝西等處儒學副提舉

同再思　吏目高仲　司吏楊文彬　張忱　奉元路儒學教授
王明德　學正李毅　學錄王政　司書樊恒　直學王本　儒
士雷孜書

張眞人道行碑存文錄後至元九年

碑高九尺六寸廣四尺一寸二十七行行六十一字王磐撰文賈庭臣正書商挺題額在盩厔縣

玄門嗣法掌教宗師誠明眞人道行碑銘并序　翰林學士嘉議
大夫知制詔兼同修國史王磐撰　中奉大夫前中書省參知政
事樞密副使商挺題額　陝西五路西蜀四川行中書省左右司
員外郎賈庭臣書丹　師姓張氏諱志敬字義卿燕京安次人幼
淸臞骨骼巉巖寡言笑不喜葷茹見道士輒歡喜迎接聞讀道經
則諦聽不忍去父母相謂曰此兒眞有方外之宿緣乎八歲送入
長春宮禮眞常李眞人爲師給使左右朝夕未嘗離眞常本儒者

喜文學而師性敏悟善誦習工書翰又謹飭如成人故眞常愛之特異恕齋王先生以詩名當世而淸高絶俗棲止道宮眞常命師從之學方丈西有堂曰萃玄側有小樓積書萬卷人莫得到眞常以鎖鑰付師恣其窺覽師資稟旣異所以涵養成就之者又有本源宜其所造超詣而不凡也甲寅歲以師提點教門事後兩年眞常示化易簀之際衆以後事爲請眞常曰志敬在諸君何慮焉哭臨旣畢衆環師而拜內外翕然欽服中統三年朝廷錫之制書其詞曰玄門掌教眞人張志敬自童子身著道士服志行修潔問學淹該甫逾不惑之年純作難能之事增光前輩垂法後人特賜號曰光先體道誠明眞人尙服新恩益堅志守至元二年聖旨就長春宮建設金籙大醮三千六百分位行事之日有群鶴翔舞下掠壇墠去而復來者累日天子嘉之賜師金冠雲羅法服一襲仍命

翰林詞臣作瑞應記刻之碑石嶽瀆廟貌罹金季兵火之餘率多摧毀內府出元寶鈔十萬緡付師顧工繕修師擇道門中廉潔有幹局者量工役多寡給以錢幣使各任其事或剗瓦礫而更造或補罅漏而增修凡再易寒暑四嶽一瀆五廟完成盡還舊觀方將礱磨貞石叙聖代尊崇祀典祗敬山川興壞起廢之盛美而師忽感微疾以至元七年冬十一月十有七日化享年五十有一京師士大夫遠方道俗奉香火致奠禮者塡塞街陌累月不已噫全眞之教以識心見性爲宗損已利物爲行不資參學不立文字自重陽王眞人至李眞常凡三傳學者漸知讀書不以文字爲障蔽及師掌教大暢玄旨然後學者皆知講論經典涵泳義理爲眞實入門當嗣法之初先輩師德存者尚多師以晚進躐出其上中心不能無少望焉師德度深厚氣貌溫和頽然處順不見涯涘疆悍者

服其謙恭驕矜者慚其退讓故初雖少咈久乃帖然加以持身精謹遇物通方京師賢士大夫及四方賓客所與游者靡不得其歡心至元九年三月三日葬五華山道院東裏事畢提點劉志敦持行狀致嗣教眞人王志坦之命來求文謹次第其行實之大畧而繫以銘辭銘曰　降衷秉彝同此天有生具是都渾然知誘物化中變遷大朴乃始論斷偏爰有至人起秦川不修不爲口忌言希風遠暨東海堧一駈學者歸淳源流傳四葉道愈妍嗣教乃得誠明賢誠明早有靑霞志善報宿植資稟具髫了初入長春宮三千道流仰標致萃玄堂深入絶蹟戢戢千函鎖幽秘師持管鑰恣披番萬卷汪洋在胷臆捷趨徑造浪苦辛博中得約道萬眞眞常門人徧天下齒尊緣熟非無人一朝順化拂衣去心傳密授唯師親將壇高築拜韓信千古盛事驚三軍學道由來在心悟行輩不拘

年早暮羽服黃冠十萬餘趨走長春宮下路仙家閱世如流萍空裏浮雲聚散輕適向市朝觀物變忽乘鸞鶴上靑冥玉泉西北煙霞多五華山色高嵯峨飄馭一往同逝波長留仙骨埋山阿千秋風雨荒雲蘿墳前豐碑字不訛　提點重陽萬壽宮事悟眞了一襲明眞人甲志信　提點重陽萬壽宮事衍眞復朴純素眞人張志悅　陝西等路兼興元府道門提點兼領重陽萬壽宮事洞觀普濟廣德圓明眞人高道寬　大元國至元九年歲次壬申九月丙辰朔重九月甲子嗣法掌教純眞眞人王志坦立石　高六逸民晚進湯洪刊

府學公據　存文錄後至元十三年

額正立文廟諸碑記上截高二尺一寸廣二尺二寸共二十一行行字不等正書在西安碑林

皇帝聖旨裏皇子安西王令旨裏王相府京兆路府學教授孟文

呂呈照得先領奉聖旨節文道與陝西等路宣撫司并達魯花赤管民官管匠人打捕諸頭目及諸軍馬使臣人等宣聖廟國家歲時致祭諸儒月朔釋奠宜恒令洒掃清潔今後禁約諸官員使臣軍馬無得於廟宇內安下或聚集理問詞訟及褻瀆飲宴管工匠官不得於其中營造違者治罪管內凡有書院亦不得令諸人騷擾使臣安下欽此卑職切見府學成德堂書院地土四至東至廟西至泮滌南至城巷北至王通判宅　四至內地土及房舍誠恐日久官司占作廨宇或鄰右人等侵占乞給付公據事相府准呈今給公據付府學收執仍仰諸官府并使臣軍匠人等欽依聖旨事意無得騷擾安下及鄰右人等亦不得將府學房舍四至地基侵占須議出給公據者　一成德堂七間計五十六椽東廊一十間計四十椽西廊九間計三十六椽饌膳廳三間計一十四椽廚

房三間計一十椽勃海舍三間計六椽門屋三間計一十二椽門西舍三間計六椽又舍三間計六椽土地堂一間計三椽門東舍二間計八椽又舊舍三間計一十二椽　一宋芹堂七間計四十二椽門屋一間計二椽　一西院正堂七間計四十二椽廚房三間計一十二椽小舍三間計六椽　右給付京兆路府學收執准此　蒙字一行　至元十三年十二月十三日　押押

案元以外蒙入主中土猶知加聖號修孔廟并保護管內書院等房產所謂凡有血氣者莫不尊親不謂近日動云廢孔無論其不知量亦不知自居何等矣其房屋內勃海舍三字未審何義俟考

編纂渭南武樹善

續修陝西通志稿卷一百六十

金石二十六

元

王氏世德碑 至正元年 存 文錄後

未見原石照拓本錄入歐陽玄撰文巙巙正書並篆額原在朝邑縣

序曰人子以顯揚爲貴述懿行而揄揚之固孝矣而未受命于君也惟所欲爲者既得上旨奉命詞臣爲文尤爲榮幸至元五年八月從上京以是告諸奎章閣大學士沙臘班侍上清燕以由義之悃從容奏陳且請屬筆翰林侍講學士臣玄製文以其事關孝治之一特賜明允沙臘班出諭旨由義惶遽無措退而再思曰是盛典也非小臣宜蒙既而謀諸知己曰有君命矣不敢廢也明年由義除大都副守又明年遷彰德路總發乃奉公牘移玄言所以運

回却顧之狀於是玄奉命攷其家乘而爲之序曰王氏之先京兆之同州朝邑縣都仁鄉人也中葉避兵變平陽城中已而復還今譜牒可考者七世府君諱敦娶李氏第一世也諱君寶兩娶楊氏一娶李氏第二世也諱仲濟娶李氏諱巨川娶党氏諱濟川娶劉氏昆弟三人者第三世也諱子山娶張氏第四世也亦有二弟焉長逸其諱娶石氏次諱仲瞻娶趙氏四世以下以由義貴始有封爵贈中順大夫禮部侍郎上騎都尉追封太原郡伯亨字伯通由義之祖攷追封太原郡伯雷氏其祖妣也張氏其繼祖妣也贈翰林直學士亞中大夫輕車都尉追封太原郡侯珍字君玉由義之先攷也追封太原郡夫人郭氏其先妣也張氏今在堂其繼母也禮部公幼業儒平生所抄書甚多今篋笥猶有一二存者鄉之父老往往能書其風軌國家初得中原吏治草創受徽辟爲縣幕官

持守端楷每與時尙異因棄去遂不復仕傳至翰林公克世其業性尤寬厚長者壯歲勤儉致家粗饒而好善樂施出於天性未嘗以豐約介意人有貸或貧不能償必毀其劵隣里有爭得其一言曉析無復終訟遇異母弟瑞備極友愛瑞娶陳氏賢淑及公之子幼失其母陳氏夫婦遇之亦有恩不忘公之惠也歲獲服役歲久召而良之晚年延名師教其子學曰吾以是遺爾何啻嬴金泰定二年七月以疾卒壽五十有八四年七月十三日葬于南原先塋之西北由義字仲方號愼齋佩其先人之訓惟勤用克自樹立長娶范氏今封太原郡夫人起家以文學掾辟中書戶部史辟宣徽掾中書西曹掾授奉訓大夫禮部主事拜朝請大夫西臺御史改徽政院都事復拜中臺御史遷中書右司都事進刑部郎中官亞中大夫貳在京留鑰出牧彰德尋轉嘉議大夫嘗語人曰先祖贇

畫一邑尙不希世苟合今寖位通顯爲政何敢鹵莽在儀曹數年練習典故禮祀科擧設施注措如指諸掌在徽政能抑內侍節浮費在憲府屬有獻替從上上京抗章論術士縱牧畜躪民田不便由是行營無敢犯者在西曹嘗議江西行省討隣寇冬翟功時相媢嫉抑不以聞奮與力爭相震怒殊不爲動廷論壯之在臬曹主四方獄持法平允多平寃釋疑客每以是稱其能輒遜謝曰先人之教也玄既敘其世次先德又爲之言曰王君由義其賢者也居寵不忘其先而能圖報悠久孝之純也君仁如天既獲所願常情得之矜詡恐後乃獨周思審處三歲而後訖其事焉敬之至也雖然爲子止孝爲臣止敬誰實成其美哉大君之仁也願王氏子孫世世服膺斯言以無忘吾君之惠則孝敬之餘澤綿百世而未艾實自茲始也銘曰　王氏居秦世歷七葉惟德惟義是其負挾積善獲報假物責償矧濬厥流其源自長受命賜誄歲律三易奉盈執玉爲是蹶踖古鼎有銘今碑所祖三命益恭曰僶俛俯惟恭不替獲福鬼神緊正考文我思其人　至元元年歲次辛巳四月吉日建

按此碑明書至元元年四月建而畢氏關中金石記則云泰定四年七月立又云碑係明時所刻未審何據

聖廟加封制詞 存制篆後平正三字

原石未見照拓本錄文額題大元詔命加封六字篆書旁有章正書分兩層在鄠縣

啟聖王制　上天眷命皇帝聖旨闕里有家系出神明之胄尼山請禱天啟聖人之生朕聿觀人文敷求往哲惟孔氏之有作集群聖之大成原道統則堯授舜傳之周文王論世家則契至湯下逮正考甫其明德也遠矣故生知者出焉有開必先克昌厥後如太

極之生天地如鉅海之有本源雲仍既襲於上公之封考妣宜隆夫素王之爵於戲君子之道考而不繆建而不悖于以敦典而敘倫宗廟之禮愛其所親敬其所尊于以報功而崇德尙篤其慶以祖斯文齊國公叔梁紇可加封啟聖王魯國太夫人顏氏可加封啟聖王夫人主者施行　至順二年九月日 右刻碑上層

大成至聖文宣王制　上天眷命皇帝聖旨蓋聞先孔子而聖者非孔子無以明後孔子而聖者非孔子無以法所謂祖述堯舜憲章文武儀範百王師表萬世者也朕纂承丕緒敬仰休風循治古之良規舉追封之盛典加號至聖文宣王遣使闕里祀以太牢於戲父子之親君臣之義永惟聖教之尊天地之大日月之明奚罄名言之妙尙資神化祚我皇元主者施行　大元十一年七月日

制封大成至聖文宣王夫人制　上天眷命皇帝聖旨我國家敦

典禮以彌文本闈門而成教乃睠素王之廟尙虛元媲之封有其
舉之斯爲盛矣大成至聖文宣王妻亓官氏來嬪聖室垂裕世家
籩豆出房因流風於殷禮琴瑟在御存燕樂於魯堂功言邈若於
遺聞儀範儼乎其令德作爾褘衣之象稱其命鼎之銘噫秩秩彝
倫吾欲廣關雎鵲巢之化皇皇文治天其興河圖鳳鳥之祥可特
封大成至聖文宣王夫人主者施行　至順二年六月日（右刻碑下層）

碑陰（分三層）

忠翊校尉奉元□鄜縣達魯花赤兼管本縣諸□□□勸農事唐
元歹　從仕郎奉元路鄜縣尹兼管本縣諸軍奧魯勸農事楊世
準　主簿奉元路鄜縣尉楊楫　省注典史李安　縣吏張珍雍
主齊郁邱文郁　尉吏薛恭三華眞逸　盧德治刊　古雍喬有
章書　至正三年秋九月重陽日儒學教諭郞天秩□（右刻碑上層）

鄜縣立版駱家社史伯貞　教坊社冉義方　法義社黃文□
營田社孫士從羅□　廣積社閻文貴　仁智社何文秀袁應貞
扶大亨　普濟社□實　□坑社樊伯祥　同谷社何德淵任廓
岳玉　普濟社灑掃戶何謙（右刻碑中層）
一總計贍學地五頃貳拾壹畝府學周圍叁拾五畝淸遠社貳頃
捌拾畝粱村社壹頃貳拾畝榮田社巾子石絕戶儒人黃先生拋
下桑園地捌拾畝東至水渠南至志師西至古道北至游西磴社
地六畝　一總計瓦房壹拾壹間空地基九間（缺）西關道北學房
六間在城街南空地基三間（右刻碑下層）
據碑加號孔子大成至聖文宣王是大德十一年七月其時成
宗已崩武宗明年迺改元故猶稱大德祭祀志作至大元年加
封者誤也封叔粱紇爲啟聖王是至順二年九月文宗紀作元
年七月皆當以碑爲正又志載朱子加封齊國朱松追謚獻靖
制詞而不載加封啟聖大成之制亦是闕漏（鄜縣志）
內加封啟聖王制爲至順二年九月加封至聖文宣王制爲大
德十一年七月加封大成至聖文宣王夫人制爲至順二年六
月並刻于至正三年也以亓官爲开官與漢韓敕碑宋大中祥
符封鄆國夫人詔宋鄧名世姓氏書辨証王伯厚姓氏急就章
諸書合（畢氏關中金石記）
按加封至聖詔與西安聖廟碑同第西安未刊至順二年兩詔
此則合前後之詔而併刻一石耳

重修文廟碑記（佚文錄後　至正四年）

（石佚不知尺寸任懷孝撰文白好義正書在宜川縣）

崇聖人之道以興學校之教者必達時務之要者也蓋自古惟聖
人爲天下之儀表惟學校爲風化之本原故治世之法必由於聖
人禮義之興必由於學校爲守令者固不可不知也宜川古丹州
地世有文雅之風金末城社丘墟廟學悉灰燼迨我皇元至元乙
酉縣尹李宥始建文廟於治之西後來者雖名修葺因仍苟簡而
已至正壬辰正月眞定劉侯士涇來宰是邑下車日恭謁宣聖覩
丹靑剝落風雨穿漏慨然者久之諮其僚屬力任修理首割俸以
資經營於是士庶欣然爭願輸財效力時以汝潁金商盜賊分熾
調發橫亟未克如志於是年七月先構講堂爲生徒肄業之所又
撥官田易民地築室以居掌教越三年甲午乃重修正殿欹者正
之壞者補之朽者易之又新兩廡建中門并起凌霄門於中門外
翼之以左右思恭致敬之室興工於仲春中旬畢於孟夏望日厥
土剛燥厥位面陽厥材孔良蔚然爲禮樂教化之光矣昔文翁興

學於蜀昌黎延師於潮卒能俾蜀之化同齊魯潮之人有文行今劉侯之尹宜川既修文廟以尊聖人又敦學校以興教化不愧識時務之俊傑矣後進能因侯之用心志聖人之學致知格物以明理孝弟忠信以成德自四書而六經由六經而諸子以誠敬爲入門踐履篤實以造乎聖賢之閫域以明乎帝王之典憲何莫非劉侯之造宜者其爲功甚大也哉

奉元路重修廟學記 至正元年 存之[illegible]後

石高七尺三寸廣三尺四寸三十行行六十二字虞集撰文王守誠正書蘇天爵篆額在西安文廟

奉元路重修廟學記　翰林侍講學士通奉大夫知制誥同修國史虞集撰　嘉議大夫禮部尚書王守謙書　中奉大夫陝西諸道行御史臺侍御史蘇天爵篆額　我國家龍飛朔方奄有中夏世祖皇帝既定大統人文聿興學校之設爲急務奉元本京兆漢

唐故都地望尤重是以分鎮於陝者平章廉公希憲參政商公挺僉事嚴公忠範先後作成宣聖廟儒學於郡東南有禮殿有儀門東西廡爲從祀之舍殿後有石經之亭唐人石刻附焉儀門之外有齋宫外曰都宫有櫺星門此其大畧也時東平徐公琰方爲行省左右司員外郎實記而刻諸石則至元十三年丙子之歲也其後陝西行中書省行臺皆治奉元有司校官治廟學無敢闕失會歲荐饑勿遑繕葺仍改至元之二年歲在丙子瞻思貼木兒不花爲行臺御史乃建言曰今歲事有成民汔小康禮義之教需此爲出歲行六十時其復矣以更治廟宇爲請且曰從祀諸賢如國子監廟制皆塑像爲宜臺端唯而從之相繼以就其功者則御史李伯述何執禮李中蔡明安達爾諸君教授則張冲也於是陝西行省行臺咸割公用以爲之先豫王闊而資以五千緡王傅官輦昌

帥府奉元路泊怯憐屯田二總管府下至郡邑率皆翕從好義之士聞風勸助者相續四月命工度材各給其直工傭之費稍廩之給凡爲鈔二萬緡如民間之通工易事無官府之擾是以明年八月告成而民不知有是役也是年二月官又給費修石經廊廡五年夏御史李中又計學廩之贏修神厨倉屋吏衣之室及提學官廨冬御史蔡明安達爾更建櫺星門是年李御史巡行西道得豪民所侵學田五十餘頃刻石者其疆畔租入之數以畀之學官六年御史燮理溥化司廩以爲學校之政既修風紀之效爲大使學生姜碩以其事來徵予爲文以爲記噫前有徐公之文在集何敢有所紀載於其後乎而二君知集之先雍人也集其敢不爲雍之父兄子弟頌憲臺君子之美而紀其成績推本關陝道學之自以成諸君子作成人材之意乎集聞之茲土也昔者周公嘗治而教

之矣禮樂其具也出之於宗廟朝廷之上行之乎學校井田之間因其秉彝好德之懿而詠歎夫天命之不已因夫卦畫示人之蘊而發揮乎變通之無窮致嚴於閨門衽席之微而推至於天地神明之著致察乎時物衣食之末而究極乎輔成化育之功耕耨之均施之四海而無不準也祭祀之達傳之子孫而無不保也三代以降人文莫過焉世降俗易仲尼猶有不復夢見之歎而況于千載之下乎漢唐之遺迹無復存者又何有於教之可言邪昔二程子得周子之傳而起於洛邵子在焉橫渠張子特起於關中其學一源也而尤有意於制作之事焉程子言有關雎麟趾之意而後可行周官之法度此周公之遺意而張子之意也與正蒙之書學者受讀訂頑之銘推極乎事親事大之誠而程子以爲其修辭不可及其勇知之所造非振古之豪傑孰能與此而其言曰貧富不

均教養無法雖欲言治皆苟而已議興學者買田畫井正其經界不失公家之賦而立斂法廣儲蓄救災恤患厚本抑末以見先王之遺意而當今可行也又曰今欲以正經爲事自古聖賢莫不由此而始達者大者有所未及而可於家庭見之又曰學者且須議禮可以滋養德性集義養氣蓋有所據依即有常業可以見諸行事其端緒可見如此方是時關洛相望表裏經緯孟子以來亦未有盛於此時者哉其爲言也衣被天下後世至於今賴之詠歌周南者不亦歸求而有餘乎世祖皇帝初年覃懷許文正公亦嘗興德之間猶有守志厲操之士高蹈深隱於其鄉朝廷不愛尊位顯爵以延致之以表式於四方聞其風而及其門者亦多矣未必其寂然也夫其風氣四塞之固土厚而水深其生人也質直而忠厚

是以文王周公之教易行爲仲尼所以贊諸易詠諸詩載之於書者莫非其事至於關洛諸君子而大明焉舍此無以爲教矣學於斯者思周公之爲治以極於孔子之道因橫渠之學而博通乎濂洛之原則化行俗美賢才衆多豈不於雍學而見之乎詩曰南山有臺北山有萊樂只君子邦家之基不有聖賢之遺教則斯焉取斯乎請以復諸大夫君子而與其都人士講焉　正治六年十月望日　教授趙翁等立石　提舉司吏目雒惟中　學正王哲學錄王珪　吏陳勗毛復禮　眞學賈堯宋有弘趙恂　司書王仲賢

守謙字君實著經世大典成拜陝西行臺監察御史字法近虞世南合以虞文蘇額可稱三絕 畢氏關中金石記

馬嵬詩刻題名 存至正六年 題名錄後

未見原石照拓本錄入張絢正書在興平縣貴妃墓上

至正六年六月上澣西臺監察御史美台吉洪範偕書吏丁宜驥克馴賀中彥正審囚西道至興平馬嵬去此不遠因感興乃述口號以紀歲月 中間詩不佳不錄

承事郎興平縣達魯花赤薛飛兒承德郎興平縣尹張翁進義副尉興平縣主簿牛仲明興平縣尉劉元德典史仵淵立石教諭張絢書

井眞人道行碑 存至正八年 文錄後

碑連額高七尺一寸廣三尺四寸三十七行行六十六字何約撰文眞率奴正書呵剌卜花篆額額題皇元井眞人道行碑在耀州

皇元制授諸路道教都提點洞陽顯道忠貞眞人井公道行之碑

資善大夫前陝西諸道行御史臺御史中丞何約撰　行南臺

監察御史眞聖奴書丹　大中大夫陝西奉元路達魯花赤呵剌卜花篆額　聞夫眞人者官天地府萬物誠意心遺耳目解帝懸而不受塵攖滌玄覽而弗令慾縮探混茫於太素之先窺鴻濛於太樸之隩比飛廉而擁六龍之車呵烈缺而從二馬之轂朝濯髮於沃焦暮睎首於暘谷高揖閬風長嘯崐麓若非誕靈稟乎清和毓秀鍾乎貞淑腹全九丹身輕孤鶩呼吸沆瀣咀嚼芝茯名列玉清之玉版勳昭太玄之金籙者烏能與於此洞陽公其人矣公井其姓德用其名容輔其字鑑峯其號也家世雍之右族母陳氏翼夕夢仙娃衣青衣冠玄冠授桃一枚食而有娠辛巳季冬載弄之夕霞彩奪目清香襲人智者以爲仙人謫降之意生而寡語動靜翛然足蹈龜文手過於膝不好與同稚嬉戲方七歲玄逸張眞人奉朝命祀岳瀆適秦旬其父携而見之眞人撫其頂曰此子神韻

沖粹他日當爲仙林之冠冕遂付道德經令讀之如夙昔所熟後
辭二親禮耀州之五臺山伏㬋子韓眞人之孫冉尊師爲弟子負
几杖執巾瓶爲童子事尊師曰吾焉能爲子師他日東方半萬翁
誠子師矣初不介意教以經書洞曉大義旁及星緯之學無不該
通年甫弱冠貧奉亦隣眞大臣令旨護持再二年承特進神仙凝
和苗眞君金章法旨召詣天京授諸路道教所幕官納爲弟子方
省半萬乃苗字之讖也迨翌年除京兆路都道錄厥後退居五臺
値異人授以三洞秘訣九淸隱文屬曰子能退藏於密心誦力行
他日席鯤鯨而游汗漫騎風鶴而登太淸不爲難矣如謂禱祈暘
雨福國利民亦其餘事矣勉之勉之明年美原民苦旱魃之虐三
月道士張道淸偕異人請修羅天上章大醮一千二百分以禱甘
澍公曰民罹其菑不允所請吾其虎狼耶遂諾之於上章之際卿

雲繚繞瑞氣氤氳終濡天瓢者三晝宵是歲大登若斯者衆繇是
道價靄然聲馳王邸至治改元大哥赤荊王贈洞陽眞人號鎭西
武靖王以師事之上洞陽顯道之稱天曆始元文宗入承大寶起
凝和於草懷復掌教之二年召委重化璽書授洞陽顯道忠貞大
師領諸路道教都提點仍署嵩山中岳廟住持提點兼奉元者皇
后懿旨特賜御香代薦其誠抵嵩岳修金籙大醮以祝天壽尋視
廟宇陵夷遂建言河南行中書省咨請聞上上僉之出太府金幣
以廣厥宇不二霜奐然一新右丞相脫脫左丞相帖木爾不花言
于上請敕翰林詞臣製文勒石垂示悠久歐陽玄拜命潤色之是
後公歸五臺蘭佩莎襦以償煙霞之癖己卯完顏大宗師請輔教
者數四公固泉石之懷猿鶴之戀卒不與起次歲秋復差官馳疏
賫幣集九路提點詣山請公疏略曰錦軸如開早發趣裝之輿靑

山若戀恐招懷寶之譏辭不已而起之抵長春宮明日朝覲至尊
上問以惜身保命之術公對以誠心執中之道妙沃上心大加器
愛還授公集賢大學士公奏曰臣草莽野服窟阿槁夫志在臥白
雲狎麋鹿逍遙乎不貸之圃衣冠之選非臣所思力辭不就是以
上愈愛之明年旨給馹馬隨幸上京値都堂大臣議陝西勑賜大
重陽萬壽宮係重陽輔極帝君修道之區先君降龍衣永鎭之所
邇來典者失人廢幾不振選道價淸高者命云奏公係凝和苗眞
君高弟披雲宋天師嫡孫秉彝高潔可被登庸奉旨授諸路道教
都提點洞陽顯道忠貞道人俾總宮事詔赴便殿錫御香上奉函
默誠良久而命之仍飭蓋臣設祖帳給驛騎而行抵宮代禮行香
祝延亦如嵩岳故事住持不數載宮中崇殿不堂顯圯者新之恒
產錢粮昏湮者理之霞館芝房未有者剙之儀矩規繩紊亂者振

之居常湖海之士請益者泛泛而至公必肅口而接未嘗有倨傲
之容癸未秋公有還山之興陝西行中書省差官齎茶禮以留鶴
馭越明年謂衆曰世事無涯人生有涯以有涯隨無涯可乎衆未
及對公毅然曰名遂功成無落吾志遂攜二童一負老莊義易一
負簑笠缾盂拽杖而出詣皤溪棲遯聞其風而致詞貽物者忽口
皆其淸望之士公以尙絅不固文章人服遂口歸五臺枕石漱流
韜晦名迹逮至正戊子二月初八日忽有白雀三翼舞於庭下公
擊節而歌曰白雀白雀世所希來從何所相參飛不須龜筮以見
機吾將與汝偕徂歸須臾其雀西舉是夜集童子幷冠者六七人
奏淸樂歌步虛詞更將四鼓但覺天風灑然淸香靄然公就榻曲
肱而化遲明仙鶴百餘摩雲而至口遶移時一鶴戛然長鳴而北
翥官吏都氓瞻拭者莫不驚訝弔誄之士素車白馬楮幢穉蓋隱

隱然塞乎道途若有所不勝亦其景行之所感也越七日舉棺就壙輕若無人啟函視之朱顏不改四體不殭亦異矣藏諸本山之昇仙臺是時玄教大宗師闕眞人遣官持疏致幣請赴京師嗣以教席至則終以二九執事者但陳錦幣宣疏軸奠祭而還門人入室者焦德潤薦奉議大夫乾州知州曹完澤所述行實踵門以文見諉予喟然應之曰眞人仙去朱顏不改四體柔和亦足以知七返九還之功全矣舉柩飄然不因人力亦足以知仙儿之不作矣仙鶴來迎清香浮動亦足以知朝元始而拜虛皇矣安可與顓蒙倒置之徒同日而語哉惜乎予無七步之才焉敢玷萬年之石辭不獲已而次第之系之以詞曰　鑑峯之西泥陽東昇仙臺峙盤玲瓏雲杉月檜摩蒼穹眞人仙蛻藏其崇眞人爲誰容輔翁道術子史羅胸中丹宸入對沃帝聰隆加優渥聲名雄金書俾主重陽

宮百廢皆舉驚神工峨冠揮麈折異同志與後覺開盲聾其生也善歸全躬翩翩白鶴翔天風鞭敦闔兮咨龗乘雲氣兮衝寒空丹文銘石臺之崧名垂萬古聲無窮　至正八年歲舍戊子九月九日門人奉元路大重陽萬壽宮提點仁明弘義洞元大師焦德潤本宮提點洞和明道崇眞大師楊德榮等建　特進神仙重玄蘊奧弘仁廣義大眞人掌管諸路道教所知集賢院道教事完顏德明　杜養榮刻

雙瑞之圖 存圖不繪 至正九年 石高五尺五寸廣二尺二寸分兩截上截爲圖下截爲記胡泰撰文傅夢臣正書並篆額額題雙瑞之圖四字篆書在西安碑林

碑上層爲二端圖下刻記二瑞者嘉禾歧麥也圖刻甚工惜文與字俱不佳恐不足以傳遠耳 畢氏關中金石記

按此石圖與題額均甚清晰惟下截之記磨泐已甚其可讀者不能及半有云戊子歲有□□□□□□嘉禾數種或同幹而二穗三穗者或一本而□□□□者麥秀而歧同應斯年共獻於二尹而歸美之□□□□關輔之地嘉瑞駢臻實和氣薰蒸之所積世之□□□□於是父老□□徵等既繪斯瑞於圖歌之於詩□□□磨滅勒之於珉以示來者之勸焉斯瑞也固□□□鍾之秀孰非二尹德政感召之使然哉□□□□□□嘉瑞之生實非郡守之所致也蓋由臺省任耳目秉鈞衡者輔贊治化之有其道燮理□□得其宜以致之耳宰衡復聞之曰嘉瑞之現非股肱良哉之所致乃元首明哉之應也若將斯瑞貢獻於朝廷書之史冊誠符遴選守令之休徵云云宜畢氏有不足傳遠之語也

重修忠武廟碑 存文錄後 至正九年 碑高八尺八寸廣三尺二十一行行三十七字符思詮撰文并行書王孝禮篆額額題重修忠武王廟之碑六字篆書在宜川縣

重修忠武王廟記　奉元路武功縣儒學教諭符思詮撰并書

宜川縣治之東南有鳳凰山其山坱圠之中故有忠武王廟在焉厥廟歷年永久殿宇荒凉監縣進義公來監是邑下車之初歷拜諸廟越明□□通人和周視于茲見其堂宇頹夷雉堞圮毀廊廡摧崩榱題□殘雨風空穿行者愁歎士民□□公退而深念將欲作新爰筮著龜蓍龜協從謀及同僚僉可其議於是各輸俸金鳩木傭工率□僚屬不避寒暑迺斷迺度迺陶迺塈既構既創既聖既覆有殿有廊有廈有廡殖殖其庭有覺□楹增其舊制百廢俱興而其前之頹夷者煥然一新民之愁嘆者靡不闓懌原其功也

經始于囗春之月落成於季夏之日凡其趨事者林林繼繼顒顒娛娛若非監縣公之德化之所及大尹囗公簿宰符公仙尉尚公繼以尉公幕賓張公同寅之所濟何能若是哉是以興作甫半載而囗囗囗空者凡伍拾餘楹其中揭之以忠武王之正殿厥右挾之以子孫蠶官以暨土地廣禪侯威佑眞君之堂左以天地水三官延及太師潭闔而偕以惠泉龍王之靈祠及乎南北行廊以序列焉厥後洎之以夫人之宮而囗對聳以井碑二亭次及舞庭神門至於方丈庖庫更衣之所莫不畢具廟既成而落之以屬愚囗記義不容辭是以忘其不敏而錄其實効以塞雅命然而不覩全史何以究歷代之事績不囗囗傳何以考渾王之勳烈而其是廟也自前代而歷于茲已有年矣而其廟貌囗然銘碑聳囗囗炳可觀故於王之始末此不復贅噫是功也上不負聖天子追崇之美

意下可慰郡民祈禱之精誠抑愈可覽渾王之威靈雖千萬世而不泯也監縣公暨諸公之精誠亦千萬世而不朽也是知渾王功業之著非王之欲自著乃一時群公爲之著也猗歟盛哉旹至正九禩歲在屠維赤奮若之孟秋吉日建　進義副尉延安路宜川縣達魯花赤兼管本縣諸軍奧魯勸農事哈剌脫因重修　從仕郎延安路宜川縣尹兼管本縣諸軍奧魯勸農事王孝禮篆額立石

帥正堂詩刻 存 至正丁酉 記錄後詩不錄

石橫廣三尺五寸高二尺一寸共二十一行字數不等脫脫木兒七絕十首記一段並草書何信鐫在碑林

帥正堂漫成 七絕十首無作處不登　至正丁酉夏詔宰臣內外通調以濟時艱秋七月余以戶部侍郎遷奉元守顧惟樗散惡足以當斯任也暇日因感興類成十絕用勒府石聊以誌歲月云進士高昌脫脫木兒松軒書　十月初吉長安何信鐫

重修后土祠記 佚 至正十一年 文錄後

未見原石照拓本錄入余闕撰文李成正書泰不花篆額在渭南縣

華西神川原后土廟故蓮嶽祠宋眞宗幸華山賜額泰寧以華山道士武元亨主之其後元亨以祠隘請於朝改作之於神川之上宮初甚侈大至靖康時燬華人中嘗修復之然庳陋不能如舊觀金正大中乃加增拓距於今三百有餘年故屋皆壞無能興葺之者里人張順以私力加繕治之未及爲而沒其子貢禮賓斌乃追成其先志以錢伍萬貫具材木甋甓會工藝自門至寢爲屋若干楹北道復與王祺建遠門凡一歲告成左氏曰共工氏之子曰句龍能平水土爲后土之官故祀以爲后土盧植諸儒從之皆以爲后土句龍也蔡邕則曰句龍社神也堯封之稷之神柱與棄是也

漢后土祠在壬地社稷之位在未地爲王肅之說者又曰社與稷皆土神但生育之功異故有二名耳史記武帝初郊雍太史祠官言當祀后土於方澤圓邱爲五壇壇一黃犢太牢具帝從之又東立后土祠於汾陰脽上親望拜之如郊則漢以下地祇有社又有后土后土之說紛紛莫能統一以余考之皆失也鄭司農曰后土社神也蓋社以地言后以神言社之有后土猶郊之有上帝也曰帝曰后皆主宰之稱也祇曰后土而五土之神亦曰后土者猶郊之神曰上帝而五方主氣者亦謂之帝不以嫌也五土之神叶生萬物而稷者五穀之長也非土不生非穀不養是以先王尊而祀之句龍有功於水土柱與棄有功於稼穡故以配食其神其曰祀句龍以爲后土者猶所謂禘嚳而郊稷是也又周禮以血祭祭社稷五嶽其以血祭則非人鬼可知且其祀先五嶽則不得爲句龍

亦明矣古之制天子祭天地諸侯祭山川庶人祭五祀位有貴賤故祭有大小而后土之祭自天子達於庶人所以生者一也記曰王者爲群姓立社曰大社自立社曰王社諸侯爲百姓立社曰國社自立社曰侯社大夫以下成群而社曰置社大社國社爲民祈報也王社侯社自爲祈報也大夫以下無民人莫爲立社又不得自立社故與民族居百姓以上乃立社以祈報之今國都至於郡縣皆有社獨置社亡耳民春秋雖有社祭然無壇壝主位牲齊儀章皆不應於禮其事所以生者蓋甚略也而先王之制所不得祀者則一切祀之而上亦莫爲之禁夫不祀其所得祀廢禮者也祀其所不得祀犯義者也今雖不應於禮有能修而祀之其賢於世之廢禮而犯義者矣御史臺都事張沖同年光祿主事虎理翰家于華義張氏之斯舉也而請紀于余爲至正十一年秋七月記

忠惠王廟碑 存 至正甲午 文錄後

原石未見照拓本錄文黃理仙撰文正書篆額在興安府牛山

重修忠惠王廟記　興安州學正黃理仙撰文　金州古梁州之域周爲庸國歷代屢更皇元復爲金州東接襄樊北阻方山舟車輻輳商賈接踵秦頭楚尾之都會也至若城北牛山上有靈泉禱雨輒應然地既靈而人必傑故唐時有膺厥字命崔其姓堯封其字一曰諱偉者間出爲郡刺史克治厥政克寧厥邑恪謹人神及中和三年黃巢淩刼州縣有太白山人云請掘破牛山賊自敗于是發義丁萬人掘之有一石桶中棲黃腰獸上横一劍獸見劍自撲而死巢至秋果敗中原克平得勝之後厥神彌著宋嘉泰五年封忠惠王皇元至正辛卯之冬紅巾強寇嘯聚晨昏剽掠退邇焚毁屋宇延及本廟盡付灰燼王神化所感時有總兵官月魯帖木兒榮祿公賴王之威神於至正壬辰季春捕獲首寇剿絶黨類收復安康一新服化越明年平康榮祿公增修是廟經始於至正癸巳成於甲午仲夏豐屋翔天巍簷映日然厥功皆歸於榮祿公府尉兀納罕監修茲擬勒石屬余文以紀之

忠惠王者唐刺史崔堯封也或曰堯封名偉中和三年黃巢亂有太白山人獻計於偉曰一發牛山巢滅漏之得黃腰獸置劍其上斬之巢敗偉由是得道至宋封爲忠惠王至正十一年總兵官月魯帖木兒擊破紅巾賊劉福通重修此廟理仙時爲興安學正命爲文以紀之碑甚豐偉　畢氏關中金石記

祀西鎭碑記 佚 至正十五年 文錄後

右佚不計尺寸答蘭鐵睦爾撰文正書在隴州

至正十有五年春正月戊午朔皇帝即位大明殿既受群臣朝乃詔中書若曰維西鎭吳嶽其遣正議大夫祕書卿答蘭鐵睦爾將仕郎翰林國史院編修官王武代朕往祀蓋以遵彝典也越十又六日癸酉上御文德殿舉香幣南鄉加額以受焉所以重禮神而祈休貺也答蘭鐵睦爾受詔以閏月二十有四日辛亥至於祠下謹齋沐就次翼日壬子祗帥守臣隴州官以羊一豕一祭於大神執事在列陪臣在庭薦祼陟降悉如儀式所以重君命而莫敢不虔也先是秦隴以東關西以西仍歲旱熯大無麥禾黎民阻飢逮於冬春雨雪弗降百種不入千里揚塵山川無色民胥怨咨即將事之前夕陰雲四興霖雨霢霂既而飛雨大作萬物膏潤草木欣欣向榮山川爲之改觀豈聖天子至誠而無遠不通神之昭答應感而聰民不忒民之麥秋有望於是乎在遂書之爲記

郭君遺愛碑 存 至正十五年 文錄後

郭儒林遺愛記 未見原石照拓本錄文常視遠撰文李琇正書養安處篆額題郭儒林遺愛記六字在鄠縣倉內 承事郎奉元路澄城縣尹兼管本縣諸軍奧魯

勸農事常視遠撰　忠勇校尉陝西等處行中書省豐備總庫提

領養安處篆額　陝西行省除奉元路鄠縣典史李琇書　伏聞

官得人則百事舉而黎庶安非其人則百事廢而黎庶擾今聖朝

於路府州縣之長遴選賢能得與是選者百口一二累口詔旨示

於四方口命御史詳考其六事備不備以憑黜陟口稱是職者尤

難其人鄠奉元路之屬縣人物繁夥公務倍於隣邑口口辛卯十

有二月郭鈞尹鄠下車之初謂農桑爲民之急務故督於勤課四

民飽煖設立學校口通經之士而教養之口鄉村之中樂於爲善

感他郡之人口其姓者四家來爲鄠邑之氓時有害政蠹民者與

不率教者刑之於市曹故得以訟簡壯者各勉焉得盡力於田畝

化愚民以修孝弟禮遜之風漸興盜賊因自而息縱別境之徒潛

來擾口公設以方術必獲刑之兩遇元陽遍禱於神甘霖澍作百

穀皆登易爲豐歲家家得以安飽口常平倉粟四千餘斛挑口口

時適興元金糴以及江漢群盜竊弄干戈申給關隘丁壯每遇運

粟軍儲公第分九等均派於民禁委吏輿臺之徒而不敢高下其

手中無苞苴之行前後輸粟數萬餘石而民了無一語以陳其偏

負仍引斜谷之水溉田千有餘畝使縣民永被其澤遣壯士晝夜

守把巡護以警不虞內外得以安謐嗚呼公之來也督農桑咸時

雨民不凍餒設學校興禮遜息民詞可不謂之能乎禁強暴均賦

役常平有法引水溉田以潤斯民不可謂不能也公之歸也解印

之日促車而行惠及於民民請文爲久思之計不賢者能如是乎

余曰官得其人而百事舉良因此夫至正十有四年秋九月蒙秦

省以國諷遣之急選前豐備總庫提領養安處來口是邑尤長於

治民言行與公相孚冬十月王德義尹代其公簿王申福典史李

琇口口口儒飾吏下及吏口大小熙和凡事咸贊成之視他邑之

政鮮有及焉公名鈞字平叔朝邑人由儒口口口職轉陞儒林口

選爲前尹鄉之耆艾劉思明等慕公之恩懷公之政請文刊諸石

以傳之不朽故爲缺書　至正十有五年歲次乙未正月日劉思

明等立石石工張文通張敏中刊

義門王氏先塋碑 佚 至正十五年 原石已佚歐陽玄撰文危素正書揭期頤篆額原在蒲城縣

書史會要揭頤字子奇汴梁人官至陝西行臺治書工於篆六

研齋筆記揭頤篆跡渾樸高古以禹碑周鼓爲宗無一筆似陽

冰 畢氏關中金石記

老君庵詩刻三種 存 至正二十二年 詩不錄

按詩刻三種並在鄠縣觀村一爲陝西五路西蜀四川道教都

口口大口眞人李道謙題天慶宮元壇掌籍大師口德口立石

南陽白拱眞刊一爲夔府路都道錄院提點冉德明題天慶宮

元壇監齋陳德祥立石衍眞大師白拱眞刊一爲沁園春詞應

詔法師衡山中谷翁李如堅題知天慶宮事道士馮德淵立石

南陽白拱眞刊同爲至元乙酉所刻均屬道流稍涉文翰者所

題其徒刻石揄揚詩多鄙俚之句故不錄

瓊公道行碑 存 至正二十二年 文錄後

碑高八尺一寸廣三尺九寸三十三行行七十六字釋口洪撰文□□臺正書並篆額額逸碑中斷爲二在西安開元寺

大元故口口口口口口口口口口口口口口尙瓊公道行碑　口口

大夫大口口口安山大昭孝弘寺住口口宗口洪撰　中奉大夫

陝西漢中道肅政口訪口粂羅台書幷篆額　夫能以口口博洽
開演秘來具廣長舌利益群品生而見稱于時歿而名垂于世關
中若和尚瓊公師其人也師生口庚申適我元紹運之初教口肇
興之際生民已蘇之日口生口哲出乎人表斯其能扶傾起墜口
興事功口群生解脫之門演佛口口口之道猗歟盛哉師馬姓世
家櫟陽口口於寐中見有異僧持鉢入其舍者口而悟遂因以口
父母口竊奇之六歲即學口口歷目輒成誦若故習八歲求爲僧
親以故不口口事僧錄亨於其里口口興國寺十一歲聞明月山
圓大士講金剛有聲亟之聞席未幾意躍如也圓口其銳且露令
代口座未勝登闍黎掖扶以上一吐其奇聽者歎未嘗有由是名
在僧俗章章矣口滿受其大口口律口口咸陽懷口曹洞口口口
王山濟傳祕口待持於淸貞師諸口奧旨融釋貫通口於外典百

家口不涉躐聲華振起情文口平口口開演者日登其門趨赴聽
受者至不容其席上而顯達下而氓口口口依贊歎若出一口延
祐間口宗皇帝遣使來召師以遠在口口口口聞命而止英宗皇
帝至治中口口住持京師普口命下師力以疾辭上不之尤從容
語法洪曰是僧能不以名勢口移其心志豈古所謂能解脫者耶
隨錫以金爛袈裟加號寂照眞空大師口口口口師自得法即口
以利人爲其所願終口設講八十餘席辨疑答問無有窮竭沛乎
若洪波降流滔滔汩汩一瀉千里曲折巨細隨象賦形膏澤所濡
浸口沾足在聽者罔不以盲悔而來洞口口口披雲霧而覩青天
釋重口而見慈母也住關中五刹隨緣應物以利來者首居關中
口其先師遺命以口南三門久廢力建而成之繼而北三門之傾
圮者亦葺規制宏偉爲方口觀以平章也先口口奏請受旨住今

報恩寺今僧錄定之請則往藍田之褒訓以口口口口口狀懇咸
寧口口之莊嚴高陵口沙之隆昌隨次第居之詢厥所由多出其
邑大夫里長老謀欲以興建之事口口於師師亦樂成其美足跡
口口施財雲集皆能易瓦礫爲金碧轉荒涼爲榮口爲口口口建
華嚴爲水陸大會凡所口刹皆一設之在莊嚴建設未事口風雨
暴至不解衆感其異師默若有告少頃口口口日白衆口神師會
之口人見有光周寺若曙達旦乃已在隆昌備以口沙水口不口
於食師至口口便口口有我口留即指口出水不綠當約衆水遂
涌上下所命鑿二井及泉皆甘冽淸潔口口口喜迄今德之繫會
必釁以平日所得布施金帛財物即之于庭用散於衆口會不貲
口口口通口州口之口服則口口三塔頻設齋口供佛口口以致
其孝誠里中歲惡則烹粥以食餓人歲疫則口口以惠貧病雖於

大德有若餘口亦諸行之宗見諸事功足以模範士類多慕仰至
今晚叅新戒猶能傳道之口口口爲美談師名義瓊字粹英石溪
其號也世壽七十僧臘四十有五歲天歷口口口口口口七月卽其
莊嚴口居方丈沐浴跏坐詔其徒以進修護持之道頌其所得以
口於世捐紙棄筆口口口口口口口口四日顏貌如生及火煙中口
騰若五色雲氣散口香馥僧俗引觀者口口口人無口口哄謂佛
日法幢不能無少晦橈其弟子四分奉其舍利各爲一塔以瘞有
府城南塋藍田褒訓咸寧莊口口口沙隆昌而以城南者目之爲
祖塋後廿四年其弟子智如以前之因循昧其師之行口口獲昭
彰於後大懼弗稱繼承之重又患泯其實於口之中使傳而聞之
者或口口而不合乎蹟之似也持狀走京師扣予銘予嘉其勤誠
因與之論曰我國家崇尚佛教今昔罕口然東南以禪學盛行其

口口而得法者未口口其人表於當世有高峯二嗣斷崖口峯建大道弘闡法要以口口初進遠近信尚西北自帝師而下以口口見稱顯于口口著者所在森列求其浩然沛然弘其教於言論間汪洋廣博兼乎顯密二乘大啟教化激揚宗風方口口師鮮克儔者是宜銘銘曰　口元啟運群生口口教口口口支口分敷左右輔翼俾民一德民一其德宅心罔口大阿之西實惟關中口口口瑣道號口口前德既遠後際未繼我法在人口口口口明明口口口口于時且口且傳口口博施貝葉靈文充棟溢宇一涉目根若故斯覩般若妙議口口口宣四罪譁焉驚紀其年林林悟性口德是好口風欲泥口口口口衆之口疾貪賾而凝牢不可破師其開之鏘鼓鏜鏜威儀抑抑咨詢啟迪輻輳口口口口口口方便闡揚隨口高卑善巧俾明湧泉其言膏澤口口口甘口學口果同口口

彼袟渡濟爾澤流喻口口王爾疾以瘳師口是見弘師行願惟普利益口口口籍籍名聲昭于帝庭天子有命再使來徵辭曰口口口世口口布衲襤褸山林足口朝夕諷唄上祝皇基天子之澤外臣之宜口口口嘉爾寧一煥號章服爲爾顯錫達官大臣咸罔不歆威口口口口口口爭奉玉帛以致口口如山委積不紀口口更散公布視輕鴻毛觀者腭昭口口口口口口梵宇並建在昔歲更代易窠爲瓦礫口口所至口口肇新口口子來不日告成行周業備口口口口雲光之祥甘泉之異弘化洋洋口遠流長口口口口口口口芳　至正二十二年歲次壬寅四口口日弟子智如智師孫惠口 行口 口口 口口 重孫善恩立石

粲羅台唐兀氏積官昭信校尉芍陂屯田千戶所達魯花赤元史有傳　畢氏關中金石記

按此碑甚磨泐且中斷缺字頗多惟書法整飭遒勁與唐碑中高正臣暢整等相埒諦實元刻之佳者

官家石洞碑　存 至正二十二年 文錄後　原石未見照拓本錄文正書在三水東北洞內

居士蕭元義在御史見居斯窟顯清縣尹睢恭娘子張氏達魯花赤禿堅帖木兒夫人周氏趙氏亦居此處四方常安黎庶普避世事二年廣務農桑皆至正十九年六月初六日後二十二年壬寅十一月黃鐘吉日立石斯窯也綠水崎嶇山名石秀前衝石門山後負兩女岩左有保嶺寺右有雞阜山上下一舍之餘山勢似龍虎爭鬬之形澗溪如龜蛇盤曲之體先賢造作之遺跡也至正十一年辛卯偶值東夷兵革漸至陝境官僚黔卜士庶賢愚皆願此洞潛遁至癸卯隱居一十三年矣太平之年何日而獲故爲是題

云

東嶽廟碑　存 至正二十三年 文錄後　原石未見不詳尺寸孔克任撰文兼正書篆額孔克任名及年號亦篆書在長武縣

泰山爲東嶽其神東方封內諸侯祭之也宜邠爲西土旅之何居東之發生岱爲嶽宗西爲秋行金主肅殺亂踰一紀糜爛已極金何冷乎諸侯擁兵太阿倒授阮宗謂何數周十二星回於紀氣極當復運窮有變殺必有生也統必有宗也東嶽見祠西土非諂也廟距宜祿縣東一里至正失馭神廣祀乏民無所依河南劉君判樞事兵鎭茲方爰薙荒基作廟有翼工雖民役資實己捐嘗未及月金輝碧煥群司陰森睢盱睒睗鏦鐘考鼓用嚴鬼方所祈於神者不瘥不札癘不我殃桑蠶大得五穀穰穰里胥絕譌賈倍獲贏四時八節撾鼓吹簫歷酒刑羊神飫以衎俾我煢悴與其影龐脫

離刼運得保肝腦不被刀劍天毒西土西土無所控維嶽天齊仁同大生其佑茲土世虔修祠罔缺　至正二十三年中秋鐫刻上石

義門王氏祠堂碑 佚 文錄後 至正二十四年

未見原石不詳尺寸危素撰文並正書趙期頤篆額在蒲城縣

蒲城王氏同居者七世矣延祐天歷兩旌其門書之皇朝經世大典至順三年始建祠堂於所居之東後二十有三年族之長名理者謀諸子姓及鄉人之賢者以臨川危素嘗爲史官宜請篆銘刻石用著不朽以傳示子孫迺使從子澄城主簿訥走京師踵素之門會素被命治田雄霸訥又走雄之新城感其誠恪具述其終始而銘焉按王氏自唐末五季已同居五世金元光兵亂舉族奔竄倉卒相失後有諱彀者年四十餘始還故鄉生子曰顯政寬簡好

施爲無長幼貴賤舉得其歡心未始相時射利以利己而病人生五子恩志恕忠惠皆慈祥樂易性勤稼穡不干仕進顯政之治命曰吾身後若等毋分財異產以敗吾家法諸子克承先訓弗敢廢墜孫十四人璧璽瑛恩之子也瑜志之子也瑄瑀琦琪恕之子也瑋琛琇忠之子也理瑛璐惠之子也共十有四人處於家者璧璽瑛瑄琪琛琇璐瑜瑀理或力田以治生或讀書以肄業出而仕者琦嘗辟吐蕃宣慰使司令史瑛任將仕郎延安路總管府知事瑋廉直敢言累官奉議大夫行宣政院經歷最知名訥之父也初志謂其弟忠曰吾家族屬殆二千餘指蒙國家覆燾休養得安於田里苟不擇諸子之才器者使之從政其可乎因令瑋從鄉先生學資遣赴京師筮仕得贈其父承德郎鳳翔府判官理與琛顓總家政庭無間言盡心生產家用益饒或有貸金穀不能償者數折劵貰之家以完富者多其力焉璧璽無子瑛生祥瑜生誠諒瑄生詢訓誨讜瑀生諸誼琪生詒訢謨諳琦生讚瑋生訥謔謠琛生諄諶琇生議詵誘理生謙瑛生諾詡誼璐生謹謁多力本務學諒諸嘗爲校官議詒累應進士舉諒博雅好修處家稱平謔輩昌帥府辟爲行人而訥號爲明暢有才來求文者也祠堂之楹四高深皆二十尺廣倍高深之數歲時祭奠執事莊敬曾子曰慎終追遠民德歸厚王氏有焉素既傳其世序之詳於太史鄭鉤而論次之且爲銘曰　吁嗟生人一本而分教化淪替民心棼棼世降俗衰禮義交匱箕裘杝鋤誶語德色納民軌物在乎時君聖喆建極俾共還諄粵有王氏蒲城聚族五世同居閨門肅睦仁皇在內海內承平表厥宅里實揚休聲三十餘年六世七世積久彌長巧算莫計惟鳳翔公有子登朝氣節剛直凜焉風標繩繩孫子麟趾厥美互學

趾關雎西土之人視此令儀豈惟一邦不變天下立石刻詩爰續變口

周廟潤德泉碑 存 文錄後 至正二十五年

碑高六尺九寸廣四尺二十二行行三十七字孔克任撰文并正書在岐山縣

岐山周廟潤德泉碑　河南守孔克任伯弘甫撰并書　岐山縣西北行十里而遙沿源而入望𡺸若窮聿瞻彼岫蒼浪翠湧豁然開朗衍爲陂陀古樹亘雲周廟有伷赤舄袞衣吐握可想降陁稍東而北行六七十步直抵其麓有井作亭其上覆以翠瓦傍出八甃井方四跬厥深用繩測之深信去聲倍之歲久已涸民用弗淑稽諸故實

世亂則竭在宋大中初一日風作群泉湧出守臣琪上其事璽書褒嘉錫名潤德嘉祐時蘇軾吏茲土能詠其事自是或見或否古老屢占以爲戚喜大元世祖即位之十七年天下大定斯泉復通恒出不竭承平未百年至正之陁防決波潰黎乃戾經紅抹其額群衝四突所在俱起釜焦不沃瓮輜其鈒至此極矣平章李公思齊師駐是土奮威揚武斯耆廓清乃廿又四年甲辰春三月有事於廟任實陪以行已事而竣俯瞪興惻秋九月井泉忽見寶溜噴洒迸若飛玉爲汎爲檻交走亭下奔流淙淙鏘若環佩前有竹園流經其間徑注民田始會于一激爲機輪溉爲膏壤民賴其饒野夫來看婦子相語茲泉之出厥兆何繇雖可欣也亦可異也李公既封爾國深惟國家厚恩憤不得急清君側以報天子下泉之思千載共懷亦欣且異語予以故予爲言曰泉在地中譬若血脈氣

和則滋液華潤逆則壅底爲病周伯陽甫曰水土演而民用陽伏而不能出陰迫而不能升則原塞原塞則必竭二代之季河洛是矣聖王體信以達順太和薰蒸浡鬱專濩下降上騰渭而若飴瀯而爲醴嘉生民豫物不疵癘此順之實也矧天作高山肇開姬祀公且以聖制渠澤流罔極聲靈赫濯儼在故宮洋洋陟降溥博時生必有開也民咸曰休哉是宜刻石以識其徵銘曰　紐謠軸旋匪色音兮蒸而降騰澤淫淫兮鬱而壅底爲沴祲兮體信達順口莫諶兮彼岐肇基氣瀯焞兮公且有鬼芒以劢兮祠東有井或潤竭兮問諸遺老詢故實兮斯泉見否理亂乘兮屯高發華以類徵兮微通玄兆厥有憑兮曹闢誰極予汝銘兮　銀青榮祿大夫邠國公陝西等處行中書省平章政事兼知四川等處行樞密院事皇太子詹事李思齊　至正廿又五年乙巳春三月七日清明節

建

碑李思齊所建文及書體並雅令但以崔琪碑誤指爲宋則甚可笑其叙思齊官爲銀青光祿大夫邠國公陝西等處行中書省平章政事兼知四川等處行樞密院事皇太子詹事攷元史本紀則是年正月封思齊爲許國公至五月始加銀青光祿大夫邠國公及樞密詹事等官也碑立於三月已有是稱疑史誤

畢氏關中金石記

渾忠武王感應碑 存 文錄後 至正二十五年

碑高八尺五寸廣四尺二寸二十二行行五十二字魏志遠撰 文王克明正書崔安平篆額在宜川縣

唐咸寧忠武王感應碑　河南行樞密院僉院鄉貢進士魏志遠撰　同州同知王克明書　儒士崔安平口　自古忠義之人生爲名臣勤勞王家保衛社稷沒爲正神捍災禦患福祐生民英靈

凜凜廟食而不絕者其咸寧忠武王之謂乎王有唐之將方奸臣逆命天子播遷署折衝果毅之任本兵柄從郭子儀李光弼定河北復兩京靖安史之亂德宗朝以兵救奉天平朱泚口口王再造乘輿返正皆王之力也以功封樓煩郡王徙封咸寧郡王謚曰忠武惟王有大功德於民後世慕其德而廟享之血食此口口矣凡邦民屢獲感應至正二十二年冬十月總兵官太保中書右丞相孛羅帖木兒特奉旨爲守禦延安分命中奉大夫河南江北等處行中書省參知政事朱希哲守禦宜川越明年夏大旱彌月不雨田疇龜裂苗稼口口口旱爲憂朱相躬率吏民敬禱王之祠下以政失自責應期雨降沛然方數百里南畝霑足禾黍雲興歲功成遂此神之感應一也口口口無紀亂軍數千竊渡黃河住營口野聲言攻打宜川朱相禱於王之祠下曰希哲奉天子之命來守邦

職在保民禦寇今兹亂軍無故侵我疆場害我稼事殺我良民乎將親統兵甲敵王所愾神若有靈少加助焉口口口夜亂軍闖營外有鐵馬金戈之聲士卒驚駭竟夜不寧次日周視營外無人馬之跡甚神其事棄宜川直攻延長大掠而西攻口口口統兵官賚政大夫四川行中書省右丞脫烈伯策應大軍至直衝其壘兵鋒一交擒殺亂軍二百騎其他望風奔潰大兵復口口口口口所掠若非神助何軍威如斯之壯此神之感應二也二十三年春農事方興傳聞亂軍不釋宿忿將有復讎之志朱相戒飭將士口口口備衝突不數日果有亂軍萬餘分道並進直衝宜川列營東山之麓既至見其城池堅固士馬精強不敢進攻遂引去列營東山口口口土王宮之中有軍士入王殿內盜王袍凱弓矢馬鞍者擔未及庭殿口有聲若雷衆方驚愕入殿視之神像儼然侍衛森列口

口口口口右相顧而言曰斯乃神怒師必不利復還袍凱弓矢於殿內即日拔營而起行甫二十餘里死戰馬數十匹士卒數十人病者口口口口及夜命河南行樞密院僉院鄭帖木兒姚成襲其營殺獲甚衆此神之感應三也今三載之間雖守禦有扶變持危之術使口口口口口口安塞賴神之保佑也朱相恐歲久湮沒神之威靈謀刊于石以示將來命予直書其事予故曰惟王忠貫日月氣節凌霜德被口口口威靈天下豈丹陽一隅而已然神之降格無時隱顯莫測福善禍淫體物而不可遺雖千萬世如一日存以著其號亡以顯口口口口口口安能備錄姑述其大畧而記之

大元至正二十五年春三月上旬吉日建　中奉大夫河南江北等處行中書省參知政事朱希哲立石

文有云至正二十二年冬十月總兵官太保中書右丞相孛羅帖木兒特奉聖旨爲守禦延安分命中奉大夫河南江北等處行中書省參知政事朱希哲守禦宜川攷元史叛臣傳是年八月孛羅帖木兒據延安欲東渡以奪寧晉十月乃南侵擴廓帖木兒所守之地是時孛羅跋扈與擴廓李思齊等相持彼此踐襲故文又有亂兵侵我疆場殺我良民云云再三公表孛羅以至正二十年爲太保此著其稱於二十二年下者當是追書文體卑靡不足道篆額亦甚戾　畢氏關中金石記

蔡孝子順墓表　存　無年月

原石未見照拓本篆入　任志游撰文附侯伯正五古一首正書　在渭南縣

侯太常伯正詩曰渭南常稔原有里名孝子里中有兩墳高低正相似父老古相傳蔡順及母氏蔡順字君仲事畧見前史莽末天下饑赤眉處處是橫行掠人食人命等螻蟻順嘗采桑實聊以當

甘旨黑者以供母赤者以啗己至孝存乎心家寒聽菽水偶爲賊所得具詢其所以春風靄山林和氣溢肝肺鵄梟化鸞凰荆棘變桃李不旦只生還又奉以肉米良心天地心人人固應爾順嘗出樵蘇半途驀心悸拾薪即歸來客至母嚙指呼吸氣相通親與子同體人唯不知孝頑然自痿痺母死喪未斂東鄰忽火起伏牀撫屍哭忍死不欲避倏爾熾西家異事驚遠邇勿謂天居高神速乃如此母性恇雷霆未聞輒掩耳每聞虺虺聲繞墓躬步履事死如事生聖賢著乎禮嗟此事死心聖賢同一揆迄今幾何年四海談不已丘隴尚依然神迹豈容圮近爲農所夷見者恬不異石泉王文信磊落豪傑士生平不讀書所行多中理曰此蔡孝子吾鄉之盛軌誰家無子孫欲俾恒瞻視吾家數十年拜掃同考妣非惟愛古人亦以勸頑鄙爾曹壑者誰吾欲與從事田氓恥前非俛首爲

封壙文信擊謂予吾力勸吾世諸男豚犬然他時不足恃僕將刻琬琰永使耕者忌非文無以傳先生爲僕記或云蔡君仲其鄉非密時南陵有孝陵得名或此始予曰皆不然今將玤衆議地望雖異同人事有遷徙安知汝南人不向關中死未必孝陵名不取君仲義崆峒與綿田亦復疑一二河東乃山西或云在隴坻武侯八陣圖川蜀有三四先正廟天下處處嚴祭祀苟在鄉閭中其民各仰止既云孝子里其來必有自我許王君心是非烏足計荒墳千載餘義猶不令毀欲使澆風淳高識顧不美賦此五言詩用當以碑誌

按此墓表前半爲文第叙立碑緣起後幅登載此詩叙孝子生平詳悉曉暢可以風世文欠雅潔故刪文而錄其詩

又按元代石刻亦夥惟文字佳者不過十分之五故擇叅犖大者登錄之無可傳者概行刪弃以省篇幅

編纂渭南武樹善

續修陝西通志稿卷一百六十一

金石二十七

元

全眞教祖碑

至元乙亥　存　文見王氏金石萃編

碑高一丈一尺八寸廣五尺三十六行行八十四字金源璹撰文道士李道謙正書并篆額在盩厔縣

王重陽在金遇異人度爲全眞其徒丘處機輩爲張大其說而行之其道以全眞而兼禪者此碑爲密國公璹撰李道謙書書亦模仿平原尚不及姚燧仙跡碑　趙氏石墨鐫華

按道家全眞教至元始有此名以王重陽爲之祖此碑蓋述重陽之道行也撰者題云前金皇叔密國公金源璹碑刻于元世祖時故稱璹爲前金金源者建國之號也金史地理志上京路即海古之地金之舊土也國言金曰按出虎以按出虎水源於

此因取以建國而璹乃用以著其籍也璹史有傳附越王傳後越王者世宗子諱永功元妃張氏所生其昭德皇后生子諱允恭爲世宗第二子允恭生子珣嗣位爲宣宗尊允恭爲帝廟號顯宗宣宗生子守緒嗣位爲哀宗碑文撰於哀宗之世璹父越王與顯宗同爲世宗子璹與宣宗同爲世宗孫故哀宗稱璹爲叔父也傳稱璹本名壽孫世宗賜名字仲實一字子瑜喜爲詩工眞草書正大初累封密國公與文士趙秉文楊雲翼雷淵元好問李汾王飛伯輩交善大興初臥疾是時曹王出質璹見哀宗曰聞訛可欲出議和訛可年幼不若諳諫恐不能辦大事臣請副之上慰之曰承平時叔父未嘗沾溉無事則置之冷地緩急則置於不測叔父盡忠固可天下其謂朕何于是君臣相顧泣下未幾以疾薨生平詩文甚多自刪其詩存三百首樂府一

白首號如庵小藁其詩今見於中州集者四十一首而文無傳焉遺山云密國公壽百年以來宗室中第一流人物也少日學詩于朱巨觀學書于任君謨文筆亦委曲能道所欲言所居有樗軒又有如庵自號樗軒老人此碑序末自稱樗軒居士者以此王氏金石萃編

按王氏金石萃編以此碑屬於金以密國公之撰文且其收錄不及元代故耳今依年號改正

重陽仙跡記 存文錄後 至元丙子

碑高九尺三寸廣四尺四寸二十六行行五十九字劉祖謙撰文姚燧正書并篆額在盩厔縣

終南山重陽祖師仙跡記　何志淸開字　孔老之教並行乎中國根源乎至道際六合無內外極萬物無洪纖眞理常全無有欠餘固不可以淺識窺測或者剗彊名之原指成德之跡互相挑斥

是此而非彼而二家之言遂爭長於天下是不知天下無二道聖人不兩心所以積行立功建一切灋導迪人心使之遷善遠罪洋洋乎大同之域其於佐理帝王一也爲老氏者曰吾實慈儉又曰常善救物與夫孔聖本仁祖義之說若合符契今觀終南山重陽祖師始于業儒其卒成道凡接人初機必先使讀孝經道德經又教之以孝謹純一及其立說多引六經爲證據其在文登寧海萊州嘗率其徒演瀀建會者凡五皆所以明正心誠意少思寡欲之理不主一相不居一教也師咸陽人姓王氏名喆字知明重陽其號母孕二十四月而生美鬚髯目長於口形質魁偉任氣而好俠少讀書係學籍又隸名武選當天眷之初以財雄鄉里歲且饑人多俘亡有盜盡刦其貲以去一日適因物色得盜終不之問遠近以爲長者正隆己卯間忽遇至人於甘河以師爲可教密付口訣

又飲以神水自是盡斷諸緣同塵萬有佯狂垢汙人益叵測慮夫大音不入俚耳至言不契衆心故多爲玩世辭語使人喜聞而易入其變怪談詭千態萬狀不可窮詰嗚呼箕子狂九疇敘接輿狂鳳歌出權智倒橫直豎均於扶世立教良有以也師後於南時村涌地爲隧封高數尺榜曰活死人墓又於四隅各植海棠一株曰吾將來使四海教風爲一家耳居三年復自實之遂遷於劉蔣與和李二眞人爲友各結茅居之至大定丁亥夏復焚其居人爭赴救師婆娑舞於火邊且作歌以見意詰旦東邁徑達寧海首會馬鈺於怡老亭馬亦儒流中豪傑者初未易許師故懇師庵居固其扃鐍率數日不給食縱與食之亦未嘗見水火跡或時夜就馬語莫知其所由來及去追之不及扃鐍如故間與魂交夢警分梨賜芋之口不一馬於是始加敬信與其家人孫氏俱執弟子禮又得

譚處端劉處玄丘處機王處一郝大通等七人多類此號馬曰丹陽譚曰長眞劉曰長生丘曰長春王曰玉陽郝曰廣寧孫曰淸靜散人迩結爲方外眷屬迨己丑季秋留王郝於崳崙山携四子西歸抵汴寓王氏逆旅無幾何呼丹陽付密語無疾而逝春秋五十有八四子歸其柩葬於劉蔣故庵之側丹陽因廬於墓次今之祖庭是也師先自六年前於長安欒村庵留題云害風害口舊病發壽命不過五十八乃知仙齡有期非偶然也有詩詞千餘篇分爲全眞前後集傳於世王峯老人胡光謙爲之傳及丹陽嗣教從之者益衆其徒遂滿天下丹陽東歸長春因劉蔣故庵大加營葺玉陽又買額靈虛觀凡住持者始受度爲道士以奉香火世宗皇帝素欽其名嘗遣使訪焉戊申春長春玉陽應命至京師賜以冠巾條服命居大長觀尋又徵至北宫長松島與語大悅語於島西築

宫庵居之承安泰和間道陵亦屢召玉陽長春至闕下賜居修眞觀以待召問玉陽得號體玄大師自丹陽而下所爲歌詩各有集而郝廣寧獨遂於易備見於太古集中至正大初密國公璹讚云全眞道東四子傳化四子謂誰丘劉譚馬德其亞者王郝與孫共成七賢贊我眞人玉陽長春大啟其門遭遇聖朝爲王之賓瀛海渺然仙蹤宛存細玩此讚其師資道業榮可見矣僕適承乏翰林與提點嘉祥觀冲虛大師李志源及提點中太一寧冲虛大師于善慶無欲公李志遠爲方外友因索鄙文以紀重陽仙跡僕往年從事鄠亭密邇靈虛宿聞眞風故就爲之說使後之學者知師出處之蹟其功用及物若是之大得以考觀而推行焉若其出神入夢擲傘投冠其佗勝淩滅沒之事皆其權智非師之□教學者期聞大道無溺於方技可矣是不得以固陋辭天興元年九月初吉

翰林修撰同知制誥嘉議大夫上輕車都尉彭城郡開國伯食邑七百戶賜紫金魚袋劉祖謙謹記安西王府文學姚燧以至元丙子中秋日書幷題額　陝西四川等路道教提點洞觀普濟圓明眞人高道寬重陽萬壽宫提點悟眞了一襲明眞人申志信　衍眞復朴純素眞人張志悅立石　功德主昭勇大將軍京兆路總管兼府尹兼諸軍奥魯總管營繕司大使趙炳　營繕司副使王海　京兆等處採石提舉謝澤　助緣龐德林

姚牧庵燧追書金劉祖謙文文頗蘊藉而書全法平原但波拂鈎磔稍不及因以知勝國時不乏能書者也趙氏石墨鐫華

按重陽仙跡記咸陽亦有一碑係至元己丑劉汾追書劉祖謙文與此碑文同字異較此少遜故不重錄附記於此

餞洞陽西歸詩　存詩錄後　至元丙子

石方一尺三寸十一行行十三字井道泉詩正書在西安碑林

奉餞制授諸路都提點洞陽公西歸故隱希笑擲　終南埜　井道泉頓首　嶺上雲霞澗下泉玄都子午谷玄都壇顯化顯明宫顯化堂兩因緣地分涇渭餘三舍面隔參商二十年攜手燕山應偶爾分襟蓟水復茫然他時料得思君處記取秋風夜月天　至元丙子眞元日住持門人焦德潤上石

重修宣聖廟記　存文錄後　至元十三年

石高七尺二寸廣三尺三寸三十一行行六十二字徐琰撰文正書在西安文廟

大元國京兆府重修宣聖廟記　前陝□□□□□□行尚書省左右司郎中徐琰撰　古之教者家有塾黨有庠術有序□有學凡始□□□□學必□□□□奠先聖先師故學必有廟後世以孔子爲先聖□孟爲先師冉閔而下九人益以曾子爲十哲皆侍坐而

配享焉自餘六十三□子及左邱明公羊高孔安國劉□荀□楊雄鄭玄王弼之□二十四大儒繪□兩廡春秋二仲月日□□于祀用王者事自天子京師達於郡邑咸遵此制唐以□莫之或廢也金季板蕩中原邱墟所在廟學□爲□□大元開創撫有方夏謂生民不可□日無教孔子一日不可無祀所首□□□□□□□歲□□□□□□□□濟南曆□銀宣聖廟於兗州曲阜之闕里其他□□□□□廢之議未遑及之然修之與否各在甚□□□□□□爲不爲耳京□舊有宣聖廟辛卯棄城殿宇傾頹總管屯□□□持僅存甲辰歲征南先鋒使夾谷□□□□□□國□□□□□以修復自任既葺正殿復起二門工粗畢而力不繼又十餘□□平章廉公參□商□宣撫陝□乃爲構其兩廡繪事未興三公入相迨轉運使□□□□□□□學也率□□□□□爲圖之□歲既久後就者雖新而

先成者已復囗囗正殿囗建規制囗囗材植撓弱囗囗囗囗囗楝
爲之腐敗囗床之漏適囗囗囗囗學之師生蹙額仰視無以指
囗囗授囗庭騰書有司走謁當路遑遑焉汲囗囗若不能一朝居
囗囗囗陝西四川行尚書省平章賽公屬有疆埸之事囗囗囗囗
囗囗囗囗囗囗囗囗囗囗囗囗下徘徊顧瞻已而嘆曰今大爲
教於世囗囗而囗夫子是其囗囗囗者何其崇敬之甚也且以
囗囗囗囗囗囗囗碧囗囗囗囗介乎民囗囗囗囗囗囗囗囗囗
區囗猶不減二三一縣凡幾鄉一州凡囗囗一府凡幾州合而
囗囗爲風俗囗囗囗囗囗囗囗一囗方之二家不爲過分而狼籍若
之則不可勝囗囗囗獨囗囗囗囗囗囗囗囗者囗是秦囗囗囗囗
此囗囗之德襲人之教囗於其門者囗囗愧於囗囗囗囗囗囗囗
葺之囗囗囗聊囗囗囗囗爲諸公倡囗囗囗囗囗囗囗囗暨在囗

續陝西通志稿【卷一百六十一　金石二十七　六

囗囗莫不欣然讚歎咸願出囗而助囗囗平章賽公之囗囗許以
欒材別囗餘囗糯囗囗囗石囗囗通計囗囗所鳩之貲總爲囗囗
囗囗囗囗新易舊以崇囗庳囗囗蔵事綽綽然有囗裕矣命囗
囗囗囗囗判寇君元囗董其役經始於至元七年之冬囗囗於囗
囗之夏囗大成殿爲七楹高其囗囗囗囗囗囗乃命工吏囗先聖
先師囗囗囗囗十囗之像囗囗囗囗尤甚囗從改作石臺
囗也囗囗囗囗囗囗之又作二堂於大門囗內東囗先正七賢之
孝經唐明皇之御書也囗囗起囗囗囗石刻九經開成間之囗
祠西囗囗囗囗之囗祭囗有章宗御有廚囗其壇槐某市線囗
囗囗囗楔丹雘之華塗墍之餘囗所囗囗囗皆嚴公之指
授而綱維囗囗是修飾之潤色之判囗囗囗功爲多爰擇吉
日舍菜告成諸生濟濟駿奔在廟囗囗囗明法庭宏敞肅深囗

重門洞徹囗囗囗囗筆鏞間囗囗囗囗旋登降揖讓三獻而退邑
里之民囗囗識古則囗囗囗愉愉囗囗有感囗囗囗之意既囗事
囗囗先生招諸生囗館囗囗之囗囗囗囗囗囗囗斯廟之囗
囗囗非直爲觀美也蓋以懿德之在人非囗囗囗囗囗倫之在
人非學無以明之囗秀俊造之囗囗在人非學無以辨囗之囗民
則有囗囗囗囗廟以囗牆囗囗思學以陶漸摩之囗其所由
來尚矣秦中自囗囗王所都首善之制歷代相承人材之囗囗囗
淵藪風聲氣習薰釀涵浸視他道爲獨異囗囗囗囗樂辟雍有
周之典也繼之以靄靄王多吉士惟君子囗媚囗天子開設學使
旁求儒雅以闡大猷西漢之規也囗之囗囗囗囗人文武並興名
臣輩出增囗囗囗二百囗鼓篋升筵八千餘士大唐之則也卒
之以積學成功囗談辯治囗有其人光乎信史曰宋曰金踵跡於

續陝西通志稿【卷一百六十一　金石二十七　七

泮宮登名於天府囗傳記所載囗不讓乎鄒囗囗囗囗囗囗囗
囗今聖天子孜孜求治網羅賢俊郡國文學妙齡秀發之士朝取
一人焉拔其尤暮取一人焉拔囗囗囗囗臺閣囗囗遍自關以
東無郡無之獨吾京兆囗有一人囗詔者非天降材爾殊是亦教
誨涵養敦勸之不至也行臺諸相增崇廟學其意以此竊囗囗囗
囗囗囗儒囗國家寬恤之典世世囗其囗無繭絲之供無二踐之
徭飽食囗囗囗其囗書業稍精行稍囗官囗囗之囗囗囗謂儒囗
道最高囗　始囗爲不妄何憚而不囗囗囗廟之不葺有官君子
囗其責而塞之矣學之不講囗與囗曹之事也諸君幸努力焉東
平徐琰在囗囗囗囗請記於石以爲重修囗記先生曰諾於是
乎書　至元十三年九月日　昭勇大將軍京兆路囗囗兼府尹
諸軍奥囗總領營繕囗司大使趙炳上石

按此碑漫漶已甚中間一段幾成沒字碑不能句讀姑就可識者錄之

儒生頌德碑（至元十四年　存文錄後）

陝西學校儒生頌德之碑并序（碑高九尺一寸廣四尺二寸二十五行行五十二字孟文昌撰文僕散祖英正書駱天驤篆額在西安文廟）　王府典書京兆路儒學教授孟文昌撰　前司大臺判府學學正駱天驤篆額　嘉議大夫前隴右河西道提刑按察使僕散祖英書　夫武以禁暴文以致治文武相須恃為長久斯百王不易之道有國家者蓋不可闕而偏廢也大元應天革命開創基業神兵一耀萬邦景附日月所照戒惟人口無思不服威武之彊提封之廣徵諸往古蔑以加焉太祖太宗恢廓規模未遑之事然猶設科取士給復其家中優選者並蒙寵擢澤延于世幾五十年聖恩可謂博矣皇上龍飛踐祚作新斯

民永思為治之要首崇儒雅網羅耆舊咸登之朝收攬豪傑位以不次興禮樂定制度昭文物紀聲明樞機品式燦然具備至元十載皇子安西王胙土關中秦蜀夏隴悉歸控御宸眷西顧實為藩輔稽古建官一新庶政發號施令恒以愛養基本為務蠲賦稅之常調以恤群生省徭役之重困以息衆力平獄寬刑去瑕蕩穢弛山澤之禁罷關市之征無非便利之道間者有司以舊制儒其戶者止當復身賢王廬文風不振特頒教令凡士之居境內皆隸儒籍乃全復其家敕所在毋擾敦勸學者以風四方士當斯時歡若更生何其幸歟館之諸生相與言曰竊聞昔漢河間王修學好古招致道術奏獻雅樂東平王樂於為善不惜金帛購求遺書名垂簡冊至今稱之我賢王敬老尚德本于天性命相舉賢月給廩秩獎拔後進開文學府遺左右旁求經籍增飾泮宮廣設黌宇隆恩以育人材厚禮以聘儁彥俾士類出甿編之雜無繭絲之供獲處樂土熙熙于于復聖道於已熄救斯文於將墜方之二王德邁遠矣且儒館獻歌昔人所美敢攄下情揄揚吾王盛德萬一以代輿人之誦遂作頌曰　於昭聖皇丕宣重光首出萬方廓除祲氛載恢帝勳經緯以文道屯而亨不啻不遑大振天聲更造人倫一陶化鈞所存者神百廢具興久晦乃明正學復鳴王邸疏封啟土關中巴𦍑是同恩波是覃自西自南如海斯涵養老優賢俾脫戶編獨戴二天既昫既濡其樂于胥風以詩書有來青衿學校如林藹然徽音汝有猷為薪之槱之好爵爾縻文教孔彰全國熾昌永燭無疆　至元十四年十月望日

重立文廟諸碑記（至元十四年　存記錄後）

（刻在學公牌碑下截高　尺四寸廣二尺二寸二十二行行二十四字孟文昌撰文駱天驤正書在西安碑林）

重立文廟諸碑記　府學正駱天驤書　物生天地間有象則有滋有滋則有體凡物之大小雖異至於顯晦成壞莫不存乎數夫石之寓物蓋有形而無情伐而為碑刻鏤諸文章字畫垂法後世曠代罕遇之奇事也京兆府學昔為國子監石經之次諸碑它郡所亡有如秦丞相李斯暨陽冰之小篆晉右軍王羲之之行書唐顏眞卿柳公權虞世南之眞楷宋郭忠恕僧夢英之衆體是皆古今昭昭著人耳目爭先覩之為快者其毀折摧仆不知其幾年矣觀者歎惜未如之何一日客僧遠方來自稱能煉藥補石時人始弗知案牘雷君因事在廟學仰瞻殿障之未具首出淨貲命工增葺而繪飾之遂試僧術倡之於前總管任公慨然為僕言予之先世嘗以貢士讀書是庠遭亂以歿予幸復居長安家稍優饒有子

有孫豈非由聖人之門父祖垂裕所致歟顧卒成勝事迺備錢百餘緡經費一資于己俾前代名碑斷者垂續廢者載立得還舊觀皆公之力也公諱佐爲人誠篤仕錦院大使雷君諱時中字敬之幼失父事母盡孝友愛同氣鄉黨稱之領提舉司案牘二公樂於向善在流俗中誠不易得僕嘉二公用心喜物數有歸文教復興之兆姑書以爲樂善之勸併識歲月云　王府典書京兆路府學教授孟文昌記　大元至元十四年正月望日學錄徐鼎　學正董溥立石　府學生王仁刊

老君庵詩刻　存　至元十五年　欵謙後　詩不錄

未見原石不詳尺寸　馮時貢七律　首在鄠縣觀村

至元戊寅春三月日日進義校尉盩厔縣主簿兼尉馮時貢題鄠縣天慶宮前知宮趙志元立石衍貞大師貞陽白拱眞刻

右詩在觀村老君庵有曰疏通汧渭河千里灌溉岐鄠稻萬畦當是頌道士宋口敬導修水利之詩餘甚俚不錄

崇靈觀碑記　存　至元己巳　文錄後

未見原石不詳尺寸王博文撰文僕散祖英正書在渭南縣

至元己巳之春宣撫趙公介黃冠師朱德明子玉孟志貞子正來相見曰二子素聞吾友嘗從事於文字間故來參訪且出其志貞之狀曰渭南縣治之南一舍而近有觀曰崇靈乃昔將軍處子隱之祠元康中氐人齊萬年反命處征之力戰而歿秦人思而祠之金大定間賜額曰崇靈左掖太華右抱驪山南挹靈台北瞰渭水雲山之秀拔樹林之蔽虧風土高爽原隰饒沃麻麥錯布桑棗交映實人間之奧區關中之佳境也主觀道士去來無定不可枚舉至元甲子縣民孫貴梁進等禮請子玉主持之子玉潁川人幼值壬辰兵革之際流遇陝右九歲禮丹陽子馬尊師之孫太華李通源爲全眞師院門既大敬奉之家衆喪葬所須必齋錄之薦命子玉學之子玉性聰穎不碁歲曲盡其能且倜儻瀟落喜接賓客人有過門酒食芻粟必令豐厚家之有無不計也善於應物人有所託極力營爲己之利害弗顧也間從士大夫游酒酣耳熱談笑起舞忘形忘世人之毀譽弗問也平生慕子隱之風義故居其祠志貞所述如此宣撫公曰子玉之意欲以己之出處與其觀之梗概勒之貞珉願屬筆於子幸無辭焉予曰子玉之爲人已詳見於志貞之狀茲不再陳所謂慕子隱之風義故居其祠者請擴而論之夫人之稟性所尙不同同則相親異則相疏無古今之殊也同則移千載爲一朝不同則揆一朝爲千載今關中士民浩浩子玉與之禮貌非不相際也言語非不相接也而不與之如膠漆之永固

金石之不變子隱之歿下竟於今數千百年矣而乃爲之朝瞻對而夕揖拜不啻若父兄之尊師範之嚴何耶志同氣合忠烈果毅有以感發而然非矯揉勉強而爲之者正孟子所謂一鄉一國天下之善士斯友一鄉一國天下之善士爲未足而又尙論古之人也觀子玉志尙如此則其爲可知矣或者曰學道之人唯當飲淵中衣蓬髮垢首木石之與居鹿豕之與游一塵不挂於心一事不動於想世身兩忘順以待盡豈可希慕古人交引外物以求聲譽其於爲己之學不亦遠乎予曰不然夫知道之人以天地爲聚落以古今爲朝昏其視一身也若太倉秭米然而好善惡惡是是非非之心實彝秉固有之良能有不可斯須而泯者大方之家實不憒憒跹跹而已也若子玉者誠所謂擴達通方之士與若夫興造之規制道侶之姓名傳授之派別固略而不贅也

崇靈廟者土人祠周孝侯處而設也碑只載處與氏人齊萬年戰歿事謂秦人思而祠之措詞得當明人因之乃謂孝侯即渭南人且指到獸山爲孝侯殺白額虎地附會縣東之赤水橋爲即長橋穿鑿可笑碑云崇靈金大定間賜額 畢氏關中金石記

天眞觀四至題字 存款錄後 至元十六年 未見原石不詳尺寸在鄠縣

京兆鄠縣東關大慶宮下院天眞觀四至地土步所下項觀東右墻外東至四百步觀西水渠西至四百步觀南至党家退水渠觀北墻外北至一百步内南北水磨四窠至元十六年正月日

題云京兆鄠縣東關天慶宮下院天貞觀以前十一年方嚮攷之即鄠州也前云州此云縣是改州爲縣當在十一年之後十六年之前矣史云至元元年省鄠州爲鄠縣恐非又史稱十六年改京兆爲安西路總管府此猶稱京兆則在未改以前可知

畢氏關中金石記

按天眞觀畢氏作天貞觀當係筆誤

開澇水記 存文錄後 至元十六年 碑連額高七尺六寸廣三尺八寸二十三行行四十一字薛友諒撰文并篆額孫德彧正書額題棲雲眞人開澇水記八字篆書在鄠 歷縣

棲雲王眞人開澇水記　虛靜大師賜紫張居安刊　終南澇谷之水關中名水也淵源浩瀚隨地形之高下批崖赴壑枝分其流去山一舍徑入於渭然無疏導之功初不能爲民用丁未春棲雲眞人王公領門衆百餘祀香祖師之重陽宮至自汴梁寓館于會仙堂之西廡愛其山水明秀一日杖藜緩步周覽四境語其徒曰茲地形勝其有如此宮垣之西甘水翼之已爲壯觀若使一水由東而來環抱是宮可謂雙龍盤護眞萬世之福田也其可得乎即與一二尊宿親爲按視指東南澇谷之口行度其地可鑿渠引而致之於是聞諸時官太傅移剌保儉總管田德燦二君深嘉賞焉遂給以府檄明諭鄉井民庶應有所犯地土無致梗塞公迺鳩會道侶僅千餘人揮袂如雲荷插如雨趨役赴功其事具舉曾不三旬大有告成之慶澇之水源源而來自宮東而北縈紆周折復西合于甘連延二百餘里穿村度落蓮塘柳岸蔬圃稻畦瀟然有江鄉風景上下營磨凡數十區雖秦土膏沃但以雨澤不恒多害耕作自時厥後衆集其居農勤其務闢荊榛之野爲桑麻之地歲時豐登了無旱乾之患兩涘居民舉爪加額曰非王公眞人之力則弗能如是豈特爲吾生一時之幸寔奕世無窮之利也感戴之心誠有不能已者至元己卯公之高弟安西道錄吳道素持秦蜀道教提點眞人李天樂所紀本末求予文之石予嘗以後學荒謬不足發揚盛事之萬一然而吳君之事師也既不忘其本又能述其功以若輩觀之亦鮮矣感其意而勉爲之記且古之人一言一語有補於時者必載之傳記況公處虛寂淵默之境不挾權勢不取民財以孑然之身利及後人者斯亦有功於時哉向使不爲羽衣之流朝廷儻加錄用推是心而行其道則必大利於國家天下者又奚止潤色道門而已邪噫身寵家溫恬居民上使觀公之行事得無少愧於中歟公諱志謹曹州東明人自幼入道師太古郝宗師得全眞性命之得以高明博大之器爲時推重嘗游歷四方每至其處輒以興利濟人爲己任故受公之賜者不可以數計中統辛酉我朝超贈惠慈利物至德眞人奇跡偉行生平尤多獨以有功於後世生民者書之餘不書　安西王府記室參軍薛友諒撰

幷篆額　開玄崇道大師安西路道門提點賜紫孫德彧書　大
元至元十六年歲次己卯中元日立石　正議大夫陝西等路行
尙書省參知政事趙仁榮

馬眞人道行碑（存文錄後　至元癸未）

（碑高一丈廣五尺二寸四十二行行八十六字王利用撰文李道謙篆額孫德彧正書額題全眞第二代丹陽抱一無爲眞人馬宗師道行碑銘二十字篆書在盩厔縣）

全眞第二代丹陽抱一無爲眞人馬宗師道行碑　翰林直學士
中順大夫陝西漢中道提刑按察副使王利用撰　嘉議大夫安
西路總管兼府尹李頻篆額　三洞講經開玄崇道法師安西路
都道錄賜紫孫德彧書丹　天地無爲而全道至人悟道以全眞
廣大簡易不見其朕資生資始而弗能主名道全於內者其天地
乎屈伸消長莫測其變德參化育而必臻其極眞全於內者其至

人乎丹陽馬宗師瑞金蓮於東海根玄教於重陽口口於金源氏
全盛之時流派於我大元開敽之始與夫廣成鳴道於上古混元
垂教於姬周沖虛南華玄言於戰國之世者無以異也師諱從義
字宜甫世業儒係出京兆扶風漢伏波將軍援之後五季兵亂東
遷寧海因家焉祖覺字莘叟以孝行稱父師揚字希賢容儀可觀
沈默有度事親爲學綽有父風客或驚走以紬褸擲於家者視之
兼金也白於父藏之以待旬日客至即付之客謝曰吾呂德也居
幽谷村以淘採爲業積金兩鎰將鬻於市遇於監稅者賴公獲免
願中分以報希賢固卻之呂曰公有黃向風義後當有高士出焉
他日訪幽谷人無姓呂者始知其異人也師將育母唐氏夢麻姑
賜丹一粒吞之覺而分瑞金天會元年癸卯五月二十日也昆季
五人以仁義禮智信命之故號五常馬氏師次子也童時常誦乘
雲駕鶴之語及長善文學不喜進取適李無夢煉大丹於崑崙山
幾三載矣曰仙至則丹可成一日師游其側無夢見而異之曰是
子額有三山手垂過膝眞大仙之材因爲之讚曰身體堂堂面圓
耳長眉修目俊準直口方相好具足頂有神光宜甫受記同步蓮
莊既而丹果成忠顯孫君惜師才德以其子妻之凡三息曰庭珍
庭瑞庭珪師嘗補試郡庠夜夢二衣褐者一素補兩肩跪而泣曰
我輩十餘萬命在公所主言訖而去逐之入屠者劉清圈中壁有
字云我輩已亥十萬人大半已經辛已殺此門若是不慈悲世世
軸頭常厮抹既覺聞屠豬聲往視之則清之子阿澤屠二豬其一
肩白欲止則弗及也始悟已亥豬也辛已淸之歲屬也詣術士孫
子元占之以決其惑因稽壽幾何曰君壽不踰四十九師歎曰死
生固不在人曷若親有道爲長生計已而與客奕碁乃失聲曰此

一著下得是不死矣大定七年丁亥秋七月師偕高巨才戰法師
飮於范明叔之怡老亭酒酣賦詩曰抱元守一是功夫懶漢如今
一也無終日銜杯暢神思醉中卻有那人扶中元後復會重陽祖
師造其席戰師曰布袍竹笠冒暑而來何勤如焉曰宿緣仙契遝
來訪謁與之瓜即從蒂食詢其故曰甘向苦中來復曰奚自曰終
南不遠三千里特來扶醉人師心自謂曰前所作有醉中人扶之
語此公何以得之就叩何名曰道曰五行不到處父母未生時席
間談道多與師合乃邀居私第出示所述羅漢頌口十六首祖師
賡和宛若宿成遂心服而師事之先是師夢南園地中一鶴涌出
今茲欲爲祖師口庵祖師即指鶴出之地師大異之庵既構字之
曰全眞師欲從祖師西遊以累重難之祖師乃盛陳離鄉遠遊之
樂以開口焉是月十月朔祖師令師鎖庵齋居百日日止一餐雖

隱冬祁寒惟筆硯几席布衣草履而已口神和暢若寒谷回春者
焉八年春正月十有一日庵始起鑰祖師謂師曰將謂汝三敗日
從我西邁直鎖害風百日乃作一揚奇恠師悟以貲産付庭珍輩
以離書付孫氏遂易服而道焉祖師以師夢中歌有燒得白煉得
黃便是長生不死方之句命師更名鈺字玄寶號丹陽子師又夢
從祖師入山及旦祖師呼曰山侗因爲小字焉居崑崙之煙霞洞
師忽患頭痛殆若無所逃者祖師令醫於家一日謂門弟子曰昨
日馬公飲酒其破道乎使口之師蓋藥用酒引不覺過量疾甚人
復曰馬公將死矣祖師拊掌歎曰吾遠行知友緣信道不篤而至
此耶乃以鍊心語療之曰凡人入道必戒酒色財氣攀緣愛念憂
愁思慮此外更無良藥矣疾遂愈其年十月朔令師焚誓狀於文
登蘇氏庵師從祖師至汴寓王氏之旅邸飲食起居悉以仙機示

之鍛鍊既久遂成秘印十年春正月四日祖師將昇師請曰鈺當
爲吾師服祖師曰可赴終南劉將之故居囑以後事而逝師皆諱
劉曰曰道友入門謁和李二眞人詣劉將祖庵居之十二年春化
自然錢於長安市中復護仙柩自汴之秦歸葬劉將遵遺命也師
居廬頭分三髻三髻者三吉字祖師之諱也十四年秋夕師與三
道友言志於秦渡鎭眞武廟師曰鬭貧譚曰鬭是劉曰鬭志丘曰
鬭閑翊日乃別師復歸劉將搆一廣庭爲環居之所手書祖庭心
死以表其顏庵爲祖庭自此始也師謂門人曰一晝夜凡幾何對
曰十二時曰十二時中天地造化曾少停息否對曰無師曰學道
者亦如是矣十八年就化華亭劉昭信李大乘不果乃賦詩曰錦
鱗不得空滂漉收拾綸竿歸去來大乘即悟遂執弟子禮賜以靈
陽子之號十九年春二月師築環華亭大乘亦與焉牆外來禽一

株枯已久矣四月十四日移植環內以水沃之曰今日口陽降世
辰也予生於五月二十日至日此樹生葉矣仍作頌云天上三十
六地下三十六天地入寶瓶七十二候足大乘請釋其旨曰此隱
語也其應有日矣及期綠葉敷榮始知移植之日至五月二十相
去三十有六是天地晝夜合爲七十二候也大乘因作異木記以
誌之秋八月遷居隴州佑德觀解元李子和輩願執几杖以從繼
而棄俗歸道者不啻百餘人二十年春東還祖庭適長安居蓬萊
庵從善友趙恩請也秋八月旱師祈雨詩云一犁沾足待何時五
五不過二十五至日果雨二十一年冬師謂門人來靈玉曰世所
稱衣服舊弊重修潔者何名曰拆洗師曰東方教法年深弊壞吾
當往拆洗之未浹旬官中有牒發事遂以關中教事付丘長春爲
主張焉仙仗東歸過濟南有韓淘清甫者慕康節之爲人所居號

安樂園禮師乞乘開發師曰夫道以無心爲體忘言爲用柔弱爲
本清靜爲基節飲食絕思慮靜坐以調息安寢以養氣心不馳則
性定形不勞則精全神不擾則丹結然後滅情於虛寧神於極不
出戶庭而妙道得矣淘謝曰大道鴻濛無所扣詰今聞至言得其
門而入矣師嘗說四體用云行則措足於坦途住則凝神於太虛
坐則勻鼻端之息臥則抱膝下之珠類此甚多蓋言道人分內事
也二十二年夏四月至寧海未幾行化於文登之七寶庵門人穿
井九尺而大石障之師乃云穿鑿須加二尺深甘泉自有應清吟
及疏鑿尺有八寸泉乃湧出冬十二月晦師謂門弟子曰今日有
非常之喜遂乃歌舞自娛二十三年春正月報者云仙姑孫不二
返眞於洛陽矣冬十月下元日文山令尼口古武節請師作九幽
醮師謂口口來靈玉曰空中報祖師至青巾白袍坐白鶴於碧蓮

葉上龜曳其尾見於雲表道俗歎呼焚香致拜居無何回身側臥東南而去十二月師赴萊陽遊仙觀忽肆筆書委形贅其略云大哉登眞路入青冥鱗隨絳節鳳口朱軒鳴鑾佩玉履虛步雲超受眞誥上登玉宸特寓其歸眞之意耳是月二十二日祖師誕辰師仰瞻天表曹瑱問其故曰祖師偕和師叔至當赴仙會矣于知一曰教門浩大胡不憖遺師曰堂堂歸去也作個快活仙謂口眞一曰汝等欲作神仙須要積功累行縱過千魔萬難愼勿退墮果爾然後知吾言不妄矣又曰我開眼也見瞑目也見元來不在眼但心中了然無所不見耳汝緣在北方可往矣時將二鼓師東首枕肱而蛻是夜於劉錫屋壁間留一頌云三陽會裏行功圓風馬乘風已作仙勸汝降伏龍與虎自然有分亦登天俄頃人云師已仙矣方悟留題蓋師之神也初崑崙紫金山東華庵有松數株變青

爲白師曰松之白殆爲我乎不半載師果逝焉長生玉陽二宗師來莅喪事七日卜兆於游仙觀而安厝之二十五年邑人疑仙骨口右門人盜去萊陽宰顯武劉公啟柩視之貌如生乃更衣於金玉堂復葬之師幼習儒長克家有不貲之產而樂周急故得輕財好施名禮所謂積而能散者此也雖爲碩士接一童子必致敬焉老氏所謂不敢爲天下先者此也承師訓以闡化援門人以歸眞雖寓形於寰海以濟衆爲已任語所謂人能宏道者此也一遇異人得傳心法日經鍛鍊而不弛其志孟軻氏所謂樂取於人以爲善者此也以致鹹海市之瑞像變苦泉爲靈液口清毀屠具而改行口口漁綱以嚮風所過者化狂恣革其非心所存者神蠢稚爲之雲集果行西秦飛舄東海凡五道場宏師教也故曹瑱雷大通劉眞一于洞眞等數十人寔修眞達道扶宗翊教之士悉出師陶

鑄之手譚長眞劉長生丘長春皆祖師之高弟尊師曰叔師處之裕如也生平所作歌詩皆出塵絕俗之語而口丐後人者亦多矣至元六年春正月璽書加贈丹陽抱一無爲眞人之號十九年秋八月朔住持終南山重陽萬壽宮眞人李天樂持師道行之狀致懇於僕曰吾嫡祖丹陽宗師葬于萊陽進士張子翼作登眞記已識之矣而祖師成己成物盛德大業師能纘成之乘風御氣長生久視之道師能揄揚之祖庭會眞寔本諸此不以貞珉載其道行以詔後人殆爲闕如子無靳其文庶傳其不朽也僕惟道德之源繼繼承承不迷於後世者丹陽師之力也牢辭其可乎乃繫之以銘其辭曰　乾坤大道法自然至人一出千百年道非人弘道不傳人能弘道道始全重陽飽飲甘河泉道眼直視東海堧金熖爍爍開七蓮慨然捉馬揮玉鞭丹陽鴻儒宿有緣行功鍛鍊方且圓

渙然氷釋歸眞僊詞源落紙如雲煙機發如踵崑丘顚降龍伏虎祕法玄知知覺覺無後先道場五闢教乃宣乘風御氣游八埏下視塵世猶天淵若子若孫稱大賢胷中氷雪壺中天傳心嗣法無窮邊　安西路道門提點圓明致道大師郭志祥等運石　至元癸未歲重午日　宣授陝西五路西蜀四川道教提點兼領重陽萬壽宮事天樂眞人李道謙　重陽萬壽宮提點保和寧謐大師高志隱　冲和悟道大師馮志安　冲虛大師王志和等立石　侍者王德囦同刋　宣授隴慶平涼管民長官乾州軍民元帥武饒侯希眞居士劉德山　宣差陝西提領玉局人匠總管崇道居士袁德素　男玉局直長奉眞居士德諒助緣　崇玄大師張德鐫字

丹陽王喆高足弟子也與其妻俱得道王利用爲文孫德彧書

文頗詳腴書亦有平原遺意但用筆過肥不免墨豬耳趙氏石墨鐫華

天慶宮詩刻存詩錄後至元甲申

未見原石不詳尺寸陳亞七律一首在鄠縣老君庵

鄠邑西連五丈原琳宮一徑絶翛然窗含太白山頭雪門鎖華陽洞裏天塢記堆金無逆黨丹成換骨有飛仙我來不遇庚桑楚聊向青童借榻眠　至元甲申春二月望日將仕佐郎陝西漢中道提刑按察司知事陳亞題　天慶宮保眞崇道大師鄠縣道門提領康德仁上石　衍眞大師南陽白拱眞刊

綦公本行傳存文錄後至元二十三年

碑連額高九尺六寸廣四尺三十五行行六十九字李庭撰文孫德彧正書並篆額額題白雲眞人綦公本行碑九字在盩厔縣

玄門弘教白雲眞人綦公本行碑　濡須逸人張德寧刊　京兆

府學教授前進士李庭撰　三洞講經開玄崇道大師安西路道門提點重紫眉山青樓孫德彧書丹并題額　書曰吉人爲善惟日不足謂心無所爲而爲之也易曰積善之家必有餘慶謂天無不報也夫人有奇偉卓絶之行而不得享樂於其身者必在其子孫竊覩白雲眞人綦公之父修仁行義孳孳不懈其於振貧賙急若飲食然勤亦至矣是以上天降監挺生善人仍命仙眞周旋誘掖卒使蟬蛻汙濁之中坐享清靜之福者垂五十年所謂有積於冥冥獲報於昭昭者寧不信歟公諱志遠字子玄萊州掖縣人高祖元亨嘗歷官至安化軍節度使曾祖貞祖得中皆雅志丘園潛德不耀父遵性明毅慷慨負氣洞然無畦畛初綦氏世爲著姓宗族嘗至萬指中有孫悖其徂徠不能力給者皆身任之事既濟未嘗織毫有德色里中人有以飛語被繫有司者義有無辜即爲代之在囹圄中復能以恩信感動獄吏因縱其出入凡獄之寃者多從容設策理出之未幾已亦以恩獲免大定丁亥重陽祖師挈諸眞師西遊乃館穀於其家因語之曰汝將來必有一子爲羽衣遂即其里建龍翔觀朝夕香火敬奉天眞泰和己丑歲饑民有菜色自發私廩爲粥以給之賴以全活者甚衆癸酉兵凶之後遺體徧野親犯寒苦悉以收瘞數獲遺物甚腆必伺其主而歸之無則皆散之以賙不給母張氏亦有淑德事舅姑以敬愿稱既而生公氣質沈厚寡言笑舉止不凡至十五歲嘗使之學辭曰性非所好乃所願則爲神仙輕舉之事父母欲力奪之即屏居一室自潔其形祖師先見之明於茲驗矣迺辭家禮長春大宗師丘公爲師戊寅奉宗師教住持萊州昊天觀大元龍興太祖聖武皇帝天資仁聖志慕玄風己卯冬遣近臣劉仲錄與之偕公卽其一也當是時櫛

風沐雨胼手胝足跋涉數萬里見上於西域雪山之陽宗師承虛己之問乃答以民爲邦本本固邦寧既來之則安之此濟世之要術也是言既奏深契上心玉音獎諭惟恨相見之晚因被旨佩虎符宗主天下道流比回駐車金山之巓顧謂清河尹公曰綦公從我以來山行水宿日益恭敬可謂勤矣觀其氣象將來弘吾教者必斯人矣尹公曰然至燕宗師住持太極宮尋改大長春宮委公總知宮門事授清眞大師號洎以助國救民經籙付之度道士吳志決等以備洒掃宗師既仙去遺命清和嗣教門事公左右維持終始未嘗怠甲午春清和委以山東諸路行緣所至老師宿德皆望風迎迓輦粟帛委堂下者動以千計非誠心妙行有以動人悟物能若是乎戊戌春太宗英文皇帝詔選高道從掌教眞常李公被召赴闕是歲冬奉旨輔洞眞于公偕無欲李公復立終南祖庭

提點陝西教事庚子春遂入長安從府僚請也建立太玄都萬壽宮若驪山之白鹿終南之太一樊川之白雲鳳棲原之長生藍田之金山皆斥其舊而新之其餘宮觀修廢補弊不可殫紀秋太傅移剌公總管田侯皆差官從公持疏詣燕邀請淸和大宗師既畢甲辰春先鋒使夾谷公就祖庭設羅天大醮禮請於洞眞宋披雲薛太霞洎公與李無欲共成五位眞人攝行醮事會皇子永昌王遣使趙崇簡設金籙大醮爲國祈祥遂復同諸公莅事觀其進奏精嚴靈異昭著使回具啓其事因引見待之敬禮甚厚進與醮五位眞人徽號公例授玄門弘教白雲眞人丁未冬太傅移剌公朝佑德觀設黃籙大醮臨壇攝召仆體者百餘人戊申春皇太后遣使楊仲明賫旨寵錫金符冠服仍命領職如故辛亥夏憲宗皇帝即位遣使唐古出持璽書宣諭倚付掌管關中道教癸丑皇太

弟遣使脫懽馳驛諭旨待以師禮乙卯六月無疾晨興忽集衆謂門人申志信曰吾將行矣汝當嗣吾職主張後事仍命經營喪具至七月二十四日順化而終享年六十有六明年改葬於祖庭西北隅仙塋之次已未冬門人將樹碑志信偕本宮提舉郭德山提領李志希等狀其行實來謁文於庭辭再三不獲已謹次序其事按公之爲人恂恂謙退似不能言至論及救時濟物之事屹然山立辭色俱厲言必有據衆皆心服以是宗師獨爲倚重及來關中道價日益隆尋常以恬淡自持未嘗出怪誕之語以誘愚俗而一時達官聞人翕然歸仰四方學徒不可勝數故能名動闕庭登蒙獎賚非踐履純實何以及此今夫世之人所以陷溺其心者惟欲與利耳而公能斷然絕之其視財貨不啻若唾咈然蓋其天資過人遠甚故碑之無疑仍係之以銘曰　綦爲著姓居海濱兮世載潛德生哲人兮天與之性含元淳兮不雕不飾全其眞兮有來提警緊長春兮玄言秘訣授受親兮刳心去智專精神兮始終一節無緇磷兮聖皇嚮道起隱淪兮萬里承師謁紫宸兮一言止殺如其仁兮功塞兩儀孰與倫兮推其緒餘淑吾秦兮食和飲惠鷙猛馴兮列聖相承教益振兮金冠鶴氅寵渥新兮高堂大廈奐且輪兮道遙宴處終其身兮功成厭世迺止賓兮往來翛然肘曲伸兮有不亡者壽無垠兮門人紀德刊翠珉兮千秋萬歲仰光塵兮

至元二十三年著雍困敦中秋日　沖虛安靜大師重陽萬壽宮提點□本宗事賜紫門人蘇志和等立石

敕修通玄觀記

至元二十六年　存　文錄後

碑高七尺五寸廣四尺一寸二十六行行五十二字道士王道明撰文道士孫德彧正書道士李道謙篆額在岐山縣

大元鳳翔府岐山縣官村敕建通玄觀記　高陵湯澤刊　岐古之名邑也自大王開基肇有茲土積德忠厚民從如歸文武纘承

大集厥勳傳世三十歷年八百前代帝王運祚之久未有如周之盛者也且聖哲之誕世莫不由風土英靈之所鍾萃而山澤之增輝莫不由道化仁聲之所傳播人以地靈地以人重理勢相須而然也寥寥千載之下是豈無忠信才德魁奇之士復生其間乎顯而在上必見於致主澤民隱而在下不失爲行義達道者吾於沖玄子符公得之公諱道淸字子明岐之樓底人也祖父鍾善以望族名世公天資耿介狀貌奇偉夙有道心十三辭親出家禮汧陽玉淸觀洞眞于眞人受業于鳳城之岱嶽觀金元光中適兵後郡人揖貲斧拾遺骸瘞之乃設醮三晝夜以公爲濟度師大獲靈應聲動使府保申於朝賜紫授淸虛大師號正大間璽書請洞眞師提點汴京中太一宮公侍往預知宮事癸巳之變從師北徙過中

深渡値夜將半舡人疑其有金帛欲陷害之委之夾灘而去黎明四顧則尙阻深流時共濟者百餘人三日糧匱衆惶不知所措公素不安於水承師命慨然自舊日飢與溺均死也其如百人之命何即向空若有所祝解衣蹈水竟達北岸少頃掉二舟迴迎舉脫其厄大元革命公至東平普照眞人范公一見心賞之請主持上清宮乃保充本路都道錄七八年間上下肅然道風淳靜蓋正容悟物以身率化者然也而又符籙精嚴効應神達四方救治者日接不暇每日汲水貯之大盎中以法祝之逮暮則無餘瀝辛丑春以祖庭會葬重陽眞君發軔西歸自元內翰商叅政楊寺丞而下一時宗工鉅儒以篇什餞行者甚多其爲人所讚重如此及抵鄉里卜終焉計擇地官村背負神崗前臨流水林麓葱倩氣象宏敞喜曰吾得修煉之所矣即率徒具畚鍤除荆榛營爲道院以居洞

眞師過而額之曰通玄觀爲公方議大爲創造以崇像法而天不憖遺乃以乙卯季秋去世門人楊志明董守常領衆誘隣俗疊臺運礎鳩材庀工於舊堂之前搆無極大殿左右洞房三十餘間後建開化之殿及師堂雲室方丈厨庫又於觀西五里之溫家磑置立碾磨油房紡車園圃內外相贍無不周備比於曩日煥然可觀功既成矣志明等爲公之行實與觀事始末不可湮沒而無聞乃摸其師叔淸微子所錄公之事跡求爲記之僕退讓再四不獲已姑爲陳其梗槩夫道者貫有無合內外之理而言也通玄之義道經所載非一與大易所謂寂然不動感而遂通者同一根極玄其體也通其用也玄而通自本以降跡通而玄顯仁以藏用今巖穴之士草衣木食塊坐幽寂若與人事絕者自謂玄之又玄可矣一旦使之應世未有不爲死生是非利害之所惑則道果安在哉迹符公之出處身在羽流而刻意勵行至於臨患難能捨己以濟衆向使得志居位則視民之飢由己之飢溺由己之溺必能禹稷之事觀所謂忠信才德魁奇者豈悠悠淺丈夫之所能乎誠有得於通玄之理者也要之江漢炳靈世載其英誕生賢哲爲世儀表有以見地靈人傑玄相發揮仙宮道院因之立爲不特此耳前汧陽玉淸宮主淸微子馮公諱道眞者道業淸高名振隴右於公爲同門心契亦岐人也故併記之至元二十三年春三洞講經知常盛德大師諸路玄學提舉兼提點終南山甘河重陽遇仙宮事賜紫王道明撰　宣授陝西五路西蜀四川道教提點特賜玄明文靖天樂眞人李道謙篆額　應召講經開玄崇道法師安西路道門提點孫德彧書丹　至元二十六年歲在己丑日南至　通玄觀提點通眞大師賜紫楊志明　提點眞靖大師岐山縣威儀賜紫

董守常等建　外護功德主中順大夫前河南隴北道提刑按察副使巨敏中　岷州長官元帥王襲家臺　從仕郎麟遊縣尹兼岐山縣事竇思永

憑風石記（存　至元二十七年　文錄後）

李眞人門下記（六字在石之上假是題額）憑風石記郿縣東關天慶萬壽宮下院二虎（闕）觀村天（闕）東中渠（闕二行）連（闕）至元二十七年三月日記

右石在觀村道旁高四尺五尺有奇廣五尺有奇下豐上銳似是屛風故題曰憑風石也新出之土中字刓不可辨余親至石下手摸肚畫髣髴得三十九字亦不知其所謂也（郿縣志）

古文道德經（存　至元辛卯　經文不錄）

（共刻四碑首二碑連額高九尺九寸廣四尺各三十行行五十五字額題道德經三字右文第三四碑無額高八尺二寸每行）

十四字三碑廣三尺九寸二十九行四碑廣二尺六寸一十一行高闕右篆乃三三行小篆書跋六行李道謙八分書在盩厔縣

壬子冬十二月予改同制秦安到官未踰月有會眞宮提點張壽符過予求書五千言因循于今僅叁年矣昨因病暇靜中始得書之老子舊有古本歷歲滋久加之兵亂散失不復可見偶於古文韻海中檢討祕輯閱月乃成體制之妍醜筆力之工拙具眼者自能識之時歲舍乙卯冬十月松巖貞隱高翿書于尿齋之心軒

魯之大儒高翿文舉者善于古篆嘗爲會貞宮提點張志偉壽符書道德五千言其筆法之精妙古今罕有掌教宗師玄逸眞人張君近得是書日常珍玩至元庚寅春欽承睿命祀香嶽瀆越三月初吉馳抵來秦駐軍終南山重陽萬壽宮首出囊貲暨此篆文召樓觀提點趙志元董命工摹刻貞石署諸説經臺上昭示永久嗚

呼休哉誠玄門一大盛事予惟玄元氏始以二經授於是臺歷數千百年間久而益尊今宗師眞人復以是經刻石於斯使後學有所矜式其於弘教可謂知所先務矣謹拜手稽首竊識其本末明年辛卯蕤賓日夷門天樂道人李道謙書

余所蓄篆書神禹碑壇山石有疑其非眞者石鼓文出史籀手坡之恍遊三代下此則李陽冰縉雲城隍廟記爲最蓋其字細而遒飛動如神歐陽公乃以細疑之不知篆正以細爲佳如李斯嶧山翻刻子美有肥失眞之誚夫肥爲失眞則其眞正當瘦勁如縉雲碑也不然先塋三墳亦李陽冰手筆何一經翻刻亦肥失眞耶其餘如英太師郭忠恕雖甚誇詡終遜古人高翿者李道謙稱其善于古篆此書雜出頡籀款識古文大小二篆沾沾自喜尚不堪郭忠恕一嗤者暇與諸篆碑同觀而題此於後不知於法當否 趙氏石墨鐫華

經爲翿所書云出古文韻海宋史藝文志無此書字體奇詭失實非古人之遺也唐太宗令傅奕校定道德經古本字字有據如號而不嗄見玉篇今本譌作嗄如春登臺見易州所刻唐明皇注本今作如登春臺儼乎其若容與下句釋字爲韻而王弼本作若容此類甚多惟傅本不誤惜翿不依此作篆而僅依俗本專輒造字未免爲識者所笑耳翿以憲宗乙卯歲書至元時刻石 畢氏關中金石記

正書道德經 存無年月經文不錄

未見原石不詳尺寸正書在盩厔縣

此似出杜道堅李志宗輩而無名氏如枯樹枝無復生意聊與篆碑俱存以備一種 趙氏石墨鐫華

此碑無佳處故士人多不注意無名氏亦無年月因坿於篆書之後

廣慧大師塔銘 存至元 文錄後

石方一尺八寸二十四行行二十二字文廣正書在耀州

講經論賜紫廣慧大師塔銘　學惟眞身絕待非形防質礙可求至理出情豈言談口口可得蓋昔如來爲一大事因緣出興於世始至芳傳鹿苑法暢鷲峯朗昏衢之炬燭濟苦海之舟航終至鶴林示滅天性歸眞大矣哉豁蕩乎眞一之表妙矣哉超絕乎人無能名者歟有延昌寺僧諱文信俗姓雷氏迺華原縣苗裔也自七歲出家十二披剃僧臘二十四俗壽七十九禮本寺德瑀爲師幼而穎睿行解超群長而靈明孤材出衆師乃一生講究華嚴奧旨爲依翼備外教經史爲輔師號之博通性相力贊宗乘四海欽風

諸方仰德耳自至元二年賜紫廣慧大師之號管內兩任都綱之職寔耀地之名賢迺鑑山之巨哲始終美美今古如之師以度僧五人長曰守呈次曰守印守方守一守悟等師一日談玄之懿忽爾示疾不數日而卒矣有師上足守呈謂余曰吾師歸寂之後高顯雖成德銘全缺事已周圓祝余爲銘自愧學識庸疎行能褊淺再三卻之而不允辭不得已而爲之銘曰　有美高僧生居浮世以道資身聰而穎利演妙談玄終朝不二寂滅爲樂頓超塵累絲竹青松三時蒼翠明月清風萬古無異　年歲次月日小師守呈等立石　法弟德楨德敬德休德選德鑾德圓德全德秀德瑞德圯　法姪守祿守忠守才守達　里人無德文廣書丹　奉先僧福錦刊

按此石無撰文人姓名年歲月日等字上均空白未塡亦石刻

之草草者

大佛寺題名十六段 存　詳見葉氏邠州石室錄

江孟燕題名 至元二十五年

一行直下十三字字約徑一寸左右年月十一字在左側均正書

董祐題名 延祐七年

二行行五六字不等行書

伯都裝象題字 甲寅

一行直下十五字年月在下雙行夾寫正書

按裝象三尊者佛像雕繪歲久剝落因裝飾之俾金碧輝煌亦倭佛功德之一也後仿此

朵爾赤裝象題字 癸酉

一行八字年月雙行在下正書上闕數字

文伯顏裝象題字 癸酉

五行行三字正書

裝象殘題字 癸酉

僅存二字正書

俺普裝象題字 甲戌

二行左右分列一行十五字一行十二字正書

伯顏裝象題字 甲戌

五行行四字正書

達魯花赤闊闊裝象題字 甲戌

五行行四字正書

尉溫福裝象題字 甲戌

六行行三字末一行四字正書

池彥文裝象題字 無年號

一行六字直下在元祐范棨題名側行書

張甕吉剌歹裝象題字 年號缺

一行直下存十五字正書下闕

殘裝象題字 闕年號

一行直下存十六字正書下闕

察罕祝天祐裝象題字 年號缺

二行直下一行二十一字一行十二字正書二人同在一石字體亦同當是一時所刻

車力帖木兒裝象題字 年號缺

一行直下二十字正書

厄剌歹裝象題字 年號缺

一行直下十六字在宋永之題名右側正書

老子度關銘幷四子讚 存文見王氏金石萃編 大德四年

碑高六尺四寸廣三尺八寸六分作五層首層度關圖二層銘二十六行行十三字眞宗御製文隸書三層會眞圖四層四子讚二十七行行八字見鶴逸正書額題四子會眞之圖六字篆書下層跋二十八行行七字一虛叟草書在盩厔縣

按老子度關銘檢玉海載眞宗御製獨不見此文惟樓觀之緣起則云關令尹傳曰尹喜結草爲樓精思至道周康王聞之拜爲大夫以其樓觀望故號此宅爲關令草樓觀即觀之始也一云周穆王尚神仙因尹眞人草樓在終南山之陰召幽逸之人尹軌杜仲謂之道士居於草樓之所號草樓觀又搜册府元龜唐玄宗開元十年四月帝夢京師終南山趾有天尊之象求得之於盩厔樓觀之側此又唐時興建之始也樓觀之制陝西通志云唐高祖自以系出老氏玄宗尊爲玄元皇帝詔改樓觀爲宗聖觀宋端拱三年詔改順天興國觀元中統元年改爲宗聖

宫前爲四子堂及文始三清二殿再進則望氣樓後爲宗聖宫後林莽翠繞有台據高崗之上曰說經台此碑稱古樓觀之大宗聖宫蓋觀之改宫始於皇統而碑爲大德年間所立故稱宫也四子者南華爲莊子沖虛爲列子通元爲文子洞靈爲元桑子四眞人讚爲唐吳筠撰至元大德庚子辛丑二年之間住台道士合宋銘唐讚刻石立于說經台上題記於後自稱一虛叟而不著姓名庚子爲大德四年辛丑爲五年 王氏金石萃編

按此碑本宋眞宗製銘大中祥符四年勒石故王氏金石萃編列於宋代然原碑已毀此則元大德間道士照式重刻且有一虛叟題記一虛叟者一虛道人朱象先也故屬於大德

大元重修會雲觀 存文不全不錄 大德四年

按此碑下截斷缺現存者高六尺八寸廣四尺一寸二十八行行五十九字以文義推求每行約缺六七字文不能讀華陽八大洞天一虛道人朱象先撰幷書書法亦遒勁方整有唐碑遺意亦佳刻也在盩厔縣

編纂渭南武樹善

續修陝西通志稿卷一百六十二

金石二十八

元

李眞人道行碑存文廉後大德十年

碑連額高九尺八寸廣四尺二寸三十三行行六十二字宋渤撰文并行書張孔孫篆額額題玄明文靖天樂眞人李公道行碑銘十四字篆書存盩厔縣

玄明文靖天樂眞人李公道行碑銘并序　集賢學士嘉議大夫宋渤撰并書　集賢大學士中奉大夫商議中書省事張孔孫篆額　終南山之尊高雲夢澤之廣闊在天地間不知凡幾區惟二者處今中原故獨稱最鉅亮有神奠之靈明變化雨暘開闔古今以來中有不可測英奇秀拔魁傑壯偉人物之出亦不可常得近世大宗師重陽王公以道德絕倡號稱全眞靄興金大定中始方

羊於東海上既而演溢於八表行幸人口無爲說千載之心傳二百年於茲矣公生終南山下舊居地尚存後其弟子盛啟之擬成宮室歷代崇飾之嗣致香火又勅扁其額曰重陽萬壽宮主宮中務者非名勝閎博之士蓋莫得與其選天樂眞人李公和甫當師席者三十年操行踐履羽流想聞神采言論風旨玄教景其模範諱道謙汴梁人代爲豪家考諱師孟學成行尊不爲舉子計鄉郡高之曰隱君不敢名金末喪亂歲飢出私積賑施貧餓母游氏亦賢譁能助隱君爲善公資秀穎能言便開敏知擬指七歲以六經童子貢禮部天興癸丑金亡朝廷遣使區別四民凡衣冠道釋之流寓者異籍之公在儒者籍時兵革方殷遂改著道者服以謂世利多累弗若究性命之眞終已可樂無窮也遂於三墳五典之正老氏五千言之微及所謂內聖外王之說祠祀上章金丹玉訣之祕咸詣精奧當時全眞之門老師耆德所在尚多爭欲邀致之公悉無所許壬寅西游秦中見洞眞眞人于公持鑑方嚴著見幽顯心然之卽執贄往拜列弟子行洞眞器其賢口以文章翰學事壽傾平生所得舉付之丙午從洞眞演教秦隴戊申春東還鄉里葬其先府君於夷山付家產於姪德令經紀宗族識者口其克終人子之孝庚口洞眞羽化遺命甚勤辛亥眞常李公主玄教署提點重陽宮事憲宗皇帝詔眞常設醮於終南祖庭見公奉職周飭復口口辦庶事于諸方色色具集人初疑之既而咸服眞常知鑒公行方見異聞勝跡仙聖紹舉必詳錄之爲成書以開示後學爲己任戊午誠明眞人張公主玄教俾公充京兆路道錄至元二年陞京兆道門提點臨衆以寬簡平允爲務道民宜之行臺廉㫄諸公皆以名士賓禮故一時帖然無敢譁者九年淳口王公請至京師

授諸路道教提舉尋辭西歸十四年安西王開府陝西得承制除拜署公提點陝西五路西蜀四川道教兼領重陽萬壽宮事仍遺之黃金冠法錦服十五年口復令修大醮祠于重陽宮以公爲領祀師事已錫予優渥且俾刻石紀其歲月十七年世祖皇帝申降璽書守前職二十四年謁嗣安西王于六盤山王錫之皇鈎名馬鞍轡二十五年永昌王遣使致師贊甲午上践祚秋七月賜公號玄明文靖天樂眞人元貞二年夏六月忽微疾已未遽長逝歲七十有八矣公私聞之咸來弔祭無不盡哀葬之日會者數萬人靄五采覆壙上群鶴翔雲中觀者歎異之公純誠精粹負氣正大雖爲道者師不眩以誕不擾以紛不妄語笑平居淡然人莫測其津涘終身未嘗廢書不觀經史百家靡不周覽晨起日課取道德經周易洛誦一通盛寒暑弗輟重陽爲宮四方都會園田殖產收入

不少而自奉菲儉不減寒素問學必踐履許予必公是疏財尙義一錢須內之宮笞掌者敬事亦不敢肆私見欺宮西北有小溪竹石林樾可愛洞眞居時常名曰筠溪公復爲堂其上爲文章詩詠其中積有什一帙曰筠溪集音麗超詣若陶謝風致作者尙之蓋公本儒家子能讀六經及入道者門輔之以淸口性命之學故蓄之胸臆者義理精深溢爲言議則英華粲發非直槁中枯形而已者也往時先輩如紫陽楊先生奐雪齋姚公樞翰長永年王公盤左山商公挺公皆從之翺翔爲方外友許可之文見於往還篇章中岐山舊有周公廟歲久圮公遣徒庇工一復故制長安中有司作新孔子廟堂文助棟宇費十三四無貴賤長幼識與不識聞而賢之著述有祖庭內傳三卷七眞人年譜一卷終南山記三十卷仙源錄六卷筠溪筆錄一十卷詩文五卷大德八年春二年嗣提

點陝西四川道教葆和觀妙開玄大師孫德彧提點佑玄安道通誼大師雷德益等來京師請銘公道行於集賢學士宋渤敬爲之銘曰　道德格言如日星南華綺辯尤丹青西漢玄默尙淸寧魏晉虛譚但儀刑重陽老仙出近世一語蕭然使超詣至今門庭如山立盡掃前代空無弊終南萬仞仙者源天樂獨當師座尊危冠揮塵講黃老口外羽服無間言才品懸殊不可易有竊非據寇且致望之使人意也消大豈知力所能至名山祕府神明司師事勝流尤云宜公如明珠與白璧未嘗即人人即之我昔秦藩老賓客杖屨曾造煙霞室說權說正皆入理不覺傾倒窮日夕公如白雲恒夷猶百年厭世不可留帝居五城十二樓騎麟翳鳳驂遨遊門人上根接性理中下淸脩傳操履文辭斑斑蔚筠溪人得粗餘猶佳士千載令威當飛遠吾其跿之緱氏山非烟非霧空碧際有神將過鄂杜間　大德十年夏五月門人王囗頤司德馨李德裕等建

加聖號詔 存大德十一年　文錄後

石高六尺五寸廣四尺五寸十二行行十七字正書在西安碑林又一石在韓城縣學文同而石亦大小相等

上天眷命皇帝聖旨蓋聞先孔子而聖者非孔子無以明後孔子而聖者非孔子無以法所謂祖述堯舜憲章文武儀範百王師表萬世者也朕纂承丕緒敬仰休風循治古之良規舉追封之盛典加號大成至聖文宣王遣使闕里祀以太牢於戲父子之親君臣之義永惟聖教之尊天地之大日月之明奚罄名言之妙尙資神化祚我皇元主者施行　大德十一年七月日

元史武宗紀大德十一年武宗即位七月加封至聖文宣王爲大成至聖文宣王 畢氏關中金石記

祀西鎭碑記 存大德十一年　文錄後

原石未見照拓本錄入梁口口撰文正書姓名滲蒲明德篆額在隴州

皇帝以大德十一年五月二十二日誕膺寶位遣使乃滿安提點茹道逸十月之冬來自京師至於隴郡欽齎御香錦幡一對銀盒一個重八兩錁銀一錠重五十兩同本州縣官僚備三獻禮致祭於西鎭吳嶽成德永靖王命立石爲之記皇帝若曰天下之廣四海之衆非天地神祇陰相豈能治況在祀典所宜欽祀乎昔舜之陟帝位類於上帝禋於六宗望於山川徧於羣神至於三代莫不皆然故神無常享享於克誠今上皇帝即位之初發乎內衷須以白金香盒錦幡崇儀盛禮遣使敬詣西鎭吳嶽祠下祀香祗獻誠之至也是惟爾有神尙克相予以濟兆民之謂乎君以愛民故宜於神神之眷君故依於德德日新日日新民罔常懷懷於有仁君

之仁德於是無窮爲神之福佑亦無窮爲臣無作姦民不作慝神之聽之以輔君德因書以爲記

文有云皇帝以大德十一年五月二十二日誕膺寶位合之元史則武帝以是月二十一日即位於上都也小異 畢氏關中金石記

劉海蟾詩刻 存詩錄後 無年月

石高九尺六寸廣五尺分南截刻共十八行行八字劉海蟾詩一首宋渤行書字大六寸在盩厔縣

神仙劉海蟾以天聖九年游歷名山所至並有留跡代州壽寧古詩十韻漳東道者宋渤敬而書之　醉走白驢來倒提銅尾秉引個碧眼奴擔着獨壺瘿不讀黃庭經豈燒龍虎鼎自言秦世事家住葛洪井獨立都市中不受俗人請欲攜霹靂琴去上芙蓉頂吳牛買十角溪田畊半頃種秫釀白醪便是仙家境醉臥古松陰閑立白雲嶺要去即便去直入秋霞影　終南山祖庭刻石

按此碑無年月而書者宋渤大德中官集賢學士嘉議大夫嘗爲李道謙撰道行碑故附于大德之末書法摹仿黃山谷挺拔有餘惟神韻欠足耳

華藏莊嚴世界海圖 存圖不繪 皇慶癸丑

石高四尺五寸廣二尺分三截上截二十重世界中截連花世界下截風輪兩邊各書六行行四十四字僧圓悟正書額書華藏莊嚴世界海圖八字篆書在西安碑林

按此圖分世界爲二十重每重各有一佛現世界在十三重佛號如來世尊又分世界各形爲二十種若樓閣形江河形樹林形之類又分山海爲二十種有大香水海環之下有風輪十道兩邊說明十一行字小漫漶不能竟讀亦不能盡曉皆釋氏鋪張之辭先代古物登錄而保存之可也

重修太白廟碑 存文錄後 延祐元年

原石未見照拓本錄文李䄄撰文文禮愷正書郜從禮篆額題重修太白廟記六字在郿縣

口口口口口口口口記　承務郎陝西等處行中書省架閣庫管勾雍照磨李䄄撰　奉元路儒學學正文禮愷書丹　奉政大夫陝西等處行中書省左右司都事郜從禮篆額　口口口口口口南距縣四十里山之陰一十五里曰清湫鎮者即神祠之所在其山雄傑奇秀盤礴霄壤拔出於終南褎斜之上山冢峯口湫水鼎峙蜿蜒側徑遵溪而去左右挾峻崖大壑峭立穹林叢薄蔽虧日月盛夏積雪皎然地高且寒人躋之者茹糗糒冒瘴厲閱信宿而後返往往恇怯畏懼故四方香火率詣祠下前有湫五至涌而掖凡雨暘螟疫請必響應然祠宇歷年滋久雀穿鼠穴日就不支大德丙午陳侯仲宜來尉是縣進謁畢禮顧而歎曰惟神疏封王爵策名巨鎮澤物捍災功烈昭晰祠迺卑痺破露若此將何以答神之

休寧神之棲而聳遐邇之聽也哉士每患不立志苟志立而因人之欲豈拾瀋爾既而秋七月旱禱而雨越明年夏旱禱又雨其後沴氣間作禱而輒雨仲宜口告于衆曰神貺不可以不酬廟貌不可以不修神固靡責忘而弗舉無迺爲邑人之羞乎於是縣治師府官吏望族奉守王振提點希靜口師康德仁耆老田平于庭秀李顯張琳盧口明陳德陳政張甫李琛趙文秀侯皐李伯祥江澤周成等聞仲宜之言莫不交欣踴躍口口協志鳩貲相役始於至大己酉之冬終於皇慶癸丑之十月最材木之數以千計瓦甓之數以十餘萬計金穀之數以三萬緡計斲礱鍜鏝搏埴之功皆極一時之選仍命侍祠者張秀以董之去舊基可廿餘武爲正殿一凡四楹其廣八尋其高如之制度淑詭白堵外施三闌口列湫各構堂於其上或煙霏四開山峯倒射池影涵碧草木環蔭龜游魚

躍光景炳燿河水東西奔流于渭涼氣襲人衣被餘潤南俯通逵
田夫行旅駕肩結軫稻塍麥隴碁布森列徙倚周覽一日千里眞
天下之絕觀也夫天人之理一爾人能篤敬以格於上神必垂誠
以福於下古之人鬼龐雜聖人雖絕地天通使各有秩然薦享之
道未嘗不致意焉故類禋柴望之祭□□書祈報由弭之義著于
禮周官陳雩禜之法而詩列懷柔百神之頌推而至於山林川澤
邱陵墳衍之族與夫八蜡順成而索饗之其□世而設教也詳矣
後之人信不足以自孚惑者則狎而玩之誣者則疎而忽之由是
感通之道不彰而天人之理裂矣我國家恪遵古典不隆聖化德
音屢降若曰名山大川載在祀典者廟宇損壞官爲修理嗚呼仁
澤宏深可謂得恤民之旨矣然郡縣長吏不時奉行廢格阻撓祠
官舍猶傳舍藐而弗葺尙奚暇以及此令仲宜一尉耳禦盜職也

迺能上體國家恤民之旨鼓舞率導作新斯宮俾渙散之人萃其
篤敬之心以格於上神錫豐年之慶以福于下天人之理合而永
享太平之樂矣豈不偉哉一日李平等踵門懇予曰斯役也陳侯
之功居多不有所述曷以示後願丐文以刻于石予嘉仲宜立志
有成而悅邑人之向善也遂爲書其本末如右而繫以詞仲宜名
安義冀甯平定州人繇憲史而除是任政績著聞擢陝省椽令陞
都鹽運司知事云其詞曰　節彼太白群山之宗祠宇傾圮既□
□□陳侯戾止惕然于中退而游徼律己奉公桴鼓夜閑囹圄盡
空迺卜高崗迺建新宮金碧翬翼氣象顯崇玄袞赤舄神望僉隆
有□□□□災凶神赫斯怒迺憫我農變化揮霍油然影從前
驅列缺後駕豐隆靈湫鼎沸叱咤蛟龍渥澤獲醜歡聲四同仰事
俯育□□□□□□□賜亦侯之功報祀無疆馨爾丹衷　延祐
元年四月旦日立石　廟缺孫仲達郭巨源仇恭宋郁陳文鑑俱
文瑞張謙典史關㧑趙善李時中將仕佐郎奉缺忠將仕佐郎奉
元路鄜縣主簿苟觀忠翊校尉奉元路鄜縣缺將仕佐郎奉元路
鄜縣達魯花赤兼管本縣諸軍奧魯勸農事奴忽兒丁功德主武
畧將軍秦州缺提調修造官從事郎陝西等處都轉運鹽使司知
事前鄜縣尉陳安義

碑陰助緣題名凡七層男女花名不錄

元有二李昶一是此記撰文之人一是東平須城人世祖時人
也　元時官制稍亢至順常漸汰之而國家亦陵替矣此款所
載官名咸與史合娘子阿畓娘子馬連可補宮闈小名之遺舀
字歹字元人之譌字內有柿林社之名故元時置柿林縣鄜縣志

案此碑題名有喬大哥李二哥王四等而不書名爲他碑所無

藏御服碑存　延祐二年　文錄後
碑高一丈五寸廣五尺三十四行行八十字趙世延撰文趙孟頫正書李孟篆額在鄜縣

大元勅藏御服之碑　正奉大夫中書□□政事臣趙世延奉□
□　集賢學士資德大夫臣趙孟頫奉□□　翰林學士承旨光
祿大夫知制誥兼修國史平章政事奉國公臣李□奉□□□
皇元德有上天太祖聖武皇帝握符龍翔闢宇垂統歷太定二宗
至憲宗御極世祖以太弟之親撫臨方夏分地關輔淵龍於六盤
之三年政教聿修於內六師戡夷於外逮入繼大統定鼎幽燕隝
夷瘴海窮髮□□莫不□覲琛貢若運肘□以建腹□故爲治益
隆然其册廟勝恢鴻業實繇關輔發之列聖承承宜茲致孝思而
無斁也至元倉龍甲子成宗踐祚恪纘祖武協羹墻之思競業萬
幾朞□至致大德癸卯春仲初夕恍然夢遊于金闕之庭□老者

曰是爲岐郊之終南也既旦口口左右審諦臨幸則爲終南重陽萬壽宮口嘗口口口廷臣齊咨咸以爲吾君追孝先帝積誠所繇致翼日勑尚衣出嘗所御服一襲遣集賢大學士臣獻可近侍臣口海等驛置于是宮口口教事輔道體仁文粹開玄眞人臣德彧欽承口趍口羽纛肅壇墠儼恪祝齋對揚天休適久不雨昧爽竣事玄雲研霆甘澤周霈動植懌茂人心感和使者歸福於上臣德彧祇口龕口口像宸居如覲淸光肅穆南鄉寅奉御服而寶縢之歲丁未成廟賓天又七祺延祐改元臣德彧進神仙演道大宗師嗣教長春請于太保領集賢院事臣國樞集賢大學士臣邦寧以頌述之辭上聞命臣世延執筆以紀集賢學士臣孟頫書之平章政事臣孟篆額臣世延承命悚悸不得以綦陋辭謹叙陳顚末庸侈不顯丕承之讃烈因言天人交際若影響也夫御群化者天也

子兆民者君也口萬事口理也君者所以承天御群化理者君所繇口以爲治者也天理無二致人心之所同得徵乎人以驗於天順乎理斯得天矣故曰天人之際感與應而已矣匹夫且不違而况君國子民巍然立極者乎口惟先朝深龐之澤覆露生養統元引年至大德間幾五十年重離迭耀萬邦懽康雨暘罔愆禎嘉仍畣當時天子端拱於上頤其精神念慮思肇造之艱懍嗣服而無逸不追八駿而神游于先帝淵潛湯沐之地茲非孝弟之至通於神明者乎休徵既符發自天衷爰授御服藏諸名山以示天下後世不省方而觀民設教之化寓不口口而增高益厚之禮備方之橋山弓劍亭口云云遠矣茲非先于四海無所不通者乎方今聖天子以仁孝治天下光嶽昭寧萬類滋遂然猶宵旰寅畏鑒于烈祖成訓新文明以飾太平之盛蓋將揚耿光播休懿以示悠久茲非繼志述事繹隆聖緒於無疆者乎古稱雍積高爲神明之隩重陽仙翁濬全眞之源濫觴甘河旁魄衍溢六傳至開玄會衆流而導其歸壹以虛誠自持在嗣教之秋蒙被非常之寵數炳蔚乎茲山茲宮亦豈非寂感之妙能致之者乎繼治淸虛無爲者盍思乎兵車租庸不徵力於縣官而又崇尙若是其顯其隆抑修而玄默之道將由希徵凝寂鞠躬揭虔效華封人祝皇祚於億萬年庶乎合於天保之詩矣臣世延謹拜首稽首而獻頌曰　於鑠皇元允集大命篤啓世祖丕乘景運于時淵龍于秦之中于以肇師載纘武功奕世重光踐修維乂逮我成廟克承克繼明明夢寐遠幸于茲俾藏御服以永時思至元之政化薄海外施於大德制而不口禮備口口樂和口口天降其祉神薦其庥精誠潛孚三五協治匪曰盈成孝思攸致維今天子懿恭淵仁寰寓時雍爲元之春猶爲

翼翼茂闡祖訓迄貞厥符以賛攸應穆穆祖宗陟方帝庭何以侑之廣張鈞天河山百二麾斥指顧風馬雲軿翩其來下終南琳宇若宸扆存口朝垂裘百靈口口鼓鐘萬年帝力是恃播之頌詩永詔來世　延祐二年三月三日通眞傳宸資善法師奉元路大重陽萬壽宮住持都提點龐德益立石　神仙演道大宗師玄門掌教眞人管領諸路道教所知集賢院道教事輔道體仁文粹開玄眞人臣孫德彧

此碑亦媚媚大都如前碑而稍遜其圓逸御服者元成宗感異夢而以賜孫德彧于萬壽宮者也今尙在道士所時出觀之詑爲王喆衣者非是　趙氏石墨鐫華

按此碑篆額者爲李孟字道復武宗仁宗之師三入中書封秦國公改封韓國公追封魏國公者也結銜處磨泐不明而文內

斷言之畢氏關中金石記作李口未嘗讀其文故誤耳

祀西鎮碑記 佚 文錄後 延祐四年

石佚不計尺寸莫勝撰文賈餘魯思台正書原在隴州

聖天子嗣登大寶於茲七年三光全而寒暑平五穀熟而人民阜湛恩汪濊普天率土之乂安仁及草木動植飛潛之咸若唯西州斗絕一隅地道失恒延祐丁巳秋秦山摧裂小民震駭帝聞之睿心惻然爰命大臣開府儀同三司太傅御史大夫伯忽中奉大夫中書省參知政事王桂大長春宮道教眞人王道亨遠齎香册昭禱於西鎮成德永靖王之祠冬十一月十九日至祠下時輔行則有宣武將軍尙供總管吉利八太傅府通事教化的譯史忽剌哈失宣使阿兒思蘭御史臺譯史脫歡宣使教化的中書掾姚義勝蒙古必闍赤月錫鉄木兒大長春宮提點袁道粹楊道眞等莫不

同寅協恭齋宿而後謁廟行事牲幣潔蠲儀文兼備三奠禮成神歆明德西土懽騰咸知朝廷一視同仁不避遐荒令小有災虞上煩宸慮何勤如之雖帝堯之清問下民周文之惠鮮鰥寡不是過也欽惟皇上聰明齊聖卓冠古今出入起居動遵禮法調元燮理左右得人可以參贊天地之化裁成萬物之宜和氣致祥楨瑞類應奚爲而秦山失寧尙或見於今日蓋天心簡相默起嘉運所以動其憂勤之心優其入聖之域福祿由是而申錫基業愈致其延長故洪水昏墊不免於唐虞之際旱乾鼎雉迭見於商宗盛時此理之常無足異也況二相皆臺省重望所至備詢民瘼平反獄訟神人以和山川以寧實萬世無疆之休千載罕逢之典漢中道憲臣忽都察奉直等對揚休命請刻堅珉以託永久勝不敏承乏岐學職當紀述謹以管窺蠡測摭實而略敘本末云

文云延祐丁巳秋秦山摧裂小民震駭者成宗本紀是年七月成紀縣山崩土石潰徙壞田稼廬舍壓死居民十月遣御史大夫伯忽參知政事王桂祭陝西嶽鎮名山賑卹秦州被災之民即其事也又稱伯忽爲開府儀同三司太傅御史大夫王桂爲中奉大夫中書省參知政事與史畧同 畢氏關中金石記

元漢會文聖旨碑 存 文錄後 元文不錄 延祐五年

碑高九尺六寸廣四尺二寸分三截上截前漢文後元文字
慶二年中截上元文下漢文虎兒年下截下漢文延祐五年行皇
不等不計額題袁令王
文四字篆書在盩厔縣

上天眷命皇帝聖旨大道無名誕啓玄元之造至人有作允符曆數之歸昔太祖漠北以龍飛伊長春山東而鳳翥明眘眘會宗教肇興何替德於八傳肆求賢於一派輔道體仁文粹開玄眞人孫德彧雅師淸靜克寶儉慈探老易之精微搴經科之靈祕雖深眘

於天樂寶光緒於丹陽提振綱維恪恭戒律朕採輿人之公論發綸旨於昌辰以爾掌教玄口演道口館於戲金蓮弈葉眞風襲美於帝圖玉燭重華皇慶惟新於天命尙崇素履庸贊淸朝可授神仙演道大宗師玄門掌教眞人管領諸路道教所知集賢院道教事宜令孫德彧准此皇慶二年九月日

長生天氣力裏大福蔭護助裏皇帝聖旨中書省樞密院御史臺官人每根底行中書省行御史臺宣慰司廉訪司官人每根底管軍官人每根底軍人每根底管城子達魯花赤官人每根底百姓每根底宣諭的聖旨成吉思皇帝月口台皇帝薛禪皇帝完者都皇帝曲律皇帝聖旨和尙也里可溫先生每不揀甚麼差發休教口告天祝壽者口來口口依着口先聖旨體例口和尙口里可溫先生每不揀甚麼差發休當者太上老君教法口告天祝壽者

□道□授神仙演道大宗師玄門掌教眞人管領諸路道教所知
集賢院道教事輔道體仁文粹開玄眞人孫德彧□□丘神仙的
道子裏委付了也諸路裏應有的先生女冠每根底爲頭兒管着
□先生每根底合與的戒諜□□法名教化與者孫眞人根底宣
諭□把行的聖旨與了也這的每宮觀庵廟他的房舍裏使臣休
安下者舖馬祇應休着者地税商税休與者不揀是誰休倚氣力
住坐者休斷公事者不揀甚麽休頓放者但屬宮觀庵廟的水土
園林碾磨解典庫浴堂店舍舖席船栰車輛竹葦醋麵不揀甚麽
差發休要者更咱每的明降聖旨既有呵推稱着各枝兒投下於
先生每根底不揀甚麽休索要者先生每也休與者您衆先生每
孫眞人的言語裏太上老君教法裏休别了依體例行者做賊説
謊的先生每有呵管城子達魯花赤官人每根底分付與者更先

生每自其間裏有相爭的勾當呵孫眞人委付來的頭目依體例
歸□者先生每與俗人每有折證的詞訟有呵孫眞人委付來的
先生頭目與管城子官人每一同歸斷者但屬宮觀常住産□不
揀甚麽不揀是誰休與賣者休施獻者施獻的人典賣的人根底
要罪過者更這孫眞人這彼宣諭了也没體例勾當休做者做呵
咱每根□□去不揀怎生呵咱每□也者　虎兒年七月二十八
日察罕□有□分寫來　長生天氣力裏大福蔭護助裏皇帝聖
旨中書省樞密院御史臺官人每根底行中書省行御史臺宣慰
司廉訪司官人每根底軍官每根底軍人每根底城子裏達魯花
赤官人每根底各枝兒頭目每根底衆百姓的每根底宣慰的聖
旨曲出爲頭集賢院官人每奏孫眞人文書裏説有在先成吉思
皇帝月闊台皇帝薛禪皇帝完者都皇帝曲律皇帝聖旨和尚先

生也里可溫答失蠻不揀甚麽差發休書告天祝壽者道宣諭了
來如今依着在先聖旨體例裏告祈福者麽道更延祐元年八月
先生每自其間裏有相爭勾當呵孫眞人委付來的頭目依體例
歸斷者先生每與俗人有折證的詞訟呵先生每的頭目與管城
子官人每一同歸斷者麽道聖旨有來近間外路有的管民官先
生每根底科要□税商税雜泛差發有拖要舖馬祇應有趁粮者
流民宮觀裏安下好生的攪擾有麽道奏來如今先生每根底在
先不曾教當的差發教當的體例那裏有□後道教不揀甚麽勾
當上頭依着在先已降的聖旨體例裏先生每根底地税商税雜
泛不揀甚麽差發休當者舖馬祇應休要者趁粮者流民宮觀庵
廟裏休安下者各處有的但屬宮觀庵廟的田産水土人口頭疋
園林碾磨解典庫浴堂店舍舖席不揀甚麽他每的不揀是誰休

奪要者休與氣力者宣諭了也這般宣諭了呵違别了的人每不
怕那甚麽□這先生每這般宣諭了□道不屬自己的影占行無
體例勾當呵他每不怕那甚麽　延祐五年四月二十六日大都
有時分寫來

重陽萬壽宮元碑無數皆以蒙古字書而以漢字譯之蒙古字
法皆梵天伽盧之變也故皆與佛氏眞言相類其書亦有佳者
其署年月處用雙鈎書如今世傳飛白字王元美所載韃靼八
字又若符篆草書與此不同不曉何故但歷年既久敝邑有力
者多以此碑取作他用今存者尚五六碑僅録一碑與郎君行
記同作異觀　趙氏石墨鐫華

按元漢會文聖旨碑盩厔樓觀甚夥而譯字遒勁秀逸以此爲
最饒有山谷筆意故特登録其餘猶有虎兒年龍兒年至元十

四年至元十八年至正元年蛇兒年至正十一年兎兒年至正十八年至正二十三年兎兒年或一事一碑或數事一碑要不外命某人掌玄教與保護宮觀庵廟產業兩事無關大計且漢字亦不足傳故一概屏棄存其名附記於此

蒙漢會文聖旨碑 存文錄後元文不錄 延祐六年

碑高六尺二寸廣二尺九寸分兩截上截元文下截漢文二十六行行字不等白克中正書在郃陽縣

長生天氣力裏大福蔭護助裏皇帝聖旨軍官每根底軍人每根的城子裏達魯花赤官人每根底往來使臣每根底宣諭的聖旨成吉思皇帝月闊台皇帝薛禪皇帝完澤篤皇帝曲律皇口聖旨裏和尚也里可溫先生每不揀甚麽差發休當告天祝壽者道有來如今依着在先聖旨體例裏不揀甚麽差發休當告天祝壽者麽道奉元路所管同州郃陽口有的塚國淸寺光國寺壽聖寺橋

頭寺永寧寺大梆寺口避寺等寺院裏信的福講玉海吉祥達講玉冲戒師心戒師瓊師爲頭和尚每根底執把行的聖旨與可也這的每寺院房舍裏使臣休安下者舖馬祗應休拿地稅商稅休與者但屬寺家的水土園林碾磨店舖席解典庫浴堂人口頭疋不揀甚麽他的休奪要者休使氣力者更這和尚每稅有聖旨麽道無體例勿當休做者呵他每不怕那聖旨馬兒年四月二十五日大都有時分寫來　延祐六年八月吉日住持口口口普慈大師了常立石　路井鎭趙珪刊　鄉士白克中譯書丹並額

按碑前書馬兒年後書延祐六年馬兒年係延祐五年蓋五年之旨至六年刻諸石也此等會文碑記韓城建極宮大致與此相似不贅錄焉

開元寺興致 存文錄後 延祐六年

在連額高四尺六寸廣二尺分三截額題大開元寺興致篆書中繪明皇與勝老對坐像下截文二十行行二十七字正書在西安開元寺

大開元寺興致　唐開元二十八年正月二十八日於延慶殿金剛道場之次玄宗皇帝問勝光法師曰佛於衆生有何恩德至使捨君臣父子而敬於佛說若有據朕當歸敬說若無據朕當除滅法師荅曰佛於衆生恩越天地明踰日月義極君臣親過父母玄宗再問天地日月造化之功父母君臣兆民之本何將佛德勝於此耶法師荅曰天能蓋不能載地能載不能蓋日則晝明夜暗月則夜明晝昧君臣之恩君王若聖臣下盡忠君若不明臣當矯佞父母之恩父能慈訓母能慈育以禮推之各具一得佛則不然蓋則四生普慶載則六道俱搬明則照耀乾坤朗則光輝三有神則衆聖中尊慈則撈攏苦海悲則拔濟幽冥存亡普益貴賤同遵以

禮推之佛恩實大玄宗皇帝起立虔恭謂法師曰佛恩實非師宣說朕豈知耶自今以後誓爲佛之弟子可於天下州府各置開元寺一所表朕歸佛之本意遂賜法師御茶一角金銀淨瓶各一對無上 上疑是常 偈一首　三界猶如旋火輪百千萬刼歷微塵此身不向今時度更待何時度此身　此文貞祐四年九月初二日弘教大師賜紫僧澄潤書於開元皇帝祠壁必有所據未暇探討慮歲月浸久漸致泯滅故移之貞石庶後之來者有以見夫寺之由致焉耳　大元延祐六年歲次己未正月日戒壇住持沙門圓覺提點義湛院主義深等上石 缺二拾字 晏德玉王德胡子華顏憙苟欽王文德鄧珍呂文煥華州王德等捨財　金成刻字

碑序開元二十八年明皇與勝光法師論佛功德令天下州府各置開元寺故上方繪明皇及法師像攷鄠縣重雲寺有吳思

溫唐太宗與玄奘對譚畫壁即此等事也碑具載上石勒字人名不及書及篆額者當時人之草率可見　畢氏關中金石記

宋眞人道行碑　存延祐七年文錄後

碑高九尺六寸廣四尺四寸三十行行八十五字王利用撰文韓冲行書並篆額在鄠縣

玄通弘教披雲眞人道行之碑　祖庭劉道希刊　前翰林直學士太中大夫西蜀四川道提刑按察使王利用撰　奉元路總管兼府尹嘉議大夫工部尚書致仕韓冲書并篆額　三燈傳一燈光明不得不大一燈續三燈氣焰不得不弘金聲於前玉振於後源委歸正授受無窮宜其大且弘也眞人姓宋氏諱德方字廣道萊州士林右族驚姜之夕里人見其祥光照徹異之生而挺嶷長而好學於書無所不讀覩今所傳樂全辭翰自不可誣年十二悟夢幻之無常企眞仙之遐舉遽棄家詣長生劉宗師而學道焉長

生愛其骨極清秀音吐不凡留侍几杖於洒掃應對之閒憤悱塤鬱之際投以正法而啟發之尋得度於玉陽占道出籍後事長春師其致知格物之學識心見性之理洞達精研涵泳踐履積眞力久道價日增抑所謂三燈傳一燈一燈續三燈者此也由是行成於內聲達於朝歲已亥合西解太子賜以披雲眞人之號乙巳皇子闓端加以玄都至道之稱辛亥皇太弟旭烈崇以披雲天師之位至元丙寅塔察兒大王褒以玄都教主流通至道披雲天師庚午春三月今主上璽書追贈玄通弘教披雲眞人仍錫雲州金閣山雲溪觀額曰崇眞嘻非至德動人英邁蓋世其孰能與此乎初大元太祖聖武皇帝遣近侍劉仲祿起長春師於東海其從行者一十八人眞人與其選往復三載還燕住長春宮是時海衆皆躬塵勞眞人獨燕處日以琴書自娛或訴之師師曰汝等無呶呶斯人異日扶宗翊教塵勞固不在汝下又嘗私謂曰汝緣當在西南因授以披雲子號無幾何長春霞飛清和嗣法命眞人提點教門事一舉一措無偏無私內外道流靡不悅服癸巳丞相胡公天祿時行臺河東敦請主畤州及平陽醮事甲午率門徒游太原之西山得古昊天觀之故趾榛莽無人跡中有二石洞聖像儼存壁間有宋童二字眞人葺之三年恍然一洞天也昊天落成之秋胡公再設大醮於平陽眞人繼主之丁酉眞人思及長春曩昔緣在西南之語私自謂曰吾長春師以神化天運之功發而爲前知之妙凡有言之於先莫不驗之於後即今聖皇開國之初仙眞玄教之際與其蕭閒度日獨善其身曷若以大本大宗道德性命之學而接引後進者哉歲辛丑春正月涉河赴終南祖庭會葬重陽祖師甫畢則演道於秦鞏鳳隴之間而嚮慕之者甚衆癸卯謁拜純陽

於河東永樂鎭於祠下見其荒蕪湫隘乃招集道衆住持以開闢之厥後掌教眞常李君奏請朝命大行興建焚修之地蓋張本於眞人也至於東萊神山開九陽洞及建玄宮觀於燕趙秦晉間凡四十餘區門下傳道者不啻千百數抑所謂光明氣焰大且弘者此也甲辰春復來祖庭赴羅天大醮事醮竟即閑居雪堂日與洞眞白雲無欲三宗師暨諸耆年宿德談經論道教養爲心丁未冬十月十有一日沐浴更衣示微疾而逝春秋六十有五越七日葬於宮之仙蛻園戊申冬門弟子楊太初奉堂下命還仙柩於永樂鎭己丑冬十二月法孫張道禛來自長安偕道錄王志明賫秦蜀道教提點天樂眞人李君之書逕詣成都致懇於予曰先師披雲眞人今已改葬於純陽宮乾維之原儻不碑而表之殆失皇家褒贈之意抑亦法子法孫之過也敢請予義其請繫之以辭曰

至人御氣周六虛下視海會袪昏愚仙風道骨兮既投其針芥凡籠塵鞅兮莫得而囚拘披雲老師身與道俱詩書肺腑簪冠範模彷徉兮蓬閬之境聯翩兮雲水之徒綰三師之祕印欲不仙而得乎　延祐七年歲次庚申五月己卯朔二日庚辰　賜紫崇眞明素通義大師奉元路大重陽萬壽宮副提點兼門下事王口政賜紫崇玄明道冲虛大師前奉元路大重陽萬壽宮副提點兼領本宗事陳德遇等建

按元史王利用字國賓謚文貞韓冲字進道謚康靖皆一時人物之選也結銜均與史合元世崇信道教習俗移人賢者不免此碑文既雅潔書法模倣右軍聖教序頗圓熟可喜元之嘉刻也惟咖咖二字當係呶呶別寫

加封師眞人敕　佚　延祐七年

石佚不計尺寸陳德定正書原在盩州五臺山

右共四敕並以至大三年二月下第一敕加贈東華帝君爲東華紫府輔元立極大帝君第二敕加贈鍾離眞君爲正陽開悟傳道垂教帝君呂眞君爲純陽演正警化孚佑帝君劉眞君爲海蟾明悟宏道純佑帝君王眞君爲重陽全眞開化輔極帝君第三敕加贈丘處機爲長春全德神化明應眞君第四敕加贈馬鈺爲丹陽抱一無爲普化眞君譚處端爲長眞凝神玄靜蘊德眞君劉處玄爲長生輔化宗玄明德眞君王處一爲玉陽體元廣慈普度眞君郝大通爲廣寧通玄妙極太古眞君孫不二爲清淨淵眞玄虛順化元君敕並付玄門演道大宗師掌教凝和持正明素眞人苗道一收執案元史邱處機傳處機與馬鈺譚處端劉處玄王處一郝大通孫不二同師重陽王眞人宋金之季俱遣使召不赴歲己卯太祖自乃蠻命近臣札八兒劉仲禄持詔求之處機與弟子十八人同被見此加贈處機敕內有云逮芝綸之疊降躡雲舄以來從率英賢凡十八人言宗社非一二事者與之合馬鈺寧海人本名從義字宜甫譚處端本名玉並重陽改名全眞學者稱鍾呂劉爲三祖又以重陽爲祖師然重陽之教皆長春張大之者也劉字元英名哲自號海蟾子五代時人處機弟子十八人今可攷者共四人敕贈清和妙道廣化眞人尹志年敕贈眞常上德宣教眞人李志常敕贈玄通宏教披雲眞人宋德芳賜號玄門宏教白雲眞人綦志遠並見祖庭仙眞內傳　畢氏關中金石記

重修橫渠祠堂記　存　延祐七年　文錄後

未見原石照拓本錄文文禮愷撰文楊粹正書並題額題祠堂記三字八分書在郿縣本祠

重修橫渠先生祠堂記　賜進士承事郎前興元路同知洋州事文禮愷撰　奉元路郿縣尉楊粹書丹并題額　延祐四年冬十有一月朔李中從正捧紫薇檄赴郿文學掾道橫渠進謁故宋張獻公祠下與薦禮畢徘徊顧瞻櫩內則鼠穴雀穿榱棟霖毀𣹢危神位外則豕闌蛇藪蔓葛叢棘牆垣悉頹嘆息良久乃詣縣諗主簿劉君楫請重葺以副具瞻適廣宣聖廟廡董役孔亟力不暇及越明年春始鳩工徵材祠之故壞腐者咸易之會劉丁憂旋復中畫令尉楊君粹至忻然協規儆力迄冬而功告成甍簷扉牖奐然一新囑記於走且曰是鎭之南先生故居今皆蕪沒疑爲緇黃有欲髣髴一覽不可得是祠元貞初所建陋復若此向非嗣葺日就廢矣子居郿積年悉其事盍筆以詔永久竊惟先生以道德鳴於嘉祐熙寧間方河南兩程夫子傳濂溪周子學而先生實相後先

羽翼孔孟淵源洙泗著書立言垂範後世從祀清廟其來尚矣剏其一時德業之盛則昔儒紀述之詳蓋已備列簡册而布之天下學者至今稱關中之橫渠與舂陵之濂溪河南之伊洛擬聖賢鄒魯茲姑可略已病夫俗學之士猶吝舊習或局於詞藻或馳騖詭怪既自遠乎正大之域斯先生之書容有覆瓿之議者天相斯文無往不復今聖天子龍飛乾造恢崇儒雅科舉定制撫實去華原本道學體用該具天下之學者翕然向風則向之覆瓿者匪徒珍而誦之而第將行其所知矣君等乃能上體國家崇儒復古之意一新是祠展鄉曲之敬中歲時祀事郿人不獨擅其美吾道亦以之而增輝焉若夫窮神化一天人立大本斥異端同志之士瞻拜遺像于以想見先生之風采則其胸次興起者又當何如也走敢以不辭而辱爲其記亦附管見方與君等共勉之云七年春正月

戊子謹記　儒學教諭李中立石　典史石堅　承事郎奉元路郿縣尹兼管本縣諸軍奧魯勸農事李仁

右碑在橫渠祠堂已仆矣邑令重爲建立 郿縣志

文有云先生之書有覆瓿之談又云天相斯文無往不復是當時尤有未信其學者攷西銘初成楊時致書伊川曰西銘言體不及用恐其流至於兼愛伊川荅云橫渠立言誠有過者乃在正蒙西銘爲書推理以存義與孟子性善養氣之論同功豈墨氏之比朱子跋太極西銘二書曰始余作太極西銘二解未嘗敢出以示人近見儒者多議兩書之失或未通其文義而妄肆詆訶余竊悼焉由是言之宋時之議橫渠者不少得程朱表章久而論定程朱之爲功於橫渠大矣 畢氏關中金石記

奉元諸公詩讚 存 至治二年 詩錄後

奉元諸公詩讚王宰誌　教諭何述書　石高二尺二寸廣四尺五寸三十六行行字不等王宰誌何述正書在延川縣

勉勵學校承流宣化乃守令之正責今延川尹王恪敬甫下車之後首先勸率部民創修文廟以勵風俗深得爲政之體潛谿王惟忱聞之以詩爲賀庶後來爲政知所勸云

漢吏循良黃與龔教興蜀郡自文翁延川有尹誇新政大建儒宫振士風

邑有黌宫里有庠弦歌政美得官方斯民寖觀明昌治悍俗咸歸禮義鄉

邊邑傳聞聖不遊文風今已達延州闡揚吾道誰爲主共説才能百里侯

奉訓大夫前人匠總管王惟忱

延川宰王君敬甫新營孔廟成作詩美之且誌其勤云

名教終天作世基誰能臨政昧先師雲山翼翼興文搆龍滾煌煌儼聖姿昭代方隆周典禮斯堂宛復魯威儀他年化洽歸雕俗奚啻民歌

于蔿辭　盧惟善拜上

敬甫爲延川令署事竟首建宣聖廟可謂知爲政之先後作是詩以嘉其意云

聖在使人知義理功歸無若學爲先縣侯首建儒宫事千古名傳至治年　嘉議大夫工部尚書敬山韓冲

恕續貂其後蓋共此喜也

縣侯新闢大成宫俎豆生民教不窮後日文安蔚多士甘棠遺愛更誰同　奉議大夫太子右贊善同恕

登仕郎太常博士賈賁撰碑記　集賢學士嘉議大夫國子祭酒太子右諭德蕭𣂏書門楣　昔大元至治二年歲次壬戌四月吉日　奉元苗世榮文安關瑋立石

按此石後書賈賁撰碑記蕭𣂏書門楣蓋宣聖廟之碑記門楣附記於此以誌不忘耳

奉元府題名記 存 至治三年 文錄後

石高四尺八寸廣二尺二寸二十二行行五十字正書在西安府署

奉元府乃禹貢所別之雍州也周秦漢晉西魏後周隋唐俱爲帝都漢高元年更□□□□□□□□有京兆之號自後歷代雍州京兆迭更不一隋大業二年改京兆郡唐開元元年改京兆府梁開平元年改府□□□□□□元年復改爲京兆府至我大元太祖聖武皇帝開拓宇宙一新天下憲宗皇帝分京兆爲世祖皇帝潛邸湯沐邑至元十一年命皇子安西王開府陝西改京兆爲安西府皇慶二年改爲奉元然自古及今皆三輔重鎮□□□□□□邦者必朝廷妙選通宮重臣或才堪治劇或政尚廉勤名績昭彰歷歷可數于今百年題名之記□□□□□□歲總管府得其入百□具舉乃僉議各列芳銜刻諸琬琰凡坐是堂者朝夕瞻顧官師相規戒慎政令以公滅私□□□□□之人指姓名

曰某官廉某□汙某官稱職某官不才吁此題名記所以作也其可忽諸　嘉議大夫奉元路總管府達魯花赤兼本路諸軍奧魯□管府達魯花管□□□□□□□不花　太中大夫奉元路總管兼府尹本路諸軍奧魯總管□□□□賁　奉訓大夫同知奉元路總管府□□僧　朝列大夫奉元路總管府□□□昇　承直郎奉元路總管府判官□□丁　承直郎奉元路總管府推事□□智　推官　承務郎奉元路總管府經歷□□　將仕佐郎奉元路總管府知□□　將仕佐郎奉元路總管府知事□方　將□佐郎奉元路提控案牘兼照磨承發架閣□遠　至治三年歲次癸亥三月丙辰朔初九日庚子府吏王□立石

創修朝元洞碑　佚　泰定二年

石佚不計尺寸非道泉撰文李韡正書楊演篆額在華陰縣朝元洞

碑陰刻仙源圖　年月同

李元覽正書此載長春眞人以下門徒法孫等姓氏

祀西鎮碑記　佚　文錄後　泰定五年

石佚不計尺寸汗諒撰文正書原在隴州

泰定五年仲夏之五月十有一日亞中大夫集賢學士兼國子祭酒楊寅欽奉寶薰錦幡楮錢偕承直郎同知隴州事楊文煒等有事於西鎮成德永靖王覲茲名山實侈神貺不有紀述其何以昭示久遠按山川之神著自古昔豈惟作鎮一方以限區域蓋以其含氣升雲膏潤下土西嶽同功歷世莫違國家禮秩咸致崇極其福斯民固邦本者曾不待較而知大學士廉靖端潔之資謹厚惻怛之意事上爲民克忠克勤其代祀也宜其刻石也稱使乎使乎後之君子可不知所慕哉

西臺御史題名　存　文俱俗不登錄題名　至順二年

未見原石照拓本錄入此書在興平縣治前

至順二年秋九月十有九日西臺御史謙齊朶歹忽都魯別正卿范李仁周誼宋紹明子逵分守四川甘肅省事偕行書吏皇甫通彥亨張英世傑李松年修齡吳密安之同宿槐里驛明年季春三月淸明後二日刻石

重修公署記　存　文錄後　至順四年

石高四尺六寸廣二尺三寸二十七行行四十字王弁撰文正書在西安府署

重修公署記　奉元路故周都秦內史漢京兆尹之所治也廢置因革具諸圖志國初立京兆路總管府至元間改安西皇慶改今名郡爲關陝之甲豈惟山河之固地望之雄而已哉緜行中書省行御史臺統臨乎上五州二十七縣之吏民受約束其下人物之

彩賦役之繁金穀之出納辭牒之可否不寧惟是親王宗戚朝覲之往來甘肅四川雲南名公鉅卿之分閫寄持憲節冠蓋相望遐邇荒徼口厥方物皆取塗於是廩餼勞餞殆無虛日校勞逸於四鄰奚啻伯仲伯非治劇之才有應變之方不易爲也故擬授之際重其人而尹員恒闕至順三年冬十有一月隴西頡侯孫河西隴北道廉訪副使來尹是邦侯篤實開敏剔歷中外在有成勣曾未踰時剗剔姦蠹撫摩創夷庶政一新曹無留事一日偕僚佐過弁而言苟叨恩渥承乏大府雖無善政報國裕民力所能及者未始敢忘也惟是官寺之建歷歲滋久隳摧圮漏坐是而不知葺弗忍也率俸金而經營之不足言其狀於上者再中書允其請發中統元寶五千緡於是貿材於市募工於傭可者仍之否者易之聽事前後之堂吏曹東西之舍推理之廳賓幕之次暨乎庖厩門廡莫不

完美吾來最後及其將成若諸君之公勤民不擾而事集則不可不紀石既具矣敢以文爲屬毋容多讓弁作而言曰昔叔孫昭子執於晋所館者雖一日必葺其墻屋去之如始至魯史記其美況膺牧伯之寄者宣風導化建學勸農金穀之計獄訟之察修津梁治廨署飾郵傳利溝瀆皆政也而有先後緩急之序舉而不繆其序斯善矣君侯政成力餘一新公署人見委積之材不知所自來見散合之工不知其所從仍之易之既完既美非有治劇之材應變之方能然乎彼縮朒隋弱視若逆旅玩歲而愒日者異日道也諸君營其始賢侯成其終成而不有豈不益可尚哉嗟乎事變萬殊俯仰陳迹政之興署不能久而無弊也審先後緩急之序酌其時宜弊而新之則有望於後之君子侯名永秀字君實同知總管府事忽思剌兀沙大都人治中脫口都魯迷失常山人判官郭那木罕字景芳河內人推官李讓字子敬奉天人陳惟德字仲新鄴郡人經歷王庸字仲德河東人知事元德善字克一孫勉字伯強京兆人提控案牘趙克敏字好古常山人至順四年三月朔日前富平令王弁謹記　通譯史邢必溫識　寶亦老答兒　黃恕刻

孫德彧道行碑

元統三年　存文錄後

碑高九尺四寸廣四尺九寸三十九行行八十字鄧文原撰文趙孟頫正書趙世延篆額在盩厔縣

皇元特授神仙演道大宗師玄門掌教輔道體仁文粹開玄眞人管領諸路道教所知集賢院道教事孫公道行之碑　集賢侍講學士中奉大夫鄧文原撰　翰林學士承旨榮祿大夫知制誥兼修國史趙孟頫書　國史奎章閣大學士銀青榮祿大夫魯國公趙世延篆額　天啓聖元不昭神武撫綏萬方髦俊臣附亦既抒智效能懋建勳伐惟秦雍古稱神明之隩乃有樂道修眞之士宣

揚玄風以上賛清靜無爲之治際遇周渥振古所未有也若輔道體仁文粹開玄眞人孫公幼穎慧甫能言母氏程教以孔孟書一過輒成誦被兵孤即刻志恬薄寄迹終南山從穆眞人踰十歲着道士服玄明文靖天樂振教大眞人李公器口之授易老與義天樂之教由馬丹陽于洞眞二眞君以次相傳其肱抉淵秘雅有宗緒紫陽楊先生仕金嘗轉運河南與遺山元公齊名世稱元楊是也先生素慎許可過山中顧公屬句驚敏大嗟賞由是英譽日馳遂爲京兆路講經師妙齡闡教流輩爲傾淳和眞人王公畀號曰開玄大師提舉重陽宮玄壇事至元甲戌昭睿順聖皇后命公傳安西王掌祠事祈繪歆格即充京兆路道錄亡何洞明眞人祈公屬公典教開成然留王口不果行復提舉洞眞門下諸宮觀秦王稔公才望俾提點道門之在京兆者玄逸眞人張公以秦蜀道教

提點所非瑰特士不可擢公通議官壬辰提舉大重陽萬壽宮宮自甲午營搆歷歲五十有九而殿閣壇宇訖未完美至公而圖繪黝堊陶甓墁口之土悉增舊觀遂由通議官陞副提點遥奉王教蕆事殊庭羣鶴來翔衆嗟靈異大德己亥成宗加璽書授陝西五路西蜀四川道教提點領重陽宮事越四年錫御衣一襲寶鎮冢陽殿弘璧天球莫喻輝赫癸卯冬十二月安西妃大宴興慶池賜西錦衣口口口口祀口口宮口口口綺口玉鈎帶以旌之而公得寵弗居益守冲約因乘傳之華山投簡龍湫西還道渭南河水暴溢潰堤旎倪日暮虞即死遮道祈哀公爲前立奔衝默禱人人爲公危而公神色口若有傾口口流民以口口上遣侍臣奉香幣即宮而榮焉秦人至今德公能道其事尋拜諸路道教都提點公亦感激眷知趣裝入覲留三載加體仁文粹開玄眞人領陝西道教

事寔武宗卽位之二年也公歸終南將遂終老仁宗志弘道妙欲簡用耆德遣使召赴長春宮掌全眞教至則見於便殿大悦制口褒嘉陽口春育日賜上尊酒一以示優老終南有甘澇二谷歲收園林水利以贍其徒詔有司毋令侵奪煩擾前所錫御衣勑中書叅知政事趙世延爲文紀于石自公之來玄訓是崇祠官祝釐眖施如響其大彰著者延祐乙卯旱公禱焉大獲甘雨宰臣致幣文臣師之冬十二月星芒見公肅將毖祀竣事而星退舍賜白金泉幣䓁禱雨于兩京皆應不踰期帝喜謂侍臣曰眞老成人也未幾命翰林學士承旨趙孟頫賛公像且加御璽其上前是爲脩壽寧宮之北斗殿旣又卽長春建殿以奉法主令叅議中書省事元明善譔詞勒碑口公居終南嘗爲鳳翔李氏有禱致雲見五色大夫士競爲詩文以表徵祥人意公靈符秘籙動致孚感不知精誠之極與神明會非方士曲學譎怪忽荒之謂也公念道有統紀若于李穆王諸師請叙增封號用敦報本作甘河橋以昭金正隆間祖師遇仙之所時元明善遷翰林侍講學士勑爲書成績至是公老矣上章乞西歸逾年今上可其奏陛辭奩香給驛以還入關觀者夾道嗟異至治元年夏避暑靈泉觀八月朔夢作浪淘沙曲皆辭謝榮名逸老林泉等語越五日大雨盥洛作頌翛然委蜕無怛化意公生宋淳祐癸卯六月三日壽七十九諱德彧字用章其先吳人有宦于蜀者自唐僖宗書孫氏書樓而族亦弘衍在宋則有御史中丞口以伉直聞公蚤棄俗志老氏學深有契乎見素抱樸少私寡欲之旨卒能以善終始保其名譽可謂有德君子者矣每暇憙作字爲詩文有希聲集傳于世牓其室曰履齋弟子任道明張若訥顔若退趙道直景若冲等卜是年九月十二日葬公于終南

山仙游園楊太初曰吾師往矣不可以無述來請銘文原忝居集仙之署義不得辭銘曰　惟道冲漠惟民敦茂俗化澆淳日與物搆至人虛靜口守口正一氣孔神百雲順令陟降在茲昭假非違道豈遠而方伎汨之巀嶪坤維峨眉之麓日書樓氏右江鄉族粤生聞孫潔身巖阿口性葆元抱德煬和維帝簡在鶴書來徵耆俊登崇玄教以興接神明廷祗祀靈畤祈禳雩禜口口變理帝用蕃錫曰予汝嘉縶黃冠師圭衮之華公念休老陳詞于再雲軺風馭飆其西邁居有園池口口松檟不辱不殆孰踰公者迅景幾何德人其亡不亡者存雲山蒼蒼終南仙游游乎大始銘詩樂石光昭曷已　元統三年歲口乙亥九月吉日　特進神仙玄開演道大宗師重玄蘊奧弘仁廣義大眞人掌管諸路道教所知集賢院道教口完顔德明

此趙孟頫書雖出李北海而加以婉媚所可取者生宋四家後能一變其傾欹筆耳以方北海北海瘦而勁拙于藏鋒承旨肥而緩巧於取態而元美謂姿韻溢出於波拂間蓋能用大令指于北海挐者其然乎他日又曰承旨可出宋人上比之唐人尙隔一舍此則定論也 趙氏石墨鐫華

文原字善之一字匪石綿州人以天歷元年卒當是子昂追書文也 畢氏關中金石志

編纂渭南武樹善

續修陝西通志稿卷一百六十三

金石二十九

明

金佛寺鐵鐘 存天順七年

觀音寺鐵鐘 存成化十六年

弘覺寺鐵鐘 存成化二十四年

大徽觀鐵鐘 存正德三年

開元寺鐵鐘 存嘉靖元年

按此等鐵鐘各縣寺廟存者至夥率皆高闊五六尺無特殊尺寸其文則天下太平或萬國咸寧等字及年月助資人姓名無可傳者故擇要登載餘從畧焉

關帝廟鐵磬 存正德十三年 文錄後

大明國陝西西安府僧綱司香城寺發心比丘通准通銳鑄造大悲殿大磬一口重八十斤永充常充親教住持了心　先祖本壽本聰本寺僧衆住持圓錫圓鏡圓定圓金正德十三年三月吉日造涇陽縣金火匠陳玻陳琦陳璐店造

按磬高一尺七寸口徑二尺原在長安城南香城寺後移府學關帝廟

關帝廟鐵鼎 存嘉靖二十八年 文錄後

明嘉靖二十八年三月吉日造本觀主持劉玄舜仝觀前社內人等共畝虔心發心鑄造　三清大殿香爐三鼎重壹千伍百斤

按鼎高三尺九寸口徑三尺一寸原在迎祥觀後移府學關帝廟文內云共鑄三鼎現存其一耳

唐世系圖石刻 存洪武丁巳 文錄後

有高六尺五寸廣三尺分三截上截竇皇后傳及跋中截唐世系圖正中豎三尺橫五寸四下若龜形下截記均正書字行不等任武功縣

唐太穆順聖皇后傳 出舊唐書　寺西南隅壽安陵　高祖太穆皇后竇氏京兆始平人隋定州總管神武公毅之女也后母周武帝姊襄陽長公主后生而髮垂過頸三歲與身齊周武帝特愛重之養於宮中時武帝納突厥女爲后無寵后尚幼竊言於帝曰四邊未靜突厥尚彊願舅抑情撫慰以蒼生爲念但須突厥之助則江南關東不能爲患矣武帝深納之毅聞之謂長公主曰此女才貌如此不可妄以許人當爲求賢夫乃於門屏畫二孔雀諸公子有求婚者輒與兩箭射之潛約中目者許之前後數十輩莫能中高祖後至兩發各中一目毅大悅遂歸於帝及周武帝崩后追思如喪所生隋文帝受禪后聞而流涕自投於牀曰恨我不爲男子

以救舅氏之難毅與長公主遽掩其口曰汝勿妄言滅吾族矣后事元貞太后以孝聞太后素有羸疾時或危篤諸姒以太后性嚴懼譴皆稱病而退惟太后晝夜扶侍不脫衣履者動淹旬月焉善學高祖書人莫能辨工篇章而好存規誡大業中高祖爲扶風太守有駿馬數匹嘗言於高祖曰上好鷹愛馬公之所知此堪進御不可久留人或言者必爲身累願熟思之高祖未決竟以獲譴未幾后崩於涿郡時年四十五高祖追思后言方爲自安之計數求鷹犬以進之俄而擢拜將軍因涕泣謂諸子曰我早從汝母之言居此官久矣初葬壽安陵後附葬獻陵上元元年八月改上尊號曰太穆順聖皇后新唐書畧節時太宗生有二龍之符后於諸子中愛視最篤四歲有書生謁高祖曰公在相法貴人也必有貴子及見太宗曰龍鳳之姿天日之表其年幾冠必能濟世安民書生

辭去高祖懼其語泄使追殺之不知其所往因以爲神乃采其語名之曰世民十八舉義兵二十四平天下三十即皇帝位五十三崩除隋之亂比迹湯武致治之美庶幾成康矣正大丁丑閏晦慈德子寧記　驃騎衛上將軍武亭縣丞夾谷胡士典史馬吉　洪武丙辰春鳳陽耿忠欽承上命領兵萬餘來關中東至臨潼櫟陽高陵涇陽三原醴泉乾州興平西抵于扶風岐山郿縣鳳翔悉建屯戍因駐武功而控制之武功實有唐太宗誕育之地山川孕靈篤生賢聖信不誣也暇日尋訪故基得古碑於城南榛莽中上刻太宗御製詩二首乃舊立於慈德寺而更樹於安養堂者碑陰載順聖皇后傳歲代綿邈字畫磨滅迨不可辨於是感文皇之聖孝慨聖迹之沈湮遂命工重爲摹勒移置城北之洪禧觀蓋太宗之遺像在焉庶使後人益知所敬而傳之永久云時洪武丁巳正月

十有九日也

唐世系圖 起高祖戊寅盡哀帝丁卯共二十帝合二百九十年

高祖 姓李氏諱淵隴西人與□世民舉義兵平天下在位九年壽七十都長安以土德王

太宗 高祖子諱世民在位二十三年壽五十三崩

高宗 太宗子諱治與□后武氏參決大政在位三十四年壽五十六

中宗 高宗子諱顯武后□帝□立改唐爲周二十一年傳位又六年崩壽五十五

睿宗 高宗子□□在位二年壽五十五崩

玄宗 睿□子諱隆基嗣稱政事變嘆太平在位四十年壽七十八崩

肅宗 玄宗子諱亨中興唐室在位七年壽五十三崩

代宗 肅宗子諱豫在位十七年壽五十三崩

德宗 代宗子諱适在位二十六年壽六十四

順宗 德宗子諱誦在位一年壽四十六

憲宗 順宗子諱純剛明果斷能忠潔振肅威令在位十五年壽四十二崩

穆宗 憲宗子諱恆在位四年壽三十

敬宗 穆宗子諱湛在位二年壽十八

文宗 穆宗子諱昂在位十四年壽三十二崩

武宗 穆宗子諱□用李□裕成功烈在位六年壽三十三崩

宣宗 諱沈武帝崩即位在位十三年壽五十

懿宗 宣宗子諱漼在位十四年壽三十崩

僖宗 懿宗子諱儇在位□年壽十七崩

昭宗 懿宗子諱□遷洛陽在位十四年壽三十八崩

哀宗 昭宗子諱祝在位四年朱溫篡之唐亡壽十七

唐曆年圖曰　高祖舉晉陽精兵承亡隋之弊席卷長驅奄有關

中命將出師掃除氛略遂降李密繫建德擒世充芟武周剪黑闥夷蕭銑六年之中海內咸服何成之速哉蓋以太宗爲之子也太宗以文武之才高出前古驅策英雄網羅俊乂好用善謀樂聞直諫拯民於水火之中而措之於袵席之上使盜賊化爲君子呻吟轉爲謳歌衣食之餘刑措不用突厥之渠繫頸闕庭北海之濱悉爲州縣蓋三代以還中國之盛未之有也猗歟盛哉

予至武功之明年得此古碑既爲重勒順聖皇后傳於上而移置於太宗殿前先是鳳岡之上舊有神堯廟像歲久頹弊已嘗爲之增修塑繪而復觀太宗之祠宇傾損亦爲完葺之而令士卒趨役焉并寫淩煙功臣於壁間廟貌森嚴煥然改觀因書白樂天七德舞歌於下庶有以見當時功業之盛云七德舞七德歌傳自武德至元和元和小臣白居易觀舞聽歌知樂意曲終稽首陳其事太

宗十八舉義兵白旄黃鉞定兩京擒充戮竇四海清二十有四功業成二十有九即帝位三十有五致太平功成理定何神速速在推心置人腹亡卒遺骸散帛收饑民賣子分金贖魏徵夢見天子泣張謹哀聞辰日哭怨女三千放出宮死囚四百來歸獄剪鬚燒藥賜功臣李勣嗚咽思殺身含血吮瘡撫戰士思摩奮呼乞效死則知不獨善戰善乘時以心感人人心歸爾來一百九十載天下至今歌舞之歌七德舞七德聖人有作垂無極豈徒耀神武豈徒誇聖文太宗意在陳王業王業艱難示子孫　洪武十年正月吉日重立

秦王祝文 存 文錄後 洪武二十九年

石高一尺六寸廣二尺五寸十行四行十一字正書在中部縣

維洪武二十九年歲次丙子六月丁亥朔越七日癸巳秦王口遣左壽史茅口口敢昭告于黃帝軒轅氏之陵曰維帝繼天立極垂統保民百王相承萬世永賴欽承祖訓嗣守秦邦奉命西畋還經陵下第以郵禮未終弗克躬祀口遣文臣恭陳牲帛祗告殿廷口帝歆格尚享

慶壽寺諭旨 存 文錄後 永樂二十年

石高五尺一寸廣二尺四寸十五行行三十一字王恕正書并篆額在三原縣

賜進士通議大夫刑部左侍郎本邑王恕書丹并篆額　勅僧錄司左善世道成右善世智光右講經德琮左覺義惠進右覺義一如惠郎口思吉星古等及修齊僧衆朕比者親率六師往討胡寇仰荷佛慈佑護咸臻康泰永懷恩德夙夜不忘茲命爾等於慶壽寺啟建太齋用伸懇禱恭祈保庇之恩爾等能祗承朕命至誠貴愨精白一心不宣上乘弘闡法宗感通諸佛如來菩薩昭錫景貺

爰薦靈祥慶雲瑞光璀璨燿熠彌布太虛玄黃丹碧氤氳流動如珊瑚琥珀瑪瑙硨磲滃滃漾漾五色交暎益觀益奇復有天花飄降團圓如日如車輪叉如金蓮寶炬翠芝紫蓋輪囷霄漢層見疊出飛舞悠揚葳蕤繽紛流輝梵宇騰耀齋壇紺林祇樹異彩晶熒宮苑城池光華照灼天人交悅中外騰懽朗徹幽明咸蒙利益眷其功德勝妙非常朕心慰悅莫罄名言余特賜敕褒獎用彰感應之妙爾等尚益崇覺梵精修至行揚闡教宗永贊鴻圖陰翊皇度福國利民以副朕拳切之懷故勅　永樂二十年十月初日　僧會司僧會智詠立石　鳳翔秦旺鐫

聖旨碑 存 文錄後 正統十年

碑高五尺四寸廣三尺一寸九行行二十字字徑二寸正書在省內鳳龍寺

皇帝聖旨朕體天地保民之心恭成皇曾祖考之志刊印大藏經

典雅賜天下用廣流傳茲以一藏安置陝西在城大寺院永充供養聽所在僧官僧徒看誦讚揚上為國家祝釐下與生民祈福務須敬奉守護不許縱容閒雜之人私借觀玩輕慢褻瀆致有損壞遺失敢有違者必究治之諭　正統十年二月十五日

重修文廟記 存文録後 成化十一年

碑高一丈一尺二寸廣四尺四寸二十行行五十一字商輅撰項忠正書馬文升篆額在西安文廟

重修西安府學文廟記　賜進士及第資政大夫戶部尚書兼翰林院學士知制誥經筵官淳安商輅撰文　賜進士資政大夫兵部尚書嘉禾項忠書丹　賜進士通議大夫都察院左副都御史洽陽馬文升篆額　孔子萬世師凡建學育才必嚴廟祀所以感人心敦化本誠治道所當先者西安府學文廟建自有宋元至元中平章廉希憲參政商孟卿輩繕理一新學士虞伯生為之記我

朝正統間都御史陳鎰王文相繼出鎮以廟廡歲久頹敝嘗命有司重加修葺然規制卑窄仍舊春秋祭享樂具既設或風雨間作幾至廢禮兩廡回曲諸賢像設因以遷就弗序門庭廚庫碑亭文昌七賢諸祠等威弗辨成化戊子副都御史馬君文升巡撫是邦祇謁廟下顧瞻咨嗟意圖恢拓時屬邊方多事未果越壬辰秋仲舉釋奠禮適大風雨殿廡益傾圮乃謀諸巡按御史蘇盛左布政使朱英按察使宋有文輩撤而新之衆議克合遂令西安知府孫仁出公帑羨餘之積以市材木集在官民夫匠口以供諸役擴其舊址首建大成殿七間崇四丈有五深五丈袤九丈有二兩廡各三十間崇深視殿半之袤且數倍次作戟門又次櫺星門又次文昌祠七賢祠神厨齋宿房泮池及殿後漢唐石刻之屬舊覆亭宇咸增漸之飾以丹漆加以藻繪高卑大小舉以法無復昔時之陋

經始於癸巳春正月至秋八月訖工先是君以附郭長安咸寧二學僻從縣治去廟遠甚師生朔望艱於行禮乃命所司徙長安學於廟之東咸寧學於廟之北而府學舊在廟西是廟巋然居中聳檻翬飛庭墀軒豁遺像肅然瞻者起敬僉謂此舉有關風教不可無述君因具事狀走書徵記竊惟孔子之道萬世常行之道也其大雖包羅天地萬類而其實不離乎彝倫日用之間如父子之親君臣之義夫婦之別長幼之序朋友之信以至一事物之接一言行之發無非道之所寓人能循而行之則人紀以立風俗以厚天下國家可不勞而治矣學校之設明此道也廟貌之立崇此道也都憲當詶兵禦戎之際而拳拳及此其知急先務者哉邦人士繼自今由學校而勤講習之功因廟貌而起欣慕之意爲子盡孝爲臣盡忠以求無負聖明之教育無負都憲之作興則風化有補治

道有賴而予之言亦預有榮矣幸相與勉焉　成化十一年歲次乙未春正月之吉立

重修念佛巖記 存文録後 弘治二年

石高一丈二寸廣四尺三十一行行六十八字孫讓撰文胡銘正書張祥篆額額佚在洋縣

重修念佛巖記　鄉貢進士城固孫讓撰文　聽選監生邑人胡銘書丹　聽選監生邑人張祥篆額　洋邑迤北十五里許有山曰念佛巖其脈自秦嶺迤邐而來連峯接岫重岡疊嶺一起一伏峭拔嵯峨延亘數十里至是而屹然突起釋子山峙於其東險障山聳於其西虎山實當其南羣山之峯皆拱向於此山而灙水之流則環繞於其麓山之所產奇花異卉喬木修竹古柏蒼松靈藥怪石皆非諸山所及時有泉聲漱玉諸口爭喧凡達官巨商遊此山者輒有逍遙物外之意遺世離塵之想誠關南之勝境一方之

福地也昔唐代宗之時有僧名法照者棲於此山巖石之下專念阿彌陀佛其聲聞於長安天子遣使以禮迎至京師親承其教厥後德宗御製讚詞且有問焉法照以偈答之豁然有悟經讚流行化人甚衆勅賜大悟禪師後人爲之構立祠宇每以仲夏六日致祀于是巖而禪師亦必顯示神通能使衆人皆敬而信之自是上方善信貴宦巨室之家爭先施財貿易木瓦購求工匠創建寶刹上巖建毘盧殿其左有東廊及龍神殿其右有地藏殿及口禪堂又南爲中佛殿殿前過樓樓前有明王殿殿上爲鐘樓樓之西南相距數步有禪師塔東南有錫杖泉有觀音殿及土地廟迤南又數步則爲下巖正禪念佛之處下有神龍潭冬夏洶湧其深不測巖上建層樓題曰懸閣禪僧居之動以百計閣後有佛殿有祖師堂上巖之北相去數十步則衆僧之方丈也皆背山面水倚高瞰

下規模極宏敞款制極壯盛有宋大中祥符八年賜額曰崇法院崇寧元年僧人道璣重修此刹後暨元至元七年鄉官楊都巡倡自口財復口口口皆有碑碣具載其事昭昭不泯至於文人墨客遊於此山見諸吟咏載在簡册耿耿不磨奈何歷年滋久物盛而衰殿宇傾頹聖像剝落不足以壯釋教之盛洪惟國朝永樂間本院住持慧普照發心率衆化誘十方善信募緣金帛木瓦鳩材命匠次第修理敝者易之缺者補之有傾覆者盡撤而悉換之由是佛殿僧堂煥然一新方丈室傑然再造然多歷年所盛者復衰成化年來住持智延率首募緣錢帛聚積貲粮召人伐木命匠口材盡心竭力夙夜匪懈數載之間將各殿堂悉撤舊作易以新材殿門咸用琉璃獸脊塗塈堅固窗牖玲瓏尋口粧繪諸佛羅漢聖像金碧相輝光彩炫耀足以聳人之觀瞻起人之敬畏暨竣事適古葉李公由栢臺侍御來宰是邑觀風此境覩其規模壯麗謂僧曰修理寺院雖爾輩之常然苟不紀其始末何以使後人知其所自乎諸僧遂協心購良匠求貞珉請予爲記余辭至再弗獲乃惟地靈則人傑理之必然也有此山之秀麗而後有此善人出焉有此善人故能感人捨財施工修建寶刹以闡釋教之盛以增禪師之光也然世之遊此刹者或假名以濟私或營利以肥己能知水木本源之意而以奉佛爲心以修理爲務者幾何人歟乃若智延之徒專心於奉佛銳志於修理朝謀夕計務勤營造使佛殿禪堂皆極壯觀鐘樓懸閣無不完美可以經久而不廢壞可以歷遠而不頹圮釋教于焉而益闡禪師於是而有光誠沙門之白眉德士之翹楚者也裔是而後釋教興隆山門壯盛皆智延輩克勤修造之功也凡後之遊此山從此教者豈口不知其所自乎予素弗屬文

姑述此以紀其歲月云爾　大明弘治二年歲次己酉孟春月吉旦　賜進士第前山東道監察御史文林郎知洋縣事葉邑李政　將事郎主事西華張祐　典史山西五臺徐文斌　儒學教諭西蜀郫筒賈宗泰　訓導西蜀犛陽任士俊　陰陽訓術楊璽　僧會司僧會潭無竭　道會司道會李崇然　重修住持智延　丁巖僧人口口口

洋州念佛巖大悟禪師碑　存

按此碑連額高五尺五寸廣二尺五寸通體漫漶糢糊字行不能計數年代亦無從稽考洋州於洪武時已降爲縣或爲前代之物惟碑額十字篆書瘦硬整齊頗有少溫筆意故特識之附於念佛巖記之後

重修廟學記　存　弘治二年　文錄後

漢中府金州儒學學正河南上蔡□鄉貢士周仁撰文　石高六尺五寸廣三尺七寸二十三行行四十三字周仁撰文賈宗泰篆任士□正書在洋縣　洋縣儒學教諭西蜀賈宗泰篆額　訓導西蜀任士□書丹　夫道在天地間無物不有無時不然大□君臣父子夫婦長幼朋友人倫之常小而□□□□□□□□□□□爲唐虞三代有明君賢相以維持之斯道固自如也至於春秋之季聖學不明陵夷□甚孔子作而著明之其功大矣向微孔子將天下後世蚩蚩焉蠢蠢焉而不知所以爲道者幾何而不淪胥以入於禽獸夷狄焉於戲此其所以有賢於堯舜而由漢唐宋自不能不尊敬而崇祀歟我太祖高皇帝混一區宇即詔內而畿甸外而郡邑咸建學以育才而學既立廟以祀孔子其尊重孔子之意視漢唐宋誠有過焉洋縣乃古洋州爲關南鉅邑邑學在縣治之東前臨漢江後望秦嶺水光

山色映帶後先而他邑學莫之過歲久廟宇日就傾廢凡百門舍號房皆疎漏不堪依棲前此未有能更新而繕治之者成化丁未夏古□李公以德來令斯邑蒞政三日遵故事廟謁歷視前所傾廢疎漏者喟然歎曰廟貌若□何以仰稱朝廷尊學之意學校若茲何以俾髦有司作興之心遂毅然以修廢舉墜爲己任於是先□□已俸以倡之而判簿西華張公佑蓮幕五臺徐□□西獨李蕃協謀捐俸而始終督課之責李公實躬任焉□求工師掄選才木漸次撤而新之未幾一載門□□□□峨金碧輝映大成靈星與儒學桂林四門及神庫神廚諸□精舍宰牲庖湢之所與凡籩豆罍爵之□□□□一新又建二坊於通衢左曰興賢右曰育才規模宏敞氣□軒豁誠有以稱尊崇之意而髦作興之心□既成教諭賈公宗泰圖不朽賢侯李公厥績乃走書介庠生劉孟來求記於予予惟學校禮義相先之地賢才所出之門諸士游於斯講於斯曳藍阜於斯顧瞻廟貌如此尊嚴學宮如此修整既惕然有動於中而知所以進修者又況作興之以賢令啟迪之以明師由是開其聰明發其志意修其廉隅格物致知以上□孔子之道使凡綱常倫理之大食息起居之小罔不洞究其所以然而實踐其所當然異時出膺時用上而贊皇猷下而福黎庶使功名事業卓卓乎足以聞當時福黎庶垂後世斯亦不忝所生而於賢令李公更新廟制繕治學宮之盛心亦有光矣諸士勉旃李公名政由進士任長子令五年政成擢監察御史以疏□權幸改今職所至以廉能著稱云　弘治二年歲次庚戌孟夏之吉　主簿鄭□并立

靈芝亭記　存　弘治四年

按此石連額高五尺二寸廣三尺二寸二十六行行三十七字

正書額題元氣二字篆書在沔縣結銜爲賜進士出身前貴州道監察御史山東丘縣蔣昺撰文邑人周道篆額李善□書丹剝蝕糢糊不能通讀係誦沔陽知事德澤及民靈芝呈瑞而無沔陽知事名姓又若沔陽知事其人即爲蔣昺而結銜無之文字皆非佳品姑存其名可也

靈芝詩碑　存　弘治六年

按此石連額高六尺二寸廣三尺八寸額題賢侯蔣公異政詩集八字篆書在沔縣碑分五截刻共七律十二首皆其同僚邑紳歌異政而作詩字均不佳石亦漫漶因係前碑之詩附記於後

四君子圖　存　弘治丙辰

共刻四石各高四尺廣一尺三寸分上下兩截上刻文下刻徽王鸞繪在鳳翔縣

諸葛武侯像 刻第一石上刻出師表全文習見不錄

李令伯像 刻第二石上刻陳情表全文

陶淵明像 刻第三石上刻歸去來辭全文

范文正公像 刻第四石上刻義田記全文

右四君子者忠孝節義照耀簡編裨益風教誠後世之軌範也巡按關陝侍御史沁水李先生命予圖其像著其實勒石以傳嗚呼千載而下瞻高山而仰止者未必不自茲始先生嘉惠之澤亦大矣哉弘治丙辰春正月元日鳳翔府同知薊門王鸞謹識

按李令伯生平本無足多奚能與三君子者相提並論惟陳情一表悱惻動人遂以孝聞於後世文字蓋可忽乎哉

監臨鄉試誓天文 存文錄後弘治八年

石廣四尺三寸高二尺四寸六十四行行字不等正書在西安貢院

維弘治八年歲次乙卯八月辛亥朔越七日丁巳監臨官巡按陝西監察御史李瀚提調官陝西左布政司陳道等監試官陝西按察司副使韓明等考試官都昌縣教諭孫文原等洎掌卷受卷執事等官西安府知府嚴永濬等謹瀝誠露悃叩天而誓曰賓薦賢能國家重事瀚等濫以職事承任使夙夜兢惕深懼志慮有所不周聰明有所不逮希神默相使我進退予奪悉當人心罔俾遺才在下凡茲同事之人或爲利誘或爲勢動或報復恩讐或黨庇親故私受請託暗通關節以致是非顛倒倖人得志賢士遭抑神其降之百殃奪其官祿覆宗絕嗣以示懲於人人謹告　監試官

巡按陝西監察御史李瀚　提調官　陝西等處承宣布政使司左布政使陳道陝西等處承宣布政使司右參政韓重　監試官

陝西等處提刑按察司副使韓明陝西等處提刑按察司僉事謝顯　考試官　江西南康府都昌縣儒學教諭孫文原直隸鳳陽府鳳陽縣儒學教諭雜聰　同考試官　河南河南府陝州閿鄉縣儒學教諭焦讓直隸廣平府雞澤縣儒學教諭郭拱辰山西澤州陽城縣儒學訓導姚玉直隸保定府祁州深澤縣儒學訓導黃暟浙江嚴州府桐廬縣儒學訓導談一鳳　印卷官　陝西等處承宣布政使司經歷司經歷崔友能陝西等處提刑按察司經歷楊通　收掌試卷官　西安府知府嚴永濬慶陽府知府丁紳受卷官　西安府同知張以永臨洮府同知徐昌鳳翔府同知王鸞門安府推官袁經　彌封官　延安葭州知州沈理平涼府涇州知州陳智西安府華州華陰縣知縣孫傑鞏昌府隴西縣知縣栗鉦　謄錄官　西安府商州知州蔡相延安府綏德州知州王倧漢中府金州漢陰縣知縣唐希介西安府同州郃陽縣知縣

趙維藩　對讀官　西安府咸寧縣知事孫傑西安府長安縣知縣沈瓚延安府宜川縣知縣張倫西安府商州洛南縣知縣秦安巡綽搜檢官　西安左衛指揮使楊宏西安前衛指揮使劉鏞西安後衛指揮使張鎬西安左衛指揮僉事田忠西安前衛指揮僉事蔣琛西安後衛指揮僉事劉欽　大明弘治八年冬十二月吉旦　西安府同知山西澤州李訓立石

按此石每人名下各有詳細履歷小字注寫從簡弗錄同考官均屬外省教諭訓導等與清制用本省州縣者迴異

關中二老傳 存文錄後正德元年

石廣五尺二寸高一尺四寸三十七行行十四字劉震撰文後跋二十三行均正書在三原縣

關中二老傳　二老者乾州宋公三原王公乾州三原皆關中名區且相近宋公名欽字克敬王公名恕字宗貫二公皆以名經中

陝西正統辛酉鄉試宋公登乙丑進士官至通議大夫南京大理寺卿以資政大夫致仕乘傳以歸兩遇覃恩進階至榮祿大夫王公登戊辰進士官至光祿大夫柱國太子太保吏部尚書致仕賜賚有加亦乘傳以歸今宋公八十有五王公八十有三俱耳目聰明精神矍鑠玉帶錦袍優游田里或教子讀書或課僮樹藝或鳴琴奕棋或飲酒賦詩惟意所適以樂其樂矧又爲兒女親家久而能敬王公嘗贈宋公詩云當年壽俊會中人爾我歸來過八旬望裏山川多秀氣行邊杖履自精神路途平坦休嫌遠時節往還莫厭頻酒滿金尊須痛飲前賢那得復青春觀此詩則二公契合親厚之意概可見矣且自國初至今百三十餘年關中士大夫官至極品壽臻八旬以上享太平之福者惟此二公而已而宿德重望又爲鄉里之儀型故人以爲稀有罕見而號爲關中之二老震乃

王公爲方伯時鄉試之所舉者知公最久聞公之令嗣都府經歷君言公與宋公致政後俱康強無恙同享悠久之福壽而爲鄉人所敬仰如此故喜爲之傳以傳若夫二公功業之可書則有國史在茲不贅　弘治十一年戊午八月既望賜進士及第朝列大夫南京國子監祭酒前春坊諭德翰林侍講經筵官同修國史安成劉震撰

昔商山四皓懷抱道德不遇其時故隱居以避亂至漢高帝時欲易太子呂后以書幣遣使敦請而後出遂成羽翼太子之功今二老生當太平之世遭際聖明致位崇階道行於時功烈有足稱者其與四皓隱顯雖不同而德望福壽蓋不相遠也宋老壽躋八十有六卒贈刑部尚書遣官葬祭可謂始終全美矣王老弘治乙丑年及九旬荷蒙新天子軫念特遣行人吳玉齎勅存問并賜羊酒仍令所司月加食米二石歲加輿隸二名恩頒霄漢光耀比閭此又千載之奇逢非常之慶幸也今年九十有一精神矍鑠不渝於前猶閉戶著書將來福壽蓋未艾也關中名公鉅卿固不乏人而福壽如此二老者則鮮矣大司成劉公爲之作傳據事直書而無過譽溢美之詞可謂實錄矣後之人欲知二老出處之大畧者當於是而考焉　正德元年丙寅春三月庚寅鄉貢士晚生張原拜跋

按宋公壽八十有六已見張原跋中蓋此時王公尚健在也考明史本傳王公卒於正德三年壽九十有三卒之日閉戶獨坐忽有聲若雷白氣瀰漫矚之瞑矣訃聞天子輟朝遣官葬祭謚曰端毅當其正色立朝天下有兩京十二部獨有一王恕之語豈僅關中之大老已哉特誌數語以補前跋所未及

王端毅公神道碑　存　無年月　文錄後

碑高一丈一尺五寸廣四尺九寸三十一行行九十四字李東陽撰文王鏊正書并篆額額佚在三原縣

大明光祿大夫柱國太子太保吏部尚書致仕贈特進光祿大夫左柱國太師謚端毅王公神道碑銘　光祿大夫柱國少師兼太子太師吏部尚書華蓋殿大學士知制誥同知經筵事國史總裁長沙李東陽撰　榮祿大夫少傅兼太子太傅戶部尚書武英殿大學士知制誥同知經筵事國史總裁吳郡王鏊書并篆　自古凡治朝盛世必有恢弘博大之臣布列廊廟陳昌言著偉績顯于天下播在史册以傳不朽然不可遽得求什一于千百得焉亦足矣自我英宗皇帝旁求賢哲其所敷遺閱憲宗孝宗數十年時則有王端毅公固其人哉公諱恕字宗貫陝西三原人也正統戊辰舉進士爲翰林庶吉士授大理寺左評事景泰間遷左寺副條刑

罰不中六事上之朝擢知揚州屢辯疑獄歲饑發廩不俟報且給
醫藥多所全活作資政書院教群子弟科不乏人天順間遷江西
右布政使揚人爲立石頌德廣賊寇贛州公率兵剿平之遷河南
左布政使成化間擢都察院右副都御史撫治南陽諸府南陽豪
爭鑛殺人公獲其魁餘悉解散以內艱去會襄陽盜起復會兵搗
其巢走之及劉千斤輩作亂公亦會王師勦平之大帥欲縱兵搜
山公不可因下令曰擅殺者斬復榜示流民諭使復業民爲建生
祠繪像事之乞終制不許尋奉勅巡撫河南遷左副都御史歲旱
蝗上疏請崇儉去奢以回天意入朝言時政六事遷南京刑部左
侍郎丁外艱服闋改刑部巡治漕河盛言弭災數事未幾而蠲租
之詔下矣改南京戶部再改左副都御史巡撫雲南進右都御史
以地切交趾言禦夷方略劾鎮與中官諸不法事沒其所得金寶

輸之京師勳臣世帥亦爲歛戢所役官軍土民皆還部業使人至
夷方無敢索賂執家假驛傳般私貨者皆自雇役於是聲震遠邇
改南京都察院參贊留務兼督巡江尋陞南京兵部尚書考選官
屬不受請託爲同事所忌命以兵部尚書兼左副都御史巡撫蘇
松諸府會江南地震乞歸不許言內外官收納過重請爲禁革光
祿寺歲供白粲概及庖人賤工請爲分別派買物料織造線幣及
貢獻禽鳥花木請爲省節又請免常州夏稅六萬餘石以羨米還
之又以補諸府戶鹽鈔六百萬貫又以水旱災請免秋糧數十萬
草半之以官田賦重減耗米十餘萬發廩賑饑民令減價糴穀又
周行賑貸以戶計者幾二百萬以口計者有加爲有中官以買書
收藥爲名搜括遍江南千戶王臣爲之助惡公累疏言之上乃命
械繫中官梟臣於市而中官亦誣奏公及知府孫仁仁就逮公又

力拯之得免又請罷內降官數人又以京師地震乞辭位不許尋
復改南京兵部尚書仍參留務聞秦晉饑言便宜十事聞林俊張
黻之謫乞還其官因請罷永昌寺役加太子少保言政令必信不
宜數改語尤激旋落太子少保以尚書致仕孝宗在東宮已聞公
名既登極首降勅召之改吏部尚書加太子太保階榮祿大夫臺
諫劾巡撫及藩郡官奉旨黜革公以爲不得其職連疏乞休皆不
許南臺薦公入內閣旨朕用蹇義王直王翺故事委恕吏部若有
謀議亦無不聽乃已弘治初從耕耤田預九推禮視學命下公請
釋奠用幣爵用三獻分獻官致拜詔止許分行拜禮公又爭之乃
於孔子前加幣用太牢改獻爲奠至日分奠鄒國亞聖公侍經筵
偶議不合辭即乞休上曰君臣之間恩同父子各陳所見何嫌何
疑可視事如故乃起就職屬有疾上命醫診視遣中官賜酒米諸

物南京給事中周紘御史張昺奉命點軍爲留司所奏出補外公
論捄之未得命臺諫交奏以爲老臣言當聽紘昺乃得南京別任
徽王奏乞陞鈞州爲府晉王乞爲世子設典膳皆論止之知州劉
槪與御史湯鼐言涉狂誕當道欲坐以死御史李興多杖罪人至
死亦坐重辟公皆論捄乃從末減山西叛賊王良等既伏誅有議
除其黨千餘輩公以爲脅從宜免議始定又請老詔大風雨雪免
朝又免午朝復以慧見自劾求退不許進階光祿大夫勳柱國封
三代有旨令中官會選御醫公執不可壽王冠充副使都御史秦
紘以總督兩廣軍務奏安遠侯柳景不法坐致仕公極言紘當用
乃起爲南京戶部尚書太醫院判劉文泰者奏公不當令人作傳
議者以爲有所受公具自劾乃下文泰獄降御醫公又乞休蓋自
蘇松以來前後疏十餘上乃賜允命給驛還鄉有司月給米二石

歲給夫隸二人賜寶鏹三千貫居十有三年今天子登極詔賜牢醴遣行人存問于家復加米及夫隸數倍于昔且賜璽書有嘉猷入告語公復上疏言數事正德戊辰四月二十日卒于正寢壽九十有三矣計聞上震悼輟視朝一日贈特進光祿大夫左柱國太師賜謚曰端毅遣官諭祭者九令有司給棺槨治葬事公墓在西園尚書府君墓次公所自卜地也元配蓋氏繼室張氏皆累贈一品夫人文氏封一品夫人貳室張氏公有丈夫子六人曰承祚爲義官承祐南京前軍都督府經歷早卒承祿義官承祥順天府通判承□亦爲義官承裕舉進士累官吏科都給事中孫十三人統綬基節埜輅輶璟濳璿簡肇輿綬節皆縣學生曾孫七人安民友賢安邦安國安遠鶴齡松齡女三人其壻曰縣學生仇濬進士宋廷佐孫女九人壻曰李璇秦憲段懷忠李邦本董廷珪李應寀張

元卿郝奎聘而未娶者曰秦淵曾孫女二人公平生好學博涉經籍至老不倦所著有漕河通志介菴奏議石渠意見典籍格言歷代諫議錄行于世承裕予禮部所舉士因奉狀來請銘是惡可不銘銘曰　巖巖華嶽雄鎮秦封靈秀攸萃爲人中雄端居廟堂進退百辟高舉長□直言正色奮翼而起排雲廣空紛彼羽族瞠其下風孰疑糾紛中有定指南山可移三軍可奪用我則出舍我則還外若可撓其中浩然秉彝在躬弗矢弗梏其所餘者以還造物柱車守閭世豈無才持以大用匪違則乖滔滔江流中有□柱頹波狂瀾不見其處功名始終自古謂難我所自立其成則天國史有書鄉賢有祀公明不廢公墓在此

按此碑無年月而公卒於正德戊辰李東陽王鏊皆武宗朝大學士與結銜合故次於正德之末

延齡會記　嘉靖元年　存　文錄後

石高五尺五寸廣二尺四寸二十行行四十二字王九思撰文王瀛正書在鄠縣秦渡鎮

延齡會記　賜進士出身奉議大夫吏部文選司郎中致仕前翰林院檢討經筵講官修國史邑人王九思撰　前癸酉科鄉貢進士王瀛書　住持王崇璣者吾鄠秦頭鎮人也少嘗慷慨有志立功名不屑羈絆乃去爲住持寄跡老子瀆中居鎮之志道觀觀在鎮南蓋自勝國時王重陽羽化創建祖庭迺築別宮於此後其徒四人者馬譚劉丘有志于道插柳爲期而□于茲地故稱爲四師堂至我明興有道士孫碧雲者嘗居於此奉詔入對天子嘉之乃賜名志道觀云景泰中知縣徐君蓋嘗重修事在紀功之碑然歲久滋敝崇璣亦嘗葺補其殿宇靚深其卉木蓊鬱翛然絕塵眞物外一佳境也崇璣年六十矣碧瞳玄髮身長玉立乃一日仰而歎

曰南山疊翠白雲在天澧水東注不舍晝夜風景猶夫昔也而豪傑安在哉吾欲訪大道于重陽問玄秘于四師揖碧雲于太華之下冢冢曠野孰與指迷徒見夫斜陽冉冉衰柳參差而已而吾欲何爲哉吾惟樂其心□久其年者斯可矣□□□□□于是與鎮之逸民王斌王文十有三叟相率爲會會以月朔望推一人爲主方其酒酣耳熱高歌擊筑起舞蹁躚飄飄然若乘虛而御風醉則藉草枕石嗒然就臥不知海月之高東方之明也若是者蓋三年于茲崇璣告於衆曰古之人有言心勞者悴心佚者休若是而名吾會曰延齡可乎衆曰可矣崇璣又曰身無恒惟名則壽請記諸石以垂不朽于是謁予予在縣庠時已識崇璣誼不容辭迺記以歸之　大明嘉靖元年歲次壬午十二月季冬吉日立　本鎮逸民王斌王得甫王載道張子康馮守中韓右蕭盛韓奈韓傑吉得

成王翥　本觀住持姚崇純王得用王崇璣　白水匠人王奉刊

貢院增修記 存 嘉靖四年 文晦漶不錄

石高六尺五寸廣四尺二十一行行四十一字段炅撰文在西安貢院

宋侯修學記 存 嘉靖七年 文錄後

石高六尺廣三尺三寸十九行行三十四字張治道撰文謝朝宣正書宋宜篆額在郃陽縣

宋侯修學記　賜進士出身承德郎刑部四川司主事太微張治道撰　賜進士出身嘉議大夫四川按察使前監察御史侍經筵官龍渠我舫謝朝宣書　賜進士出身行人司行人宋宜篆　郃陽宋侯修學成褚子鏜走余爲記曰郃陽自有學校以來今百五十年廟宇圮而弗構學舍傾而弗立百姓悼焉今宋侯來迺能作而新之圮者創焉傾者立焉樸棫之化將自此興矣請先生爲之記余曰宋侯其知爲政之急者乎急先則人歸人歸則令行令行

續陝西通志稿　卷一百六十二　金石二十九　二十

則政舉故曰堯舜之爲政急先務也余聞郃陽山巘而俗勁訟繁而民擾教化其先務乎學校者教化之所自出也余故曰宋侯其知爲政之急者也今之爲政者則不然苛法以求聚詭計以要名貶身以媚上曲行以求全得一善譽悻悻然曰我能爲政矣而不知爲君子之所竊笑唾罵此則俗吏之爲以要功名者而謂君子爲之乎余聞宋侯治郃陽有古循吏之風政慈而不苛計貞而不詭不貶身不曲行故郃陽之民視之若父母凡所以加之民者而民不敢有二心有所汲而民不敢後也有所求而民不敢縱也有所摘發剔治而民不敢怨也若此者謂非學校之興教化之所致乎非急先務者能之乎褚子曰誠如先生之言郃陽在關中爲大縣民健於訟租稅大半不入官數年老幼流離戶口消耗自侯來懷柔安輯一毫不取于民自是流亡者復租稅不入官者入訟息盜遠四境晏然雖古良吏不遠過若振修學校者侯之一事也余曰誠若是則侯之爲政幾矣遂書以爲記侯名奎四川順慶府廣安州岳池縣人由舉人拜郃陽令　嘉靖七年夏四月吉日縣丞臧祿主簿王佩典史李貫　儒學教諭陳伯璦訓導張南用鄭守貴立石

重修法相禪院記 存 嘉靖九年 文錄後

石高八尺二寸廣四尺十四行行字不等馬理撰文並草書在涇陽縣

明涇陽縣孟店鎮重修法相院記　賜進士中順大夫南京通政司右通政谿田居士三原馬理撰幷書　涇陽孟店鎮法相禪院不知所由始有宋人趙評事光輔畫及紹聖元年游景叔文大觀元年王康朝詩宣和七年楊葆光跋知其院之古也院在三原境中去三原治城七里而近去涇陽治城三十五里而遙故兩邑之

續陝西通志稿　卷一百六十三　金石二十九　二十一

人咸僧其中僧好儒故兩邑之士有靜學會文而習禮者率集焉高陵去院如涇陽其士亦聞集其中故心無相時有兩邑會文之士焉識敏時有兩邑會文之士焉信果如隆時則三原劉涍公子明及朱涇陽則茹靜齋相溫穆孝山文英及松軒宗元應琯時則吾徒涇陽龍佐權度高陵馬士英吉士皆其人也故諸邑之寺禪院爲著院舊有三殿北向東西有廊廊有傳空威靈二殿自成化時重修迄嘉靖間壞其僧如聰應琯信祥如潭如洪應玉偕諸僧修之咸鼎新增無梁山門一座有吾師司徒平川王口生題扁在焉又增僧室二十餘間應琯又構堂一所扁曰聚賢蓋所以待夫儒也於戲斯院斯僧可以語吾道矣應琯來請記吾故爲記之西安府涇陽縣文林郎知縣事猗氏荆晟丞呂相主簿何守榮典史李祿　嘉靖九年冬十月初六日迄工　遂立石富平趙潤趙

濟民刊

按馬谿田爲明代道學先生明史有傳故爲佛院撰碑而不著佛氏一語文特簡淨而書法尤龍蛇飛舞其筆意模倣平原蔡明遠序而夭矯飛動與岳武穆出師表可以並駕齊驅明之佳刻也

摩詰輞川圖 存詩錄後圖不錄 嘉靖庚寅

共四石各高二尺五寸廣一尺八分上下截上刻春夏秋冬四圖下刻右丞與裴迪唱和五絕四十首在藍田縣右丞祠

輞川集　京兆王維　余別業在輞川山谷其遊止有孟城坳等與裴迪閑暇各賦絕句云爾　孟城坳　新家孟城口古木餘衰柳來者復爲誰空悲昔人有　裴迪　結廬古城下時登古城上古城非疇昔今人自來往　辛夷塢　木末芙蓉花山中發紅萼澗戶寂無人紛紛開且落　裴迪　綠堤春草合王孫自留翫況

有辛夷花色與芙蓉亂　竹里館　獨坐幽篁裏彈琴復長嘯深林人不知明月來相照　裴迪　來過竹里館日與道相親出入惟山鳥幽深無世人　柳浪　分行接綺樹倒影入清漪不學御溝上春風傷別離　裴迪　映池同一色逐吹散如絲結陰既得地何謝陶家時　北垞　北垞湖水北雜樹映朱欄逶迤南川水明滅青林端　裴迪　南山北垞下結宇臨欹湖每欲採樵去扁舟出菰蒲　斤竹嶺　檀欒映空曲青翠漾漣漪暗入商山路樵人不可知　裴迪　明流紆且直綠篠密復深一徑通山路行歌望舊岑　鹿柴　空山不見人但聞人語響返影入深林復照青苔上　裴迪　日夕見寒山便爲獨往客不知深林事但有麏麚跡　白石灘　清淺白石灘綠蒲向堪把家住水東西浣紗明月下　裴迪　跂石復臨水弄波情未極日下川上寒浮雲淡無色

漆園　古人非傲吏自闕經世務偶寄一微官婆娑數珠樹　裴迪　好閑蚤成性果此諧宿諾今日漆園遊還同莊叟樂　金屑泉　日飲金屑泉少當千餘歲翠鳳翊文螭羽節朝玉帝　裴迪　縈渟澹不流金碧如可拾迎晨含素華獨往事朝汲　欹湖　吹簫凌極浦日暮送夫君湖上一迴首青山卷白雲　裴迪　空闊湖水廣青熒天色同艤舟一長嘯四面來清風　椒園　桂尊迎帝子杜若贈佳人椒漿奠瑤席欲下雲中君　裴迪　丹刺罥人衣芳香留過客幸堪調鼎用願君垂採摘　欒家瀨　颯颯秋雨中淺淺石溜瀉跳波自相濺白鷺驚復下　裴迪　瀨聲喧極浦沿涉向南津汎汎鳧鷗渡時時欲近人　木蘭柴　秋山斂餘照飛鳥逐前侶彩翠時分明夕嵐無處所　裴迪　蒼蒼落日時鳥聲亂溪水緣溪路轉深幽興何時已　茱萸沜　結實紅且

綠復如花更開山中倘留客置此芙蓉杯　裴迪　飄香亂椒桂布葉間檀欒雲日雖迴照森沈猶自寒　宮槐陌　仄徑蔭宮槐幽陰多綠苔膺門但迎掃畏有山僧來　裴迪　門前宮槐陌是向欹湖道秋來山雨多落葉無人掃　臨湖亭　輕舸迎上客悠悠湖上來當軒對樽酒四面芙蓉開　裴迪　當軒彌滉漾孤月正徘徊谷口猿聲發風傳入戶來　南垞　軒舟南垞去北垞淼難即隔浦望人家遙遙不相識　裴迪　孤舟信一泊南垞湖水岸落日下崦嵫清波殊淼漫　華子岡　飛鳥去不窮連山復秋色上下華子岡惆悵情何極　裴迪　落日松風起還家草堂晞雲光侵履跡山翠拂人衣　文杏館　文杏裁爲梁香茅結爲宇不知棟裏雲去作人間雨　裴迪　迢迢文杏館躋攀日已屢南嶺與北湖前看復迴顧

王右丞輞川山水圖爲世珍愛故雖右丞亦自謂此圖俾饑渴者觀之可以醉飽後無怪乎有因而愈疾者舊傳當時石刻在永興恨不及見雍城劉近山尚書公嘗過我壯游輞川亦謂此圖爲山中欠事一日清江敖東谷先生以憲司視學藍田値余以監察御史歸山居良便咨託東谷慨然徧訪遂獲此眞蹟於古刹付我山中感之弗啻百朋敬用摹勒貞珉而復系以輞川諸景詩於下方於戲此輞川完璧實東谷有以玉成而光復之也兩峯山人李東識　嘉靖庚寅春正月知藍田縣事古絳韓瓚上石　長安張鎬刻

按右丞輞川圖原石久毀其流於世者惟宋郭忠恕與郭漱六臨本耳此圖謂得眞蹟于古剎其爲右丞搨片與二郭摹本不敢指實惟雲山繚繞頗饒幽趣至清道光時熊墨樵復有摹刻

其工細遠過此圖故吳縣潘文恭蒲城王文恪等一時名流皆有題跋宏奬備至均刻石嵌祠壁然古意全失謂之輞川形勝圖則可不得謂右丞輞川圖矣本志止于明末故不載熊圖而誌其崖略於此

太玄洞詩刻　嘉靖庚寅　存　詩錄後

石高一尺四寸廣二尺五寸十四行行字不等五粟山人題并草書在耀州

正月二日登太玄洞一首　絕巘雲橫石洞深緣岡古柏正森森迴廊泉活春長在斷碣苔封字漫口垂世幾言歸正論勝大心小之說吾儒口口活人千載着仁心肩輿偶爲宜民發瞻拜遺容仰德欽

再游太玄洞　入望千峯矮淩虛兩閣飛洞深雲氣濕春暖藥欄肥方技病唐史清風爲布衣綿綿香火地不獨耀人依　嘉靖庚寅仲夏五粟山人識

重修學廟碑　嘉靖十年　存　文錄後

碑高一丈二寸廣四尺一寸二十行行七十六字康海撰文田登篆額劉儲秀正書在西安文廟

西安府重修學廟之碑　賜進士及第前翰林院國史修撰儒林郎經筵講官武功康海撰　賜進士出身大中大夫河南布政使司右參政前奉敕整飭臨淸兵備長安田登篆　賜進士出身大中大夫河南布政使司左參政前奉敕視學山西咸寧劉儲秀書

嘉靖丁亥海東游華山道過長安因謁宣聖廟觀碑洞古刻見廟瓦漸壞臺陛傾圮齋堂學舍敝漏弗治私心感焉以爲當昌隆熙皞之世公卿大夫謁廟視學月凡兩至顧皆無能興心裨力使前人所爲坐致於敝豈不可太息也今春赴理省府過廟私望則比昔加壯矣嗟嘆久之乃知爲今知西安南埠李侯文極所爲冬十月壬午李侯以書貽海謂學成化初修於余公今六十年往歲

戊子府嘗請於巡撫榆次寇公將舉行矣値歲災不果去年庚寅巡撫歷城劉公巡撫崑山朱公與藩臬諸公亟命舉行簷牙榱桷增數尺覆瓦易以琉璃陛闌以石檻兩廡與戟門欞星更用新木改以石柱堅緻工好大異往觀而牲房齋宿所鄉賢名宦祠及府學聖製箴亭與明倫堂齋號膳房新者創之謬者正之敝者理之闕不煥然即緒所作止於半載所費未及千金夫匠一募於官財力弗擾於下同知衡水李君梅實承委專事者工用既訖當以歲月勒之堅石用告有位惟吾子所不辭也海惟學校之教莫備於昌世傾圮之慘亦極於近年蓋風俗奢儉相推而時論倚劘難據非豪傑之才高世之見則鮮不推移於時論矣惟侯行方而履貞中融而外煦豈弟之道渥被民心恭儉之風敦受古訓故政治不宜教道明顯余徐之後厥蹤鮮焉落成之盛大踰往昔良有繇

也於是爲之辭曰　有明聿興開我文教首建廟學無遠弗照緊此關中華夏之奧列郡有八西安惟要煌煌學宮勝國所劭厥覿弗宏曷以示儆前哲殫心聿追來孝有偉余公罔不留料嗣事恢功鉅轟輝耀物久或磷我心用悼歷年六十李侯是紹有嚴有翼允匡允導吏民不撓緒業惟懋理廢葺頹靡思弗到鳩工度材先事伊棪篤慶宣猷從民之好財用有章力作罔躁惟茲巨工倏焉終告嚴嚴巷巷有閎其廟既隆厥堂況秩伊號士有所趨民得瞻效茲誦不輟洋洋浩浩聖箴在亭表裏訓誥準古師今見聞偕妙日就月將何篟弗覺殆多哲人距止檢操上泝洙泗克光皇造諸公具熙群黎咸躍刻石志功君子用眺於萬斯年永綏常道　嘉靖十一年歲次壬辰孟冬吉日　賜進士第中順大夫陝西西安府知府汝南李經同知洪萬立白鑑劉啓東通判李玦推官喬瑞

咸寧縣知縣張勅長安縣知縣楊愽同立

太玄洞碑文　存　嘉靖丁酉　文錄後

石高五尺二寸廣三尺五寸十七行行二十九字張蒙訓撰文左熙正書王邦憲篆額在耀州

修太玄洞碑文　鄉進士惇物山人張蒙訓撰文　惇物門人左熙書丹　孫先生太玄洞自武廟來四方之香火盛矣顧址隘構傾不足以口明神愜群望也今年春郡守王子幸致政雷巘更廣其址植傾構而崇之伐石甃階懸如白虹雲霧横集鬱鬱蒼蒼即蓬萊方丈在目也此其意可謂美矣張蒙訓曰余讀唐書列傳敘孫先生行事蓋古之隱君子云今世修黃白方脈之術者乃肖其像且香火之何哉豈以先生爲技藝流耶觀其所答盧生之論即措之天下國家可也斂而不施知隋之將亡也然世俗士所假嘆世之詞極鄙陋不足道而人或有稱之者余竊非焉方隋氏失鹿命集于唐苟負豪傑之才者孰不雲湧颷起冀依日月之末光哉先生首受徵聘不爲不遭矣而不肯以廊廟易丘壑何耶昔梅福入市薛方詭語見幾保身之智迺千古高之矣而獨疑先生之於唐也哉或爲艾龍砭虎蟬蛻羽化皆非事實不可據人又謂先生之神與造物翱遊八極之表故能福潔禍穢如響應聲此則尼父所不談政難與淺見寡聞道也文成之日嘉靖丁酉夏四月廿二日也　雷巘立石　趙璧刊

貢院重修記　存　嘉靖十九年　文錄後

石缺下截約少二字存者高七尺四寸廣四尺四寸二十五行行五十二字呂柟撰文韓邦奇篆額管楫正書在西安貢院

陝西貢院重修記　賜進士及第南京禮部右侍郎致仕前國子監祭酒翰林院修撰兼經筵講官高陵呂柟撰　賜進士通議大夫都察院右副都御史巡撫山西前右春坊右庶子兼翰林院修

撰朝邑韓邦奇篆　賜進士通議大夫都察院右副都御史巡撫山東前提督四夷館太常寺卿咸寧管楫書　吾陝方伯喻公尹公暨大參王公使學官張穆持狀兼幣詣予曰茲嘉靖庚子大比侍御潁川張雙溪先生實有監臨之任先時往觀貢 闕 此乃國家興賢取才之地不宜敝陋若此是地屢敝屢修屢修屢敝多非爲久遠計者於是會謀於巡撫都御史洪洋趙公及春諏日選委才 闕 役爰作次第舉新堂廳門坊規制倍昔且奎壁中工適落成正文明時也涇野子曰斯役也豈惟可掄才於後實可以作士於先君子于 闕 化攸繫者此也夫其自春徂秋歷三時而後完下如竹苞上如松茂不猶端士之學日修月累內主忠信外持威重貞積力久形著明動 闕 而後達者乎若乃修斂屢更又何異于士也怠惰荒寧鹵莽滅裂不積學于平日一旦延至試期勦取他人之言

姑應一時之考以徼幸[闕]第者邪聞之曰財不費而舍宇新民未勞而士氣倍彼號令頻繁人日奔走於道路征誅稠疊工日瘏瘁於役所此其罷我鄉民不忍見[闕]何以作士氣而使之興邪且自房祖堂自堂祖樓自樓祖門祖坊朗豁正大噲噲壯偉豈嘗爲君子攸寧者乎諸士子過而瞻之曰口吾[闕]而應試處也此吾輩出而用世處也吾輩之學其才德洪麗巍峩能如此處否邪故觀之九五象曰觀我生觀民也彖曰下觀而化也斯[闕]眞懿舉矣比美斯干不亦可乎雖然君子之舉賢才凡以報國也固宜崇重貢院敞可也諸士子不聞舜舉臯陶湯舉伊尹乎此二賢[闕]皆秦岢近之制矣乃若士子修身以道用待上人之舉者雖不必貢院之修地之產也又何嘗待固其垣墉厚其茨棘哉諸士子若能仰體美意雖試於垣墉茨棘之中以爲國制爾然也而其才之卓越自爾

出乎其外如皋伊輩固不可乎是役也貢院坊在先門之前其東騰蛟坊西而起鳳坊咸改建壯麗其[闕]門高偉亦如三坊也明遠樓在三門之內瞭望樓在其四隅至公堂在明遠樓北南而又其北爲四所彌封謄錄對讀供給收掌試卷房凡二東西對[闕]有爲國薦賢堂者北面又其北爲外簾台察藩臬對居焉其廳皆扁以精白一心又扁曰公明皆在文衡門之南門北則聚奎堂舊[闕]增爲五經崇且廣矣奎也有不聚乎又見其北爲主考廳五經房在其左右對咸更新焉夫雙溪君之巡按西土也激揚有才賢邪難淆[闕]道請託不行中稟有度驗詳不謬釋囚必眞奸惡知懼互訪求實積弊多革雖至宗室輔導衛所軍職亦皆取律行事而凡驛遞雜行邊腹傳報皆有詳查時刻而又明冤有要科場有條宜于貢院有此懿舉也雙溪君不[闕]拜卿寺漸轉宰衡應知其益充是舉而不渝乎雙溪名光祖字德徵河南潁川衛人起家嘉靖壬辰進士喩名茂賢尹名嗣忠王名納言[闕]也始于今春二月朔落成于秋七月望日有事茲舉考大參陳名儒憲副龔名輝陸名寃謝名蘭西安府知府魏名廷萱法皆得書　嘉靖十九年歲次庚子冬十月望後之吉立石

孫眞人三方　存文編錄嘉靖二十一年

石高五尺二寸廣二尺四寸分三截刻上截風葯論中截九轉丹下截雜鴨丸字行不等王垂紳正書在耀州

孫眞人上唐太宗風葯論　昔混沌初分之後陰陽未判以先有曰黃風夫風者上不居天下不居地八方自在任意東西大吼者催山倒嶽小吼者拆樹傾枝何以是風因風而運行日月因風而閉塞乾坤人之得風猶魚之離水人得風而必死魚離水而必亡萬物因風而生萬物因風而死口內出者是氣鼻內搐者是風氣

不順令人受病天得和風雲頭自祇地得和風五谷自生木得和風枝葉自榮水得和風波浪自平人得和風六脈春融此和風之論也而風之不和者果何見歟夫天得重風日月失昏地得重風五谷不登人得重風百病齊生和風者百脈流通還風者變成頑麻癱風者半身不遂疾風者病若癡形重風者失音不語偏風者口眼喎斜肺風者咳嗽喘急腎風者耳內蟬聲脾風者飲食無味肝風者眼澁羞明膽風者令人不睡膀胱風者夜汗頻出大腸風者瀉出鮮血小腸風者淋漓不通皮風者瘙癢不止肉風者體似虫行血風者手脚沈熱髓風者骨節酸疼手風者常時戰慄脚風者行步難存夾腦風者太陽搐痛撲頭風者卒以瘡痕熱風者香臭不聞喉風者喫食噎塞舌風者語話難分暗風者朦朧似醉破傷風者身搐如弓頑風者不知痒痛骨脚風者連筋骨疼白癜風

者多生白點驚風者脾風潮搐痾風者倒地驚人若人說是無風除是大羅眞人復生在世此藥專治三十六種風証其效如神不可盡述　羗活　當歸　獨活　防風　天麻　川烏　川芎以上俱去蘆　草烏去當用甘草水一鍾煎至五分晒乾爲末　海桐皮　何首烏不犯鐵器　右十味各一兩內九味生用共搗細末煉蜜爲丸如彈子大每服一丸空心細嚼溫酒送下有汗口避風寒又忌羊魚葱蒜生冷油膩等物

孫眞人九轉靈丹刑部尚書戈宜等在太醫院校正十三道御史羅鳳等謄錄　治男子婦人山嵐瘴氣除積十膈五噎咳嗽五勞七傷翻胃吐血癆瘵等症三十六種風七十二般氣伏梁小約疝氣諸般癧疾痢左癱右瘓婦人赤白帶下血山崩血閉血蠱經脈不調產後諸疾小兒癲癇諸風肚大面黃男婦一切口氣痛悉治之用服已後或虫或積如

紙經狀如爛魚腸如雞子涛或黃色或小便內出如米泔或挑不斷或澁如癰血鼈虫寸白虫蜈蚣虫或如蝦樣小蛇一切怪物即出有氣即散有塊即釋此藥不用甘遂硼砂等物宜服不動臟腑眞氣無病之人春秋各一服令一年諸病不侵赤眼傷寒有孕婦人急服　黑牽牛十兩取淨末五兩　白牽牛十兩取淨末五兩　梹榔十兩取淨末五兩　大黃二兩半取淨末二兩　蕪荑仁淨五兩　雷丸淨五錢　右爲細末拌勻每服三四錢或爲丸散加減用之　小兒二錢用葱白湯露一宿或木香湯或東南石榴根皮調下至晚用米粥補之忌生冷腥葷甚妙後具雙合飲半月亦補氣血

川芎　白芍藥　當歸　熟地黃　黃耆　甘草各等分　右吹咀每服五錢生姜三片水煎服　詩曰破積除虫逼死胎穿胸透膈一時開不但水腫并風腫銅鐵金銀取下來

神仙雞鳴丸　治一十八般咳嗽　知母炒過　貝母去心　杏仁去皮尖　阿膠麵炒　葶藶隔紙炒　款冬花　甘草　半夏　五味子　陳皮去白炒　桔梗微炒　紫蘇　天門冬　人參　覆旋花即口口口　粟殼去頂尖各味淨一兩三錢　右爲末煉蜜爲丸如彈子大每服一丸烏梅棗湯嚥下小兒一丸分作四丸　詩曰咳嗽本來十八般只因邪氣入於肝脾咳之時多吐逆胃嗽膈上有痰涎腎咳須知多慮口膽嗽一夜不曾安三陽咳時多潮熱三陰咳時牛上難咳嗽吐血連心痛肺咳嗽痰多喘難暴咳日間多汗出腸風咳嗽冷痰酸總記前件十八症用心去取雞鳴丸此是神仙眞妙訣更加烏梅棗肉煎　礬皂丸　治一切風氣冷痰水瀉　皂角末一兩　白礬一兩飛過五錢生五錢　右爲細末麵糊爲丸如梧桐子大每服三十丸姜湯送下茶湯亦可　大明嘉

靖二十一年歲次壬寅春正月吉日西安府三原縣通義里信士葛門王氏男葛大寶氏賓郡門孫男葛進春葛遇春立石　本邑椒軒王垂紳書　住持楊教齡　富平趙應祥刊

按此石大書深刻或其方歷試有驗且爲千金方海上方二書所不載故詳爲登錄至以擢山爲催山折樹爲拆樹自低爲自祇五穀爲五谷忌服爲急服不拘爲不俱貝母爲具母則書者之誤也

重修武安王廟碑樓記存文錄後嘉靖二十九年

碑高五尺五寸廣二尺四寸十二行行三十二字王九思撰文劉精一正書在鄠縣秦渡鎮

秦渡鎭重修義勇武安王廟碑樓記　王當漢末天下擾擾因遇劉先主爲左右禦侮之臣王忠義武烈出於天性每催鋒破敵所向無前後世雖閭門田畝無不知其善戰此一端耳初曹公之得

王也拜爲偏將軍禮遇甚厚及刺顔良於東郡曹公即表王漢壽亭侯優加賞賚雖蒙曹公厚恩王終無久留之志比其去也盡封寶貨懸印綬拜而告辭此忠義大節又非戰勇可方使曹公見去而不見追況敢加無禮乎王之行事載於史册若皎月之明如高山之聳歷千餘歲不與時而興廢王之祠成自大元初年建乞我朝弘治三年疎漏重修又迄今六十餘稔之後歷歲滋久殿宇疎漏在鎮之善士趙世達李孟秋等一十五人見其若是首出己財鳩木募工遂建鍾碑樓二楹不閱月工以告成迺再拜懇乞曰願太史翁賜之記以彰厥美余史氏也不敢辭乃述梗概以記歲月云　嘉靖二十九年庚戌仲夏壬午月吉日建　朝列大夫前太史氏邑人渼陂八十三山人王九思　澧涯漁人劉精一書　盩厔楊正刻

按此碑以鐘爲鍾尙可通用至摧作催迄作乞灃作澧則成別字矣

編纂渭南武樹善

續修陝西通志稿卷一百六十四

金石三十

明

增修城學記 存文錄後 嘉靖三十年

石連額高九尺二寸廣三尺八寸二十二行行四十六字韓邦奇撰文劉儲秀正書樊得仁篆額額題郃陽縣增修城學記八字碑下截斷裂且漫漶在郃陽縣

郃陽縣王侯增修城學記　賜進士出身資善大夫參贊機務南京兵部尚書前兩京四鎮六任都御史右春坊太口右庶子兼翰林院國史修撰經筵講官苑洛韓邦奇撰　賜進士出身資政大夫前奉勅總督倉場督理西苑農事戶部尚書咸甯西陂劉儲秀書　朝議大書四川布政使司左參議前監察御史渭野樊得人篆　郃陽王侯增修城學既即工侯僚屬暨郃士大夫介司訓楊

君琳予門牆友褚子鏜來請曰夫城垣固地方重務在今日尤所當先學校固六事首政在郃陽尤所當急初自庚子以來北虜入雲中掠至太原入口谷掠至完縣入上郡掠至口延辛亥春歸正人傳言虜欲犯三原撫臣檄下郡縣戒焉郃陽故城女墻土歲修歲損民口其役閱視使者至飭以萩口使者又不時至或妨稼穡侯易以磚城故有損薄增築之郃陽古形勝地也被山帶河環口深塹得人以守门數萬之口環攻歲月亦未如之何也書曰申畫郊畿慎固封守以康四海是豈泛然興作而已乎郃陽自乙酉以口口口幾三十年吏於土者每下視之神宮學宇傾頽至不蔽風雨侯徹而新之且爲通道己酉中式者一人郃陽古人口口也自周卜子夏漢司馬遷之下代不乏人國家隆興科目前後相望乃今寥落如此侯一新宮宇而士乃登科詩曰明明魯侯既作泮宮

濟濟多士口口德心夫泮宮作而多士興郃士中式是豈可爲適然而已乎城垣方六里三分圜三百六十雉女牆一千三百六十堞口廡堂齋五十六間此其大者耳公廨倉敖庫獄分司神祠養濟院補葺創建幾百間夫營造固有司職務侯是役也上不動帑藏所積下不事科歛之擾民不告勞而衆工皆舉矣近見他長吏略有涓埃之舉輒請官儲數百金搜索民間千章之木爲之一空陶造之戸破産賣屋運者死於車生者苦於家四境之內鷄犬不寧寃號之聲所不忍聞其視侯何如也郃之賦稅素號難完今歲在西安諸郡邑之首招撫流民復業者蓋三百餘名侯廉而不耀嚴而不苛淊人也名納策　嘉靖三十年歲次辛亥秋九月吉日縣丞王綸主簿臧仕　教諭朱用中訓導李必澄楊琳立石

下馬陵記 存文錄後 嘉靖丙午

碑高八尺二寸廣三尺七寸二十二行行五十六字張治道撰 文管楫篆額許宗魯正書在西安本祠

下馬陵記　賜進士第承德郎刑部四川清吏司主事長安張治道撰　賜進士第嘉議大夫都察院右副都御史咸寧管楫篆　賜進士第中憲大夫都察院右僉都御史西京許宗魯書　下馬陵者漢醇儒廣川伯董仲舒先生墓也在今府治東南胭脂坡去漢長安故城二十里武帝幸芙蓉苑過此下馬而一時文士罔不下馬焉故人稱爲下馬陵云其稱爲蝦蟆陵訛也觀此則當時塚墓必高大地必寬敞祠宇必宏麗而今皆毁圮亡矣獨其墓在卑汚淤窪之處牛羊芻牧蹂躪撥掻行道之人糞穢無虚日獨斷碑立荒草中題曰仲舒之墓而仲字沒其半後居民利其地毁而藏矣前弘治時提學副使王公雲鳳西安守馬公炳然偕先生裔人戸部員外郎董養民并學官諸生親詣其地相其處將欲封其墓建祠樹碑以表雖板畚未興而規畫已定未幾各以陞遷去不果行今西安守六泉吳公下車以道誼淑士以仁禮化俗以節愛齊政以敬事鬼神三載之間人和神悅俗美化行雖古之循吏無以過也暇則考索古逸搜禮往哲乃得先生墓於此仰而欸俯而思曰先生漢大儒也當詩書焚棄之後黄老縱横馳騁之際乃能下帷發憤續孔子之學於不傳之餘俾漢以來知有道學之源者先生之力也今幸得其墓可忍而不爲之表邪矧當時天子下馬學士奔趨其敬畏尊禮如此則士庶可知矣遂決意爲之乃以知咸寧馬君克賢篤能政有暇日遂屬焉而馬君仰承休美殫厥心力先封其塚墓次繚其垣墻又次移其祠宇又次移其廊廡又次移其門屏不兩月告成庨豁黝堊足瞻足仰聞者悅過者歎觀者驚眺跽拜哭然知有先生墓也馬君以余嘗記先生墓於杜碑乃屬

余爲記以勒貞珉余曰先生墓自漢以來千有餘年也自我有明以來又將二百年也乃無一人來章之者今乃一日振耀彰顯如此是不亦有待也邪舊西北里許有先生祠堂蓋亦因墓而建也嘉靖甲申巡撫都御史欒江王公移其祠於學東而未及其墓當時亦未有以墓告欒江公者人至於今議之以爲祠可建而墓不可封邪矧其碑贊具先生之事迹而不言因墓作祠之意遂使其墓荒棄弗祀矧啟聖祠建於前而先生祠幽於後而當時苟且將就權應時命不思一祠而兩其神位揆之理道乖違舛謬今封其墓矣而又移其祠於墓前不惟先生之神安而啟聖祠之靈亦安矣是舉也可謂舉前代之所未舉補欒江之所未足夫豈尋常之建置可比哉嗚呼理道之在天下正氣之在人心未嘗一日無也先生之在當時以正學倡諸生以直道輔人主而公孫弘杜遏阻

姝以爲膠西相俾不得大展以没而其學百世之下使人興起奮發而公孫弘讀史者罔不扼腕唾罵焉此其故何哉蓋邪正君子小人不同也邪正之分天理得失之所在君子小人之不同正氣有無之所關也而今日之爲是蓋天理正氣之所發有其德而後重人之德維賢求賢有莫之爲而爲者矣六泉公名孟祺馬君名佩嘉靖丙午正月穀旦記　裔孫口口口口口瑞重立　蕭墇卜占同勒

貢院詩碑　存　嘉靖乙卯　詩不錄

石廣五尺高二尺七寸二十行行十四字浦之湛七律二首正書在西安貢院

嘉靖乙卯秋八月余偕陝西左方伯殷盧川廉憲傅少巖大參呂玉窗憲副薛方暨諸執事同舉士於茲隨遇有感因筆之以記歲月

太玄洞詩刻　存　嘉靖戊午　詩不錄

石高二尺二寸廣四尺四寸十四行行八字字孟龍七絕一首并隸書字大二寸在耀州

宋侯禱雨有感碑　存　嘉靖　文錄後

石連額高六尺三寸廣三尺六寸十八行行三十六字韓邦奇撰文羅方正書楊琛篆額額題郃陽宋侯禱雨有感碑五字在郃陽縣

郃陽宋侯禱雨有感碑　賜進士出身中順大夫山西等處提刑按察司副使再致仕前奉詔起用浙江按察司僉事苑洛韓邦奇撰　賜進士出身亞中大夫陝西等處承宣布政使司右參政口口亭羅方書　賜進士出身口西道監察御史長崗楊琛篆　郃陽簿李君芳率諸生褚君鏜李君宗口具牲幣告邦奇曰吾郃陽地高而陽亢土磽而水深夫地高而陽亢也時恒旱土磽而水深也且易旱故他處雨郃陽即不雨他處不雨不足爲患郃陽且旱是故民恒苦旱惟吾邑宋侯每旱則禱禱則輒應吾民賴焉請紀于石著天人相感之機發官民交孚之義庶以彰往而昭來也歲丁亥郃陽縣春三月不雨至於夏四月二麥將枯三麥鮮望侯有憂之迺劉牲灌酒享獻如儀敬斯至矣侯曰是以禮禱也吾將以身禱焉乃服素食蔬出舍如郊誠斯至矣侯曰是民之禱也非治民者之禱也乃清積口寬逋限省訟牒禮賢稽衆問民疾苦群情胥悅不三日天迺大雨四野沾足歲乃大獲民口懽呼慶謝歸之侯爲洪範經曰僭恒暘若乂時雨若夫天人相感之際微矣惟侯燮民之口切祈天之心眞始於禮反於身達於政罔弗用情是故鬼神格陰陽和霖雨作固不可謂無是理也吾聞侯之治郃陽也莅政勤遇事敏廉而不耀肅而有惠一時稱爲良吏然則侯之禱也久矣語曰有不勝之天無不勝之人如諸生之述侯也地高而陽

亢土磽而水深口足爲郃陽患矣侯名奎字文徵四川岳池縣人起家鄉進士　嘉靖口口口口月縣丞臧祿主簿李芳典史李貫儒學教諭陳伯瑗訓導張南口口守貴立石

按察司紀事碑　存　隆慶二年　紀錄後

石高五尺二寸廣四尺五寸共六十行行字大小不齊不正計書在按察司署

陝西按察司紀事碑　隆慶二年秋九月余以寡昧承賃秦臬時令六掾吏條具所司見其事體舛謬職掌紛裂再浹旬當分遣羣役之諸路分司又鬨然盈庭人執一辭莫知所是嗚呼權衡具而物不能遁情規矩設而工不能廢度蓋理有先定而不可易故爾于是檢舊牘詰奸本酌輿論稽法典釐爲五事白上諸台報可爰付所司將見諸行事屬同寀學憲曾君清戎李君僉以爲吾憲司紀法之宗也前無所述後將曷觀焉盍鏡諸貞珉以諗來者會監

察御史王公批答亦已宜刊刻版榜立為成規以示久遠謹用列諸下項聊紀所由豈曰議法自己云　隆慶三年二月吉日按察使曹金副使曾省吾李台同命工立

按中間陳列五事一清理刑名以正職掌一議處見役撥道事規一革奸弊以正司規一比例議處効勞陞參事規一議處偏累吏役工費呈文批詞頗為詳盡惟均係約束本署吏役無關地方大計故刪棄弗錄存其梗概可也

千金寶要 存 隆慶六年 序錄 方繁不錄

原石未見不詳多寡尺寸照拓本錄入共分六卷一百六十五頁秦王序謝沾正書在耀州

刻千金寶要序　千金寶要者宋徽猷閣直學士郭思按唐孫眞人先生所集千金方中纂要者也宣和六年思嘗刻石于華州公署我明正統八年華州知州劉整重刻景泰六年知州楊勝賢以

石刻冬月不便摹印易刊木板往年春予得之喜其方之簡便藥之近易醫不煩而取效速信有功于人之實用過珍如拱璧不容自祕已命壽之梓矣竊惟寶要纂自眞人千金方中天下之遊耀州眞人洞者歲無虛日日無虛時顧獨不立石于眞人洞前非所以廣其傳也因刻于洞前云　隆慶六年歲在壬申春三月上吉秦王守中識　委官李海立　生員謝沾書　殷祕鄒鳳皐刻

海上方 存 隆慶六年 序錄 歌繁不錄

原石未見不詳尺寸數目照拓本錄入共三十四頁秦王序謝沾正書在耀州

重刻海上方序　孫眞人海上方洞有舊石刻第以碑小方多字畫傷于瑣將不便檢閱且舛譌太甚迺令生員謝沾細加訂正鐫石大書舊有木刻病症列于目錄詩首止刻號數讀者須尋病于前而求方於後尤為不便茲將病症即列詩首似亦省目其他風藥論及九轉靈丹諸方洞前已有楷書大碑茲不復贅及之　隆慶六年歲在壬申三月之吉秦王守中識　委官李海立　生員謝沾書　殷祕鄒鳳皐刻

太玄洞穿井記 存 隆慶六年 文錄後

石高二尺五寸廣四尺二十行行字不等謝沾撰文并行書在耀州

太玄洞穿井記　耀州東五里許有山曰五臺臺有石洞唐隱君子孫公嘗居于是人高其行因目之曰太玄洞至今夢寐中猶授人以藥又有乞水以治療者謂之曰法水然洞在山石間不能為井其水率遠取南北兩村動以里計甚不便焉我秦國主重孫公之靈重修殿宇煥然一新今歲五月我太國母李偶爾違和國主遙禱于孫遣官劉公明取水于山歸而服之果取速效即復遣劉及李公海相其地宜乃于洞之道左為二井一為食水井一為法

水井今之禱而取水者其獲效又廣于往時是孫公之惠託于吾上而益衍吾主之澤又託于孫公而溥博矣遂於上構屋二楹鐫石為口簷石隨楹因扁其一曰太玄法水而余紀其歲月始末如此云時隆慶六年六月望日　秦府委官劉明　李海立　生員謝沾撰書　關中張尚信口　本洞署道正事董演濟口口

御製祝文碑 存 萬曆元年 文錄後

碑連額高九尺九寸廣三尺七寸分兩截刻上截刻萬曆祝文下截劉石星記陳嬅識行字不等正書額題御製祝文四字篆書在中部縣

萬曆元年歲次癸酉肆月朔越拾陸日乙丑皇帝遣尚寶司少卿石星致祭于黃帝軒轅氏曰於維神聖挺生邃古開物成務立極繼天功參二儀澤垂萬世茲予祗承天序明祀式修仰惟鑒歆永綏運祚尚饗

先帝早棄群臣今上嗣位改元萬曆春例當遣祭海內曆代帝王園林以即位正始告維臣星起自廢棄備員近侍因得恭承上命致祭黃帝軒轅氏之橋陵陵遠在延安之中部臣奉命過里不暇煖席即晝夜兼程甫旬日而致祭其下蓋不敢不虔且勤矣臣歷考牒記口當宓羲神農洪口口口口堯舜未文明之先乃能獨運神智創爲律呂管弦衣服車旗之制以闢洪荒而兆文明其功可謂茂已顧口俗所傳鼎湖飛龍之說近於方外道家者流其語不經見臣不敢信要之帝之靈固如日月江河之照耀流行於天地間雖至今存焉臣祀告於茲因之重有感焉夫祭之舉爲即位正始告也向使國家有萬年之壽即未必有改元之事元不必改則祀亦不必舉故祭之舉爲國家之大不幸而臣子之所諱言也然自世宗以來七年之內祭告者二其如社稷蒼生何哉臣俯仰今

昔得無慨然太息流涕乎然此天下乃帝相傳至今之天下也今上乃帝所陰託以守神器於異世者也今之臣民乃帝之所攀號莫及之臣子以覲戴乎帝者也夫帝之靈固至今存矣則所以從茲以往而爲斯世斯民之主計者能無陰佑默相於無窮矣乎臣不勝祝願書以識歲月一時共事者爲延安守陳君燁也而鄜州守中部洛川宜君諸守令亦併書之　萬曆元年夏肆月拾陸日
尙寶司少卿臣石星頓首謹記

余以嘉靖壬戌通籍明年癸亥除虞部丙寅遷屯田郎中是年世宗賓大永陵之役余實董之嗚呼余哭世宗矣隆慶改元丁卯出守眞定己巳謫刺同州旋遷南刑郎中辛未復領延郡壬午而穆宗賓天嗚呼余又哭穆宗焉蓋六年之間兩見國哀俯仰今昔撫時即事臣子至痛曷維其已讀石公之言固重有感焉耳矣　萬曆元祀十月初吉瑯邪陳燁識　鄜州知州王之藩　中部知縣衛汝森　洛川知縣李门儀　宜君知縣李恭同立

蓮華峯玄帝廟記 存 萬曆七年

按此碑係萬曆七年二月望日延安府知府南郡洪濟遠撰立高八尺二寸廣四尺一寸三十行行八十一字惟前渺三行餘下半約十餘字全無筆畫可尋中間亦多漫漶文不能讀即其可辨者尋繹其意前半詳述延屬地方之苦丁役賦稅之繁重民不聊生強半逃亡中述其改丁役爲募夫改絲銀爲足銀捐俸修廟以順輿情末且述神人見夢各節全文約二千餘字石質太粗末四百年已漫漶不可辨識惜哉故畧誌其梗概如是

建玄祠洪公德政碑 存 萬曆七年

按此碑高八尺六寸廣四尺一寸二十八行下截尺餘漫漶字數無稽文不能讀結銜爲賜進士第資善大夫參贊機務南京兵部尙書前奉勅總督薊遼軍門都察院右都御史特進勳階賜飛魚服食一品俸治生楊兆頓首拜撰時則萬歷七年春三

月碑畧云昔曾遇虜擘祝玄帝云虜退立廟以報之遂捐俸以助之嗣四方貢祀載路香資報餘三百金乃公積之以爲丁役費由是歲收香資歲節民財子孫賴之且刊八行圖家常善圖以頒民勸農圃教桑麻延城屢修屢傾公易以石基以磚砌之且植樹千餘故百年牢固不煩吏修致使延州之民依我邦族者樂樂利利適彼樂土者歸與歸與故延民敬如韓范親如父母云云文亦冗長撮要如是所謂洪公即洪濟遠也

萬佛洞詩刻 存 萬曆九年 詩錄後

石高二尺四寸廣四尺八寸十五行行字不等雙门賢五律一首并草書在膚施縣

古洞秋深處諸天最上頭凝空金色滿繞座佛光浮地僻塵難到官閑我勝遊凭欄看未足邊月上延州　萬歷九年八月十日蜀懷錦川人龔□賢登萬佛洞

智果寺聖旨碑 存 萬歷十六年 文備錄

碑連額高九尺二寸廣四尺四寸兩邊飛龍花紋四寸中分三截上截勅書僧諭十五行行十字中截御製印施藏經序二十一行行十八字下截申時行讚序二十七行行二十四字在洋縣

皇帝勅諭洋縣智果寺住持及衆人等　朕惟佛氏之教具在經典用以化導善類覺悟群迷于護國佑民不爲無助茲者聖母慈聖宣文明肅皇太后命工刊印續入藏經四十一函幷舊刻藏經六百三十七函通行頒布本寺爾等務須莊嚴持誦尊奉珍藏不許諸色人等故行褻玩致有遺失損壞特賜護持以垂永久欽哉故諭　萬曆十四年九月立

御製聖母印施藏經序　朕聞儒術之外釋氏有作以虛無爲宗旨以濟度爲妙用其眞詮密微其瀍派閎演貞觀而後代譯歲增兼總群言包□八極貝葉有所不盡龍藏有所難窮惟茲藏經緖始于永樂庚子梓成于正統庚申大乘般若以下□六百三十七函我聖母慈聖宣文明肅皇太后又益以華嚴懸談以下四十一函而釋典大備矣一心生萬灋萬灋歸一心諸佛心印人人共足勸善覺迷諸苦解脫一覺一善皆資勝因是以聞其風者億兆爲之翕習慕其教者賢愚靡不歸依則知刑賞所及權衡制之刑賞所不及善濟隔之盖生成之表別有陶冶矣先師素王亦云聖人神道以設教善世而博化詎觀象教詎不信然恭維聖母濬發宏願普濟群倫遂托忠誠誘善勤侍傳宣廣修衆因乃印禪經布施淨土□□梵宇齋施僧倫成修寶墖立豎於虛空繪塑金容散捨於大地濟貧拔苦□赦孤幽無善不作無德不備證三生於此世今生明四智於六通心地普惠雲興普賢瓶瀉大乘玄澤甘露雲灑于三千福覆慈雲澍雨滋培于百億無微無鉅咸受益而蒙業有性有生盡餐飫而飲惠俾福利之田與人同樂仁壽之域舉世咸登如是功德詎可思議且如來果報從無量功德生一切善言之讚歎一切善氣之導凝我聖母延齡如天永永我國家保泰降福穰穰矣於乎盛大覺之教宜其起九流而處尊偕三五以傳遠也　萬曆十四年九月□日

聖母印施佛藏經讚 有序　少師兼太子太師吏部尚書中極殿大學士臣申時行等奉勅撰　臣等竊聞釋教來自西土興於東漢其說主淸淨出世帝王所不道然而訓化廣大義旨遐深要歸於澄澈心性利濟民物是以雖當儒道昌明宇宙淳和之際而其

書不廢大乘般若以來祖祖相承心心相印卷帙益多□爲大藏總括禪言武庫莫方其富□函禁地緇流弗覩其全非侯上聖垂仁曷以播宣斯理我聖母慈聖宣文明肅皇太后德冒人寰功周瀛界融最上之眞諦□大覺之弘慈乃印施茲藏以祝延我皇上無疆之曆而推其餘以佑國庇民意甚盛也臣等因得涉獵稍窺玄微似於儒理亦有相發明者爲謹對揚皇上之休命奉宣聖母之德音拜手稽首爲讚曰　粤惟聖道如日麗天萬有畢照誕被八埏亦有釋教如月破闇接引未來超登彼岸於皇聖母毓成帝德治化丕覃億兆寧一我弘大願永拔沈淪外息諸緣內淨六根嘉與衆生永臻覺路皈依十方如寐得寤諸佛妙義如恒河沙示權顯實會演三車若誦一句若說半偈是人功德盡未來際況茲大藏建寺延僧成修寶塔造捨金容廣施貧苦普救幽冥功德無

等喻如虛空續焰方燈灌頂輪露火宅淸涼昏口錫炬迷川寶筏
如無盡意似功德林廣度有情四流六道咸歸正乘微塵國土徧
蒙佛力一一國土皆聖母德微塵世刧流布施經一一世刧皆聖
母齡迺唯本願爲帝祝釐天子萬壽與天巍巍載惟本願爲國祈
福天子惠民澤施滲門匪民是庇國祚茂延门口口门日月並懸
是藏流行無界無盡施者功德亦莫究竟　皇明萬曆十六年四
月二十四日　欽差整飭漢羌兵備兼管民鹽法水利分巡關南
道陝西按察司僉事臣郭口口　陝西漢中府臣由理門　陝西
漢中府洋縣知縣臣李口中

觀音禪院記存萬曆二十年文錄後

碑高八尺五寸廣四尺一寸十九行行四十九字王恕撰文梁澤正書并篆額在三原縣

增修觀音禪院記　賜進士光祿大夫柱國太子太保吏部尚書

續陝西通志稿〈卷一百六十四　金石三十　十二〉

致仕石渠老人同邑王恕撰　賜進士大中大夫浙江承宣布政
使司左參政前邃東苑馬司卿同邑梁澤書并篆　佛法之興基
乎西土漢之時始流入中國嗣是以來上自王公貴人下至閭閻
小民莫不是崇是信而其間業儒秉彝辭而闢之者亦非一人其
信之者不知果有何見亦不知徒聞其說也其闢之者不知繹其
理而知其不然亦不知有所據而謂其的不然也二者衆人固不
能知惟有識者爲能知之也然闢之者雖衆而塔廟之在天下內
自京都外及郡邑以及遐陬僻壤無處無之久則廢廢則興塔廟
雖有時乎廢興而其教則未嘗息也吾三原北郭之西北奉佛之
所有曰觀音禪寺者肇自金大定間國朝初撤而新之爲僧會司
而規模猶狹隘也永樂間僧瓊公王庭爲之殿爲之山門視昔雖
有加而猶未宏敞也正統天順以來前僧會惠朗今僧會智詠等

端乃心潔乃行益精其業益闡其教而人信之者益衆捨金帛而
施地土者接踵而日積月累所得寖廣乃謀諸衆鳩工度材爲大
雄殿陛楹在舊殿之後藏殿四楹在舊殿之前翼廊廡於左右而
間之以伽藍祖師之祠以至方丈庖廩井竈之類凡禪林所宜有
者靡不具黝堊丹漆煥然一新道場於是乎始宏敞而壯麗焉自
茲焚修香火祝延聖壽舉無不稱而四方來觀者亦無不稱其美
誠吾邑中第一叢林也然是役也自經始至落成前後幾四十年
其用心亦勞矣哉嗚呼使凡爲人子者承先人之祠宇能如諸公
之用心未有不謂之孝凡爲人臣者受朝庭之職理朝庭之政務
能如諸公之用心未有不謂之忠夫忠孝二者原於天而具於人
乃性分之所固有職分之所當爲而又有禮樂刑政治之教之尚
有未之能者今佛氏以寂滅苦空之教不待刑驅勢迫其徒崇奉

續陝西通志稿〈卷一百六十四　金石三十　十三〉

之若此者非惟無識者不之曉雖有識者亦不能無惑於其間予
家食時嘗讀書於其中因與朗詠二公識暇則與之語而觀其行
其所可取者殆非一二噫斯二公也蓋尊其教而不爲其教之所
拘泥者歟朗公已去世矣詠公一日以增修顛末屬筆於予故不
辭而以是與之　㫺大明弘治十有八年歲次乙丑十月壬子吉
日　僧會司僧會惠斌前僧會智詠徒孫口等立　高陵周鳳翔
鐫　萬曆二十年歲次壬辰八月己酉吉日　署僧會司性閑玄
經门口口口门门重立

按端毅公一代名臣胸羅千古豈復沾沾於釋氏惟桑梓情誼
不能不爲此應酬文字然不佞佛不闢佛第就信仰之深與締
造之艱引出忠孝二字不失身分而面面周到洵羚羊掛角文
字碑末行字多剝落

修葺文廟記（存　萬曆二十二年　文錄後）

（石高八尺一寸廣三尺一寸二十行行五十字王道統撰文正書在西安文廟）

咸寧長安二縣尹修葺文廟記　大哉聖人之道亡古亡今不增不損非晦非顯能爲而能不爲爰有律曆所不能契者修道之謂教則賢者勉焉故聖人以宣聖爲極道德作萬世師安在無土不王而廟貌穆穆匪曰神道設教寔以報德報功焉耳自有禩典以來事人人崇莫之敢輶有司之駿奔於焉豫矣是歲之春撫臺劉公瞻拜廟廷已而下修葺之令禮也督學沈公講道堂皇唯修葺之令是申職也咸寧縣尹李君長安縣尹沈君唯修葺之令是從有司存也受令以來屬屬唯謹諏日蠲吉庀材鳩工尤數數躬自周旋於松檜間指揮厝置一切工役亦莫不驩然趨事鼛鼓無庸於是乎壞者吏闕者補敝者新繇殿宇而兩廡繇門舍而諸廚繇

頖池以及學宮靡不畢舉丹雘金碧夭矯黝糾煒煒煌煌若陽若陰瞪焉悚神口之敓目歸虗數仞之牆儼虖宗廟之美悅虖百官之富大哉聖人之道能令修道者之心恢拓於崇報之隆若此咸寧丞楊君昊主簿施君永壽一日過不敏曰二邑君侯有文廟之役也已告成矣藐予下吏朝夕是從亦獲効其勞二邑君侯之從事而劫毖急先也工不日竣口所不能罄茲且礱石以紀其事下吏之願也公其圖之不敏聳之則揖而對曰大哉孔子百代景行步趨者髣髴其心神私淑者摹擬其遺範至於薦紳縫掖之士欲蒲伏者安歸乎歸於廟廷也是故經之營之门之豆之則良有司任也傳之述之弦之歌之則誦法者事也茲二君之修葺而善也豈待政教發徵期會哉是心說誠服之誼也是人子晨昏之節而人臣不敢後君之念也惡庸言若夫紀其歲月以啟後人之繼修者不容諉也是石亦何可少哉李君名得中內鄉人沈君名聽之皆繇賢科而爲西安之循良吏　旹萬曆二十二年歲在甲午夏五月上浣之吉　賜進士出身中憲大夫四川按察司兵備副使長安王道統頓首記　修職郎咸寧縣縣丞前光祿寺良醞署監事蒲坂楊昊登仕郎咸寧縣主簿泰安施永壽立

重修正學書院記（存　萬曆二十二年　文錄後）

（石高七尺五寸廣三尺四寸十九行行五十四字王九儀撰文馮敬吾正書在西安碑林）

重修正學書院記　賜進士第奉政大夫原奉勅分巡大梁整飭睢陳歸德等處兵備河南按察司僉事前河南江西道監察御史邑人王九儀頓首拜撰　正學書院舊未有也遂寧邃菴楊公始剏爲之關中人士於斯爲盛則楊公之爲也至江陵柄政遂一切罷之而正學書院與焉江陵政尚操切天下奉令如逐奔馬無論

棟宇榱桷狼藉道左即木主祭器亦持鬻民間無少顧忌至使匹夫匹婦爲之興嗟而舉世莫敢爲之非者即大儒不免焉其漸使然也故曰漸之所染賁育不返靡之所成海岳將傾嗚呼天下事皆然寧獨一書院哉夫自有書院以來其間直言極諫之士項背相望也秉鈞而持衡者代不乏人乃未言其可毀者亦未有奮然主其毀者而江陵毀之而楊公一代宗臣也使其可毀則何不先爲之矣而江陵毀之亦異乎公孫僑矣宜乎毀之未幾而旋詔復之而因陋就簡已非其舊加之壬辰癸巳盛夏積雨其因以傾壞何怪也乃當事者以其繕修事寄之長安邑侯商城沈公焉公受令之日與咸寧李公計議復興如肯堂構不以公事視而以家事視鳩工庀材不日而成官無費事民不告勞巍然煥然可以復楊公之盛而遹觀厥成矣文事之興豈不由乎人也哉使江陵而遂

寧也則書院可以無毀矣使毀之而有公其人者亦未必其如此之甚也安知正學書院不爲魯靈光乎昔太史公論著循良吏僅僅五人而鄭子産與焉今觀其政當子産時學校弛矣子衿之篇顯著於風而毀鄉校之說又出於其時乃子産不維不之聽也且曰教其子弟至來輿人之頌太史公曰奉法循理亦可爲治何必威嚴哉此可以觀子産矣循良所爲大率類此寧文事賴之實社稷之庇也他日踐斗當不在楊公下矣恨余不能爲司馬子之傳也適有學博李石趙三君求爲之記余念子産而外有若文翁有若王成皆加意教化也而傳於文翁佚其字於王成佚其州邑則史氏之失也乃今三君備書諸公之姓字履歷使來者得考焉因載沈令公名聽之商城人壬辰進士李令公名得中内鄉人己丑進士嘉意正學用垂永賴者督學憲使烏程沈公李文其觀樂而

贊成者西安太守益都曹公璜二守東阿馬公英井陘李公邦平麻城羅公樹聲三守巴縣曾公士毅四守益都李公時輝相長吏與有勞績者長安縣丞張君沇主簿王君汝爲至若教授李君果教諭石君可大趙君萬邦訓導稍君一本張君恕李君凌雲楊君思文侯君賓王楊君橘郗君邦宰楊君遇春李君一化例得併書云　萬曆二十二年歲次甲午仲冬之吉　長安縣學生員馮敬吾篆　卜相刻

重修城隍廟碑 萬曆辛丑 存 文錄後

石高八尺四寸廣三尺五寸二十三行行七十五字楊紹祖撰文并行書徐明篆額在岐山縣

重修城隍廟碑　賜進士第亞中大夫山西布政使司右參政前翰林院庶吉士邑人楊紹祖譔書　賜進士第文林郎山西聞喜縣知縣前都察院觀政邑人徐明篆額　廟在縣西北隅當掫縣

時即有廟久而頹敝修葺屬之鄉人萬曆初内江馬公來宰是邑始捐俸入拓新之有碑紀其事越卄年灤城陳公蒲坂張公先後至復修繕加壯麗堂寢廊廡殖殖噦噦綽楔翼如鐘鼓樓閣相望而繚垣環其外其於妥神靈答明貺之制甚稱往代城隍咸有封號聖祖御極首釐正祀典諸不經咸罷去之止稱郡縣城隍之神春秋禮與山川社稷等誠重之也夫詩詠維城易譏復隍以爲民爾既以合一邑之精神誠敬而嚴事之則以神之威命明爽而有告有報有祈祭法曰能禦大災捍大患則祀之夫使之保有四境雨暘時若年穀順成而人無盜賊水火饑寒夭札之患誰爲之也守土者焉得不兢兢也令申諸司蒞任之初當諭告僚屬聖祖親爲制詞首曰事神治民夫不徒曰治民而先之以事神大哉皇言蓋已澈幽明之故而示天下百司以龜鏡卓乎不可尚已自世儒

溺於所聞以爲神道遠一切文具視之抑或屑越於吏事而於民之疾苦痛痒漫不相關傳曰民神之主也彼其人道之不能理又何於神蓋孔子有言吾祭則受福而於季路事鬼神之問以事人先之豈不以身寄民社之衆明德穢德小民之不可欺即神之所爲靈也必其潔己奉公求所以休息長養而不忍後之以生夫然後民和而神降之福不然雖饗祀豐潔神其吐之乎馬之廉靜陳之端慤張之介敏皆以良有司奉宣聖天子子惠元元之德意其於神豈直一土木觀美之爲孚格哉昔者神降于莘錫虢以土田而内史過猶曰神聰明正直而一者也虢多凉德其何土之能得後之長民者入其廟詢之公得神之由攷德論政亦當世失得之林已馬公名彥卿陳公名文郁張公名名坤事既竣於是邑人楊紹祖次其事之始末爲樂章三闋令祭者歌之侑神焉　桂殿兮

藥房蘭階兮綺砌閶闔兮九重藐龍輿兮雲之際彌覽兮遭廻岐嶁兮渭瀲穀矢弧兮舉畢旟若留兮忽而逝神不來兮心勞豈神明兮余與異長跪兮致詞柰蔓茅兮竚眙紛前驅兮相望使吾民兮悅康　右迎神

光陸離兮有赫長連蜷兮容與華衣兮玉瑱露冉冉兮上下雲㷠㷠兮若流風冷冷兮滿戶瑤席兮蘭藉絙瑟兮拊缶明神察余兮忠誠有酒諝我兮我鼓我舞聊愉樂兮未央口申申兮命予坎坎蹲蹲兮樂有那日云暮兮柰若何　右降神

肅肅兮齋宮四壁兮蛩鳴始祼兮旭旦畢獻兮昏中願顧懷兮下土歎信處兮無成悵佳期難再橫四極兮焉窮思神兮太息溘埃風兮上征龔饛陳兮旣闋珠宮閟兮無聲命靈氛兮卜吉日陰陽雜合兮代為靈徵神睨兮肹蠁指白日兮為民正春與秋兮代

序五日風兮十日雨心怦怦兮靡極神不來兮徒愁苦　右送神

岐山縣知縣張名坤縣丞畢勛縣丞劉楫主簿桑廷相儒學教諭孔聞仕訓導陶蕙典史王化字　萬曆辛丑歲秋八月十有九日　扶風彭應新刻

眞人洞記 存　萬曆三十年　文錄後

石高四尺三寸廣二尺二寸十七行行三十三字馬材撰文張琫隸書在大荔縣

眞人洞記　同州故無眞人洞今上改元之年父老相城東北隅高爽可洞有道人來自華山乃令任興作數越月而役竣爰有神像肖如儼如道人以華原眞人故里偕居民告成於鑑山祀所乞譁然頌神功曰眞人能起死詎知能活我生也率以二月二日款神如華原期是日亡老少繦負者膝行者扶筇而呻吟者握粟持布函金刑牲絡繹方來詹望裊回于祠內外久之始去迄今三十載而香火之供愈益毖于是洞之前有殿矣有坊矣遵砌而下有總門矣道人手植二槐枝幹輪糾當景署淸蔭垂垂若幔覶洞且增而幽矣馬材爲之記曰嗟民哉嗟民哉不勝虐亦不勝德莫可契而力不可屈嗟民哉夫吏天子設之以爲民者也使之問疾苦究膏澤民有急焉則趨而控訴之至親也今匹夫匹婦畏吏如虎不欲見之號之不來怒而鞭箠之有棄家走耳神未嘗號之鞭箠之應期而至而繦負而膝行而扶筇呻吟若弗獲已是何殷于肅神而忍于倍吏刑驅之所滋貳而靈貺之能默孚哉昔者旱而雨也沛膏澤而脫疾苦入民之深者也深則不能解不能解則不能忘宜人心之歷久而罔斁也按眞人傳避周亂隱太白山隋唐累徵不仕抱康濟之畧而遇不合托之方藥遺愛無窮則民之不能忘也遠矣哉時萬曆三十年二月朔日記道人名郭眞祥　郡人

張琫書

按此石爲孫眞人思邈立祠于同州而記其年月爾其隸書摹曹全碑頗得形似

繼美堂碑 存　萬曆三十四年　文錄後

石高七尺廣三尺八寸二十二行行五十八字楊明盛撰文王一魁正書李喬岱篆額後列銜小字九行字數不等在洋縣

明洋邑丞令姚公祖孫繼美堂碑　進士第敕授文林郎山東兗州府滋陽縣知縣邑人楊明盛撰文　進士第敕授文林郎河南汝寧府新蔡縣知縣邑人王一魁書丹　進士第敕授文林郎南直徽州府休寧縣知縣邑人李喬岱篆額　禹郡姚公在口廟時丞吾洋凡四年以治行高等遷去六十年而公之孫令尹君來知是邦邦之父老皆首扶杖者數十百人迓於郊嘆曰此我姚貳令公之子之子也口乃跪而持令君衣泣曰老夫自兒時事貳令公

六十年而貳令公之愛之著於諸老人猶一日也今得視令君猶覩貳令公焉於是令君亦泣而邑□學士大夫遂上書比宋韓忠憲父子知洋縣故事爲堂襲美堂左崗祠公令君起謝曰諸大夫其無以予故私念先人忠憲世有令德勳業文章昈隻千古父子繼領郡符闓澤流深宜爾百姓世祀之予先人何德之有敢並聲稱諸大夫遂狀其事曰禮有功烈於民者則祀之公之清之勤之惠之明姑不論論其著者即其疏水利而奠民食法訟師而去政梗封龍亭之墓以報有功崇武安之祀以表節義折比鄰大吏之虛熖而罷審編之害何者非功哉洋之民迨於今既庶且富教而有禮井井綸綸稱首善於江漢者伊誰之遺即不祀何以解諸大夫悲思敢固以請以無失古者有功而祀之義令尹君嘆曰諸大大既以先君子爲無罪於百姓敢不從大夫之請以慰諸父老之

心於是庶民子來趨事成功作繼美堂郡圃前伐石紀事以代峴山碑因命余□其實以詔來者余則安知公顧獨觀於公而有慼於古今治道人心難易之幾夫天下之治繫民繫守令□來遠矣即漢傳循良吏所稱惟守與令如卓魯諸君子可覩已蓋守令位專秩尊一切鼎革便宜無掣肘若忠憲父子者順風而呼據其勢易易耳□丞則上臨大府中制強□比鄰接壤者又往往挾氣熖持短長稱難展布公獨不皦不淄不激不隨治冠當時名流後世今六十年而父老尚悲思祀之則政之感人心深矣感至於心斯古令一轍而公更操其難者豈韓氏父子可同日語故曰吾觀於公而知古今治道人心難易之幾也夫公既先其難以政治繫洋父老之思令尹君又何愛緒餘不竟其易者日漸磨洋子弟益趨於善以成必世之仁上承先德遠紹賢躅炳炳如日昭於秦晉斯

又漢□卓魯諸君子所缺者余當記後厓許公慮齋馬公爲余道公生平剛方直毅待除選部時靈寶許襄毅公爲太宰世與公姻婭少嫟阿華膴立致公□除□丞丞以治行篤通渭襄毅公方褱銓政六計天下吏公竟掛冠去嗟嗟公之可紀者寧獨政哉寧獨政哉公名如松字邦壽號鹽溪安邑歲貢士令君名成立字惟一與余同舉乙未進士馬公名崇謙字子益丁丑進士萬曆戊寅中令吾邑公外孫許公名倜字文夫嘉靖己丑進士萬曆辛巳中守漢中襄毅公孫公從表侄令□□丈人行治行各具本傳中皆於洋有功德余俱師事之跋備書　萬曆三十四年歲次癸卯八月中秋吉□

按察司題名記　萬曆三十四年　存　文錄後

石高六尺五寸廣四尺分刻兩截上截記二十行行二十字韓光宗撰文正書下截題名在西安臬署

陝西按察司題名記　臬司之有題名舊矣歲久數盈至是僚長汝上張公謀更立石焉夫一官如傳舍不數歲遷除調轉盡非其故成功者退將來者進四時之行也是亦不勝書矣夫惡乎名之按秦地延袤最廣天潢帝胄號爲磐石之宗食租衣稅實繁有徒銅墨之長橐鞬之吏厲隸冢廓鞭長不及馬腹士風獷猂獄訟滋多刻木畫地叫呼圜土哀怨銀鐺肺石之冤何痛不有國家設官置吏陝以西中丞御史下逮監司數倍諸藩陳臬之司激濁揚淸詰奸刑暴討以三尺糾以六條其餘職掌爲最重易不云乎棟隆吉又曰棟撓本末約也紀綱之地表率百僚其于西土棟也能無懼乎行事在人耳目美不可藏惡不可掩若之何不名先是選法流通官者席未煖而去之頃歲頗有積薪之嘆即吾僚長張公覃廻有日公嘗語同輩曰居官者如農之有畔無有越思朝考職業

夕省典刑尙虞漏職若何躍冶以逞可以靜一流競蓋同輩莫不暵服也公旣屬余爲記余不能有加於前人之說聊志歲月並以公言告夫來者　萬曆三十四年歲次丙午無射穀旦　賜進士出身中憲大夫陝西按察司提督學校副使東郡祁光宗撰　陝西右布政使管按察司按察使事張維新　整飭分巡關內道右參政兼僉事王應吉　整飭清羊屯鹽水利驛傳道副使張應鳳仝立

按察使　張維新　田立家　高世芳　李　楠　袁宏德　王應吉　李天麟　熊應占　任應徵　楊維治　張問明　劉不盈　董光宏　史文煥　沈自彰　潘　瀾　徐待聘　張國銳　王順行　孟　楠　都　住　楊弘備　李天經　王振奇

副　使　祁光宗　張應鳳　鄭國俊　徐雲逵　劉餘澤　段猷顯　劉一相　李從心　閔洪學　常守信　許汝魁　岳萬階　李維翰　張以謙　鄭友周　張舜命　王忠顯　文　琺　洪翼聖　余自強　陳鳴春　秦大夔　董元學　張鶴鳴　龍　膺　梁應澤　劉尙朴　杜　詩　陳長祚　王之寀

僉事　王應吉　余自強　張我繩　孫敦化　李春茂　史高侃（履歷小字不錄）

興教院碑記

（存萬曆三十六年　文錄後）

（碑高八尺一寸二十行行六十五字喬因阜譔文盛以弘篆額姚執中行書在西安開元寺）

開元寺創建興教院碑記　賜進士出身中憲大夫南京通政使司右通政耀州喬因阜譔　賜進士出身徵仕郎翰林院檢討潼關盛以弘篆　興教院者開元寺之別院也開元寺故無興教院則自今僧大柔創建之先是嘉靖中先大夫領解省闈實主其家蓋大柔之祖師也乃後愚兄弟與之往還者又數十年顧其寮舍湫隘容膝不堪禮誦久矣是時大柔年尙少卽能負笈遠遊參討於大德講席之下多獲開悟人皆以德器目之蓋十有七年而始歸歸則舊居益復荒陋且市在都井五達之衢闤闠氛穢肩摩趾錯日夜無休止大柔殊厭苦之乃避地終南山諸精舍習靜晏坐以爲常及愚兄弟相繼解官歸田而大柔過訪知其寮舍不改於舊不可一朝居也乃議爲闢基構爽塏庶可修繕以開靜域顧安所得地乎會宗室仰華繼華者聞此勝緣欣然以其府隣近隙地喜捨助成愚兄弟遂爲捐貲易之且辭之再四強而後受入至今稱爲乃榜曰興教院標鼎建也已又爲殿宇像設費亦不細乃再捐貲倡義諸善衆響慕各輸助有差於是萬歷三十四年三月初十日建正殿五間北向東西禪堂六間韋馱殿一間南向殿傍左

右爲二間以便出入上梁時西域番僧十六衆不知從來偶爾畢集各執天輪地輪寶杵金錫杖寶瓶圍繞蹈舞威儀整肅持誦梵嚴普唵等咒讚唄和雅妙響清徹所未嘗聞大柔卽率在彼十方四衆人等各持信香合掌長跪是時霽日澄輝紅雲暎彩擁觀者數百人皆大歡喜遠近傳聞嗟嘆希有之事無弗注難遭之想者大柔以故竭力經營而秦藩典膳侯忠旣大有助緣承奉司掌司朱永貴內司房閻壽亦與有緣又督工甚力久之輪奐顯敞藻繪炫爛金容玉毫相好端嚴種種精美工緻與諸梵剎迥異皆大柔以心匠裁制竟底成績觀者如入鹿苑而登鶴林蓋曠刼人天之福地也余嘗攷古道啟建之始必有非常之瑞茲興教院感此殊祥將來振起宗風大闡佛會必有升堂入室傳心印者震法鼓樹慧燈作大因緣不擇喧寂不別染淨使屠門鮑肆酒壚淫房一時

銷四纏之沈感蕩五濁之昏惱悉入離垢藏而遊於清靜妙明之法界此大柔創建興教院之本願也豈但守一把茅蓋頭繩床衲被囊鉢蕭然向空山作自了漢者可同語哉余嘉其有志者事竟成乃爲述其歲月興造始末如此其助緣姓氏勒之碑陰以詔永世　萬曆三十六年歲在戊申孟夏吉日長安後學姚執中書

徒盛茂孫徒守愚守道曾孫徒福地福催玄孫徒清淡清淵仝薰沐和南立　張文趙璧鐫字

按碑陰刻助緣姓氏今漫漶不錄書法摹仿右軍聖教序僅得形似

第五氏併祠堂位次記 存文峯後 萬曆三十八年

石高七尺八寸廣三尺二寸三十五行行九十二字張鑑撰記第五茂正書在涇陽縣

口口口併祠堂位次　漢中一第五倫字伯魚長陵人也不知何

時移家雲陽之清谷口其先齊諸田諸田徙園陵口多故以次第爲氏倫少介然有義行遭赤眉銅馬之亂宗黨多賴以保全郡尹鮮于襃奇之署爲吏襃去爲鄉嗇夫已乃棄去客河東久之京兆尹閻興召爲主簿復署爲督鑄錢掾領長安市倫平銓衡正斗斛市無阿枉百姓悅服每讀光武詔書嘆曰此聖主也一見決矣尋舉孝廉帝見而異之與語倫酬對政道帝大悅拜會稽太守倫躬自斬芻飼馬妻執爨所得祿多賤貿與貧民會稽俗信神嘗以牛祭民間爲之困匱倫力禁之竟息已而坐法免尋復拜宕渠令遷蜀郡太守乃罷掾吏之富者更選孤貧有忠行者處之職務修舉章帝立擢爲司空數有諫論倫雖峭直然常疾俗吏苛刻及爲三公值帝長者有善政因勸成之倫奉公盡節言事無所依違諸子或時諫止輒叱遣之吏人奏記及便宜者亦並封上其無私若此或問公有私乎對曰昔人有與吾千里馬者雖不受每三公有所選舉心不忘而亦終不用也吾兄子嘗病一夜十往退而安寢吾子有疾雖不省而竟夕不眠若是者豈可謂無私乎後以病乞身賜策罷以二千石俸終其身加賜錢五十萬公宅一區　漢西二第五頡倫少子也歷桂陽廬江南陽太守所在有聲順帝之爲太子廢也頡爲太中大夫與太僕來歷等共守闕固爭帝即位擢爲將作大匠卒於官　漢東三第五訪字仲謀倫族孫少備耕以養兄嫂閒暇則以學文補新都令政平化行鄰縣民多歸之三年間戶口十倍遷張掖太守會歲饑粟石數千訪迺開倉賑給吏懼譴謂宜口口訪曰若上須報是棄民也吾樂以一身救百姓遂徑賑順帝璽書加之　漢西四第五種字興先倫曾孫少厲志義爲吏名冠州郡永壽中詔使冀州廉察災害所論刑免刺史二千石以

下甚衆棄官奔走者數十人還以奉使稱職拜高密侯相高密在徐兗二州間時二州盜起種儲糧厲士以待賊聞而憚之流民歸者歲數千家以能調衞相遷兗州刺史時中常侍單超兄子匡爲濟陰太守負勢貪橫種委從事衞羽案捕發其贓數十萬劾之並以劾超朝廷爲之嗟嘆是時太山賊叔孫無忌等大爲暴州郡不能討種遣羽諭降之後單超以事陷種竟坐徙朔方而超外孫董援爲朔方守蓄怒以待會種初爲衞相所善遇門下掾孫斌者具知超謀於是將俠客追及之遮殺送吏竟脫種匿於其友閭里甄然家數年徐州從事臧旻上書爲種訟冤會赦出　唐東五第五琦字禹珪少以吏幹進頗能言強國富民術唐肅宗駐彭原琦謁見陳令之急在兵兵強弱在賦賦所出以江淮爲淵帝悅拜監察御史勾當江淮租庸使兼諸道鹽鐵使鹽鐵爲使自琦始嘗軍興

隨事輒辦人不益賦而用以饒乾元二年進同平章事　宋西六第五均倫之後生宋時徙居三水縣歷戶部尚書爲人倜儻有義喜讀書興學崇儒　元東七第五居仁字上元生于元幼師蕭鄭弱冠從同恕受學博通經史躬率子弟致力農畝而學徒滿門其宏度雅量能容人所不能容嘗行田間遇竊桑者居仁輒避之鄉里高其義率多化服遊其門者不惟學明而行加修焉卒之日門人私謚曰靜安先生

第五氏改建先世祠堂記　德者垂遠者也孝者承德者也好德崇孝者人心之公理而時也者又天之所以昌其會以彰德恢孝於無窮者也故匪德則身在而名已闇泐者口可勝數遠又何述焉爲之後者脫不孝於先人即邇且忘之矣又安能述於千百之遠矣一旦好德者起敬崇孝者樂成相與共彰千百年遺烈於其

續陝西通志稿【卷一百六十四　金石三十　二十六】

故土則誰謂時不待乎蓋余讀史見第五氏曰倫者爲漢名相而其子若孫曰頡曰訪曰種曰琦曰均曰居仁或仕於漢唐宋或隱於元皆以懿德垂光史册輝映千古竊嘗仰慕久矣然祇知其京兆人不知其京兆何所人也及見吾鄉之北淸峪河之西故有第五村村之人皆姓五余心疑之已又見其村有舊祠一區乃詢於居人鳳鳴五君等曰祠者何也曰玆村乃吾遠祖第五宰相公故土故名第五而祠則宰相公香火處也今河之東原纍纍數十塚即其遺墳然世遠莫可詳辨雖有玆祠狹而舊又吾輩之姓未復也所幸吾家猶有遺譜及遺像存焉耳因出其譜若像眎余余覽之乃恍然嘉嘆曰諸君可謂善承先烈者矣會余師尚書魏公修邑志余以其譜若像若祠言之魏公魏公曰邑有先達邑之光也奚可以不志於是撮其事實系次列之志矣會邑侯約齋傅公編審均徭事余又以其譜若像若祠言之傅公傅公曰邑有先達令邑者之程也奈何彰於史册顧獨弗彰□故土於是復鳳鳴君等姓姓第五又扁其祠曰累代名臣以彰之鳳鳴君等既慶先世之遺烈獲彰於故土又謂祠狹而舊第五麒第五棟捐地三分爲基於是更建新祠三楹於舊祠之南各肖其像祀焉祠既成即以傅公之扁扁之額又□諸族人詣余謝曰微先生烏能使先世之遺烈復彰於今日今而後吾遠祖無子孫而有子孫吾輩無祖宗而有祖宗者秋毫皆先生賜也敢不世拜先生之明惠余曰嘻諸君謂余言能若是乎顯晦有時天實主之惟天不欲諸君之先□久弗彰於故土故余言適遘其會耳不然余言胡爲即當修志之時而修志者胡即余師又胡爲即當審編之時而審編者賢如傅公故曰顯晦有時天實主之然非諸君世守其譜若像若祠則余將

續陝西志通稿【卷一百六十四　金石三十　二十七】

奚據而言之魏公傅公魏公傅公又將□據而志之復之扁之耶余方嘉諸君之克孝而諸君顧歸功於余言乎余玆又有感焉自古位極人臣者非少也即父子祖孫相繼而膴膴顯者亦非少也乃或無可稱述於身後甚且子若孫恥認祖宗者有矣今觀諸君之先烈垂光史册□映千古令人人敬慕不容已豈徒以宰相云乎哉祠之中不有靜安先生者乎靜安先生隱者也胡以垂光史册不朽乃知人之垂遠惟德是重而位之隱顯弗計也願諸君不徒寫其譜若像若祠更益承其德各相勸勉以無忝於先烈則□君之孝益遠其後必且益熾益昌又使瞻其祠者咸曰德之能垂遠也如此轉相修德亦各圖所以不朽不克置則玆祠寧獨一鄉之瞻望已哉斯又魏公傅公志之扁之彰往勸來之微意也即余小子仰慕之懷且有加矣矧諸君乎鳳鳴君等再拜謝曰命之矣

敢不世拜先生之明惠幸先生終記之越三年丁卯第五君果薦
於鄉行即繼先烈於不可限量則所以光大其祠者更有在矣是
爲記　奉政大夫同知山西太原府事邑人張鑑撰　萬曆三十
六年庚戌季春後代孫第五茂書

創建延壽洞記 存文錄後 萬曆四十年

石高九尺二寸廣四尺二寸十六行行五十五字趙彥撰文李賦秀篆額張廷玉正書額佚在膚施縣

創建延壽洞記　賜進士第整飭南直潁州除和等處兵備河南
布政司左布政使郡人趙彥撰　賜進士第南京大理寺評事郡
人李賦秀篆　賜進士第山西臨汾縣知縣郡人張廷玉書　右
清涼山半誰鑿石崖而開之洞洞成而誰復塑西方延壽大士金
碧上下間香華鉼鉢尸而祝之意何爲也果謂佛能度一切苦海
而生生死死是人間大事幾見閭里中夭亡災疫如石火電光之
續陝西通志稿《卷一百六十四　金石三十　二十八
難住更不問名卿並奇士也然則佛之能度者何在如其不然必
謂佛能自度而昔如來雀巢頂芽穿膝此必非生佛乃可又如尸
毘王是我膚施之祖割乃肉以食鷹鷹濟而毘王以死今其塚尚
在嗚呼此世儒之所以好譏議其佛也獨不思佛之名徧恒河沙
界則千佛萬佛以及無量諸佛及佛之千壽萬壽之爲無量壽不
然彼眼光一佛耳千手千目萬手萬目而千萬手目之無盡何疑
於延壽之千壽萬壽之爲有盡耶雖然佛性從覺中來人之佛性
於覺中具足倘念念處處而盡爲塵根結轄則壽命於此全斷即善
得降伏法而有所覺有所不覺則昏與明之不相敵壽之虧全即
不相準有人焉髮蒼蒼而齒落落肌膚綳瘦而行年幾百齡一人
年未半而心澄然念寂然不逐聲味不逐香臭更不逐觸口反偃
然而早入涅槃此誰壽誰弗壽當有能辨之者而佛延壽於此中
了了爲能於空中結想空中絕想雖耳目口鼻肢體猶人而聰明
臭味心意不猶人不猶人而延壽也又寧以人之年月日時論耶
夫佛之壽既不可以年月論則此洞何足以壽佛而余之論又何
足以壽洞亦大惑已但車瑀李僧以大中丞白公希繡意而成之
余因李僧懇首而記之亦何足爲文哉識者取蘇子淸風大悲凌
虛閣三記而試覽焉則弗壽是吾意是已如必敘其創造之由以
及諸工匠帛粟之費此亦興作之常而金山虎丘當不重於此洞
也已　萬曆四十年歲次壬子仲春吉日

崇文塔題名記 存文錄後 萬曆甲寅

石高六尺一寸廣二尺八寸十四行行五十二字在涇陽縣

涇陽縣壬子科崇文塔題名記　王崇士中第一名敬義里人姚
方里南裡　楊梧中第五名及鄉里人　段耀然中第五十名縣東里
續陝西通志稿《卷一百六十四　金石三十　二十九
人　韓國楨中第四十六名南馬里人　張訏猷中第五十六名石橋
里人　楊國柱中第五十八名治峪里人癸亥進士
讀往史制科之名始於漢仍於隋紛紛於唐宋我朝酌之盡能諸
科而獨以文藝較士士得儁即以同登者勒名於石倣雁塔故事
也第地不鍾靈則士之舉者不常而名有時歇惟涇陽屏山帶水
包以廣原橫如玉几氣聚祥發煥爲人文固士之登壇而執牛耳
者彬彬不乏通籍而入名賢者纍纍未艾且若解若魁視爲故物
聯飛群步視爲故常鐫石題名視爲故典歲當壬子邑之薦賢書
者六人不佞職司守土又當復循其舊而以言紀其盛噫予何言
予所言者士經薦拔則士之身爲天下共之矣石垂不朽則士之
名爲萬世覩之矣嘗聞張齊賢一第而同榜增輝蘇易簡一試而
海內知名李沆王曾之雅望寇準韓琦之峭直列耀史冊者皆不

愧科名者也六君子不必遠慕古哲即以邑之魏少保張司寇牛中丞韓翰院王宗伯諸公俱科名先達固皎皎一時誠取而自質則肝膽似雪品格自玉噫予言至此而予又爽然自失矣特記之以俟後世之爲人物傳者考　時萬曆甲寅歲季春日　賜進士第文林郎知涇陽縣事古棣袁化中題　富平趙從律刻石

按人名段耀然作叚謬甚

軒轅廟詩碑 存天啟元年 詩不錄

碑高六尺五寸廣三尺四寸十七行行三十八字寇永清跋并行書在中部縣

軒轅聖祖廟額於萬曆庚申之秋其功轉難以卒舉迄次歲辛酉天啟改元 缺 邑侯竇公爲部令甫下車謁帝廟睠視其旁憒憒不樂日夜靡寧每食口箸興嗟曰口口口口口吾願畢矣因捐俸金曲爲計處諸凡爲土木謀周而且臧越明年之春一切告成侯欣

然曰口口是可以記遂命工鑿石撰勒其事以書丹之責屬之於清清不能書亦何敢辭敬承焉不無口口口口識也書能恭筆一跋隨頌其不朽

軒轅廟祝文碑 存天啟元年 文併錄

碑連額高九尺三寸廣三尺五寸分兩截刻上截天啟祝文下截竇如芳記行字不等寇永清行書額題御製祝文重修廟記八字柳葉篆書在中部縣

維天啓元年歲次辛酉十一月戊戌朔越初四日辛丑皇帝謹遣錦衣衛加正一品俸都指揮使侯昌國致祭於黃帝軒轅氏曰於惟聖神挺生邃古繼天立極開物成務功化之隆利賴萬世茲予祇承天序式展明禋用祈歆饗永祚我家邦尚饗

軒轅黃帝廟重脩記　臣如芳自天啓辛酉之秋來令中部甫蒞任遂拜帝陵於橋山頂上既而從陵東下有帝廟臣步謁之仰瞻廟貌夷圮幾許臣爲之惻然夫以今上嗣位改元必遣使御祭以告正始而凌頹若是豈所以對揚休命而伸薦馨香者乎於是請議當道求大材酌價値索琉璃諸匠糾宜雒兩邑民衆朝夕戒之及禮殿纔成而御祭果臨斯時棟宇輝煌牲牷脩潔眞可以對揚王休仰薦馨香矣越明年之春凡廟制東西長廊並內外諸戶暨碑亭吏口享胙各所一切告成環視鮮妍俯仰藻采且帝像聿新風牧諸臣俱煒然改觀見其垂旒正笏臣每謁之仰在上質在旁不惟庇吾皇萬年之長即微臣之藉餘庥以自瘉者其慶澤當何如功畢日部庠學臣張口元龔石廊右徵記於臣以勒其事臣因遍視古碑知帝廟始肇橋山之北宋開寶中勅移於茲元至正中重修者一至我天啟元歲重口者二焉他若鑄鼎神績皆龍故事開草昧造文明諸碑已悉談之臣何復口　大明陝西延安府鄜

州中部縣知縣南和竇如芳謹薰沐頓首撰　儒學教諭深州張乘元縣丞尨溪黃一鵬典史蕭田方繼科立石　龍飛天啟元年辛酉恩選國子監生部人寇永清書丹

左贈君生祠記 存天啟元年 文錄後

石缺匠尺一寸高一尺四寸三十七行行十六字王圖撰文宋師襄正書在耀州

重修漆滸左贈君生祠記　漆滸先生余外祖也以余舅河南公最績得贈云先生蘊道敦倫慕義好施蓋不祿以望人服無位以作人敬者嘉靖初州大飢慨出所積粟鏹渥贍窘乏賴所全甚衆州人士感之欲謀所以爲報者而咸謂先生石隱一念堪比州先賢孫公云且竊見先生每登其棲眞處徘徊不忍遽去於時陰卜孫公祠右穿土爲洞塑像于中欲以所祀孫公者祀之祠成故延先生造眎之先生訝曰何太似我耶衆始祝拜告其實先生艴然

泣下堅辭不受命毁之而父老終私焉隆慶間地震洞幾陷而像無恙人又咸神之萬歷末年其孫河南公子扶溝令諱史以洞淺隘不可居將興塗堅未果今歲扶溝公從祀鄉賢且與孫公共俎豆矣封御史宋君鎧石樓尹覸君懷門人宋師琦李景沆甥關嫌等好懿迫衷進州父老子弟聚族讚揚謀於余曰贈君有子河南公祀名宦有孫扶溝公祀鄉賢德發其祥伊誰之自剏贈君有舊祠何遜永城吾州之祀遂合貲鳩工依其地而崇深之周以磚堅厚煥麗神明其永安矣曾孫舉人佩玹州學生佩口克念祖德敬承父志虞久湮沒率玄孫重光重輝重耀重照重顯等問記于余余愧無外祖風第循覽今天下郡國勾龍祀社姬棄祀稷祀先師者以道茲皆通祀者至郡邑肖像崇祀則其人亦一鄉之勾龍姬棄而同里之先師仲尼者也贈君然乎哉贈君左姓諱綸別號漆

滸其父諱進封大理其兄諱經弘治己未進士長子邯鄲公諱思恭嘉靖戊子舉人次即河南公諱思聰嘉靖己酉舉人余母其次女也世耀州人　天啟四年嘉平廿日禮部尚書外孫王圖百拜謹記　巡按直隸監察御史後學宋師襄書丹

唐祠紀事 存文錄後　崇禎五年

石高六尺五寸廣二尺五分三截上截紀事正書中截唐太宗半身像下截附說草書中截爲二在醴泉

唐祠紀事　事不必有故也情不必有觸也然而君子感之矣夫學人考古論世讀其書有懷其人凡夫人之故國遺丘餘風剩影無不欷歔概慕況乎聲懸日月土藏劍履發我九原之歎者乎醴有唐文皇祠一區嗟乎故矣北面昭陵九嵕四照達於百里其下爲陪葬諸功臣墓平野纍纍嗟乎觸矣乃行者居者揭得昭陵六馬圖遂稱好事而市駿之主破屋蕭條執鞭之臣游魂滴冷曾謂明良靈爽不及游景叔一片石哉文光謬以邠人師權事谷口睹而三歎爰命匠氏扶傾易朽飾采塗丹殿前無餘瓦間二時風雨有司望而豆焉失禮矣文光增起獻屋三間選諸功臣之賢者從祀廟廷有爲十四人者曰李靖房玄齡馬周岑文本溫彥博蕭瑀高士廉魏徵長孫無忌李大亮孔穎達虞世南姚思廉尉遲敬德舉陪葬也有爲二人者曰杜如晦褚遂良雖塋兆不存舉同功也有爲一人者曰郭子儀雖非同事其時而墓於口功於唐則皆文皇宣力臣也亦舉賢也文光甫上其狀諸上台懷古情深同聲許諾乃禮成客以古圖像掀而得文皇影喜如天授因併勒石祠中嗟呼吾行其庭矣吾見其人矣春秋鐘鼓來集群公君臣之間亦有以脩其一德發其幽潛矣五日之緣千秋之感止乎　明崇禎五年壬申夏六月望　蜀内江范文光仲闇記幷書

附說　文光居鄉嘗走長安道過谷口問太宗祠人不識爲太宗也輒應曰唐王祠即及昭陵人亦應之曰唐王陵私心怪之以爲帝矣何王之有然至奉天問乾陵人亦不知有高宗也輒應之曰武則天陵范子曰光今日後乃知小民之口勝史氏之筆多乎太宗雖帝要其功業著於爲王時當隋季之亂出之膏火震以風雷一時奉唐家者獨此王耳故至今王之也實當口者以傳此名也然則人心所屬衆望所歸雖帝王位號赫著人間斯民固有不從其尊者矣若夫金輪氏淫毒竊攘使異世下一坏之土且專其名君子聽之猶有禍水之惡焉然高宗實不能夫特稱之曰則天陵所以愧後世之夫不能有其妻者雖掘地及泉骨不埋而名不許噫其甚矣考亭涑水大儒秉筆然定不敢易帝而王去宗而后而小民直與之直奪之百世千秋萬人一舌先正爲春秋史外傳心

豈知史外傳曰民言可畏過者思之　范仲闇再識

馮恭定公祠碑 存 崇禎五年

按碑高八尺二寸廣三尺八寸二十九行行七十八字結銜爲前進士南光祿卿士山右視學使者西極後學文翔鳳撰巡按陝西監察御史廣陵吳甡重修年爲口口五年壬申六月六日無書者姓名字剝蝕已甚十亡二三文不能讀間有可讀亦以險怪矜奇非可壽世故不節錄存其名可也攷馮恭定公祠在明清之關中書院今之師範學堂也其地爲寶慶寺別院吳巡按擴而闢之另立門戶祠在書院之後碑立祠前也年號泐惟恭定自崇禎初始予謚贈太子太保此碑書恭定公則爲崇禎五年無疑

軒轅廟重修記 存 文錄後 崇禎九年

碑高五尺二寸廣三尺三寸十九行行三十四字萬雲路撰文正書在中部縣

軒轅黃帝廟重修記　臣雲路筮仕中部即舉祀典所載者躬奉明禋遂謁帝陵於橋山之巔既而循陵東下二里許有帝廟其制甚宏闊詢之左右不得其自始偏閱碑篆知創始於宋之天寶元至正重修者一明天啟重修者二茲寇盜雲擾饑饉洊臻其圮壞幾同禾黍臣瞻拜之餘不勝凄然載稽舊例朝廷每三年遣官致祀其飭宇奉將之需皆出於宜雒中部三縣丙子秋值大祭之期荒廢如此何以對揚休命遂移文於宜雒執政者皆以錢糧無措辭臣不得已請於上台蒙諭時詘不可以舉贏當暫爲修葺可也遂命工鳩材其欹亥者扶之其傾頹者補之至於齋宿等廡皆淪覆一空則無米難炊矣是役也起於七月之念竣於九月之朔凡四十日計補修正殿六楹葺治大門二門共八楹築垣墻壹百壹拾即未能輪奐重新亦庶幾風雨攸除於以妥在天之靈而若萬民之心其少有裨焉至於重新廟貌恢復舊制非氛祲盡掃之後十數年休養不可臣固有志而未逮焉謹薰沐誌石以俟作者

崇禎九年菊月吉日　知中部縣事萬雲路北直隸河間府吳橋縣人　分巡河西道參議孔聞譚山東曲阜縣人　延安府知府李含口順天房山縣人　鄜州知州孫愈賢河南滎澤縣人　西延捕盜廳同知徐文口福建武平縣人　署雒川事宜君知縣唐克仁河南祥符縣人　理刑廳推官喻承芳湖廣石首縣人　中部縣丞呂宣元北直武口縣人

按天寶乃唐明皇年號既標明爲宋必爲開寶之訛文內亥字不可識當爲仄字俗寫仄與側通故曰欹亥者扶之也

編纂渭南武樹善

續修陝西通志稿卷一百六十五

金石補遺上

殷

百乳方鼎 佚

按此鼎清光緒初年出於寶雞連耳高七寸五分徑六寸五分四足口有龍文通體百乳腹有文爲析子孫父辛

犀耳卣 佚

按此卣亦光緒初年出於寶雞連蓋高一尺七寸兩耳犀首腹有文爲立戈父乙

饕餮尊 佚

按此尊清光緒初年岐山人搧土得之高一尺五寸身饕餮紋中有八乳口内四字上三字爲父辛子下一字筆畫作[illegible]是否寶字存以俟攷

蕉葉方彝 佚

按此器高二尺徑一尺一寸兩邊有環蕉葉花紋腹有文爲子執戈四娘尊丁已祖丁父癸清光緒中出於鳳翔

析子孫彝 佚

按此器高五寸圍一尺六寸雙耳文在腹爲析子簋亦清光緒中出於鳳翔

按以上五器出土後均由古商購得私運東南善價而沽未悉現存何處本省所見惟拓片耳

微子敦 佚

按此敦銘二十八字與寇鼎同詳前不贅惟寇齊跋謂不知出土年月殆爲商人所蒙敦與鼎同時出於鳳翔商人居奇出售分先後耳

郿縣鼎 佚

按此鼎出處不可稽見於徐傳兼溫經堂詩鈔云昔宰郿塢購有古鼎高二尺餘圜圓等身脣蓋銘詞各二十八字陽文古篆多不可識末似商王二字蓋商物也雨蕉大令久假不歸作憶鼎索鼎詩寄之又題云郿雨蕉大令秦中寄還古鼎作詩誌喜兼柬謝之云云攷徐傳兼名燮鈞道光中陝西即用知縣嗜古若渴號季子白盤即其物色所得與此鼎均攜歸武進原籍今存亡不可知三詩皆莊雅可誦

父丁彝 佚

按此器高五寸九分深四寸五分口徑七寸五分腹徑七寸耳長四寸五分闊一寸六分腹有文曰父丁同治末年長安斗門

鎮張村人掘土得之

子播殺彝 佚

按此器高一尺一寸三分深七寸五分口徑七寸二分腹徑七寸中有文作子播殺形光緒初年出寶雞縣鬬雞臺

父甲觶 佚

按此器高一尺一寸口徑四寸五分腰有饕餮花紋脣内文爲父甲上有酉字光緒初年出長安縣斗門鎮

父已彝 佚

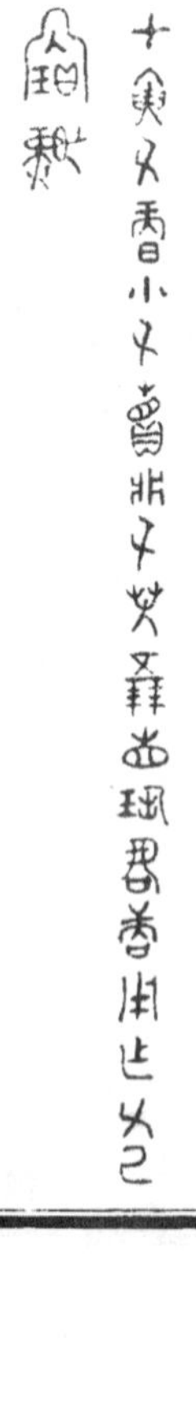

釋文甲寅子商小子賁析子孫五朋相琥若商用作父已

寶彝

右岐山武敬亭藏器十三姪謙樞自西安寄臨本命謙柄重摹存之 王氏韡花齋金縈

周

蕉葉甗 佚

按此甗清光緒十三年寶雞鄉人掘土得之連耳高二尺二寸圍二尺九寸三足蕉葉花紋唇内有文爲[illegible]若草書鼎字金石家釋爲舉未審是否由蘇氏出售

寶鼎 佚

銘四字云虞作寶鼎按虞當是作器者名其文上作與形下以左右手拱之虞與通用也器出鳳翔田間捷三比部以重貲得之屬爲題跋因以數語贅其端趙元中識

按此鼎連耳高九寸五分圍二尺八寸腹旁有銘四字首一字作[illegible]趙氏釋爲虞字未識是否初爲于捷三比部藏器今不知轉移何處矣

師𠧧簠 佚

按此器高一寸五分底長徑六寸闊四寸一分同治中出於鳳翔有銘十一字爲[illegible]由長安蘇氏出售

孟辛父鬲

按此器光緒己亥出於岐山高五寸五分口徑六寸爲本邑武氏藏器後不知轉移何處腹有銘二十字爲[illegible]

鄧孟壺蓋 佚

[illegible]

按此器高五寸四分頂縱徑七寸二分横徑五寸一分光緒初年出盩厔縣西鄉有銘十四字爲[illegible]先爲長安蘇氏藏器後不知轉移何處

諫敦 佚 蓋文同

[illegible]

釋文惟五年三月初吉庚寅王在周師彔宮旦王格太室敦立司馬共右諫入門立中庭王呼内史佚册命諫曰先王既命女

纘嗣王家女謀不有聞毋敢不善今余惟國嗣命女錫女攸勒諫拜稽首敢對揚天子丕顯休用作朕文考叀伯尊敦諫其萬年子子孫永寶用

右諫敦光緒初興平縣西紙坊頭鄉民修堡出土廿五年爲岐山武敬亭炳文學博所得後歸端匋齋器文十一行蓋文作十二行勒字上校器文多一攸字文尾永寶用三字爛缺據器文補錄 王氏韡花齋金縈

象形父己鼎 佚

象形父己

[illegible]

伯據彝 佚

[illegible]

[illegible]

釋文伯據虘肇作皇考剌公寶𣪘用亯用孝萬年永寶

旅簋 佚

[illegible]

釋文𠧟伯吉父作旅尊簋其萬年無疆子子孫孫永寶用

父乙鼎 佚

[illegible]

象形父乙

旅爵父單彝 佚

文爲旅爵

右五器道光戊戌寶雞縣同出土爲賀雲笠仲瑑所得今不知所在 王氏韡花齋金燊

伯田敦 佚

[illegible]

右器岐山宋雨村大令所藏光緒壬辰借觀京邸手拓其銘存之雨邨並拓圖見贈庚子之變圖偶失去今如千里憶良朋把晤無由爲之悵然不能已已 王氏韡花齋金燊

杜伯簋一 佚

[illegible]

釋文杜伯作寶簋其用亯孝于皇神且考于好朋友用𠦪壽永令其萬年永寶用

香亭隱於市博古工篆辛丑重逢於西安行都公餘過從討論三代秦漢古器引證精確受益良深今久下世撫茲贈墨益用悽然 王氏韡花齋金燊

杜伯簋蓋 佚 文同前

杜伯簠長安李香亭藏器蓋光緒甲午自韓城澄城交界出土者後爲山東丁紱臣讓去香亭頃以拓本贈余字法精古可寶也 王氏韡花齋金燊

杜伯簋蓋二 佚 文同前

右拓本亦辛丑夏得之長安李月溪茂才以梭香亭所贈文同而章法不一 王氏韡花齋金燊

周太保玉刀 佚

[illegible]

周召公玉刀爲岐山武敬亭茂才建召公祠時掘土所得刀凡

二俱長今營造尺二尺有奇博三寸一無銘一銘二十九字橫勒柄之上釋曰六月丙寅王在豐命太保相南國帥漢祉守南令奄侯㑹用賓十朋走百人按此王克定商奄褒賜召公奭者言命太保知爲召公言奄侯㑹知爲賞踐奄之功也 史記作踐奄 以玉爲刀蓋古容刀之制用爲儀飾不主斷割篤公劉詩鞞琫容刀宋人釋爲容飾之刀此即其類奄殷之諸侯本義爲掩說文作郁奄鄣皆後出字周時字應作𢌿省作𢌿石鼓文舊本有𢌿字吳東發云又見盄咊鐘今按邵鐘銘亦有𢌿字皆釋掩从𠀬在穴下 說文[illegible]曲尾也 四爪上下相掩覆也即蟄虫坏戶之義銘文从𢌿與相似文左从㠯右从𠂤皆阜字𠂤邑古通用郁从邑亦可从㠯左右兩㠯古文繁密每如此趙岐孟子注奄東方無道國鄭康成注多方云在淮夷旁注書序云在淮夷之北許書

云在魯奄大國與紂首尾爲惡其地當近紂都兼跨兗州之域疑在今曹濮徐州之間其南境與江漢近故伐奄之役召公有功焉孟子謂周公相武王誅紂伐奄說者遂疑伐奄事專屬武王周公凡三伐奄始則移克商之師以討党惡即孟子所云誅紂伐奄此一伐也韓非子云周公將征商蓋蓋爲奄字本義古通用辛公甲曰不如服衆小以劫大乃攻九夷而商蓋服言服不言滅知其國尚存此再伐也皆武王時事詩豳風表鄭康成曰奄周公居攝時復叛奄君謂祿父曰武王已死矣今王尚幼矣周公見疑矣此百世之時也請舉事史記周本紀成王以召公爲保周公爲師東夷淮夷殘奄遷其君薄姑蓋自是奄始亡是爲三伐玉刀之賜即是役也多方爲王來自奄所作云至於再至於三大罰殛之爲三伐確証明乎武成兩朝皆有伐奄之事而此銘

可釋矣銘云命太保相南國命作令古通用㑅古保字太保彝作㑅太保鼎反作新齊侯鎛作㑅皆其証相作𣥚與㫐同鼎彝屢見或本域字古借爲國見宗周鐘徃佔字亦作㣲見玉篇彳部又讀龤二十一侵尤平文讀如淫聲轉爲由爲猶通作繇說文沖先豫亦作淫豫猶由同猶同音說文無由字作繇繇役也周禮小司徒會萬之卒伍以起軍旅即令之徭役銘言師漢佔謂率漢上之軍旅也其文从彳从占彳行也古取占募之義古謂募兵爲古見文選鮑照詩古蔓到河源𡨦古文守字漢簡守从宀从寸此从攴小異然敏本从攴叔龢父敦盂鼎俱从又叔本从又許書重文从寸是攴又寸古文互通也俘古俘字从人从孚省說文俘軍所獲也史記云遷其君薄姑既就俘始遷之也攷周召分陝古不著其年據此銘可斷爲三伐商奄時事蓋管蔡商奄同時並叛周公相成王總六師自陝東出故曰陝以東

周公主之王師既出畿甸空虛江漢遙接淮徐非有重臣不足鎮撫故陝以西召公主之周召二伯一征一守常則夾輔變則犄角使奄君窮而就執不敢竄越淮徐上窺江漢式遏之功當以歸召公故曰命太保相南國師漢佔守南令奄侯俘也奄疑十朋二字父丁角五朋作𦊆太保鼎十朋作𦊆皆其例鐘鼎朋多作𦊆或作𩁨貝朋爵則從作鳳字全形此作𠕎象鳳羽正乖朋鳳古本一字也走走卒也尊者出行以解行人備儀衛古謂之趨解一曰辟除國語謂之前馬後世謂之走卒加劍則稱班劍襄王賜晉文公虎賁後世九錫例有虎賁三百蓋與此同走百人王賚召公爲儀衛者二刀同式爲偶對質重不可爲佩柄短而寬不能握其間有孔似貫挺之處蓋銜以長柄爲儀仗其走卒所持也今歸浭陽端制府未及見僅見全形拓本銘則武

君用墨蠟磨之粗辨點畫釋如右近人有附會江漢之詩謂爲圭瓚者明明刀形何云圭瓚且江漢爲宣王時詩時代亦懸絕以不知容刀之制故影響牽合致滋謬誤耳吳氏窓山人遺稿

右周玉刀銘二十九字以文義譯之當係成王命召公守南國時所作徃即徙字从辵止說文遂也玉篇遷也或釋作徒非是徙从彳走籀文作𨑢無从止者𡨦古守字周都豐鎬漢其南服將命召公南巡故曰師漢徙守南𨛜疑古鄰字與燕通召公之封邑燕古籀作𩁧鄭伯鬲作𩁧與𩁧略同說文燕玄鳥也今稱國故从邑古文邑或在左或在右或左右并加其義皆同如墜古文作𨽍或釋作奄非是奄索隱作䣱與𨛜略不相同況武王伐奄誅暴也書暴君無稱爵之例史記召公爲保周公爲師東伐淮夷殘奄既曰殘奄焉有稱奄侯之理𠈃即保之省文籀

文作𠈃小兒衣也从人抱子象保衣之形周書曰如保赤子且辛父庚鼎作　上文大保之保从任□言職官也保用之保从人子言保玉刀如保赤子也或釋作俘非是俘从人爪子仲爾父鼎作□虢季子白盤作□皆不離爪□無爪焉得爲俘□疑即賚字說文賚賜也周頌鼎作□略同□似賚之缺文或釋作十朋非是周剌鼎卅朋作□宬鼎五朋作□攷諸鼎朋字皆作拜無作□者賚从廾貝鼎文貝有作□者有作□者□之下半與□略同故釋作賚即勇士也賚賚走百人言賜之玉刀并賜勇士百人也耷文芳跋

案玉刀清季出於岐山玉黃黑色刀柄周圍有銘字大不及二分畫細如髮武敬亭有釋文楊和甫有長歌不及吳跋之詳故不錄耷跋又不同者四字以𠇗爲兆以奄爲燕以俘爲保以十

朋爲賚姑兩存以俟攷餘見前不贅

秦陰平劍

按此器光緒中年出武功縣西鄉通長二尺八寸五分柄有陰平左庫之紿六字

漢

壽成鼎 佚

按是鼎出土年月無稽見匋齋吉金錄有壽成共鼎元延二年字樣說者謂王莽改未央宮爲壽成室蓋爲新莽所鑄惟元延係成帝年號其時莽未當國攷三輔黃圖未央宮有殿閣三十二有壽成萬歲廣明椒房清涼永延玉堂壽安平就宣德東明飛雨鳳凰通光曲臺白虎等殿是壽成本未央宮一殿此鼎即其殿之器與新莽之改名無設

南陵鐘 佚

按此鐘光緒中年出於乾州高一尺九寸五分深一尺七寸五分口徑八寸二分腹徑一尺六寸三分文云銅一石鐘重卌二斤

漢鏡 存

按此鏡徑五寸背有篆文十二字壽富貴樂毋事日有熹宜酒食爲長安謝氏藏器

五鳳盤 佚

按此盤闊五尺四寸口徑一尺八寸闊口鐫銘云象超㲋鼎適用以圜交竝金石歷久以堅滿者招損虛者受咸人於冰鑑道在當前漢五鳳二年九月金工周永壽作四十五字爲岐山武氏藏器見王氏韻花齋金彙今不知轉移何處矣

瓦當

千秋萬世長樂未央昌 昌字居中

千秋利君長延年

石室朝祀

幹當不蠹

守祠堂當

折風闕當

清涼有憙

赫靈嘉祥

大并天下

宜官大吉

常生無極

長生無極

雙白鶴 此瓦當最小僅二寸餘圖爲雙鶴形云係漢武帝陵園所施未審何據

新月形 此瓦若新月上弦之形

冢上

李

央

𦍌 此殘瓦餘一角有此字

按秦漢瓦當余纂金石志搜集二百餘種較前人著錄多至倍蓰近閱王仙洲太守韻花齋古彙瓦圖中有十八種所未目睹亟爲補錄以傳永久甚矣古物之蘊藏者富一人一時之採訪曷敢自多哉

梁

梁造像 存文錄後大同四年

石高九寸廣八寸上截刻天后像旁立二侍者下截記十一行行五六七字不等右邊四佛像下截字二行存長安嘗氏

梁大同四年歲次辛卯十月十六日假節督華州諸軍事征虜將軍𠫊華州刺史安定王𠨫亡祖親太妃亡都太傅靜主𠪷将妃敬造王貫天后神軀依𡷊刋儀同雙斯慶　右葙安定大邑長昨甲

碑陰

上截刻佛像一尊四侍者旁立下截刻二虎至左邊四佛像下截字二行

左葙化主上官拔𠂔洛

按此石最近出土石甚完好刻亦精緻惟𠫊𠨫𠪷貫将𡷊上𠂔等字均不成文依樣錄出以俟識者

北周

殘造像 存保定二年

按此石最近出於咸陽高二尺七寸廣二尺一寸厚九寸環刻四面正面文十七行行二十字剝蝕漫漶文不能讀後三面全刻香火邑子姓名字之存者十僅二三無可傳存其名可也

鄜縣浮圖造像記 存建德二年

右石在渭北石蓮寺距予村六里許石四方面高約五尺每面寬一尺三寸作三層上層中層南北兩面各佛像五東西兩面各佛像三刻鏤古樸下層四面刻曰東面像主西面像主北面像主惟南面像主前後題名各八行下排題名六行末又有鄜令題名一行字小二分又題建德二年歲次癸巳七月十五日造訖字大一寸頂上方石如臼可轉上坐佛像石高四寸四面刻字剝落特甚引水洗濯可識者建德二年歲次癸巳三月十一日造白口石浮圖三級云云相傳嘉慶間重修寺時土中掘

出風日侵蝕遂漫漶至此攷周武帝天和七年三月改元建德其明年爲癸巳予與柄兒丁巳正月始訪得之計已閱一千三百五十七年實爲吾鄜古刻之冠乃親手拓出並語趙君寶山醵金建亭以永其傳 王氏緗花齋金石叢鈔

唐

唐鏡 存

按此鏡出土無楷綠繡斑爛背有銘三十二字云練形神冶瑩質良工如珠出匣似月停空當眉寫翠對臉傳紅綺窗繡幌俱含影中筆畫秀圓方整頗肖虞伯施當係唐初遺物今藏長安謝氏

昭陵刻石 佚貞觀元年

按此石久佚係唐太宗爲文德皇后立石太宗御製文歐陽詢

八分書

武希玄墓誌 永徽元年

石方二尺二十七行行二十六字正書蓋題大唐故宣城武君墓誌篆書存長安石氏

大唐故右勳衛宣城公武君墓誌銘　君諱希玄字敬道太原受
陽人也祖稜皇朝司農卿封宣城縣開國公贈潭州都督匡國垂
範忠武馳名父雅右衛鎧曹參軍輕車都尉襲爵宣城公清猷纂
緒溫潤騰譽君含山水之秀氣挺松筠之勁節器宇閎密機神警
悟聳奇峯於九霄激清波於千里宮牆有仭喜愠無形爰自弱齡
風儀夙茂逮乎冠歲盛德斯洽精金比質美玉齊映譬火日之外
照猶水鏡之含光阮嗣宗之沈恬絶言臧否王夷甫之清潔罷談
財利比德於君未爲清遠加以敦詩悅禮息史循文思風含臆言
泉流吻雖歆固博通卿雲藻翰無以過也是以同門歸美若鸑鷟

之先羽族齊志推高類芙蕖之映菱芡屬肅慎猖獗口都阻化太
宗文皇帝躬行弔罰君名挂羽林之班位列金吾之後爪牙左右
侍衛帷幄而醜類鴟張凶徒蟻聚君乃攬繁弱接忘歸飛鞚揮鞭
直突而潰應弦而倒者鱗鱗相屬豈唯猿吟高木雁落虛弓而已
哉既而鑾輿凱旋躬親扈從櫛沐風雨跋涉山川福謙虛應嬰茲
寢疾遂使奇功未立景業無聞曾不憖留梁擢奄及嗚呼哀哉以
貞觀二十年三月二十三日終於幷州館舍春秋三十有三其年
四月二十七日魂歸京第嗚呼哀哉陶潛之浮觴籬下叢菊逕芳
宋玉之息駕上宮幽蘭發調一朝零落生平已矣粤以永徽元年
正月二十日窆於長安西南十里之平原叔父等恐天德之無徵
痛音容之長絶悲緣竹之易朽銘金石以永流其詞曰崇基蔚矣
運華疊輝伊君挺秀載德靡違浴道遊藝依經息史直幹千尋澄
源萬里虛襟水濬勁操松貞方金猶鋹在玉斯瓊蠢茲蕭慎負海
猖獗帝赫斯怒親行弔罰廣選良家君應爪牙殄茲蜂蠆剪此鯨
虵方欣凱歌扈從旋蹕櫛風已弊沐雨成疾先秋委葉未露摧英
驥足方騁義車遽傾寂寂空隴昏昏暮色黯日雖沈淒風詎息痛
殷勿離慕切孤孀預虞陵谷刊石傳芳

按此石清末出土文既清朠字在歐褚之間唐初佳刻也今藏
長安石氏

王祥墓誌 上元二年

石方一尺八寸二十二行行二十一字正書存長安石氏

大唐故趙王府長史王君墓誌銘 并序　公諱祥字善願京兆長安
縣人也本緒太原因官家焉自仙駕上賓望維山而暢迹仁風下
扇控沂澈以垂芳孝自天經辭折坂於西蜀忠稱令德傾勃氣於
東吳公侯之門必復其始羽儀之盛實謂國華固以祖禰相輝蟬

冕交映慶鍾不已剋生哲人公以良冶成資黃中表異弱無好弄
少負不羈積摶風之望懷括羽之志絳灌叶武功之氣潘陸讚文
德之華筮仕貞期清階有漸載揚聲實望藉風猷尋除趙王府長
史器重應劉禮優申穆曳裾蘭坂參乘桂巖架三語而絢談叢包
四始而動溫麗實謂昂昂令問婉婉如璋者歟洎景切悲泉思從
散髮王事既致素里遊神逝者如斯徂齡易迫春秋七十二寢疾
卒於私第即以上元二年八月十三日遷窆於靑槐鄉阿城原禮
也嗚呼哀哉恐斥鹵移津崇陵徙谷式鐫立石以勒銘云　仙峯
疊構清沂藴秀代載芳輝家成景胄業甄良冶聲華篆籀爲奕珪
璋絲綸領袖 其一 餘慶鍾美載嗣伊人含章邁俗通理求眞黃陂絕
望孔伋難鄰譽高時彥風清縉紳 其二 託乘睢園禮優枚馬桂山南

聳冷池北下作賦登臺彈琴獻雅白雪霏韻幽蘭和寡其三浮生方閱縞馳將肆靑鳥夕口靑棡晨飛遺傷去日永即幽扉沈沈泉壤螻蟻行依其四

殘造像存 永隆

按此造像最近出於咸陽以行臺圯塌一柱之礎即爲此石高約一尺方廣二尺八寸四面各有字有敘六行餘則維那典坐香火都邑長邑子花名一百八十餘人敘內有永隆二字知係唐初之物文旣殘缺字亦草率無可傳故不詳錄撮其梗概如是

亡宮七品墓誌存 文明元年

石方一尺二寸十一行行十一字正書中斷爲二存長安石氏

大唐故亡宮七品墓誌幷序　亡宮者不知何許人也擢自良家

光口茂選口口女史之箴有口娴口之口口而口川難駐口路易口口口口逝之魂永口三泉之口春秋八十文明元年八月二十口辛即以其年九月二十五口葬於口口口口口作銘曰　昔口柔儀今茲遐壽赴黃泉而永閟寄彤管而無朽

張仁蘊德政碑佚 長壽三年

全文未見 齊總仲撰文顏眞卿正書

金石錄云右唐醴泉縣令張仁蘊德政碑長壽三年立醴泉尉顏眞卿書按魯公雖嘗爲此官然在開元間而魯公以貞元元年爲李希烈所害年七十六上距長壽三年實九十餘歲是時猶未生也又筆法與魯公他書不類以此疑有姓名同者然碑武后時立而不用當時所製字或此碑雖建於長壽中至魯公爲尉重書而刻之未可知也醴泉縣志

沈智果墓誌銘存 延載二年 文錄後

石方一尺五寸縱橫二十四格正書見存古商白氏

大周故沈君墓誌銘幷序　君諱智果字元貞其先吳興人也自有吳開國遠祖疏苗於鵲甸唐運口啓大父徙貫於鶉墟箕裘不墜於先廷訓之風邈劭衣冠自傳於後堂構之業無虧克嗣家聲斯其謂矣惟祖惟考挺儀表於門人懷武懷文爲佐才於國胄公器質凝粹風神秀拔湛黃陂之萬頃聳嵇岫之千尋鬱鬱貞松負含霜之骨昂昂驥口懷逐日之姿損之又損之辨二玄之要妙色相非色相悟十地之根基所以棲息丘園恬神濟性俯仰朝市風高氣逸雖鵬翻鷃翥逍遙之致兩齊而朝菌大椿成生之道不一以天授二年九月二十五日遘疾卒於羣賢之第甲春秋七十四以延載元年七月二十日遷窆合葬於長安城西南高陽原禮也

妻常氏訓範母儀貞規女則淑愼閑麗肅穆溫柔爰因筓年作配君子豈謂蕣英暮落無復三春之花瑤草晨凋遽口九秋之幹以儀鳳三年五月十五日遘疾卒於私第春秋五十二雙鴛戢翼長辭雲漢之遊兩劍口沈永絕酆城之氣嗣子思忠絕漿五日情深顧悌之悲泣血三年志切高柴之痛將恐山移海變谷徙陵遷勒石傳芳迺爲銘曰　系光洪胄式播時英遐開懿躅遠振嘉聲人傳詩禮代襲簪纓言從下邑鬱爲上京其一誕慶南中居榮北埊與物無競不交非類風月虛心冰霜挍志窺牆數仞入門自媚其二湍驚時邁電急年催一辭城闕長歸夜台山門月上隴樹風哀空勞桃藥魂兮不來其三斜光慘慘爽氣蒼蒼人沈馬鬣劍沒魚腸烟浮蒿里霧黯松行玄扃永閟白日難望其四

按此誌近時出土石藏古商白氏沈元貞無傳可稽文內昂昂

驪兩劍沈二句均有脫字敉字亦係別寫

楊基墓誌 神功元年 存

石方二尺五寸二十四行行二十三字正書有界格存長安殷氏

大周故上柱國楊公墓誌 有序　公諱基字安定弘農仙掌人也口鱗膺館彝纓承太尉門宗白羽祥宵軒冕襲廊官之祉家風祖德史誅詳焉曾祖彥隨任太州司兵新豐縣令袁州長史遷洪州都督星辰降粹山嶽含靈利用賓王翼鴻飛於露冕觀光上宰展驥足於雷同清白當官風霜勵俗熊軒轉綠指吳會而宣威集旟臨門按楚都而肅物祖運唐任渭州司戶改任襄州義清縣令口委迴秀東山植丹桂之榮逸器清高西嶽鬱青松之幹贊褒帷而臨鳥穴風聲肅然光製錦而化龍城威恩穆矣公少而明敏長而神聰春柳含鱗識王恭之天骨秋蘭叶佩表車騎之風神泊乎高

志指書勒燕然之銘碣雄心擊劍樹銅柱之功勳壽加上柱國榮名備矣忠貞著矣豈謂藏舟未固徒歎西國之香逝水驚濤俄赴東山之籙延載元年九月十九日卒於私第春秋八十有五夫人能氏肅肅婦儀堂堂母德行仁有禮聲高石窌之風守節懷恭譽重金鈎之賞萬歲登封元年二月四日卒於私第春秋八十有八秦樓響亮駕丹鳳之雙星豐水澄口化青龍之並沒神功元年歲次丁酉十月二十二日合葬於西嶽之陰川原超忽但見朝煙隴路蕭條唯看宿草恐陵移谷徙年代良深旌德叙功乃為銘曰

太尉之家侍郎之系珠玉其德彝纓其世西嶽青松東山丹桂操行清白風神雅麗 其一 北門巢鳥南井生桑皇天不助積德斯亡浮雲蔽日秋菊凋霜碎此奇寶其心實傷 其二 長河似箭靈嶽如蓮山川形勝表裏佳田雲愁荒隴月淨幽泉千秋松柏百代風煙 其三

按此誌最近出於華陰字挺拔有餘間整不足文叙三代而略父銘合葬而無子妃黃儷白敷衍成文

賀蘭譽墓誌銘 開元十八年 存

石方一尺二寸二十二行行二十二字正書今藏禮泉宋氏

大唐故蜀州唐安縣令賀蘭府君墓誌銘 并序　君諱譽字欽上河南人也君承家繼世累仁積德克義克讓如珪如璋曾祖和皇朝議大夫上柱國義寧郡太守朱紱居班青門出牧分憂赴位布德黎人祖師皇朝散大夫栝州長史貳職藩條實佐方牧父貞皇左驍衛長史警在嚴衛地連禁掖君則驍衛長史之第七子也生而挺特長而好學弱歲有溫雅之風冠年亦仕林之秀大周諸威起家管州參軍君以軍事參謀清門自守轉左威衛倉曹參軍人為國本實資倉貯政必寬猛性乃飲冰遷尚乘直長小駟是調日

出必駕轉蜀州唐安縣令入金牛之路理烹鮮之任弦歌在位學道而行而驥足未伸牛刀尚屈豈謂徒勞州縣方將論道台階何豎疾居肓瓊懷入夢天不遺善奄及梁攉以開元十八年二月二十四日遘疾終於唐安之官舍春秋五十有七以五月五日發神柩於蜀門返幽魂於京邑經白鶴之險歷青泥之阻即以其年十月四日葬於京兆府金城縣鳳臺鄉馬嵬北原禮也子植說等仰攀穹昊俯慟泉扃恐海變桑田陵移谷岸敬因翰墨爲其誌焉銘曰　天道悠悠兮物各有始世情冉冉兮人亦共死唯夫府君兮勗其福祉懋異既標兮時英冠矣金城西嶺兮馬嵬北原九變在後兮八水其前壠隧既奄兮館舍長捐百年口畢兮萬事何言君之盛德兮世揚休美克保子孫兮千秋萬祀

清虛寺碑 天寶元年 存 文錄後

創建清眞寺碑記　碑高四尺六寸廣二尺七寸二十二行行二十一字王鉷撰篆并書

賜進士及第戶部員外郎兼侍御史王鉷撰篆并書　竊聞俟百世而不惑者道也曠百世而相感者心也惟聖人心一而道同斯百世相感而不惑是故四海之內皆有聖人出所謂聖人者此心此道同也西域聖人謨罕默德生孔子之後居天方之國其去中國聖人之世之地不知其幾也譯語矛盾而道合符節者何也其心一故道同也昔人有云千聖一心萬古一理信矣但世遠人亡經書猶存得於傳聞者而知西域聖人生而神靈知天地化生之理通幽明死生之說如沐浴以潔身如寡欲以養心如齋戒以忍性如去惡遷善而爲修己之要如至誠不欺爲感口之本婚姻則爲之相助死喪則爲之相送以至大而綱常倫理小而起居食口之類罔不有道罔不立教罔不畏天也節目

雖繁約之以會其全大率以化口萬物之天爲主事天之道可以一言而盡不越乎吾心之敬而已矣殆與堯口欽若昊天湯之聖敬日躋文之昭事上帝孔之獲罪於天無所禱此其相同之大略也所謂百世相感而不惑者足徵矣聖道雖同但行於西域而中國未聞焉及隋開皇中其教遂入於中華流衍散漫於天下至於我朝天寶陛下因西域聖人之道有同於中國聖人之道而立教本於正遂命工部督工官羅天壽董理匠役創建其寺以處其衆而主其教者擺都而的也其人頗通經書盖將統領群衆奉崇聖教隨時禮拜以敬天而祝延聖壽之有地矣是工起於元年二月吉日成於本年八月二十日的等恐其世遠遺忘無所考證遂立碑爲記以載其事焉時天寶元年歲次壬午仲秋吉日立　關中萬年縣石公刻

按此回教入中國西安立廟之始碑在清眞寺內金石家均未著錄書篆之王鉷新舊唐書均有傳結銜相合惟傳未載其進士及第耳碑立於盛唐而較釋氏各碑及景教流行碑均少遜緣其教不接近士人故金石文字殊欠精緻耳

智藏禪師殘碣　存乾元二年　文錄後

石殘缺高六寸至一尺五寸不等廣一尺四寸前八行正書後四行行書頂花名十七行倒刻存古蹟白氏

擬令身缺綺露綴綱珠木缺趣叶幽贊志等天缺不朽乃作銘云缺道合虛心形昭在物缺肇自輪王日嚴故實尙缺峆嶢綺閣筓篠迴廊時惟缺靈儀安厝旛拖虹心莞飛鳥缺大唐乾元二年歲次己亥五月二十缺上座智藏禪師於經樓下發缺中安置寺主明行都維那寶缺當院僧道貞道逸道藝日進缺

按此石上餘一角前正書六十字峻整秀逸在伯施信本之間後行書四行雖屬唐人院體然超逸亦入懷仁聖教之室其上倒刻多行有武德使張隱等花名與下文不類意者此碣係磨礲舊石所刻攷毛氏關中金石文字存逸攷有大德禪師遷葬記係乾元二年沙門義宣行書在西安府華嚴寺云石久佚矣今此殘碣新出於土有乾元二年字樣後半亦係行書或者先有碑銘義宣僅記其遷葬年月耳以書法係唐佳品故錄之以俟考

姚貞諒墓誌銘　存永秦二年　文錄後

石高一尺廣一尺二寸十九行行十六字正書存長安段氏

文林口口口口口口口墓誌銘并序　口文林其先吳興郡人也公諱貞諒口口貞先虞帝舜之宗也後秦王冑之裔河口鍾氣世有

其人自高祖因官今爲西周天興縣人也烈祖道安朝散大夫秦州長史王父宏迴樂縣丞皇考盖定安縣尉並官清德茂克樹乃聲公即定安府君之二子也弱冠娶潁川陳氏四男二女箴訓有聞公初敦儒學早悟釋門遂於口德伽蘭鳳臺之上崇建金閣鴈塔口口口行寶林爲彼岸舟航超出世梁棟西口口安因趨道門公春秋八十有六遘口天寶十三年正月十三日卒於敷化里之私第夫人陳氏享年五十有四開元二十二年十月二十日先君而亡嗣子上寅等欒棘其形哀至泣血卽以永泰二年十月三日於五陵鄉原祔王父舊塋合葬禮也銘曰　莽蒼舊冢蕭條新墳庭闈松柏早夜口口惟孝生死不離不分

按此誌新出土而漫漶已甚不辨姓氏以文內有帝舜之宗後秦之裔斷其爲姚氏而字體秀逸饒有盛唐遺意

續陝西通志稿卷一百六十五金石補遺上　二十一

明覺寺比丘尼刻經記佚文錄後大曆十三年

石高一尺廣一尺十七行行十七字正書

一切如來心眞言　唵薩嚩怛他薩多慕嘌帝鉢囉囉囉尾蘖多婆曳捨㡯野沙嚩悉底婆嚩覩毋顊毋顊左僉左攞寧婆野尾蘖帝婆野賀囉抳冐地冐地冐䭾耶冐䭾耶沒地里沒地里薩嚩怛他蘖多口㖡乃耶乳瑟致曳婆嚩賀

明覺寺持律比丘尼心印記　咢以梁國郡喬氏台息有女如雲匪我思存是大道之法象爲眞如之律身知涅盤之安樂表世界之苦空返跡潛道歸戒至尊道尊德貴空寂亡神守律虛院三年化軆體氣去至刼刼生天緣往來依仏仏連聲悲夫魄無華月之光魂有法明之至故以法華之理而歸妙焉乃以大曆十三年歲次戊午正月戊申二十七日甲戌於上都西長安承平鄉瞻仰至尊俯臨仏位爰令下才鄧石刻記

古明覺寺比邱尼刻經記爲陝西喬仲丞松年所贈文筆書勢皆佳按宋敏求長安志明覺尼寺在皇城布政坊街東之北本隋御史大夫裴蘊宅開皇中太保河間王宏立爲寺碑戊字少一撇與北周天和四年造象同錢大昕金石文字跋尾謂顏魯公千福寺碑戊戌字亦如此蓋書家省筆非有所迴避也汪氏十二硯齋金石過眼錄

于申墓誌存貞元九年

石方一尺九寸二十八行行二十八字于公異撰文正書存長安段氏

唐故朝議郎行尚書屯田員外郎上柱國梁縣開國子賜緋魚袋河南于君墓誌銘幷序　從叔朝散大夫前行尚書祠部員外郎公異撰　維唐貞元九年歲次癸酉八月十三日尚書屯田員外郎于君歿于開化里私第春秋四十嗚呼哀哉君諱申字伯厚河南洛陽人也八代祖諱謹周太師柱國三老燕國文公七代祖諱寔周司空燕國安公曾祖諱汪贈邠州史祖諱庭謂贈刑部尚書皆勳德炳耀貽裕于後人父金紫光祿大夫太子少保譙國公日頎陳力三朝爲國元老君鍾粹而生依訓以立內積和易外敷英華總角屬文韻諳金石成童探學義窮壼要譙公匡時成務君亦延慶懋官懇辭而罷十八擢進士上第授校書郎櫟陽尉監察御史轉殿中京兆府戶曹又拜在臺監察御史轉殿中遷屯田員外郎凡一賓戎幕一掾京邑四執憲簡一入文昌所莅皆以端重器敏稱先時詔賜百寮宴麟德殿上賦詩俾中外屬而和之君時在闕下因獻頌鋪陳王風瑰博溫麗及是奏御上甚異之口口求左右史此即其人屬宰政傲才外俞內否是以有戶曹之授壽口監

續陝西通志稿卷一百六十五金石補遺上　二十二

察眞拜之命伸前事也惟君衆華紛目約己者眞百行聚身根心者孝幼口所特霜露晩悲長當問安冠帶無稅嚴諸父友衆弟取捨而必推其厚顚沛而曾不違恭君子哉譙公歷京河尹御史大夫有擢冠之淸躬愼獨之行德可以肥九族仁可以垂無窮今則喪我克家已臨於墓菡惟君早世不及於中身則徵積善論報應者從無據矣以其年十月十五日歸祔于城南長安縣居安鄉高陽原祖母之壙塋禮也其有邦彥聞人會葬執紼皆曰棻盛可薦嘉穀中零壇壝始陳琮璋忽折噫茲不幸未若口口之不幸也哀哉一子口和幼而有文足以當室公巽蒙譙公器遇與君前後登科於存也由恩以加親於歿也由親而加痛故於撰叙其詞也哀而繁銘曰　柱國司空有德有功亂羕不赫譙公纂戎惟君之生世閥克開孝以鍾性文以暢才萬石宗建子服推回登科結綬直

續陝西通志稿　卷一百六十五　金石補遺上　二十三

躬行古學遵孔徒頌追吉甫頌頎時英含香振纓臺閣表式吾門重輕如何先秋竟負高明屯田約仁譙公邁德與善無徵考祥斯惑收跡盛時口神故域萬古九原懷風歎息

劉昇朝墓誌銘 存 貞元十三年

石方一尺四寸二十六行行二十三四字不等劉恒撰文并正書存長安李氏

唐故元從定難功臣金紫光祿大夫行左金吾衛大將軍兼試殿中監上柱國彭城縣開國侯劉府君墓誌銘 并序　府君諱昇朝字昇朝其先沛國彭城人也高祖不纂鴻業須封昆季俾弟交王于楚分秩實茂公其繼焉先因厥官寄家京兆今爲涇陽人矣曾祖諱敬皇左武衛折衝祖諱杜皇贈太府卿偕當代英髦爲人師範考諱奉進皇驃騎大將軍贈開府儀同三司識達古今道高前哲聲播遐邇垂裕後昆公卽開府第二子也忠直自然孝友大假幼而後邁弓劍絕倫身長七尺腰帶十圍容貌魁梧力能扛鼎頃屬胡搆亂元從肅宗辟爲細臣俾覘賊勢晝伏宵征往返十度逆黨弛張縱捨悉皆聞奏隨機應變致天之罰選爲射生尅復後北鄙猶虞党項憑陵鄜坊丹延等州帝擇爲假迴紇首領領五百人登山涉川環崖透谷若秋鶻之擊羣鳥如韓盧之逐狡兎所捕必獲捨之無遺功加上等改實應衛前將代宗幸陝元從扈蹕勵節竭誠忘其寢食旋復後大曆十四年上分御苑之師鎭守畿甸特授十將鎭雲陽縣洎朱泚暴亂鑾輿出狩首末元從翊衛還官金紫光祿大夫兼殿中監前後三朝元從功臣特承寵渥及夫年過從心功成身退持齋念佛修未來因忽嬰疹疾藥餌不救以貞元十二年六月十二日終于輔興里私第春秋七十二嗚呼天喪善人何其速歟夫人李氏繼夫人棘纏悲循陔與感長子全稱次子

續陝西通志稿　卷一百六十五　金石補遺上　二十四

叔端等蒼崩心泣血杖而能起筮龜兆叶從卽以十三年口月十一日安葬于先塋西禮也晅詞殫識寡不足叙其口音昆季情殷乃敢傳其遺烈銘曰　吾兄奄逝兮去何長盛德雄名聞四方身瘞泉臺兮常寂寂靑松明月兮空蒼蒼　弟晅撰并書

陳夫人李氏墓誌銘 存 元和十四年 文錄後

石方一尺四寸二十二行行二十二字從叔玄盾撰文正書存長安段氏

唐故隴西李夫人墓誌銘 并序　從叔前河陽節度巡官前試太常寺協律郎玄盾撰　夫人世家于絳郡七代祖武陽公因官于秦今爲秦人曾祖諱殷祖諱廣國詞華貫代名稱當時自幽陵千紀屬車南巡著責胡頌唐書數軸布在方册官至陳州太康令烈考諱通寧州彭原縣丞叔祖惟詵有殊於國除將作監內作使洎二帝陵園以封樹中禮遷戶部尙書夫人卽彭原丞長女也先夫

人天水尹氏以孤嫠是青婚姻所宜年二十餘歸于試太子舍人潁川陳令嗣僅經二紀特豚明婦順之禮柔德彌彰執饋有如賓之敬聽從無怠撫幼弟養舅姑雖古今孝列之婦無得而踰焉陳公數年家徒屢空今春遂從軍維陽與之訣別夏乃偕行會淮楚有兵卯約過時每忽忽不樂门夢成災元和十四年五月二十日暴疾卒于夫之私第享年四十七以其月二十六日乃葬非速也從卜也歸葬于萬年縣長樂鄉王柴村先父之塋非權也不忘本也悲夫有一男一女幼在童孺不知哀至而爲哀也有愛弟二人曰士眞曰士和皆哭踊絕地泣血號天充窮護喪行路增歎余以猶子之念爰託茲石誌于墓門銘曰　穆穆令德恵和淑慎好合君子柔嘉洽聞女儀閨範玉潤蘭薰天道不仁神理難問奄謝昭世條隨短運痛幼弟兮心摇丹旐撫童孺兮氣結中帷仰房櫳兮

如在感松阡兮涕垂嗚呼哀哉

佛頂尊勝陁羅尼經幢 存長慶二年 經文不錄

石高六尺四寸八面每面廣五寸六行行六十八字正書存長安段氏

按此幢後署長慶二年歲次壬寅五月辛卯朔二十四日甲寅女弟子李氏號功德相奉爲亡夫太原郡郭氏諱璘及亡男思寂敬造斯幢出家女尼利辦新婦孔氏孫廣壽廣誠廣忠孫女三十娘舅氏李竫此石近時出土下截少有磨泐上截完好如新書法勢弟北海惜無姓名可稽唐之佳刻也見藏長安段氏

李觀墓銘 存無年月 文錄後

石方一尺十二行行十四字韓愈撰文正書存長安段氏

巨唐故太子校書前進士李君墓銘　李觀字元賓其先隴西人始來自江之東年二十四舉進士三年登上第又舉博學宏辭授太子校書一年年二十九客死於京師既斂之三日其友人博陵崔弘禮葬之於國東門之外七里里曰慶義原曰嵩原友人韓愈書石以誌之銘曰　已乎元賓壽也者吾不知其所慕夭也者吾不知其所惡生而不淑孰謂其壽死而不朽孰謂其夭已乎元賓才高乎當世行倬於古人已乎元賓竟何爲哉竟何爲哉

按此誌無年月惟昌黎歿於長慶四年故以誌附於長慶末

車益墓誌 存大和七年 文錄後

石高一尺二寸五分廣一尺四寸二十五行行二十二十一不等正書見存古恋台氏

唐故京兆眞化府折衝都尉魯國車府君墓誌銘 并序　公諱口字益其先京兆雲陽青龍里之人也曆世簪纓累傳勳緒守眞履道非禮不言貞固居身動不逾矩國有慶命官無遺賢授公游騎將軍京兆眞化府折衝都尉授蘇清廉寮寀稱美公輔弼公卿竭

忠盡節亞相擇任委之腹心乃署公押衙兼司勾檢守職清慎吏徒敬之策名立身言行無玷精專堅白慎終如初公先君諱說皇朝議郎鄜州直羅縣令風宣百里化洽一同黎庶仰仁感愛風義公即縣尹之中子也公長男名元暢禮樂成人公侯所尚列居牙爪時輩欽風宗族稱仁鄉黨稱孝次子元章元孚元駿並孝儀成家光儀不雜有成人之美行無苟且之風長女弟卅適于韓氏次女卅二次女卅三咸美麗芳姿蘊斯令德明潔素質婉媚青陽珪玉口可等其顏蘭菊安可齊其質公一染口疾綿歷星霜救療無徵奄歸大夜以大和七年七月二十四日終于汧源縣太平鄉崇義坊之私第享年六十有八夫人丹陽朱氏神聽正直天假惠能以早年遘疾身先逝水龜兆有吉慶流後昆即以其年十月三日遷祔于汧源縣臨汧鄉麻坊村北原禮也嗚呼夕陽向晚秋葉迎

霜光景難留足堪傷悼慮年代綿邈囗谷變移命余抽毫以誌貞石　英英我公其道難同謙謙君子肅肅門風囗何言哉喪我賢才逝水東注有去無來囗也有命禍起一朝松筠未改梧桐早凋囗子哀纏泣于旻天絕漿飲恨淚血漣囗生其有神沒兮何適廬代異時移記茲彌囗囗

魯謙墓誌 存大中十一年

石方一尺四寸十八行行字不等李惲撰文張宗厚篆蓋魯謙正書蓋佚存長安段氏

魯氏子謙墓誌銘并序　隴西李惲撰　表丈翰林待詔張宗厚篆蓋　謙字益之魯氏第二子祖諱弘樂道不仕父諱璠能醫京中醫人最得其上謙天錫其性不食酒肉年七歲好讀詩書旰食忘寢勤學不輟師喻以文義皆記之心腑未逾十五孝經論語尚書爾雅周易皆常念禮記帖盡通又爲文章格韻清峻罕有其儔

者學鍾王歐褚之書並得妙絕大中十一年四月十日父亡泣血盡哀因而有疾至六月二十一日終於西市錦行里之私第壽齡十八矣母馬氏兩目流血號叫心摧叔父琮兄諗等痛切肝腸悲傷手足即以其月二十八日葬於長安縣胡趙村德義里之先塋也予教諭儒道豈忍爲文直述其事乃爲銘曰　噫有德兮壽合長十八年兮何以亡神理窈兮無處問徒使人兮怨穹蒼　兄諗書　從叔魯球刻字

案此石最近出土字摸誠懸頗能形似存長安段氏

劉沔碑 存大中　文錄後

碑連額高九尺廣三尺八寸三十八行行六十五字韋博撰文柳公權正書唐玄囗楨勒并篆額額題唐故太子太傅致仕贈司徒劉公神道碑十六字在永壽縣

唐故光祿大夫太子太傅致仕上柱國彭城郡開國公食邑二千戶贈司徒劉公神道碑銘并序　朝請大夫守左諫議大夫上柱國賜紫金魚袋韋博撰　金紫光祿大夫左散騎常侍上柱國河東郡開國公食邑二千戶柳公權書　翰林待詔朝議郎守越州都督府司馬上柱國唐玄囗囗勒并篆額　公諱沔字子汪其先彭城人世爲將習孫吳兵法皆以騎射善鬬名聞開元天寶囗囗囗囗囗囗囗囗囗囗囗傳囗囗囗囗囗囗囗囗囗囗囗囗囗囗功名曾祖玄銀青光祿大夫檢校太子賓客和州長史兼監察御史生王父暠銀青光祿大夫檢校囗囗囗囗囗囗刺史囗囗囗囗囗囗囗囗囗囗囗囗囗囗囗囗囗囗囗甚顯忠厚必大其胤是生皇囗囗囗囗囗囗囗囗囗囗囗囗囗囗囗囗囗囗囗囗囗囗囗囗囗考奉天定難功臣興元元從驃騎大將軍行左驍衛大將軍兼囗囗囗囗囗囗囗囗囗囗囗囗囗囗囗囗囗囗囗囗囗囗囗囗囗囗囗紆孽起於輦下嘯呼叛寇囗刀指闕六軍無素大駕西幸僕射

公與侍中囗囗囗囗囗囗囗囗屆德宗皇帝于奉天縣分守壁壘力戰前後凡數十合賊不敢近所囗地囗囗囗囗囗囗囗囗囗囗囗囗囗僕射之囗囗囗囗囗囗囗囗囗囗囗囗囗囗玉寶㯳中居僕射壹哭無時親戚僕從囗所囗外餘財封植松檟無所留制終仗劍北遊囗囗囗囗囗囗囗囗囗囗朝希朝與囗囗囗囗囗囗囗囗囗囗囗囗囗囗公佩刀持階下希朝目之使與坐指其衆曰此子他年必有吾囗公戰竦拜謝軍中囗囗囗囗囗囗囗囗囗囗囗囗囗囗囗囗囗囗囗囗囗囗囗囗囗囗囗囗大夫檢校左散騎常侍兼將軍知軍事公善射能擊毬與其輩角於公場數勝群輩企羨囗囗囗囗囗囗囗囗囗囗囗囗囗囗囗囗囗囗囗囗囗囗囗囗囗囗囗囗囗前後高下大和元年囗月十七日遷大將軍依前知軍事嚴慎簡重恩威洽肅動靜規矩囗皆囗囗囗囗囗囗囗囗囗

口口部尚書口口口口口口口口口口口口口口月十七日以北
地口急藉公威聲詔守本官移理振武涇人惜其去閈壘留乞公
曰口口口口口口口口口口口口口口口振武也軍口口口口口
口口口口口口口稍相解諭會傳鼓口自闕來公給之迎迓引衆
出前揖其使遂鞭馳數十里人振武口口口口口口口口口口口
口口口口口口口口口口口口口口口口口口口戰卒故士卒樂
其口公善緝破碎不事冗長無虛費誇飾故廩盈而庫實人人閑
而力足築口口口口口口口口口口口口口口口口口口口口口
口口口口口口口口口文宗皇帝嘉能軍詔曰卿材膺將帥道茂
公忠立城堡於要衝禦蕃口口口口口口口口口口口口口口支
持不更論請口口口口口口口口口口口而出群何能臻此口其
年九月十七日加戶部尚書五年二月十六日檢校左僕射其年

續陝西通志稿　卷一百六十五　金石補遺上　二十九

迴紇口口口口口口口權領天德軍與振武之師口口口口
口口口賜縉錦銀綵監軍使劉元政大將百姓僧道耆老蕃部首
領具公休績聞於朝請建碑紀口口口口口口口口口口口等謫
之遺口口會昌二年口口口口口口口口太原振武北界詔兵部
郎中李拭往視經略器備城戍且觀其節將之能否使還賓辭口
公可口三月二十五日以本官除河東節度使口口迴紇口雲州
六月出太原之師九月制兼充招撫迴紇使其時徵四方之師已
集命公指揮進退遂屯于雁門關斬雲州口口將七人以徇然後
分口據險秣馬教射積食口器練口傑第猛力程其材而任之類
詔促戰公上表曰不及獻歲之初必見誅口之效朝議不聽責戰
益速誠算既口堅口口撓其年冬移軍天寧口移口州得諜者曰
迴紇已卜正月一日將校當晨謁都護府我併兵力攻必得其城

食其衆陰山漠南舊吾土可以爭衡取安之道口口召朔州刺史
石雄馬步都知兵馬使王逢遊口口鋒使劉万佺令之曰與爾口
一万至安衆寨遇寇當戰復須以捷報如乘其虛即盡虜妻男女
牛馬倍道歸我比虜還口失口口吾遣口登城呼之可一麾來口
時三年正月九日矣至十一日夜口口於殺胡嶺大破之斬首三
千級得大和公主還于上京降特勤王子二十一人口汗口達干
將軍廿餘人首領人俘虜口十餘衆牛馬駝羊万計犒旋加檢校
司口物議賞未直眞功再加金紫光祿大夫仍賜一子正員八品
官軍還次代州時歸義軍迴紇三千餘人幷首餘卌三人隸食諸
道以天子新與其號又恃思忠宿衛之寵不受詔曰我虜也死此
足矣南州不復往夜大呼連營據呼沲河叛公曰口權貴於合道
是宜誅之不俟詔奏還果契上意軍還河東六月又詔領師南討

續陝西通志稿　卷一百六十五　金石補遺上　三十

澤潞屯榆社歸百姓男女五百餘口得昭義將李丕及健卒送闕
公以劉稹宗口汪爲鄰封從諫每欲濟師助我今諸軍或不捷必
貽論指目口基此矣上疏切言移滑州節度使守本官會昌四年
二月二十五日以口口之戰詔除河陽節度使領滑師三千人爲
万善聲勢實口公帥焉自河陽又遷光祿大夫檢校司空鎭許昌
詔將到公曰吾聞無德而祿猶無基而厚墉不口何口稱口堅口
風口口聞於朝口口口口口口口歎惜喧問相續除太子少保以
不任朝謝報復除太子太保致仕又遷太子太傅辭榮知止或筋
力不任行年而請公口齡六十口節三鎭口全力盛功高位口勳
名無驕口色日以盈滿是懼退休爲切二百年強寇一旦廓清北
方無虞胡馬不牧閈室私第不安遊止出口別墅素衣口馬口口
數人口口口口口口口口口口口口口口風口退優遊自遂不口

不戚以大中二年十一月七日遘疾薨于昇平里享年六十五天子悼痛輟朝二日□□□□□□□□□□□□□□□□□□勇武毅爲右神策軍押衙銀青光祿大夫檢校太子詹事前蔣王府長史兼侍御史繼其家聲不隕先業□從周前左□軍□將軍兼□□□□□□□□□□□□□□□□□□□之愛□春秋遺祉及爲搏自殿中侍御史改檢校司封員外郎佐公幕于太原從行營于雲州周旋始終目覩盛績□□□□□□□□□□□□旄頭耀芒爪牙用張緊公而功孰材可當厥維句奴軼陸跳梁在昔不馴北方稱強既□□攘如□□□□□□□□□□□□□□□□□□□□□□無□□獸無伏藏□際萬里野寂三光休烈巍巍慊若無有恩愧寵踰功慚祿厚二疏繫思五湖在慮不盈不傾□□□□□□□□□□□譽　李從□刻字

此碑今在永壽縣好時溝一云在縣東南鄉好留里雖文字斷續不全而神采奕奕可寶也劉㳘新舊唐書皆有傳碑中所載事蹟多與史合撰文之韋博新唐書亦有傳博嘗爲㳘從事故敘次特詳也案此碑實刻類編曾載其名此後金石諸書多未著錄至道光時復出於永壽由此觀之前人著錄碑刻無拓本者未必皆逸特晦而不彰耳如此碑及咸陽焦㛮碑均載實刻類編久已無傳越數百年而復現于世雖物之隱見不常尤賴有心人勤于諮訪也　毛氏關中金石文字存逸考

按此碑上段完好下段餘七八字惟中段漫漶不見一字其爲牧童敲損無疑篆額之唐玄□當卽唐玄度結銜與傳合毛氏之書成於五十年前故猶見其長子德章之名今幷此無之又損數十百字可知曠野荒墳愛護無人良可惜也

范陽張氏墓誌　存　咸通十年

石方一尺四寸二十二行行二十一二字王郃撰文正書存長安石氏

唐隴西李公夫人范陽張氏墓誌銘　幷序　承務郎前守彭州參軍王郃撰　夫人其先范陽人也自秦漢已降簪纓不絕具編家譜此不殫紀曾王父爲監察裏行鳳翔節度巡官贈禮部郎中王父師本爲同州白水縣令父質皇慈州昌寧縣令皆抗鸞鳳之姿挺山河之秀蘊靈鷹粹降生夫人賢範懿美輝映內外爲女則孝敬閨門表儀姻族爲婦則祀事孔明舅姑孝敬爲母則撫以慈愛教以婉娩是以爲婦爲女爲母動靜莫不由禮雖古賢媛無以尚之自初笄歸于我公琴瑟克諧娣姒生敬貴賤咸悅宗親□賀徵乎福善宜乎偕老□何寢疾以咸通十年八月二十四日奄終于□□縣私室享年二十自稚齒迄于就歿言行師古賢德無倫朗

玉寒冰卓然無玷士女之風於斯爲盛所闕者壽而公未王命易曰福善禍淫明所以彰善惡卽夫人之善之所謂至矣盛矣福善之徵又何反耶與夫顏夭跖壽亦無以異天何言哉余甚惑焉無兒有二女皆始齠齔以其年十一月一日窆於盩厔縣德義鄉蘇城里祔先營禮也公以郃通舊有年請錄其實既不得辭乃爲銘曰高低萬塚上下千年亦有列女莫及淸賢寶玉孤貞芳蘭芬馥德行不泯重泉永卜

楊氏殤女墓銘　存　咸通十二年

石方一尺二寸十九行行十九字楊攎撰文楊挺正書蓋題唐弘農楊氏殤女墓銘存長安段氏

唐故弘農楊氏殤女墓銘　幷序　叔父同州長春宮判官試祕書省校書郎攎撰　楊氏殤女慧皇朝監察御史攄之長女自侍御已上至漢太尉震世稱令德不足復陳也慧生知孝敬而童稚後

和淑有成人風及笄之年動止語默合禮奉上愛下睢順兼仁早
念詩習女誡各得旨焉宗門咸惜之希配賢良而福他族詩丁侍
御喪遂毀性滅身他人爲之悲切而奉母裴夫人顏色益孝屬家
事孤危未及配儷俄抱沈痾旬月不瘳醫藥無徵以咸通十二年
六月十九日歿於新昌里第享年廿歲月不便權殯京之左界以
明年二月廿日歸葬於萬年縣寧安鄉三趙村與諸院弟姪塋域
相望焉墳隧之制器具之儀稱我家則備余守職左輔不果躬襄
事茹痛搦管略爲紀述遂銘于石之右銘曰　太尉苗裔司空曾
孫柔而有德惠而有文女工克備婦道未伸笄年忽傾淑質將淪
上蒼莫問厚地何云封樹之往當千万春　季父進士挺書

劉氏女墓誌 存 乾符二年
石方一尺三寸十六行行十七字 劉從周記

續陝西通志稿【卷一百六十五 金石補遺上　三十三

唐乾符二年歲次乙未七月十日庚寅彭城劉氏室女享年二十
終于昇平里之私第曾祖庭琛右驍衛大將軍封東陽郡王贈右
僕射祖沔太子太傅贈司徒勳望一時事載史策皇考德章杞王
傅御史中丞嗚呼小號定師即中憲之季女也懿範生知柔順幼
備動合規矩雅爲人師喜慍未常形於色是非罕曾忞於言唯以
靜默自修孝悌雍睦實閨閫之令淑訓家之軌躅者也嗚乎福善
無徵遘疾膏肓伏枕未久奄忽而謝日月流邁龜筮有期以其年
八月二十八日祔葬於長安縣第五村之先塋余追念無已痛徹
心靈泣血叙哀寄于墓銘　坤道降祥挺秀明德禮法是遵慈仁
被物彤史流芳垂爲令則　親叔銀青光祿大夫光祿卿致仕劉
從周記

唐太宗詩刻 存 無年月
原石未見不詳尺寸在鄠縣草堂寺

太宗贊羅什法師詩　秦朝朗現聖人星遠表吾師德至靈十萬
流沙來振錫三千弟子共繙經文成金玉知無朽舌吐蘭芽尚有
馨堪歎逍遙園裏事空餘明月草青青

張旭千字文 存 無年月
石高一尺二寸廣狹不一殘缺止餘六石約三百字在西安碑林

草書心經 存 無年號 經文不錄
石高一尺二寸廣二尺餘者兩段一尺餘者兩段八九寸者三段在西安碑林

長安縣百塔寺石刻草書心經謂爲王羲之書舊有名氏殘缺
不存愧肉眼未能辨之然筆法亦自神妙惜其委於溝斷因移
置郡庠庶幾知所珍重而不至於終泐也大明成化歲次辛卯
秋九月既望賜進士中順大夫知西安府事池陽孫仁跋

續陝西通志稿【卷一百六十五 金石補遺上　三十四

刻後有跋指爲右軍書非也王世貞以爲鄭萬鈞書即張說爲
之序者說文見唐文粹 畢氏關中金石記
按此帖舊傳爲右軍書華氏信爲鄭萬鈞毛氏金石文字存逸
攷謂爲張旭然筆勢輕圓無右軍沈雄之氣萬鈞字不多見其
夭矯神奇殆非張顛不能作也毛氏與藏眞千文同列尚有見
地

五代

臨張旭肚痛帖 存 乾化 文彝後
石高一尺二寸橫廣二尺僧彥修草書六行在西安碑林

忽肚痛不可堪不知是冷熱所致若服大黃湯冷熱俱有益如何
爲計旭臨本

寄夫征衣詩 唐詩不錄

入洛詩 唐詩不錄
共刻三石分五截僧彥脩狂草字數不計在西安林碑
乾化中僧彥脩善草書筆力遒勁得張旭法惜哉名不振于時遂命摸刻以貽同好嘉祐戊戌歲冬十月九日司農少卿知解梁郡李丕緒題

按三帖雖同出彥脩之手合刻數石惟肚痛帖奇偉雄傑直入張顛之室可以亂眞二詩少遜殆無規矩可循故耳

宋

鐵香爐 存 文錄後 在洋縣
天漢任繼祖鑄 內側
慶元六年上元日忠翊郎宜差監洋州在城清酒務曹椿置充本務威顯大帝行祠供獻 外側

按爐口徑一尺八寸內圍五尺九寸鑄陽文六字外圍七尺鑄陽文三十四字天漢係前蜀王建年號慶元乃宋寧宗年號唐末漢中各縣爲王建所據故任繼祖鑄爐用天漢後二百五十年曹椿添鑄外圍故記年爲慶元宋之洋州今之洋縣也爐存本縣關帝廟

彌勒佛造像 存 文錄後 熙寧三年
石高二尺六寸廣二尺正面刻彌勒佛像併邑子李進等九人後面刻記在蒲城縣
夫靈般淨照以軌爲宗依他非自立心融境亦亡若悟眞空四識非常修善得果示迷津而作橋梁東晉英口假武修文俱崇密化之迹將士無用宰臣歸煩口子放歸本國後降勅文有寺係及三十間以上特與詩聖寺爲名額至熙年中大宋第六帝登位後有村社人扶甲家本縣保明申州州司寫表奏上國主有勅赴華州蒲城縣懷仁鄉聖母村住持僧守宣歸貞大士合邑一十八人王懷玉等工造石像一區聞而深敬輒於檀首仰慈尊之嘉會其福雖微上爲天龍八部伏願皇帝福祚唯願萬國朝宗福延萬世遂及邑義眷屬法界倉生等共至菩提願見佛性維大宋熙寧三年歲次庚戌八月戊午朔二十七日甲申建護難村專知元玘檀越主魚志處士高惠之王閏

鄜延路重修廨宇記 存 文錄後 元豐三年
原石未見不詳尺寸高忱譔文正書在清澗縣西北懷寧城
鄜延路第四將重修廨宇記　陝西五運率鄜延實守諸路內總九將外爲堅柵以禦敵者蓋十餘壁而懷遠復當其要故凡城此者非老師宿將不能勝其任先是第四將治東路巡檢之廨並山爲宅因地成基險陋偪仄若處覆蔀前次未有口口口口向侯駐

兵於此貧山西之勇氣負良將之能略仁足愛下智足馭衆未經一載而軍令大行懦者繭惰者奮思躋賀蘭之稽牽掃沙漠之氛塵請命天子姑欲羈縻柔服以鎭附寇出則有陳師鞠旅之威入則有犒賞饗士之禮則軍容之威烈如是而況夫鎧甲之所包藏豈能無堅固之地耶於是撤舊屋之重複測財不遠取用羨卒之餘力則工不告勞不數月而長廊堤廡旁通午貫下逮於胥吏皁隸庖廚閑廐無一不得其所也是歲冬 侯 過懷寧觀其宏麗嚴肅而侯館我於宴廳之南曰是居也子盍爲記 忱 識侯守上郡忠憤慷慨有古將風烈之氣元豐中王師討西夏侯從元帥總其營壘之事與賊相敵當是時涇原之師獨能先抵靈武則侯以騎步萬軍審計形勢爲禦敵之策 忱 故書侯經構之意使後之覲者則知侯不爲宴安而作也

宣和御書（存　宣和三年）

石高四尺五寸廣三尺五寸上截雲篆不錄下截十三行行字不等行書在耀州

政和丁酉季夏既望之夕天神復降於坤寧殿比之中春靈異尤甚彩光星斗洞焕楹拱迅雷掣電與夫鉾珮幢戟相屬而行者不可槩舉復有妙樂其音泠然卿雲異香移時乃散皆由西北而去忽於几案間得龍章雲篆詩二十八字其語悉神仙之妙甚非世俗可以髣髴者墨猶未乾詳而視之又有西臺長吏臣楮慧書押在其後楮慧卽今之羽客林靈素靈素實高上神霄玉清王府右極西臺長吏天官仙鄉之冠也是時邈在通眞宮酣寢中夜而達靈至此翌日詰其端倪笑而不答則知大道示人甚於影響固不可以言傳特在夫意會而已因鑱諸石以紀其實云中澣日宣和殿書　宣和元年八月初七日傳授科教師知耀州神霄玉清萬壽宮事道淸大師賜紫道士臣楊崇德管勾

按此爲徽宗御書由道士傳刻於耀州時至宣和宋室將墟猶日夜惑於神仙觀其所記何異癡人說夢雖欲不亡得乎

法相院詩刻（存　大觀元年）

石高一尺四寸廣二尺五寸七康晉七絕一首并行書跋缺一角在涇陽法相院

蕎麥花繁吹密香風低禾黍見牛羊村村酒熟傳簫鼓帝力何知自樂康　右孟店道中馬上口占題法相壁大觀元年八月十二日河南王康朝

公字東起在大觀初作雲陽宰施及惠政民今懷之其文章翰墨推稱當世題法相院才一絕句猶爲採詩者所賞然騷雅缺廟之瑟一唱而三缺命工摸刻託茲元和七年十月既缺孟店鎭酒稅缺事楊葆光缺

案此詩爲大觀元年題壁而刻石則口和七年其爲政和宣和或金之泰和均不可知姑係之大觀元年可也

編纂渭南武樹善

金石補遺下

金

呂先生記　大定二十三年　存

石連額高八尺五寸廣四尺上截刻像下記三十一行行五十六字楊杲撰文馬昌國跋并正書額題耀州呂公先生之記在耀州

口州口口先生記　先生姓呂諱中道不知何許人也或云汴京人亦不知其壽數之多少人有曾於終南山見先生化埋於石窟中復見與人執爨或口人口口口泉縣界九嵕山下苟村北六七里峯回路轉有茂林修竹異草奇花陽崗之下有一龕洞先生於此棲息焉昔有水原出此山下口口口口民口口先生常謂村人曰此水是西山之水其源將竭今即東山有水爾等肯從吾開東山之泉乎衆人莫之信焉後一年其水果竭村人口信先生口口口而請焉先生遂指一構枝下示其衆曰泉在此也衆乃掘之深未及尺先生以杖導之有泉隨而涌出衆人驚訝咸知先生非常之口也其水口口口千餘畝不減舊泉又戒人曰爾等可月致一齋則享利久遠村老迄今奉其教焉先生雖不曾飲酒貌常若醺醺然後口酷吏所口口口口口口口口來遊華原周迴顧覽山水清秀乃曰昔孫眞人棲隱之地吾豈可他適遂於郡之東山曰五臺其南曰昇仙臺即其下鑿崖爲洞而口口口土種口不辭勞苦厥功告成洞內遂設三清像爲棲眞之所先生遇酒則飲酣歌自若耀人敬慕雲集守倅前席人有自口逮口口見之口口口口口問其壽數則笑而不答一日告華原縣欲雲遊自稱唐時人縣令馬儒林疑其不實詰問有何驗先生懷出後唐清泰元年口口

汴口住人故呂太師男因此知先生汴人也後密語人曰非晚朝廷召我聞者以爲誕言大定五年九月閏聖上遣使果召赴闕州縣禮餞遠近嘉歎既至都館于天長觀朝見稱旨賜賚優渥雖王公大人莫不師問之將先生於金水河西別營道院以居之號曰延壽眞人一日遽欲雲遊遂出都至昌平縣口口口口喜先生之來留於道院暨十餘日先生曰刧火炎炎幻化形骸豈勝薰炙吾久居塵世今我去矣言訖奄然而坐亡不久復開眼謂純機曰口口口口賜道袍在都令人取之既至先生服畢曰張監使李率府及夫人臨行不款一辭先生遂索紙筆口張監使頌云此箇古形骸休口匆口口且口塵世內任恁智人猜辭李率府及夫人頌曰這箇皮袋到了不礙那箇元來超出三界辭長春子曰金壺盛玉漿其味少人嘗與公同口口生死是清涼辭天長觀主閻大師頌云稽首閻老周公已下今日當別相逢月下辭上元大師頌云稽首大師老叟當歸他日再會蓬島相隨付李法師口口爾道可堅蓬島須仙今日相別再會瑤天付昌平縣令頌云寓居西秦超於上國因訪名山患居寶某感荷國恩應無再覲午時吾歸須煩土主異境相逢同遊紫府辭世頌云身患非吾患名仙體不仙寄世四百載口口五帝宣富貴何足盡當時合自然欲知吾所止明月白雲間遂擲筆於地復端坐而長逝矣異香馥郁終日不散實大定癸巳七月十六日午時縣口遂備禮焚葬次日官吏道友收燼骨中有骨結成山字上有眞人形像旁有二鶴狀縣令遂送至都下都人將先生燼骨塑像於所居道院口口敬仰是歲冬耀州使劾牛安因貢甆器至滹沱河南路逢先生與一僧牛生拜問曰先生何往先生曰吾久厭塵世拉竹林寺長老南口天壇汝至都下

傳語張監使既至都方知先生已羽化遂見張監使具言所以聞者莫不驚異乃知先生果得道之人矣世説得彭祖之道未知眞口口口先生靈迹久而湮滅遂摭其行事人所共見聞者而集之

大定十五年三月十五日弘農楊杲記

呂公先生隱於華原之東山其始來也人洒然異之至於日計不足歲計有餘斯亦得方術之妙有道者矣誰口傳修鍊之訣得養生之道口爲高弟者惟吾鄉李公其人焉公名道濟生而沈靜夙有道心而又親承先生提耳遂得開悟先生既委蛻而去公惜其靈迹美譽口口口高士隱者之傳大爲闕典頃得楊杲所集先生行事其出處之迹靈異之應與夫朝廷徵召褒錫之美叙而紀之者亦已詳矣甚慰所懷然慮文字歲月之久殆將漫滅乃募良工刊諸它山之石并刻先生之像於碑口人瞻像讀文起敬慕之心

是亦傳之不朽也余且喜李公不忘其本用心之勤故書之華原馬昌國跋并書　大定二十三年六月十一日李道濟立石張道泉洞主董道新

重陽子如夢令 存 承安五年 詞錄後

石高六尺五寸廣三尺一寸重陽子詞一首草書字大五六寸五行行字不等前後小字兩行記年月并畢知常立石

大道長生門戶幾筒惺惺覺悟鉛汞緊收藏方始澄神絕慮心慕心慕便趨蓬來仙路重陽子書　承安五年歲次庚申重陽日終南山　靈虛觀主呂道安畢知常立石

按此詞陸氏金石續編嘗載之其標題云重陽子無夢令詞次句爲式惺惺覺悟末云祖庭靈虛觀云云攷詞譜如夢令其調原名宴桃源有如夢如夢句後人又目爲如夢令其調人習用之誤如爲無已錯而次句竟作五字且式惺惺句不能強通陸氏殆未見原名亦未諳詞曲有聞必錄至於三誤

題妙應眞人詞 存 興定二年

石廣四尺四寸高二尺十七行行字不等何仲鈞草書在耀州

興定二年中春三日伏遇太守通奉納蘭勸課農桑適值中和之節是日郡人多會於靜明觀熙熙然如登春臺使君以行春方欲察民情之休戚聽世音之哀樂遂陟東山敬謁妙應眞人祠祭奠罷少憩于閣因題曰訪仙而回出郭來迎者同知龍虎納蘭宣哥軍判武義王宥華原令昭毅何仲鈞司候定遠高廷司獄宣武阿必罕華原簿明威劉溫華原尉武節周永諳　華原令何仲鈞立石

趙閑閑秉文詩刻 存 無年月

未見原石不詳尺寸趙閑閑七絕六首在郡縣草堂寺

遊草堂寺詩　幾家籬落掩柴關盡在浮嵐湧翠間稍覺明邊通白水竹梢缺處補青山 其一 下馬未尋題壁字拂塵先讀草堂詩平生最愛圭峯老惟有裴公無愧辭 其二 逍遙園後娑羅木曾見春秋幾變更落葉蕭蕭風雨夜却疑當日譯經聲 其三 南山深鎖翠微宮寺在南山十里東祇恠朝來衣袖溼不知身在翠微中 其四 南山嘗讀退之詩未説煙雲潤色之要看山光如潑黛更須留待雨晴時 其五

又遊草堂寺詩　憑君寄語草堂靈我是無塵有髮僧一見圭峯如舊識似緣曾繼祖師燈

元

靜明宮并加眞人號 存 中統三年

石連額高六尺八寸廣三尺五寸分兩截行字不等駱天驤正書并篆額額題特賜耀州五臺山靜明宮并加眞人號記十六

字在耀州

上口氣力裏皇帝福陰裏昌童大王令旨道與京兆等路宣撫司延安達魯花赤管民官據朝元宮妙覺純素開教韓眞人所屬宮觀地土房舍照依大聖旨體例過往使臣軍馬打捕鷹房人等休安下者不揀甚口休得奪要者大聖旨裏和尙先生也里可溫達失蠻不當大小差發地稅商稅告天祈福者這般有來如今與皇帝俺每祈福者這韓眞人根底執把文字與了也這的每却不得倚仗印信文字夾帶別人做分外勾當准此　中統二（御寶）　三日

龍門口發行

上天氣力裏皇帝福廕裏昌童大王令旨道與京兆府宣慰司達魯花赤管民官據耀州五臺山靜明宮紫微宮寶眞子大弘教眞人李素舟通眞觀淸眞子保光大師薛志堅知觀王志遠玄貞觀

寶光子通微大師曹志和淸眞大師駱志全洞眞觀淸眞子通微大師佀志榮所屬宮觀地土產業房舍照依大聖旨體例過往使臣軍馬打捕鷹房人等休安下者不揀甚麼休奪要者大聖旨裏先生和尙也里可溫達失蠻不當大小差發地稅商稅舖馬祗應告天祈福者這般有來如今與皇帝俺每祈福者弘教眞人根底與了執把文字也這的每却不得倚仗文字夾帶別人做分外勾當准此　中統三（御寶）　日發行　司天臺算曆官管勾駱天驤書篆　中統甲子七夕日知宮道士羅志遠立石　同知耀州軍州事強公俠　宣授耀州長官李魯孫　華原縣丞兼捕盜事王仲元　華原縣令兼軍民彈壓王珪　司候司安進同妻姜氏施石

王志口摹刻

重立四皓廟碑（存大德九年　文見王氏金石萃編）

碑高六尺廣三尺三十一行行五十一字宋王禹偁撰文元蕭𣂏隸書並篆額額題四皓廟碑四字在商州本廟

按此碑王禹偁撰文偁辛卯歲坐事解制誥職奉商於二使之命下車拜廟歷覽古碑申以斯文宋史傳禹偁字元之濟州鉅野人端拱二年拜左司諫知制誥未幾判大理寺廬州妖尼道安誣訟徐鉉道安當反坐有詔勿治禹偁抗疏雪鉉請論道安罪坐貶商州團練副使即碑所謂坐事解制誥職奉使商於也商於者即商鞅所封之地秦置商邑漢置商縣隋改商洛縣屬上洛郡唐制商州縣屬焉宋因之二使者副使也二與貳同傳又稱禹偁官商州歲餘即移解州四年召拜左正言此文稱辛卯歲使商州下車拜廟辛卯是太宗淳化二年端拱本無四年史文蓋脫淳化字也據傳推之此文當作於淳化二年拜廟之時矣商州四皓廟有二一在州東七十里商洛鎭一在州東金

鷄原陝西通志載此廟有唐柳宗元宋王禹偁撰碑而不言禹偁碑何年所刻此碑末題大德九年重立石必是宋時先已立碑不知毁於何年也金雞原有山曰高車山太平寰宇記高車山上有四皓碑及祠皆漢惠帝所立高后使張良以駟馬高車迎四皓於此故名然則祠中有漢碑矣此碑則云退立廊廡古碑在焉自唐御史大夫贇皇李公而下作者若干人是禹偁所見有多碑而所謂古碑者不知即寰宇記所稱漢惠帝所立之碑否耶今就廟中搨得者僅此大德重立之禹偁一碑其餘不惟漢碑無考即柳子厚李贇皇二碑亦未見矣傳稱禹偁九歲能文所著有小畜集二十卷承明集十卷奏議十卷詩三卷今存於四庫全書者統名小畜集三十卷與晁陳二家所載同蓋據平陽趙氏影宋刻本然其集行世不廣而此碑又舊刻無傳

因就大德所刻錄存之文渺者六十餘字𥙷家舊藏小畜集鈔本取以校補書者蕭𣂏元史儒林傳字惟斗奉元人讀書南山者三十年大德十一年以前累授集賢直學士國子司業改集賢侍讀學士皆不赴此碑題直學士司業兩官雖不赴仍用以系銜也然傳獨不及其工篆隸即書譜亦不列其傳可知此碑傳搨者少𣂏爲有元一代名儒不可不存其蹟則此碑尤宜亟錄也末署商州守土官四人其曰安西路者元史地理志中統三年立陝西四川行省治京兆至元十六年改京兆爲安西路總管府商州屬焉其曰奥魯勸農者百官志散府達魯花赤一員知府或府尹一員領勸農奥魯與路同諸州惟有達魯花赤與知州同秩不云領勸農奥魯據此碑則知州亦兼管諸軍奥魯勸農事蓋史志畧也 王氏金石萃編

續陝西通志稿卷一百六十五 金石補遺下 七

按王氏金石萃編以此碑爲王禹偁撰文建立故屬之宋代然禹偁立石究在何年其石早巳殘毀無可稽攷今之存者標明大元重立四皓廟碑蕭𣂏書丹末題大德九年歲次乙巳十一月吉日重立石以王禹偁之文甚佳不復改作從新書立耳故論文則宋論金石則元自應屬於大德

周公廟殘碑 存至大二年

碑斷爲三中截佚上截一尺七八寸下截五尺二三寸廣四尺二十二行行字無考暢師文撰文蕭𣂏篆額蕭𣂏分書額佚存岐山縣

鳳翔府岐山縣 闕 少中大夫翰林侍講口士暢師文撰文　集賢學士嘉議大夫口口右諭德蕭𣂏篆　男恭書　惟天以道君口口口 闕 周公臣而統之口傳孔子口在六經口口百王周公之承受授口其大哉孔子稱惟堯則天口 闕 口於口口口口口統口子者周公口口周公之功若德百世而下固無庸具述然道有口易 闕 口臣曰師口者成口臣口口之惟君則君惟臣則臣又天爲君則也而君祀天師所以詔天 闕 口故君民口天祀之口口口口爲德衆多以聖統道孰若周公爲人臣者得請祀之口口口 闕 口口口以來口口有口口口鳳翔府岐山縣故有遺廟曰文憲宮歲時岐阯致祭弗儀口口口 闕 口初命靖安縣口凡十一轉官而判是府曰予惟古聖臣長民之法以忠君口口寧可口 闕 口公所生爲岐阯猶口口怠予實官於斯而迺弗勤犧牲以揚言口口口口口 闕 口口口口口滿秩除知忠州弗任而且條周公所以爲功若德於法應祀義聲之陝西省口口 闕 口官議可仍定以每歲春秋二仲月擇日以守土臣恭行釋奠如祀孔子禮祀之好古樂口口 闕 辭侍鑾諸石水經云岐水之南有周城周公采邑也廟或其地歟烏

續陝西通志稿卷一百六十六 金石補遺下 八

乎周公故魯封魯嘗口口 闕 祀周公矣而孔子歎其非豈不曰以德則聖也以位則臣也聖則無不及臣則有過焉至後口 闕 於郡國則必曰有德者得常祀故誠至于今不衰若然則彼之非是固有間矣夫梓匠輪輿以 闕 口猶思食其功況聖人之道元氣綱常者哉雖然於周公奚增特以人之向趨氣之盛衰覩好 闕 聖之口鳴于朝廷毅若己責者爲能復二千餘載魯封既絶之祀於岐鄉無豐于典使後之 闕 者守於無窮視口孜孜益其家封者爲何如他日由岐而天下通得以祀未必不自侯發之然口 闕 心其可謂公也已　闕 二年秋九月下澣日中立　陝口漢中道肅政廉訪使郭景仁建　闕 口玄大師提點本宮事郭仲方　高陵道人湯澤刊

案此碑中節脫落數字又爲童豎敲剝漫漶不能讀惟以周公

廟碑而暢師文蕭𣂏又皆一代聞人特詳爲著錄以傳永久攷元史暢師文前爲陝西肅政廉訪使大德十年改太常少卿翰林侍讀學士至大二年加少中大夫蕭𣂏累授集賢直學士國子司業改集賢侍讀學士皆不赴大德十一年拜太子右諭德扶病至京師與此碑結銜胥合惟暢之侍講學士史作侍讀當是史誤至闕國號之二年其爲至大二年無疑

孔廟加封碑跋 存 皇慶二年

石高四尺四寸廣四尺八寸三十二行行三十二字趙世延撰正書存碑林

上天眷佑皇元有區夏于馬上統元開文軌混同登賢圖治然猶屢頒綸詔崇祀孔子興學育材永底雍熙之盛大德龍集丁未統天繼聖欽文英武大章皇帝纂集明命入踐丕圖法天聰明述祖休烈式敷理化用懷有生時維孚縣淸夷光嶽昭泰推原所致惟夫子道廣莫竝垂範百王匪衍徽稱曷尊聖教立極裁兩閱月遣使闕里祠以太牢加封大成至聖文宣王巍巍乎炳今冠古誕告中外倫品皆讙又四年命天下勒石學宮奉揚帝則於戲聖人之道彌滿六合逮至八紘之外凡有民社莫不具綱三常五之叙焉者蓋此心此理之同有不期然而然者也故舉斯綱恒斯常則安弛斯綱拂斯常則危茲聖道之在天下有家有國者之不能一日而已也嗟夫聖人篤生周季既不得位悼天秩之陵替憫良心於晦蝕之餘修春秋繫王於天正大一統盜名犯分者誅已死於前懼生者於後楙建大中標揭萬世性道以之而修明彝倫以之而不紊自生民之未有其賢過於堯舜者顧不在茲與雖然聖道之大非國家無以表襮於無窮國家之隆非聖道無以康又於有永魚川泳而鳥雲飛同休於億萬維年階太平於綿綿固宜閎大崇

報窮天地之罔極也欽惟世祖淵龍六㚒湯沐關輔蓋嘗禮聘先正儒臣許衡淑艾秦之子弟矣刱四聖濟治渾浩涵煦之澤亦既深矣服聖人之教者仰體振作之微遠洽周南之化近溯關洛之流以達乎洙泗之源異時人才林立羽儀天朝者茲非其效乎皇慶二年五月十三日中奉大夫陝西諸道行御史臺侍御史臣趙世延稽首頓首再拜恭跋

加眞人號碑 存 延祐七年

石高六尺五寸廣三尺八寸分四截各二十四行行字不等陳德定篆額並正書額佚在耀州

上天眷命皇帝聖旨三玄教由天所畀茲統攝於羣靈五百年名世者生始恢揚於正紀昔東華帝居太晨宮祚綿綿而莫知其始終氣混混而莫窮其涯涘離形離兆有自而然爲福爲祥不言而喻傳之太上是曰全眞守其一處其和應不求爲不恃綠格琅虯之上下龜圖麟策口周旋法之著兮可存于浩刼後之承者迭出于高眞惟朕之賓師有今之明素能仁能勇至孝至貞所守彌堅不待歲寒而後見所言必應其於事會則周知及身之渥已申褒本之誠愈切溫綸特降顯號循加於戲神人和而王道平遐不謂矣教化行而治功立永言保之可贈東華紫府輔元立極大帝君主者施行　至大三年二月日

上天眷命皇帝聖旨昔聞太上教闡全眞法天地之常經因陰陽之大順始自東華之變現訖於開化之垂緣由漢及唐必曠代而至人出以金繼宋際熙朝而玄統章恢其衆妙之門鎭以無名之朴或得意忘象涵泳于靈樞或驂星馭龍飛游于紫府不可聞不可見雖與造物者爲徒翛然往翛然來亦曰隨時而示應攷載傳於後裔猗叶贊于元功盍殊級之循加俾宗風之永紹除始祖東

華帝君別議旌崇餘仰主者施行　正陽開悟傳道鍾離眞君可加贈正陽開悟傳道垂教帝君純陽演正警化呂眞君可加贈純陽演正警化孚佑帝君海蟾明悟弘道劉眞君可加贈海蟾明悟弘道純佑帝君重陽全眞開化王眞君可加贈重陽全眞開化輔極帝君右付玄門演道大宗師掌教凝和持正明素眞人苗道一收執准此　至大三年二月日

上天眷命皇帝聖旨天造草昧惟君子以經綸聖運隆昌亦至人之扶衛昔皇祖肇基于朔土有眞仙應現于東隅行無畦畛而天下之事靡不知學有淵源而天下之書靡不究所急者拯民于溝阱所先者勸道之榛荆律身之戒惟嚴及物之功則溥逮芝綸之疊降蹕雲鳥以來從率英賢凡十八人言宗社非一二事心冥神契猶軒轅之師廣成辭簡意深若漢文之禮河上既成功于諸夏

俾主教于長春其以胄以續者得其眞故曰希曰夷而永其壽翊我延洪之作爲今持正之師再振玄門彼此皆一時也爰疏鴻渥後先豈二理哉宜進號以追崇尙傳規于不朽其長春演道主教眞人邱處機可加贈長春全德神化明應眞君主者施行　至大三年二月

上天眷命皇帝聖旨佑于一德天惟顯思作者七人道之行也如辰樞之運元造如機衡之契靈儀誰之子象帝先盡老氏關尹之妙無不爲將自化行東萊西陝之間或遯跡于塵區或棲身于環堵迨際皇元之興運親承聖祖之眷知嘉猷敷陳允究濟時之具玄機冲寂超乎與天爲徒莫窮師友之淵源咸詣霄晨之閫域闡乃宗規之舊緊予藩邸之賓弘才偉學以相承景貺靈禎之荐格其加顯級以賁眞風除主教丘長春別示旌崇餘仰主者一例施行　丹陽抱一無爲眞人馬鈺可加贈丹陽抱一無爲普化眞君長眞雲水蘊德眞人譚處端可加贈長眞凝神玄靜蘊德眞君長生輔化明德眞人劉處玄可加贈長生輔化宗玄明德眞君玉陽體玄廣度眞人王處一可加贈玉陽體玄廣慈普度眞君廣寧通玄太古眞人郝大通可加贈廣寧通玄妙極太古眞君清淨淵貞順德眞人孫不二可加贈清淨淵貞玄虛順化元君　右付玄門演道大宗師掌教凝和持正明素眞人苗道一收執准此　至大三年二月日　棲玄致道通眞眞人陳德定幷書　延祐七年重陽日耀州五臺山靜明宮本宗嗣教主持井德用立石

西行記 存　至順三年

石高二尺二寸廣二尺四寸十七行行十四字正書在興平縣

人生游宦離多會少理之常也離會之間雖用力期然而未必然

有不期然而然者默默之中已有定數至順二年秋九月十有九日西臺御史謙齋朶歹忽都魯別正卿范可仁周誼宋紹明子達分守甘肅四川省事偕行書吏皇甫通彥亨張英世傑李松年脩齡吳蛮安之仝宿槐里驛分襟之際相與約曰公務畢還期遇是驛以話契闊之情明年春三月清明後二日果符前約夫四川甘肅修阻山川千餘里公事之簡繁期程之遠近彼此不侔雖音問相通符劵相遺亦未必如其約也而其所以然者非金蘭之契感假之誠而然歟遂刻諸石以紀其行云　至順三年春三月初三日　主簿滿完□　典史□□□　立石

祀妙應眞人記 存　至元二年

石高五尺二寸廣三尺五寸二十二行行二十九字周德洽撰文正書額題祀太玄妙應眞人記八字柳葉篆書在耀州

祀太玄妙應眞人記　元統乙亥二月望日制授洞陽顯道忠貞

大師諸路道教都提點中嶽廟住持都提點井公趣裝領嵩山中
嶽廟事將之陝右泥陽靜明萬靜宮特奉完者台皇后懿旨曰嘗
聞五臺靜明宮爲唐孫眞人道場也若往彼當賫捧御香祝文於
其處行降致祭庶幾福我有元宗社無疆之祚公唯其命即於是
歲十月詣還靜明諏擇日齋戒行禮是日也風霾沈寂天朗氣清
有以見將事者誠恪而表宮闈之至敬也仙靈之垂佑也必矣敬
再拜而刊之石以壽歲月云西山逸民周德治記
祭文　眞人太玄毓秀唐年芳名偉躅千載依然氣合鴻濛神參
太極尚冀仙靈福我元國伏惟尚饗　至元二年歲次丙子上元
日賜紫洞和明道崇眞大師提點知本宮事楊德榮等立石　賜
紫洞照明玄虛靜大師奉元路道門提點本宮住持兼宗教事焦
德潤　耀州吏目趙鼐　耀州儒學正李權　承事郎奉元路同

知耀州事蒲庸　奉政大夫奉元路耀州知州兼管本縣諸軍奧
魯勸農事郭瑛　奉訓大夫奉元路耀州達魯花赤兼管本州諸
軍奧魯勸農事亦剌馬丹

清涼國師妙覺塔記 存 至元九年 文備錄

石高二尺三寸廣四尺一寸六十三行行三十八九字不等印吉祥集戭吉祥正書在長安城南

大元華嚴寺重修大唐華嚴新舊兩經疏主翻經大教授充上都
僧統清涼國師妙覺塔記　宣賜京兆府長春禪庵長講沙門印
吉祥集　京兆延安鳳翔三路僧尼都提領釋戭吉祥書丹　師
諱澄觀字大休俗姓夏侯氏越州會稽人也年九歲禮本州寶林
寺禪德體眞大師爲師甫越一期解通三□有一歲蒙恩得度
纔衣福田心冥理觀乃講般若涅槃淨名圓覺等一十四經起信
瑜珈因明唯識等九論其他長安四絕論生公四科終南法界
觀天台止觀康藏還源觀耽玩不捨如龍戲珠也年滿受具於曇
一大師纖稟南山業遂講律藏又於常照禪師受菩薩戒啟口弘
誓非徒言之實允蹈之行解圓融福德具足又參無名大師印可
融宗宗說兼通理之必至審觀稱性無越華嚴仍依東京大詵和
尚聽受玄旨一歷耳根再周能演詵曰法界盡在汝矣至住處品
慨念文殊隨事觀照五臺遂不遠万里委命棲託閣錫大華嚴寺
教賢首頗得其門後學未窺其奧每恨人亡法障未備全書承襲
十年于茲山門淨侶敦請敷揚若曰一乘別教談何容易但以斯
有人逢蒙見解吾於此時不可默矣又念五地聖人身棲佛境心
證眞如於後得智起世俗心作世間解迺覽儒家經子史傳道家
莊老寓言東宸詞翰西乾梵書悉皆游刃擬著大疏於般若院祈
聖加護見一金像挺特山嶽面如滿月卓立空際仍於寐中捧咽

面門及覺遂下椽筆如有神助通以同時具足十玄科以信解行
證四分首尾相應遠近相符譬如大明當空衆星奪耀是月也設
無遮以慶之疏就將闡忽夢爲龍頭枕南臺尾蟠北臺鱗鬣耀空
明逾皎日須臾蟠迅化作多龍分照而去流通之兆其在茲乎暨
演新製五雲凝空四衆輻湊咸來叩曰大教理深疏文義廣願加
再剖以決重昏遂與上首覺人僧睿智愷等製隨疏演義鈔四十
卷隨文手鏡一百卷口訓面授又爲相國鄭公餘慶南康王韋公
皐越州觀察孟公簡左拾遺白公居易等著十七卷文是皆所以
發明華嚴之旨也又爲僧錄遂大師等製經律論開脉三十餘部
又七聖誕節對御說法表奏八十餘卷國師以玄宗開元戊寅歲
生天寶戊子歲出家肅宗至德丁酉歲受戒代宗大歷戊申歲譯
經德宗元興甲子歲造疏至貞元丁卯絕筆貞元丙子翻經賜紫

貞元己卯授清涼國師號順宗禮爲師問大經理趣言下有省煥若臨鏡照明於心憲宗元和庚寅授僧統印穆宗敬宗禮爲師讚云我和尚甚深希有類優曇鉢花朗潤隨機若摩尼大寶文宗太和辛亥受心印於師開成己未春三月六日日召上足三教首座寶印法師海岸等付法入寂歷九宗聖世爲七帝門師俗壽一百二僧臘八十三形長九尺有四垂手過膝目夜發光晝乃不瞬言論清雅動止作則才供二筆學贍九流凡著述見流傳者總四百餘卷盡形一食大經前後講五十餘遍無遮大會十有五設出家弟子爲人師者三十有八海岸虛寂爲首稟授學徒逮千人數唯東京僧睿圭峯宗密獨得其奧餘則虛心而來實腹而往蛻徑三七顏色潤澤端坐如山乃定力也其月二十七日恭承遺旨遷奉全身於終南石室皇帝輟朝重臣縞素其餘即可知矣初暮有西

域梵僧在葱嶺見二使者足不履地以呪止而詰之曰余北印土文殊堂神於東土取華嚴菩薩大牙供養及至奏啟石室驗之果無大牙惟三十九齒色若冰霜遂闍維靈骨得舍利數千粒明白光潤舌若紅蓮火不能變悉聚而瘞之文宗命裴公美撰碑沈元及塑像塔謚妙覺御製眞贊尊師禮貌優渥無前今則年代寖遠塔廢碑亡漫不可考有清涼遠孫永安嫡子龍川行吉祥者受今上皇帝之師號得大元帝師之戒法欲重建祖塔自燕京至臨洮往復万里特以是事白今帝師決其可否帝師曰善哉善哉眞美事也出白金一笏以遺之並囑陝西僧統雄辯大師五路提領遷公大師共成其事既抵終南按傳載遍求塔址墾土尋文僅見石座因請詮庵主者書清涼疏二卷欲葬塔中以酬志願繼而因緣際會有以石匣來施者有以舍利來獻者如照禪師於天兵之後在華嚴寺收得清涼舍利因施於衆有達僧判清典座劉万戶太夫人賈氏張大監夫人劉氏等各施所得舍利計千餘粒方欲詣市購玻瓈瓶以貯之万戶夫人復以家藏玉瓶爲施并轉法藏設齋慶讚迎引之日甘澤應祈烏雲四起還欲大澍香花幡蓋遶長安城送出南關隊仗四散雨方滂霈是夕宿張大監莊夫人劉氏大興供養翌日道至焦村欲雨不雨粘合二哥千戶夫人朮忽氏衆檀信等設供鼓樂喧闐幡花間雜送至寺中本處齊提控衆老宿等又復設齋龍人散復大雨矣此皆檀越之敬信清涼之感應也塔成命印吉祥記之自愧謏聞難勝大任牢辭不獲姑梗槩以酬盛心若夫序清涼之世繫師承美清涼之道德功行已具載於相國鄭公餘慶十卷之文裴公休妙覺之碑矣茲毋庸贅云　至元九年歲次壬申九月日　宣賜扶宗弘教大師上谷大法雲寺

傳戒長講沙門行吉祥建　宣授陝西五路釋教都提領圓融湛寂弘教大師弘遷　宣授陝西等路釋教都僧統本寺主持雄辯大師釋信滿同建　本寺院主信遇　宣授諸路釋教都總統燕京大寶集寺住持壇主遠孫圓明吉祥　副院弘冲　宣授鞏昌路都提領崇信　都僧錄惠才僧錄覺照　都僧判崇緣僧判復興　京兆路都僧判通濟大師幸達　收舍利主無憂居士吳清　京兆路都僧錄明鑒通惠大師文亨　前咸寧縣丞任天佑授京兆路僧尼都提領大師明湛　提點正元　僧統所案司提舉惠達　知管普明　知書文滿　德間　譯使唐文慶　知印張英　京兆路僧錄司提點寶輝　知文道常　管局道瓊　提點祖敬　宣授扶宗弘教大師傳法門人　講經沙門了應　了悟　小師提點義明　權講海慶　提點祖實　海興　海進

海達　海悟　提點海珍　海受　海回　海衆　侍者海初
海俊　海佑　海祥　海貴　海湛　海榮　海信　提控劉澤
　上座海智海志海應　助緣尼福瓊　善妙　行堅　智善
智秀　福智　海昌　西京路都僧錄普恩寺住持通悟大師令
吉祥

清涼國師塔額 無年月 存

石高二尺五寸廣二尺一寸中間大字二行十字各徑四寸兩邊小字十行字數不等均正書在長安城南

大唐清涼國師妙覺之塔
河北陝西等路總管萬戶兼成都路經略使劉黑馬太夫人賈氏
宣授懷遠大將軍成都路萬戶劉元振前陝西路司天少監劉元
孚　施才　宣授屯田奥魯總管石抹常山大夫人移剌氏夫人
張氏新婦夫人劉氏宣授嘉議大夫司天台張提點夫人劉普政

前太傅府郎中張震夫人李惠明西蜀四川都轉運使王椅夫人
張惠秀
大元至元九年重陽日　長安戴仲祿刊　韓等進砌　宣授扶
宗弘教大師奉聖州大法雲寺行吉祥建　學人講主可偉崇量
悟勝昭勇大將軍鞏昌該軍前便宜都總帥汪平涼府衆官元帥
同知王琳等宣授鞏昌路達魯花赤別乞帖木思總管府同知孫
秦州衆官元帥石抹等宣授京兆路達魯花赤總管同知治中高
府判寇衆官員胡經歷等　施才

御香記 至正二年 存

石高五尺二寸廣三尺四寸二十七行行三十五字高𤩽撰文李拱書丹王道清篆額題額御香之記四字篆書在耀州

　承務郎延安路總管府推官李拱書丹　三洞講經師
賜紫王道清篆額　至正改元辛巳五月日特進神仙大宗師凝
和持正賛元翊運苗眞君高弟井公制授諸路道教都提點洞陽
顯道忠貞眞人轉教於大長春宮有司給駝馬扈從車駕巡幸上
京秋七月受命仍眞人名號主領陝西大重陽萬壽宮事公承命
趣裝西行入見宸陛聖上仍勑焚修授以香幣詣祖庭重陽宮道
祖宗聖宮終南太平宮耀州淳明宮祝我聖元無疆之祚公奉命
代禮式越明年壬午春正月有七日駐鶴斯宮涓潔醮祭是日天
朗氣清神靈歆格欽見聖上遠致之誠敬執事端肅之勤恪冥冥
中上帝賚以洪禧人不可得而知也公以兩蒙溥博之恩澤如此
不世之知遇文之金石垂耀無窮余備員鄠邑靜明宮提點楊德
榮求誌諸石余以斐然之文其可以不敏辭乃爲書之承事郎奉
元路鄠縣尹兼管本縣諸軍奥魯勸農事京兆高𤩽拜手謹誌
至正二年上元日提點楊德榮提舉怡德素　知宮楊德一等立

石　洞照明玄虛靜大師大重陽萬壽宮提點兼宗教事賜紫焦
德潤　司吏程㣧貢穎楊天瑞王從義楊世榮郭如玉　蒙古學
正吳那駭　儒學正潘友諒　馬站提領井全　奉元路耀州吏
目楊煥　敦武校尉奉元路耀州判官董格　承事郎奉元路同
知耀州事伯家奴　奉議大夫奉元路耀州知州兼管本州諸軍
奥魯勸農事戎塔失不花　奉訓大夫奉元路耀州達魯花赤兼
管本州諸軍奥魯勸農事木薛非

王子山歲寒三友咏序 至正戊申 存

碑連額高七尺五寸廣三尺九寸二十行行四十字董玄撰文康衛文正書王武篆額題歲寒三友詩序六字篆書在富平縣

鄭州儒學正王君歲寒三友咏序　中奉大夫陝西諸道行御史臺
侍御史玉峰董玄撰　中奉大夫陝西行中書省參知政事盤田

王武篆額　承直郎前陝西諸道行御史臺監察御史康尚文書

富平縣守禦資政大夫河南省右丞王會彥嘉錄其父子山所賦松竹梅三詩因孫生弘毅張生仲方來示余且言子山才行文學爲鄉里所推士林所重嘗捧檄教諭南漳正鄭州學而天不與年賫志以歿會以不肖逢時多難睽違鄉井依附主帥張鄧公出入行間積有勞伐叨備省臣祿不逮養日夕追慕欲報罔極而形神謦欬日遠日忘其流風餘韻會所存記者葦華有此三詩欲託筆於文之可以名世傳後者序而壽於石庶先德之不朽也幸惠賜之余固辭非其人而請益堅乃不得已而應之曰彥嘉此舉其事可尚其志可哀也夫孝居百行之首立身行道揚名以顯其親爲孝之終今彥嘉當兵燹之餘膺保障之寄公勤廉愼知無不爲勞來安輯民復安堵撫綏之際慨念先德傳誦其詩欲垂永久孝

心之一端也自時厥後推廣此心所莅郡邑職修事舉俾民安於田里沐浴王澤而鼓舞王化於彥嘉與召父杜母之歌則所以光揚其親者皆由此以致之也是宜有述遂書以貽之至正戊申歲仲春廿五日玉峯董玄序　松　偃蹇鬅鬆君子操大夫封遲遲古澗鬱鬱高峯不隨桃李媚常帶雪霜容翠色寒欺六月清陰冷傲三冬一夜偶然撼風雨半天疑是吼蛟龍　竹　渭川淇澳影篩金聲戛玉悅我心情清人耳目隆冬依舊青長夏搖新綠尋常宜種宜栽三五不林不簇化龍棲鳳見應難對日臨風觀不足

梅　愛護栽培墻之角水之隈風中綽約月底徘徊百卉寒方折孤根暖獨回莫羨暗香疎影也宜檀板金罍驛使爲傳千里信可人先占百花魁　至正戊申後七月吉日資政大夫河南行省右丞王會立　長安黃傑刊

靜明宮瑞槐記 至正四年　存

石高五尺七寸寬二尺七寸分兩截上截忠貞眞人像下截記二十三行行三十六字康維方撰文李拱正書在耀州

五臺山靜明宮瑞槐記　承務郎延安路總管府推官李拱書

雲溪子王湛然者吾之方外友也不遠跋涉謁予於甘水書院謂予曰我洞陽顯道忠貞眞人井公居耀州五臺山靜明宮有年矣道冲貿宇名振寰區深閉而不出也時至元庚辰秋七月望有青氣三道冲乎天而貫乎宮現乎晨而散乎暮人皆驚其異也迨十有八日群鴉集樹於三朝白鶴盤空於半晌自西南而來向東北而去會鳴鶴飛入於五臺盖掌教敦徵於七辟是則洞陽幡然而改乃赴燕都也至至正改元歲屬辛巳夏四月中洞陽生祠像前見一槐長數寸閏五月高七尺其首也秀而爲鳳形其身也化而爲龍鱗其顛又齊生七柯各長尺餘雖畫師筆染之弗如眞瑞槐

也顯先生爲之記其不可乎予謂曰蓋瑞之爲物精華而昭著也槐之爲木堅懿而茂榮也秀而爲鳳非精神而昭著乎化而爲龍非堅懿而茂榮乎鳳兮龍兮詎非表洞陽生斯世之太平有慶闡斯道之應變無窮也耶不然昔龍馬負圖出於河伏羲之瑞也鳳鳴於岐文王之瑞也豈非伏羲文王聖道之所致乎此槐在祠之裏像之前無雨露之澤所潤無山川之氣所蒸不過十旬而高七尺是知洞陽道業昭著仙基茂榮呈瑞而爲槐者也擬乎青氣貫宮者洞陽也白鶴盤空者顯道也氣之精華秀而爲鳳爲瑞志之堅懿化而爲龍爲槐是忠貞之膺所感而致然也因爲之作歌曰

洞陽誕世眞天人聲名揚溢寰區新琳宮深閉久不出皇家賜號爲仙眞德崇業廣致生意綠槐如鳳如龍鱗時人驚異以爲瑞徵我作記述以文鐫諸翠琰傳不朽萬古清風人所聞　鄉貢進

士絳臺錦坡廉維方頓首　至正四年歲次甲申眞元日知宮楊德戉等立石　通玄希眞大師奉元路耀州道門提舉知靜明宮事賜紫怡德素　洞和明道崇眞大師延安路道門提點知靜明宮事仍賜紫楊德榮　洞照明玄虛靜大師奉元路大重陽萬壽宮提點兼本路道門事賜紫焦德潤　裴德和刊

明

周康王廟祭文碑 存 洪武三年

石高四尺六寸廣二尺五寸十二行行十八字正書在咸陽

維洪武三年歲次辛亥二月乙卯朔皇帝遣侍儀舍人口閔穀致祭於周康王之陵曩者有元失馭天下紛紜朕由此集衆平亂統一天下今已四年稽諸古典自堯舜繼天立極列聖相傳爲烝民主者陵各有在雖去古千有餘載時君當修祀之朕典百神之祀

故遣官賫牲醴奠祭修陵君靈不昧尙惟歆享

重修祖庭碑 存 正統十年 文錄後

碑高六尺廣三尺一寸二十三行行四十字張楷撰文戴弁正書莊觀篆額在鄠縣

重陽宮住持侯圓方重修祖庭碑記　奉議大夫陝西等處提刑按察司僉事四明張楷譔文　朝列大夫陝西等處承宣布政使司右參議鄱陽戴弁書丹　奉議大夫陝西等處提刑按察司僉事新安莊觀篆額　祖庭重陽王祖師演道之地自金元抵國朝崇奉惟謹殿堂門廡窮極華麗而玉皇一閣尤偉中更多故廢興相仍昔之堅固壯麗者未免爲風雨所淩傾圮不振苟不葺而新之則何以啟後人之崇敬延道脈於悠久哉乃有道家者流厥姓侯氏名曰圓方受業口口崇聖宮深悟全眞之旨後以祖庭虛席興舉之人僉議領其事圓方曰重陽師眞近祖也興舉之口吾其敢辭乃領主持之命即運心勞慮茂建大蹟永樂乙未始修陂頭玄眞觀丙申修本宮三靑殿戊戌修祖師殿易煥二架口梁己亥修靈霄門辛丑修七眞殿甲辰補葺靑龍白虎殿宣德戊申鼎叛道院三間口修太上殿庚戌又補葺三淸殿重修蓬萊門甲寅修陂頭水磨正統丙辰始修理玉皇閣門建五塔高二百尺口上木工力百倍於前圓方日殿堂門廡或圮可新茲閣一傾不復如舊於是苦心勞思掄材口工口在堅固不事文飾始事於是年口月畢工於辛酉十月此興廢扶顚之大略也嗟夫祖師以一念道術誓及列眞宏闡玄元一氣之脈以丹陽之初無道念祖師識其異器多方顯化務在歸眞卒領洞微之教今圓方企慕仙方誓舉廢墜以永眞教無窮之傳其道念固可嘉也使得與祖師同時躬侍几杖其所指授必不在丹陽長春諸宗師下者惜乎蓮時後出徒

抱全眞一念不得聆祖師玄妙之旨其道念亦可嘉也雖然圓方年邁七旬齒口口種童顏益盛步履如飛元神盎然充滿四體焉知非祖師之靈宣和道氣以鍊其口邪溫口子硃而口長生久口之効若是也他日馭鶴驂鸞神遊物外拜祖師於方丈蓬壺之間必將進而謝曰祖庭之不口瓦礫皆爾功也圓方以文爲請姑書此以紀歲月云　正統十年歲次乙丑十一月十又五日　陝西都指揮使司都指揮汪壽　都指揮同知哈通都指揮僉事后口等立石

按此碑書法步趨率更頗得形似惟骨氣特弱耳前後小字銜名猶數十磨泐不淸概不登錄

周成王廟祭文碑 存 景泰元年

石高三尺四寸廣二尺五寸上截祭文九行行十二字下截陪祭執事人名均正書在咸陽縣

維景泰元年歲次庚午閏正月丙午朔十五日庚申皇帝謹遣翰林院編修劉俊致祭於周成王曰予嗣承大統遠維繼述之道景仰高風謹用祭告尚享　陪祭官盩厔縣知縣鄭達儒學教諭薛瑄醫學訓科張榮執事生員李源焦源楊廣袁侃成名袁慶宋宏師聰陵官毛評趙哲廖深禮房司典淡誠田敬　景泰元年二月二十日立生員張銘書郭鏞刊

周武王廟祭文碑 存 弘治元年

石高三尺二寸廣二尺九行行十八字正書在咸陽縣

維弘治元年歲次戊申四月甲午朔初一日皇帝謹遣恭順侯吳鑑致祭於周武王曰惟王奉天明命除暴安民無前偉績光垂萬世茲予祗承天序式修明祀用祈鑒佑永祚我邦家尚享

周文王廟祭文碑 存 正德元年

石高四尺三寸廣二尺四寸十行行十六字正書在咸陽縣

維正德元年歲次丙寅四月庚戌朔初六日乙卯皇帝謹遣中書舍人龐聰致祭於周文王曰惟王至德在躬化行俗美不顯厥謨垂于永世茲予祗承天序式修明祀用祈鑒佑永祚我邦家尚享

咸陽縣知縣孟統縣丞楊文實典史張善教諭孔慶訓導李宏

馬文囦像讚 存 弘治

石高八尺一寸廣三尺八寸八行行十一字王恕柳葉篆書字大六寸餘在三原縣

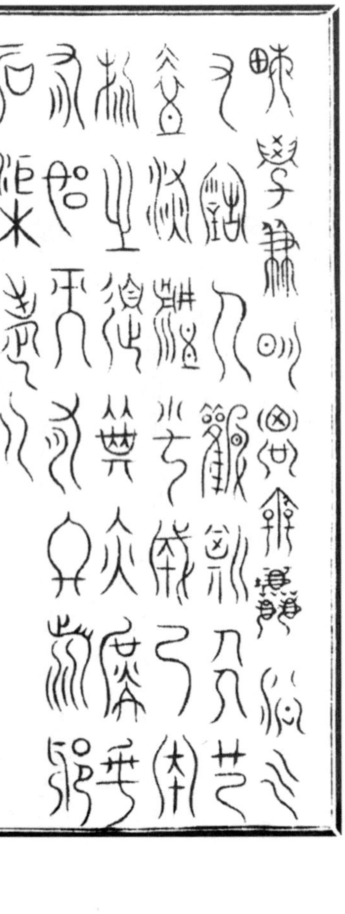

石渠老人者王端毅公之號也公雅與先君游故知先君爲深弘治間公謝政家居數訪先君於雲巖㟖理甫弱冠獲侍杖履聞緒論焉公一日召理畀以手書先君贊辭拜之受之戓十年矣思先範之如存懼德言之或遺於是謹錄之墓石使子孫知所寶愛繩武於不替云

按馬文淵名江爲谿田先生封翁王端毅公讚其像而手書之谿田跋而刊於墓側自應傳諸不朽惟此柳葉篆書不能盡識亦不敢強解爰照式描摹以俟博雅

周文武成康廟記 存 嘉靖十年

碑高八尺三寸廣三尺二寸二十行行四十字唐龍撰文王獻正書劉璣篆額俟在咸陽縣

周文武成康廟記　賜進士第嘉議大夫吏部侍郎前奉敕提督學校蘭谿唐龍撰　賜進士第榮祿大夫戶部尚書經筵講官近山劉璣篆　賜進士第文林郎監察御史澧涯王獻書　美哉洋洋乎文武成康之德穆若太和文如日星然而豐其基乎大豐發源扶風經流咸陽而合于渭鍾雍州之靈萃天地之和禹貢曰豐水所同是已周自古公去豳踰梁止于岐下營築城郭室屋而邑別居之既文王伐崇侯虎而作豐邑自岐下而徙都豐迨武王克

商而有天下傳于成王歸在宗周康王成周郊皆惟豐是都龍小子嘗斂衽憑軾升咸陽之丘而眺焉鎬京奠其極畢郢維其居靈臺峙其形未嘗不嘆曰王者之迹在兹也哉自昔咸陽邑之西南十五里有文王廟密邇磻溪或曰後車以載尚文正此地也北一里有武王廟南三里康王廟西十里則成王廟在焉歲月徂征陵谷變遷材裂爲薪址鞠爲場斷碑缺碣或存或沒覩黍離之宮遡東周之轍者慨然有餘悲矣正德之季考城底蘊來令咸陽司徒氏長安劉璣侍御邑人王獻以廟廢告令曰不穀之過也邑有涇祀既莪且翼乃議撤其像並祀四君于中黜邪翼正典刑昭焉工經始令乃行矣嘉靖初濬陽李仁嗣爲令七年慶都陳文舉又嗣爲令司徒侍御又繼相告曰不敢後厥役十年辛卯季春初吉方落之爰徙碑碣之存者植其旁繹闕文以俟君子易曰風行水上

渙先王以享于帝立廟夫文武創業成康繼體肇興有周八百年之基業皇極之化人文之制與夫嗣謨承烈禮制樂功儀刑王德匡翼世教防範人心至于今煌煌如也奕奕如也夫何豐鎬開源之地乃稼侵其祊棘蒙其墟厥典攸斁厥神不寧渙甚也已諸君子甄遺蒐逸聿弘厥緒神以宅棲世以德合位以班分禮以義起文以制備易之道先王之制也不其美歟龍小子崇典興行敦復古訓竊有志焉故于是乎特書之然亦侍御之意也　嘉靖十年歲次辛卯季春吉日建

黃河圖說　存　見錄後闕不錄　嘉靖乙未

石高三尺二寸廣四尺五寸圖繪黃河自濱關入海新故各道上方右角載明代五次河工上方左角刻古今治河要略下方右角刻治河臆見行字不等劉天和正書在西安師範學堂

國朝黃河凡五入運　洪武廿四年徙陽武黑洋山由陳潁入淮先是元至正間河北入會通河至是南徙而會通河遂淤永樂九年命工部尚書宋禮發山東丁夫十六萬五千疏濬之九月工成　正統十三年河決滎陽北經開封曹濮至陽穀入運河潰沙灣東堤累塞弗績景泰四年命左僉都御史徐有貞役夫五萬八千治之十有八月工成　弘治二年河決金龍口東北趨運河命戶部侍郎白昂役夫二十五萬治之三月工成　弘治五年河復決金龍口潰黃陵岡堤趨張秋入運河治弗效六年命右副都御史劉大夏役夫十二萬有奇治之二年功成　正德四年河決曹單由沛縣飛雲橋入運河嘉靖七年廟道口淤命右都御史盛應期治之役夫九萬八千開新河用工四月餘停止九年飛雲橋淤河北出穀亭口十三年冬河南徙濟寧橋下至徐沛運河淤上命臣天和役夫十四萬有奇疏濬之始於十四年正月中旬迄工於是

年四月初旬云

古今治河要略　夏書禹貢導河積石至于龍門南至于華陰東至於底柱又東至于孟津東過洛汭至于大伾北過洚水至于大陸又北播爲九河同爲逆河入于海　賈讓治河三策隄防之作近起戰國齊與趙魏以河爲境齊地卑下作堤去河二十五里趙魏亦爲堤去河二十五里雖非其正水尚有所游盪時至而去則填淤肥美民耕田之或久無害稍築室宅排水澤而居之湛溺固其宜也今堤防陿者去水數百步遠者數里此皆前此所排也今行上策徙冀州之民當水衝者放河北入海難者將曰敗壞城郭田廬塚墓以萬數百姓怨恨昔大禹鑿龍門闢伊闕折底柱破碣石墮斷天地之性此何足言也今瀕河十郡治隄歲費且萬萬及其大決所殘無數如出數年治水之費以業所徙之民遵古聖之

法定山川之位使神人各處其所而不相奸且以大漢方制萬里豈其與水爭咫尺之地哉此功一立河定民安千載無患謂之上策若乃多穿漕渠旱則開東方下水門溉冀州水則開西方高門分河流富國安民興利除害支數百歲謂之中策若繕完故堤增卑倍薄勞費無已數逢其害此最下策也　張仲義曰河水濁一石水六斗泥（謂伏秋暴水也）　歐陽修曰禹得洪範書知水潤下之性乃疏而就下水患乃息然則以大禹之功不能障塞但能因勢而疏決爾今欲逆水性障而塞之奪洪河之正流使人力斡而回注此大禹之所不能也且河本泥沙無不淤之理淤當先下流下流淤高水行漸壅乃決上流之低處此勢之常也然避高就下水之本性故河流已棄之道自古難復是則決河非不能力塞故道非不能力復所復不久終必決於上流者由故道淤而水不能行故也

智者之於事有所不能必則較其利害之輕重擇其害少者而爲之猶愈害多而利少　宋神宗時河決恩冀等州司馬光言北流幸而可塞則東流淺狹必致決溢是移恩冀之患於滄海也不若俟二三年東流益深北流漸淺然後塞之神宗曰東北流之患孰爲重輕光曰兩地皆赤子但北流已殘破而東流尚全耳　宋神宗謂輔臣曰以道治水無違其性可也如順水所向遷徙城邑以避之復有何患　任伯雨曰河流混濁流行既久迤邐淤泓久而必決者勢也或北而東或東而北安可以人力制哉今直因其所向寬立隄防約攔水勢使不至漫流耳　呂祖謙曰禹不惜數百里地疏爲九河以分其勢善治水者不與水爭地也歐陽玄至正河防記治河一也有疏有濬有塞三者異焉釃河之流因而導之謂之疏去河之淤因而深之謂之濬抑河之暴因而扼之謂之塞

疏濬之別有四曰生地曰故道曰河身曰減水河生地有直有紆因直而鑿之故道有高有卑高者平之以趨卑高卑相就則高不壅卑不瀦慮夫壅生潰瀦生堙也河身者水雖通行身有廣狹狹難受水水溢悍故狹者以計闢之廣難爲岸岸善崩故廣者以計禦之減水河者水放曠則以制其狂水隳突則以殺其怒治隄一也有剏築補築修築之名有刺水隄有截河隄有護岸隄有縷水隄有石船隄治埽一也布岸埽水埽有龍尾攔頭馬頭等埽其爲埽台及推捲牽制薶掛之法有用土用石用鐵用草用木用杙用絙之方塞河一也有缺口有豁口有龍口缺口者已成川豁者舊嘗爲所豁水退則口下於隄水漲則溢出於口水之所會自新河入故道之源也曰折者用古算法因此推彼知其勢之低昂相準折而取匀停也　余闕曰中原之地平曠夷衍無洞庭彭蠡之滙

故河嘗橫潰爲患禹自大伾而下則析爲三渠大陸而下則播爲九河然後其委多河之大有所分此禹治河之道也自瓠子再決流爲屯氏諸河其後德棣之河又播爲八偶合於禹所治由是訖東都至唐河不爲害者數百年至宋河又南決惟一淮以爲之委無以瀉而分之故今之河患與武帝時無異　宋濂曰夫以數千里湍悍難治之河而欲使一淮以疏其怒勢万万無此理也分其半水使之北流以殺其力河之患可平矣譬猶百人爲隊則力全莫敢與爭若分爲十則頓損又各分爲一則全屈矣治河之要孰踰此　丘濬曰曩時河水猶有所瀦如鉅野梁山等處猶有所分如屯氏赤河之數雖以元人排河入淮而東北入海之道猶微有存者今則以一淮而能受衆水之歸矣後世治河者往往與水爭利其行也強而塞之止也強而通之又不如聽其自然而不治之

爲愈也誠能治河流相地勢撑便利就汙下條爲數河以分水勢使河之委易達於海口是而又委任得人積以歲月隨見長口害日除而利日興河南淮右之民庶可有瘳乎　又曰漢唐以來賈讓諸言治河者多隨時制宜之策在當時雖或可行而今日未必皆便宜令河南相地所宜或築口垣以禦泛溢或開淤塞以通東隘或遷村落以避衝潰或給退灘以償所失雖不能使祚河州郡百年無害而被患居民可暫蘇息矣　元史至元十七年命都實爲招討使佩金虎符往求河源四閱月始至是冬還報翰林學士潘昂霄臨川朱思本各有撰述大率河源東北流歷番地至蘭州凡四千五百餘里始入中國又東北流過達達地凡二千五百餘里入河東境內又南流一千八百餘里至河中潼關又東流九百餘里至開封之東南分流一由渠靖出徐州小浮橋口一由宿州

出宿遷小河口一由過河出懷遠荊山口通合於淮入海又一千四百餘里通計萬有餘里云

治河臆見　天下之水凡禹所治率有定趨惟河獨否蓋嘗周詢廣覗歷攷前聞而始得之共有六焉河水至濁下流束隘停阻則淤中道水散流緩則淤河流委曲則淤伏秋水漲驟退則淤一也從西北極高之地建瓴而下流極湍悍堤防不能禦二也易淤故河底常高今於開封境測其中流冬春深僅丈餘夏秋亦不過二丈餘水行地上無長江之淵深三也（口河口邑護城堤外之地漸淤高平自堤下視城中如井然）傍無湖陂之停潴四也孟津而下地極平衍無羣山之束隘五也中州南北悉河故道土雜泥沙善崩易決六也是以西北每有異常之水河必驟盈盈則決每決必瀰漫橫流久之深者成渠以漸成河淺者淤澱以漸成岸卽幸河道通直下流無阻延數十年

否則數年之後河底兩岸悉以淺而高或遇驟漲雖河亦不容於不徙矣此則黃河善決遷徙不常之情狀也故神禹不能慮其後自漢而下畢智殫力以從事卒莫有效者勢不能也甚者冀功生事妄興大役以勞民病國曾不旋踵而或淤或決可畏也已然則河終不可治歟曰賈讓宋濂之說備矣而今則未宜蓋南經園陵北防運道河之所洩惟徐邳之間爾復多阻山治之倍難與古大異其勿與河爭之一言則萬世治水之定論也若歐陽修司馬光而下吾咸取法焉然則河終不可入運歟曰河之水至則衝決退則淤塡而廢壞閘座衝廣河身阻隔泉源害豈小口前此張秋之決廟道口之淤新河之役今玆數百里之淤可鑒已議者有引狼兵以除內寇之喩眞名言也故永樂迄今治河者於淤則濬之決則塞之口也雖先朝宋司空禮陳平江瑄之經理亦惟導汶開閘

不復引河其於北岸築堤口埽歲費億計防河北徙如防寇盜然百餘年來縱遇旱涸亦不過盤剝寄頓及抵京稍遲耳未始有壅塞不通之患也如邇年魚沛河水自至則不得已而聊幸目前舟行之便利後害雖大不暇計矣然僅二百餘里耳上至濟寧臨淸五百里間則獨資汶水諸泉之利也顧可泥近小而忘遠大邪苟已去而復引之則億萬之財力徒損而數百里已平之故道難復當事所深懼也況昔人已慮及此邪惟汶泉之流遇旱則微滙水諸湖以淤而狹引河之議或亦慮此然國計所係當圖萬全無已吾寧引沁之爲愈耳蓋勞費工等而限以斗門滂則縱之俾南入河旱則約之俾東入運易於節制之爲萬全也而大勞未艾民力方屈運河方幸通抑何敢以輕議邪口徐呂二洪而下必資河水之入而後深廣近夏邑新雨東北之流賴以下濟聖化潛孚川靈

效順不假人力治水之臣惟當時疏濬慎防禦相高下順逆之宜酌緩急輕重之勢因其所向而導利之耳然則中州之患何以恤之議者云黃河南徙國家之福運道之利也當衛郡邑作堤障之不壞城郭已矣被患兵民蠲其租役不至流徙已矣謹三復斯言云　嘉靖乙未夏四月朔　欽差總理河道都察院右副都御史麻城劉天和書

按明史劉天和傳嘉靖初改撫陝西毋憂服闋以故官總理河道黃河南徙歷濟徐皆旁溢天和疏汴河自朱仙鎮至沛飛雲橋殺其下流疏山東七十二泉自尼嶧諸山達南旺河濬其下流役夫三萬不三月訖工加工部侍郎後管爵太子太保卒謚莊襄云云是天和一時名臣也本其治河之經歷繪圖立說以昭示來者故勒石存之書院今師範學堂即書院之故址也

宋岳忠武書出師表 存　光緒　文習見不錄

道光咸豐間余五過湯陰必瞻拜岳忠武遺像最後得見手書出師表疑爲僞作以有諸前輩跋心弗善之而不敢非也同治丙寅既釋先端敏公服之明年將入都檢點行李於書簏中得石刻岳忠武書諸葛武侯前後出師表眞跡不識所自來與湯陰岳廟手迹迴殊英風浩氣軼羣絕倫俯有宋四家已歎非忠武天人不能爲抵鄂張之屏間晨夕瞻對使人忠義感發不能自已猶憾未見墨跡不知淋漓痛快當更何如戊辰左恪靖伯經略秦隴余奉命督餉駐關中聞舊僕有得忠武墨寶於亳州者不知即爲二表亦意其不必眞跡也姑置之己巳僕來西安問其獲與余所藏拓本同問價幾何曰六十緡耳問胡不攜以來曰以乏資斧質之矣終疑其不必眞跡也復置之無何守河北崔季芬鎮軍廷桂領豫軍備賊終南諸隘解嚴來謁談次及之遽興曰此物流傳有緒曾及見之奇蹟也銅山楊氏得自商邱宋氏守之已歷三世曾刻之石並拓本亦不多示人咸豐初河決豐北楊以重價質於亳之賈人而貿遷於河北折閱過當力不能贖亳賈竟持以去垂二十年矣兵燹以來遂不可究詰今是物得於亳殆即楊氏所失與楊與同邑張大司馬亮基世姻公家與大司馬亦至戚拓本倘張所轉贈未可知也余以季芬之言有據且曾見之必能識之於其歸也浼遣人偕僕往取視之且屬之曰果其原本也即主者索重息勿吝必贖以歸比至急展卷觀之爵屈瑰奇不可名狀凜凜生氣數百年如新脫於腕令人不敢逼視其揮灑縱橫又如快馬入陣想見背嵬酣戰時夫豈後人所能僞託馬伏波見漢光武歎曰帝王自有眞吾於此卷亦歎精忠自有眞也希世之寶夫復何疑卷首明

太祖手題八字龍跳虎臥氣象萬千亦足橫絕今古卷尾黃子久劉青田諸跋不知爲何人竊易以奴書充之重加裝潢撤去後跋而錄存其文以待訪求或者旦暮遇之同治庚午秋七月項城袁保恒熏沐敬跋光緒元年乙亥正月上浣補書於西安行館時兩表正文摹勒已竣

筱鴻學士出示忠武岳鄂王武侯出師表兩巨軸展視一過勁健飄洒生氣凛然如見雅歌投壺氣槩斷非贋書無疑字爲心畫維其有之是以似之理固然耳平生見王墨蹟凡三一弟袠稿一書家譜後一與友人書稿皆入魯國南宮闕奧即藝事亦見學到古人之難也敬跋數語自矜眼福　同治十年七月旬又一日湘陰左宗棠書於平涼軍次時正移營靜寧進窺河湟

按岳鄂王此書袁文誠於西安摹勒後一時風行海內士大夫

仰王若天人故愛王之字如異寶皆欲家置一册以爲快而不可多得於是胡鴻賓刻於岐山段仲嘉刻於長安而大荔李寅堂且特採貞石以千金聘良工覓原鈎本鐫於同州精益求精遂致後來居上既而袁氏之石輦歸項城而陝西猶存三石相與比較則同州爲最長安次之岐山本瞠乎後矣

趙子昂天冠山詩 存康熙二十一年

石高六尺廣二尺四寸分七截刻上六截刻詩下截刻跋存西安碑林

龍口巖　峭石立四壁寒泉飛兩龍人間苦炎熱仙山已秋風

仙足巖　窈窕石屋間中有仙人躅說與牧羊兒愼勿傷吾足

石人峯　巨靈長亘天何時化爲石特立千萬年終古無人識

雷公岩　雷公起臥龍爲國作霖雨飛電掣金蛇其誰敢余侮

釣臺　仙者非有求坐石示垂釣咄哉羊裘翁同名不同調

洗藥池　眞人棲隱處洗藥有淸池金丹要沐浴玉水自生肥

鍊丹井　丹成神仙去井冽寒泉食甘美無比倫華池咽玉液

長廊岩　脩岩如長廊下有流泉注山中古仙人步月自來去

月岩　月岩如偃月風泉洒晴雪仙境在人間眞成兩奇絶

響香嶺　山險通鳥道水深有蛟龍誰言仙樂鳴高人方耳聾

鳳山　山鷄愛毛羽飲啄琪樹間照影寒潭靜翔集落花閒

道人岩　道士本避世問之無姓字如何千載後石室有人至

長生池　竹實鳳將至水淸魚自行着我草亭裏危坐學長生

鬼谷岩　鬼谷岩前石唐文字字奇何當拂蒼鮮細讀老君碑

學堂岩　仙人非癡人山中猶讀書嗟我廢學久聞此一長吁

老人峯　有石象老人宛然如繪素稽首禮南極蒼蒼在烟霧

三生石　我有泉石癖甚愛山中居何當從韋公講學讀吾書

一線天　醯鷄舞甕中井蛙居坎底莫作一線看開眼九萬里

金沙嶺　攀蘿緣石磴步上金沙嶺露下色熒熒月生光炯炯

昇仙臺　仙臺高幾許時時覆雲氣一去三千年令人每翹企

靈湫 上有亭名聽雨　靈湫不受汗深淺何足計小憩松竹鳴蕭蕭山雨至

磔潭　神龍或淵潛石洞通水府勿遣兒曹劇飛空作雷雨

風洞　石壁何空洞中有風冷然安知列御寇不向此中仙

逍遙岩　茲嶺可逍遙下可坐百人豈徒木石居眞與猿鶴隣

余時遊天冠山見佳境輒發偶咏鄙句付主院者越四年裝成巨册索重書故爾走筆　子昂

天冠山在丹陽郡昔固富於題詠寺之主院有名淨心者嘗與中峯老師往來故亦與文敏相識今觀此二十四詩想即付淨心者也詞既雅麗得開元天寶體而字復圓勁出入義獻誠爲二絶而

天冠之名由是可與蘭亭赤壁並著矣曩藏于玉陽史吏部處嘗命徵明爲之補圖余以拙劣未敢下筆留恭月而歸之茲適爲華從龍戶部重購所得間以示余余欲髣彿圖數筆以如前請而恐貽添足之誚終不敢也因識數語謝之癸丑秋八月一十又五日徵明書

趙文敏公書法秀挺俊逸迥絶千古予家舊藏天冠山古詩及跋明文衡山先生以爲付院僧淨心者先後見之史吏部及華戶部之家其源流固有自矣每於晴窗淸晝快臨數十字頓覺神思淸發塵念俱捐恒欲鐫勒以公同好茲見秦省聖廟漢唐宋元以來石刻纍纍惟文敏字刻甚少因思長安爲名勝之區聖廟乃文章之府遂舉以壽諸貞珉使天下賞識者共得觀茲希有也康熙二十一年壬戌仲冬望日建武鄧霖謹識邗江周錞觀　卜世鐫

按畢氏關中金石記以此帖爲明刻以有文待詔之跋殆未見鄧氏付刻之識聲明爲康熙二十一年耳

董香光書十六種 存

按此帖爲蒲城張氏得董香光十六種珍愛逾恒乃購端石三十六方方一尺二寸強倩古歙黃潤章鐫之以爲式好堂藏帖眞書則樂志論洛神十三行草書則飲中八仙歌典論論文暨雜詩書札等十二册共十六種石既細緻刻尤精工故字益秀逸爲近時所罕有後歸長安張氏遺一石惜哉

本志金石斷自明末清代不與也惟前賢墨寶清代摹勒者不可無傳爰擇錄之附於志後

編纂渭南武樹善

(K−3681.01)

科學出版社互聯網入口
歷史分社：010−64011837　銷售：010−64031535
E−mail：yangjing@mail.sciencep.com
銷售分類建議：歷史／古籍

www.sciencep.com
ISBN 978-7-03-073252-1
9 787030 732521 >
定　價：698.00 元